MEMOIRE
POUR
GEORGES-LÉOPOLD,
SEUL FILS LEGITIME
DU DUC
DE WIRTEMBERG-MONTBELIARD,

Servant de réponse aux Moyens que le Duc de Stoutgard prétend tirer du Traité des cinq Freres, Ducs de Wirtemberg; du Traité de Wildbade, & des Arrêts rendus au Conseil Aulique de l'Empereur, pour attaquer la légitimité de sa naissance.

ANALYSE du Traité des cinq Freres Ducs de Wirtemberg, en ce qu'il regarde le droit d'hériter la Principauté de Montbeliard.

RIDERIC Duc de Wirtemberg par l'extinction des différentes Branches de sa Maison, avoit réuni en sa personne tous les Etats de ses Ancêtres, tant ceux situés au-delà du Rhin dans le Cercle de Suabe, que ceux d'en-deçà dans le Comté de Bourgogne & en Alsace, il en étoit resté en possession jusqu'en 1608 qu'il mourut.

Ce Prince laissa cinq fils, sçavoir Jean-Frideric, Louis-Frideric, Jules-Frideric, Frideric-Achilles, & Magnus. L'aîné à la mort du pere se mit en possession des Etats & les gouverna seul jusqu'en 1617, les quatre autres vivans avec lui en commun, sans rien posseder en propre de l'héritage paternel.

Jean-Frideric voulant mettre les affaires de sa Maison en régle (la plus grande partie de ses freres ayant atteint la majorité) proceda avec eux à un partage de famille en ladite année 1617, par une Convention solemnelle confirmée par les Etats (c'est ce que l'on nomme le Traité des cinq Freres). Il est dit dans le préambule de ce Traité qu'il est formé en conséquence des anciens Pactes de la Maison de Wirtemberg, confirmés par les Empereurs successifs, & principalement sur les dispositions testamentaires des Ducs Christophe & Louis Ducs de Wirtemberg, décedés dans le siécle précedent.

A

La premiere & principale part dans cette succession partagée, comprenoit les Duchés de Wirtemberg & de Teck, avec tous les Etats situés dans l'Empire, & fit la portion de Jean-Frideric l'aîné des cinq freres, pour en jouir & ses héritiers légitimes mâles & leurs descendans, suivant les anciens Pactes de la Maison. Par cette disposition les successeurs de cet aîné devoient être Ducs regnans à Stoutgard, comme les Chefs de la premiere Branche de la Maison : cela étoit conforme tant aux anciens Pactes des Ancêtres, qu'à l'usage général observé dans toutes les Maisons souveraines de l'Allemagne.

La seconde portion dans l'héritage de la Maison de Wirtemberg étoit composée de la Principauté ou Comté de Montbeliard, de ce que l'on nomme les neuf Seigneuries, dont sept sont situées partie dans le Duché & partie dans le Comté de Bourgogne, & deux dans la Province d'Alsace. Cette portion échut au second de ces freres Louis-Frideric, & il est dit dans le Traité en termes formels, *Qu'il possedera cette part dans l'héritage comme le second Seigneur regnant à titre d'héredité, & comme biens propres, pour en jouir par lui & ses héritiers légitimes mâles.*

De cette disposition résultent les réflexions suivantes.

1°. Que l'héritier de cette seconde portion dans l'héritage forme le Chef de la seconde Branche de Wirtemberg, qu'il est Prince souverain regnant de même que celui de la premiere Branche, dont il n'est aucunement dépendant, & que cette qualité, aux termes du Traité, est transmise à ses successeurs héritiers mâles légitimes.

2°. Que la possession des Etats de Montbeliard dévoluë à la seconde Branche ne lui est point assignée en forme d'usufruit ou d'appanage (ainsi que l'Agent de Wirtemberg l'a faussement avancé dans ses Mémoires) mais à titre de proprieté incommutable & transmissible à sa seule posterité mâle, de la même maniere que les Etats destinés à la premiere Branche doivent être transmis à titre d'héredité.

3°. Que les Etats de Montbeliard deviennent conséquemment aussi propres à la seconde Branche que ceux des Duchés de Wirtemberg & de Teck sont propres à la premiere Branche.

4°. Que pour que ce droit d'hériter soit continué dans l'une & l'autre Branche, il suffit d'être né d'un mariage légitime, qui donne la capacité de recueillir cette substitution masculine. C'est donc une chimere de la part de l'Agent de Stoutgard de dire, que pour hériter les biens de Montbeliard, les Pactes de cette Maison exigent la qualité de Prince avec celle de fils légitime. Il est bien vrai que les Auteurs de ces Pactes n'ont jamais supposé que l'une de ces deux qualités pût se trouver sans l'autre dans la personne de leurs héritiers, parce que dans le principe & la nature des choses la qualité de Prince devient inséparable de celle de fils légitime d'un Souverain : il s'ensuit de-là que quelque attaqué que soit Georges-Léopold sur cette qualité, elle a toujours resté dans sa personne unie à celle d'une naissance légitime, qui lui donne toute la capacité que les Loix & la disposition de ses Ancêtres exigent pour hériter les biens de sa Maison.

Ce plan de partager ainsi la succession de Wirtemberg entre deux freres, & de faire ensorte qu'il n'y eût que deux Princes regnans sur les Etats délaissés, étoit une regle établie dans la Maison en vertu des Testamens des Ducs Christophe & Louis. Les deux freres aînés voulurent bien dans le Traité de Partage de 1617 se relâcher de cette regle en faveur du troisième frere Jules-Frideric ; & au lieu de simple appanage à quoi il étoit borné par les anciens

Pactes, il fut traité avec égalité aux deux aînés, & eut en proprieté & en souveraineté plusieurs Seigneuries situées dans le Cercle de Suabe ; pour les posseder & ses successeurs à titre de biens propres & d'héritage avec les mêmes clauses concernant la capacité de succeder ; c'est ce qui forma la Branche Julienne, troisième regnante.

C'est cette disposition de bienveillance en faveur de Jules-Frideric, Chef de la troisième Branche, qui a paru convenir au Sieur Fesch, pour établir dans ses Mémoires une fausseté insigne, qu'il est important de relever. Il a osé confondre malicieusement Louis-Frideric avec Jules-Frideric, en rapportant au premier de ces deux Princes l'acte de générosité que l'aîné des cinq freres exerce dans le Traité envers le seul Jules-Frideric, auquel en vertu du Testament de ses Ancêtres il n'étoit dû qu'un appanage de 15000 florins de revenu. L'imposture de l'Agent de Stoutgard est démontrée par le texte même du Traité, où il est dit d'un côté que *Louis-Frideric comme Chef de la Branche de Montbeliard & second Seigneur regnant*, aura de droit en vertu du Testament des Ducs Christophe & Louis les biens partagés en toute proprieté : & de l'autre, que Jules-Frideric, qui de droit ne devoit avoir qu'une pension annuelle, jouiroit cependant des Terres de Weiltingen & de Brentz *comme de biens propres, & cela par pure affection fraternelle, librement & sans que l'aîné y fût aucunement obligé.*

Ces expressions qui dénotent la liberalité du frere aîné ne peuvent donc jamais être appliquées à Louis-Frideric, Chef de la Branche de Montbeliard ; ce n'étoit point au frere aîné qu'il pouvoit être redevable de la possession de ses Etats, mais aux anciennes dispositions testamentaires des Ducs Christophe & Louis ; de sorte qu'il n'étoit pas même permis à cet aîné d'y contrevenir dans le Traité des cinq Freres : aussi y est-il dit en termes exprès que le second frere, qui est le Chef de la Branche de Montbeliard, jouira de ses possessions en vertu du droit successif établi par les Ancêtres & à titre d'hérédité. Après une verité aussi reconnüe & aussi autentique, de quel front l'Agent du Duc de Stoutgard en transportant à son gré ces termes de générosité, & en les appliquant à Louis-Frideric, qui ne pouvoit point même en être susceptible, ose-t'il en imposer au point d'assurer que la Branche de Montbéliard n'avoit possedé ses biens qu'à titre de pure liberalité, & que par conséquent la totalité de ces biens devoit rentrer dans la Branche aînée de la Maison. Une pareille imposture, marquée au coin de la mauvaise foi, ne pourra jamais séduire que les personnes dépourvûes des lumieres les plus communes.

Et à l'égard des deux derniers de ces cinq freres, le Traité ne leur assigne que des appanages, ausquels les deux premieres Branches doivent contribuer par les revenus annuels de leurs fonds de proprieté. On y joint dans la suite une clause expresse en faveur des cadets, de recueillir la succession des Branches aînées, lorsqu'elles viendroient à manquer faute d'hoirs mâles, & cela par préférence & à l'exclusion des Branches aînées, le tout avec substitution graduelle & perpetuelle.

Par ces premieres dispositions du Traité des cinq Freres, il devient constant, que tant qu'il y aura des mâles légitimes dans la Branche de Montbeliard, aucune des autres Branches ne peut prétendre de s'approprier les Etats qui lui sont tombés en partage avec la clause de les transmettre à sa posterité masculine : & cela d'autant plus que cette disposition est fondée sur la Loi que les ancêtres de ces cinq freres avoient déja établie dans la Maison, Loi observée sans interruption toutes les fois que le dernier Duc, possesseur de

tous les biens de Wirtemberg, avoit laiſſé pluſieurs fils capables de recueillir ſa
ſucceſſion, en vertu de la légitimité de leur naiſſance.

Quelque conforme que fût cette diſpoſition au droit naturel reçu chez toutes les Nations, on a vû dans ces derniers tems le Duc Eberhard-Louis, Chef
de la 1ʳᵉ Branche, faire tous ſes efforts pour y donner atteinte. Ce Prince
n'attendit que la mort du Duc Leopold-Eberhard pour obtenir par ſon crédit à
la Cour de Vienne un Décret de l'Empereur, qui le mît en poſſeſſion des
Etats du défunt poſſeſſeur de Montbeliard; ſous prétexte que Georges-Léopold ſon fils procréé d'une mere de condition inégale, ne pouvoit point hériter de la Principauté, ni des autres Fiefs immédiats de l'Empire. Il appuye
ce prétexte ſur le Traité même des cinq Freres dont il s'agit,& ſoutient encore
aujourd'hui le même ſyſtême dans la conteſtation que ſes Succeſſeurs ont continuée contre Georges-Leopold.

L'article du Traité, ſur lequel il ſe fonde, eſt conçu dans les termes
ſuivans.

*Et puiſque leurs Alteſſes en commun ſont auſſi d'un même ſang & d'une naiſſance
égale, ils doivent & veulent à l'avenir, comme juſqu'à préſent, porter le même Titre
& les mêmes armes; & ſont convenus par le préſent Traité, que comme il eſt en ſoi-
même louable, convenable & juſte, aucune de leur Alteſſe ne doit ni veut ſe marier ſans
le conſeil, connoiſſance, volonté & bon plaiſir des autres, particulierement de leur frere
aîné, comme étant le Chef de cette Maiſon Ducale, ni alors avec une perſonne qui ne
fût point de Maiſon de Prince.*

De ces dernieres expreſſions, le Duc de Stoutgard a tiré la conſéquence,
que la femme de Léopold-Eberhard n'étant pas à beaucoup près de Maiſon de
Prince, le fils provenu de ce mariage ne pouvoit pas recueillir la ſucceſſion
du pere, & c'eſt ſur un ſyſtême auſſi étrange qu'il eſt parvenu à faire exclure au Conſeil Aulique le fils légitime de l'héritage de ſon pere.

Il eſt aiſé de démontrer l'illuſion & la fauſſeté de cette conſéquence : car
1°. Cette clauſe de ne ſe marier qu'avec une perſonne de Maiſon de Prince,
ne pouvoit jamais impoſer une obligation aux cinq freres eux-mêmes qui
contractoient, parce qu'elle auroit été contraire au droit naturel, à la Loi,
& aux bonnes mœurs, en gênant la liberté des mariages.

2°. Cette diſpoſition du Traité ne peut préſenter aucune idée de loi pour
ceux qui compoſoient actuellement la Maiſon de Wirtemberg, & les expreſſions qui y ſont employées ne dénotent autre choſe qu'un ſimple conſeil,
qu'un projet de bienſéance, que ces freres ſe propoſent entre eux pour maintenir l'illuſtration d'une Maiſon ſouveraine. Ces termes, *ne veut ni ne doit*, il
eſt louable, *convenable & juſte*, ne renferment qu'un ſouhait de s'allier tous cinq
dans des Maiſons égales à la leur, pour la ſoutenir dans ſa ſplendeur.

3°. Ce projet étoit à la vérité louable & répondoit à la délicateſſe où étoient
ces Princes au ſujet de leurs alliances; mais ce projet ne pouvoit emporter aucun caractere de Loi pour les cinq freres eux-mêmes, ni les lier au point de
ne pouvoir ſe marier qu'à des Princeſſes, ſous peine de rendre leurs mariages
nuls, & les enfans qui en naîtroient, incapables de leur ſucceder. Non-ſeulement les cinq freres contractans n'ont point attaché cette peine aux méſallian-
ces qui pouvoient arriver de leur part, mais ils n'avoient pas même le pouvoir
d'établir ni de prononcer cette peine contre celui d'entre eux qui chercheroit
une alliance ailleurs que dans les Maiſons de Princes. On peut dire même
avec aſſurance, que toute l'autorité de l'Empereur réunie à celle de la Diéte
& de tous les Etats de l'Empire, ne ſuffiroit point pour aſſujettir les Princes à
n'épouſer

n'épouser que des personnes d'égale condition, sous peine de nullité de mariage, ou d'incapacité à succeder dans les biens.

4°. Si cette invitation que se font les cinq freres dans leur Traité de Partage de ne se marier qu'à des Princesses, n'entraîne point d'obligation ni aucune peine contre eux-mêmes, comment pourra-t-elle imposer une Loi à leurs descendans & s'étendre à leur posterité: la raison & l'équité se révoltent à la vûe d'un tel projet.

Mais ce qu'il y a de singulier dans cette prétendue Loi établie par les cinq freres contre les mésalliances, c'est qu'il n'y est parlé que des puisnés, de sorte qu'il n'y a que l'aîné qui conserve une entiere liberté de se marier comme il le jugera à propos, si-bien que s'il tomboit dans le cas de mésalliance, les autres, au terme du Traité, ne seroient point en droit de s'élever contre son mariage. Or il seroit absurde de dire qu'une clause inserée dans un Traité, pût avoir force de Loi, sans que pour cela elle devînt obligatoire pour chacune des Parties contractantes.

C'est cependant sur cette prétendue & chimérique obligation du Traité des cinq Freres, & sur des Pactes de famille anterieurs, que le Duc de Stoutgard osa s'appuyer pour arracher le patrimoine au fils légitime de Léopold-Eberhard; car il ne mit jamais en doute dès le commencement de la contestation, que ce Prince ne fût réellement & légitimement marié avec la Comtesse de Sponeck: la réalité & la légitimité de cet engagement furent même les moyens dont il se servit alors au Conseil Aulique, pour combattre le faux mariage de la Baronne de l'Esperance, qu'il traita d'impie, d'adultere & d'incestueux, ne se proposant autre chose que d'exclure le fils, quoique légitime, de son droit d'hériter la Principauté & la qualité de Prince, par la seule raison que sa mere n'avoit point la naissance requise par les Loix établies dans la Maison de Wirtemberg; quoique ces prétendues Loix alleguées ne fussent que de pures illusions, le crédit de ce Prince qui étoit alors General en Chef des Troupes de l'Empereur, lui fit trouver assez d'accès pour être maintenu dans son usurpation.

Voyez le Mem. du Duc de Stoutgard donné au Conseil Aulique en 1722, p. 1ᵉ 32 & 33.

5°. Une multitude d'exemples dans les premieres Maisons souveraines d'Allemagne, font voir que les mésalliances n'ont point entraîné l'incapacité de recueillir les successions, & lorsqu'elles ont été disputées aux enfans nés de pareils mariages, des Décisions solemnelles dans l'Empire les ont protegés dans leur droit naturel.

Parmi les exemples remarquables de ces Décisions se trouve l'espece jugée par Arrêt contradictoire du Conseil Aulique rendu en 1622 par l'Empereur Ferdinand II. en faveur de Guillaume & de ses freres, fils d'Edouard-Fortumat, Margrave de Bade, & de Marie d'Eicken, fille d'un Gentilhomme Flamand. Après la mort de leur pere, Frideric V, Chef de la Branche de Bade Dourlack leur cousin, pour les frustrer de la succession paternelle, leur suscita une contestation qui dura 22 ans. Il tiroit son principal Moyen de l'inégalité dans le mariage qu'il prétendoit par là n'être point valable pour succeder aux hauts Fiefs de sa Maison, & pour en porter les armes, le nom & la dignité.

Malgré le crédit de la Maison de Dourlack, les enfans d'Edouard obtinrent un Jugement définitif en 1622 au Conseil Aulique, par lequel ils furent maintenus dans les Titres & dans les Etats du Prince leur pere: le Margrave de Dourlack fut condamné à leur remettre le Margraviat superieur de Bade dont il s'étoit emparé à main armée, avec la restitution de tous les fruits, dommages, intérêts & dépens. Une décision aussi solemnelle fit éva-

B

De Feud. Impe-
rii. c. 14 9.

nouir toute prévention où l'on pouvoit être en Allemagne au sujet des mariages inégaux dans les Maisons des Princes souverains. Itterus, dans son Traité
des Fiefs de l'Empire, assure que depuis ce Jugement, on a vû soutenir &
enseigner par les plus sçavans Jurisconsultes d'Allemagne, que quelque rele-
vés que fussent les Fiefs dans les Maisons des Princes, leurs enfans nés d'un
mariage contracté avec une mere d'une condition même abjecte, étoient
non-seulement légitimes, mais décorés du Titre de Princes, comme leurs
peres, & capables de succeder à leurs Etats.

Trois autres Arrêts contradictoires du Conseil Aulique ont jugé de même
& établissent une maxime certaine en faveur des enfans nés de mariages inégaux dans l'Empire.

Le premier du 11 Avril 1715, a été rendu entre Ester-Marie de Witzleben, veuve de Charles, Prince Palatin de Birckenfeld, & Christian II. Duc
de Baviere, Comte Palatin du Rhin. Ce Prince, outre les argumens communs, tirés de l'Usage & des Loix de l'Empire, dont il supposoit la réalité
sans fondement, se servoit encore des Pactes de Famille dans la Maison
de Baviere & Palatine; il alléguoit sur-tout le Testament du Pere commun de
la Branche Palatine d'aujourd'hui de 1568, par lequel ce Prince avoit ordonné
à tous ses enfans & descendans de se marier convenablement à leur état &
dignité, sous peine d'être privés de la succession de leur pere. Il ajoûtoit
à cela un Traité particulier fait entre lui & le Prince Charles, pere des enfans de Marie de Witzleben en 1673, par lequel il est stipulé, qu'en cas
qu'un Prince Palatin de Birchkenfeld se mariât peu convenablement à son
état, & que ses fils ne seroient pas nés d'une mere d'une éminente qualité, ils ne
pourroient succeder dans aucuns biens ni dignités de la Maison. Tous ces
Moyens qui rendoient la cause plus intéressante par rapport aux Pactes de famille, n'empêcherent pas que le Prince Christian leur oncle ne fût condamné de
les reconnoître pour Princes, héritiers & agnats de la Maison Palatine.

Un autre Arrêt du même Conseil Aulique, rendu en 1717, est dans une
espéce encore plus forte que les précédens. A la mort du Prince Jean-François-
Desiré de Nassau-Siegen, ses enfans du premier lit prétendirent exclure de
la Dignité de Princes & de la succession ceux qu'il avoit eu d'un troisiéme
mariage contracté avec Isabelle-Claire-Eugenie de la Serre. Outre l'inégalité
de condition dans leur mere, ils se fondoient principalement sur son Contrat
de mariage du 9 Février 1669, dans lequel le Prince de Nassau avoit stipulé
que les enfans qui proviendroient d'elle, ne pourroient hériter que des seuls
acquêts qu'il feroit à l'avenir, se contenteroient de la portion qu'il lui plairoit
de leur assigner, & n'auroient d'autre état que celui de Gentilshommes. Quoique cette stipulation faite avant que de se marier donnât au mariage de la
Dame de la Serre tous les caracteres d'un Contrat fait à la Morganatique,
ses enfans ne furent pas moins déclarés Princes & habiles à succeder. L'Empereur leur accorda, de même qu'aux enfans du premier lit, l'investiture des
Etats de leur pere, & les admit au serment solemnel prêté en conséquence.

L'exemple que fournit la Maison d'Holstein, est dans la même espéce que
celui que l'on vient de voir. Le Duc Christian Charles d'Holstein peu avan-
tagé de la fortune, épousa le 20 Fevrier 1702 Dorothée Christine d'Eichelberg, simple Demoiselle. Cette alliance ayant déplu à son frere aîné, le
Prince Jouachim-Frideric, il passa avec lui un Traité le 5 Décembre de la
même année, par lequel il déclara que les enfans qui naîtroient de son mariage, n'auroient rang que de Gentilshommes, & seroient reduits de même

que leur mere à de simples alimens. ce Traité eut son execution jusqu'à la mort du Prince Joachim qui ne laissa point de postérité mâle. Alors le fils né du mariage du Duc Christian-Charles mit en avant ses droits sur la succession de sa Maison, en vertu de sa naissance légitime, & il se forma une contestation de la part des Collateraux. Le Procès fut depuis 1721 continué jusqu'au 11 Septembre 1731, que l'Empereur par un Décret contradictoire, déclara le mariage du Prince Christian-Charles d'Holstein, & de Dorothée-Christine d'Eichelberg, valable, légitime & susceptible des Titres de dignité, de même que des hauts Fiefs de l'Empire, & en particulier du Duché d'Holstein Ploën, dont ce fils reçut l'investiture.

Il n'est point de préjugé sur le fait des mésalliances en Allemagne, qui ne dût tomber à la vûe des Jugemens dont on vient de rendre compte; & s'il se trouve quelques Jurisconsultes vendus à la faveur, qui ont eu la hardiesse d'avancer que les mariages inégaux étoient contraires aux Constitutions & aux anciens Usages de l'Empire, ils n'en ont jamais pû rapporter la moindre preuve, pendant qu'on est en état de citer une foule d'exemples, tant anciens que modernes, qui prouveront que ces mariages ont toujours eu tous les avantages des engagemens légitimes.

Une Branche de la Maison de Saxe nous en présente un bien considérable. Le Duc Antoine-Ulric de Saxe-Meiningen, se maria avec Philippine-Elizabeth Cezarine, d'une condition presque Plebeïenne. Le Duc Ernest-Louis son frere aîné, pour anéantir une pareille alliance, obtint le 9 Mars 1723, un Décret de l'Empereur, portant défense au Duc Ulric de donner à sa femme & aux enfans les Titres de Princes & Princesses. La Partie attaquée se plaignit de la surprise faite au Conseil Aulique; l'Instance que forma cette opposition, dura l'espace de près de cinq ans, & ce fut le 21 Fevrier 1727 que l'Empereur ordonna l'expedition du Diplome, par lequel l'épouse du Duc Antoine-Ulric fut élevée à la qualité de Princesse, & les six enfans qu'il avoit eu d'elle furent déclarés Princes de l'Empire, avec le Titre de Duc & Duchesse de Meiningen.

On ne répondra pas à la force de ces exemples, en disant avec les Agens de Stoutgard, que de pareils mariages se sont soutenus dans les Maisons Souveraines d'Allemagne, faute de contradicteurs, & qu'ils n'y ont été que tolerés. Nous voyons ici des contestations juridiques, des défenses d'un grand éclat, des Décisions solemnelles dans le premier Tribunal de l'Empire, des Decrets rendus en connoissance de cause & suivis de leur exécution, une conformité de maxime qui établit une Jurisprudence constante toutes les fois que des parens collateraux ont voulu s'élever contre de semblables mariages. Il n'est point à présumer que la Maison de Wirtemberg ait quelque titre d'exception qui doive la soustraire à une regle fondée sur des Jugemens publics.

Mais combien d'autres mésalliances n'ont point précédées celles dont on vient de parler.

Georges-Guillaume, Duc de Zel, a épousé Eléonore d'Olbreuse, simple Demoiselle du Poitou. Il en a procréé Sophie-Dorothée, reconnue pour Princesse au moment de sa naissance, nonobstant l'inégalité de condition de sa mere: elle devint ensuite femme du feu Roi d'Angleterre.

Albrecht, Prince d'Anhalt, épousa en secondes nôces Eberhardine de Wede, reconnue pour Princesse par l'Empereur en 1705.

En 1698, le Prince Léopold d'Anhalt-Dessau, épousa Anne-Louise de

Foëssen; elle fut reconnue pour Princesse en 1701, par l'Empereur, & ses enfans pour Princes capables de succeder aux Etats de leur pere & à ceux de la Maison de Brandebourg : le Roi de Prusse, un an avant, leur avoit déja rendu cette justice.

Jean-Louis, Prince d'Anhalt-Zerbst, s'est marié avec Christine de Zeitsch, & en a eu sept enfans, auxquels on n'a jamais contesté le titre de Prince ni la succession de leur pere. Antoine Gunther, son frere, a fait une semblable alliance avec Augustine de Biberstein.

Ernest-Auguste, Duc d'Holstein, a épousé la Baronne de Velbruck; & le Prince Frideric, son frere, a pris pour femme Anne-Christine Berenterin, fille d'un Chirurgien de Kiel. On n'a point contesté à celle-ci la légitimité de son mariage; & après la mort de son mari, on l'a vû à Kiel jouir des honneurs de Princesse Douairiere & des biens attachés à son état.

Ernest-Casimir, Duc d'Holstein, épousa en 1693 Christine de Proessing, simple Demoiselle, sans que son mariage reçût la moindre atteinte.

Gustave-Samuel, Prince Palatin, Duc des deux Ponts, épousa en 1723 Louise-Dorothée Hoffman, fille d'un simple Bourgeois de sa Ville Capitale.

Charles-Frideric, Prince d'Anhalt-Bernbourg, se maria en 1715 avec Willhelmine-Charlotte Nusler, dont le pere étoit Conseiller à la Chancellerie de Hartzgerode.

Antoine-Ulric, Prince de Saxe-Meiningen, épousa en 1713 Philippine Schirman, d'une famille médiocre.

Le Prince Emmanuel Lebrecht d'Anhalt-Cothen, épousa en 1692 Agnès de Rothen; & son Parent, Auguste-Louis, la Demoiselle de Rutenau, en 1722.

Rien n'est plus connu que le mariage de Frideric, Electeur Palatin, avec Clare de Settingen : celui du Prince Auguste de Brunsvvic-Lunebourg, avec la fille d'un Secretaire de sa Maison : & celui du Prince Georges-Frideric, Marggrave de Baden-Dourlach, avec Elisabeth Arotz, veuve de son Secretaire.

De sorte que l'on peut dire, que bien loin de trouver dans l'Allemagne cette délicatesse prétendue pour les mésalliances, il n'est pas d'Etat dans l'Europe où elles soient en aussi grand nombre parmi les Princes.

Si l'on veut remonter à des tems plus reculés, on trouvera dans les Maisons Souveraines du plus haut rang en Allemagne les mêmes alliances inégales, sans que les enfans qui en sont nés ayent souffert le moindre préjudice dans la possession des biens & de la dignité de leurs peres.

Renaud II. Comte de Gueldres, pour rétablir les affaires de sa Maison, épousa la fille d'un riche Négociant de Malines. L'Empereur le créa Duc en 1339, peu de tems après ce mariage : après la mort de cette premiere femme, il épousa la sœur d'Edouard II. Roi d'Angleterre.

Winceslas, Electeur de Saxe, épousa une simple Patricienne, nommée Carara; les deux fils, qu'il en eut, possederent successivement l'Electorat & tous ses Etats.

Guillaume III. Duc de Saxe, Landgrave de Thuringe, frere de Frideric II. Electeur de Saxe, épousa en premieres nôces la fille de l'Empereur Albert II. & en secondes nôces la Demoiselle de Brandestein, veuve d'un simple Gentilhomme. L'Electeur, son frere, & les autres Princes de sa Maison, après la mort du mari, la reconnurent pour Duchesse Douairiere, & l'Empereur avoit confirmé ce Douaire par Lettres Patentes où elle est nommée sous le titre de Princesse.

Otton

Otton , Duc de Brunſwic-Lunebourg, épouſa en 1528 , Mechtilde de Campen ; après ſa mort les parens collatéraux diſputerent à ſon fils les droits de ſa naiſſance, à cauſe de l'inégalité de condition de ſa mere : l'Arrêt du Conſeil Aulique qui intervint, lui conſerva ſon état de fils légitime & ſeul héritier ; ſes Succeſſeurs ont reſté en poſſeſſion de tous les biens juſqu'en 1642, que ſa Branche a été éteinte : ils avoient même recueilli une partie de la Succeſſion de Brunſwic-Wolfenbutel en 1634.

Udalric I. Duc de Bohéme, qui regnoit dans le douziéme Siecle, épris de la beauté de Béatrix ou Bozene, fille d'un Payſan qu'il rencontra à la Chaſſe, ſe détermina à l'épouſer le même jour. Ses Courtiſans, qui parurent étonnez de cette démarche, eurent pour toute réponſe, que celle qu'ils avoient vûe dans le néant, devenoit leur Souveraine, & qu'ils ſe feroient honneur de lui faire leur cour.

Henri , Margrave de Miſnie & Landgrave de Thuringe, ſurnommé l'Illuſtre, dont la Maiſon Electorale de Saxe d'aujourd'hui deſcend, épouſa en 1267 Eliſabeth de Maltitz, ſimple Demoiſelle ; le fils, qu'il en eut, ſucceda à ſes biens avec les enfans d'un premier lit : la portion, qu'il eut dans les Etats du pere, fut compoſée de quelques Seigneuries près de Dreſde.

Les exemples domeſtiques, que fournit la Maiſon de Wirtemberg, ſuffiroient pour prouver que ces Princes n'ont jamais crû aller contre des Pactes de Famille, en ſe mariant à des perſonnes qui ne fuſſent pas d'une naiſſance égale à la leur. Le feu Duc Eberhard-Louis de Wirtemberg, avoit épouſé une Princeſſe de la Maiſon de Bade-Dourlach, qui étoit fille d'Urſule de Roſenfeld ; ſon mariage fut-il moins regardé pour ſortable à ſon rang, quoique la mere de ſa femme fût d'une condition fort inférieure à celle d'un Prince de Bade.

Le Duc Chriſtian-Ulric de Wirtemberg-Oëls avoit épouſé la Demoiſelle de Roderen ; dont le pere venoit d'être fait Comte d'Empire ; le fils, qui en eſt iſſu, n'a jamais eſſuyé de conteſtation ſur ſon état, il a été même élevé à la Cour de Stoutgard & toujours mis au rang des Princes de la Maiſon.

Il eſt connu que le Duc Georges, grand'pere de Georges-Léopold , avoit épouſé une perſonne qui n'étoit point Princeſſe, quoiqu'elle fût d'une nobleſſe illuſtrée , pouvoit-on lui reprocher pour cela d'avoir enfreint la prétendue Loi établie dans le Traité des cinq Freres, ou aucun des Pactes anterieurs de ſes Ancêtres : en fut-il moins Prince ſouverain de Montbeliard, & le fils procréé de ce mariage devint-il moins ſucceſſeur légitime de ſes Etats & de ſa dignité , avec voix & ſéance dans la Diete de l'Empire.

A quoi ſe réduit donc cette Loi imaginaire que les Agens de Stoutgard prétendent trouver dans ledit Traité, pour s'élever contre un mariage fait avec une femme de condition inégale ? L'article qu'ils citent doit être au moins mis en parallele avec l'engagement que les cinq freres prennent immédiatement après, *de demeurer inviolablement attachés à la Confeſſion d'Ausbourg & d'y maintenir leurs ſucceſſeurs.* C'eſt dans ces termes que s'explique le Traité. Or on demande ſi le Duc Alexandre de Wirtemberg-Stoutgard , pere du Duc regnant d'aujourd'hui , a crû contrevenir à une Loi en embraſſant la Religion Catholique ; & ſi ce Prince eût voulu convenir d'avoir encouru la moindre peine pour n'avoir pas ſatisfait à une clauſe du Traité , qui devoit même avoir plus de force & d'étendue, en ce que cet engagement porte juſques ſur la poſterité des cinq freres, au lieu que celui qui concerne leurs mariages ſe borne à eux perſonnellement, & ne regarde en aucune maniere leurs deſcendans.

C

Il doit donc demeurer pour constant que ce Traité de Partage des cinq Freres n'a ni établi ni pû établir une Loi pour leur postérité, qui les assujettisse à ne se marier qu'à des filles issues de Maison de Prince, & que par conséquent c'est sur une fausse supposition que les Agens du Duc de Stoutgard ont toujours mis en avant ce Traité & d'autres Pactes de famille, pour prouver que le fils légitime du Duc de Montbeliard né d'un mariage disproportionné pour la naissance, ne pouvoit point recueillir la succession de son pere.

Il y a plus, c'est que quand même on supposeroit dans ce Traité une Loi prohibitive de mésalliance dans la Maison de Wittemberg (ce qui n'est point) cette Loi ne pourroit jamais avoir son application contre le droit naturel qu'un fils légitime a de succeder aux biens situés en France, ce qui fait le seul objet de la contestation présente. Dans les Maximes de France lorsqu'il s'agit de succeder aux biens, le fils est toujours fondé de dire : je suis, de l'aveu même de mes adversaires, né du légitime mariage que le Duc de Wittemberg-Montbéliard a contracté avec Anne-Sabine de Hedwiger ; donc au jour de la mort de ce Prince j'ai été saisi de la possession des terres qui sont sous la domination du Roi ; & pour dire le contraire, il faudroit que contre l'art. 3. du titre des Fiefs de la Coutume de Franche-Comté, on ne gardât plus dans cette Province la maxime générale du Royaume, *le mort saisit le vif son hoir plus proche* ; ou que dans la Province d'Alsace gouvernée par le Droit Ecrit, on ne suivît plus la Constitution de l'Empereur Theodore, qui donne aux enfans par privilege la saisine de tous les biens de leur pere, comme les Coutumes de France la donnent à toutes sortes d'héritiers, enfans & autres.

EXAMEN du Traité de Wildbade, & de ce qui en résulte en faveur de la Légitimité de Georges-Léopold, fils du Prince de Montbéliard.

Le Duc Léopold-Eberhard, Prince de Montbeliard, ne fut pas plutôt maître de ses Etats, après la mort du Duc Georges son pere, que n'ayant plus rien à respecter, il se livra au panchant qu'il avoit pour les femmes, & se laissa particulièrement posseder par Elisabeth-Charlotte de l'Esperance, qui gagna un empire absolu sur son esprit. Non contente de cette domination en qualité de sa maîtresse, en laquelle elle avoit succedé à sa sœur Henriette-Hedwic de l'Esperance, elle fut assez témeraire pour aspirer à l'honneur de devenir sa femme ; & parce que le Prince déja marié ne pouvoit se lier à une seconde femme pendant la vie de la premiere, elle lui inspira le dessein de faire rompre son mariage par son Consistoire.

Le projet étoit insensé ; car si la Confession d'Ausbourg admet le divorce dans les deux cas d'adultere & de désertion malicieuse, il est certain que ces deux cas exceptés elle reconnoît le mariage indissoluble fondé sur les paroles de l'Ecriture, seule regle de leurs Dogmes, *quod Deus conjunxit, homo non separet.* Il eut donc fallu convaincre l'épouse du Prince ou d'infidélité ou de soustraction opiniâtre de sa personne ; mais sa vie irrépréhensible sur l'un & l'autre de ces objets, ne donnoit aucune prise à la rupture de leurs liens : le remede à cet invincible obstacle fut d'inventer une troisiéme cause de divorce, qui fut la disparité des humeurs.

Avec ce principe nouveau, inconnu dans toutes les Eglises Chrétiennes, & avec lequel on seroit en état de rompre tout mariage à son gré, le Prince & sa femme passent en 1714 un Acte volontaire, dans lequel ils commencent par reconnoître pour enfans légitimes provenus de leur mariage Georges-

Léopold & fa fœur, déclarent faire divorce enfemble pour raifon de *difparité de leurs humeurs*, & fe donnent la liberté de fe remarier à qui bon leur femble-ra. Cet Acte ainfi dreffé fous fignature privée eft préfenté le lendemain au Confeil Ecclefiaftique du Prince, qui le reconnoît *pour jufte & conforme aux intentions des Parties.* Et c'eft là toute la forme judiciaire dont on juge à propos de le revêtir.

Ce divorce, quoique frivole & infoutenable dans fes principes, fervit de prélude à une tentative encore plus monftrueufe, que l'ambition d'Elifabeth-Charlotte concerta, pour nuire à l'état de la femme légitime du Prince & de fes enfans. Ce fut le Traité de Wildbade conclu en 1715, par lequel le pere fe laiffa engager à reconnoître dans fes enfans légitimes une fauffe & imaginaire incapacité de fucceder aux biens de fa Maifon, en les mettant au niveau des bâtards de cette maîtreffe, dans la vûe que par le mariage qu'elle fe propofoit de contracter avec lui, ils deviffent feuls l'objet de fes bienfaits & fes uniques héritiers. Ce projet, qui dans l'execution trompa fon attente, trouva le Duc de Stoutgard très-difpofé à l'adopter, & il ne fut plus queftion que de déterminer le Duc de Montbeliard à fe transporter aux Bains de Wildbade dans le Wirtemberg, fous prétexte de fes incommodités, mais au fond pour figner avec fon parent le Duc de Stoutgard une convention indigne & préjudiciable à fes légitimes defcendans.

Quelque horreur que renferme ce Traité, Georges-Léopold fils légitime du Duc de Montbeliard, y trouve des preuves invincibles de fon état, & fait voir que non-feulement le Prince fon pere, mais le Duc de Stoutgard lui-même, eft convenu dans les termes les plus précis que lors de la conclufion de ce Traité il étoit notoire dans la Maifon de Wirtemberg qu'il a pris fa naiffance d'un mariage réellement contracté avec la Comteffe de Sponeck.

Dans le préambule du Traité (voici les expreffions qui conftatent cette vérité) *Léopold-Eberhard Duc de Montbeliard a d'une part confideré que S. A. S. n'a jufqu'à préfent paffé à aucun mariage licite, fuffifamment qualifié, ainfi que l'état de leur Maifon de Prince le requiert.* Peut-on employer des paroles plus pofitives pour déclarer que l'on a contracté un véritable mariage, mais qu'il n'étoit point fortable à une Maifon fouveraine. La verité du fait d'un mariage fut donc reconnue par les deux Princes contractans, & cette reconnoiffance étoit même néceffaire pour donner un fondement au Traité : mais ils établiffent en même tems une conféquence qui eft abfolument fauffe, fçavoir que ce mariage étant difproportionné, les enfans qui en font nés ne peuvent afpirer à aucune fucceffion, & font incapables d'hériter de leur pere. Conféquence étrangere à la conteftation d'aujourd'hui, ne s'y agiffant que de la poffeffion des biens, d'où les enfans ne peuvent jamais être exclus pour raifon d'une méfalliance faite dans le mariage de leur pere.

Dans le fecond article du Traité de Wildbade on lit ces paroles : *Lequel* Duc de Montbeliard *ne s'eft marié felon fon état, comme il eft indifpenfablement requis dans la Maifon de Wirtemberg.* Ces expreffions font encore plus pofitives que les précedentes, pour prouver que le mariage du Duc de Montbeliard exiftoit lors du Traité, qu'il étoit connu dans la Branche aînée de Wirtemberg, & qu'il falloit même qu'il y eût acquis toute la publicité pour que le Duc de Stoutgard pût traiter avec un parent, qui felon lui avoit fait une alliance peu fortable à fon rang, ainfi qu'il s'en explique d'une maniere à ne pouvoir laiffer aucun doute fur la réalité d'un fait auffi averé.

La conféquence que les deux Contractans tirent de l'aveu qu'ils font de ce mariage conftaté, eft en premier lieu contre toute raifon, en ce qu'ils concluent que de ce mariage difproportionné pour la qualité *le Duc de Montbeliard n'a point de defcendans légitimes.* Les maximes fur lefquelles la queftion pour l'envoi en poffeffion doit être jugée, ne peuvent manquer de former un raifonnement tout oppofé, elles diftingueront l'effentiel d'un mariage légitime d'avec ce qu'il peut y avoir de pure politique & de confideration par rapport à la dignité ; fur ces principes elles doivent conclure que le mariage du Prince de Montbeliard quoiqu'inégal pour la qualité des perfonnes, n'eft pas moins un mariage réel & capable de prefenter des enfans légitimes propres à fucceder aux biens fitués dans le Royaume : conféquence conforme au droit naturel, qui ne fçauroit être anéanti par des ufages chimeriques, dont on ne trouvera l'établiffement dans aucune Loi.

La feconde conféquence que les deux Princes contractans tirent de cette incapacité imaginaire des enfans nés de ce mariage, eft appuyée fur une fuppofition radicalement fauffe ; en ce qu'il y eft dit que par le défaut d'enfans habiles à fucceder aux biens de Montbeliard, *ce droit de reverfion eft dû au Duc de Wirtemberg-Stoutgard, fuivant les anciens Pactes de Famille ;* pendant qu'il eft évidemment prouvé par ces mêmes Pactes, & plus particuliérement par le Traité des cinq Freres, qu'au cas de l'extinction de la Branche de Montbeliard, fa fucceffion ne pourra jamais remonter à la Branche aînée, mais qu'elle fera dévolue aux defcendans des Branches cadettes.

D'où il s'enfuit, 1°. Que le Duc de Stoutgard comme Chef de la premiere Branche manquoit de qualité pour traiter avec le Duc de Montbeliard au fujet de la tranfmiffion de fes Etats. 2°. Que ce Traité de Wildbade a été fait au préjudice d'un tiers qui n'y a point été appellé, fçavoir les Branches cadettes ; quoique ces mêmes Pactes de Famille leur euffent affuré & fubftitué les biens qui faifoient l'objet du Traité. 3°. Que par une conféquence néceffaire le Traité de Wildbade devient illufoire & doit être regardé comme non avenu.

Et cela d'autant plus que les neuf Seigneuries cedées dans ce Traité au Duc de Stoutgard par le Duc de Montbeliard, font incontefablement des Fiefs enclavés dans la Bourgogne, en Franche-Comté & en Alface, par conféquent fous la domination du Roi : cette ceffion ne pouvoit donc point fe faire fans le confentement & la confirmation de Sa Majefté, comme Seigneur direct. L'omiffion de ce devoir étant un attentat contre les droits de la Couronne & contre la Paix de Nimegue, il eft hors de doute que le Traité de Wildbade ne doive être tenu comme une Acte de nulle valeur.

Dans le fixiéme article de ce Traité le Duc de Montbeliard promet *de ne point paffer à d'autres noces du vivant d'Elifabeth-Charlotte Baronne de l'Efperance.* Cette promeffe, quelque horreur qu'elle renferme en elle-même, en ce qu'elle lie ce Prince au commerce adulterin & inceftueux dans lequel il vivoit avec cette maîtreffe, établit deux preuves également certaines pour la légitimité de Georges-Léopold. La premiere, que le Duc de Montbeliard étoit donc véritablement marié avant que de s'attacher à cette concubine, fans quoi il feroit infenfé de lui faire dire qu'*il ne paffera pas à d'autres noces.* La feconde conféquence qui dérive de la premiere, eft que lors de la conclufion de ce Traité il étoit notoire dans la Maifon de Wirtemberg, qu'il y avoit eu un divorce entre ce Prince & la Comteffe de Sponeck ; car comment fuppofer fon mariage dans les trois articles ci-deffus rapportés, & en même temps le reconnoître pour libre & en état de paffer à d'autres noces,

fans

sans admettre un divorce intervenu qui lui eût rendu sa liberté.

Etre forcé de reconnoître dans ce Traité un mariage existant, nier cependant le fait d'un divorce, & concilier ces deux objets avec la promesse de ne pas se remarier, c'est un égarement que l'on ne comprendra jamais. C'est cependant ce système extravagant que présentent également dans leurs Ecrits les Agens du Duc de Stoutgard & les Barons de l'Esperance, par la seule raison que s'ils admettoient une fois le fait & la réalité du divorce, il ne leur resteroit plus le moindre faux-fuyant pour révoquer en doute l'existence & le fait de la célébration du mariage.

Mais si le Traité de Wilbdade ne reconnoissoit pas par lui-même la vérité & la légitimité du mariage avec la Comtesse de Sponeck, si elle n'étoit simplement que la maîtresse du Prince contractant à Wildbade, pourquoi, par un Acte spécial à la suite dudit Traité, la faire renoncer à tous ses droits, pourquoi obliger le fils Georges-Léopold à se déporter par un serment corporel, de toutes les prétentions qu'il pouvoit avoir par sa naissance, sur la succession du pere? L'état d'une concubine, celui d'un fils illégitime donne-t-il donc quelque droit de succeder aux biens d'une famille, & la rénonciation à ces droits que l'on exige, ne suppose-t-elle pas évidemment un Titre de légitimité?

Sur quel principe les deux Princes contractans ont-ils donc agi pour concourir à la destruction de l'état d'un fils qu'ils reconnoissent tous deux pour être procréé d'un véritable mariage? Quel motif pouvoit donc avoir le pere, pour se prêter à une exheredation totale de Georges-Léopold & de sa sœur, quoiqu'il les reconnût en même tems pour ses enfans, nés d'un engagement légitime? Ce motif ne pouvoit être que celui que l'illusion ou la mauvaise foi avoit suggeré au Duc de Montbeliard, Prince borné, susceptible de toutes les foiblesses & accablé d'ailleurs d'infirmités. On lui fit entendre que son mariage avec la Comtesse de Sponeck étoit de la nature de ceux que les Usages d'Allemagne traitent de *Morganatique*, & que les Princes de l'Empire ont coûtume de contracter; mariages qui peuvent bien produire des enfans légitimes, mais en même tems incapables de succeder aux fiefs des grandes Maisons.

On n'eut garde de lui expliquer en même tems ce que les Jurisconsultes entendent par mariage à la Morganatiqne. On lui eut appris que suivant les Loix des Lombards, qui ont donné origine à ces sortes de mariages, & dont les Princes Allemans se sont quelquefois servis, il faut, pour que le mariage soit de la nature de Morganatique, qu'il y ait un Pacte antérieur entre l'époux & l'épouse, par lequel il soit arrêté & convenu: *que la future devenüe veuve, & ses enfans, demeurent réduits pour tous biens à un certain revenu, sans pouvoir prétendre leur part dans la succession avec les enfans d'un premier lit, dont la mere seroit morte, non plus qu'aux titres, aux honneurs & dignités de la Maison.*

C'est ce Pacte fait avec la seconde femme avant que de l'épouser, après le décès de la premiere, qui constitue l'essence du mariage Morganatique, que le vulgaire appelle, mariage de la main gauche: sans cet accord précédent, sans le concours de ces conditions requises, dont aucune ne se trouve dans le mariage du Duc de Montbeliard avec la Comtesse de Sponeck, il est aussi impossible d'imaginer deux personnes mariées à la Morganatique, que de feindre un homme & une femme unis ensemble par les liens d'un mariage ordinaire, sans leur consentement mutuel.

C'est donc uniquement à la malignité de cette illusion insinuée à un Prin-

Voyez Mylerus, Gamalogia, cap. 5. Heinricus, Corchius, de Lege Morgan.
Schewederus, de Matrimonio ad Morgan.
Riccius, de Matrimonio ad Morganaticam donationem contractio.

D

ce foible, dépourvû de lumieres, joué par sa maîtresse & trahi par son propre conseil, qu'il faut attribuer l'exhéredation prononcée contre des enfans légitimes, en faveur desquels les droits de la nature & les maximes les plus sacrées ne cesseront jamais de s'élever contre une injustice aussi criante que celle qui régne dans les dispositions du Traité de Wildbade.

*26.& 16. Cod.
de Transactioni-
bus.*

Lorsque les Loix parlent des Transactions, elles défendent expressément aux peres & aux meres de traiter de l'état & des droits de leurs enfans.

*La Loi, Jus au-
tem de Pactis.*

Elles établissent pour principe certain, qu'on ne peut abdiquer les droits du sang & de la filiation en général. Que diroient-elles si la question regardoit en particulier un mineur, tel que l'étoit Georges-Léopold, lorsqu'on l'obligea de renoncer à tous les droits qu'il pouvoit avoir en vertu de sa naissance, & que l'on voulut qu'il accompagnât sa renonciation d'un serment corporel.

*18. De jureju-
rando.*

Ces mêmes Loix ordonnent, que le serment en chose illicite & contre les Loix, soit tenu pour inutile & inadmissible. On a eu si peu d'égard pour une maxime aussi invariable, que Georges-Léopold sur l'exposé de sa minorité, de sa lezion totale, n'a jamais pû être admis au Conseil Aulique à se voir relever du serment fait dans la vûe d'operer la destruction de son état.

*33. De jureju-
rando.*

Les Loix tiennent pour régle certaine, que les personnes constituées en dignité & les Princes, font un serment frivole & illusoire dans les aliénations considerables, & qui tendent à l'affoiblissement de leur dignité & de leur état. Quel seroit donc la décision de la Loi, si on lui proposoit un Acte qui anéantît totalement le titre, la dignité & la fortune du fils d'un Prince Souverain?

Il n'est aucune de ces régles établies pour guider l'équité des Nations, qui n'ait été violée dans le Traité de Wildbade. Voilà cependant le Titre sur lequel, comme sur une Loi respectable de sa Maison, le Duc de Stoutgard s'est fondé pour envahir par la force les biens d'un patrimoine acquis au fils légitime du Duc de Montbeliard. C'est ce Traité, ouvrage de l'iniquité & de l'égarement, qui a fait l'ame & le motif principal des Décisions qui ont cherché à l'accabler.

Il est vrai que le Duc de Montbeliard revenu à lui-même, & instruit par des conseils plus sages, avoit reconnu plusieurs années avant sa mort, toute l'indignité de ce Traité. Ses regrets furent assez marqués par le refus qu'il fit de l'executer, par le parti qu'il prit de se marier avec Elizabeth-Charlotte, contre la clause expresse du Traité, & par la démarche qu'il fit de rétablir la Comtesse de Sponeck & ses enfans légitimes dans les droits attachés à leur état.

Ce retour à des sentimens en partie plus équitables, excita de la part du Duc de Stoutgard tout l'orage que l'on vit fondre sur la Famille légitime du Duc de Montbeliard & sur sa personne même. On se plaignit à l'Empereur de l'inobservation du Traité de Wildbade, & le seul exposé d'une plainte que l'on sçut appuyer du crédit superieur que le Duc Eberhard-Louis s'étoit acquis

*Du 8. Novem-
bre, 1721.*

à la Cour de Vienne, produisit en peu de jours un Rescrit, par lequel, sans avoir entendu le Prince de Montbeliard accusé, il lui étoit enjoint de supprimer les qualités de Prince & Princesse qu'il faisoit prendre à sa femme légitime & à ses enfans, contre les dispositions dudit Traité, où ces qualités & les armes de Wirtemberg leur étoient interdites.

La précipitation de ce Rescrit, & la maniere peu convenable de l'adresser au Duc de Montbeliard, étonnerent également ce Prince. Il écrivit à l'Empereur à ce sujet, & lui marqua, *que si le Duc de Stoutgard avoit quelque prétention* contre lui, il ne devoit point se servir d'un moyen peu autorisé dans l'Empire, mais user des voyes de droit, ausquelles on seroit en état de répondre.

Ces voyes, suivant le privilége des Princes de Wirtemberg, confirmés par les Empereurs, devoient être celles des Arbitres choisis dans des Maisons Souveraines de l'Empire, & le Duc de Montbeliard fondé sur les Pactes de famille, étoit en droit de décliner toute autre Jurisdiction dans des affaires à discuter avec un Prince de sa Maison. Le Duc de Montbeliard peut-être peu instruit de cette prérogative, se laissa engager dans une Instance réglée au Conseil Aulique, où il pouvoit encore se dispenser de paroître, par le défaut de citation usitée contre des Princes de l'Empire, dont on ne s'étoit point servi, n'ayant employé que la voye de la Poste pour lui notifier le Rescrit de l'Empereur. Ce fut ainsi devant ce Tribunal, quoiqu'incompetent, que la contestation s'ouvrit & se vit continuée par les différens Arrêts qui y sont intervenus depuis le décès du Duc de Montbeliard arrivé en 1723.

Mais avant que de rendre compte de ces Décisions, on doit établir pour un fait certain & fondamental, que dans l'espace de près de dix ans, que la Maison de Stoutgard a procédé contre celle de Montbeliard au Conseil Aulique, il n'a jamais été question de disputer l'état de légitimité aux enfans procréés du mariage contracté avec la Comtesse de Sponeck, mais uniquement leur habileté à succeder aux Fiefs de l'Empire & aux Titres de dignité de leur pere. Le seul motif étoit que les Pactes de Famille, & en particulier le Traité de Wildbade, annéantissoient ces prérogatives dans les mariages Morganatiques, & par conséquent leur ôtoient la capacité de succeder. Ce furent là les premiers erremens de la procédure; & pour en être persuadé, il suffit de voir le grand Mémoire du Duc Eberhard-Louis, imprimé & distribué au Conseil Aulique, qui se trouve produit aujourd'hui devant Messieurs les Commissaires.

Dans ce Mémoire, le Duc de Stoutgard tient un langage bien différent, lorsqu'il s'agit d'attaquer le Duc de Montbeliard sur son second prétendu mariage avec la Baronne de l'Esperance. Ce n'est point sur l'inégalité de condition qu'il le combat, mais sur l'impossibilité où étoit ce Prince de pouvoir épouser cette concubine, parce qu'il étoit actuellement dans les liens d'un véritable mariage avec la Comtesse de Sponeck, & que ces liens n'avoient pû être rompus par un divorce, que l'on ne pouvoit regarder que comme l'ouvrage d'un Consistoire corrompu & prévaricateur, puisqu'il ne se trouvoit aucune des causes suffisantes, suivant les principes de leur Religion, pour dissoudre un engagement aussi sacré.

C'est ainsi que parloit l'auteur de la contestation, & ce n'est que depuis les dernieres années du Procès, que les Agens de Stoutgard ont abandonné ce Moyen, qui admettoit la réalité du mariage de la Comtesse de Sponeck. Tous les Jugemens rendus au Conseil Aulique sont fondés sur ce premier exposé du Duc de Stoutgard : ils ne refusent à Georges-Léopold que les avantages attachés à la dignité de Prince, dont son adversaire demandoit uniquement la suppression; non-seulement ils ne donnent point d'atteinte à la légitimité de sa naissance, mais ils l'établissent expressément par les droits qu'ils lui réservent sur des biens qui ne peuvent regarder qu'un enfant légitime, ainsi qu'on va le démontrer dans l'examen de ces Arrêts, jusqu'à celui de 1739 exclusivement, dans lequel on verra qu'une partialité sans bornes, & un aveuglement qui ne peut se comprendre, ont franchi toutes les régles de la justice & des égards que ce Tribunal se devoit à lui-même.

ANALYSE des Arrêts du Conseil Aulique, rendus dans l'affaire de la succession de Montbeliard.

La contestation commencée au Conseil Aulique entre le Duc de Stoutgard, & le Duc de Montbeliard, continua jusqu'à la mort de ce dernier, arrivée le 25 Mars 1723. Georges-Léopold désigné par son pere, pour Prince héréditaire dès 1719, & reconnu par les Etats comme Successeur légitime, prit aussi-tôt possession de la Souveraineté, & reçut le serment de fidélité des différens Ordres de Montbeliard, sur la proclamation des Chefs Ecclésiastiques & des Magistrats. Il crut devoir informer l'Empereur du changement arrivé; mais sa Lettre fut reçue avec indignation à la Cour de Vienne, (parce qu'il y prenoit la qualité de Duc de Montbeliard.) Cette indignation fut bien-tôt suivie de son effet; car au lieu d'attendre que le fils, (autorisé du moins dans l'intervalle de l'indécision, à s'attribuer cette qualité) eut repris l'Instance de son pere au Conseil Aulique, contre le Duc de Stoutgard, ce qui étoit absolument nécessaire, puisqu'il s'y agissoit uniquement de prononcer sur ladite qualité: on y rendit un Jugement précipité, deux jours après que sa Lettre fut arrivée à Vienne, par conséquent, sans que la Partie intéressée pût être entendue.

Ce Jugement est du 8 Avril 1723, dans la teneur qui suit.

Premier Arrêt du Conseil Aulique du 8 Avril 1723.

» SA Majesté Imperiale a très-gracieusement ratifié les très-humbles avis du
» Conseil Impérial Aulique, quant au second Chef, de maniere que con-
» formément au premier Rescrit Imperial du 8 Novembre 1721, sont cassés
» & annullés les titres & qualifications de Princes & Princesse de la femme
» d'aujourd'hui Elizabeth-Charlotte, Baronne de l'Esperance, de même
» que du fils aîné, procréé d'Anne-Sabine, Comtesse de Sponeck, Georges-
» Léopold & de son épouse; comme aussi de la fille aînée Léopoldine-
» Eberhardine, & pareillement des enfans procréés de ladite Elizabeth-Char-
» lotte, Baronne de l'Esperance; Henriette-Hedvig, Léopold-Eberhard,
» Charles-Léopold, Elizabeth-Charlotte, & du fils dernierement né le 16
» Août 1722, Georges-Frideric; ensemble tout ce qui a été pour cet effet
» entrepris par les prieres dans les Eglises ou autrement, & particuliérement
» à l'occasion du dernier Baptême, comme pareillement la signature, par
» laquelle ledit Georges-Léopold, Comte de Sponeck, s'est attribué les qua-
» lités de Prince dans sa Lettre écrite à Sa Majesté Impériale du 22 Juillet
» 1722, & armellée; & pour cet effet, ladite Piece produite, à lui rendue
» avec correction.

» Conformément aux Pieces principales imprimées & publiées par les Par-
» ties les 30 Septembre & 9 Décembre 1722, & de la suffisante connoissan-
» ce qu'on en a tirée ou faite, suivant les droits connus & l'usage pratiqué en
» Allemagne, pareillement conformément aux Pactes de Famille de l'année
» 1617; ensuite de l'aveu fait publiquement en différentes reprises en 1715,
» par M. le Duc de Montbeliard, & confirmé par serment par Georges-Léo-
» pold, Comte de Sponeck, & Elizabeth-Charlotte, Baronne de l'Espe-
» rance, pour elle & ses enfans le 29 Juillet 1715, & depuis confirmé dudit
» Georges, Comte de Sponeck en particulier, par un serment corporel le 8
» Octobre de ladite année 1715; & aussi conformément à la Déclaration
» émanée de Sa Majesté Imperiale du 18 Novembre 1721, lesdits enfans en
général

» géneral ont été déclarés inhabiles à porter la dignité du Prince leur pere, &
» à la succession des Allodiaux & Fiefs immédiats de l'Empire ; & pour cet
» effet, la demande faite par ledit Georges-Léopold, Comte de Sponeck,
» d'être relevé de son serment, à l'effet de pouvoir agir en justice, est refusée.
» Quant aux deux enfans encore vivans, procréés d'Henriette-Hedwic,
» Baronne de l'Esperance, sçavoir Eberhardine & Léopoldine-Eberhardine,
» on s'en tient à la Déclaration faite par M. le Duc de Montbeliard dans ses
» Productions du 9 Novembre 1722, portant, qu'étant enfans naturels, il
» n'étoit point question d'elles dans la présente Instance.

On voit premiérement par les termes précis de cet Arrêt, que l'objet de la
contestation regardoit uniquement la suppression des titres de dignité que le
Duc de Montbeliard avoit fait prendre à sa Famille, & que par là le Duc de
Stoutgard tendoit à faire déclarer les enfans incapables de succeder aux Fiefs
immédiats de l'Empire.

2°. On y voit que les motifs dont se sert le Conseil Aulique n'ont rapport
qu'à ce seul & unique objet : c'est d'un côté le Traité des cinq Freres de 1617,
de l'autre, la convention de Wildbade. On supprime ces titres de dignité,
parce que les cinq Freres dans un Partage de Famille, ont desiré qu'aucun
d'entre eux ne se mariât dans d'autres Maisons que celles de Princes ; & parce
qu'on avoit fait dire à Wildbade au Duc de Montbeliard, qu'il n'a point contracté de mariage suffisamment qualifié. Voila donc ce Jugement qui doit servir de baze à tous les autres, & dont les motifs ne portent que sur l'inégalité
des conditions dans le mariage du Duc de Montbeliard avec la Comtesse de
Sponeck.

Le mariage en lui-même est donc certain par la disposition de cet Arrêt,
il est même légitime ; mais la mere n'étant pas d'un rang assez élevé, on défend au fils de prendre la qualité de Prince, on le déclare inhabile à porter
la dignité de son pere & à succeder aux Fiefs immédiats de l'Empire. Quelque
soin que prennent les Agens du Duc de Wirtemberg, de mettre de la confusion dans cette affaire, ils ne parviendront jamais à établir que de cet Arrêt il
résulte la moindre conséquence contre l'état légitime de Georges-Léopold.
On est forcé au contraire d'en conclure, qu'il y est reconnu comme né d'un
mariage que les Loix ne peuvent désavouer ; mais que des usages prétendus
dans l'Allemagne, & des régles imaginaires, adoptées par la Maison de Wirtemberg, excluent des grandes dignités de l'Empire.

3°. Ce qui prouve démonstrativement que le Conseil Aulique dans son
Arrêt du 8 Avril 1723, reconnoît la légitimité de Géorges-Léopold, c'est
que dans la derniere de ses dispositions il distingue parfaitement le fils légitime d'avec des enfans naturels du Duc de Montbeliard, *en s'en tenant à la déclaration faite par le pere dans ses Productions du 9 Novembre 1722.*

On y reconnoît donc la différence que le pere lui-même a déclaré être entre les enfans qu'il a eu de son mariage, & ceux qui lui sont nés d'Henriette-
Hedwic, Baronne de l'Esperance, or cette différence n'est autre chose que
la naissance légitime des uns & l'illégitimité des autres.

Cette disposition de l'Arrêt est si décisive pour la question dont il s'agit,
que l'Agent du Duc de Stoutgard dans son Exposé des Arrêts du Conseil Aulique, a pris le parti de la supprimer en entier. C'étoit la voye la plus courte
pour dérober à la connoissance publique une partie essentielle de ce Jugement, qui acheveroit de lever tous les doutes, s'il en pouvoit rester sur une

F

légitimité reconnuë ; mais c'étoit auffi la voye la moins conforme à fes vûes. Plus cet Agent cherche à en impofer en tronquant ainfi un Arrêt décifif, plus il importoit à Georges-Léopold de le rapporter ici dans fon entier, pour faire voir que l'Empereur n'y tient pour illégitimes que ceux que le pere lui-même a déclarés tels. Peut-on rien de plus fort, de plus conféquent, & qui conftate mieux la légitimité reconnuë dans Georges-Léopold par l'Empereur qui prononce ce Jugement.

Un pareil Arrêt rendu à la hâte & fans attendre que Georges-Léopold eût repris l'Inftance, ni qu'il eût été affigné pour la reprendre, ainfi qu'il eft ordonné par les Réglemens du Confeil Aulique, n'étoit parvenu à fa connoiffance qu'après qu'il eût pris poffeffion des Etats de fon pere décédé. Son premier foin fut de charger fon Agent à Vienne de former oppofition contre tout ce qui feroit entrepris au préjudice de cette prife de poffeffion. Toutes les voyes de droit furent dès lors interdites à Georges-Léopold pour fe défendre contre l'Arrêt précédent, & le Confeil Aulique n'attendit que la huitaine pour en rendre un fecond le 16. Avril 1723.

Second Arrêt du Confeil Aulique du 16 Avril 1723.

» Tout le contenu de cet Arrêt roule » fur la caffation de la prife de poffef- » fion des Etats de Montbeliard, & du ferment de fidélité prêté à Georges- » Léopold par les Sujets de ces Etats. L'Empereur lui promet des provifions ali- » mentaires & à fes enfans, à condition qu'il fe défifte préalablement de fes » titres de dignité, comme il eft ordonné par l'Arrêt précédent. Il adjuge la » poffeffion de Montbeliard au Duc de Wirtemberg-Stoutgard, & nomme » l'Electeur de Baviere & le Duc de Brunfwic, pour faire executer cette » prife de poffeffion. Il décharge les Etats de Montbeliard du ferment de » fidélité prêté à Georges-Léopold, & leur enjoint de s'en acquitter envers » le Duc de Stoutgard.

On ne croit pas que les yeux les plus pénétrans puiffent découvrir dans les difpofitions de cet Arrêt, la moindre trace contre la naiffance légitime de Georges-Léopold. Il y eft blâmé pour avoir pris poffeffion des Etats de fon pere dans le cours de la conteftation. Reproche inoüi & oppofé au droit naturel, puifque la préfomption de fa naiffance jointe à la défignation de fa perfonne faite par le pere pour fon fucceffeur, lui donnoit un titre fuffifant pour refter au moins en poffeffion jufqu'à ce que la conteftation fût décidée. La propofition qu'on lui fait de lui adjuger des provifions, s'il renonce au titre qu'il porte en vertu de fa naiffance, eft peu digne de fe trouver dans un Arrêt folemnel. L'Empereur & fon Confeil vouloient donc que ce fils, avant même de fe défendre, fe dépouillât volontairement de ce qu'il avoit de plus précieux, pour être à la merci de quelques provifions ; propofition abfurde, contraire à toutes les Loix, & qui devenoit fujette à des reproches éternels s'il l'eût acceptée.

Troifiéme Arrêt du Confeil Aulique du 14 Mai 1723.

» LE troifiéme Arrêt rendu par l'Empereur, confirme l'envoi en poffef- » fion de la Principauté de Montbeliard, en faveur du Duc de Wirtemberg- » Stoutgard. Il réferve à cet égard les droits de la Branche de Wirtemberg- » Oëls, quant au pétitoire fur l'intervention de cette Branche dans l'Inftan- » ce, pour raifon de leur droit de fucceder établi par le Traité de Partage des » cinq Freres. Il caffe de nouveau le ferment de fidélité prêté à Georges-Léo- » pold par les Sujets de Montbeliard : ordonne que le préfent Decret foit » affiché dans la Ville Capitale, & que le Duc de Stoutgard répetera les » Archives & effets enlevés du Château, dont il dreffera inventaire.

Le Duc de Stoutgard, plus d'un mois avant cet Arrêt rendu, avoit pris des mesures pour exécuter par la force la prise de possession que l'Empereur lui avoit adjugée par la Décision précédente. Georges-Léopold, âgé pour lors seulement de vingt-cinq ans, & déferant à des conseils qui furent depuis diversement interpretés, aima mieux ceder à la fatalité des tems, dans l'espérance que l'Empereur dans la suite mieux instruit de ses droits, reconnoîtroit l'iniquité du Traité de Wildbade, & le rétabliroit dans le patrimoine de ses peres : il fit néanmoins sa protestation contre cette violence & la fit déclarer juridiquement à la nouvelle Régence de Montbeliard.

Dans cet état, Georges-Léopold dépouillé de sa Principauté, trouvoit une ressource, parce que la succession du feu Duc de Montbeliard son pere, comprenoit plusieurs Terres situées sous la domination de la France, tant en Franche-Comté qu'en Alsace : ce fut pour recueillir cette portion de l'héritage, contre laquelle les faux préjugés tirés des mésalliances ne peuvent jamais être opposés, qu'il eut recours à la Justice du Roi. Les Tribunaux du Royaume reconnurent son droit, & le Parlement de Besançon, dans le Ressort duquel la plus grande partie de la succession de Montbeliard est située, après que le Duc de Stoutgard fut mis en cause, lui adjugea une provision de 60000 livres.

Une décision aussi favorable de la part des Juges, qui par eux-mêmes étoient instruits du véritable état de la famille légitime du feu Duc de Montbeliard, annonçoit au Duc de Stoutgard une prompte expédition pour juger le fond de la contestation & pour le maintien en possession de l'heritier naturel. Ce Prince prit le parti de demander au Roi, que la cause fut évoquée à son Conseil ; il l'obtint par un Arrêt rendu le 3 Janvier 1724 ; mais en même-tems il porta ses plaintes à l'Empereur au sujet du recours que Georges-Léopold cherchoit dans les Jurisdictions de France, sous le faux exposé que les biens reclamés par ce fils étoient incorporés à la Principauté de Montbeliard, & dépendoient par conséquent de l'Empire.

Ce grief avancé contre toute vérité, ne tendoit à rien moins qu'à compromettre les deux Dominations. La témérité de cette prétention a été démontrée depuis avec tant d'évidence, que le Duc de Stoutgard s'est vû obligé d'abandonner son systême, & de reconnoître la Souveraineté du Roi sur les neuf Seigneuries, comme situées sur terre de France. Quelque fausse & injuste que fût cette accusation portée devant l'Empereur, elle attira à Georges-Leopold une nouvelle marque d'indignation de la part de la Cour de Vienne ; elle fut marquée par le Mandement Imperial qui fut dressé contre lui le 21 Août 1724. *Voyez le Mémoire imprimé en 1737, IX. Proposition.*

La grande prolixité de cet Ecrit émané de l'Empereur, sans aucune forme de Jugement, permet seulement de tracer ici la substance des Articles qui le composent, & l'on veut bien s'en rapporter à l'examen qu'en fera l'Agent du Duc de Stoutgard lui-même, s'il y a la moindre partie essentielle de supprimée.

» Dans ce Mandement l'Empereur reproche 1°. au fils du Duc de Montbeliard, de ce qu'au mépris des Décrets Imperiaux, il continue à s'attribuer les Titres & les Armes Ducales de Wirtemberg.

» 2°. De ce qu'il a suscité d'une maniere très-punissable au Duc de Stoutgard, des procès dans les Parlemens de France, pour faire démembrer de la Principauté de Montbeliard des Seigneuries qui y ont été incorporées depuis quelques siecles, & qui dépendent de ce Haut-Fief Régalien de l'Empire.

» 3°. De s'être avisé de demander compte du Fief de Francalmont, dé-
» pendant de l'Evêque de Bâle, & qu'il devoit sçavoir que pour raison du
» mariage disproportionné & illégal de son pere, il est exclu, non-seule-
» ment des Fiefs immédiats de l'Empire, mais aussi des Terres qui en dépen-
» dent médiatement.

» 4°. D'avoir, par son recours aux Parlemens de France, cherché à susci-
» ter de dangereuses collisions entre l'Empire & cette Couronne, quoiqu'il
» soit notoire que les neuf Seigneuries incorporées à la Principauté de Mont-
» beliard ont été conservées sous la Souveraineté de l'Empire Romain, par
» l'Article treize du Traité de Paix de Riswic & par l'Article douze de celui
» de Bade.

» 5°. Qu'il ait à abandonner toutes ses entreprises séditieuses, à se dé-
» porter des Armes & Titres de Wirtemberg, sous peine de voir révoquer
» les Lettres Patentes par lesquelles l'Empereur Léopold a élevé sa mere à la
» dignité de Comtesse d'Empire.

Ce Rescrit ou Mandement de l'Empereur, porte sa critique avec lui, &
l'aveu que le Duc de Stoutgard a fait depuis au sujet de la Souveraineté du
Roi sur les neuf Seigneuries, doit faire tomber sur lui-même les reproches de
sédition & de troubles provoqués entre les deux Etats, que l'on y étale injustement contre Georges-Léopold. On ne peut regarder cet Acte, par rapport
au Gouvernement, que comme un tissu de fausses suppositions, parce que
dans aucun des deux Traités de Paix le Roi n'a prétendu reconnoître la Souveraineté de l'Empire sur ces Seigneuries : & en ce qu'il regarde l'état de
Georges-Léopold, il ne fait qu'affermir sa légitimité, en parlant du mariage
inégal de son pere, & en le déclarant uniquement déchû des avantages attachés à la dignité de Prince.

Cependant le Duc de Stoutgard voyant sa contestation liée au Conseil du
Roi par l'Arrêt d'évocation, avoit présenté une Requête à Sa Majesté, pour se
plaindre de ce que le feu Duc de Montbeliard, dans les Lettres de naturalité
obtenuës pour sa famille en 1719, avoit fait inserer les Titres de Princes &
Princesses en faveur de ses femmes & enfans, & demanda que l'Empereur
leur ayant fait défense de s'attribuer ces qualités, elles fussent réformées dans
lesdites Lettres. L'Arrêt du Conseil du 11 Septembre 1723, fit droit sur la
demande du Duc de Stoutgard, & ordonna que ces Lettres fussent rapportées
en original pour être réformées quant ausdites qualités.

Les Parties s'opposerent à l'Arrêt ; mais une seconde Décision du Conseil
du 8 Juin 1725, les déboute de leur opposition, *sauf à Georges-Léopold & à*
ses Consorts de se pourvoir contre le Jugement du Conseil Aulique du 8 Avril 1723,
pour ce fait être statué par Sa Majesté sur les autres conclusions par eux prises, ainsi
qu'il appartiendra, & cependant ordonne que sans préjudice du droit des Parties, elles
seront payées de leur provision annuelle.

C'étoit à la vérité renvoyer les Parties à la Cour de Vienne pour ce qui regardoit les Titres de Dignité ; mais l'objet de leur demande pour la propriété
des Terres de France, qui dépendoit de la seule qualité d'enfant légitime,
restoit toujours au Conseil du Roi. La démarche auprès de l'Empereur ne
pouvoit point avoir de succès, parce qu'on n'avoit point seulement voulu recevoir au Conseil Aulique l'opposition de Georges-Léopold à l'Arrêt du 8
Avril 1723. Il s'attacha donc uniquement à y poursuivre un Jugement pour
se faire adjuger *les biens allodiaux*, c'est-à-dire, *tout ce qui n'étoit pas Fief de*
l'Empire dans la succession de son pere, avec la restitution des fruits perçûs & des effets
précieux

précieux enlevés par le Duc de Stoutgard, se réservant ses droits & actions pour ce qui concernoit la question des Fiefs immédiats de l'Empire.

Jamais occasion ne fut plus favorable au Conseil Aulique de déclarer Georges-Leopold illégitime, & par conséquent incapable de posséder des biens allodiaux qu'il demandoit, si ce Tribunal avoit crû pouvoir porter aussi loin sa Décision, & si le Duc de Stoutgard en défendant dans cette nouvelle Instance, eut conclu à cette déclaration d'illégitimité. Mais on va voir dans l'Arrêt de l'Empereur, du 4 Septembre 1727, sur la demande de Georges-Leopold, que son état de fils légitime n'y reçoit pas la moindre atteinte, & que cet état y est même supposé comme un fait certain.

» Dans cet Arrêt on réitere, 1°. les Déclarations précédemment faites à
» Georges-Leopold sur son incapacité à succeder à la dignité du Prince son
» pere, & aux Fiefs immédiats de l'Empire ; on lui refuse de le relever de
» son serment à l'effet d'agir, & le délai qu'il demande pour pouvoir exposer
» ses raisons à cet égard.

» 2°. On ordonne qu'il sera communiqué à Georges-Léopold ce que le
» Duc de Stoutgard expose au sujet des biens allodiaux, & de ceux qu'il dit
» être propres & maternels.

» 3°. Qu'il sera communiqué au Duc de Stoutgard ce que le Comte de
» Sponeck expose au sujet de sa soumission pour le titre de Prince & les Ar-
» mes de Wirtemberg, de même que ses remontrances touchant les Archi-
» ves, vaisselle d'argent, & bijoux, avec le délai de deux mois.

» 4°. Que si le Comte de Sponeck veut encore, en conséquence du
» membre second de cette Sentence, présenter des Mémoires touchant la
» succession dans les allodiaux, les provisions, les biens propres & mater-
» nels, il le fasse sans y mêler de questions étrangeres.

De cette nouvelle Instance & de cet Arrêt qui est intervenu au Conseil Aulique en 1727, il résulte :

1°. Que l'opposition formée de la part de Georges-Léopold contre les Arrêts du 8 & du 16 Avril 1723, prouve sans replique, que la Question au sujet des Titres & de la Dignité, n'avoit point encore été terminée par un Jugement définitif de l'Empereur : que par conséquent le Duc de Stoutgard a surpris la religion du Roi, en obtenant l'Arrest du Conseil en 1725, qui ordonne le rapport des Lettres de naturalité pour y réformer ces Titres, sur l'exposé que ce Duc fit que la question étoit décidée sans retour à la Cour de Vienne, quoique plus de deux ans après, sçavoir en 1727, les Parties plaidassent encore sur ce sujet au Conseil Aulique.

2°. Il résulte, que l'Empereur par ce Jugement loin de prononcer contre la légitimité de Georges-Léopold, la suppose au contraire & l'établit, en laissant à ce fils l'ouverture aux demandes qu'il pourra faire au sujet des biens allodiaux, du mobilier du pere, & des propres maternels. L'exclusion de ces sortes de biens étoit de droit, si ce fils n'eût pas été regardé comme légitime, un bâtard ne pouvant hériter aucun bien. Aussi les conclusions prises dans les Requestes qui précéderent ce Jugement, font voir qu'il ne fut pas même alors question de prononcer sur la légitimité, mais seulement qu'en la reconnoissant dans le fils, on lui réservât tout son droit & son action quant à la Principauté & aux Fiefs de l'Empire, & qu'en attendant on lui adjugeât les allodiaux & mobiliers de la succession. Voici les propres termes employés par l'Agent de Georges-Leopold dans les conclusions de sa Requeste : *Eique quâ tali, legitimo, jus & actionem quoad Principatum questionis & feuda Imperii reservando, & interim adjudicando allodia & mobilia.*

F

3°. Il s'enfuit encore de cet Arrest, que la question au sujet des biens allodiaux situés dans l'Empire, est entiere en faveur de Georges-Léopold, puisque l'Empereur lui permet de présenter ses Mémoires touchant cette partie de la succession de Montbeliard. Il est donc faux que cet Arrest ait touché à sa légitimité, puisqu'au contraire on ne lui refuse point le droit d'actionner le Duc de Stoutgard pour des biens, qui ne peuvent être reclamés que par un enfant légitime.

Georges-Léopold se fondant principalement sur la seconde disposition de cet Arrest, poursuivit son action au Conseil Aulique, pour répeter contre le Duc de Stoutgard les biens allodiaux de la succession de son pere ; & en attendant une décision, il demanda qu'il lui fût accordé une provision, & que cette demande fût reçuë en faisant abstraction de la Cause concernant la Principauté & ses autres prétentions. Sur cette demande contredite par le Duc de Stoutgard, intervint l'Arrêt du Conseil Aulique du 21 Juin 1728, dans les termes suivans.

Cinquiéme Arrest du Conseil Aulique du 21 Juin 1728.

» IL est enjoint très-sérieusement au Comte de Sponeck de donner avant
» toutes choses à Sa Majesté Impériale des preuves pleinement justificatives
» & certaines de sa soumission aux Décrets & Mandemens Impériaux, pour
» se désister des Titres & Armes, de même de son recours à des Jurisdi-
» ctions étrangeres, en l'avertissant que sans ce préalable il ne sera plus ad-
» mis pour ses autres prétentions pour raison des provisions, des biens allo-
» diaux de la Succession, de même que pour les biens propres & maternels.

Il seroit assez difficile de concilier cette soumission préalable que l'Empereur exige de Georges-Léopold, pour qu'il renonce à son titre de Prince, avec ce qui est dit dans l'Arrest précédent du 4 Septembre 1727, dans la troisiéme disposition, où l'on donne pour un fait déja arrivé l'obéissance prêtée par ce fils au sujet du dépouillement de ce Titre : il faut de nécessité que l'un ou l'autre de ces deux énoncés soit faux. Ce qu'il y a de certain, c'est que ce fils persuadé que les Titres de dignité étoient inséparables de sa naissance, aima mieux cesser toute poursuite pour les affaires d'intérets, quoique considérables, que se prêter à une abdication deshonorante : son refus constant d'acquiescer à des ordres aussi injurieux, fait voir l'insuffisance de ces Arrests pour pouvoir déraciner dans la personne du fils d'un Prince Souverain une qualité qu'il ne tient ni de la volonté d'un pere, ni des Décisions du Chef de l'Empire, mais uniquement de sa propre origine.

Une chose singuliere, c'est que dans les précédens Arrests on lui refuse de le relever de son serment fait au Traité de Wildbade, pour pouvoir agir en Justice ; & dans celui-ci, on lui ouvre une libre entrée à la Justice, pourvû qu'il commence par se désister de sa qualité de Prince : les liens de ce serment tantôt déclarés indissolubles & tantôt susceptibles de dispenses, forment un paradoxe dont il n'est pas facile de donner la solution. Mais pour se renfermer dans la seule question, que l'on rassemble les différens Arrests qui viennent d'être exposés avec cette fidélité que Georges-Léopold souhaiteroit trouver dans son Adversaire, que l'on en examine l'esprit, les motifs & la lettre, il devient indubitable qu'aucune de leurs dispositions n'a attaqué la légitimité du mariage avec la Comtesse de Sponeck. L'Instance au Conseil Aulique tomba ainsi d'elle-même, parce que Georges-Léopold refusa constamment de sacrifier lâchement la dignité de son Titre aux offres qu'on lui faifoit de l'écouter dans toutes les autres demandes, que celle qui concernoit la Principauté.

L'affaire resta dans cet état jusqu'en 1730 que la Baronne de l'Esperance, qui n'avoit point encore paru dans la contestation, suscita une nouvelle querelle à Georges-Léopold au Conseil Aulique : elle l'attaqua sur l'enlevement de ses effets & papiers, dont elle l'accusoit, & sur les mauvais traitemens qu'elle disoit en avoir reçus depuis son prétendu veuvage ; mais ce n'étoit là que le prétexte, elle y joignit bientôt une ample Requeste contre la légitimité de Georges-Léopold, en soutenant que les enfans, qu'elle avoit de son mariage avec le Duc de Montbeliard, étoient les seuls légitimes.

Sa Requeste fut admise, & Georges-Léopold de son côté ne défendit dans cette Procedure les deux premieres années qu'en faisant demander des délais, ensuite il prit le parti de ne plus défendre. Son inaction ne ralentit pas les poursuites de la Baronne de l'Esperance, & elle obtint le 5 Mars 1734 un Arrest par défaut ou de contumace conçu dans les termes suivans.

» APrès tant de délais expirés de la part du Défendeur, le Conseil Aulique
» reconnoît la cause principale tombée en contumace.

Comme il étoit à présumer que les Barons de l'Esperance en reprenant l'Instance de leur mere décedée depuis, feroient passer ce Décret de contumace en Arrest contradictoire & définitif, dont on ne pourroit se relever que par la voye de révision, qui est ruineuse & sans fin au Conseil Aulique, Georges-Léopold n'attendit que la conclusion de la Paix pour pouvoir agir à Vienne, demander son recours contre cette contumace & se mettre en état de défendre, supposé que les Barons de l'Esperance voulussent continuer le Procès intenté par leur mere. C'étoient ses seuls adversaires dans cette Instance, & la Requeste qu'il donna ne concluoit à autre chose qu'à être relevé du Jugement rendu contre lui par défaut.

Quoique ce fût là l'unique objet de cette Instance, & quoiqu'il ne pût pas y avoir d'autres Parties que les Barons de l'Esperance, le Conseil Aulique par une partialité & un renversement de toutes les regles judiciaires, s'est prêté à juger du fond, dont il ne pouvoit point encore être question, à le juger non pas entre les Parties, qui pouvoient entrer en Instance ensemble au sujet de cette contumace, mais entre ces Parties & un tiers, sçavoir le Duc de Stoutgard, qui n'étoit point en Cause & ne pouvoit pas même y être, puisque le Décret de contumace n'étoit pas rendu à sa poursuite ; ce qui fait encore un dégré d'irrégularité inoüie.

L'expedient dont se servit le Duc de Stoutgard fut de presenter une Requeste en intervention le 16 Juillet 1739, par laquelle il demanda, 1°. *Une décision finale pour faire décheoir le fils du Duc de Montbeliard de son prétendu droit à la succession.* 2°. *Qu'on lui défendît l'usage des Armes de Wirtemberg & des honneurs y attachés.* 3°. *Que l'on jugeât sans délai la question de légitimité.*

Tous les Actes judiciaires produits au Conseil Aulique dans le cours d'une Instance au lieu d'être signifiés au domicile des Parties ou de leurs Procureurs, ainsi qu'il se pratique en France, ne leur sont connus que par une Affiche que l'on attache tous les jours dans l'antichambre du Conseil, où ces Procureurs & Agens trouvent l'intitulé sommaire des Requestes & autres Procedures fournies contre leurs Parties ; ils en demandent des Expeditions au Greffe du Conseil, & produisent à leur tour par la même formalité ce qu'ils ont à repliquer.

L'Agent de Georges-Léopold inftruit par cette voye de la Requeft donnée par le Duc Adminiftrateur de Stoutgard, pour intervenir dans ce Procès quant au fond, prefenta fa Requefte & demanda, 1°. *Que le Confeil Aulique s'abftînt d'entendre le Rapport du fond de l'affaire, comme n'étant point en état, vû que fa Partie n'avoit point encore été entenduë ni défenduë, jufqu'à ce que le point préliminaire qui concerne le préjudice de la contumace eût été décidé.* 2°. *Que fur fa réponfe faite dans cette Requefte on lui adjugeât fans autre retard la levée de la contumace.* 3°. *Qu'il ne fût rien ftatué diffinitivement ni jugé fur le fond ou la Caufe principale, puifque fa Partie n'a point encore été entenduë jufqu'à préfent en aucune maniere.*

Quelque irrégularité qu'il y eût de juger un fond de Caufe non inftruit, & malgré l'oppofition formée par la Requefte de l'Agent de Georges-Léopold, le Confeil Aulique paffant fur toutes les regles de l'équité naturelle, rendit le 18 Septembre 1739 l'Arreft qui fuit, par lequel il laiffe fubfifter la contumace & cependant juge la queftion d'état quant au fond, non pas entre les deux Parties, qui feules devoient être en Caufe alors, mais entre ces Parties & le Duc de Wirtemberg-Stoutgard, qui n'avoit point paru dans cette Inftance, ni en 1731 lorfqu'elle commença, ni en 1734 quand la contumace fut déclarée contre Georges-Léopold.

Sixiéme Arreft du Confeil Aulique du 18 Septembre 1739. SA Majefté Imperiale a très-gracieufement approuvé le très-humble Avis du Confeil Imperial Aulique. En conféquence, 1°. la reftitution en entier & la caffation du Décret du 5 Mars 1734, demandée par le Comte de Sponeck, vû les circonftances de l'affaire, n'a pas lieu.

I. MOTIF. » 2°. Quoique, tant le Comte de Sponeck que la Dame Baronne de l'Ef-
II. MOTIF. » perance & fes enfans, en reconnoiffant par un ferment réitéré en 1715
» tout ce que le défunt Duc de Montbeliard a déclaré dans le Traité de Wildbade
» au fujet de l'illégitimité de fes deux prétendus mariages & de la naiffance il-
» légitime de fes enfans, foient par eux-mêmes déclarés nés illégitimes, &
» qu'ainfi ils n'ayent plus été recevables contre M. le Duc de Wirtemberg-
» Stoutgard à caufe du ferment prêté. Que d'un autre côté Sa Majefté Impe-
III. MOTIF. » riale ayant refufé le 8 Novembre 1721 à M. le Duc de Montbeliard la lé-
» gitimation defdits fes enfans naturels, & en fe conformant à l'ufage reçu
» dans le Saint Empire Romain, ne voulant point les reconnoître au préju-
» dice de celui qui doit être le fucceffeur légitime de M. le Duc de Wirtem-
» berg-Stoutgard, en vertu du Pacte & de l'inftitution des Ancêtres, en quoi
» ils ont été derechef reconnus pour illégitimement iffus du feu Duc, & laif-
» fés dans cet état par Sa Majefté Imperiale.

» Cependant après que l'on a été pleinement inftruit par les Actes de part
» & d'autre touchant le fait de ces prétendus mariages, & des enfans qui en
» font iffus, Sa Majefté Imperiale d'abondant auroit le 5 Mars 1723 fait
IV. MOTIF. » donner par fon très-humble Confeil Imperial Aulique un Avis juridique,
» pour fçavoir, fi ces mariages propofés étoient conformes aux Loix, & fi les
» enfans pouvoient être tenus pour enfans légitimes du Duc de Montbeliard.
» Après qu'il a été trouvé, auffi-bien que dans le Fait, que ces deux préten-
» dus mariages pour raifon des taches accumulées & des crimes compliqués,
» manquant de ce qui eft requis à un mariage légitime, doivent être regar-
» dés pour nuls & de nulle valeur, & les enfans, qui en font nés, pour rien
» autre chofe que pour des enfans illégitimes, non-feulement felon les Loix
V. MOTIF. » & ufages reçus dans toutes les trois Religions en Allemagne, mais auffi fui-
» vant le Droit Ecrit & Canonique: mais par-deffus cela les Pactes de la Mai-
» fon

» fon de Wirtemberg, & en particulier celui des cinq Freres de l'an 1617,
» qui a été confirmé par un ferment rigoureux, les obligeoient auffi-bien que
» tous leurs héritiers & defcendans, qui ont été les auteurs de toutes les Bran-
» ches de Wirtemberg ; Pacte reçu des Prélats & de tous les autres Etats du
» Pays, comme une Sanction Pragmatique, qui feroit toujours obfervée,
» étant conforme en tout aux Pactes de la Maifon précedemment faits, en
» vertu defquels il n'eft point permis aux Ducs de Wirtemberg d'époufer d'au-
» tres perfonnes que des Princeffes. Auquel Pacte des Freres le Duc de Mont-
» beliard étoit d'autant plus étroitement tenu, que lui & fes Ancêtres ont re-
» çu la Principauté-Comté de Montbeliard & fes dépendances felon fa teneur,
» & que c'eft en vertu dudit Pacte qu'il l'a poffedée jufqu'à fa mort, ainfi que
» de fa part il a été obligé de l'obferver dans tous fes points & claufes. Ainfi
» le Confeil Imperial Aulique, fur le fondement qu'il ne fe trouve ni maria-
» ge conforme aux Loix, ni enfans nés légitimement, a donné fon très-hum-
» ble Avis, que non-feulement il fût défendu à ces femmes & enfans de por-
» ter le nom & les armes des Princes de Wirtemberg, mais auffi que ces der-
» niers fuffent déclarés inhabiles à la fucceffion, comme il eft marqué plus am-
» plement dans la Réfolution Imperiale du 8 Avril 1723. Après quoi l'on
» donna affez à connoître par differens Décrets confécutifs, tant au Comte
» de Sponeck qu'à la Baronne de l'Efperance, que la queftion d'état étoit ac-
» tuellement finie & décidée ; comme auffi au Comte de Sponeck, qu'on ne
» pouvoit point lui accorder fa demande pour être relevé de fon ferment, à
» l'effet d'agir en Juftice fur l'état de fa naiffance. Nonobftant toutes ces Dé-
» cifions le Comte de Sponeck a procédé fort amplement contre M. le Duc
» de Wirtemberg-Stoutgard, & a cherché particuliérement à produire tout
» ce qui pouvoit juftifier la légitimité du mariage de fa mere : & à l'égard de
» la Baronne de l'Efperance, elle a produit des Ecrits très-amples pour établir
» d'un côté la légitimité de fon mariage avec le Duc, & de l'autre elle a avan-
» cé tout ce qui pouvoit prouver l'illégitimité du mariage d'Anne-Sabine Hed-
» wiger, depuis Comteffe de Sponeck. Soit que le Comte de Sponeck n'ait
» point eu de quoi y répondre, ou que par une contumace & defobéiffance
» tout-à-fait inoüie & très-féverement défenduë par les Conftitutions de l'Em-
» pire, il n'ait pas voulu le faire, il a néanmoins demandé plufieurs fois très-
» humblement, auffi-bien que la Baronne de l'Efperance, pour qu'il fût pro-
» noncé fur la légitimité de ces mariages. La même demande ayant été faite
» par M. le Duc Frideric-Charles de Wirtemberg-Oëls d'à-prefent, Admini-
» ftrateur de Wirtemberg, Sa Majefté Imperiale ayant fait tout examiner en-
» core à fond, & ordonné qu'on lui fît un très-humble Rapport de tous les
» Actes & Productions de part & d'autre, n'a pû trouver autre chofe, finon
» qu'il manque aux deux mariages ce qui eft requis pour un mariage légiti-
» me ; & que pour raifon des crimes compliqués, conformément tant aux
» Loix obfervées en Allemagne, qu'à celles qui font génerales & écrites, &
» dans cette occafion aux Loix mêmes reçues par ceux de la Confeffion d'Auf-
» bourg, ils doivent être regardés pour nuls & de nulle valeur, comme auffi
» les enfans, qui en font iffus, pour enfans illégitimes.
» Déclarons en outre, en interprétant la Décifion Imperiale du 8 Avril
» 1723, qu'elle doit être entenduë conformément à l'Avis du Confeil Auli-
» que qui l'a précédé, fçavoir que pour raifon de la nullité & illégitimité des
» mariages propofés & de la naiffance illégitime des enfans, il leur a été dé-
» fendu de fe fervir du nom & des armes, & enjoint de ne fe qualifier que

G

» de Comtesse & Comte de Sponeck, de même que de Baronne & Barons
» de l'Esperance ; laquelle Décision Imperiale est réïterée par ces Présentes,
» en avertissant qu'en cas de contravention on retirera & cassera la Conces-
» sion du titre de Comte de Sponeck & le Diplome accordé pour celui de Ba-
» rons de l'Esperance, en tant qu'il concerne les meres & les enfans de Spo-
» neck & de l'Esperance. D'où il s'ensuit de soi-même qu'ils doivent être ex-
» clus comme illégitimement nés de la succession que les Loix n'accordent
» qu'aux enfans légitimes, & seront obligés de se contenter du simple aliment.
» 3°. En conséquence, il leur est adjugé de nouveau la subsistance annuelle
» de 12000 florins, suivant le Traité conclu entre M. le Duc de Wittem-
» berg-Stoutgard, & feu M. le Duc de Wirtemberg-Montbeliard sous les
» conditions qui y sont stipulées.

Cet Arrêt fut le comble d'une partialité déclarée pour le Duc de Stoutgard,
& en même tems l'effet du ressentiment que l'on eut à Vienne de ce qui se
passoit actuellement en France pour soutenir les droits du Roi à connoître de
l'état légitime de celui, qui devoit hériter les Terres de la succession de
Montbeliard situées dans le Royaume.

Les différentes dispositions que contient cette Décision du Conseil Aulique,
renferment un si grand nombre de fausses suppositions, de faits allegués contre toute évidence, & de motifs pleins d'iniquité, que les personnes instrui-
tes sont frappées d'étonnement à la lecture de chacun des articles dont elle est
composée.

Premiérement, on refuse à Georges-Léopold la levée de la contumace prononcée contre lui en 1734, & on ajoûte que c'est pour raison des circonstances
de l'affaire ; c'est-à-dire, que l'on ne veut point qu'il soit jamais en état de se
défendre. Et pourquoi donc le Conseil Aulique avoit-il admis la Requête de
la Baronne de l'Esperance ? Pourquoi avoit accordé des délais au Défendeur,
si on ne vouloit pas qu'il se défendît ? Et dans quelle vûë ce Tribunal avoit-il
constitué d'office un Agent avant que de prononcer un Jugement de contumace ? Il est incompréhensible de voir ainsi rompre le cours naturel de la Justice, & de prétendre, pour s'autoriser dans un procédé aussi irrégulier, qu'il
suffit de dire que c'est en vûë des circonstances de l'affaire que l'on se détermine
à laisser Georges-Léopold dans la contumace, par conséquent hors d'état d'être
entendu. Mais ces circonstances dont l'Arrêt ne juge pas à propos de rendre
compte, ne cachent-elles pas un mystere que l'on n'ose dévoiler.

Ce refus que l'on fait à Georges-Léopold de l'entendre dans sa demande,
est directement contraire à l'Ordonnance du Conseil Aulique & de la Chambre Impériale au Tit. 5. §. 6. dont voici les termes : En cas que l'une ou l'autre
des Parties se trouve grevée par une Sentence contre elle renduë par le Conseil Aulique,
& qu'elle veuille s'y pourvoir en cassation par la voye de nullité, sindicat, restitution en entier, ou par quelque autre moyen permis & juridique, par lequel la Sentence puisse être in-
firmée, cela lui doit être accordé en conséquence du Traité de Paix de Munster, art. 5. §. 55.

2°. Le motif exprimé dès le commencement du dispositif de l'Arrêt, est
une supposition fausse dans toutes ses parties. On ne trouvera nulle part dans
le Traité de Wildbade, que le Duc de Montbeliard ait déclaré illégitimes ces
deux mariages. Le Conseil Aulique s'est tellement égaré dans cette disposition,
qu'il n'a pas même réflechi que le second mariage, qui est celui de la Baronne de l'Esperance, n'a été contracté qu'en 1718, en sorte que l'on veut que
le Duc de Montbeliard, dès 1715, l'ait reconnu illégitime trois ans avant

qu'il fût fait. On ne sçauroit se dissimuler à soi-même, qu'il fallut que ceux qui ont redigé ce Jugement, soient tombés dans un étrange aveuglement, pour donner dans un pareil anacronisme.

Mais par rapport au premier & seul mariage, est-il vrai que le Duc de Montbeliard l'ait reconnu illégitime en 1715 dans le Traité de Wildbade? il a reconnu *qu'il n'étoit pas sortable, suffisament qualifié, & tel que l'état de sa Maison le requeroit;* c'est-à-dire, qu'il étoit inégal & disproportionné; mais un mariage inégal & disproportioné, n'est point un mariage illégitime. C'est donc par une supposition des plus fausses, que ce motif de l'Arrêt prête au Duc de Montbeliard le terme d'*illégitime*, lorsqu'il parle de son mariage dans ledit Traité.

3°. Le même dispositif établit pour fondement de la Décision une fausseté qui doit confondre à jamais ceux qui en sont les auteurs. On y ose avancer que l'Empereur le 8 Novembre 1721, a refusé au Duc de Montbeliard sa demande pour la légitimation de Georges-Léopold. Comment un tel Tribunal peut-il supposer le fait de cette demande, dont on défie les adversaires de rapporter la moindre preuve. C'est une infidélité & une calomnie si énorme que Georges-Léopold offre, à la face de l'univers, de perdre tous ses droits, si on peut lui faire voir que le Prince son pere ait en aucun tems demandé à l'Empereur sa légitimation. Cette fausseté est visiblement démentie par le premier Arrêt du Conseil Aulique du 8 Avril 1723, où il est dit que l'Empereur s'en tient à la Déclaration du Duc de Montbeliard, au sujet de la distinction à faire entre ses enfans légitimes & ses enfans naturels, ne devant point être question de ces derniers dans le Procès. Il devient donc évident que Georges-Léopold a été compris dans la déclaration que le pere a faite à l'Empereur de ses enfans légitimes, & que par conséquent il est impossible qu'il ait demandé en même tems qu'on le légitimât. Quelle idée peut-on se former d'un Jugement appuyé sur un motif si calomnieux?

4°. Cet Arrêt rendu en 1739 assure que l'Avis du Conseil Aulique dès l'Instance de 1723, avoit trouvé que le mariage de la Comtesse de Sponeck, *manquant de ce qui est requis à un mariage légitime, devoit être regardé pour nul, & les enfans pour illégitimes.* Mais où existe donc la moindre trace de cet Avis juridique, & quelle influence a-t'il fait dans l'Arrêt de 1723? Qu'on lise cet Arrêt, on n'y trouvera aucun terme qui dénote cette illégitimité prétenduë. Il est cependant dit dans le préambule, que l'*Empereur a ratifié les très-humbles Avis de son Conseil Aulique.*

D'une contradiction aussi visible, il faut conclure, ou que l'Empereur dans l'Arrêt de 1723, n'a pas cru devoir se conformer à l'avis de ses Conseillers, quoiqu'il dise l'avoir ratifié, ou que cet avis en ce qu'il conclut à faire prononcer contre la légitimité de Georges-Léopold, est une pure fiction & n'a jamais existé.

Il y a plus, c'est que ce prétendu avis ne pouvoit pas même être donné par le Conseil Aulique, parce que le Duc de Stoutgard dans ses Ecrits, & particulierement dans son Mémoire imprimé à Vienne en 1722, bien loin de conclure contre la légitimité du mariage de la Comtesse de Sponeck, le traite d'engagement saint & indissoluble. Il seroit donc absurde d'admettre que le Conseil Aulique eût porté son avis infiniment au-delà des demandes & des conclusions prises par la Partie même : c'est cependant ce que l'Arrêt de 1739 nous propose pour un des principaux fondemens de sa décision.

Ce même Arrêt de 1723 nous explique disertement ce que contenoit la

Voyez le Mémoire du Duc de Stoutgard, p. 32 & 33.

demande faite alors à l'Empereur par le Duc de Montbeliard, & le refus dont elle fut suivie le 8 Novembre 1721 : Sçavoir *que conformément au premier Refcrit Imperial du 8 Novembre 1721, font caffés & annullés les titres de Prince & Princeffe.* Ce font uniquement ces titres de dignité, où le Duc de Montbeliard demandoit que fa Famille fût maintenuë, qui pouvoient faire l'objet de cette décifion. Lui fuppofer, lui fubftituer une autre demande, & fur-tout celle de la légitimation, eft une impofture capable de foulever tous les efprits contre l'iniquité évidente de ce dernier Jugement.

5°. Cet Arrêt décide que le mariage du Duc de Montbeliard avec la Comteffe de Sponeck eft *contraire aux trois Religions* dans l'Empire, c'eft-à-dire, la Catholique, la Luthérienne & la Calvinifte. Mais il ne s'agit ici d'examiner la validité de ce mariage que fur les principes de la Religion des Luthériens, parce que les deux époux fe font mariés fuivant l'ufage de la Confeffion d'Aufbourg. Or c'eft dans les fuffrages des cinq plus célébres Univerfités de cette Confeffion, que Georges-Léopold a trouvé des Décifions unanimes fur la légitimité de fa naiffance. La queftion de fon état y a été confultée fur les Titres & Actes qui le conftituent ; & il n'eft aucune de ces Sociétés refpectables dans l'Empire, qui n'affure que le mariage du Duc de Montbeliard avec la Comteffe de Sponeck eft conforme aux Loix Civiles & Canoniques de leur Profeffion de foi.

On demande à qui l'on doit s'en rapporter, ou à des Corps entiers qui font prépofés pour rendre témoignage public d'une Doctrine dont ils font les Dépofitaires juridiques ; des Corps, dont la plûpart des Membres font en même tems Affeffeurs des Confiftoires Proteftants ; ou à un Prince féculier d'une Religion différente de la leur, & qui fuivant les Loix & Conftitutions de l'Empire, ne peut pas même être Juge dans les matieres purement Eccléfiaftiques, tels que peuvent être les mariages, quant à la légitimité de leurs liens.

C'eft la premiere fois que l'on voit prendre au Confeil Aulique les attributs d'un Confiftoire général, & en exercer les fonctions, pour prononcer fur ce qui eft, ou ce qui n'eft point conforme à la Doctrine Canonique des trois différentes Religions établies en Allemagne. Cette attribution de pouvoir dans le Confeil Aulique eft formellement profcrite par une des plus inviolables Conftitutions de l'Empire, qui eft la Pacification de Paffau & la Paix de Religion qui a fuivi en 1566, où l'on voit art. 1. §. 48. que le Droit diocéfain, ainfi que la Jurifdiction Eccléfiaftique en tout genre, ont été tranfmis aux Princes & Etats de l'Empire, qui profeffent la Confeffion d'Aufbourg : on croit devoir en rapporter le Texte, qui ne laiffe aucun doute fur ce fujet.

Jus Diœcefanum & tota Jurifdictio Ecclefiaftica cum omnibus fuis fpeciebus contra Augustanæ Confeffionis Electores, Principes, Status (comprehenfâ liberâ Imperii Nobilitate) eorumque fubditos, tam inter Catholicos & Augustanæ Confeffioni additos, quàm inter ipfos folos Augustanæ Confeffionis Status, ufque ad compofitionem Chriftianam diffidii Religionis fufpenfa efto, & inter terminos Territorii cujufque Jus Diœcefanum & Jurifdictio Ecclefiaftica fe contineat.

C'eft donc contre toute compétence & par une fuppofition téméraire que l'on avance dans cet Arrêt, que le mariage contracté par le Duc de Montbeliard avec la Comteffe de Sponeck eft profcrit dans la Religion Lutherienne, pendant que les Dépofitaires & les fûrs garans de la Doctrine Proteftante nous affûrent par leur ferment, que ce mariage y eft conforme, & doit opérer tous les effets de la légitimité.

Dans

Dans la même disposition de l'Arrêt, on se contente d'alléguer en termes vagues, *que ces deux mariages par des crimes compliqués doivent être déclarés nuls*, sans indiquer, quels sont ces prétendus crimes, parce qu'il est réellement impossible d'en découvrir la moindre trace dans celui de la Comtesse de Sponeck. Il n'en est pas de même du second prétendu mariage fait avec la Baronne de l'Espérance, auquel on n'est que trop fondé de reprocher les crimes de l'inceste & de l'adultere. Aussi les Universités Protestantes de l'Allemagne, dont les décisions n'étoient point inconnuës au Conseil Aulique, avoient-elles condamné ce second prétendu engagement comme incapable de procréer des enfans légitimes : c'est donc par une résolution purement arbitraire & par une malignité sans exemple, que le Conseil Aulique contre ses propres lumieres a voulu envelopper dans cette *idée de crimes compliqués*, le mariage d'où est né Georges-Léopold, quoique sa naissance légitime n'eût jamais été attaquée, & qu'on ne lui eût opposé que l'inégalité des conditions de ses pere & mere.

6°. On croit découvrir dans la disposition de cet Arrêt, qui suit immédiatement, le seul prétendu crime que l'Empereur oppose au mariage de la Comtesse de Sponeck, sçavoir, que le Duc de Montbeliard en l'épousant, est contrevenu au Pacte de la Maison de Wirtemberg dans le Traité des cinq Freres de 1617. Il assûre, mais sans fondement, que le projet concerté entre ces freres de ne se marier qu'à des Princesses, forme une *Pragmatique Sanction*, & une Loi si stricte pour leurs descendans, qu'ils ne peuvent point la vioer sans perdre les avantages de leur naissance. Cette prétention chimérique a été amplement réfutée ci-dessus dans l'analyse de ce Traité, & par l'exposé d'une infinité d'exemples dans les premieres Maisons de l'Empire.

Ce Pacte de famille étoit sans doute connu du Duc de Stoutgard, lorsqu'il intenta procès au Duc de Montbeliard au sujet de sa succession ; mais en tiratt il jamais la conséquence, que le mariage de ce Prince fût illégitime, pour n'être pas contracté avec une Princesse ? Il suffit de jetter les yeux sur son Mémoire donné à la Cour de Vienne en 1722, pour être convaincu, qu'il n'a jamais pensé que la clause du Traité des cinq Freres concernant leurs mariages pût opérer la nullité dans ceux qui n'y seroient pas conformes : il admet au contraire une parfaite légitimité dans celui de la Comtesse de Sponeck, & lorsqu'il parle du divorce, par lequel le Duc de Montbeliard a prétendu le dissoudre, il dit en propres termes, que *ce Prince s'est joué, & a fait à son gré un véritable & scandaleux mépris du saint état de mariage.*

Si ce Traité des cinq Freres faisoit un titre contre la légitimité, comme ce dernier Arrêt de l'Empereur ose l'avancer, qu'étoit-il donc besoin que le Duc de Stoutgard eût recours au Traité de Wildbade, pour y faire déclarer les enfans du Duc de Montbeliard inhabiles à succeder au pere seulement dans la dignité & les Fiefs immédiats de l'Empire ? leur sort dans le motif que l'Empereur employe, étoit déja décidé plus de cent ans avant, & ils ne pouvoient plus selon sa derniere décision même, être admis au simple avantage d'être enfans légitimes. A combien d'égaremens ne conduisent point les suppositions fausses, & qui n'ont pour principe que la partialité la plus marquée ? L'Empereur Charles VI. n'eût pas sans doute sévi si rigoureusement contre le mariage d'un Prince d'Allemagne sur le motif de l'inégalité de condition ; il ne l'eût pas déclaré nul & illégitime pour avoir été contracté avec une personne d'une naissance inferieure, s'il eût fait attention que sa propre Maison fournit des exemples de la même espece ; il eût reconnu qu'en 1494, l'Empereur Maximilien I. avoit épousé Marie, fille de Galéas Sforce, ce fait est constaté par Philippe de Comines dans son livre VII. page 483. Voici comme il parle de ce mariage.　　　　　　　H

Ce mariage, dit-il, déplut aux Princes de l'Empire & à plusieurs amis du Roi des Romains, pour n'être de Maison si noble qu'il leur sembloit qu'il leur appartenoit, car du côté des Visontes dont s'appellent ceux qui régnent à Milan, y a peu de noblesse & moins du côté des Sforces, dont étoit fils le Duc Francisque de Milan, car il étoit fils d'un Cordonnier d'une petite Ville appellée Catagnole, mais il fut homme très-somptueux & encore plus le fils qui se fit Duc de Milan moyennant sa femme bâtarde du Duc Philippe Marie. C'est le témoignage de cet Auteur comtemporain de Maximilien.

L'Histoire de l'Empire assûre que ce mariage fut fait en considération d'une dot que l'on regardoit pour lors comme très-considérable, elle étoit de quatre cens soixante mille ducats, mais l'inégalité des conditions n'étoit pas réparée par cet objet: le motif de l'intérêt peut-il jamais suppléer au défaut de la naissance, & sera-t-il plus décent que celui de l'estime & de l'inclination, peut-il donner la légitimité à un mariage que l'on supposeroit illégitime sur le principe de l'inégalité des conditions? L'Empereur Maximilien pensoit différemment de l'Empereur Charles VI. & ne reconnoissoit d'autres droits à un fils pour succéder à son pere, que ceux que donne la naissance, & non des circonstances étrangeres à la légitimité des liens d'un mariage: Voici comme il s'en explique dans les Lettres patentes accordées à Eberhard de Wirtemberg, en lui conférant le titre de Duc: *Voulons que ce titre & dignité de Duc soit transmissible à ses successeurs & héritiers légitimes.* Voilà tout ce qu'il exige, que les héritiers soient légitimes; ces Lettres sont dattées de la Diette tenuë à Worms en 1495. Sur quel principe le dernier successeur de Maximilien a-t-il donc pû établir la décision, lorsqu'il a jugé que le Pacte des cinq Freres formoit un obstacle à la succession, non-seulement de Prince dans la personne de Georges-Léopold, mais encore que ce Pacte rendoit nul & illégitime le mariage du feu Duc de Montbeliard avec la Comtesse de Sponeck à cause de la disparité des conditions.

Cette prétenduë Loi, s'il y en avoit une en Allemagne, ne subsistoit pas dans le tems que Ferdinand, Archiduc d'Autriche & fils de l'Empereur Ferdinand I. épousa Philippine Welzer *d'une famille patricienne d'Ausbourg*, & de laquelle il eut deux fils; jamais on n'a disputé la légitimité de la naissance de ces deux Princes, ni accusé d'illégitimité le mariage, auquel ils devoient le jour, cependant quelle énorme inégalité de condition! Ces deux exemples pris dans la Maison d'Autriche même, joints à ceux que l'on a précédemment rapportés, forment une conviction entiere, que la disparité des conditions n'a jamais operé la nullité d'un mariage ni dans l'Allemagne, ni ailleurs.

7°. L'on s'efforce en vain de couvrir l'iniquité de l'Arrêt de 1739, en alléguant, que ce qui y est jugé avoit déja été résolu par l'Avis du Conseil Aulique, lorsqu'en 1723, les enfans du Duc de Montbeliard furent déclarés inhabiles à la succession, par conséquent illégitimes. Mais qui ne voit le faux & la mauvaise foi qui regne dans cette allégation! L'inhabilité à succeder aux biens du pere n'avoit point alors pour objet la totalité de sa succession, elle étoit restrainte en termes formels *aux Fiefs immédiats de l'Empire & aux titres de dignité.* Et par là on leur réservoit leurs droits sur les allodiaux, sur les biens propres & maternels, sur lesquels la demande de Georges-Léopold fut ensuite admise au Conseil Aulique, comme il est prouvé par les Arrêts subséquens.

C'est donc une pure supposition de dire que ce même Conseil Aulique dès 1723 ait prétendu exclure indéfiniment de toutes successions comme enfant illégitime & né d'un mariage nul, celui qu'il n'avoit jugé inhabile à recueillir certains biens attachés à la dignité, qu'à cause de l'inégalité des conditions qui se trouvoit dans le mariage de ses pere & mere.

Comment ce Tribunal après avoir confirmé cette vérité dans un grand nombre de Jugemens pendant près de vingt années, change-t'il subitement de systême, & non content de prendre un nouveau parti veut-il contre la vérité la plus constante persuader aujourd'hui, qu'il a prononcé autrefois l'exclusion à tout héritage sans aucune exception, pour avoir l'artificieux prétexte d'insinuer que son dernier Arrêt est confirmatif, & rendu en interprétation des Jugemens précedens. De quelle interprétation l'Arrêt du 8 Avril 1723 avoit-il donc besoin pour être entendu ? Le Duc de Stoutgard avoit dirigé l'instance & conclu à faire supprimer les titres de Prince, & à faire exclure les enfans de la succession des hauts Fiefs inséparables de ces titres; cette question étoit devenuë le seul objet de la défense du Duc de Montbeliard, qui soutenoit que l'inégalité dans son mariage ne devoit pas produire cette exclusion : il y joignit sa déclaration pour distinguer ses enfans légitimes d'avec les naturels : le Conseil Aulique s'en tint à cette déclaration, & rendit son Arrêt en conséquence. Prétendre après cela interpréter cet Arrêt & méconnoître ce qu'on y avoit reconnu positivement, c'est une contradiction où l'on ne pouvoit manquer de tomber, dès que l'on étoit déterminé à franchir toutes les régles de l'équité dans l'Arrêt de 1739.

C'est cependant ce fameux Arrêt, cet ouvrage qui se contredit lui-même, que les Agens du Duc de Stoutgard ont osé annoncer en France comme un titre décisif pour exclure Georges-Léopold de la partie de l'héritage de son pere située sous la Domination du Roi.

Quelque réserve qu'imprime le nom respectable de l'Empereur, qui se trouve à la tête d'un pareil Jugement, & dont la religion a été si indignement surprise, il est bien difficile de ne se pas soulever contre tout ce qui y est avancé & statué au mépris des vérités les plus claires & les plus constantes. L'excès auquel son Conseil s'est porté, en déclarant illégitime le fils du feu Duc de Montbeliard, après que la validité du mariage de ses pere & mere avoit été si expressément reconnuë tant par les premiers Jugemens, que par le Duc de Wirtemberg-Stoutgard, ne sert qu'à faire connoître qu'on a tout sacrifié à la plus injuste passion.

Le Conseil Aulique ayant pris le parti de prononcer un Arrest contre Georges-Léopold, ne pouvoit mieux servir sa Cause qu'en entassant le nombre des faussetés, des absurdités, & des calomnies qui s'y trouvent, parce que par-là il fait voir que l'état de ce fils ne sçauroit être attaqué que par les voyes de l'imposture, & par l'abus qu'on y fait d'une Autorité dont les coups portent absolument à faux. Mais quand le Jugement du Conseil Aulique, qui contient un si grand nombre de fausses suppositions & de faits calomnieux, seroit encore plus injuste, la question sera toujours entiere en France, où le Roi, seul Juge des contestations qui s'y élevent, ne peut jamais se déterminer que par ses propres lumieres & par sa profonde sagesse. Il faut donc écarter tout ce qui ne porte que le caractere d'une Autorité étrangere; & si les Arrests du Conseil Aulique pouvoient ici mériter quelque attention, ce ne seroit que par la reconnoissance qu'ils renferment de la vérité, de la validité du mariage du Duc de Montbeliard & de la Comtesse de Sponeck, & par conséquent des droits incontestables de leur fils, au moins sur des biens qui ne sont point assujettis aux prétendus usages de l'Allemagne & de l'Empire.

De l'Imprimerie de CLAUDE SIMON, Pere, ruë des Massons, 1745.

17.276

MEMOIRE

POUR

GEORGE-LEOPOLD,

FILS, ET UNIQUE HERITIER LEGITIME
DU FEU DUC DE WIRTEMBERG-MONTBELIARD.

EORGE-LEOPOLD, Fils, & unique Héritier légitime du feu Duc de WIRTEMBERG-MONTBELIARD, trouve deux objets également intereſſans dans la ſucceſſion de ſon Pere, dont l'un forme la Principauté ou Comté de Montbeliard, qui eſt regardé comme un Etat relevant immédiatement de l'Empire; l'autre conſiſte dans les Terres & Seigneuries ſituées tant en Franche-Comté qu'en Alſace, qui relevent de la Couronne de France, & dont il demande au Roi l'inveſtiture & la poſſeſſion actuelle. Il eſt fondé dans cette demande ſur la maxime generale du Roiaume, où le mort ſaiſit le vif ſon hoir plus proche, ſur la Coutume obſervée dans le Comté de Bourgogne au ſujet des Fiefs de cette Province, & ſur les regles du Droit Ecrit & l'uſage conſtant que la Province d'Alſace reconnoît dans la ſucceſſion des Fiefs.

Pour obtenir cette poſſeſſion George-Léopold n'a beſoin que de ſa ſeule qualité de fils légitime; le Roi comme Seigneur dominant de ces Terres féodales eſt à cet égard ſeul en droit de connoître de cette qualité, & il ſuffit qu'elle lui ſoit prouvée, pour en inveſtir ſon Vaſſal, parce que tel eſt le droit de la Souveraineté & de l'indépendance, de décider par ſes propres lumieres, à qui des Fiefs ſoumis à ſa Couronne & dépendans de ſa domination doivent appartenir.

Les preuves que George-Léopold a données juſqu'à preſent de ſa qualité de fils légitime du feu Prince de Montbeliard, ſont renfermées dans les Propoſitions ſuivantes; & il eſpere que s'il plaît à Sa Majeſté de les examiner, Elle ne trouvera plus d'obſtacle à le reconnoître en qualité de ſon Vaſſal pour les Terres qu'il reclame avec tant de juſtice.

PREMIERE PROPOSITION.

Il y a eu en 1695. un Mariage réellement contracté entre le feu Prince de Montbeliard Léopold Eberhard, & Anne Sabine de Hedvviger Comteſſe de Sponeck, dans le Temple de Reyovvitz en Pologne ſur les frontieres de la Sileſie.

Le Miniſtre Luthérien, qui a donné la bénédiction nuptiale, a remis aux

A

deux Epoux l'acte de célébration le propre jour du mariage, écrit & figné de fa main ; fa fignature & fon écrit ont été vérifiez & atteftez en bonne forme par le Magiftrat du lieu, de forte qu'il ne refte aucun doute fur la vérité & la notorieté de ce fait.

Le feu Prince de Montbeliard & la Princeffe fon époufe ont gardé précieufement cet acte toute leur vie, & il a été produit par George-Léopold leur fils pour confondre la témérité de fes adverfaires, qui ont ofé infinuer que ce mariage n'avoit jamais exifté.

Les Tribunaux de France, où les maximes fur ce qui regarde les mariages, font infiniment plus rigides que par tout ailleurs, peuvent fournir plufieurs décifions, qui ont confirmé des mariages fur la foi de femblables actes ou certificats, quoiqu'ils ne fuffent pas appuyez de l'autorité d'aucun Regiftre. George-Léopold a demandé à fes adverfaires comment & par quel événement le Prince fon pere pouvoit fe trouver en poffeffion du certificat de fon mariage avec Anne Sabine de Hedvviger, dont l'écriture eft averée être celle du Miniftre de Reyovvitz mort en 1715 ; fi la célébration n'en avoit pas été réellement faite en fa prefence ; & dans tout ce qu'ils ont répondu à cette preuve autentique, il n'y a pas un mot qui puiffe l'affoiblir.

Mais le Miniftre de Reyovvitz ne s'eft pas contenté de délivrer aux deux Epoux cet acte figné & écrit de fa main le jour du mariage, il l'a encore infcrit dans fon Regiftre avec la date de l'année & du jour de la célébration. On a voulu critiquer ce Regiftre par des réflexions qui fe détruifent aifément d'ellesmêmes. On a dit en premier lieu, que le Miniftre avoit inféré cet acte de célebration à la fuite de plufieurs autres actes, qui par leurs dates portées jufqu'au mois de Novembre fe trouvoient pofterieurs à celui du Prince de Montbeliard, qui eft du 1 Juin de la même année, & qui auroient dû par confequent être infcrits après & non avant le fien.

A cela une réponfe bien fimple : cette tranfpofition dans le Regiftre n'eft point du fait des deux Epoux, ils ne pouvoient pas même y avoir la moindre part, parce que fuivant l'ufage de l'Eglife de Reyovvitz, les Parties contractantes ne fignent point elles-mêmes fur le Regiftre leur acte de célébration, ainfi qu'il eft conftaté par l'infpection du Regiftre, où il ne fe trouve aucune fignature ni des époux ni des témoins à aucun des autres actes qui y font infcrits. S'il étoit dans l'ufage de cette Eglife de faire figner par les contractans leur acte de célebration, le déplacement de celui du Prince de Montbeliard & d'Anne Sabine de Hedvviger ne feroit point arrivé, puifque le Miniftre auroit été contraint de rédiger l'acte fur le champ : il eft donc uniquement du fait du Miniftre, qui étoit le maître d'écrire cet acte fur fon Regiftre lorfqu'il le jugeroit à propos, foit négligence de fa part, foit bizarerie à vouloir diftinguer ce mariage des autres : une circonftance auffi indifferente ne peut donner atteinte à l'état des perfonnes mariées ni à celui de leurs enfans, & quelque tranfpofé que foit cet acte, fût-il même encore plus reculé dans le Regiftre, il n'en démontre pas moins la réalité & l'exiftence certaine.

La feconde réflexion critique regarde les furnoms du feu Prince de Montbeliard, qui ne font point écrits tout au long dans l'acte de célébration, mais par lettres initiales ; d'où les adverfaires ont crû pouvoir établir un moyen de faux contre le Regiftre, de même que contre le certificat, qui a été délivré aux deux Epoux le propre jour de leur mariage.

George-Léopold a fait voir que ces lettres initiales ne peuvent laiffer aucune incertitude fur les furnoms des deux perfonnes mariées, en ce que les noms de batême de Léopold Eberhard ; sa qualité de Monseigneur, & celle de Comte du Saint Empire, de même que les noms de batême de l'épouse Anne Sabine y étant écrits tout au long, désignent nécessairement ces deux personnes, qui s'unissent par les liens du mariage dans le Temple de Reyovvitz, & qu'il ne peut jamais arriver que cet acte de célébration puisse être revendiqué par quelque autre personne au monde.

Le feu Prince de Montbeliard étoit dans l'usage de ne signer les actes les plus importans qu'avec ses deux noms de batême & les lettres initiales de ses surnoms : on le voit dans les procurations qu'il a donné à son fils le 17 Juin 1720, dans l'assignat du doüaire & une infinité d'autres actes où il paroit en Souverain. Cet usage ne lui étoit pas particulier, il est très-commun aux Princes d'Allemagne ; ceux de la Maison de Wirtemberg s'en servent ordinairement, puisqu'on voit que le Traité de Wildbade est signé par le Duc de Wirtemberg-Stoutgard dans cette forme, *Louis-Everhard D. D. W.* Il en est de même de toutes les lettres de la Duchesse d'Oels, & des actes signez tant par elle que par le Duc Christian Ulric de Wirtemberg-Oels. Ainsi quand le feu Duc de Montbeliard a épousé Anne Sabine de Hedvviger, il a dicté au Ministre ses noms comme il les écrivoit lui-même, *Léopold-Eberhard, H. Z. W. M.* c'est-à-dire, Duc de Wirtemberg-Montbeliard, & il n'a pas pû croire qu'il pût y avoir de l'énigme sur une forme de signer, qui lui étoit aussi familiere que celle-là, & aussi connuë dans ses actes les plus publics.

Toute l'induction que l'on peut tirer de ces lettres initiales, se réduit à dire, que le feu Prince de Montbeliard a voulu d'abord tenir ce mariage secret & y mettre du mystere, mais il n'en a pas été moins solemnel dans sa célébration : une cohabitation de dix-neuf années à la vûe de ses Sujets y ajoûte toute la publicité ; une enquête faite de son vivant & par ses ordres dans le lieu même où son mariage a été célebré, en assure la réalité par la quantité de témoins irrépréhensibles, presque tous oculaires & tous parlant avec une assurance & une clarté, qu'aucune subtilité ne peut éluder.

La voye des preuves testimoniales des mariages est reçuë dans toute l'Europe suivant le stile des Décretales, où rien n'est si commun que les mariages prouvez par enquêtes. Un autre usage également frequent est celui des enquêtes à futur, qui avoit même lieu en France avant que la nouvelle Ordonnance l'eût abrogée. C'est un remede dont on use lorsqu'on veut assurer une preuve contre le danger, où elle est de perir par la vieillesse, caducité & mortalité des témoins.

Ce qu'il y a de singulier à ce sujet, c'est que le Duc de Wirtemberg-Stoutgard lui-même, le plus redoutable adversaire de George-Léopold, dans l'enquête qu'il a fait faire de son côté pour donner atteinte à la réalité du mariage du feu Prince de Montbeliard devant le Conseil de l'Empereur, rapporte entr'autres témoignages celui d'une femme de Silesie, qui raconte ; qu'après qu'Anne Sabine eut épousé le Prince de Montbeliard, elle devint si fiere, qu'elle méconnut ses parens. Donc dès le tems du séjour de ce Prince en Silesie, c'est-à-dire, dès l'année 1695, 1696 & 1697, par consequent dès le commencement du mariage sur les preuves que fournit le Duc de Stoutgard ; personne n'ignoroit dans le pays que le Prince de Montbeliard & Anne Sabine de Hedvviger s'étoient épousez : donc ce n'est point à faux qu'il est écrit dans le Registre de Reyovvitz, que l'un & l'autre se sont donné la foi de mariage en presence du Ministre.

Deux autres témoignages du nombre de ceux que le Duc de Stoutgard a rapporté devant le même Tribunal, observent, que lorsqu'Anne Sabine épousa le Prince de Montbeliard, elle fut placée au côté gauche ; par cette circonstance, dont la malignité porte à faux, il a voulu faire entendre que ce mariage étoit un de ceux qu'on appelle de la main gauche : mais qui ne voit le ridicule de cette observation, puisqu'en toutes sortes de mariages quels qu'ils soient, l'épouse pendant la cérémonie n'est jamais à la droite de l'époux. Quelque affectation qu'il puisse y avoir dans cette circonstance, qui n'est qu'une pure & foible illusion, toujours devient-il certain que le mariage du feu Prince de Montbeliard est prouvé par la bouche même des ennemis de George-Léopold son fils, & que par consequent il est fait mention dans le Registre d'une célébration réelle entre ce Prince & Anne Sabiné.

D'où il faut conclure que les enquêtes à futur étant de droit commun & autorisées dans le Pays, où le feu Prince de Montbeliard & le Duc de Stoutgard à son tour ont fait faire les leurs, elles acquierent même en France toute la force qu'elles doivent avoir, & étant jointes à l'acte de célébration délivré par le Ministre & inscrit dans son livre, elles font une conviction parfaite de la réalité & de l'existence de ce mariage.

SECONDE PROPOSITION.

Le mariage du feu Prince de Montbeliard n'est point contraire à l'usage des Eglises Protestantes ni aux Loix de l'Empire.

Les Protestans qui n'admettent point de Sacrement dans le mariage, & qui le regardent comme un contrat civil, font uniquement consister son essence dans le consentement réciproque, sans qu'ils exigent pour sa validité, ni publication de bans, ni presence du propre Pasteur, ni la signature des Témoins. Tel étoit aussi l'usage de l'Eglise Catholique avant le Concile de Trente, & on y reconnoissoit pour vrais & parfaits mariages ceux même qui étoient contractez secretement sans la presence d'aucun Prêtre, par consequent sans aucune benediction nuptiale, pourvû que la certitude des mariages pût être vérifiée, ou par l'aveu & confession des Parties ou autrement.

Ce Concile n'ayant jamais été reçu ni publié chez les Protestans, où il n'a aucune autorité, ils n'ont pû conserver que l'usage de l'ancienne discipline; d'où il est évident que le feu Prince de Montbeliard & Anne Sabine de Hedwviger, qui étoient de la Confession d'Ausbourg, n'étoient tenus à aucune des regles qui sont prescrites dans la nouvelle discipline établie par ce Concile pour rendre leur mariage valide, & qu'il est par consequent conforme à l'usage des Eglises Protestantes dans tout ce qui lui est essentiel.

Les adversaires de George-Léopold ont voulu attaquer la validité de ce mariage par le défaut du consentement du Duc George, pere du feu Prince de Montbeliard; mais on leur a fait voir qu'il suffisoit que le Duc George n'eut fait aucune démarche contre le mariage de son fils pour être censé y avoir donné son consentement, que ce principe étoit certain suivant les Loix Romaines qui décident expressément : *Consentire videtur, nisi evidenter dissentiat.* Quel seroit en effet le sort de la plûpart des mariages si on pouvoit les attaquer après la mort des peres par le défaut de leur consentement exprès & donné par écrit ? il suffit donc que le Duc George ne se soit jamais opposé à ce mariage, pour établir de sa part un consentement tel que la loi peut l'exiger.

Tout le monde sçait que le Concile de Trente, où cette question fut agitée, condamna ceux qui soutenoient que le mariage contracté sans le consentement des peres & meres étoit nul. Le temperament que les Loix de France ont apporté

à

à cette décision, eft de faire une diftinction entre les mariages des mineurs & ceux des majeurs : pour ces derniers la Loi n'a jamais penfé que la contradiction même des peres, pût donner aucune atteinte à leur validité. Le feu Prince de Montbeliard en fe mariant avoit vingt-huit ans, par confequent quand il auroit été foumis à la loi la plus rigoureufe de l'Eglife même Catholique, & à celle du Royaume, & que le Duc George fon pere lui eut donné des marques de fa contradiction, la validité de fon mariage n'en auroit point reçû la moindre attaque.

Luther lui-même & les Docteurs de la Confeffion d'Aufbourg, décident en faveur de la validité de ce mariage précifément dans le cas où il fe trouve : leur doctrine porte, que le pouvoir du pere de reclamer contre le mariage de fon fils, ne fubfifte plus quand il a été fuivi de la naiffance d'un enfant; ainfi quand le feu Duc George auroit voulu attaquer le mariage du Prince fon fils lorfqu'il fut rétabli dans fes Etats en 1698, la naiffance de deux enfans en 1697, auroit fuivant les principes de l'Eglife Proteftante formé un obftacle infurmontable, auquel il auroit été obligé de ceder.

George-Léopold outre l'autorité & les maximes de la Religion Proteftante, trouve une Loi formée dans le fein même de l'Empire, qui établit la validité du mariage du feu Prince de Montbeliard fon pere; c'eft le fameux Edit de Charles-Quint de 1548, connu fous le nom de l'*Interim*, dont l'objet étoit de fixer la difcipline des Proteftans jufqu'à ce qu'ils euffent reçû le Concile de Trente. Cet Edit décide la queftion d'une maniere propre à confondre fes adverfaires, voici comme s'explique l'Empereur dans cette décifion : *Les mariages ne peuvent être déclarez nuls, quoique le confentement du pere n'y foit point intervenu.*

Cette Loi fut publiée dans la Diete de l'Empire qui fe tenoit alors; elle fut adoptée dans le tems de fa publication, & quoiqu'elle fouffrît de la contradiction de la part de quelques Docteurs au fujet de quelques articles qu'elle renferme, il eft toujours conftant que c'eft un titre folemnel publié par l'Empereur lui-même, qui étoit à la tête de la Diete, & qui eft devenu pour les Proteftans en particulier une Loi de l'Empire.

L'on ne voit dans les Etats Lutheriens ni dans les Conftitutions de l'Empire aucune Loi, qui ait introduit une regle oppofée; il faut donc dire que l'Edit Charles-Quint publié dans une Diete Imperiale, affujettit les Proteftans à fe conformer fur ce point à la Difcipline de l'Eglife.

Mais quand le Duc George auroit eu un pouvoir que les Loix de fa Confeffion & celles de l'Empire lui refufent à cet égard, au moins faudroit-il qu'il en eût fait ufage pour ébranler l'état de fon fils & celui de fes defcendans; or on ne découvre pas le moindre veftige de fa contradiction à ce mariage. George-Léopold rapporte au contraire la dépofition d'un témoin digne de foi, & qui étoit dans la confidence du Duc George : il affure que ce Prince lui a déclaré qu'on lui avoit propofé la Princeffe de Bade-Dourlach pour fon fils, mais que fon fils étant marié avec la Demoifelle de Hedvviger, dont il avoit plufieurs enfans, il n'avoit pû écouter une propofition, qui d'ailleurs le flattoit extrêmement.

Auffi la conduite de ce Prince répondoit-elle aux difpofitions d'un pere inftruit des Loix de fa Religion & de fa Patrie, puifqu'il vécut avec fon fils & avec fa brû dans fon propre Palais, que l'un & l'autre mangeoient à fa table, & qu'il les honora de fa bienveillance jufqu'au dernier jour de fa vie. De quelque force d'ailleurs que puiffe être le confentement d'un pere pour le mariage de fon fils; ce ne fera jamais à George-Léopold à prouver celui du Duc George

B

son ayeul, parce que ce consentement est présumé de droit, tant qu'on ne lui fera pas voir un acte de contradiction de sa part au mariage du feu Prince de Montbeliard.

Les suffrages de ce qu'il y a de plus éclairé chez les Protestans, font voir combien la sagesse du Duc George étoit guidée par la connoissance qu'il avoit des Loix de leurs Eglises & de celles de l'Etat politique. On a consulté les deux fameuses Universitez de Jêne & de Leipzig dans les Etats de Saxe où le Lutheranisme est dans sa plus grande vigueur, & leurs décisions formées par les deux Facultez de Théologie & de Droit, portent : *Que ce mariage est conforme à l'usage de la Confession d'Ausbourg & aux Loix des Etats Protestans d'Allemagne, quoique célébré sans le consentement apparent du Duc George, le consentement du pere suivant leurs maximes n'étant que de bienséance & non de nécessité pour la validité des mariages.*

Sur quoi donc la branche de Wirtemberg-Stoutgard se croit-elle autorisée aujourd'hui à provoquer contre ce mariage une vengeance, dont le Duc George quoique seul en droit de donner des marques de ressentiment contre son fils, ne crut jamais devoir s'armer lui-même de son vivant? des vûës d'interêt si éloignées de l'équité naturelle, ne lui permettront-elles pas de convenir que le Duc George non-seulement n'a rien entrepris pour s'opposer au mariage du Prince de Montbeliard son fils, mais qu'instruit des véritables maximes de sa Confession aussi bien que des usages de l'Empire, il eut même dû regarder comme des tentatives frivoles tout ce qu'il auroit pû faire contre cet engagement.

TROISIE'ME PROPOSITION.

L'inégalité de condition qui se trouve dans le mariage du feu Prince de Montbeliard, ne peut donner aucune atteinte à sa validité.

Il n'y a jamais eu de loi dans aucune nation qui ait défendu les mariages entre personnes de condition inégale, il en est des Princes comme des autres ; leur mariage applanit toute inégalité, les deux époux acquierent le même degré de splendeur par leur union, & leurs enfans n'en perdent rien des droits attachez à leur naissance légitime, quelque difference qu'il y ait entre la noblesse du pere & celle de la mere.

Comme on tient pour un principe constant que c'est la loi qui donne & qui ôte, & que pour déroger à une regle generale fondée sur le droit commun, il faudroit que l'autorité du Législateur eut agi ; on exige avec raison que les adversaires de George-Léopold lui fassent voir qu'il y ait aucune loi en Allemagne qui défende les mariages entre personnes de condition inégale, ou qui prononce sur leur invalidité. On peut assurer avec confiance, que non-seulement une pareille loi n'y a jamais existé, mais même que ces mariages y sont autorisez par les décisions des plus sçavans Jurisconsultes dans le Droit Public Germanique, & par les Arrêts rendus au Conseil Aulique de l'Empereur sur de semblables mariages contractez dans les premieres Maisons de l'Empire. C'est même un axiome certain en Allemagne dans l'usage des investitures féodales, qu'un enfant né de loyal mariage & de personnes libres, garde les fiefs & les armes de son pere.

Le Duc de Stoutgard ne peut recuser l'autorité du sçavant Myler, puisqu'il étoit Directeur du Consistoire & Conseiller d'Etat de Wirtemberg : cet Auteur dans le Traité qu'il a fait des Droits appartenans au mariage des Princes, établit pour maxime certaine, qu'en Allemagne comme ailleurs la condition & noblesse du mari regle celle de la femme. Carpſovius, Beſoldus & quantité d'autres Auteurs ſoutiennent la même choſe, & aſſurent que cette maxime eſt indubitable; ils alleguent même des déliberations & conſultations de pluſieurs Univerſitez, & entr'autres celle de Tubingue dans le Wirtemberg, & ils concluent tous, que les enfans qui ſortent du mariage d'un Prince & d'une mere, qui ſeroit même du bas peuple, ſuccedent au rang, titre & dignité de Prince & de Comte du Saint Empire, de même que ceux qui ſont nez d'un Prince & d'une Princeſſe d'extraction.

Il s'en faut bien, qu'Anne Sabine de Hedvviger que le feu Prince de Montbeliard a épouſée ſe trouve au degré de diſproportion, que les Sçavans d'Allemagne ne ſont pas même difficulté d'admettre. Elle étoit d'une origine noble, l'on n'en peut douter après le témoignage que l'Empereur Léopold en rend lui-même en connoiſſance de cauſe dans ſes Lettres Patentes, par leſquelles il éleve la famille de Hedvviger de l'un & de l'autre ſexe à la dignité de Comte & Comteſſe du Saint Empire. *Les deſcendans de la noble & ancienne famille de Hedvviger, qui depuis pluſieurs ſiecles a réſidé dans notre Duché de Sileſie, qui ont toujours été élevez dans les vertus de la Nobleſſe & formez aux exercices des Chevaliers.....* ce ſont les propres termes de ces Lettres Patentes : Il eſt toujours vrai qu'Anne Sabine de Hedvviger, quoique noble de race, étoit d'une condition bien inégale à celle du Prince qui l'a honorée de ſon alliance.

Mais cette inégalité bien loin d'être proſcrite en Allemagne comme un obſtacle à la legitimité du mariage des Princes, s'y trouve autoriſée par les déciſions même du Conſeil Aulique de l'Empereur. En 1622 Frideric V. Prince de Bade, voulut diſputer des droits de ſucceſſion à Guillaume fils d'Edoüard Marggrave de Bade pour raiſon de ſon mariage inégal avec Marie, fille de Jacques d'Eicken Gentilhomme Flamand; le procès fut jugé contradictoirement devant l'Empereur en faveur d'Edoüard, & Frideric fut condamné même aux dépens.

Pareil Arrêt fut rendu par le même Tribunal en 1715 en faveur d'Eſter Marie de Witzleben, veuve de Jean-Charles Prince Palatin de Birckenfeld, contre Chriſtian Prince de Birckenfeld, qui ſous le prétexte de l'inégalité de ſa condition voulut lui conteſter la qualité de tutrice de ſes enfans.

Le jugement de l'Empereur intervenu en 1717 dans la diſcuſſion entre les Princes de Naſſau-Siegen par rapport à la co-inveſtiture, dont l'un d'eux prétendoit exclure l'autre pour raiſon d'un mariage inégal, fait une preuve encore plus récente dans l'Allemagne, que la condition diſproportionnée dans les mariages des Princes, ne peut jamais faire le moindre tort aux enfans dans le droit d'être inveſtis des Fiefs de leur pere.

Perſonne n'ignore que le Prince Léopold d'Anhalt Deſſau, qui deſcend de la Maiſon de Saxe, épouſa en 1698 Anne-Louiſe Foſſen, fille d'un Bourgeois de la Ville de Deſſau; que cette épouſe fut déclarée Princeſſe en 1701 & ſes enfans Princes, ſans qu'ils ayent jamais eſſuyé de contradiction ſur leur état, ni de la part de l'Empereur, ni de celle des trois autres branches de la Maiſon d'Anhalt, encore moins dans la Diete de l'Empire au ſujet de leur voix & ſéance parmi les autres Princes d'Allemagne.

Les Ducs de Stoutgard auroient-ils oublié ce qui regarde de ſi près leur propre Branche ſur le fait des mariages inégaux? Ne ſçavent-ils pas ce que les Annales & les Juriſconſultes de Tubingue nous apprennent, qu'Erneſt Marggrave de Bade a épouſé légitimement en ſecondes & troiſiémes nôces Urſule de Roſenberg, & Anne Bambaſt de Hohenheim, toutes deux filles de ſimples Gentilshommes? que de ſes mariages ſont iſſus tous les Marggraves de Bade-Dourlach,

& par conséquent l'avant-derniere Duchesse de Wirtemberg-Stoutgard, qui étoit de la Maison de Dourlach. Les autres Branches de la Maison de Wirtemberg ont-elles jamais crû être en droit de reclamer contre ces deux alliances inégales? Y a-t-il eu quelque Prince dans l'Empire qui en ait été scandalisé à juste titre? Les prérogatives de la Branche aînée en ont-elles souffert? Les Loix de l'Allemagne, celles même de la dignité ont-elles paru s'élever contre? Cet exemple domestique a-t-il diminué en rien les égards dûs à la posterité de l'aîné d'une Maison Souveraine? & cet exemple n'a-t-il donc pas pû être imité par le feu Duc de Montbeliard chef de la seconde Branche, sans exciter contre lui & ses descendans une persécution, que la seule équité réciproque reprouvera toujours.

Il devient donc constant qu'il n'y a point de Loi publique en Allemagne, qui défende aux Princes de contracter des mariages inégaux, & que lorsqu'ils ont été attaquez par de chimeriques préjugez, les décisions du premier Tribunal de l'Empire ont fait rentrer les Parties dans les maximes qui sont naturelles au droit commun de toutes les Nations.

Mais y a-t-il en cela quelque exception particuliere pour la Maison de Wirtemberg? c'est ce que le Duc de Stoutgard pour derniere ressource a prétendu faire voir contre la validité du mariage du feu Prince de Montbeliard. Il cite pour cet effet un Traité ou convention de 1617 passée entre les cinq freres, qui composoient alors cette Maison, pour liquider la succession de leur pere & regler leurs partages. Voici en quels termes cet article s'explique.

Et puisque leurs Altesses Sérénissimes sont aussi d'une naissance égale, ils doivent & veulent à l'avenir comme jusqu'à present, porter le même titre & les mêmes armes, & sont convenus par le present Traité, que comme il est en soi-même louable, convenable & juste, aucun de leurs Altesses ne doit ni veut se marier sans le conseil, connoissance, volonté & bon plaisir des autres, particulierement de leur frere aîné, comme étant le Chef de cette Maison Ducale, sur tout avec une personne qui n'est point de condition de Prince.

De ces termes le Duc de Stoutgard conclud, que tout Prince de la Maison de Wirtemberg qui n'épouse pas une Princesse, ne peut se donner des enfans capables de lui succeder. Mais à qui une consequence aussi étrange peut-elle faire illusion? cette clause ne pouvoit jamais faire une obligation pour les cinq freres mêmes qui contractoient, puisqu'elle auroit été contraire à la loi & aux bonnes mœurs en gênant la liberté des mariages. On voit par les expressions, dont ces Princes se servent dans cette clause, que c'est un simple conseil de bienséance & d'égard, que ces freres exigent entr'eux pour maintenir l'illustration de leur Maison: chacun d'eux se propose de s'y conformer, mais sans se lier sous aucune peine qui soit attachée à la contravention; il n'y a ni nullité de mariage ni exheredation des enfans qui naîtroient de l'alliance qu'ils feroient avec une autre personne qu'une Princesse, ni aucune autre marque qui caracterise une loi établie entr'eux mêmes personnellement: ces termes *ne veut ni ne doit*, *il est louable*, *convenable & juste*, ne présentent autre chose à l'esprit qu'un simple souhait réciproque, de se voir alliez tous cinq dans des familles d'égale condition pour soutenir les interêts de la leur.

Mais si cette clause ne devient point obligatoire pour les cinq freres eux-mêmes qui ont fait ce Traité de famille, comment pourra-t-elle imposer une loi à leurs descendans & s'étendre jusqu'à leur posterité? il faudroit avoir renoncé à toutes les lumieres du bon sens & de l'équité, si on vouloit suppléer à une convention de pure déference par l'idée d'une obligation qui n'a jamais existé;

&

& encore plus, fi on vouloit la faire paffer jufqu'aux arriere-petits-fils, quoique dans fon origine elle n'ait jamais eu un caractere de loi pour la perfonne même de fes auteurs. Ce font là de ces égaremens contre lefquels il eft aifé d'être en garde pour peu que l'on ne mette point un jufte difcernement en compromis avec des préjugez populaires.

Il y a une autre claufe dans ce Traité des cinq freres, qui mérite une attention particuliere : ces Princes s'y promettent, *de demeurer inviolablement attachez à la Confeffion d'Aufbourg, & d'y retenir leur pofterité.* Quoique cet article foit fort different de celui qui regarde leurs mariages, en ce qu'il s'étend jufqu'à leurs defcendans, quel feroit l'homme affez dépourvû de fens, pour juger qu'une claufe qui gêne la liberté de confcience, foit capable de lier non-feulement les contractans, mais même leur pofterité ?

Mais fuppofé, que cette claufe, qui regarde le maintien du Lutheranifme dans les Etats de ces Princes, pût être de quelque poids, & devenir obligatoire pour leurs defcendans; quel argument ne fourniroit-elle pas contre le Duc Alexandre de Stoutgard le dernier regnant, qui étant Catholique fe mettoit même volontairement hors d'état d'exécuter cette convention des cinq freres, en ce qu'elle regarde le foutien permanent de la Confeffion d'Aufbourg dans leur pofterité ? On demande fi ce Prince eut voulu convenir d'avoir encouru la moindre peine pour ne s'être pas mis en état de fatisfaire à cette claufe extenfive fur la pofterité des cinq freres contractans ?

Ce feroit fans doute fe tromper que de croire que le Duc Alexandre fût fufceptible de la moindre inquiétude à cet égard; c'eft qu'il ne trouvoit dans ce projet qu'une idée de convenance & de pure politique, il n'y découvroit que l'effet d'un zele encore tout récent en faveur de la nouvelle Religion, que ces Princes avoient prefque vû naître en Allemagne, & qui les autorifoit d'enrichir leur Domaine avec les dépoüilles de l'ancienne : mais ces differens motifs ne pouvoient jamais le perfuader que cette claufe pût entraîner aucune force d'obligation pour ces cinq freres eux-mêmes, bien moins pour leurs arriere-neveux quelque expreffifs que foient les termes, dans lefquels elle eft conçuë. Et pourquoi donc, felon lui & felon fon prédeceffeur, n'en doit-il pas être au moins de même de l'article de ce Traité de 1617 qui concerne le mariage de ces cinq Princes, où il n'eft point fait la moindre mention de leur pofterité ?

Cependant le croira-t-on, c'eft fur l'expofé que le Duc de Stoutgard a fait de ce Traité des cinq freres au Confeil Aulique de l'Empereur, que ce Tribunal a prétendu pouvoir dépoüiller George-Léopold du titre, des armes & de la fucceffion du feu Duc de Montbeliard qui releve de l'Empire; c'eft fur le même expofé que la Religion de l'Empereur a été furprife au point de commencer par défendre au pere de fon vivant de reconnoître fon fang fous les qualitez qui lui étoient düës par le droit de la naiffance; tous les Arrêts & Mandemens de la Cour de Vienne, comme on le verra bien-tôt, n'ayant pour motifs que les pactes de famille faits dans la Maifon de Wirtemberg, & l'inégalité du mariage du pere de George-Léopold.

QUATRIE'ME PROPOSITION.

Le feu Prince de Montbeliard & Anne Sabine Comteffe de Sponeck, *ont été dans une poffeffion publique de leur état de mari & de femme.*

On a déja fait voir que cette poffeffion étoit publique & connuë dans l'origine de ce mariage, c'eſt-à-dire, dans le tems même de ſa célebration, puiſqu'il a été contracté en face d'Egliſe, confirmé par la benediction Sacerdotale, & que quantité de témoins, que le feu Prince de Montbeliard a fait entendre; ceux-mêmes, dont le Duc de Stoutgard a cherché le témoignage par des en-quêtes autoriſées dans le païs, dépoſent pour la plûpart qu'ils ont été preſens lorſqu'il fut célebré à Reyovvitz, & par conſequent qu'il n'a pû être caché dans la Sileſie, où le Duc George après avoir quitté ſes Etats de Montbeliard à l'oc-caſion de la guerre de 1688, avoit établi ſon domicile avec le Prince ſon fils.

La poſſeſſion de ce mariage eſt devenuë également publique après le retour de ces Princes dans leurs Etats, le fils y a ſuivi de près ſon pere avec ſa nouvelle épouſe; & ils ont habité enſemble à la vûë du pere juſqu'à ſa mort, & à la con-noiſſance de leurs ſujets, en ſorte que l'on ne pouvoit douter qu'ils ne fuſſent mariez. Il eſt vrai que le feu Prince de Montbeliard ne jugea pas à propos pen-dant quelques années d'accorder à ſon épouſe la poſſeſſion publique de ſa di-gnité de Princeſſe Séréniſſime, mais perſonne n'étoit en droit de lui en demander raiſon; maître abſolu dans ſon gouvernement & encore plus dans les diſpoſi-tions particulieres de ſa famille, il pouvoit par des motifs de politique ou de pur caprice ſuſpendre tant qu'il vouloit, la manifeſtation de cette dignité, ſans que leur état de mariage en reçût la moindre atteinte.

Ce ne fut en effet qu'en 1714 que le feu Prince de Montbeliard fit connoî-tre par un acte publique l'état de mariage, dans lequel il vivoit depuis pluſieurs années avec la Comteſſe de Sponeck, lorſqu'il réſolut de faire un prétendu divorce avec elle : il déclare dans cet acte qu'ils ſont mariez depuis pluſieurs années, & y nomme les deux enfans encore vivans procréez de leur mariage. Cet acte fut ſuivi en 1720 de l'aſſignat de Doüaire en faveur de ſon épouſe, où il lui donne la qualité de Ducheſſe & d'Alteſſe Séréniſſime; le fond de ce Doüaire eſt le même qui a toujours été accordé aux veuves dans la Maiſon de Wirtemberg-Montbeliard. Voilà donc Anne Sabine Comteſſe de Sponeck, qui pendant neuf ans eſt en poſſeſſion publique de ſon état de femme mariée, & y joint celle de ſa dignité, que le Prince ſon mari & ſon ſouverain, reconnoît publiquement lui être duë cinq ans avant ſa mort.

Toute idée de clandeſtinité que les adverſaires de George-Léopold ont voulu attacher au mariage du Prince ſon pere, s'évanoüit donc néceſſairement par ces deux actes publics, qui ont été connus non-ſeulement dans la Principauté de Montbeliard, ce qui ſuffiroit pour en établir la publicité, mais même dans les Etats voiſins & dans toute l'Europe.

Cette publicité ſe trouvoit déja établie dès 1712 par les ouvrages imprimez en Allemagne qui traitent des Genealogies des Princes : celui de Jean Hubner annonce dès cette année le mariage du feu Prince de Montbeliard, & dans ſes ſupplémens ſur les années ſubſequentes, il fait mention du nom d'Anne Sabine de Hedvviger Comteſſe de Sponeck, & de celui des deux enfans qui étoient en vie. Les ouvrages de cet Auteur ont été diſtribuez à la Diete de l'Empire & à tous les Princes Souverains d'Allemagne. D'autres ouvrages, tels que ſont la Continuation de Puffendorf imprimée à Amſterdam; les Souverains du Monde, qui eſt la traduction d'un livre allemand imprimé à Paris en 1718 & répandu dans toute l'Allemagne, parlent de ce mariage & des enfans qui en ſont nez.

Le Duc de Stoutgard en a fait lui-même un aveu ſolemnel dans le Traité de Wildbade qu'il a conclu en 1715 avec le feu Prince de Montbeliard. Quoique ce Traité ſoit d'ailleurs contre tous les principes d'honneur & de Religion, ce

Prince y répete plusieurs fois, *qu'il n'a point contracté de mariage convenable à la dignité de sa Maison, & promet expressément de ne point se remarier & de ne passer à d'autres nôces.* Donc ces deux Princes reconnoissent publiquement la réalité d'un mariage déja existant ; donc le mariage du feu Prince de Montbeliard étoit public & reconnu à la Cour de Stoutgard même, qui a affecté depuis d'en contester l'existence & la publicité.

Quand ce mariage auroit été aussi secret & aussi clandestin qu'il a été public & connu, les efforts du Duc de Stoutgard & des autres adversaires de George-Léopold n'en seroient pas moins inutils, parce que la seule loi qui établit la nullité des mariages clandestins, est un Décret du Concile de Trente qui n'est d'aucune autorité dans les Etats & Souverainetez des Princes de la Confession d'Ausbourg, que ce Décret même défend de douter de la validité des mariages clandestins contractez avant sa publication, que par consequent cette publication n'ayant point été faite dans les Etats Protestans, il est nécessaire que ces mariages conservent chez eux toute la force de vrais & légitimes mariages, par la raison que d'avoir existé avant la loi établie, ou de n'être point soumis à la loi, est la même chose.

Mais le Mariage du feu Prince de Montbeliard n'a pas besoin du privilege d'être soustrait à cette loi, dont joüissent les Protestans ; en le soumettant même aux regles les plus exactes de la Religion Catholique & du Royaume, rien ne peut lui être opposé par rapport à la clandestinité, puisque nous avons une maxime certaine & universellement reçûë, qu'un mariage ayant été caché un grand nombre d'années, lorsque le mari prend enfin le parti de rendre justice à sa femme & à ses enfans, & que long-tems avant sa mort ou avant la mort de sa femme il déclare solemnellement son mariage, qu'il rende aux uns & aux autres les titres, les honneurs, qui leur conviennent, & que par là il les mette en possession publique de leur état, alors tous les avantages de la possession d'état leur sont acquis, & après la mort de leur pere on ne peut en contester les effets.

CINQUIE'ME PROPOSITION.

George-Léopold est né de ce mariage & reconnu publiquement pour fils légitime & Prince hereditaire du feu Duc de Montbeliard.

La filiation de George-Léopold est parfaitement établie par le certificat autentique du Ministre qui l'a baptisé, faisant alors les fonctions de Chapelain du Château de Festenberg en Silesie, appartenant à la Branche de Wirtemberg-Oëls, où l'enfant vint au monde : ce certificat marque les noms de *George-Leopold* qui lui furent donnez dans le batême, ceux du pere, *S. A. Léopold-Eberard Duc de VVirtemberg-Montbeliard,* & de la mere, *l'illustre Dame Anne Sabine de Hedvviger ;* il fait même mention du Capitaine Léonard de Nardin, qui y fut present comme parain.

Mais ce n'est pas ni par le certificat de cet Ecclesiastique, que son mérite a élevé depuis à la dignité de Prévôt de Notre-Dame de Magdebourg, ni par aucun extrait de Regitre que l'on doit juger de la filiation de George-Léopold : la véritable preuve se doit trouver dans la conduite du pere à l'égard de l'enfant : s'il l'a reconnu dès sa naissance, s'il l'a nourri & élevé dans son bas âge, si dans son âge viril il l'a marié sous le nom & la qualité de son fils ; c'est à ces marques qui sont formées dans le sein même de la nature & que les Loix regardent pour décisives que l'on reconnoît un pere, puisqu'un enfant ne peut sans doute être fils que de celui qui l'a perpetuellement reconnu pour fien.

L'acte le plus formel & le plus autentique où le feu Prince de Montbeliard ait reconnu George-Léopold pour fon fils, eft celui qu'il a paffé avec fon époufe en 1714 à la veille de faire divorce avec elle. Les deux Epoux y difent qu'ils font liez en légitime mariage; mais avant que de rompre leur lien, ils veulent avant toutes chofes affurer de nouveau l'état de leur famille, fixer le nombre de leurs enfans & conftater leurs perfonnes : dans cette vûë ils reconnoiffent dans leur acte pour fils provenu de leur mariage, George-Léopold, & pour fille Léopoldine Eberardine.

Une telle reconnoiffance eft infiniment au-deffus de tout extrait & de tout certificat, parce qu'elle eft faite par les perfonnes qui ont la connoiffance la plus immédiate de l'état de leurs enfans, la plus autorifée par le droit naturel & par confequent la plus certaine. Si les papiers domeftiques où le pere fait mention des enfans, paffent après fa mort pour de légitimes documens de filiation, que doit-on dire d'une reconnoiffance publique contenuë dans un acte fait avec déliberation, pour marquer ceux que le pere de famille avouë pour être les fiens, & pour empêcher que d'autres ne fe confondent avec eux; un acte que le Souverain prefente fous les yeux du Tribunal Ecclefiaftique des Etats de Montbeliard, lequel par fa fignature lui donne toute l'autenticité, & attefte en même-tems que tout fon contenu eft conforme à la juftice & à la vérité.

Cet acte n'eft pas le feul témoignage que le feu Prince de Montbeliard ait rendu à la filiation de George-Léopold fon fils; il l'a marié fous cette qualité en 1719; il a obtenu du Roi des Lettres de naturalité pour lui, en le nommant fon fils né de légitime mariage pour raifon des Fiefs qui relevent de la Couronne de France : dans deux Procurations qu'il lui donna du 17 Juin 1720, pour faire conftater fon mariage fait en Pologne il le nomme fon fils, & dans le Paffeport expedié le même jour pour la fureté de fa perfonne & de fa fuite, il lui donne les qualitez d'*Alteffe Séréniffime*, de *Prince George-Léopold* & de *Prince hereditaire*. Il l'a fait recommander aux prieres publiques dans les Eglifes de fes Etats : il lui a fait rendre de fon vivant tous les hommages par fes peuples : les Princes & Princeffes de la Branche de Wirtemberg-Oëls ont tenu les enfans de George-Léopold fur les Fonts de batême & lui ont écrit un grand nombre de lettres, ainfi qu'à la Princeffe fon époufe, fous les titres d'Alteffe Séréniffime : enfin à la mort de fon pere il eft entré en poffeffion de la Souveraineté, & a reçû de fes Sujets le ferment de fidelité.

Il ne dépendoit pas de George-Léopold d'obliger fon pere à le déclarer plutôt fous des qualitez qu'il lui donne publiquement neuf ans avant fa mort : ce Prince étoit en même-tems fon pere & fon Souverain, par confequent maître abfolu de differer cet aveu public autant qu'il le jugeoit à propos fans en être comptable à perfonne; mais ce retard ne fçauroit faire le moindre tort à l'état d'enfant légitime, puifque ces déclarations par rapport au tems où elles ont été faites, font plus que fuffifantes fuivant les Loix pour établir la poffeffion publique de cet Etat.

Le Duc de Stoutgard a reconnu lui-même la filiation de George-Léopold & les droits que la nature attachoit à fa naiffance lorfqu'il lui a fait ratifier, quoiqu'encore en minorité le Traité de Wildbade, en le faifant renoncer à l'heritage de fon pere *par le droit de fucceffion qu'il pourroit y avoir;* ce qui prouve évidemment qu'il reconnoiffoit en lui la qualité de fils légitime du Duc de Montbeliard, qui pourroit lui laiffer la capacité de lui fucceder dans fes biens.

SIXIE'ME

SIXIE'ME PROPOSITION.

Le Traité de Wildbade ne peut donner aucune atteinte à l'état & aux droits de George-Léopold.

Deux suppositions également fausses ont conduit jusqu'à present toutes les démarches que le Duc de Stoutgard a faites, tant à la Cour de France qu'à celle de Vienne, pour faire exécuter en sa faveur l'inique Traité de Wildbade, & exclure George-Léopold d'une succession aussi légitime. Il a supposé en premier lieu, que le feu Duc de Montbéliard a pû prononcer l'exheredation de son fils & le déclarer comme il fait dans ce Traité, incapable & inhabile à lui succeder.

Mais on répondra facilement à une illusion aussi évidente, que celui qui déclare sans cause & sans fondement un fils inhabile à lui succeder, ne le rend pas pour cela inhabile & incapable, si sa déclaration n'est pas fondée sur une inhabilité qui soit réelle & inherente ; que lorsque cette condition manque & que l'inhabilité est imaginaire & chimerique, la déclaration que le pere en fait tombe d'elle-même ; par la raison, que déclarer n'est autre chose que reconnoître ce qui est, & non créer ce qui n'est pas. Or quel est le fondement de cette déclaration dans le Traité de Wildbade ? les termes y sont formels : *C'est pour n'avoir point jusqu'à present contracté de mariage suivant l'état de la Sérénissime Maison de Wirtemberg.*

Toutes les raisons de droit & d'usage même pratiqué dans l'Empire, comme on l'a fait voir, concourrent à condamner un motif aussi frivole d'exheredation, qui va jusqu'à ceder & transmettre la totalité de la succession d'un pere à un collateral au préjudice de son fils ; succession qui comprend d'un côté une Principauté regardée comme souveraine par les contractans, par consequent une substitution permanente & inaliénable, dont le pere ne peut jamais disposer quant au fond : de l'autre côté, des Fiefs dépendans de la Couronne de France, où les Loix n'exigent que le titre de fils légitime pour lui en conferer l'investiture, sans avoir égard à l'inégalité de condition entre le pere & la mere, & où l'on ne connoît d'autre regle que celle qui est établie par la Loi : *Filius ergo heres.*

La seconde supposition éloignée de même de toute vérité, que le Duc de Stoutgard a affecté d'insinuer dans les deux Cours, est de dire que le mariage du feu Duc de Montbeliard est de la nature de ceux que les Jurisconsultes d'Allemagne appellent morganatiques, qui peuvent bien produire des enfans légitimes, mais non des enfans capables de succeder aux Fiefs.

Mais il n'a garde de rapporter la définition que donnent ces mêmes Jurisconsultes du mariage morganatique ; que suivant les Loix des Lombards, dont les Princes Allemans ont quelquefois emprunté l'usage, il faut pour que le mariage devienne morganatique, qu'il y ait un pacte anterieur entre l'époux & l'épouse ; par lequel il soit marqué & déterminé, que la future veuve & ses enfans demeurent réduits pour tous biens à un certain revenu, sans pouvoir prendre part au reste de la succession avec les enfans d'un premier lit, dont la mere seroit morte, non plus qu'aux titres, aux honneurs & dignité de la Maison. C'est ce pacte anterieur fait avec la seconde femme après la mort de la premiere, qui constituë l'essence du mariage morganatique que le peuple vulgairement appelle, mariage de la main gauche : sans cet accord précedent au second ma-

D

riage, il est aussi impossible d'imaginer deux personnes mariées à la morganatique, que de feindre un homme & une femme unis par le lien du mariage
sans leur consentement mutuel.

Comme il n'y a jamais eu une pareille convention entre le feu Duc de Montbeliard & la Comtesse de Sponeck, ni avant ni depuis leur mariage, & qu'il
ne pouvoit pas même y en avoir une, puisque ce Prince n'avoit point encore
été marié, George-Léopold leur fils ne peut comprendre la témérité de cette
supposition, que les Agens du Duc de Stoutgard ont osé produire ouvertement
dans leurs Mémoires & qu'ils ont hazardé cent fois, pour surprendre s'il se
pouvoit, la Religion des deux plus grands Monarques.

Comment après cela le Duc de Stoutgard prétendra-t-il avec des suppositions, dont la fausseté est évidente, que le Traité de Wildbade puisse donner
la moindre atteinte au fils légitime du feu Duc de Montbeliard? Dans ce
Traité, qui n'est qu'une odieuse conspiration, on voit un mineur, à qui l'on
fait prêter un serment solemnel de renoncer au privilege de sa naissance, &
auquel on fait la plus énorme lézion en anéantissant son état & sa fortune.
Les Loix de toutes les nations s'élevent contre une surprise & une violence aussi
inouïe.

26. & 36. Cod. de Transactionib.

Lorsque les Loix parlent des transactions, elles défendent expressément aux
peres & aux meres de traiter de l'état & des droits de leurs enfans.

La Loi Jus autem de pactis.

Elles établissent pour principe certain, qu'on ne peut abdiquer les droits du
sang & de la filiation en general. Que diroient-elles, si la question regardoit en
particulier un mineur?

18. De Jureju-rando.

Elles ordonnent que le serment en chose illicite & contre les Loix, soit tenu
pour inutile & inadmissible.

33. De Jureju-rando.

Que les personnes constituées en dignité & les Princes font un serment inutile dans les aliénations considerables, & qui tendent à l'affoiblissement de leur
dignité & de leur état. Quelle seroit donc la décision de la Loi, si on lui proposoit l'anéantissement total du titre, de la dignité & de la fortune du fils d'un
Prince Souverain?

42. Cod. de Transactionibus.

Que le serment interposé n'empêche point l'usage & l'effet du droit commun,
telle que seroit la restitution du mineur.

L. 2. de Feudis.

Que les Fiefs qui relevent de l'Empire, & substituez par la force de la concession primitive sont inaliénables.

Toutes ces regles, qui guident l'équité des Nations ont été violées dans le
Traité de Wildbade; & cependant on veut faire un crime à George-Léopold
devenu majeur de reclamer contre une iniquité aussi monstrueuse, & de recourir à la protection de la France, pour obtenir par le droit que sa naissance légitime lui a acquis, l'investiture des Fiefs qui dépendent de sa Couronne. C'est
encore un crime qu'on lui fait de reconnoître la souveraineté du Roi sur ces
Fiefs, parce qu'aux termes du même Traité de Wildbade les droits de Sa Majesté comme Souverain Seigneur dominant, sont méprisez par la cession qui en
est faite au Duc de Stoutgard en pleine souveraineté & sans aucune exception.

SEPTIEME PROPOSITION.

Les Jugemens de l'Empereur & du Conseil Aulique ont décidé en faveur de la naissance
légitime de George-Léopold.

Le feu Duc de Montbeliard quelques années avant sa mort avoit senti toute l'injustice & l'injure faite à son sang par le Traité de Wildbade, auquel les artifices de la Cour de Stoutgard, joints aux intrigues d'une Maîtresse l'avoient fait souscrire : pour réparer cette indignité il reconnut par un acte public George-Léopold pour Prince hereditaire, & le déclara pour son successeur aux Etats de Montbeliard : réclamation juste & autentique contre le Traité de Wildbade & contre l'injustice énorme faite à sa famille & arrachée de sa foiblesse.

L'éclat que fit cette reconnoissance, donna lieu à la contestation que le Duc de Wirtemberg-Stoutgard porta devant le Conseil Aulique, où il prétendit que ce Prince n'avoit pû reconnoître les droits de sa ligne directe sans violer le Traité de Wildbade, parce qu'il y étoit convenu de n'avoir point d'enfans d'un mariage sortable à l'état de sa sérénissime Maison, & qui fussent habiles à lui succeder.

Sur cet exposé, dont le feu Duc de Montbeliard n'eut jamais de communication, le Duc de Stoutgard surprit au mois de Novembre 1721 un Rescrit de l'Empereur, qui fait défense au Duc de Montbeliard de donner à sa femme & à ses enfans les titres de Princes & Princesses. Ces titres font le seul objet qui soit renfermé dans cette défense ; bien loin de toucher à la légitimité de l'état, elle l'établit en faisant mention d'un mariage réel & des enfans qui en sont nez.

Quelque irrégularité que le feu Duc de Montbeliard trouvât dans ce Rescrit obtenu sur une simple Requête, dans lequel il n'est point question du nom du Demandeur, & dont la notification ne lui avoit point été faite même juridiquement ; il crut cependant qu'il étoit d'un devoir de bienséance d'y faire dès le mois de Janvier 1722 des representations à l'Empereur ; il lui remontra que cet ordre étoit surpris sur de fausses suppositions ; & demanda, *que sa femme & ses enfans fussent maintenus dans la possession de leur état & des droits y attachez ; que les voyes de fait fussent défenduës au Duc de Stoutgard, & au cas que ce Prince crût pouvoir former quelque prétention contre lui, il fut renvoyé aux voyes de droit usitées dans l'Empire.*

C'étoit s'opposer à l'exécution du Rescrit Imperial, en ce qu'il touchoit aux titres de dignité de la femme & des enfans, ne s'y agissant alors en aucune maniere d'en contester la légitimité. Cette opposition ne fut point jugée du vivant du Duc de Montbeliard, & après sa mort arrivée le 25 Mars 1723, George-Léopold son fils ayant pris possession de la Souveraineté & reçu le serment de fidelité de ses Sujets, avant que de reprendre cette contestation, se donna l'honneur d'écrire à l'Empereur pour l'informer du changement arrivé dans les Etats de son pere.

Cette Lettre fut suivie d'une nouvelle marque d'indignation de la part de l'Empereur, parce que George-Léopold y prenoit la qualité de Duc de Montbeliard : le Conseil Aulique rendit un Jugement précipité dès le 8 Avril 1723 deux jours après que la lettre arriva à Vienne ; ce Jugement rappelle le Rescrit Imperial du 8 Novembre 1721, annulle de nouveau les titres & qualifications de Prince & Princesses : les pactes de famille de 1617, & le Traité de Wildbade font le seul motif qui soit exprimé dans cette décision ; par conséquent son objet ne peut regarder que la prétenduë inégalité & non pas la validité du mariage du feu Duc de Montbeliard, ni la légitimité de George-Léopold son fils.

Mais ce qui fait une preuve sans replique, que ce Jugement de l'Empereur reconnoît formellement la légitimité de George-Léopold, c'est la différence qu'il établit entre les enfans du feu Duc de Montbeliard. Voici les termes dans lesquels il s'exprime : *Quant aux deux enfans encore vivans procréez de Henriette Hed-vvige Baronne de l'Esperance, l'on s'en tient à la déclaration faite par M. le Duc de Montbeliard dans ses productions du 9 Novembre 1722, portant, qu'étant enfans naturels, il n'étoit point question de ces enfans dans la présente instance.*

Personne ne peut se refuser à la juste consequence qui suit de cette décision. L'Empereur y déclare qu'il ne prononce rien sur les enfans procréez de Henriette Hedwige de l'Esperance, parce qu'ils sont bâtards, il prononce par consequent sur les autres parce qu'il les tient pour légitimes. Peut-on rien de plus fort, de plus décisif, & qui constate mieux la qualité de fils légitime en faveur de George-Léopold de la part même de l'Empereur, qui donne ce Jugement.

Cette décision fut suivie d'un Mandement de l'Empereur du 16 Avril 1723, qui est fondé sur les mêmes motifs : il refuse à George-Léopold de le relever du serment par lui fait en minorité d'observer le contenu du Traité de Wildbade, & en consequence releve les Sujets & les differens ordres de Montbeliard du serment de fidelité qu'ils lui avoient prêtez après la mort du pere. On ne trouve point dans ce Mandement la moindre expression qui puisse donner atteinte à l'état de fils légitime ; tout y est fondé sur l'inégalité du mariage de son pere, qui avoit fourni le prétexte de lui ôter le droit de succeder à une Souveraineté de l'Empire.

Le Jugement du Conseil Aulique du 21 Juin 1723, ordonne que George-Léopold feroit sa soumission au sujet des titres & armes de Montbeliard, faute de quoi il ne seroit plus écouté dans ses demandes à l'égard de la succession allodiale, c'est-à-dire, des biens que le pere possedoit en franc-alleu, & qui ne relevoient point immédiatement de l'Empire, de même que des biens propres & maternels. Or ces sortes de biens ne pouvant appartenir qu'à un enfant légitime, & le fils naturel ne pouvant jamais succeder à une partie de l'heritage, il devient évident que le Conseil Aulique réservant à George-Léopold son droit de succession à ces sortes de biens, a reconnu en lui formellement la qualité de fils légitime, bien loin d'y avoir donné la moindre atteinte.

Il en est de même du Mandement Imperial du 21 Août 1724, dans lequel l'Empereur faisant mention de ses Rescrits précedens, qui ont exclu George-Léopold de la succession aux Fiefs immédiats de l'Empire, dit positivement, *que c'est à cause du mariage inégal de son pere.* Il reconnoît donc un mariage réel & véritable, par consequent une naissance légitime dans George-Léopold, quoique par des principes d'une Jurisprudence jusqu'à lors inconnuë & contre la force des exemples dans les plus grandes Maisons de l'Empire, il prétende que cette inégalité doive frustrer le fils légitime de la dignité & même du nom de son pere.

Par deux autres Jugemens de l'Empereur du 4 Novembre 1727 & du 4 Septembre 1728, il est permis expressément à George-Léopold seul de poursuivre l'ulterieure succession allodiale, de même que les biens propres & maternels. Si on ne l'avoit pas reconnu pour enfant légitime, pourroit-on lui permettre de reclamer la propriété de ses biens ? Un bâtard peut-il être autorisé de succeder aux biens allodiaux & aux propres de son pere ? Peut-il même succeder aux biens maternels ? Il est donc plus clair que le jour & démontré jusqu'à la conviction, que dans tous ces Jugemens George-Léopold est traité en fils légitime, & que l'inégalité du mariage de son pere a été le seul motif, qui a servi de prétexte à l'Empereur pour le déclarer inhabile à succeder à une Principauté relevante de l'Empire.

Il est important d'observer que dans le cours de cette Instance au Conseil

Aulique, le Duc de Stoutgard a toujours infifté dans fes Requêtes, à ce que le mariage du feu Duc de Montbeliard fût reconnu pour nul, & que fon fils en conféquence fût déclaré illégitime. Mais on voit évidemment par toutes ces décifions, que le crédit du Duc de Stoutgard n'eft parvenu qu'à faire déclarer George-Léopold inhabile à fuccéder à la dignité du Prince fon pere & aux Fiefs immédiats de l'Empire, à caufe du mariage difproportionné pour la condition. Si l'Empereur avoit crû pouvoir donner plus d'étenduë à fes Jugemens & anéantir l'état de légitimité de George-Léopold; peut-on penfer que dans les circonftances où étoit alors cette affaire, les décifions de l'Empereur n'euffent pas rempli les vœux du Duc de Stoutgard? mais l'évidence d'un mariage rendoit cet état trop certain pour qu'il pût aller plus avant dans fes jugemens.

De quel front après cela les Agens de Stoutgard & ceux qui leur prêtent de l'appui peuvent-ils débiter à la face de la Cour, que les décifions du Confeil Aulique ont déclaré George-Léopold pour illégitime, que la queftion d'état eft jugée contre lui, & que le Roi n'a plus rien à prononcer en fa faveur au fujet des Terres qui peuvent être fous fa domination? L'héritier légitime n'a pas befoin de relever des difcours auffi contraires à la vérité, qu'ils font peu mefurez, il trouveront auprès des perfonnes qui font en place auffi bien que dans le public les réflexions qu'ils méritent.

Toutes ces décifions de la Cour de Vienne n'ont eu donc pour objet que d'éloigner le fils légitime de la fucceffion à la Principauté de Montbeliard, & de la réünir à la Branche aînée de Wirtemberg, par un interet particulier de la Maifon d'Autriche, à qui en vertu d'un ancien pacte fait fous l'Empereur Ferdinand I. toute la fucceffion de cette Branche eft dévoluë au défaut des mâles.

Ce n'eft pas fur l'inégalité d'un mariage, motif, qui n'avoit point encore trouvé d'accès auprès d'aucun Tribunal; que l'Empereur Maximilien I. qui a regné près de cent ans avant ce pacte, eut dépoüillé un Prince de la Maifon de Wirtemberg du droit de fuccéder à la dignité de fon pere: ce Monarque n'exigeoit que la feule légitimité pour être habile à recüeillir la dignité Ducale de cette Maifon. Voici comme il s'exprime dans fes Lettres Patentes accordées à Eberard de Wirtemberg, auquel il conféra le titre de Duc dans la Diete de Worms en 1495: *Voulons que ce titre & dignité de Duc foit tranfmiffible à fes fucceffeurs & héritiers légitimes.* C'eft que ce Prince ne reconnoiffoit point de loi, & il n'y en eut jamais dans la Nation Allemande, qui demande autre condition que la naiffance légitime, pour pouvoir poffeder les hauts Fiefs même de l'Empire.

Mais les décifions de l'Empereur d'aujourd'hui, quelque oppofées qu'elles foient aux anciennes, n'ont rien de commun avec celle qui appartient au Roi en qualité de Souverain des Terres que George-Léopold réclame fous le titre de fils légitime du dernier invefti. Si l'Empereur a pû être fon juge par rapport à la dignité, (quoique l'on fût en état de faire voir que de fon autorité particuliere, il ne peut pas dégrader un Prince d'Empire pour des caufes même valables:) cette décifion n'ayant point porté coup à fa légitimité, rien ne peut empêcher le Roi d'en connoître, parce que Sa Majefté eft en droit de décider à qui les Terres de France appartiennent indépendemment de tout ce qui a pû être jugé à Vienne au fujet de la fucceffion à la dignité: cet objet devient étranger & indifferent à la France; par la raifon, que la feule qualité de fils légitime fuffit dans le Roiaume pour fuccéder aux Fiefs qui dépendent de fa Couronne.

E

HUITIEME PROPOSITION.

En supposant même, ce qui n'est point, que l'Empereur eut décidé contre la légitimité de George-Léopold, le Roi avant que de conceder les Fiefs seroit toujours en droit de connoître par lui-même de son état.

Deux qualitez inseparables, que George-Léopold comme fils du feu Prince de Montbeliard réünit en sa personne, font voir la vérité de cette Proposition. La premiere de ces qualitez est celle d'être né domicilié en France en vertu des Lettres de naturalité que le Duc George son ayeul a obtenu de Loüis XIV. en 1651, pour lui & pour ses descendans : ce Prince & sa posterité ayant acquis par ce titre les avantages d'un Regnicole, & le droit de jurisdiction personnelle & immédiate se reglant suivant le domicile des personnes, il devient indubitable que le Roi est en droit de connoître par lui-même, si celui qui se dit petit-fils du Duc George est véritablement tel, quand même une Puissance étrangere auroit porté contre lui la décision la plus défavorable ; par la raison, que toute personne acquise au Roiaume par le droit de naturalité, devient si nécessairement & si directement liée à la connoissance juridique du Souverain en ce qui regarde la qualité de son état & de sa naissance, que toute autre décision de quelque part qu'elle puisse venir, doit être regardée par ce Souverain comme étrangere, indifferente à ses droits & comme non avenuë.

Ce n'est pas un titre sans effet ni une qualité indifferente que d'avoir la naturalité dans un Roiaume : cette qualité jointe au domicile actuel produit une dépendance si intime, si immédiate & si indispensable du pouvoir suprême de celui qui en est le Souverain, que nulle autre autorité, nulle autre jurisdiction que la sienne ne peut diriger valablement aucune action ni personnelle ni réelle contre le sujet, bien moins le juger, pendant que ce titre acquis en vertu des premieres Lettres de naturalité subsiste dans toute sa force.

La seconde qualité qui réside dans George-Léopold, est celle d'être Vassal du Roi pour les Fiefs qui sont sous la domination de la France. Ces Fiefs suivent la ligne du Vassal originairement investi, jusqu'à ce qu'elle soit éteinte ; ainsi le fils, qui succede au pere, les tient de l'instituant & fondateur des Fiefs de qui la premiere concession est émanée ; c'est ce qu'on appelle dans le Droit Public : *Ex pacto & providentiâ majorum.*

Il faut donc remonter aux premiers Souverains & Fondateurs de ces Fiefs ausquels le Roi a succedé, afin d'avoir une juste idée de l'étenduë du pouvoir qu'ils avoient dans la concession & investiture de ces Fiefs. Or on demande si les premiers Souverains investissans eussent eu égard à des qualifications que des Gouvernemens étrangers auroient pû donner au premier Vassal ; qui s'est presenté pour être investi & leur rendre foi & hommage ? c'est ce que l'on ne présumera jamais dans les véritables principes de l'indépendance, parce que maîtres absolus dans leurs Etats, ils n'étoient comptables à aucune Puissance étrangere des regles qu'ils observoient dans l'établissement de ces Fiefs, & des qualitez qu'ils exigeoient dans les premiers investis.

Les investitures qui ont été données depuis par les successeurs à leur Souveraineté, n'étant autre chose qu'une continuation de cet établissement, le pouvoir que ces successeurs exercent, doit par consequent être aussi indépendant & aussi peu sujet à aucune décision étrangere : ce droit qui de sa nature est absolu, indivisible & invariable, reste donc en son entier dans la personne de Sa

Majesté, de connoître par ses propres lumieres & son autorité de l'état légitime de George-Léopold en supposant même, ce qui n'est point, que les Jugemens de l'Empereur y eussent donné atteinte.

Mais il faut aller plus loin ; & en supposant que l'Empereur eut décidé contre l'état légitime de George-Léopold, il est hors de doute que sa décision eut été motivée de la même maniere que le Jugement, qui le déclare inhabile à succeder à la dignité de son pere & aux Fiefs immédiats de l'Empire : les motifs exprimez dans ce Jugement sont *les Droits connus & les Usages d'Allemagne.* Sans examiner ici si ces droits connus & si ces usages ne sont pas plutôt contraires à la propre Jurisprudence du Conseil Aulique ; on demande si de pareils motifs suffiroient au Roi comme Souverain dominant de ces Fiefs, pour trouver dans George-Léopold un titre d'illégitimité & d'incapacité par conséquent d'être investi des Fiefs de France.

Non, sans doute, & à moins d'anéantir la prérogative de son indépendance, Sa Majesté ne pourroit se dispenser d'examiner en quoi consistent *ces prétendus Droits connus & ces Usages d'Allemagne ;* s'ils sont fondez sur quelques Constitutions de l'Empire ou Recez de la Diete : (car ce sont là les seules regles qui puissent fonder & autoriser les usages de l'Empire ;) alors ne trouvant dans ces motifs aucun fondement ni du côté des Loix, ni dans les exemples arrivez en Allemagne, qui peut douter que Sa Majesté, qui a des Loix certaines dans son Roiaume pour constater la légitimité de ceux qui sont présumez être ses Vassaux, ne fut en droit comme Seigneur Souverain de ces Fiefs de connoître de l'état de George-Léopold, qui en demande l'investiture sur les preuves de sa naissance légitime, telles que les Droits & Usages de la France peuvent les exiger pour être son Vassal.

Penser autrement seroit proposer au Roi un Jugement étranger, dont la disposition feroit regle dans ses propres Etats, & qui par conséquent dérogeroit à l'indépendance de sa Couronne : Les décisions du Conseil Aulique auroient donc force de loi pour la possession des biens en France, & elles empêcheroient que des enfans ne succedent dans un Roiaume, où les Loix pourroient être contraires aux Usages d'Allemagne, tant pour les preuves de la légitimité, que pour la concession des Fiefs qui sont sous la domination du Roi.

Une telle opinion ne seroit rien moins que le renversement d'un principe qui regle le plus ancien & le plus inviolable droit des Souverains, qui est celui de la Juridiction Territoriale. Quand même le Conseil Aulique suivant les Droits connus & Usages d'Allemagne eut retranché de la ligne de Wirtemberg le fils du feu Duc de Montbeliard, ce retranchement fondé sur un droit local ne pourroit avoir lieu que dans l'étenduë Territoriale de l'Allemagne, & ne deviendroit par conséquent aussi que local, parce qu'une cause bornée par le lieu ne peut operer que dans le lieu même, dans lequel elle est circonscrite : par conséquent George-Léopold pourroit bien en Allemagne être reputé étranger au sang de Wirtemberg, si les Droits connus & les Usages d'Allemagne le vouloient ainsi, & qu'un Tribunal compétent dans l'Empire l'eut prononcé ; mais cela n'empêcheroit pas qu'en France & quant à la succession des Terres situées dans le Roiaume, il ne fut demeuré ce qu'il étoit, c'est-à-dire, fils légitime sur les preuves qu'il en auroit fourni au Roi, par conséquent du sang de Wirtemberg, & par une suite nécessaire habile à succeder aux Fiefs qui dépendent de la France.

Mais ce qui établit parfaitement le pouvoir actuel qui reside dans le Roi de connoître seul de l'état de George-Léopold, c'est l'exclusion même de la dignité du pere & de tout ce qui regarde immédiatement l'Empire, que les Jugemens du Conseil Aulique ont prononcé contre lui : par ces Jugemens George-Léopold doit être regardé à la Cour de Vienne comme ne tenant plus par aucun endroit à l'Empire ni à sa Jurisdiction pour des terres féodales, parce que l'Empereur a prétendu anéantir tous les liens qui pouvoient l'attacher au corps Germanique, tant par rapport à l'état de dignité qu'il avoit reclamé devant son Tribunal, que par rapport aux Fiefs qui peuvent relever de l'Empire : il ne sçauroit donc plus rester à cet égard en la personne de George-Léopold dans l'esprit de ces décisions du Conseil Aulique, que la seule qualité de domicilié en France ; caractere ineffaçable en vertu des Lettres de naturalité de son Ayeul, toute autre qualité de Vassal relative à l'Empire étant déclarée ne plus exister en lui. Or la Jurisdiction féodale ne pouvant s'exercer que suivant la qualité actuelle des personnes ; il est évident que George-Léopold dans le dépouillement total de tous les rapports qu'il pouvoit avoir avec la dépendance de l'Empire comme son feudataire, ne peut plus être justiciable que du Roi seul par le titre acquis de domicilié né en France, parce que c'est l'unique qualité dans l'ordre de la Jurisdiction pour les Fiefs, qui subsiste aujourd'hui dans sa personne ; c'est l'effet naturel & nécessaire que le Conseil Aulique a dû prétendre produire lui-même par ses Jugemens, quelque insoutenables qu'ils soient dans le fond.

C'est donc une pure illusion, un piege de la part des Agens de Stoutgard & de leurs supports, de vouloir revendiquer la personne de George-Léopold comme uniquement justiciable de l'Empereur, & d'invoquer avec une ostentation affectée le droit des Gens, qu'ils disent hardiment être compromis, si l'autorité du Roi continuoit à connoître juridiquement de son état ; ce piege & ces clameurs ne tendent qu'à éterniser cette affaire comme il s'en voit quantité dans l'Empire, qui n'ont jamais été consommées ; qu'à soutenir par des vûes trop connuës l'injuste possession d'un patrimoine envahi par la force, pendant que le fils légitime ne cesse d'implorer la justice & la protection du Roi, qu'il doit reconnoître pour seul Souverain & Seigneur dominant des Fiefs qui font une grande partie de ce patrimoine.

NEUVIE'ME PROPOSITION.

Les neuf Seigneuries qui font partie de la succession du feu Duc de Montbeliard, font incontestablement des Fiefs dépendans de la Couronne de France, & il n'en a jamais été fait aucune union à la Principauté de Montbeliard.

Il y a long-tems que les Agens de Wirtemberg font des efforts pour persuader contre leurs propres lumieres, que les Seigneuries de Clerval & Passavant en Bourgogne ; Granges, Hericourt, Blamont, Chatelot & Clemont en Franche-Comté, Horbourg & Riquewir en Alsace, appartiennent en Souveraineté au Comté & Principauté de Montbeliard ; mais ils n'en ont donné jusqu'à present aucune preuve : on leur en oppose même d'évidentes du contraire, en leur faisant voir que ces Terres, avant qu'elles fussent entrées dans la Maison de Wirtemberg, relevoient des Souverains des Provinces où elles sont situées, & qu'elles relevent par consequent de la Souveraineté de Sa Majesté, qui est entré dans leurs droits.

En 1289 Thiebaut de Neuchâtel, dont le Comte Ulric de Wirtemberg épousa la fille, rendit hommage des Terres de Blamont, Clemont & Chatelot à Othon Comte de Bourgogne ; ses reprises de Fiefs font conservées à la Chambre des Comptes de Dole.

En

En 1290 le même Othon fit donation à Mahaut d'Artois sa femme de la mouvance de ces Terres.

En 1328 le Marquis de Baden promit par Lettres Patentes à Jeanne Comtesse de Bourgogne de lui prêter la foi & hommage pour la Seigneurie de Hericourt, & pour ce qu'il tenoit dans le Comté de Bourgogne.

En 1339 Thiebaut de Neuchâtel déclara par acte, qu'ayant assigné la dot de sa femme sur cinq Villages de la Seigneurie de Blamont, attendu qu'elle étoit de la mouvance du Comté de Bourgogne, il promet faire approuver ledit assignat par ce Souverain.

En 1505 les 23 & 26 Janvier, Mandement de Garde accordé d'autorité du Parlement de Dole à Ferdinand de Neuchâtel pour les Terres de Chatelot, Blamont & autres contre les Comtes de Furstenberg & de Werdenberg, qui retenoient lesdites Terres & la relation de l'Huissier chargé de la signification. Outre que cela prouve la Jurisdiction du Parlement & par consequent la souveraineté & le ressort, on trouve dans la relation de l'Huissier qu'il lui fut remis une copie des Lettres d'Etat, que les Comtes de Furstenberg & de Werdenberg avoient obtenuës du Roi d'Espagne au sujet de cette affaire : c'est encore une reconnoissance formelle de la part des Maisons de Furstenberg & de Werdenberg, que ces Terres étoient de la Souveraineté du Comté de Bourgogne.

En Juillet 1563, une Procuration passée par la nommée Gustello à Saint Maurice, principal Village de la Seigneurie du Chatelot, à la fin de laquelle elle soumet tous ses biens à la Jurisdiction du Comté de Bourgogne, qui y est appellé leur Souverain Seigneur. Les habitans & Notaires du Chatelot n'auroient certainement point reconnu dans des Actes publics la Souveraineté du Comté de Bourgogne, si ce fait n'eut été notoire & sans aucune difficulté.

En 1556 & 1560, des Extraits de distributions du sel des salines de Salins aux Habitans des Communautez de Franche-Comté, & dans lesquelles se trouvent comprises les Communautez de Montbeliard, de Blamont, Clemont, Chatelot & Hericourt ; marque évidente qu'en tout & par tout ces Terres ont toujours été du Comté de Bourgogne.

Depuis 1556 jusqu'en 1585, quatorze Extraits des Livres de Déliberations prises dans les Etats du Comté de Bourgogne, où l'on voit que les Comtes de Montbeliard ont assisté ausdits Etats en ladite qualité.

Tous ces titres & quantité d'autres sur le même sujet, dont les originaux sont déposez dans la Chambre des Comptes de la Franche-Comté, font voir incontestablement que ces Terres, de même les autres qui sont des arrieres-fiefs, relevoient des Souverains anciens du Pays, avant même que le Comté de Montbeliard fut entré dans la Maison de Wirtemberg par le mariage d'Henriette de Montbeliard, avec Eberard de Wirtemberg le 13 Novembre 1397, auquel elle porta ce Comté avec les Terres de Granges, Clerval & Passavant ; par consequent les Seigneuries de Blamont, Clemont, Chatelot & Hericourt, de même que les autres, pour lesquelles d'autres Seigneurs particuliers rendoient foi & hommage à ces Souverains, n'étoient pas incorporées au Comté de Montbeliard.

Il en est de même des deux Seigneuries de Horbourg & de Riquewir situées en Alsace ; elles relevoient des Souverains de cette Province plusieurs siecles avant que la Maison de Wirtemberg en eut fait l'acquisition : ce fut en 1324 que le Comte Ulric de Wirtemberg acheta ces Terres de Walter & Burckard qui en étoient Seigneurs, plus de cinquante ans avant que le Comté de Montbeliard entrât dans la Maison de Wirtemberg.

Ce sont là des titres primordiaux ausquels on ne peut se dispenser de déferer

F

dans une contestation, dont les acteurs ne se défendent que par une possession passagere, abusive & qui tient uniquement de l'usurpation : ces titres de mouvance décident sans replique pour les quatre Terres de Blamont, Clemont, Chatelot & Hericourt en particulier, qui sont les seules, dont le Duc de Stoutgard reclame la souveraineté avec dépendance immédiate de l'Empire, puisque l'on a sçû que ses Agens étoient enfin convenu que les cinq autres Seigneuries appartenoient au souverain Domaine de la France.

Mais comment après des preuves tirées de l'origine la plus ancienne & contre lesquelles le droit du Souverain ne sçauroit souffrir de prescription, ces Agens peuvent-ils donc dire que ces quatre Terres sont incorporées au Comté de Montbeliard depuis quelques siecles? eux, qui sçavent que non-seulement ces Fiefs n'étoient pas dans la Maison de Montbeliard lorsqu'Eberard en épousa l'heritiere, mais même que ces Terres ont été possedées pendant trois cens ans de suite par les Seigneurs de Neuchâtel en Franche-Comté & leurs descendans.

Le droit de souveraineté ne s'acquiert pas par la seule volonté de ceux qui voudroient l'usurper, il faut des titres autentiques qui dérogent aux titres primordiaux ; il faudroit prouver depuis quel tems, par quel moyen & en vertu de quel acte ces Terres de féodales qu'elles étoient envers les Comtes de Bourgogne, auroient changé de nature. L'on convient que ces quatre Terres ont été possedées par le même Proprietaire qui étoit réputé Comte souverain de Montbeliard ; mais cette possession réünie ne constitue point la réunion de ces Terres à sa Souveraineté ; il faudroit pour cet effet un acte de réunion expresse, acte émané des Souverains dont elles relevoient, & revétu de toutes les formes pour operer une incorporation de cette consequence.

Il est indubitable que les Princes de Montbeliard ne pouvoient pas de leur autorité réünir à leur Domaine des Terres qu'ils possedoient en Franche-Comté sans le consentement des Comtes de Bourgogne qui étoient seuls Souverains de ces mêmes Terres ; ce consentement n'a été ni demandé ni accordé : il n'y a donc point eu de réünion, il ne pouvoit pas même y en avoir au préjudice des droits des Souverains ; donc tout ce qui peut s'être passé de contraire par la voie de possession où des actes exercez ne sçauroit établir aucune réünion légitime, ni empêcher que les titres originaires de mouvance du Comté de Bourgogne ne subsistent dans toute leur force.

Mais que ne seroit-on pas en état de faire voir, s'il le falloit, sur la nature du Comté de Montbeliard même, & de prouver qu'il a relevé de la souveraineté des Comtes de Bourgogne aussi-bien que les autres Terres situées dans la Franche Comté ; sçavoir par les anciens Seigneurs de Montbeliard dès l'année 1259, qui en rendirent foi & hommage à Hugues Comte de Bourgogne.

En 1301, par Renaud Comte de Montbeliard à Philippe le Bel, à cause de la cession qui lui avoit été faite du Comté de Bourgogne par le mariage de Jeanne de Bourgogne avec son fils Philippe le Long.

En 1386, par Etienne de Montbeliard à Philippe le Hardi Duc & Comte de Bourgogne, & ensuite par Eberard de Wirtemberg même en 1398, année qui suivit immédiatement son mariage avec Henriette de Montbeliard.

En 1423, par ladite Henriette de Montbeliard, lors veuve d'Eberard de Wirtemberg, à Philippe le Bon Duc & Comte de Bourgogne.

En 1486, par Jean de Wirtemberg à Philippe Sénéchal de Bourgogne, pour & au nom du Souverain : sans compter plusieurs procédures faites en 1473, en 1500 & 1512, sur des appellations interjettées par les Comtes de Montbeliard au Parlement de Dole, des saisies féodales de leur Château de Montbeliard prononcées audit Parlement, dont ces Comtes reconnurent eux-mêmes la Jurifdiction souveraine fur le Comté de Montbeliard.

Par tous ces titres qui exiftent dans les dépôts publics du Parlement & de la Chambre des Comptes de cette Province, on prouveroit que bien loin que ces Seigneuries fituées en Franche-Comté puiffent être fouftraites de la fouveraineté du Roi, le Comté de Montbeliard lui-même, auquel les Agens de Stoutgard prétendent qu'elles font incorporées afin de les rendre indépendantes de la France, eft un ancien fief relevant des Ducs & Comtes de Bourgogne, par confequent de Sa Majefté comme fucceffeur de ces Souverains. Ce font encore ici des titres primordiaux contre lefquels la France quand elle voudra, ne connoîtra ni prefcription, ni voie de poffeffion, ni aucune ftipulation par Traité public, qu'elle regardera comme autant d'erreurs de fait, qui ne peuvent jamais permettre que les droits de fouveraineté dans les pays nouvellement conquis ou cedez à la Couronne, foient alterez, le Domaine fouverain du Roy y eft égal à celui des Provinces, qui compofent l'ancienne Monarchie.

Mais en fe renfermant dans le feul objet des quatre Seigneuries, on foutient que les Agens de Stoutgard n'ont ni titre ancien ni nouveau, qui puiffe établir l'indépendance de ces Terres de la fouveraineté du Roi, & qu'ils ne feront jamais voir aucun acte auquel le confentement du Seigneur dominant de ces Fiefs ait concouru pour en faire la réünion à la Principauté de Montbeliard. Ils ont fait un crime à George-Léopold auprès de l'Empereur pour avoir eu recours à la protection de la France, & demandé au Roi l'inveftiture de ces Fiefs comme relevans de fa Couronne; l'Empereur dans les décifions furvenuës & en particulier dans celle du 21 Août 1724, n'a point hefité à déclarer George-Léopold criminel pour avoir eu ce recours, il appelle cela caufer des collifions entre la France & l'Empire; il le fait affigner au Confeil Aulique pour y rendre raifon de ce prétendu attentat & pour en être puni: il déclare dans le même Mandement, *Que notoirement les neuf Seigneuries en queftion font incorporées à la Principauté de Montbeliard, & confervées fous la fouveraineté de l'Empire en vertu de l'article 13 du Traité de Paix de Rifwic, & par l'article 12 de celui de Baden.*

C'eft donc là le titre fur lequel fondent leurs prétentions les adverfaires de George-Léopold, & qui le deviennent en même-tems ceux de la France, en voulant lui ôter une domination qui de tous les tems lui a appartenu, & que ces Traitez même qu'ils citent, lui ont confirmée d'une maniere à n'en pouvoir douter. C'eft ce que l'on va faire voir par l'analife exacte de cet article du Traité de Rifwic, dont les Agens de Stoutgard cherchent vainement à fe prévaloir contre les interêts de la France. Voici en quels termes il s'exprime.

L'on reftituera à la Maifon de Wirtemberg & nommément au Duc George le Comté ou Principauté de Montbeliard, en l'état qu'il en a joui auparavant avec les droits & prérogatives, & particulierement avec la dépendance immédiate de l'Empire, ainfi que les autres Princes en jouiffent ou en doivent jouir, l'hommage qui en fut fait en 1681 en faveur de la France étant tout-à-fait annullé. Ces Princes feront auffi remis en pleine & libre poffeffion tant de leur Fief de Clerval & Paffavant en Bourgogne, que des Seigneuries de Granges, Hericourt, Blamont, Chatelot & Clemont, & autres fituées dans le Comté de Bourgogne, & la Principauté de Montbeliard avec tous les droits & revenus, & en la même maniere qu'ils les poffedoient avant la Paix de Nimegue, les prétentions & actes au contraire fous quelque prétexte & à quelque tems & maniere qu'ils ayent été faits, étant entierement annullez.

La reftitution que cet article fait au Duc George renferme trois claufes; la premiere, que le Duc George jouïra en fouveraineté du Comté de Montbeliard. La seconde clause, que ce Comté lui sera restitué avec la dépendance immédiate de l'Empire & comme les autres Princes en joüissoient en Allemagne. Par la troisiéme on annulle l'hommage qui en avoit été fait à la France en 1681. C'est avec ces circonstances que l'on restituë au Duc George ce que l'on suppose lui appartenir en souveraineté sous la dépendance immédiate de l'Empire.

Si ce Traité lui avoit rendu en souveraineté les autres Terres dont il fait mention, l'on auroit usé des mêmes clauses & précautions, & on se seroit servi des mêmes termes; mais tout le contraire y a été observé.

1°. L'on ne parle pas des cinq Terres immédiatement après le Comté de Montbeliard qu'on rend en souveraineté, mais après Clerval & Passavant, que l'on rend comme de simples Fiefs de Bourgogne, & pour lesquels les Princes de Wirtemberg n'ont jamais prétendu être indépendans de la France.

2°. L'on met la Seigneurie de Granges à la tête d'Hericourt, Blamont, Chatelot & Clemont, ce qui fait voir que le sort de ces Terres devoit être semblable à celui de Granges, dont les Comtes de Montbeliard sont simples Seigneurs & n'ont jamais contesté la souveraineté au Roi.

3°. Le Traité en parlant de ces Terres ne se sert point du terme de restitution, qui suppose la possession d'une chose occupée par la force, mais il dit: *seront remis en pleine & libre possession desdites Seigneuries.* Ce terme de remettre en possession convient précisément à un Vassal, qui rentre dans la joüissance d'un Fief dont il avoit été privé par les voies de droit, & dénote une dépendance qui ne se trouve point dans le terme de restitution.

4°. L'on dit simplement dans ce Traité qu'ils seront remis en possession des droits & revenus, on obmet le terme de *prérogatives* qui est employé quand il est parlé du Comté de Montbeliard & qui ressent la souveraineté: il n'y est point dit qu'ils joüiront desdites Terres avec la dépendance immédiate de l'Empire, comme les Princes de l'Empire en joüissent, ce qui est spécialement marqué pour le Comté de Montbeliard seul.

5°. Ce Traité n'annulle point l'hommage fait à la France de ces Terres en 1681, comme il l'annulle pour le Comté de Montbeliard; les anciens hommages & la mouvance anterieure à ce Traité subsistent donc toujours.

6°. L'on n'y dit point indefiniment qu'ils en joüiront comme auparavant, on détermine la maniere & l'on dit, qu'ils en joüiront comme avant la Paix de Nimegue: Or la France joüissoit en souveraineté de ces Terres, puisque trois ans avant cette Paix en 1676, elle avoit garnison au Château de Blamont & à Hericourt; les Communautez payoient les impositions publiques & l'on y levoit la Milice, le tout a subsisté sur ce pied jusqu'après la Paix de Riswic.

7°. Enfin l'on y annulle les prétentions à ce contraires; par cette clause la Maison de Wirtemberg est déjettée de sa souveraineté prétenduë sur lesdites Terres; on annulle les actes qu'elle y a fait, & l'on détermine qu'elle en joüira comme avant la Paix de Nimegue, c'est-à-dire, en Fiefs seulement.

Il paroît donc évidemment qu'il n'y a pas un mot dans ledit article qui puisse favoriser la dépendance de ces Terres de la souveraineté de Montbeliard: les termes de *pleine & libre possession*, dont on se sert en parlant desdites Terres, ne sont point synonimes ni équivalens à celui de *souveraineté*, puisque l'on s'en sert pour Clerval & Passavant, également que pour Granges, Blamont, Hericourt, Chatelot & Clemont.

C'est donc une illusion de vouloir s'appuyer sur le Traité de Riswic pour soutenir que ces Seigneuries sont incorporées à la Principauté de Montbeliard;

beliard, il n'eft donc pas notoire, comme l'affure le Mandement de l'Empereur, que l'article 13. de ce Traité ait confervé les neuf Seigneuries en queftion dans la dépendance de Montbeliard & fous la fouveraineté de l'Empire.

L'article 12. du Traité de Baden n'eft pas plus favorable à une prétention auffi mal fondée; il confirme le Traité de Rifwic & dit, que le Roi promet de reftituer au Duc de Montbeliard & à d'autres Princes qu'il nomme, tous les pays places, lieux & biens, dont Sa Majefté fe feroit mife en poffeffion pendant le cours & à l'occafion de la derniere guerre. Comment tirer de cet article & des expreffions generales qu'il renferme, une preuve de l'incorporation des neuf Seigneuries à la Principauté de Montbeliard? d'ailleurs ce dernier Traité de Paix eft relatif à celui de Rifwic, & l'on vient de voir que le Traité de Rifwic eft bien éloigné de favorifer ce que l'on voudroit tenter d'établir, tant à la Cour de Vienne qu'à celle de Stoutgard, au fujet de la fouveraineté de ces Seigneuries.

La ceffion qui a été faite à la France des deux Provinces de Franche-Comté & d'Alface, doit être égale dans tous les rapports qu'elle a avec la fouveraineté du Roi. Or on demande fi de toutes les terres fituées en Alface, & qui avant la Paix de Munfter & de Rifwic jouiffoient du droit de fuperiorité & relevoient de l'Empire, il en eft refté une feule qui ne foit foumife à la fouveraineté du Roi? Telles font les Seigneuries attachées aux Evêchez de Strafbourg & de Bâle comprifes dans l'étendüe de cette Province. Telles les Terres appartenantes à la Principauté de Murbac, pour lefquelles cette Prélature avoit même féance à la Diete de l'Empire. Telles encore les Terres des Comtes de Hanau, qui y exerçoient la fouveraineté, & dont les Fiefs fituez en Alface font devenus foumis à la France au point que l'autorité Roiale les a même déclarez hereditaires en faveur des filles de cette Maifon; fans compter plufieurs autres dans lefquelles il ne refte plus aucune trace de fouveraineté particuliere, quelque unies que fuffent auparavant ces terres au corps de l'Empire.

Ce feroit donc pécher contre les premiers principes que d'admettre quelque difference à cet égard entre ces deux Provinces, dont l'objet de ceffion devient néceffairement indivifible; par la raifon, que la domination fouveraine de la France fur des Pays acquis ou cedez étant toujours la même, elle y doit également éteindre & anéantir toute autre fouveraineté. C'eft ce qui détermina Louis XIV. en 1707 d'adreffer trois Lettres de cachet au Parlement & à l'Intendant de Franche-Comté, par lefquelles Sa Majefté déclara fur toutes chofes comme un principe certain, duquel il n'étoit pas permis de douter ni de s'écarter, que les quatre Seigneuries de Blamont, Clemont, Chatelot & Hericourt étoient de fa fouveraineté, & ordonna que l'on continueroit de les régir comme les autres Terres & Seigneuries du Comté de Bourgogne, n'y ayant aucun article dans le Traité de Rifwic qui puiffe préjudicier à un droit auffi inconteftable.

Il n'eft point étonnant de voir faire de pareilles tentatives à l'Empereur, pour étendre autant qu'il pourra une Principauté fouveraine qui eft dans la mouvance de l'Empire, & de diminuer par là les pays de la domination du Roi, pour conferver des prétendus droits fur des portions d'Alface & de Franche-Comté, quoique ces deux Provinces ayent été cedées à la France fans aucune referve. L'Empereur perfonnellement devient partie intereffée à foutenir le Duc de Wirtemberg-Stoutgard dans fon fyftême, parce que plus les biens de cette Branche augmenteront, plus la Maifon d'Autriche en vertu de l'ancien pacte fait fous Ferdinand I. voit groffir l'objet de l'Expectative qui lui eft affurée au cas de l'extinction des mâles, avec deux nouveaux droits de féance & de voix déliberative dans la Diète de l'Empire, ce qui est d'une importance infinie dans l'Allemagne. C'est sur quoi les lumieres superieures des Ministres du Roi démêleront facilement, quel peut être l'interêt de la France par rapport à la souveraineté de ces Seigneuries enclavées entre la Franche-Comté, l'Alsace & la Lorraine.

DIXIEME PROPOSITION.

Les Jugemens rendus par l'Empereur, tant contre le feu Duc de Montbeliard que contre George-Leopold son fils, péchent dans la forme de la procédure & sont contraires aux Constitutions de l'Empire.

Ce seroit une erreur de regarder l'Empire comme un Gouvernement Monarchique; c'est un Etat d'Aristocratie, dont l'autorité souveraine réside dans la personne de l'Empereur, des Electeurs, Princes & Etats conjointement qui le composent. C'est par cette raison que les Princes, qui en font les principaux membres, joüissent des prérogatives distinguées quant à la forme que l'on doit observer dans les procédures faites contre leurs personnes lorsqu'il s'agit de leur vie, de leurs droits, de leurs terres ou de leur honneur. Voici en quels termes s'exprime la Constitution de l'Empereur Frideric II. si reconnuë dans les Dietes pour les jugemens qui regardent un Prince de l'Empire.

On doit l'assigner trois fois, & faire faire la premiere citation par un Prince Ecclesiastique ou seculier, ou par un Prélat Prince; les deux autres citations peuvent être faites par un Comte, un Seigneur, un Chevalier ou un Vassal de l'Empire, & marquer le jour de l'assignation: c'est le droit de l'Empire.

Ce fut ainsi qu'à l'instance de Henri Comte Palatin du Rhin l'Empereur fit citer le Prince Louis de la même Maison par le Marquis de Bade: *Nous l'avons fait citer & appeller sur la plainte de Henri Comte Palatin du Rhin par nos Lettres de citations scellées du sceau de notre Majesté, par le très-noble Bernard Marquis de Bade, à répondre pardevant Nous dans notre Cour Imperiale.*

C'est-là ce qu'on appelle dans le Droit Germanique la citation des Princes, tels sont leurs prérogatives & droits régaliens dans l'Empire. Et c'est sur ce droit attaché à leur dignité que Henri Duc de Baviere fonda son exception, quand il soutint qu'il avoit été mal cité. C'est, dit-il, *une juste & louable coutume reçuë dans l'Empire, que quand quelqu'un a à plaider contre un Prince dans les affaires qui concernent les pays, les hommes, la dignité, le corps ou l'honneur de ce Prince, ou les fiefs qu'il tient de l'Empire, il ne doit le faire assigner que par une personne de semblable qualité; c'est pourquoi le Duc Henry soutient que l'assignation à lui donnée par gens de moyenne extraction est nulle.* Le Duc Albert & Henry de Baviere, qui contestoient au sujet du Burggraviat de Nuremberg comparurent à la vérité à la Diete de Worms où l'affaire devoit être jugée, mais l'un d'eux ayant été mal cité, le differend ne put être terminé.

Le premier Jugement que l'Empereur prononça contre le feu Duc de Montbeliard, qui fait la baze de toutes les autres procédures & décisions du Conseil Aulique, n'a été précedé d'aucune citation, ni de personne de sa qualité, ni d'une condition inferieure: c'est sur le simple exposé de plainte du Duc de Stoutgard que l'Empereur s'est déterminé à prononcer contre ce qui regarde l'honneur & l'état de sa famille sans lui en rien communiquer, & toute la formalité s'est reduite à lui envoyer ce Jugement par la voie de la Poste. La premiere baze & le fondement de toute cette procédure étant vicieux dans son principe, les Loix & Usages de l'Empire, comme on vient de le voir, en doivent détruire néceffairement l'effet & la regarder comme non-avenuë.

Dans ce Jugement ainfi que dans les autres, qui en font la fuite, il y a un vice encore plus confiderable par rapport à l'incompétence du Tribunal, & que les Conftitutions de l'Empire reprouvent formellement. Celle de l'Empereur Frideric III. s'en explique de cette maniere : *Quand il y va de la vie ou de l'honneur d'un Prince, l'Empereur peut & doit en connoître lui-même en la maniere ordinaire, ancienne & accoutumée dans l'affemblée des Princes & des Electeurs de l'Empire.* C'eft à cette condition que l'Empereur eft Juge de ces fortes de conteftations, qui touchent à la dignité, à l'honneur & à la poffeffion des Droits Regaliens des Princes, non pas pour les juger feul ni comme il lui plaît, mais dans un Tribunal compétent & par l'avis des Princes de l'Empire.

C'eft fur l'autorité de cette Conftitution que l'Empereur Sigifmond fonda fon Ordonnance renduë au fujet du Tribunal compétent, qui devoit prononcer fur la dignité Electorale de Saxe conteftée entre Frideric Marquis de Mifnie & Eric de Lawenbourg : voici comme il s'en explique.

Puifque cette dignité dépend nuëment en fief de l'Empereur & de l'Empire, & qu'il paroît par la difpofition du droit commun, l'ufage & la coutume de l'Empire, que toutes les conteftations en matiere feodale doivent être jugées par le Seigneur dominant & par les Pairs de fa Cour, il s'enfuit néceffairement que la connoiffance du differend touchant l'Electorat de Saxe appartient à lui & aux Princes de l'Empire, & qu'il ne peut être terminé que par l'avis des Pairs de la Cour; qu'il offre de faire affembler, quand il en fera duëment & perfonnellement requis dans une Ville d'Allemagne en forme de Diete, où doivent fe décider tous les differends des Princes de l'Empire.

Ces Conftitutions & plufieurs autres qui y font conformes fous les Regnes fubfequens, n'ont reçû aucune alteration dans l'Empire, & bien loin d'y être abrogées; les derniers Empereurs depuis plus de deux fiecles, ont été obligez à leur élection d'en promettre par ferment le maintien dans leur Capitulation. Celle de Charles VI. l'Empereur d'à-prefent, en fait une preuve récente : *Nous conferverons*, dit-il dans l'article premier, *les Princes & Etats en leurs fuperioritez, dignitez, jurifdictions, pouvoirs & puiffance; promettons de ne priver aucun Etat de l'Empire de fa voix & féance dans les Colleges de l'Empire fans le confentement préalable des Electeurs.*

Détruire l'état de dignité du fils d'un Prince fouverain, de fon autorité particuliere & par de fimples Mandemens du Confeil Aulique, eft donc une contravention manifefte à cet article de la capitulation, qui doit faire une loi inviolable pour tout le regne de l'Empereur.

Dans l'article fecond il promet, *de ne point entreprendre de rien alterer dans les Ordonnances, Loix & Conftitutions de l'Empire, bien moins d'y faire de nouvelles Loix ou Statuts, ou d'être l'interprete des Conftitutions de l'Empire fans le confentement des Electeurs, Princes & Etats affemblez dans une Diete.*

Comment l'Empereur avant que de juger de l'état de dignité de la famille du feu Prince de Montbeliard a-t-il donc pû fe difpenfer de le citer & de l'entendre, en la maniere que les Conftitutions de l'Empire l'ordonnent, & en fuivant le droit commun même des particuliers, fans s'attribuer le pouvoir arbitraire d'interpreter ces Conftitutions, ce qui lui eft défendu expreffément par fa Capitulation.

Dans l'article quinze il s'oblige, *de caffer, abroger & annuller tous les procès, Mandemens & Arrêts, après connoiffance de caufe fommairement rendus contre les Conftitutions de l'Empire dans le Confeil Aulique ou à la Chambre Imperiale contre les Princes & Seigneurs Territoriaux, & avant que l'on ait demandé & entendu leurs remontrances;*

& de faire ensorte par le conseil & secours des Electeurs, Princes & Etats, qu'à l'avenir pareils abus n'arrivent plus, & de n'y plus donner occasion par des procédures prématurées, commissions & rescrits.

Vit-on jamais dans l'Empire une affaire concernant un Prince traitée & jugée plus sommairement au Conseil Aulique & avec moins de connoissance de cause que celle du feu Prince de Montbéliard ? on n'y voit ni citation, ni justice à l'entendre dans sa défense ; tout y est prématuré, arbitraire & despotique ; tout y anéantit le Droit Public & les prérogatives des Princes. Le premier jugement irrégulier & prématuré ayant servi de fondement à toutes les décisions qui ont suivi depuis au Conseil Aulique contre le fils légitime de ce Prince, elles ne peuvent se soutenir sans renverser une loi fondamentale & l'obligation la plus stricte de l'Empereur : c'est à la Religion de son serment que George-Léopold ose en appeller à la face de tout l'Univers, persuadé que si la vérité des faits qui regarde cette affaire, pouvoit jamais pénétrer jusqu'à son Trône, nulle considération humaine ne pourroit empêcher un Prince aussi religieux de faire rendre la justice qui lui est duë.

La voie du recours contre ces décisions n'est point fermée à George-Léopold, toutes les Constitutions de l'Empire la lui assurent, & spécialement la Capitulation de l'Empereur d'aujourd'hui, de même que celles de ses prédecesseurs, voici comme elle s'en explique à l'article seize : *Ce qui aura été une fois contradictoirement & avec connoissance de cause reglé & arrêté dans le Conseil Aulique demeurera ferme & stable, sans qu'on en puisse prendre connoissance ailleurs ou en empêcher l'exécution, si ce n'est par la voie ordinaire de la revision ou supplique.*

C'est cependant sous l'autorité de pareilles décisions que George-Léopold a essuyé toutes les voyes de fait & de violence qui l'ont dépoüillé de la dignité de son pere, dont il étoit entré en possession. Dans ce dépoüillement, où le credit du Duc de Stoutgard à la Cour de Vienne l'a réduit, joint aux vûës d'interêt personnel, que les Ministres de l'Empereur y ont trouvé pour la Maison d'Autriche contre toutes les regles de la justice, il a eu recours à la protection du Roi en qualité de son Vassal, dont l'Empereur lui a fait un nouveau crime ; mais il s'est toujours rassuré sur le bon droit de sa cause & sur l'équité superieure qui regne dans le cœur de Sa Majesté, indépendemment de l'interêt essentiel qu'a la France de maintenir les droits de sa souveraineté, pour les Terres qui font une partie de la succession de son pere.

Il s'est vû à la veille d'obtenir cette justice par l'Arrêt favorable qu'il attendoit du Parlement de Paris, qui étoit chargé de juger la question de son état : des ordres superieurs ont surcis le jugement de ce procès, & il voit avec douleur que les Agens de Stoutgard qui font de nouveaux efforts pour surprendre la Religion du Roi, se flattent qu'il sera encore long-tems la victime des égards que l'on a marqué pour les Puissances qui les font agir.

Dans une si cruelle situation, & supposé, qu'il restât le moindre doute sous les yeux du Roi de l'état de légitimité de George-Léopold, unique qualité dont il ait besoin pour obtenir les Fiefs dépendans de la Couronne, il prend la liberté de proposer un expédient pour la décision de son état, par lequel on évitera toute prétention réciproque entre les deux Cours de France & de Vienne, à qui le droit de juger de sa personne & de son état doit être dévolu ; car c'est en quoi il paroît que se renferme aujourd'hui toute la difficulté de cette affaire, pendant que le fils légitime est dans l'oppression depuis près de quinze ans.

Pour établir cette légitimité, toute la question se reduit au fond à prouver la validité du mariage du feu Prince de Montbeliard suivant les principes de la

Confeſſion d'Auſbourg. Chez les Proteſtans, ainſi que dans l'Egliſe Catholique, cette matiere a toujours regardé les Tribunanx Eccleſiaſtiques, parce que de part & d'autre, quoique ſous differentes idées, le mariage forme des liens ſpirituels, que ces liens pour être valides ſont ſujets à des regles qui tiennent leur établiſſement de l'Egliſe, & qui par conſequent doivent être examinez par ceux qui repreſentent l'autorité ſpirituelle & Eccléſiaſtique.

Suivant ce principe, auquel on ne peut ſe refuſer, ſuppoſé que le feu Prince de Montbeliard eut été attaqué de ſon vivant ſur la validité de ſon mariage comme il l'a été ſur ſon inégalité, il n'auroit pû faire décider la queſtion que par un Conſiſtoire Proteſtant de l'Allemagne : ni ſa mort, ni le changement de Religion de ſon fils ne changent rien à la nature de cet objet de Juriſdiction. On attaque la validité du mariage de ſon pere ; ce mariage eſt un acte paſſé ſous les loix Eccleſiaſtiques de la Confeſſion d'Auſbourg : veut-on ſçavoir juridiquement ſi cet acte eſt conforme aux Loix des Proteſtans, c'eſt de la part des Tribunaux de leurs Egliſes que l'on peut avec ſureté en attendre la déciſion, parce qu'ils ſont ſeuls les dépoſitaires & les garans juridiques des regles ſur leſquelles on puiſſe fonder la validité d'un mariage contracté ſous la foi de leurs Uſages & de leur Confeſſion.

Si les deux Cours où le droit de juger de la naiſſance légitime de George-Léopold a formé une affaire d'Etat, vouloient concilier entre Elles & adopter cet expédient pour lever tout obſtacle à leur prétention reſpective, il s'offre de faire décider la queſtion dans tel fameux Conſiſtoire de l'Allemagne que l'on conviendra de nommer. Cet uſage n'eſt point nouveau dans l'Empire, il eſt autoriſé par le Traité de la Paix publique, qui fait une des plus eſſentielles Conſtitutions de l'Empire : le miniſtere des Conſiſtoires Proteſtans y eſt établi & ſubſtitué aux Tribunaux des Evêques Catholiques, *pour connoître de toutes les affaires qui touchent la Confeſſion d'Auſbourg, ſa Religion, ſes Uſages, Regles, Cérémonies d'Egliſe, & les fonctions des Miniſtres.*

Ce moyen propoſé par George-Léopold paroît d'autant plus praticable, qu'il ne peut compromettre les prérogatives d'aucune des deux Puiſſances qui prennent interêt dans cette affaire. Il eſt d'ailleurs certain, au témoignage même des Juriſconſultes d'Allemagne, qui ont écrit ſur le Droit Public de l'Empire, que le Conſeil Aulique ne ſçauroit être Tribunal compétent pour juger de la légitimité d'un mariage, les cauſes ſpirituelles & Eccleſiaſtiques n'y ayant jamais été portées, & ne connoiſſant des affaires d'Egliſe que quant au poſſeſſoire des biens, comme faiſant un objet purement profane. Ce qui prouve encore avec combien peu de vérité les Agens de Stoutgard oſent dire que le Conſeil Aulique a jugé la queſtion d'état de George-Léopold, puiſque la diſcuſſion de pareilles matieres ne peut pas même être portée à ce Tribunal.

Me DELAPRE', Avocat.

De l'Imprimerie de CLAUDE SIMON, rue des Maſſons. 1737.

17.277

MEMOIRE

POUR le Sereniſſime Duc regnant
DE WIRTEMBERG,

CONTENANT

La réfutation des réponſes du Comte de Sponeck
dans ſon Mémoire produit au mois d'Avril de
l'année derniere 1744.

REMARQUES:

SUR un Mémoire imprimé, produit par le Comte de Sponeck au mois d'Avril 1744. de l'Imprimerie de Claude Simon, pere, intitulé

MEMOIRE

POUR George Leopold, fils légitime de feu Leopold Eberhard, Duc de Wirtemberg-Montbeliard.

CONTRE le Duc de Wirtemberg & autres.

CE Mémoire devoit fervir de réponfe à une déduction par écrit du Miniftre du Duc de Wirtemberg, par laquelle on prouve les 7 Propofitions qu'il a établi, à faire voir la fauf-feté & fuppofition de toutes les piéces & ti-tres, fur lefquels le Comte de Sponeck, dans un Factum par lui diftribué à Vienne & au Confeil Aulique au mois de Novembre 1722. a voulu fonder la validité des deux prétendus mariages du Duc Leopold Eberhard de Wirtemberg Montbeliard, avec Anne-Sabine Hedwiger, fa mere, & Elizabeth-Charlotte, Baronne de Lefperance, auffi bien que la légitimité des enfans qui en doivent être iffus.

Ledit Mémoire contient à la page 1. & 2. un préambule, & depuis la page 3. jufqu'à la fin, les moyens par lefquels il pré-tend combattre quelques-unes des 7 Propofitions du Miniftre

A ij

de Wirtemberg , qu'il divife en deux parties à la page trois.

La voie la plus courte à réfuter ces moyens , c'eſt de ſuivre ledit Mémoire de page en page , & de faire des remarques ſur les circonſtances , qui paroîtroient avoir encore beſoin d'être éclaircies plus amplement.

Quant au préambule de la page 1. comme il ne renferme qu'un raiſonnement vague, deſtitué de toutes preuves ; on ne l'eſtime pas digne de réponſe.

Il en eſt autrement à la page 2. où il dit :

» Que l'agent de Wirtemberg paroiſſoit toujours vouloir at-
» taquer les piéces que le feu Duc de Montbeliard avoit pro-
» duites au Conſeil Aulique en 1722 :

» » Et non celles, que George Leopold ſon fils, a produit
» lui-même devant Meſſieurs les Commiſſaires.

Mais on obſervera, quant au premier, que c'eſt lui-même, George Leopold, Comte de Sponeck, en perſonne, qui a pro-duit leſdites piéces au Conſeil Aulique en les joignant à ſon Fac-tum en 1722.

Cela eſt prouvé par ledit Factum page 42 , où il eſt dit :

» Sur ces entrefaites le fils aîné de S. A. S. de Montbeliard
» arriva à Vienne le 17 Juillet de la préſente année 1722.
» avec le ſieur Waldner, de Freundſtein, revêtu du caractére
» d'Envoyé de Sadite A. S. à la Cour Impériale.

Plus, c'eſt toujours le Comte de Sponeck qui parle dans ce Factum , agiſſant tant en ſon nom qu'en celui du Duc de Mont-beliard , ce qui paroît encore ſur ladite page 42. où il conclut en ces termes.

» Qu'il ſe trouve aux pieds du trône de ſa Majeſté Impériale
» & Catholique : il y attend avec une très-parfaite réſignation
» & un reſpect infini, la déclaration de ſon état & de celui de
» ſes freres & ſœurs, & des droits y attachés.

Quels étoient les freres & ſœurs du Comte de Sponeck en ce tems-là ſelon ſes idées ?

Primò , ſa ſœur & enſuite les Barons & Baronnes de Leſpe-rance, enfans d'Eliſabeth-Charlotte de Leſperance.

A quoi il y a deux remarques à faire ;

L'une qu'aux termes de ladite concluſion, auſſi bien que de celle que l'on peut voir dans ledit Factum, page 43. Le Prince de Montbelliard, de même que ſon Envoyé Waldner, auſſi bien que le Comte de Sponeck, reconnurent déja alors , que c'étoit l'Empereur qui étoit le Juge naturel & compétant de la validité de ces deux mariages & de l'état perſonnel de légitimité ou d'illégitimité des enfans qui en devoient être provenus.

L'autre que le Comte de Sponeck, au nom que deſſus, défendoit alors la validité de ces deux mariages & la légitimité des enfans qui y devoient avoir été procréés d'un premier & d'un ſecond lit.

Mais après qu'il ſe vit condamné & débouté de ſes concluſions, & qu'il eut trouvé le moyen d'être écouté en France, ſur la même queſtion de ſon état perſonel.

Ce ne fut plus, ſelon lui, l'Empereur, qui eût été en droit d'en décider.

Des deux mariages ci-deſſus, il n'en veut plus défendre que celui de ſa mere, la légitimité de ſa naiſſance & de celle de ſa ſœur.

A l'égard du prétendu mariage d'Eliſabeth Charlotte, Baronne de Leſperance, dit le Comte de Sponeck, il eſt abſolument nul, inceſtueux & ſes enfans illégitimes ; elle n'a jamais été femme du Duc de Montbeliard ; ce n'étoit qu'une concubine qui par ſes intrigues a traverſé le mariage légitime de ſa mere.

Voilà comme le Comte de Sponeck en parle dans ſes Mémoires imprimés & par écrit.

Puis donc, ſelon le propre aveu du Comte de Sponeck, tout ce que lui & le Prince de Montbeliard ont avancé & ſoutenu devant l'Empereur & le Conſeil Aulique, de la réalité du mariage d'Eliſabeth Charlotte de Leſperance, eſt faux & ſuppoſé.

Tandis que les Barons de Leſperance, fils de cette femme, ont ſi clairement prouvé dans leurs défenſes & Mémoires, au contraire, que le mariage de la mere de Sponeck eſt une ſuppoſition toute pure, de même que les extraits baptiſtaires, par leſquels on a voulu prouver la légitimité de leur naiſſance :

Qu'eſt-ce qu'on en doit conclure autre choſe ? Sinon : qu'ils ont eu raiſon tous les deux dans leurs objections. Mais comme la preuve de l'illégitimité de l'un ne fait pas celle de la légitimité de l'autre : c'eſt ce qui prouve la juſtice de l'Empereur en les déclarant bâtards tous les deux.

Pour revenir au préambule du Mémoire du Comte de Sponeck, page 2. où il trouve à redire de ce que le Miniſtre de Wirtemberg paroît toujours vouloir attaquer les piéces par lui produites au Conſeil Aulique, qu'il prétend être contre les régles, vu, dit-il, qu'on ne peut s'inſcrire en faux, que contre les piéces produites dans l'inſtance qui eſt à juger.

A quoi l'on répond, qu'on n'eſt pas ici dans le cas d'une inſcription de faux à l'ordinaire, comme les Barons de Leſperance

l'avoient demandé ; mais d'une accufation de faux, dont la ma=
niere d'en rapporter les preuves devant des Commiffaires nommés à cet effet, a été prefcrite par un Arrêt du Confeil du 11.
Mars 1742.

Cet Arrêt ayant été rendu, en conféquence des offres faites
par le Miniftre de Wirtemberg, de faire voir, fans préjudice
de fes fins de non recevoir, que toutes les piéces jointes audit
Factum de Vienne, font fauffes, falfifiées ou fuppofées.

C'eft pourquoi que pour fatisfaire à cet Arrêt, le Miniftre
de Wirtemberg a cru devoir en rapporter les preuves par fa déduction fufmentionnée & que c'étoit-là l'objet qui devoit être éxa-
miné, avant toutes chofes par Meffieurs les Commiffaires ; par
où il reconnoîtront le bien ou le mal jugé de l'Empereur en cette
caufe.

Pour ce que le Comte de Sponeck ajoûte, que le Miniftre
de Wirtemberg ne paroiffoit pas vouloir, ou ofer attaquer les
piéces & titres, que lui-même a produit devant Meffieurs les
Commiffaires ;

Qu'il ne s'en impatiente pas : on y répondra bientôt par un
Mémoire féparé, afin de ne pas groffir celui-ci.

Les titres & piéces dont il parle ici, font contenues dans fon
inventaire des productions, entre les mains de M. le Rapporteur, au nombre de 28. qu'il appelle nouvelles productions.

Mais on lui fera voir :

1°. Que la plûpart de ces piéces ont déja été produites, dif-
cutées & réfutées, tant au Procès de Vienne, qu'en France, foit
de la part du Duc de Wirtemberg ou de la Baronne d eLef-
perance.

2°. Que celle qu'il peut nommer nouvelles, pour n'avoir pas
été produites au Confeil Aulique, font auffi fauffes ou frauduleufement fabriquées, que celles de fon Factum de Vienne.

3°. Et que les reftantes font ou mendiées, ou indifférentes à
l'objet dont il s'agit ici.

Avant que de paffer à la réfutation de chacune des réponfes
particulieres du Comte de Sponeck, à quelques-unes des 7. Propofitions établies dans la déduction du Miniftre de Wirtemberg,
on a jugé à propos de la faire auffi précéder par une efpéce de
préambule, contenant deux obfervations dignes de remarques
dans le cas préfent.

La premiere ; qu'on n'a garde d'attribuer toutes les fauffetés,
tous les crimes & toutes les horreurs, dont on a été obligé de
rapporter les preuves dans ladite déduction au feul Duc Leopold

Eberhard de Wirtemberg Montbeliard, qui n'a jamais eu l'esprit ni l'entendement à se former une famille aussi fabuleuse que celle qui se trouve représentée dans un imprimé distribué à Vienne, réimprimé par ordre du Duc régnant de Wirtemberg, avec les Remarques à côté, sur la fausseté des titres sur lesquels on l'a voulu fonder.

Cette piéce a été alléguée dans l'Inventaire des productions des Ministres de Wirtemberg. No. 90.

L'on est au contraire entierement persuadé, que ces faussetés ne sont que les productions, les intrigues & artifices de ses concubines, de leurs enfans & de leurs mauvais conseils.

Sur-tout des enfans, dont le Comte de Sponeck, sa femme & son frere, connu sous le nom de Comte de Coligny, étoient déja en âge & assez rafinés en 1720, à pouvoir contribuer à tous les faux titres fabriqués en ce tems-là, & de disposer du Prince de Montbeliard comme d'un imbécille pour se prêter à tout ce qu'ils vouloient.

Outre la notoriété publique de cette vérité, on ne sçauroit donner de plus fortes preuves de l'imbécillité & de la foiblesse de ce Prince, envers ses concubines & leurs enfans, que les objections qu'ils se sont fait les uns aux autres dans leurs Mémoires imprimés, produits devant Messieurs les Commissaires & distribués par tout ailleurs.

Les Barons de Lesperance attribuent tout ce que le Prince a fait, en faveur de la Comtesse de Sponeck & de ses enfans, à sa grande foiblesse d'esprit sans exemple ; ce qu'ils répetent en plusieurs autres endroits, en différens termes.

Le Comte de Sponeck à son tour, reproche la même chose aux Barons de Lesperance, à l'égard de ce que ce Prince a fait pour leur mere & cela dans des termes encore plus forts que les leurs.

Voici de la maniere qu'il en parle dans un de ses Mémoires imprimés signés Courchetet, page 4 & 10, pareillement rapporté dans un Mémoire des Barons de Lesperance, de l'Imprimerie de la Veuve d'André Knapen 1741.

» Comme d'un Prince foible, devenu le jouet de ceux qui » l'environnoient; qui édifioit & détruisoit souvent dans un seul » clin d'œil : dont la volonté n'étoit plus entre ses mains : » que l'impossibilité n'arrêtoit point dans ses projets; & de- » vant qui les Loix divines & humaines étoient forcées de » plier.

Après un tel portrait, qui n'est que trop véritable, auquel

on pourroit encore ajouter des circonstances plus criminelles que celle-là ; fait par ceux-là mêmes qui prétendent être enfans légitimes de ce Prince, on ne doit plus s'étonner, qu'ils eussent pu porter un homme de ce caractere, à prêter son autorité de Prince, à la fabrication de ce nombre de faussetés commises sous son nom, tant en sa résidence à Montbeliard qu'ailleurs, pour en imposer, non seulement au public, mais encore aux premieres têtes couronnées de l'Europe, & à leurs suprêmes Tribunaux, où ils ont eu l'audace de les produire.

C'est ce qui a donné occasion à la deuxième remarque de notre préambule, sçavoir : que pour n'être pas trompé par ces faux titres & pour discerner le vrai d'avec le faux, dans les réponses particulieres du Comte de Sponeck aux susd. 7. propositions, on a jugé à propos de repeter ici la même demande qu'on a déja faite au Comte de Sponeck, il y a vingt ans.

La raison qui donna lieu à cette demande, ce fut sa premiere Requête au Roi du mois d'Août 1724 *, accompagnée de plusieurs des fausses piéces mentionnées ci-dessus, tendantes d'être mis en possession des biens de la Maison de Wirtemberg en Alsace & ailleurs ; ou pour en obtenir une provision en sa prétendue qualité de Prince & fils unique de feu Duc de Wirtemberg Montbeliard.

* Inventaire des anciennes productions des Ministres de Wirtemberg N°.16.

A quoi les Ministres du Duc régnant de Wirtemberg répondirent par un autre Mémoire imprimé, remis à M. le Comte de Morville * pour lors Ministre des Affaires Etrangeres entr'autres, ce qui suit :

* N°. 17 dudit Inventaire.

» Peut-être le Comte de Sponeck auroit-il réussi dans une » de ses demandes, soit pour la possession, soit pour la pro- » vision, comme au Parlement de Besançon, l'année d'aupa- » ravant, si les lumieres du Roi n'avoient pas empêché Sa » Majesté de donner dans le sens de cette Requête & des » fausses piéces, dont elle étoit appuyée : mais aujourd'hui » que les supositions de Sponeck sont averées, il ne lui reste » plus qu'un seul moyen qui puisse le tirer d'affaire.

» Ce Moyen est très-simple :

» C'est de rapporter un Extrait de Mariage, non suspect, » dont il résulte clairement & sans qu'on en puisse former au- » cun doute, que le Prince de Montbeliard a épousé sa mere » d'une maniere conforme aux Loix & usages de l'Eglise » Chrétienne.

» Il faut que ce Certificat de Mariage soit accompagné d'un » Extrait Baptistaire fidélement tiré du Régistre de l'Eglise ;

où

» où il doit avoir été baptifé ; par lequel il paroiffe qu'il a reçu
» le baptême, comme fils légitime de Leopold-Eberhard Duc
» de Wirtemberg Montbeliard & d'Anne Sabine Hedwiger
» fa mere. Le moindre particulier, né dans un Mariage légiti-
» me, peut en faire autant.

» Si Sponeck ne remplit point cette obligation, il ne peut
» efpérer aucune provifion, moins encore une poffeffion d'un
» Confeil auffi jufte que celui de Sa Majefté.

Cette demande d'Extrait de Mariage & Baptiftaire, dans la
forme qu'on vient de le rapporter, étant fondée dans toutes
les Loix & Coutumes des Eglifes Chrétiennes, Catholiques ou
Proteftantes, de façon que faute par le Comte de Sponeck d'en
rapporter des pareilles à juftifier le mariage de fa mere & fon
baptême, il reftera dans l'impoffibilité de prouver ni l'un ni
l'autre.

Auffi fera ce fur le même principe, qu'on reglera les repli-
ques à faire aux réponfes du Comte de Sponeck aux 7. Propofitions fufmentionnées.

Après ce préambule on paffe à la page 3. du Mémoire du
Comte de Sponeck, où il fe propofe de combattre quelques-
unes de ces Propofitions, fous deux objets généraux.

Le prémier, dit il, comprendra le mariage d'Anne Sabine
Hedwiger fa mere & la naiffance de fes enfans. Le fecond, ce
qui a rapport au mariage du fieur & Dame Sanderfleben.

Il dit que la premiere partie renferme la 1. 2. & 6. Propofitions du Mémoire du Miniftre de Wirtemberg.

Après quoi il rapporte fur fon Mémoire la premiere de ces Propofitions, mais tout autrement qu'elle fe trouve dans la fufdite
déduction du Miniftre de Wirtemberg, contenant ce qui fuit :

« L'Acte du mariage du feu Duc Leopold-Eberhard de
» Montbeliard avec Anne Sabine Hedwiger, joint audit
» Factum : (fçavoir de Vienne :) cotté C. a été tiré d'un Re-
» giftre fufpect, fans pouvoir faire foi en Juftice, & l'Extrait
» même qu'on en a tiré, a été falfifié.

Au lieu que le Comte de Sponeck n'en rapporte qu'une partie fur fon Mémoire en ces mots ; comme fi l'on avoit dit :

» Que l'Acte de mariage du Duc Leopold Eberhard eft
» tiré d'un Regiftre fufpect & que l'Extrait même en a été
» falfifié.

Moyennant quoi il a obmis dans fa copie les expreffions fuivantes de la premiere Propofition mentionnée dans la déduction du Miniftre de Wirtemberg, fçavoir :

B

» De Montbeliard, avec Anne Sabine Hedwiger, joint au-
» dit Factum cotté C. sans pouvoir faire foi en Justice.

Qu'est-ce qui peut l'avoir porté à obmettre ces mots ? La raison est aisée à deviner ; parce que le Comte de Sponeck, se
voyant obligé d'avouer par sa réponse à cette Proposition la falsification de cet Extrait, il avoit intérêt de cacher, que ce fût le
même qu'il avoit produit dans son Factum de Vienne, à prouver
le mariage de sa mere, & dont la fausseté a été découverte par la
production du Duc de Wirtemberg, de la copie figurée du Registre de Reiowitz, des mariages de l'année 1695. avec l'inscription suspecte, à la fin de cette feuille, d'un mariage en langue
Latine, au bas de huit mariages écrits en Allemand incapables à
faire foi en Justice : il auroit même souhaité que toutes ces circonstances fussent oubliées & ignorées de tout le monde, crainte
que ceux qui s'en souviendroient, ou le sçauroient ne s'étonnent
de son audace, d'avoir osé, dans un de ses Mémoires imprimés,
sous le titre, d'Observations sur les Jugemens du Conseil Aulique dans l'affaire de Montbeliard, accuser l'Empereur & ledit
Conseil de partialité, de passion & d'injustice, pour n'avoir pas
voulu reconnoître la validité du mariage de sa mere, dont il n'a-
voit d'autres preuves que ce faux Certificat & Extrait.

C'est pourtant le même qu'il a eu la témérité de produire encore pour très-authentique, dans sa Requête au Roi du mois
d'Août 1724.

Plus dans un Mémoire imprimé en 1726. signé Courchetet,
page 61.

Par le moyen duquel il a surpris la Religion de Sa Majesté à
se faire augmenter la provision de 15000 liv. à lui adjugée par
un Arrêt Contradictoire avec le Duc de Wirtemberg, dans des
Arrêts subsequens de 1728. 29. 30. & 32. jusqu'à 36000 liv.
par an, dont il jouit encore aujourd'hui, dans la supposition de
la légitimité de sa naissance, fondée sur ce faux Extrait : continuant toujours à le soutenir véritable jusqu'en 1735. lorsque pré-
voyant l'Arrêt du 4. Juin de ladite année, rendu à sa Requête
& à celle des Barons de Lesperance, qui renvoye la contestation
entre eux de leur État personel au Parlement de Paris, où le
Comte de Sponeck n'osoit faire paroître ledit Extrait, sans
l'exposer à une inscription de faux, songea à s'en procurer un
autre.

En s'adressant pour cet effet à son premier falsificateur le Ministre Koch de Reiowitz, qui lui envoya cet Extrait & Certificat tel qu'il l'avoit désiré du 23 Mai. de ladite année 1735. dont
copie ici jointe cottée A.

C'eft le même qu'il voudroit encore faire valoir aujourd'hui, comme un titre nouveau, duquel il dit, dans fa réponfe à ladite Propofition premiere.

Que le reproche qu'on lui faifoit ici, que l'Extrait de l'Acte de mariage a été falfifié, ne tomboit que fur l'Extrait qui avoit été produit à Vienne, & non pas fur celui que lui-même a produit devant Meffieurs les Commiffaires, lequel, difoit-il,

» 1°. Eft exactement conforme au Regiftre.

» 2°. Même à l'Extrait que le Duc de Wirtemberg s'en a » fait délivrer.

On lui accorde le premier, quant à l'infcription du mariage en Latin, mais non pas le dernier.

A caufe de la différence notable qui fe trouve entre ces deux piéces.

Celle que le Duc de Wirtemberg s'eft fait délivrer le 23. Décembre 1722. eft un Extrait ou une copie figurée du Regiftre de l'Eglife de Reiowitz, fol. 30. ayant pour infcription.

Folio 30. 1695. *copulati.*

Et au-deffous 8. mariages entre les habitans du lieu, dont les noms de baptême & de famille, des époux & des époufes, le plus fouvent auffi, ceux de leur pere & mere, font rapportés tout du long & en entier, infcrits en Langue Allemande, felon l'ordre des dates de leur célébration, le premier du 7. Février & le dernier du 27. Novembre, au bas defquels & à la fin de la feuille, fe trouve un mariage infcrit en Latin, entre deux perfonnes étrangeres, fous des noms de baptême, fuivi des lettres : H. Z. W. M. au lieu du nom de famille de l'époux & de V. H. en place de celui de l'époufe.

Le Certificat du Miniftre Koch au bas porte en fubftance :

Qu'à la réquifition de M. le Duc de Wirtemberg, il a expédié cet Extrait du Livre de l'Eglife de Revier (ou Reiowitz en Polonois) & certifie par les préfentes fous fa foi paftorale que cet Extrait tient mot pour mot toute la page du Livre Eccléfiaftique, par conféquent, que la copulation dudit trèsilluftre Leopold Eberhard & de la très-illuftre Anne Sabine, mife à la fin de cette feuille, a été écrite avec les mêmes mots & la même obfervation & les mêmes lettres qui fe trouvent fur la page 30. de l'année 1695.

Dans la légalifation jointe à ce Certificat fignée le même jour, de douze Magiftrats de Skoky & d'un Notaire, ils atteftent de mot pour mot ce qui eft dit, dans le Certificat, au-deffus, du Miniftre Kock. Auquel ni ce Miniftre, ni le Magiftrat n'ajoutent

ni n'atteſtent rien au-delà de ce qui eſt ſur le Regiſtre, ſoit par
maniere d'interprétation ou d'atteſtation; remettant aux parties
intéreſſées, pour ou contre ce mariage, d'en tirer tel argument
ou telle conſéquence qu'elles aviſeront bon être.

C'eſt ce qu'on peut appeller proprement un Extrait pur & ſimple, en bonne & due forme.

Au lieu que la nouvelle piéce du Comte de Sponeck du 23
Mai 1735. n'eſt pas tant un Extrait qu'un Certificat de mariage

Auſſi y voit-on que le Comte de Sponeck, (ſous le nom de
George Leopold Prince de Wirtemberg Montbeliard, malgré
qu'il eût déja été débouté en ce tems-là de ces qualités de Prince,
par pluſieurs Arrêts du Conſeil en France,) n'a demandé qu'un
Certificat. Lequel contient deux choſes; un Extrait & un Certificat.

Quant à l'Extrait du ſeul mariage, écrit en Langue Latine,
l'on convient qu'il eſt exactement conforme, tant au Regiſtre
qu'à celui du Duc de Wirtemberg, en ce que le même mariage
en Latin ſe trouve auſſi dans la copie figurée de la feuille 30. dudit Regiſtre, délivré à la réquiſition dudit Prince en 1722.

Mais il n'en eſt pas de même des Certificats qui accompagnent
ces titres.

Celui qui ſe trouve au bas de la copie figurée, ne dit rien
que ce qui eſt ſur le Regiſtre ſans autre explication ou interprétation quelconque.

Au lieu que dans le Certificat joint au ſuxiéme extrait de
1735. le Miniſtre Koch atteſte ce qui n'eſt point ſur le régiſtre
& qui lui manque de plus eſſentiel, à la preuve d'un mariage
légitime.

Ce Miniſtre s'érige ici en interprète, témoin, juge & partie,
& décide hardiment ce qui a été ſi long-tems en conteſtation,
tant à la Cour Impériale qu'à celle de France.

Ainſi qu'il paroît d'abord par l'inſcription qu'il donne à
cette piéce en langue Latine.

CERTIFICATUM.

Ratione copulationis inter Sereniſſimum Ducem Wirtembergicum Mon-
tisbelgardenſem Leopoldum Eberhardum, & inter Illuſtriſſimam Do-
minam Annam Sabinam ab Hedwiger, à Reverendo Johanne Chriſ-
tophoro Fuchſio, olim Paſtore Eccleſiarum unitarum Reiowiſcen-
tis & Skoxenſis, vere celebratæ & peractæ, anno milleſimo ſex-
centeſimo nonageſimo quinto, die prima Junii.

C'est tout comme s'il eût voulu dire : voici ce que j'attefte & que j'annonce de la vérité & de la réalité du mariage entre le Prince de Montbeliard, & Anne Sabine Hedwiger afin que perfonne n'en ignore, ni en doute davantage.

Mais, comme un homme de l'efpéce de ce miferable Prêtre de Village, convaincu d'une double prévarication dans le faux extrait du même régiftre, par lui délivré au Comte de Coligny, en 1720. dont la falfification a été avouée par le Comte de Sponeck dans fon dernier Mémoire, ne peut être cru fur fa parole ; fon Certificat, loin de faire foi en Juftice, doit être néceffairement rejetté comme le fruit de la prévarication & corruption de fon Auteur, qui a déja fi vilainement abufé du caractére d'un Miniftre de l'Eglife Chrétienne, dont il fe trouve revêtu ; & qui mériteroit une punition exemplaire, s'il valoit la peine d'être pourfuivi criminellement devant le Juge de fon Domicile.

Deforte que ne reftant rien de vrai de tout ce Certificat que l'Extrait du mariage en Latin, dont la nullité a déja été demon-trée par des preuves invincibles, tant de la part de la maifon de Wirtemberg, que des Barons de Lefperance, on s'y rapportera encore fans en dire davantage.

Mais fuppofé pour un moment, ce qui n'eft pas, que ce ma-riage eût été réellement célébré & infcrit par le Miniftre Fuchs fur fon régiftre, dans la même forme qu'il avoit ufité d'infcrire les autres mariages légitimes, avec les noms, fur-noms, qualités & demeure du Prince Leopold Eberhard de Wirtemberg-Mont-beliard, & d'Anne-Sabine Hedwiger, il ne feroit pas moins nul & d'aucune valeur par les nullités qu'on lui a déja objecté de la part du Duc de Wirtemberg, du vivant du Prince de Montbe-liard, dans le Procès à Vienne, & que la Baronne de Lefperance Elifabeth Charlotte, agiffant tant en fon nom que comme mere & tutrice de fes deux fils, les a fi clairement déduit par la fuite, dans un Mémoire imprimé en Allemand, contenant 155 pages par elle produit contre le Comte de Sponeck, devant l'Empereur & le Confeil Aulique, le 10. Avril 1731.

Prima Nullitas, dit-elle, à la 3. page dudit Mémoire, c'eft le *defectus confenfus paterni* : néceffairement requis par les Loix & ufages des Proteftans en Allemagne, aux mariages de leurs en-fans, fur-tout à celui d'un Prince d'Empire avec une fille de Chambre de fa fœur, telle qu'étoit la Hedwiger lors de ce pré-tendu mariage.

Ce que la Baronne prouve par l'allégation des mêmes Loix en langue Latine, qu'on peut voir fur l'Original entre les mains de M. le Rapporteur.

Secunda Nullitas, p. 112.

Ob vitium clandeſtinitatis, ce qu'elle prouve encore par la citation des Loix des Proteſtans en langue Latine, ſe rapportant au
ſurplus pour preuve de cette clandeſtinité, aux informations qui
avoient été apportées de Skoky & Reiowitz & en particulier
à l'Extrait du régiſtre, où il eſt fait mention de ces deux perſonnes étrangéres qui y arriverent à cheval pour s'y marier, joint
à la dépoſition des témoins, que la fille étoit déguiſée en habit
d'homme, bottée & éperonnée, de façon qu'on ne pouvoit diſtinguer lequel des deux étoit l'époux ou l'épouſe, au jour de ce
prétendu mariage.

Ce que la Baronne de Leſpérance nomme dans ſon Mémoire,
la cavalcade ridicule & une maſcarade groteſque plutôt qu'un
acte ſérieux tel que le Mariage & pluſieurs autres circonſtances de cette clandeſtinité, trop prolixes pour trouver ici le
place.

Tertia Nullitas. p. 113.

Defeſtus Teſtium; dont on n'en voit aucun ſur ledit Extrait.
Quoique ſelon les Loix Eccléſiaſtiques en Allemagne, il ſoit
néceſſaire qu'il s'en trouve au moins quatre dans une bénédiction matrimoniale.

Deux du côté de l'époux, & deux de celui de l'épouſe.

Ce qu'elle prouve encore par des citations de droit, au bas,
en langue Latine.

Preuve que ces 4 témoins n'ont pas été appellés à ce prétendu
mariage, c'eſt la dépoſition du fameux Leonard Nardin, faite à
Montbeliard en 1720. produite ſur le Comte de Sponeck.

Ce Nardin interrogé au 7me. Article.

Qui étoit préſent avec lui à la bénédiction dudit Mariage?

Répond : n'avoir vu que le Marguillier de l'Egliſe préſent,
ne ſçachant s'il y avoit quelques autres perſonnes ; mais qu'il ſe
ſouvient bien qu'après la bénédiction dudit Mariage, lorſque
le Prince & Anne Sabine retournerent dans la maiſon du Miniſtre qui eſt tout près de l'Egliſe, il vit pluſieurs perſonnes au
devant de ladite maiſon.

Ce qui fait clairement voir, que lors & dans l'Acte de ce prétendu mariage, il n'y a eu d'autres perſonnes préſentes dans cet
Egliſe, que le Prince, la Hedwiger, Nardin domeſtique du
Prince, le Miniſtre Fuchs & ſon Marguillier, ſans aucun autre témoin impartial, qui auroit pu dire après ou encore aujour-
d'hui de quelle maniere cet Acte s'eſt paſſé pour mériter le nom
de mariage, que Nardin a bien voulu lui donner : ou ſi ce n'é-

toit pas plutôt un jeu d'amant , ou une fourberie d'Anne Sabine , en engageant ce Prince, toujours foible dès ʃa jeuneʃʃe
juʃqu'à ʃa mort , à une promeʃʃe devant un Miniʃtre ; de l'aimer toujours fidélement afin d'en eʃcroquer quelques piéces d'argent, ainʃi qu'elle l'avoit pratiqué envers le ʃieur Zedlitz ; auquel elle avoit eʃcamoté l'année d'auparavant une promeʃʃe de
Mariage dont il ne pouvoit être quitte , qu'en lui payant une
ʃomme de mille ducats pour qu'elle s'en dédiʃe , laquelle ʃomme
elle reçut encore deux mois après ʃon prétendu mariage de
Reiowitz, comme le tout a été prouvé, tant par le Duc de Wirtemberg que par la Baronne de Leʃpérance.

Ainʃi on ne doit plus s'étonner ni trouver étrange que le Miniʃtre Fuchs n'ait pas inʃcrit cette Comédie parmi les Mariages légitimes ʃur ʃon régiʃtre.

Quarta Nullitas, alléguée par la Baronne de Leʃperance p. 114.
de ʃon Mémoire , eʃt tirée ,

Ex defeĉtu facultatis in Parocho , ʃe fondant à cet effet ʃur les
Loix & uʃages des Egliʃes unies de Reiowitz & Skoky; en ob-
ʃervant que l'Egliʃe de Reiowitz eʃt Luthérienne & filiale de l'E-
gliʃe Catholique de Skoky , dont le Curé catholique eʃt le Supérieur du Miniʃtre Lutherien de Reiowitz.

Qu'il eʃt permis à celui-ci de baptiʃer , enterrer & marier ceux
de ʃes Paroiʃʃiens Luthériens ʃeulement; en échange très-défendu
de prêter ʃon Miniʃtere à aucun deʃdits Actes envers des étrangers non de ʃa Paroiʃʃe, à peine d'amende & de nullité de ces
Actes. Dont la Baronne de Leʃperance conclut que le Mariage du
Prince de Montbeliard , avec Anne-Sabine Hedwiger , eʃt nul
& d'aucune valeur.

Ce qui a auʃʃi été atteʃté par le Certificat authentique rapporté dans
les Mémoires du Duc de Wirtemberg , tant à la Cour de Vienne
qu'en France , du ʃieur Alexandre Baykowoʃky , Curé & Cha-
noine de l'Egliʃe Cathédrale de Skoky , qui a déja deʃʃervi cette
Egliʃe en qualité de Curé au tems de ce prétendu mariage , lequel après avoir fait mention des prérogatives attachées à ʃa Paroiʃʃe & de ce qui lui étoit revenu du mariage du Prince de Montbeliard , continue de dire dans ʃon Certificat:

» Puis donc que le Séréniʃʃime Seigneur & Prince Leopold
» Eberhard a contracté un mariage avec Anne Sabine à Reio-
» witz ʃans mon ʃçu & ma permiʃʃion , alors actuellement
» Curé de mon Egliʃe & Paroiʃʃe de Skoki, qui a été autrefois
» confirmé entr'eux , par le défunt Jean Fuchs: lequel , (à ce
» qu'il m'en eʃt revenu) avoit placé l'épouʃe à la gauche de

»l'époux * dans la célébration de ce mariage, non-ſeulement en
» mon abſence, mais auſſi en celle de tout autre Prêtre Catho-
» lique Romain , & de pareils mariages étant nuls & d'aucune
» valeur, au défaut de la préſence du Curé ou de ſon conſen-
» tement, ainſi la même raiſon a lieu dans le Mariage ſuſmen-
» tionné; donné à Skoki le 28. Décembre 1722.

De manière qu'aux termes de ce Certificat fondé ſur les Loix &
uſages des Egliſes unies de Reiowitz & Skoky ; étant défendu au
Miniſtre de Reiowitz de marier des étrangers , à peine de nullité ; il s'enſuit néceſſairement , que le prétendu Mariage du Prince
de Montbeliard & de la Hedwiger , eût-il été contracté de la
main droite ou de la gauche, demeureroit toujours nul.

Après tant de preuves rapportées ci-deſſus de la ſuppoſition de
ce Mariage , joint aux quatre nullités inſanables déduites ; premierement , par le Duc de Wirtemberg au Conſeil Aulique contre le Prince de Montbeliard , & enſuite par la Baronne de Leſperance dans ſon Mémoire audit Conſeil : le Comte de Sponeck
voudroit-il encore accuſer l'Empereur & ſon Conſeil d'injuſtice
ou de partialité de ne l'avoir pas voulu reconnoître pour valable en le déclarant nul & les enfans qui en doivent être iſſus
illégitimes ?

Ou oſeroit-il bien ſe flatter de trouver des Juges en France
moins éclairés que ceux de Vienne , à développer le vrai d'avec
le faux de l'expoſé de ſes Mémoires ?

Ou qui ſeroient plus indulgens , que les autres en fait de
preuves des Mariages légitimes ?

En quoi il ſe trompe très fort , vu le nombre d'Arrêts émanés
des premiers tribunaux du Royaume par leſquels on condamne
tous les jours des Mariages crus valables pendant longues années , ſur une ſeule des nullités, qu'on a objecté à celui de ſa
mere avec le Prince de Montbeliard.

Paſſons preſentement à l'examen des baptêmes des enfans qui
en doivent être provenus , pour voir s'ils ſeront mieux prouvés
que le Mariage.

C'eſt à la page 4. du Mémoire du Comte de Sponeck, où commence ſa réponſe à la ſeconde Propoſition du Miniſtre de Wirtemberg , laquelle il rapporte non comme elle ſe trouve dans la
déduction dudit Miniſtre , mais encore mutilée , comme s'il
avoit dit.

SECONDE PROPOSITION.

„ *Les Extraits Baptistaires de la Comtesse de Coligny & de*
„ *Georges Leopold , sont faux & supposés comme ceux de leurs*
„ *freres & sœurs.*

Quoiqu'on eût rapporté des preuves invincibles de cette proposition dans ladite déduction, le Comte de Sponeck n'osant
entreprendre de les combattre dans le même ordre qu'on les a
établies, a cru se sauver encore, à son ordinaire, par le raisonnement vague, avec lequel il commence sa réponse dans son
Mémoire à ladite page 4.

„ Le Mariage , dit-il , du feu Duc de Montbeliard avec
„ Anne-Sabine Hedwiger, étant justifié par un titre authen-
„ tique, contre lequel on ne peut alléguer aucun moyen de
„ faux, leurs enfans doivent nécessairement être reconnus pour
„ légitimes ; & pour leur enlever cet état il faudroit prouver
„ qu'ils ne sont pas nés de ce Mariage : qu'ils ne sont pas leurs
„ enfans, & qu'ils ont pris la naissance d'autres peres & meres.
En quoi l'on observera , que bien loin de convenir que le prétendu Mariage de sa mere avec le Prince de Montbeliard , eût
été justifié par un titre authentique, contre lequel on ne peut alléguer aucun moyen de faux , on s'en rapporte aux objections
faites à ce titre prétendu authentique dans la proposition précédente.
Quant à la conséquence que le Comte de Sponeck y ajoûte ;
que pour enlever l'état de légitimité à ces enfans, il faudroit
prouver qu'ils ne sont pas nés de ce Mariage ; qu'ils ne sont pas
enfans du Prince de Montbeliard & de la Hedwiger, & qu'ils
ont pris la naissance d'autres peres & meres. Outre qu'il seroit
difficile de prouver que le Prince de Montbeliard fut réellement
le pere de tous les enfans sur-tout de l'aîné Leopold Eberhard ,
conçu & né dans le même tems, où la Hedwiger étoit encore
liée par une promesse de Mariage avec le sieur de Zedlitz & qu'elle
poursuivit en Justice de l'épouser, même deux mois après son
prétendu mariage avec le Prince de Montbeliard, du 1. Juin
1695 : si par hazard Zedlitz eût été condamné, d'épouser la Hedwiger, à qui auroit appartenu alors ce Leopold Eberhard, dont
elle dit être accouchée le 21. Mars de ladite année ? cinq mois
avant que Zedlitz eut trouvé le moyen d'en être quitte au mois
d'Août ensuite , en lui lâchant une somme de mille ducats en

C

or, ainfi que le tout a été démontré dans le Mémoire des Miniftres de Wirtemberg, allégué fous N°. 17. de l'inventaire des productions.

De façon que ce que le Comte de Sponeck a dit ci-deffus, ne fait pas une réponfe pofitive à cette deuxiéme Propofition, étant plutôt un faux fuyant, pour s'en écarter, parce qu'il n'a rien de folide à y oppofer.

Cette propofition contient, non comme elle a été rapportée dans le Mémoire du Comte de Sponeck, mais ainfi qu'on l'a établie de la part du Duc régnant de Wirtemberg dans ladite déduction dans les termes fuivans.

» L'extrait baptiftaire, cotté D. de Leopoldine Eberhardine,
» aujourd'hui mariée au Comte de Coligny, eft tout à-fait faux
» & fuppofé.

» Tout comme l'Extrait baptiftaire fuivant, cotté E. de
» George Leopold.

» Se trouvant tous les deux dans le cas de leur frere aîné,
» Leopold Eberhard, & de leur fœur cadette, Chalotte Leo-
» poldine; dont le premier n'a été infcrit dans aucun régiftre
» de quelque Eglife que ce foit, & que la derniere, quoique
» infcrite fur un régiftre d'une Eglife de Village, n'a point été
» baptifée comme iffue d'un mariage légitime, entre le Prince
» de Montbeliard & Anne-Sabine Hedwiger; mais comme
» fille de père & mere fuppofés : c'eft-à-dire, comme une
» bâtarde, dont l'origine devoit être caché à tout le
» monde.

Vu donc que l'on accufe ici de fauffeté les 4. Extraits baptiftaires, produits par le Comte de Sponeck, c'eft à lui à prouver qu'ils font véritables par la régle.

Alleganti incumbit probatio.

La premiere chofe qu'il auroit dû faire, pour remplir cette obligation, ç'auroit été de rapporter les originaux defdits 4. Extraits, qui ont été cités, chacun cotté d'une lettre particuliere dans le fufdit Mémoire de l'état de la famille du Prince de Montbeliard, N°. 90. de l'inventaire des productions des Miniftres de Wirtemberg, & les deux Extraits de Leopoldine Eberhardine & de George Leopold, dont les copies fe trouvent jointes au Factum de Vienne : c'eft ce que le Comte de Sponeck n'a pas fait.

Puifque dans fa réponfe à ladite Propofition, il prétend être inutile de s'étendre fur les baptêmes du fufdit Leopold Eberhard né avant, & de la Charlotte Leopoldine née après lui, morts depuis long-tems, & que pour prouver fon baptême avec celui de fa fœur Leopoldine Eberhardine ; fçavoir, le fien par un Certificat d'un nommé Opfergeld, qu'il veut faire paffer pour un Original authentique, quoiqu'il ne foit pas conforme à l'inf-cription, qu'il lui a donné en le produifant à Vienne & dans le Mémoire de l'état de la famille du Prince de Montbeliard d'Ex-trait baptiftaire, & que pour preuve du baptême de fa fœur il fe rapporte à un Extrait baptiftaire, qu'il avoit pareillement joint à fon Factum de Vienne, en copie fans que par fon dernier Mé-moire ni autre Acte produit devant Meffieurs les Commiffaires, il l'eût produit de nouveau ni en copie, ni en original, fe con-tentant dans fondit Mémoire d'en alléguer le contenu, quoiqu'il foit d'ufage de rapporter ces fortes de titres en original & non en copie, pour en pouvoir juger folidement.

Mais fuppofons, pour un moment, que ces Certificats & ces pré-tendus Extraits baptiftaires euffent été rapportés dans la forme la plus authentique, fignés & fcellés par les Miniftres dépofitaires des régiftres de baptême, où ces enfans difent avoir été baptifés, il ne s'enfuivroit pas moins, que dans le cas où ces Extraits fe trouveroient accufés de faux en Juftice, l'accufateur n'en put appeller aux régiftres de ces mêmes Eglifes, pour voir, fi, & de quelle maniere ces baptêmes ont été infcrits fur les régiftres ?

Si les enfans ont été baptifés fous les noms de pere & mere dont ils fe difent être enfans d'un mariage légitime (ou comme leurs enfans naturels) par eux procréés hors le mariage, ou bien fous des noms imaginaires fauffement fuppofés ?

Qui ont été les parains & maraines, ou témoins, auffi necef-fairement requis dans les baptêmes, que dans les Mariages, en état d'attefter en cas de befoin fi l'Extrait baptiftaire, accufé de faux, eft conforme ou non, à ce qu'ils ont vu & ouï dire dans l'Acte de baptême auquel ils ont affifté.

Etant notoire qu'en pareil cas un extrait baptiftaire donné par un Curé catholique ou Miniftre Proteftant ne fait foi en Juftice qu'en tant qu'il fe trouve conforme à ce qui a été duëment infcrit fur un régiftre de fon Eglife, figné de parains & maraines, qui en ont été les témoins ou du moins, (ainfi qu'il eft d'ufage chez les Proteftans en Allemagne) que leurs noms y euffent été infcrits par le Miniftre qui a baptifé l'enfant.

Ce fut-là la raifon pour laquelle le Duc régnant de Wirtem-berg envoya un de fes Officiers fur les lieux en Silefie pour s'in-former des circonftances fufmentionnées, auprès les Miniftres dépofitaires des Regiftres des Eglifes, où felon la depofition de Nardin les trois premiers enfans de la Hedwiger devoient avoir été baptifés, lequel à fon retour ne rapporta que des Certificats defdits Miniftres, qu'après la plus exacte recherche dans leurs Regiftres, ils n'avoient trouvé aucun veftige ni infcription de ces trois baptêmes.

Vu donc, qu'aucun Extrait Baptiftaire ne peut être cru véritable, que lorfqu'il eft tiré d'un Regiftre non fufpect de l'Eglife où l'enfant doit avoir été baptifé & ne fçauroit faire foi en Juftice, qu'autant qu'il eft conforme à fon infcription fur ledit Regiftre ; & que l'Extrait ou Certificat du baptême du fufdit George Leopold comme fils, & celui de ladite Leopoldine Eberhardine, comme fille de Leopold Eberhard Duc de Wirtemberg Montbeliard & d'Anne Sabine Hedwiger : (en fuppofant le premier réellement délivré par le Miniftre Opfergeld, & le dernier véritablement figné du Miniftre Gotfchling, fans l'accorder, puifqu'on en a démontré la fauffeté :) ne fe trouvent infcrits dans aucun Regiftre de quelque Eglife, avec lequel on pourroit les confronter, pour juger, fi leur infcription eft conforme à l'Extrait, qui en doit avoir été tiré, ou non ?

Il s'enfuit néceffairement, que ces deux Extraits ne peuvent faire foi en Juftice & qu'ils ne doivent être regardés que comme faux & frauduleufement fuppofés : de même que le prétendu baptême de leur frere aîné Leopold Eberhard, non infcrit dans aucun Regiftre de l'Eglife, où on le dit avoir été baptifé.

Auffi le Comte de Sponeck dans fon dernier Mémoire n'en a pas voulu rapporter l'Extrait Baptiftaire, fous prétexte que ce Leopold Eberhard étant mort depuis long tems, l'on n'avoit pas befoin de s'étendre davantage fur cet article.

Il donna la même raifon qui l'avoit empêché de parler du baptême de Charlotte Leopoldine fa fœur cadette & d'en rapporter l'Extrait Baptiftaire, parce qu'elle étoit également morte.

Cela nonobftant, le Duc régnant de Wirtemberg voulant auffi prendre connoiffance du baptême de cette fille, laquelle felon la dépofition de Leonard Nardin devoit avoir été baptifé au Village de Court Prévôté de Moutiergranvaux, Evêché de Bafle par le Miniftre Jonas Chiffel, le 4. Octobre 1700. & ayant à cet effet envoyé un de fes Officiers fur les lieux pour s'en informer, il fe trouva que ce baptême avoit été véritablement infcrit fur le Regiftre de l'Eglife dudit Village de Court, dont cet Officier rapporta l'Extrait allégué dans l'Inventaire des Productions des Miniftres de Wirtemberg Nº. 50. par lequel il paroît, que cet enfant n'a pas reçu le baptême, comme étant né d'un mariage légitime entre Leopold Eberhard Duc de Wirtemberg Montbeliard, mais d'un mariage d'un feu Jean Barry de Londres & d'une Charlotte Leopoldine sa femme légitime ayant pour parain,

Le Ministre de Court qui l'a baptisé.

Jean Henry Heische de Moutier.

Maraine, Catherine, femme de David Saucy dudit lieu. Enfin, on nomme aussi pour deuxiéme parain Leonard Barry, frere du défunt, au lieu de Leonard Nardin, qui avoit apporté cet enfant pour être baptisé : afin, qu'au cas, que cette fille s'avisât par la suite, de se dire enfant légitime ou naturel du Prince de Montbeliard, il se trouva 4. Témoins ou parains, ou maraine, qui ont assisté à son baptême, pour lui en donner le démenti, en attestant que suivant l'inscription de son baptême elle n'a eu d'autre pere qu'un feu Jean Barry de Londres & d'autre mere qu'une Charlotte Leopoldine d'une famille inconnue.

Donc on peut conclure avec sureté que si Nardin avoit aussi fait inscrire les baptêmes des trois enfans de la Hedwiger sur les Registres des Eglises en Silesie où il dit les avoir fait baptiser, il leur aura pareillement donné des noms de peres & meres supposés par la même raison que dessus, pour les mettre hors d'état de justifier leur naissance.

Ce ne sont pas seulement les enfans nés des maîtresses du Prince de Montbeliard en Silesie, qui furent baptisés en la maniere, qu'on vient de le rapporter. On continua de même à l'égard de ceux, dont elles accoucherent par après à Montbeliard.

La méthode ordinaire du Duc Leopold Eberhard en pareille occasion ayant été.

Qu'aussi-tôt que l'une ou l'autre de ces trois concubines ; soit la Hedwiger, la Henriette Hedwig, ou sa sœur Elisabeth Charlotte de Lesperance, étoient accouchées d'un enfant en cachette à Montbeliard ; de le faire porter au dehors pour être baptisés par le Ministre de quelque Eglise de Village, sous les noms de pere & mere inconnus & supposés.

Témoin le baptême de la susdite Charlotte Leopoldine dont la Comtesse de Sponeck doit être accouchée en 1700 a Montbeliard.

Témoin encore, les baptêmes des 7. enfans que la Henriette Hedwig a mis au monde, depuis son arrivée à Montbeliard du mois de Février 1698. jusqu'à sa mort en 1707.

Dont quatre ont été transportés de là au Village de Saint Julien du Comté de Montbeliard, où ils ont été baptisés, comme nés d'un mariage entre le sieur Polinger Capitaine Suisse & Catherine Weiss sa femme, dont ni l'un ni l'autre n'a jamais été au monde.

Ce fait est prouvé par le Registre de l'Eglise dudit Village où ces baptêmes ont été inscrits, dont on a produit l'Original, entre les mains de M. le Rapporteur.

Les autres enfans de cette Henriette Hedwig aussi-bien que ceux de sa sœur Elisabeth Charlotte, dont elle accoucha depuis 1711. jusqu'à 1719. ont été baptisés de même, & les Registres où leurs baptêmes furent inscrits, supprimés.

La vérité de tous ces faits ayant déja été clairement justifiée par la susdite déduction du Ministre de Wirtemberg, à laquelle on se rapporte encore, l'on n'en dira pas davantage.

On en agira de même à l'égard des autres Propositions, sçavoir la 3. 4. 6. & 7. établie dans ladite déduction.

Les preuves qu'on en a rapporté sont si évidentes & les réponses faites par le Comte de Sponeck ne consistant que dans des raisonnemens en l'air, si foibles, qu'elles ne méritent pas la peine d'être refutées davantage.

Ainsi l'on s'en tiendra à ce qu'on a déja amplement dit & justifié, non en simples paroles, mais par des titres joints à ladite déduction qui n'en laissent plus de doute.

A

CERTIFICATUM.

RATIONE Copulationis, inter Sereniſſimum Ducem VVirtembergicum Montiſbelgardenſem Leopoldum Eberhardum, & inter illuſtriſſimam Dominam Annam Sabinam ab Hedvviger, à Reverendo Johanne Chriſtophoro Fuchſio, olim Paſtore Eccleſiarum unitarum Reiovviſcentis & Skokenſis verè celebratæ, & peractæ: anno milleſimo ſexcenteſimo nonageſimo quinto, die prima junii.

NOS, Chriſtophorus Koch, Paſtor Eccleſiarum unitarum Reiowiſcentis & Skokenſis, teſtamur omnibus has litteras inſpecturis, nos fideliter extraxiſſe ex Regiſtro publico dictarum Eccleſiarum, actum matrimonii celebrati coram Domino Fuchſio Prædeceſſore noſtro, prout ſequitur.

Pagina 30. 1695. Copulati.

N°. 9 N. B. Prima junii copulati ſunt & in templo Reiowiſcenti, binæ, ex Theſchinenſi Sileſiæ Ducatu, huc venienter perſonæ, ambo Evangelicæ, quibus ibidem copulatio, ni à fide deficerent, interdicta: Equites ambo huc venerunt, nimirum Perilluſtris Dominus Leopoldus Eberhard, H. Z. W. M. S. Romani Imperii Comes, & Perilluſtris magnifica Domina & virgo, Anna Sabina V. H. Dominus ſponſus tunc erat in militia Electoris Saxonici, ſponſa vero, è Ducatu Theſchinenſi, ſub tutela matris viduæ.

Teſtamur inſuper, ſtatim primis in annis adventûs noſtri in civitatem Skoki, in familiaribus congregationibus & ſæpe inſtitutis viſitationibus cum filiis, filia & ſocero apud Reverendum Dominum Fuchſium, tam in villa Reowizt dicta, quam etiam Skoki, apud ſocerum ejus diſcurſus hac de copulatione motos fuiſſe, præſente Domino Fuchſio Prædeceſſore noſtro, ipſum locutum fuiſſe de hac copulatione, quantùm adhuc recordari

A

possumus , nam jam viginti quinque præterlapsi sunt anni: alias multo sæpius statim postperactam Copulationem & deinceps diversis temporibus ex ore Domini Fuchsii in conviviis mystialibus & baptismalibus hoc de matrimonio disserentem , audivisse, qui etiam testimonia sua previo juramento coram toto Magistratu Skokensi ad confirmandam veritatem & realitatem hujus celebrati matrimonii perhibuerunt horum testimonia in Protocollo Civitatis Skoki consignata inveniuntur.

Idcirco credant omnes & singuli Certificatum hocce inspicientes & legentes, prædictum Reverendum Dominum Fuchsium personaliter adfuisse dicto matrimonio, serenissimoque Principi Wirtembergico Montisbelgardensi & Illustrissimæ Dominæ Annæ Sabinæ von Hewiger, in templo Reiowiscenti coram altari benedictionem nuprialem verè impertivisse. Res si aliter se haberet, non auderemus falsa divulgare in mundum , conscientiamque nostram Pastoralem falsis vulnerare & onerare testimoniis , nec proximum , cui hoc scire convenit, cujuscumque sit generis , status & ordinis , dolosis lædere & illudere certificatis.

Denique notum facimus, nos jam reddidisse duo testimonia authentica de dicto matrimonio, in quorum primo retulimus nomina duorum conjugatorum, prout sunt in Registro publico Ecclesiæ Reiowiscentis, nempè referendo prænomen Leopoldi Eberhardi cum litteris initialibus ipsius qualitatum in hunc modum H. Z. W. M. & prænomen Annæ Sabinæ cum litteris initialibus ipsius cognominis V. H. in altero verò ex nostris testimoniis, quæ etiam in Protocollo Civitatis Skokensis inscripta sunt, retulimus, eorumdem conjugatorum nomina integra, prout nobis notum est , quod dictæ litteræ initiales debeant explicari, de Serenissimo Principe Leopoldo Eberhardo, Duce Wirtembergico Montisbelgardensi, & de Illustrissima Domina Anna Sabina von Hedwiger ejus conjuge legitima, sic accepimus a Domino Fuchsio Prædecessore nostro. Ne verò hæc litterarum initialium designatio oblivioni traderetur, & successores nostri in Pastoratu harum unitarum Ecclesiarum Reiowiscentis & Skokensis, seraque simul sciret posteritas, quid hæ designent litteræ, placuit nobis Notario Regio jurato tum temporis præsente & Magistratui Skokensi , insimul consentiente comite de Coligny , in Protocollum civitatis Skokensis integra , inferre conjugatorum nomina quod etiam factum est.

Insuper matrimonii fama etiamnùm viget apud nos & adsunt adhuc nonnulli testes oculati qui huic celebrationi adfuerunt & omnia viderunt in majori adhuc reperiuntur numero testes , fide

digni, qui parati funt ubi opus fuerit, de his quæ ex certis narra-
tionibus, tam piè defuncti Domini Fufchii, tam parentum fuorum
habent & fufficientiffimè fciunt, veriffima & confcientiofa ite-
rùm reddere, & jam data confirmare teftimonia. In quorum fidem hoc certificatum noftra fufcripfimus manu, noftroque com-
munivimus figillo. Datum Skoki anno milleſimo feptingenteſimo trigeſimo quinto, die vigeſimâ tertiâ menfis Maii.

(L. S.) CHRISTOPHORUS KOCHIUS
Ecclefiarum unitarum in Reicwitz & Skoki Paftor.

*Actum in Civitate Skoki Coram Officio Proconfulari Advocatialique
die vigeſima tertia menfis Maji anno Domini milleſimo
feptingenteſimo trigeſimo quinto.*

Coram Officio noftro Confulari Skokenfi perfonaliter com-
paruit Reverendus Dominus Chriftophorus Koch, Ecclefiarum unitarum Skokenfis & Reiowifcentis Auguftanæ Confeffionis Paftor, nobis notificans, ab ipfo, per litteras ad illum vratifla-
via miffas & quidem ex mente & voluntate illuftriffimi Domini
Georgii Leopoldi Principis Wirtembergici Montifbelgardenfis,
defideratam effe Certificatum, ratione copulationis inter Sereniffimum Leopoldum Eberhardum Ducem Wirtembergicum
Montifbelgardenfem & inter Illuftriffimam Dominam Annam
Sabinam ab Hedwiger, à Reverendo Domino Joanne Chriftophoro Fuchfio, olim Paftore Ecclefiarum unitarum Reiowifcentis & Skokenfis, verè celebratæ & peractæ, anno Domini millefimo fexcenteſimo nonageſimo quinto, diè prima Junii.

Hifce, prædictus Reverendus Dominus Chriftophorus Koch,
juftis petitis illuftriffimi Principis Wirtembergici Montifbelgardenfis fatisfacere volens, prefens Certificatum compofuit,
nobifque videndum & legendum tradidit, petiitque à nobis
ut teftimonium perhiberemus hoc Certificatum propria ipfius
manu fcriptum, ipfiufque figillo munitum effe. Quoniam copulatio fupranominatorum illuftriffimorum conjugatorum nobis
bene cognita eft, & in protocollo civitatis Skokenfis infcripta
reperitur, illiufque fama etiamnum apud nos viget defidera-
tum teftimonium Domino Chriftophoro Kochio, denegare
non potuimus, nam juftam approbationeque dignam effe cau-
fam cognovimus. Teftamur itaque hocce Certificatum præfati
Reverendi Chriftophori Kochii, ipfius propriâ manu & non alia
fcriptum, infimulque ipfius figillo, omnis fufpicionis nota carente,
corroboratum effe. Credant jam omnes cujufcumque fint dignitatis & conditionis, rem uti jam notificavimus, ità revera fe ha-

bere & ab omni suspicione liberam esse testamur & approba-
mus ad majorem fidem & valorem, nos propriâ nostrâ manu
subscripsimus, nostroque consueto antiquo Civitatis sigillo munivimus. Datum ut supra.

Martin Offenhammer Bourgne   Josephus Thadæas Novicki
Maitre en Office.   (L. S.)   Notarius Juratus.

De l'Imprimerie de Ch. J. B. Delespine, Impr. Libr. ord. du Roi, ruë S. Jacques,
à la Victoire & au Palmier. 1745.

17,278

ADDITION
AU MEMOIRE
POUR LE SERENISSIME DUC REGNANT
DE WIRTEMBERG.

CONTENANT la réfutation des Réponses du Comte de Sponeck dans son Mémoire produit au mois d'Avril de l'année derniere 1744.

ON trouvera dans le Mémoire de ce Prince à la page 6. ce qui suit :

Pour ce que le Comte de Sponeck ajoute, que le Ministre de Wirtemberg ne paroissoit pas vouloir, ou oser attaquer les piéces & titres, que lui Sponeck même a produit devant Messieurs les Commissaires, qu'il ne s'en impatiente pas ; on y répondra bientôt par un Mémoire séparé, afin de ne pas grossir celui-ci.

Les titres & piéces dont il parle ici, sont contenues dans son inventaire des productions entre les mains de Mr. le Rapporteur, au nombre de 28. qu'il appelle nouvelles productions.

Mais on lui fera voir.

1°. Que la plupart de ces piéces ont déja été produites, discutées, & réfutées, tant au procès de Vienne qu'en France, soit de la part du Duc de Wirtemberg ou de la Baronne de Lesperance.

2°. Que celles qu'il peut nommer nouvelles, pour n'avoir pas été produites au Conseil Aulique, sont aussi fausses ou frauduleusement fabriquées, que celles de son Factum de Vienne.

3°. Et que les restantes sont ou mandiées ou indifférentes à l'objet dont il s'agit ici.

A

Voici la copie de cet inventaire, avec les remarques à côté: on lui donne pour titre.

ETAT	REMARQUES.
DEs Piéces qui ont été rémi-ses à M. d'Arnouville, par M. le Prince de Montbeliard, les originaux joints aux Piéces collationées.	QUelle effronterie de la part du Comte de Spo-neck de vouloir encore paroî-tre ici comme Prince de Mont-beliard après les trois Arrêts du Conseil des 11 Septembre 1723

8 Juin 1725. & 9 Octobre 1740. par lesquels ces qualités de Prince ont tellement été détruites, qu'il y a été ordonné, qu'el-les feront considerées comme si elles n'avoient jamais été em-ployées dans les Lettres Patentes du mois de May 1719. en faveur dud. Sponeck.

REMARQUES.

N° 1. *L'acte de célébration de 1695. écrit & signé du Ministre Fuchs qui a marié le Duc Leopold Ebe-rhard avec Anne Sabine Hedwi-ger.*

N° 1.

Cette Piéce est de la deuxie-me classe mentionée ci-dessus des objections faites à cet in-ventaire non produit au Con-seil Aulique, ni jointe au Fac-tum de Vienne, mais frauduleusement fabriquée & produite en France, ainsi on pourroit se rapporter simplement à ce qu'on en a déja dit de la part du Duc de Wittemberg, dans le Mémoire intitulé impostures du Comte de Sponeck & aux Mémoires des Barons de Lesperance; il sera bon néanmoins d'y ajouter quel-ques circonstances à prouver sa fabrication frauduleuse, en ob-servant que l'original Allemand consideré par lui-même, abstrac-tion faite de ce que les Magistrats de Skoki y ont ajouté au bas, ne signifie, ni vérifie quoi que ce soit de ce mariage.

C'est un Tiers qui atteste, qu'il a été célébré par le Ministre Fuchs, & ce Tiers ne signe pas.

Qu'il a été célébré le 1. Juin du stil nouveau sans dire l'année.

Il n'y est pas dit à la requisition de qui, ni en quel tems ce prétendu certificat a été délivré, quoique le Ministre Kock eût observé cette formalité dans le faux Extrait du Régistre donné au Comte de Coligny, aussi bien que dans la copie figurée dud. Régistre remise à la requisition du Duc de Wittemberg.

Pour suppléer à ce qui manquoit d'essentiel à ce Certificat, les Magistrats de Skoky dans leur légalisation au bas, nomment l'année de 1695. fondés, non sur leur propre science, mais suivant ce qui leur a paru sur le Régiſtre.

Leur Certificat eſt ſigné du 5. Juillet de l'année 1720. ainſi deux jours après l'Extrait falſifié du Régiſtre délivré au Comte de Coligny, le 3 dudit mois & année.

Or comme c'eſt le même Extrait, qui ſelon l'aveu du Comte de Sponeck a été falſifié & dont il ne veut plus ſe ſervir, il eſt aiſé de juger qu'on ne ſçauroit ajouter foi à ce qui a été certifié le 5 Juillet par le même Magiſtrat, qui le 3 dudit mois a été capable de donner un faux Extrait de Regiſtre ; plus, le Comte de Sponeck & ſon Conſeil étoient tellement perſuadés de la difformité & nullité de ce Certificat, qu'ils n'en ont pas oſé montrer l'original au Conſeil Aulique, en échange ils croyoient pouvoir le produire ſans riſque en France, où l'on n'auroit égard qu'à ſa traduction en langue Françoiſe, en lui donnant exterieurement l'air d'une piéce la plus autentique, telle qu'ils l'ont remiſe à M. le Rapporteur.

On y trouvera d'abord la traduction ſignée par un Sécretaire Interprète, atteſtant qu'elle eſt tout-à-fait conforme à ſon original ; ce qui ne prouve pourtant pas que le ſuſdit Certificat Allemand ſoit un original en forme, puiſqu'il n'eſt ſigné de perſonne.

On voit au bas de la ſignature du Sécrétaire interprète, ces mots :

Paraphé au déſir de l'ordonnance de M. le Lieutenant Civil de ce jourd'hui tendant au fin de ſon Procès Verbal commencé en ſon Hôtel le 18 Février préſent mois. Fait ce 19. Février 1739.

Qui eſt-ce qui ne s'appercevra pas que ce viſa de M. le Lieutenant Civil, & ce Procès verbal, n'avoit d'autre but qu'à faire paroître le ſuſd. Certificat comme une piéce réelle & authentique à faire pleine foi dans toutes les juſtices de France, où l'on en produiroit la traduction en langue Françoiſe, au lieu que ſon original au premier coup d'œil d'un Juge Allemand ne ſeroit plus regardé que comme un chiffon & rejetté comme tel.

REMARQUES.

N° 2. *Extrait de l'acte de célébration tité des régiſtres de l'Egliſe de Reiowitz.*	C'eſt le même Certificat ridicule ou *Certificatum* en latin du Miniſtre Koch, de Reiovvitz du 23. Mai 1735. par conſequent non produit au Conſeil aulique, mais au Parlement de Paris & devant Meſſieurs les Commiſſaires en France, déja amplement détruit par le ſuſd. Mémoire du Duc de Wirtemberg, contenant la réfutation des réponſes du Comte de Sponeck. N° 2.

N° 3. *Certificat de la mort du Ministre Fuchs.*

REMARQUES.
Cette Piéce est indifférente. N° 3.

N° 4. *Certificat de baptême de George Leopold fils du feu Duc de Montbeliard.*

N° 5. *Le divorce du Duc de Montbeliard de 1714.*

REMARQUES.
Ces deux Piéces ont été amplement refutées, tant au Conseil Aulique que devant Messieurs les Commissaires en France. N° 4. N° 5.

N° 6. *Le Traité de Wilbaden,* &

N° 7. *La renonciation de George Leopold faite par serment.*

REMARQUES.
Piéces indifferentes. N° 6. N° 7.

N° 8. *Donation de la Duchesse d'Oëls en faveur de George Leopold son neveu, de 2000. écus donnés le 21. Septembre 1717.*

REMARQUES.
Elle l'a reconnu pour être N° 8. son neveu en 1717. puisque deux années auparavant le Prince de Montbeliard l'avoit avoué pour son fils naturel dans le Traité de Wilbaden. Il suffit, que dans cette donation, ce neveu n'ait été qualifié que de George Leopold Comte de Sponeck du nom de sa mere & non du pere, pour faire voir qu'elle ne l'a pas cru légitime, auquel cas elle l'auroit appellé Prince héréditaire de son frere Duc de Wirtemberg Montbeliard, ainsi qu'on l'a nommé dans tous les actes où il étoit fait mention de lui, après les lettres patentes du mois de Mai 1719. sur lesquelles il voulut fonder sa prétenduë légitimité, & ses qualités de Prince.

N° 9. *Certificat de la Duchesse d'Oëls au sujet de la qualité dans laquelle Anne Sabine Hedwiger avoit été à son service & de la noblesse de son extraction. A Héricourt le 14. Mai 1723.*

REMARQUES.
Le Comte de Sponeck ne N° 9. fait pas mention ici d'un autre Certificat qu'il a pourtant aussi glissé sous ce N°. 9. du premier Septembre 1734.

On observera sur le premier, du quatorze May 1723. que la Duchesse d'Oëls étant venue au païs de Montbeliard immédiatement après la mort du Prince de Montbeliard son frere, décédé au mois de Mars de ladite année, & après qu'on eut déja connoissance de la premiere décision de l'Empereur du 8 Avril de ladite année, contre ses concubines & ses enfans, la Comtesse de Sponeck la supplia de lui donner un Certificat,

que

que ce n'étoit point en qualité de fille de Chambre comme on le lui reprochoit, mais d'une Demoiselle à sa Cour, qu'elle avoit eu l'honneur de la servir, dans l'espérance de n'être pas regardée & traitée dans le païs comme une simple servante; à quoi la Duchesse ayant bien voulu consentir, comme à une chose indifférente, elle lui donna ledit Certificat du 14. Mai 1723. signé de sa propre main au Village d'Hericourt à une lieuë de la Ville de Montbeliard.

Il n'en est pas de même de l'autre piéce jointe audit N°. 9. qu'on dit avoir été signée en Silesie le premier Décembre 1734 touchant l'extraction noble d'Anne Sabine Hedvviget Comtesse de Sponeck, dont la signature est absolument fausse, ainsi qu'on pourra le voir par la confrontation d'autres actes & lettres que cette Duchesse a signées, dont le Comte de Sponeck sous N°. 22. du présent inventaire en a produit plusieurs.

REMARQUES.

N° 10. *Certificat de la Duchesse d'Oëls au sujet de la naissance de George Leopold.*

N° 10. Ce Certificat daté à Breslau le 2 Septembre 1735 est aussi faux que la piéce précedente, dont la signature a été faussement contrefaite. On y fait dire à la Duchesse d'Oëls, la connoissance entiere qu'elle a du mariage de la Hedvviger avec son frere le Prince de Montbeliard, & de la légitimité de son fils George Leopold, avec offre de l'affirmer par serment toutes quantefois qu'elle en seroit requise.

Cependant il n'y est fait mention d'aucun Notaire par devant lequel elle eût fait une déclaration aussi importante que celle-là, ni de témoins qui eussent été présens lorsqu'elle devoit l'avoir signé. On n'y trouve que la simple signature de la Duchesse d'Oëls, qu'on la compare avec celles des lettres produites par le Comte de Sponeck sous le N°. 22. du présent Inventaire, & on laisse à juger à tous les connoisseurs, si la signature dudit Certificat du 2 Septembre 1735. a aucune ressemblance aux signatures desdites lettres, dont il s'ensuit que la premiere est supposée & faussement contrefaite; joint à ce que l'original Allemand est conçu dans un stile si commun, & des expressions si populaires, qu'il sera aisé à quiconque possedant cette langue de fonds, de juger que cette piéce n'a jamais été faite en Allemagne, ni minutée d'une personne, qui eût été capable de faire la différence, entre le langage commun, & celui des Cours, ou qu'on a coutume d'employer dans des actes où il s'agit de déclarer ou d'attester une chose de consequence en

B

forme. On ofe s'en rapporter à cet égard à tous Meffieurs les Miniftres étrangers de la nation Allemande à la Cour de France, qui voudroient fe donner la peine de jetter les yeux fur ce Certificat.

En obfervant en outre que cette piéce datée du 2 Septembre 1735. a été fabriquée dans la vue de donner d'autant plus de poids au *Certificatum* du Miniftre Koch délivré le 23. Mai de ladite année à la requifition du Comte de Sponeck pour s'en fervir contre les Barons de Lefperance avec lefquels il étoit fur le point d'entrer en procès au Parlement de Paris, où la conteftation de leur état perfonel avoit été renvoyée par un Arrêt du Confeil du 4. Juin de ladite année 1735. devant lequel les circonftances mentionnées ci-deffus qui auroient pu rendre le Certificat de la Ducheffe d'Oëls fufpect à un Juge Allemand, devoient refter cachées à des Juges François, aufquels on auroit fait voir que la traduction de ce Certificat en langue Françoife avoit tout l'apareil exterieur d'un titre autentique.

Quoiqu'en le fuppofant réellement fait & donné par la Ducheffe d'Oëls dans toutes les formes requifes & figné de fa main, il ne fçauroit rien prouver en faveur du Comte de Sponeck, vu qu'il paroît dans fon Factum de Vienne, que cette Dame a pris le fait & caufe du Prince de Montbeliard fon frere, dont elle foutint toutes les extravagances contre le Duc de Virtemberg au Confeil Aulique. Ainfi elle ne pouvoit être témoin & partie dans une même affaire.

N° 11. *Dépofition du fieur Nardin fur le mariage de Reiovvitz avec la commiffion du feu Duc de Montbeliard.*

N° 12. *Paffeport du feu Duc de Montbeliard au Prince héréditaire fon fils eft figné le 17. Juin 1720.*

N° 13. *Procuration du feu Duc au même fils.*

N° 14. *Autre Procuration du même Duc à fon fils.*

non d'un Prince héréditaire de

N° 15. *Affignation de Douaire pour la femme du feu Duc.*

REMARQUES.

Ces 5. piéces ayant déja été N° 11. réfutées tant de la part du Duc de Wirtemberg, que des Efperances, il n'y refte d'autres obfervations à faire que fur la qua- N° 12. lité de Prince héréditaire mentionée dans le paffeport du 17. Juin 1720. à ce même fils, qui N° 13. trois mois avant les lettres patentes de 1719. s'étoit marié N° 14. en qualité de Comte de Sponeck, du nom de fa mere & Wirtemberg Montbeliard.

REMARQUES.

Ce qu'on appelle ici une N° 15. affignation de Douaire pour la femme : (ou pour mieux dire

prétendue femme :) du feu Duc., est un acte d'accomodement entre le feu Prince de Montbeliard & la Comtesse de
Sponeck du 30. Novembre 1720. dont voici l'explication.

Par le traité de Wildbaden, le Duc regnant de wirtemberg s'é-
toit engagé de donner après la mort du Prince de Montbeliard, par
forme d'alimens ou entretien de la Comtesse de Sponeck de même
que de son fils George Leopold & de sa fille Leopoldine Eberhardine, la somme de 4000. florins du Rhin, faisant selon le cours du
change d'aujourd'hui, celle de 10000. liv. argent de France, en
rente annuelle, à titre de fief & à perpetuité à leurs descendans en legitime mariage, mais comme le Prince de Montbeliard a voulu ensuite que cette somme restât en entier à
ces deux enfans & leurs Descendans, à l'exclusion de leur
mere, il fit renoncer cette derniere à sa part & portion dans
cesd. 4000. florins, moyennant une somme de 2000. liv. de
rente annuelle qu'il promit de lui payer sa vie durant, avec
le droit d'habitation au Château d'Hericourt, joint à quelques
autres douceurs. C'est la raison pour laquelle on trouve dans
led. acte les expressions suivantes.

*Qu'elle céde & transporte aussi entierement à S. A. S. le Duc
de Montbeliard tout le droit qu'elle a acquis par son renvoi & alimentation dans des traités conclus avec d'autres.*

S'entend par le traité de wildbaden, dans lequel, ainsi
qu'il y est dit, on l'a renvoyée avec ses deux enfans à une
somme de 4000. florins ou 10000. liv. pour leurs alimens, paya-
bles après la mort du Prince de Montbeliard par le Duc de
wirtemberg Chef de sa maison.

Pour cacher cette circonstance, il a plu au Comte de Sponeck de faire traduire cette clause écrite en Allemand, en
langue Françoise ainsi qu'il suit.

*Cedant aussi de la même maniere & abandonnant entierement à
S. A. S. le Duc de Montbeliard, tous les droits qu'elle a acquis,
par des traités faits avec d'autres au sujet de son accomodement.*

De maniere que le Comte de Sponeck appelle ici accommodement, ce qui dans le traité de wildbaden est nommé entretien ou aliment. Tout ainsi qu'il l'avoit pratiqué dans sa
traduction de la décision de l'Empereur du 16. Avril 1723. où
on lui a réservé une alimentation, à régler en justice, à qui
dans son translat en François il donne le nom de provision ;
ainsi non content de produire par tout de faux titres en langue Allemande, il ne sçauroit se passer de commettre encore
des faussetés dans leur traduction en François.

N° 16. *Lettre Circulaire en forme de mandement du Surintendant de l'Eglise de Montbeliard, où il reconnoît George Leopold pour Prince regnant après la mort de son pere, du 26. Mars 1723.*

REMARQUES.

Ce Surintendant étoit le Ministre Bockshammer Successeur de Grop, & complice dans la supposition du Regiftre de divorce, de même que de ceux des mariages, baptêmes & de sepultures, outre que ce mandement ne pouvoit opérer aucun effet contre deux mandémens antérieurs de l'Empereur & la défense faite aux bourgeois de Montbeliard de ne jamais reconnoître ce George Leopold pour Prince ni pour fils legitime.

N° 17. *Enquête faite en Pologne du mariage du Prince de Montbeliard.*

N° 18. *Certificat sur la forme dans laquelle les mariages sont inscrits dans le régiftre de Montbeliard.*

N° 19. *Des Extraits de baptême ou le fils du feu Duc Leopold Eberhard a eu la qualité de Prince héréditaire.*

REMARQUES.

Ces 5. piéces ont déja été discutées & réfutées comme mandiées & irregulieres les unes au Conseil Aulique, les autres par les Mémoires produits devant la commission en France, soit de la part du Duc de Wirtemberg ou de celle des Esperance.

N° 20. *Les dépositions de plusieurs témoins de Montbeliard & d'Hericourt sur la connoiffance que le Duc George a eu du mariage du Prince son fils.*

N° 21. *Extraits des régiftres de baptême d'une Eglife proteftante en Alface pour faire voir que la tranfposition des dates eft indifférente dans le régiftre.*

REMARQUES.

N° 22. *Différentes lettres écrites par les Princes & Princeffes de Wirtemberg aux parties intéreffées avec leur maniere de figner, en lettres initiale.*

C'eft parmi ces lettres où l'on trouvera celles avec la fignature de la Ducheffe d'Oëls, mentionnée ci-deffus, où en les comparant avec le Certificat de cette Princeffe du premier Décembre 1734 & un autre du 2. Septembre 1735. raportée par le Comte de Sponeck sous N°. 9. & 10. on reconnoîtra la fauffeté des fignatures de ces deux piéces.

N° 23. *La consultation de l'Univerfité Proteftante de Leipfic, qui décide pour le mariage du feu Duc de Montbeliard.*

REMARQUES.

Il eft vrai que toutes ces Univerfités opinerent en faveur du mariage du Prince de Montbeliard avec Anne Sabine Hedwiger, en fuppofant que
Les

N° 24. *Les Consultations des Universités Protestantes d'Altorf, de Jena, & de Hasle, qui décident pour le mariage du feu Duc.*

N° 25. *La lettre de l'Université d'Altorf pour expliquer les motifs de sa retractation.*

tous les Extraits (de mariages, de Baptêmes, mortuaires & de divorces, joints au Mémoire contenant la situation de la famille du Prince de Montbeliard, telle qu'elle y a été représentée dont on a produit la copie avec les remarques sous N°. 90. de l'Inventaire des productions des Ministres de Wirtemberg:) étoient réels & véritables. Mais révoquez aussi tôt par ces mêmes Universités après avoir été informées de leurs faussetés; ce que l'on peut voir dans le Mémoire intitulé : Précis de la Contestation sous N°. 35. de l'Inventaire des piéces produites par les Ministres de Wirtemberg.

REMARQUES.

N° 26. *Extrait du mariage du Comte de Coligny avec la Princesse Leopoldine sœur du Prince de Montbeliard.*

Cette Leopoldine Eberhardine a été effectivement mariée comme Princesse trois mois après les lettres patentes de 1719. mais il ne s'ensuit pas de-là, qu'une qualité qu'on lui a attribuée pendant la Contestation, eut aussi donné la qualité de Prince & d'enfant légitime à son frere, lequel dans le mariage qu'il contracta trois mois avant ces lettres, ne parut que comme Comte de Sponeck nom de sa mere, par conséquent illégitime.

REMARQUES.

N° 27. *Des Extraits de baptême de l'Eglise de Montbeliard qui font voir que le mariage de la Baronne de Lesperance n'étoit pas public au mois de Septembre 1718. quoiqu'il fût célébré dès le mois d'Août, puisqu'elle n'est désignée, que comme Baronne de Lesperance.*

On ne convient point de cette célébration, ainsi qu'on l'a déja dit ailleurs, dans les réponses aux deux Esperance ses fils, quoiqu'on soit d'accord avec le Comte de Sponeck, qu'on n'en eut jamais parlé ni publié ni fait mention de ce prétendu mariage sur aucun régistre des Eglises qu'après les lettres patentes de 1719.

REMARQUES.

N° 28. *Extraits baptistaires des enfans du Comte de Coligny avec la légalisation du 16. Juin 1734.*

Cette piéce est tout à fait indifférente à l'objet, hormis que l'on peut juger par ces Extraits de même que de quelques au-

C

tres mentionnés ci-deſſus, tous datés depuis que le Duc regnant de Wirtemberg eſt en poſſeſſion du Comté de Montbeliard que les Eſperances ont eu tort de ſe plaindre dans leurs
derniers Mémoires d'une prétendue défenſe générale faite par
les Agens du Duc de Wirtemberg, de ne leur en délivrer aucun.

Voilà donc ce qu'on avoit à dire ſur les piéces produites
dans cet Inyentaire, dont on pourra reconnoître l'exclamation
ridicule avec laquelle le Comte de Sponeck a voulu les prôner
dans ſon Mémoire, allegué ſous No. 39. joint à une Requête
au Roi de ſa Sœur No. 40. de l'Inventaire des productions des
Miniſtres de Wirtemberg en ces termes. *Suppoſé, dit-il, que de
la part du Duc de Wirtemberg on auroit des preuves victorieuſes
de la fauſſeté des piéces du Factum de Vienne, cela ne le regardoit pas.*

*Que le feu Duc de Montbeliard ait produit telle piéce qu'il au-
ra voulu au Conſeil de Vienne en* 1722. *ce n'eſt pas de quoi
il s'agit aujourd'hui: l'inſtance qui eſt à préſent pendante devant
Meſſieurs les Commiſſaires eſt une affaire toute nouvelle, qui ne
doit ſe juger, que ſur les piéces produites devant ces Meſſieurs.*

*Enfin c'eſt une affaire abſolument indépendante de la premiere.
Nouvelles parties; nouvelles piéces; nouvelles prétentions; tout eſt
différent.*

Cependant toutes ces prétendues nouvelles piéces ſe trouvent aujourd'hui dans l'état du néant, auquel on les a reduit
par les rémarques ſuſmentionnées à côté de chacune en particulier; ainſi qu'on l'avoit promis de la part du Duc de Wirtemberg, dans le dernier Mémoire contre le Comte de Sponeck pag. 6.

De l'Imprimerie de Ch. J. B. DELESPINE, Imprimeur ordinaire du
Roy, ruë S. Jacques, au Palmier, 1745.

MÉMOIRE

TOUCHANT LES PRÉTENTIONS
DES ENFANS ILLEGITIMES
DE MONTBELIARD.

LE Duc de Wirtemberg n'entend point se livrer à aucune discussion avec le Comte de Sponeck & les Barons de Lesperance sur leur état personnel, & sur la validité des prétendus Mariages de leurs meres : Ces questions ont été décidées sans retour par l'Empereur, leur Juge Naturel & Competant.

Que ces Enfans de Montbéliard prouvent à l'envie & démonstrativement le vice de leur naissance & leur illégitimité : ils justifient la Sagesse & la Justice des décisions de l'Empereur. Tel étoit aussi le seul objet des Memoires des Ministres de Wirtemberg pour effacer l'impression, qu'auroit pû faire l'imposture.

Le seul point, qui pourroit interesser le Duc de Wirtemberg dans les Mémoires distribués au public sous le nom de ces Enfans, c'est l'affectation de supposer, que *la question sur leur Etat* doit être agitée & examinée de nouveau devant les Commissaires de Sa Majesté.

On porte même la temerité au point d'alleguer, 1. que cette question est entiere, & que ces Enfans *n'ont jamais eû d'instance ni Procès contre les Ducs de Wirtemberg au Conseil Aulique ; ni dans aucun autre Tribunal de l'Empire ;* 2. que Sa Majesté aprés l'avoir renvoyée en 1735. au Parlement de Paris, *l'a évoquée depuis à sa personne, & en a retenu la Connoissance.*

Mais pour écarter ce nouveau trait d'imposture, il ne faudroit consulter, que les écrits présentés au Conseil Aulique par la Baronne de Lesperance, et le Comte de Sponeck.

La Baronne démandoit, que son Mariage fut déclaré *vray, public, reconnû, contracté sans aucun empechement, juste & legitime, & que ses Enfans fussent declarés legitimes.* *

Le Comte de Sponeck concluoit de sa part à ce, que le Mariage de sa Mere fut déclaré *vray & juste ; & qu'il fut reconnu & déclaré fils legitime.* **

)(Le

---

* Matrimonium verum bona fide, publicum, declaratum, recognitum, sine ullo impedimento Contractum, justum & legitimum. Status certus & legitimus liberorum.
** Pronunciando Matrimonio defuncti Principis Montpelgardensis cum Comitissa de Sponeck pro vero & justo agnoscendo & declarando Mandatarii Principalem pro filio legitimo &c.

Le Duc de Wirtemberg demandoit à son égard, qu'ils fussent declarés non recevables; attendu la chose jugée contradictoirement, au Conseil Aulique avec le feu Prince de Montbéliard * : & qu'ils fussent renvoyés *tanquam temere litigantes*.

C'est sur ces prétentions & demandes respectives, que l'Empereur en confirmant le jugement du 8. Avril 1723. & les autres décisions rendues en consequence, prononce de nouveau le 18. Sept. 1739. *la nullité & l'illegitimité de ces prétendus mariages, & declare les Enfans incapables de succeder.*

On laisse à penser, si une décision aussi solemnelle & authentique, renduë vis à vis toutes les parties interessées, a laissé *la question de l'état entiere*, & s'il n'y a point *de Procés au Conseil Aulique.*

Que les paradoxes outrés, les sophismes, & les subtilités du raisonnement viennent au secours de l'imposture? Que l'on s'efforce indecemment de degrader la Majesté du Tribunal, qui a prononcé, & de repandre des doutes sur sa Competance, reconnuë par le Souverain même, dont on réclame l'Authorité ; enfin que l'on veuille compromettre & interesser la dignité des Souverains, en insinuant, qu'ils peuvent mesconnoitre & ne point adopter respectivement leurs décisions sur l'état & le rang de leurs sujets, & suivans les loix & les Constitutions de leur Empire!

Ces sont les Ressources & le langage ordinaire de ceux, qui lancent des traits impuissans contre la verité & contre la justice des Arrêts, qui les ont frapés.

Le Duc de Wirtemberg n'en craint point les effets, il ne doit point suivre ces Enfans dans leurs écarts : la seule question évoquée par Sa Majesté est certaine & déterminée par une multitude de *titres déclaratifs de sa Volonté.* C'est la mise en possession des Terres situées en Alsace & en Franche Comté.

Envain veut on y reünir d'autres objets décidés & etrangers à l'évocation. Sa Majesté a prononcé, ,,Il s'agit uniquement de la mise en possession de certains Do-,,maines situés en France, qui ont apartenu au feu Prince de Montbéliard, c'est ,,l'Objet direct de la question debarrassée de toutes les apparences, sous lesquelles ,,on a voulu la presenter.

Telles sont les expressions de Sa Majesté dans la réponse à l'Empereur. Les Enfans de Montbéliard peuvent'ils, sans blesser le respect dû à sa Majesté, suposer une ambiguité dans cette réponse; en fut il jamais une plus claire & plus précise? Peuvent'ils s'arroger impunement le droit d'interpreter ou de donner une extension à cette Declaration solemnelle, juste & conforme aux loix de tous les états policés, que chaque Souverain a adoptés.

Ces Enfans ou leurs deffenseurs auroient ils entrepris d'inspirer au Duc de Wirtemberg & à tout l'Empire de soupçons injurieux à Sa Majesté sur la sincerité de ses décisions & de ses Declarations par les efforts, qu'ils font, pour *y trouver des Equivoques* : Leur hardiesse seroit inexcusable.

Le Duc de Wirtemberg a pour Garans certains du contraire, la foy publique des Traitez, qui assurent la proprieté des terres en question à sa Maison; les *lettres* écrites par les Ministres & de l'ordre de Sa Majesté; *ses declarations* reiterées aux Ministres de l'Empereur & de plusieurs Têtes Couronnées; & les Arrets de son Conseil, qui manifestent son intention de prononcer uniquement sur la question *la mise en possession.*

Sa Majesté declare expressément par sa Lettre du 30. Mars 1723. ,,qu'Elle ,,n'entend prendre aucune part à la question de l'état des Enfans du Prince de Mont-,,béliard pendante au Conseil Aulique, où le Duc de Wirtemberg attaquoit leur ,,legiti-

---

* Ce Prince avoit défendu la même Cause, que ses Enfans voudroient faire revivre : l'Empereur avoit prononcé l'avant le decés de ce Prince, & il ne restoit que la formalité de la publication du Jugement à remplir. Il mourût le 25. Mars 1723. le Jugement fut publié le 8. Avril suivant.

,,legitimité, ni donner aucun figne de Protection à une ni à l'autre des parties, qui
,,puiffe être regardé comme un préjugé de fa part. Elle fixe la durée du Sequeftre
,,jufqu'à la décifion de ce Procès, aprez laquelle S. Majefté eft difpofée à en donner
,,la poffeffion à ceux, qui auront droit à la propriété.

Par fa Lettre du 24. Aouft. 1723. Sa Maj. déclare, qu'à l'egard de la mife en
,,poffeffion des terres fituées tant en franche Comté qu'en Alface, il y a un préa-
,,lable à juger, qui concerne l'état des Enfans du feu Prince de Montbelliard, c'eft
,,à dire, s'ils font legitimes ou non ? Si M. le Duc de Wirtemberg obtient
,,(ajoute Sa Majefté) un jugement, qui les declare illegitimes, il fera mis fans diffi-
,,culté par le Parlement de Béfançon & le Confeil Supérieur de Colmar en poffef-
,,fion de ces terres.

Lors qu'il fut queftion d'arrêter le cours des procedures du Comte de Sponek
à Befançon & à Colmar, le Duc de Wirtemberg ne fe plaignit, que de n'avoir pû
entrer en poffeffion par le trouble, qui étoit caufé par ledit Sponek, il demanda à Sa
Majefté ,,L'evocation de ces procedures, pour declarer fes intentions à cet égard,
,,après qu'il auroit fait voir, que ledit Sponek étoit fans titre & fans qualité d'in-
,,tenter aucune action au fujet des dites terres.

Sa Majefté évoqua en confequence la Conteftation mue pour Raifon defdites
,,terres & en interdit la Connoiffance tant au Parlement de Béfançon, qu'au Con-
,,feil d'Alface, & tous autres juges.

Cet Arrêt n'avoit donc pour Objet, que d'arrêter les procedures du Comte
de Sponeck fur la mife en poffeffion : On n'oferoit prétendre, qu'il y eut aucune
Conteftation pendante en ces deux Tribunaux fur l'etat du Comté de Sponeck ni
des Barons de Lefperance.

Fut il enfuite queftion de prononcer fur l'oppofition formée à l'Arret du
Confeil du 11.Sept. 1723. qui ordonna la Reformation des Lettres de benefice de Naturalité de 1719. *en ce qui concernoit les titres de Princes & Princeffes*: Sa Majefté ordonna par celuy du 8. Juin 1725. que le prémier feroit executé, *fauf néanmoins au Comte de Sponeck & à la Baronne de Lefperance à fe pourvoir, fi fait n'avoit été, contre le jugement du Confeil Aulique du 8. Avril. 1723.
pour ce faire être enfuite ftatué par Sa Majefté fur les autres Conclufions par
eux prifes*, ainfi qu'il apartiendroit.

Quelles étoient les Conclufions de ces parties ? Elles avoient deux Objets
exprimés dans l'Arrêt même. Le prémier tendoit à être *maintenu dans les qualités de Princes & Princeffes*. Le fecond à être *mis en Poffeffion* des terres en
queftion.

Sa Majefté déboute le Comte de Sponek & la Baronne de Lefperance du *premier Chef* en ordonnant, que l'Arrêt de 1723. fera excuté. Mais à l'égard du
fecond fur *la mife en poffeffion* Sa Majefté fe referve à y faire droit après la décifion
du Confeil Aulique. *

Comment peut-on aujourd'huy entreprendre de faire douter de l'intention
de Sa Majefté après cet Arrêt executé par le Comte de Sponek & par la Baronne de
l'Efperance, qui fe font pourvus au Confeil Aulique, & y ont eux mémes pourfuivis
une décifion telle, qu'elle a été rendüe le 18. Sept. 1739. **

Sa Majefté eft donc en état de prononcer fur *les autres Conclufions*, c'eft à dire,
la Démande à *être mis en poffeffion*.

Lorfque les Enfans de Montbeliard voulurent obtenir l'arret du 4. Juin 1735.
qui évoque leurs démandes refpectives, ils fe gardèrent bien d'impliquer dans
leurs Réquêtes la queftion de la mife en poffeffion, qui pouvoit feule interesfer
le Duc de Wirtemberg.

Ils

* Voir l'Arret Contradictoire avec le Duc de Wirtemberg.
** Il ne fut plus queftion des qualités de Princes & Princeffes au Confeil Aulique, mais de la Validi-
té des Mariages & la legitimité des Enfans ; leurs Conclufions en font une preuve fant Replique,
On tente donc inutilement d'en impofer encore à cet égard.

Le Duc de Wirtemberg demandoit à son égard, qu'ils fussent declarés non recevables; attendu la chose jugée contradictoirement, au Conseil Aulique avec le feu Prince de Montbéliard * : & qu'ils fussent renvoyés *tanquam temere litigantes.*

C'est sur ces prétentions & démandes respectives, que l'Empereur en confirmant le jugement du 8. Avril 1723. & les autres décisions rendues en consequence, prononce de nouveau le 18. Sept. 1739. *la nullité & l'illegitimité de ces prétendus mariages, & déclare les Enfans incapables de succeder.*

On laisse à penser, si une décision aussi solemnelle & authentique, renduë vis à vis toutes les parties interessées, a laissé *la question de l'état entiere,* & s'il n'y a point *de Procés au Conseil Aulique.*

Que les paradoxes outrés, les sophismes, & les subtilités du raisonnement viennent au secours de l'imposture? Que l'on s'efforce indecemment de degrader la Majesté du Tribunal, qui a prononcé, & de repandre des doutes sur sa Competance, réconnuë par le Souverain même, dont on réclame l'Authorité ; enfin que l'on veuille compromettre & interesser la dignité des Souverains, en insinuant, qu'ils peuvent mesconnoitre & ne point adopter respectivement leurs décisions sur l'état & le rang de leurs sujets, & suivans les loix & les Constitutions de leur Empire!

Ces sont les Ressources & le langage ordinaire de ceux, qui lancent des traits impuissans contre la verité & contre la justice des Arrêts, qui les ont frapés.

La Duc de Wirtemberg n'en craint point les effets, il ne doit point suivre ces Enfans dans leurs écarts : la seule question évoquée par Sa Majesté est certaine & déterminée par une multitude de *titres déclaratifs de sa Volonté.* C'est la mise en possession des Terres situées en Alsace & en Franche Comté.

Envain veut on y reünir d'autres objets décidés & etrangers à l'évocation. Sa Majesté a prononcé, ,,Il s'agit uniquement de la mise en possession de certains Do-,,maines situés en France, qui ont apartenû au feu Prince de Montbéliard, c'est ,,l'Objet direct de la question debarrassée de toutes les apparences, sous lesquelles ,,on a voulu la présenter.

Telles sont les expressions de Sa Majesté dans la réponse à l'Empereur. Les Enfans de Montbéliard peuvent'ils, sans blesser le respect dû à sa Majesté, suposer une ambiguité dans cette réponse ; en fut il jamais une plus claire & plus précise? Peuvent'ils s'arroger impunement le droit d'interpreter ou de donner une extension à cette Declaration solemnelle, juste & conforme aux loix de tous les états policés, que chaque Souverain a adoptés.

Ces Enfans ou leurs deffenseurs auroient ils entrepris d'inspirer au Duc de Wirtemberg & à tout l'Empire de soupçons injurieux à Sa Majesté sur la sincerité de ses décisions & de ses Déclarations par les efforts, qu'ils font, pour *y trouver des Equivoques :* Leur hardiesse seroit inexcusable.

Le Duc de Wirtemberg a pour Garans certains du contraire, la foy publique des Traitez, qui assurent la proprieté des terres en question à sa Maison; les *lettres* écrites par les Ministres & de l'ordre de Sa Majesté; *ses declarations* reiterées aux Ministres de l'Empereur & de plusieurs Têtes Couronnées; & les Arrets de son Conseil, qui manifestent son intention de prononcer uniquement sur la question de *la mise en possession.*

Sa Majesté declare expressement par sa Lettre du 30. Mars 1723. ,,qu'Elle ,,n'entend prendre aucune part à la question de l'état des Enfans du Prince de Mont-,,béliard pendante au Conseil Aulique, où le Duc de Wirtemberg attaquoit leur ,,legiti-

* Ce Prince avoit defendu la meme Cause, que ses Enfans voudroient faire revivre : l'Empereur avoit prononcé avant le decés de ce Prince, & il ne restoit que la formalité de la publication du Jugement à remplir. Il mourût le 25. Mars 1723. le Jugement fut publié le 8. Avril suivant.

„legitimité, ni donner aucun signe de Protection à une ni à l'autre des parties, qui
„puisse être regardé comme un préjugé de sa part.   Elle fixe la durée du Sequestre
„jusqu'à la décision de ce Procès, aprez laquelle S. Majesté est disposée à en donner
„la possession à ceux, qui auront droit à la propriété.

    Par sa Lettre du 24. Aoust. 1723. Sa Maj. déclare, qu'à l'egard de la mise en
„possession des terres situées tant en franche Comté qu'en Alsace, il y a un préa-
„lable à juger, qui concerne l'état des Enfans du feu Prince de Montbelliard, c'est
„à dire, s'ils sont legitimes ou non?   Si M. le Duc de Wirtemberg obtient
„(ajoute Sa Majesté) un jugement, qui les declare illegitimes, il sera mis sans diffi-
„culté par le Parlement de Besançon & le Conseil Supérieur de Colmar en posses-
„sion de ces terres.

    Lors qu'il fut question d'arreter le cours des procedures du comte de Sponek
à Besançon & à Colmar, le Duc de Wirtemberg ne se plaignit, que de n'avoir pû
entrer en possession par le trouble, qui étoit causé par ledit Sponek, il demanda à Sa
Majesté „L'evocation de ces procedures, pour declarer ses intentions à cet egard,
„aprés qu'il auroit fait voir, que ledit Sponek étoit sans titre & sans qualité d'in-
„tenter aucune action au sujet des dites terres.

    Sa Majesté évoqua en consequence la Contestation mue pour Raison desdites
„terres, & en interdit la Connoissance tant au Parlement de Besançon, qu'au Con-
„seil d'Alsace, & touts autres juges.

    Cet Arrêt n'avoit donc pour Objet, que d'arreter les procedures du Comte
de Sponeck sur la mise en possession : On n'oseroit prétendre, qu'il y eut aucune
Contestation pendante en ces deux Tribunaux sur l'etat du Comté de Sponeck ni
des Barons de Lesperance.

    Fut il ensuite question de prononcer sur l'opposition formée à l'Arret du
Conseil du 11.Sept. 1723. qui ordonna la Reformation des Lettres de benefice de Naturalité de 1719. *en ce qui concernoit les titres de Princes & Princesses:* Sa Majesté ordonna par celuy du 8. Juin 1725. *que le premier seroit executé, sauf néanmoins au Comte de Sponeck & à la Baronne de Lesperance à se pourvoir, si fait n'avoit été, contre le jugement du Conseil Aulique du 8. Avril. 1723.
pour ce fait être ensuite statué par Sa Majesté sur les autres Conclusions par
eux prises,* ainsi qu'il apartiendroit.

    Quelles étoient les Conclusions de ces parties?   Elles avoient deux Objets
exprimés dans l'Arrêt même.   Le premier tendoit à *être maintenu dans les qualités de Princes & Princesses.*   Le second à être *mis en Possession* des terres en
question.

    Sa Majesté déboute le Comte de Sponek & la Baronne de Lesperance du *pre-
mier Chef* en ordonnant, que l'Arrêt de 1723. sera excuté.   Mais à l'égard du
second sur *la mise en possession* Sa Majesté se reserve à y faire droit après la décision
du Conseil Aulique. *

    Comment peut-on aujourd'huy entreprendre de faire douter de l'intention
de Sa Majesté après cet Arrêt executé par le Comte de Sponek & par la Baronne de
l'Esperance, qui se sont pourvus au Conseil Aulique, & y ont eux mêmes poursuivis
une décision telle, qu'elle a été rendüe le 18. Sept. 1739. **

    Sa Majesté est donc en état de prononcer sur *les autres Conclusions,* c'est à dire,
la Demande à *être mis en possession.*
    Lorsque les Enfans de Montbeliard voulurent obtenir l'arret du 4. Juin 1735.
qui évoque leurs démandes respectives, ils se garderent bien d'impliquer dans
leurs Réquêtes la question de la mise en possession, qui pouvoit seule interesser
le Duc de Wirtemberg.

)(2

Ils

---

  * Voir l'Arret Contradictoire avec le Duc de Wirtemberg.
  ** Il ne fut plus question des qualités de Princes & Princesses au Conseil Aulique, mais de la Validi-
    té des Mariages & la legitimité des Enfans; leurs Conclusions en sont une preuve sans Replique.
    On tente donc inutilement d'en imposer encore à cet égard.

Ils exposent hardiment, qu'ils n'avoient point de Tribunal fixe & determiné pour faire prononcer sur la question de leur état. ** Mais *ils se reserverent à se pourvoir aprés la décision de leur état pour le jugement des Contestations sur les terres & pour y être envoyés en possession;* les quelles Contestations Sa Majesté auroit évoquées par l'arrêt du 3ᵐ Jan. 1724.

Ces Enfans reconnoissoient donc & étoient dés lors pleinement convaincus, que Sa Majesté n'avoit jamais & dans aucun tems évoqué & retenû, que la question sur *la mise en possession;* aussi l'Arrêt de 1735. ne renvoye point au Parlament cette question reservée par ceux de 1724. & de 1725.

Au surplus la guerre avoit occasioné & facilité cette surprise de l'Arrêt du 4. Juin 1735. Les dispositions du traité de Paix l'ont fait evanouir en prononçant la nullité de tous les Jugemens rendus pendant ce tems de trouble.

L'intention de S. Majesté n'a pas été moins constante & moins connûe par ses declarations particulieres, que par les Arrets de son Conseil.

La Diette de Ratisbonne rappelle à Sa Majesté ses promesses réiterées de mettre les Ducs de Wirtenberg *en possession aprés la décision de l'Empereur sur l'état des Prétendans.*

Le Duc de Wirtemberg reclame aussi par son Memoire au Roy cette mise en possession, qui forme la seule question à décider.

Sa Majesté a eu la bonté de repondre, qu'il *s'agit uniquement de la mise en possession, que c'est l'object direct de la question débarrassée de toutes les autres Apparences, sous lesquelles on a voulu la présenter.*

Et en consequence voulant terminer les Contestations sur cette question, Elle renvoye par le dernier Arrêt du 27 juilla 740. devant les Commissaires pour donner leur avis: Elle ne rappelle, que le même object de la *mise en possession* evoquée en 1724.

On n'aperçoit aucune trace des Contestations évoquées en 1735.

Cependant les Enfans de Montbeliard sont assés osés pour supposer le contraire, & pour tenter d'inspirer l'idée d'un second renvoy au Parlement. N'est ce pas vouloir exiger de Sa Majesté, qu'Elle se livre à une Contradiction evidente, qu'Elle retracte en leur faveur ses Declarations reiterées & solemnelles, & les dispositions précises des arrets de son Conseil.

Le Duc de Wirtemberg n'oppose à cette temerité, que les titres respectables, qu'il vient de rappeller. Ils n'annoncent pas moins clairement les intentions de Sa Maj. que les reponses de ses Ministres à ceux de Wirtemberg & des autres Têtes Couronnées; ils aneantissent les productions de l'art, de l'imagination & de l'imposture.

Il attend donc avec Confiance un Arret, qui prononce definitivement la mise en possession des terres en question, dont la proprieté luy est incontestablement acquise par les Traités de Paix, & reconnûe par Sa Majesté.

** Cependant ils etoient en instance au Conseil Aulique sur ce meme état en consequence de l'Arrêt de 1725. de celuy de 1724. des Lettres des Ministres & des Declarations reiterées de sa Majesté.

17.280

Ils expofèrent hardiment, qu' ils n' avoient point de Tribunal fixe & determiné pour faire prononcer fur la queftion de leur état. ** Mais *ils fe reserverent à fe pourvoir après la décifion de leur état pour le jugement des Conteftations fur les terres & pour y être envoyés en poffeffion; les quelles Conteftations Sa Majefté auroit évoquées par l' arrêt du 3ͤ Jan. 1724.*

Ces Enfans reconnoiffoient donc & êtoient dés lors pleinement convaincus, que Sa Majefté n' avoit jamais & dans aucun tems évoqué & retenû, que la queftion fur *la mife en poffeffion;* auffi l' Arrêt de 1735. ne renvoye point au Parlement cette queftion refervée par ceux de 1724. & de 1725.

Au furplus la guerre avoit occafioné & facilité cette furprife de l' Arrêt du 4. Juin 1735. Les difpofitions du traité de Paix l'ont fait evanouir en prononçant la nullité de tous les Jugemens rendus pendant ce tems de trouble.

L' intention de S. Majefté n' a pas été moins conftante & moins connûe, par fes declarations particulieres, que par les Arrets de fon Confeil.

La Diette de Ratisbonne rappelle à Sa Majefté fes promeffes réiterées de mettre les Ducs de Wirtemberg *en poffeffion après la décifion de l' Empereur fur l' état des Prétendans.*

Le Duc de Wirtemberg reclame auffi par fon Memoire au Roy cette mife en poffeffion, qui forme la feule queftion à décider.

Sa Majefté a eu la bonté de repondre, qu' il *s'agit uniquement de la mife en poffeffion, que c' eft l' object direct de la queftion débarraffée de toutes les autres Apparences, fous lesquelles on a voulu la préfenter.*

Et en confequence voulant terminer les Conteftations fur cette queftion, Elle renvoye par le dernier Arrêt du 27 Juillet 1740. devant les Commiffaires pour donner leur avis : Elle ne rappelle, que le même object de la *mife en poffeffion* evoquée en 1724.

On n' aperçoit aucune trace des Conteftations évoquées en 1735.

Cependant les Enfans de Montbeliard font affés ofés pour fuppofer le contraire, & pour tenter d'infpirer l' idée d'un fecond renvoy au Parlement. N' eft ce pas vouloir exiger de Sa Majefté, qu' Elle fe livre à une Contradiction évidente, qu' Elle retracte en leur faveur fes Declarations reiterées & folemnelles, & les difpofitions précifes des arrets de fon Confeil.

Le Duc de Wirtemberg n' oppofe à cette temerité, que les titres refpectables, qu' il vient de rappeller. Ils n' annoncent pas moins clairement les intentions de Sa Maj. que les reponfes de fes Miniftres à ceux de Wirtemberg & des autres Têtes Couronnées; ils aneantiffent les productions de l' art, de l' imagination & de l'impofture.

Il attend donc avec Confiance un Arret, qui prononce definitivement la mife en poffeffion des terres en queftion, dont la proprieté luy eft inconteftablement acquife par les Traités de Paix, & reconnûe par Sa Majefté.

*** Cependant ils etoient en inftance au Confeil Aulique fur ce meme état en confequence de l' Arrêt de 1725. de celuy de 1724. des Lettres des Miniftres & des Declarations reiterées de fa Majefté.

17,280

OBSERVATIONS

SUR le Mémoire de Charles Leopold & George Fréderic, soit disant Barons de Lesperance de Montbeliard.

CONTRE le Duc regnant de Wirtemberg, par eux produit au mois de Février de la présente année 1745.

Il doit être sensible, au moindre Gentilhomme de Province de voir quelqu'un de sa famille faire des actions indignes de sa naissance, il le doit être encore davantage à un Duc regnant de Wirtemberg, chef d'une illustre maison d'Allemagne, de se trouver aujourd'hui vis-à-vis des enfans conçus & nés dans le crime & le désordre, par la conduite honteuse d'un Prince cadet de sa maison, de la branche de Montbeliard.

Lesquels, non contens de la grace qu'à l'instance de leur pere on leur a faite de pourvoir à leur aliment après sa mort, comme à ses fils naturels, ont aujourd'hui l'audace de se donner pour enfans légitimes, même pour Princes, ainsi qu'ils en ont pris de nouveau le titre dans un autre Mémoire produit dans ledit mois & an que dessus avec l'inscription,

MEMOIRE

POUR Charles Leopold & George Frederic de Wirtemberg-Montbeliard.

CONTRE le Comte de Sponeck.

Nonobstant qu'ils auroient dû se ressouvenir, qu'un Mémoire par eux ci-devant produit devant Messieurs les Commissaires

A

en s'attribuant de pareils titres, leur eût été rendu par ordre
du Roi, fauf à le faire réïmprimer en omettant ces qualités;
à quoi ils furent auſſi obligés de ſe conformer. Sous prétexte
de leur prétendue naiſſance légitime, ils ont auſſi oſé porter
leur vue juſqu'à la ſucceſſion des anciens Domaines de la maiſon de Wirtemberg, à laquelle ſeule la reſtitution de ces terres a été promiſe & aſſurée par tant de traités de paix.

Ce qui eſt pis encore, c'eſt lorſque de la part du Duc de
Wirtemberg en combattant cette prétendue légitimité, on n'a
pu ſe diſpenſer de s'inſcrire en faux contre tous les titres ſur
leſquels ils vouloient la fonder.

Ils ont eu la témérité de traiter & rejetter de même ceux du
Duc de Wirtemberg, tirés des regiſtres publics & non-ſuſpects.

Le ſurplus de leur Mémoire ne contenant que des expreſſions équivoques & des faits fauſſement ſupoſés, dont ils ne
ſçauroient tirer que de fauſſes conſequences, ou dans des rai-
ſonnemens vagues ſans preuves, il ſera néceſſaire de les ſuivre
de page en page, & d'y répondre le plus ſuccinctement qu'il
ſera poſſible.

A la page 2. dudit Mémoire, ils diſent:

Que depuis plus de vingt ans que ces conteſtations ont commencées,
ni le Duc de Wirtemberg, ni le Comte de Sponeck, n'ont jamais con-
teſté la vérité ni la publicité du mariage celebré le 15 Aout 1718.
entre le feu Duc de Montbeliard & Eliſabeth-Charlotte Baronne
de Leſperance: vu que de la part du Duc de Wirtemberg l'on n'a-
voit employé que trois moyens à en prouver la nullité.

REPONSE.

L'on convient que le Comte de Sponeck n'a jamais con-
teſté la vérité de ce mariage ayant eu de bonnes raiſons pour
cela.

Attendu que ſuivant ſes principes (quand même il auroit
été celebré à la face de l'Egliſe) il ſeroit toujours nul, parce,
diſoit-il, que le prétendu mariage de ſa mere ſubſiſtoit encore
en ce tems-là, malgré le divorce de 1714. ſans cauſe ſuffiſante.

Quoiqu'il en combattît la publicité, il n'eut garde de fonder
ſa nullité pour avoir été inſcrit ſur un regiſtre nouvellement fabriqué; crainte qu'en touchant cette corde, d'être attaqué par
le même endroit au ſujet du baptême de ſa femme, & du prétendu divorce de ſa mere également inſcrits ſur un faux regiſtre; ainſi que cela lui arriva par la ſuite.

Quant à ce qu'on reproche au Duc de Wirtemberg, de n'avoir non plus contesté la vérité dudit mariage, en n'employant que trois moyens à prouver sa nullité; sçavoir celui de l'inceste, d'être contraire aux pactes de famille, & de l'inégalité de condition: & que ce n'étoit que depuis peu qu'on y avoit ajouté le quatrieme, en le soutenant nul, pour n'avoir jamais été contracté ni célébré, & que l'Extrait qu'on en rapportoit est tiré d'un régistre supposé: il conviendra d'observer.

Que si l'on n'a pas employé plutôt ce moyen, c'est parce qu'on n'a eu ni occasion ni raison de le faire que depuis quelques années, lorsque par Arrêt du 27. Juillet 1740. il plut à S. M. d'ordonner que tous les Mémoires fournis tant de la part du Duc de Wirtemberg que des enfans de Montbeliard, pour la possession des neufs seigneuries sequestrées, faisant partie de la succession du feu Prince de Montbeliard (qui jusqu'alors étoient au Bureau des affaires étrangeres) seroient remis entre les mains des Commissaires nommés à cet effet, afin de les examiner, pour après leur rapport y être fait droit par S. M.

On ne rapportera pas ici ce qui s'est passé après cet Arrêt, ni ce qui a donné lieu à un deuxiéme du 11. Mars 1742. Par lequel il est ordonné que le sieur Fesch Ministre du Duc de Wirtemberg remettra suivant ses offres à M. le Rapporteur, tous les Mémoires, Piéces & preuves qu'il avisera bon être, pour l'établissement de ses moyens au sujet de sa prétention de faux. *No. 4r. De l'inventaire des productions des Ministres de Wirtemberg.

Quels étoient ces offres?

C'étoit de faire voir que parmi les piéces jointes au Factum de Vienne, produites par le Comte de Sponeck en 1722. au Conseil Aulique, agissant alors tant en son nom qu'en celui du Prince de Montbeliard (pour soutenir la validité non-seulement du mariage de sa mere, mais aussi de celui d'Elisabeth Charlotte Baronne de Lesperance) contenant des actes de mariages, d'Extraits baptistaires, mortuaires, &c. au nombre de trente. L'on n'en trouvera pas une qui n'eût été tirée *d'un régistre suspect sans pouvoir faire foi en justice, ou dont l'extrait n'eût été falsifié, ou tiré d'un régistre nouvellement fabriqué, ou tout à fait supposé.*

Or comme parmi ces actes de mariage joints audit Factum, l'un de la Comtesse de Sponeck cotté C. l'autre d'Elisabeth Charlotte de Lesperance cotté V. V.

Le Ministre de Wirtemberg par sa déduction N°. 45. de

son inventaire des piéces produites, a prouvé que l'acte de mariage de la Sponeck étoit nul pour avoir été tiré d'un régiftre fufpect fans pouvoir faire foi en juftice, joint à d'autres preuves ; il a en même tems foutenu la nullité du prétendu mariage d'Elifabeth-Charlotte de Lefperance pour avoir été tiré d'un régiftre nouvellement fabriqué & fauffement fuppofé, de la maniere qu'il s'en eft expliqué dans fes remarques fur la famille du Prince de Montbeliard fous Nᵒ. 90. dudit inventaire des productions.

Si dans les Mémoires précedens on n'a pas rapporté ce moyen de nullité dans la même étendue qu'on l'a fait depuis, cela provient de différentes fituations, dans lefquelles on s'eft trouvé dans cette conteftation ; étant notoire qu'avant la nomination de Meffieurs les Commiffaires, elle a toujours été traitée en affaire d'Etat de Miniftre à Miniftre, où ceux de Wirtemberg perfifterent principalement dans leurs fins de non-recevoir de caufe jugée, par rapport à la batardife des enfans de Montbeliard, & en confequence, que les terres fequeftrées foyent reftituées au Duc leur maître, en exécution des Traités de paix, fans vouloir entrer dans une nouvelle difcuffion en France de la légitimité ou illégitimité defdits enfans.

Il eft vrai que ces Miniftres s'étant aperçus que les Mémoires imprimés, produits de tems à autre & publiés dans Paris par les Sponeck & Lefperance, quoique remplis de faux expofés, fondés fur de faux titres, ne laiffoient pas que de faire des impreffions défavantageufes au Duc leur maître, ils ont jugé à propos de les combattre par d'autres Mémoires imprimés, non par forme de production en juftice, puifqu'alors il n'y avoit encore ni Commiffaire, ni Rapporteur de nommés, mais uniquement pour défabufer la Cour & le public fur les faux expofés par lefquels ces enfans avoient tâché de leur en impofer.

L'on ne trouvera que deux de ces Mémoires imprimés de de la part du Duc de Wirtemberg parmi ceux qui, du Bureau des affaires étrangeres, furent remis à M. le Rapporteur ; l'un de l'année 1724. avec la fimple infcription de Mémoire ; l'autre en 1740. intitulé:

* Nᵒ. 17 & 27. de l'inventaire des productions de Wirtemberg.

Impofture du Comte George Leopold de Sponeck & de Charles Leopold & George Fréderic de Lefperance, foi difans Princes de Montbeliard.

Il eft vrai encore, que dans ce Mémoire on n'a fait mention que

que de deux Moyens pour prouver l'illégitimité de ce mariage ;
ſçavoir : Les Pactes de famille & le droit commun des Catholiques & Proteſtans en Allemagne.

Mais a-t-on par là renoncé au troiſiéme Moyen, fondé ſur la nullité de ce mariage pour n'avoir jamais été célébré, où ne l'a-t-on pas pluſôt reſervé pour le faire valoir en cas de beſoin ?

Pour réſoudre cette queſtion, l'on n'a qu'à jetter les yeux ſur ledit Mémoire des impoſtures à l'endroit de la ſeconde Partie, où l'Auteur s'énonce en ces termes :

Quant aux Barons de Leſperance, leur cauſe n'eſt pas meilleure que celle du Comte de Sponeck, avec la différence, qu'elle ne demande pas une diſcuſſion auſſi prolixe que l'autre ; ils prétendent que le Duc Leopold Eberhard de Montbeliard a été marié le 15 Août 1718, avec Eliſabeth Charlotte Baronne de Leſperance leur mere.

On ne veut pas répéter ici ce qui peut avec juſtice s'objecter contre ce prétendu Acte de célébration ; on ſuppoſe même qu'il eut été fait en forme, il ſeroit néanmoins illégitime.

Et puis s'enſuivent les deux Moyens de nullité d'être contraire aux Pactes de famille & au Droit commun.

Mais dès qu'on ſuppoſe une choſe, on ne l'avoue pas.

Ainſi en ſuppoſant ici ce mariage réellement célébré, on ne convient point de ſa réalité, d'autant plus qu'on a déclaré avant la ſuppoſition, qu'on ne veut pas rapporter ici les objections qu'on pourroit faire avec juſtice à ce prétendu Acte de célébration, ſçavoir celle qu'on y fait aujourd'hui de n'avoir jamais été célébré, & que l'Extrait qu'ils en ont produit eſt nul pour avoir été tiré d'un Regiſtre nouvellement fabriqué & ſuppoſé, laquelle on ne pouvoit faire alors dans ledit Mémoire ſans entrer dans la prolixité, qu'on vouloit éviter.

Il auroit été même inutile de propoſer cette objection ſans la prouver, & l'on n'en pouvoit faire la preuve ſans la préſentation & confrontation des anciens Regiſtres de Montbeliard avec les nouveaux, ainſi qu'on l'a fait depuis en remettant entre les mains de M. le Rapporteur, conformément aux offres du Miniſtre de Wirtemberg, de faire voir que l'Extrait de cet Acte de mariage, joint au Factum de Vienne a été tiré d'un Regiſtre nouvellement fabriqué & fauſſement ſuppoſé.

Sans que l'on prétende ſe déſiſter des deux Moyens ci-deſſus, qui ne ſont pas incompatibles à celui de la nullité de la fauſſe inſcription.

B

Après cette explication servant de réponse à ce qui est contenu audit Mémoire des Lesperances, p. 1. 2. & 3. on passera à ce que l'on voit à la fin de ladite derniere page, où ils ont osé s'énoncer ainsi qu'il suit :

A l'égard des fables ou plutôt des infamies, que le Duc de Wirtemberg a débité pour insinuer qu'Elisabeth Charlotte leur mere étoit de la famille la plus vile, elle ne mérite qu'un parfait mépris.

Mais quoi ?

Seroit-il donc permis à des miserables bâtards comme ceux-là, d'accuser impunement un Duc régnant de Wirtemberg, qui tient un des premiers rangs parmi les Princes Souverains de l'Empire, d'avoir débité des fables & des infamies, lorsqu'il dit la pure vérité, en soutenant, que cette Elisabeth Charlotte créée ensuite Baronne par un diplôme de l'Empereur Leopold sur le faux exposé de son frere Jean Caspar, d'être descendue de l'ancienne noble famille de Lesperance, quoiqu'elle n'étoit issue que d'une des plus abjectes familles de la ville de Montbeliard, telle qu'elle a été rapportée sur une table généalogique qui jointe audit Mémoire des impostures des Sponeck & Esperances sous N° 30.

Si l'on n'y a point ajouté les piéces justificatives, c'est qu'on n'a pas pu s'imaginer, que ses fils seroient assez hardis de la contredire, d'autant qu'on a mis au-dessus de cette table que tout son contenu a été fidelement tiré des Registres d'Eglise, de Bourgeoisie & des Métiers de la ville de Montbeliard.

Il y a près de cinq ans que ce Mémoire, auquel cette Généalogie fut jointe, a été rendu public.

Si les Esperances avoient eu envie de consulter les Registres auxquels on s'est rapporté, ils auroient eu tout le tems pour cela, c'est une pure malice de leur part, ce qu'ils avancent à la page 4. Que les Agens du Duc de Wirtemberg ont défendu dans tout le Comté de Montbeliard, de leur délivrer aucune expédition de quelque Acte que ce soit, vu qu'eux-mêmes, aussi-bien que les Comtes de Sponeck & Coligny en ont produit & joint plusieurs à leur Mémoire, qui leur ont été délivré, depuis que le Duc de Wirtemberg est rentré dans la possession du Comté de Montbeliard.

Suivant les Procès-Verbaux, auxquels ils se rapportent à justifier leur plainte, dès 11 Mars 1740 & 1 Avril 1741. Ce n'est pas des Extraits, qu'ils avoient demandé de quelque Registre, mais des Certificats.

Par le premier , on devoit attefter que dans les Regiftres de la Société des Tailleurs il ne s'y trouvoit aucun du nom d'Ef-perance.

Moyennant quoi ils prétendoient fe faire un titre à prouver, que le pere de leur mere, qui, felon eux, devoit s'appeller Jean Chriftophle de l'Efperance, n'eut jamais été du métier des Tail-leurs & ils en auroient été cru fur cette piéce, jufqu'à ce qu'on leur eût fait voir, que le pere de leur mere fe trouvoit inferit fur le Regiftre des Tailleurs, non fous le nom d'Efperance, mais de Richard Curie.

Suivant le deuxiéme Procès-Verbal , ils demanderent qu'on cherchât dans les Archives,fi la maifon que leur tante Sebaftiene vendit en 1720 , lui étoit provenue par achat ou à titre de fuc-ceffion de fon grand-pere Pierre Curie Sergent , quoique c'é-toit à eux à donner des indices où l'on pourroit trouver ce prétendu achat & non aux Officiers de Montbeliard à feuil-leter tous les Regiftres de la Ville pour les chercher. Preuve qu'on ne leur a jamais refufé des Extraits de ce qui étoit fur les Regiftres, mais bien des Certificats de ce qui n'y étoit pas, c'eft qu'aujourd'hui on va les expofer aux yeux de tout le mon-de, en faifant réïmprimer la même table généalogique encore plus étendue que la premiere, chaque fait ou circonftance fuivi du numero dont la piéce juftificative ou l'Extrait joint à ladite table a été cottée. Le tout repréfenté fur deux tables féparées ; l'une de la famille des Curies, jufqu'à la mort de Richard Curie.

L'autre des enfans de celui-ci, qui depuis les Lettres Paten-tes de l'Empereur de l'année 1700 , ont paru fous les noms de Barons & Baronnes de Lefperance.

Ce que les Efperances croyoient pouvoir objecter à la premie-re Table dans tous-leurs Mémoires , & qu'ils ont encore répété dans le dernier à la fin de la page 7 , c'étoit de dire.

Le pere d'Henriette Hedwid Baronne de Lefperance & de fes freres & fœurs ne fe nommoit point Richard , mais Jean Chriftophe , comme on le voit dans le diplôme de l'Empereur du 11 Septembre 1700 , dont l'énoncé fur ce point doit faire une foi entiere , tant que le contraire ne fera point prouvé ; & affurement le Duc de Wirtemberg ne rapporte aucune piéce qui prouve que le pere des Barons & Baronnes de Lefpe-rance ait jamais porté un autre nom que celui de Jean Chrif-tophe de Lefperance , fous lequel il a toujours été connu , foit à Montbeliard , foit à l'armée , où , après 31 ans de fer-

vice, il fut tué au fiége de Bude comme le porte le diplôme d
l'Empereur.

Mais comme dans ces fortes de diplômes on rapporte ordi
nairement l'Expofé de celui, à la Requête de qui on les a ac
cordés, fans le garantir véritable, c'auroit été à Jean Cafpar fre
re de ladite Henriette Hedwig, qui a folicité celui de 1700,
juftifier par quelques titres, que fon pere, tué au fiége de Bude
eût eu le nom de Jean Chriftophe de Lefperance, qu'on y dû
être defcendu de cette ancienne famille de Lefperance, & qu
depuis long-tems eût eu le droit de Chapitre & Tournois, allié
à plufieurs familles Nobles, comme le tout fe trouve fur led
diplôme, fans qu'il y foit fait mention d'aucune table généalo
gique, ni d'autres piéces, rélatives à cette famille imaginaire.

C'eft au frere d'Efperance neveu dudit Jean Cafpar, à
prouver encore, comme auffi que le pere dudit Jean Cafpar
eut toujours été connu, fous le nom de Jean Chriftophle d
Lefperance, foit à Montbeliard, foit à l'armée, jufqu'à ce qu'
fut tué au fervice de l'Empereur au fiége de Bude; ainfi qu'i
l'ont avancé ci-deffus, fans en rapporter la preuve.

Cela nonobftant, on va, à leur grande confufion, les con
vaincre du contraire, par des titres, qui doivent leur être d'au
tant moins fufpects, que c'eft leur mere même qui les a fourn
dans un Factum en Langue Allemande, par elle produit le 1
Avril 1731, devant l'Empereur & le Confeil Aulique, com
pofé de 155 pages, accompagné de 112 piéces juftificatives
contre le Comte de Sponeck, qui lui reprochoit la baffeffe d
fon extraction; dont un exemplaire a été remis entre les main
de M. le Rapporteur.

Parmi ces 112 piéces il s'en trouve 4 fous N° 6. 7. 8. & 9
lefquelles, en les fuivant pas à pas, développeront tous les arti
fices, employés par ces prétendues Barons & Baronnes de Lef
perance, à cacher le véritable nom de leur pere Richard Curie
& de n'être pas de la pauvre famille des Curies à Montbeliard.

La premiere de ces piéces jointes audit Factum fous N° 7
& que l'on reproduit ici fous N° 56. eft un Certificat du 26
Septembre 1704, délivré à la réquifition de Jean Cafpar Baron
de Lefperance, par lequel, quelques manans de la petite Ville
de Blamont atteftent, d'avoir vu " & reconnu le fieur Pierre de
» Lefperance, grand-pere dudit fieur le Baron, en la Charge
» de Commandant du Fort Château dudit Blamont en 1636.

C'eft ce qui devoit former un titre audit Jean Cafpar, d'a
voir accufé jufte dans le diplôme de l'Empereur, en nommant
fon

prétendu pere Jean-Chriſtophe de Leſperance, vu que le pere de celui-ci, grand-pere de Jean Caſpar, portoit déja le nom de Leſperance dans un poſte d'honneur de Commandant d'une fortereſſe.

Cependant outre qu'aucun de ceux qui ont ſigné ce Certificat en 1704. n'étoit en âge de pouvoir dépoſer d'un fait arrivé en 1636. il eſt clairement juſtifié par les piéces jointes à la Table Généalogique des Curies, que le ſuſdit Pierre grand-pere dudit Jean Caſpar n'étoit que ſimple ſoldat de la petite garniſon du Château de Blamont, commandée par un Sergent, depuis 1635. juſqu'en 1646. non ſous le nom de Pierre de Leſperance, mais ſous celui de Pierre Curie dit Perenot, par après Sergent ou valet de Ville à Montbeliard.

La deuxiéme piéce jointe audit Factum ſous N°. 6. & que l'on reproduit ici ſous N°. 57. eſt un autre Certificat du 8 Octobre de ladite année 1704. encore délivré à la demande, ou pour mieux dire par ordre dudit Jean Caſpar Baron de Leſperance, alors haut & puiſſant Seigneur à Montbeliard ſelon les titres pompeux qu'on lui donne dans ces deux certificats.

Lequel ſous prétexte de ſe faire donner un Certificat en forme autentique des vies, mœurs, comportemens & qualités de ſes pere & grand-pere, les fit atteſter, non de ce qu'ils ont vu, mais de ce qui leur a paru par acte autentique du 26 Septembre 1704. & *par la certification du ſieur Joſeph Titot Maire de S. A. S. à Montbeliard, âgé de 73 ans.*

Que le feu ſieur Pierre de Moniard dit Leſperance, grand-pere du ſieur le Baron a été Commandant au Fort Château de Blamont ſous deux Ducs de Wirtemberg pendant qu'ont duré les guerres en 1636. dont il a été récompenſe par des emplois honorables, atteſtant auſſi que le ſieur Jean Chriſtophe de Moniard dit Leſperance, pere dudit ſieur le Baron a été Commandant des Troupes & de la Citadelle de la Ville de Montbeliard pour le Duc George de Wirtemberg Montbeliard, juſqu'à l'invaſion des Terres & Etats de ce Prince par les armées de France en l'année 1676.

Que le pere dudit ſieur le Baron ſe retira depuis & rentra dans le ſervice du Duc de Lorraine où il avoit déja ſervi en qualité de Lieutenant de Chevaux-Legers, ayant enfin ſacrifié ſa vie au ſervice de l'Empereur, étant Capitaine dans un Régiment de ſes Cuiraſſiers.

Pour diſcerner le vrai d'avec le faux de ce Certificat, l'on obſervera qu'il n'y a autre choſe de vrai, ſinon; *Que ſon pere*

C

a été Commandant de la garnison de Montbeliard. Qu'il s'en es
retiré en 1676. Qu'il est delà entré au service de l'Empereur. E
qu'il y a sacrifié sa vie étant Capitaine dans un Régiment de se
Cuirassiers.

Tout le reste dudit Certificat est faux ou indifférent : c'es
ce qu'on reconnoîtra.

1°. En ce qu'ils disent avoir vû sur un acte autentique du 26
Septembre 1704. (lequel étant le même qui quelques jours auparavant fut délivré par ceux de Blamont, dont la fausseté
été démontrée ci-dessus,) ils n'attestent rien de ce qu'ils ont vu
par eux-mêmes, mais uniquement de ce qui leur a paru sur un
premier faux Certificat, que le grand pere de Jean Caspar s'appelloit Pierre de Lesperance, & qu'il eût été Commandant au
Château de Blamont : il n'y a que le seul Tirot, Maire à Mont
beliard qui prétend que ce qu'il atteste vient de sa propre science
par son âge de 73 ans; mais qui se dit Maire à Montbeliard, s
dit en même tems l'homme du Prince, soumis à sa volonté
ou celle de ceux qui peuvent lui en donner les ordres de l
part.

Une autre fausseté :

Ils attestent tous ensemble de ce qui leur a paru sur ledit act
autentique de Blamont.

Mais comme le grand-pere dudit Jean Caspar n'y paroît qu
sous le nom du sieur Pierre de Lesperance, d'où vient qu'il
l'appellent dans leur Certificat Pierre de Moniard dit Lesperance : d'où vient encore qu'en parlant de son fils ils l'appellent aussi de Moniard dit Lesperance?

Donc il s'ensuit qu'ils ont faussement ajouté ici le nom de
Moniard qui n'étoit pas sur le Certificat de Blamont.

Outre que le nom de Moniard ne s'accorde non plus ave
le Diplôme de l'Empereur, où sur l'exposé dudit Jean Caspar
son pere est nommé Jean Christophe de Lesperance, issu d'un
ancienne famille de ce nom, & point Jean - Christophe d
Moniard dit Lesperance, d'où l'on auroit pû inferer que le nom
de Moniard étoit celui de sa famille, & celui dit Lesperance un
surnom.

Mais que l'on ne s'en étonne point, vû que c'étoit là aussi
l'intention dudit Jean Caspar; lequel voyant qu'il lui seroit im
possible de soutenir ce qu'il avoit fait inserer dans le Diplôme
d'être descendu de cette ancienne famille du nom d'Esperances dans un pais où tant de monde étoient informés que ce nom
de Lesperance étoit le nom de guerre de son pere, quand i

ne fut que fimple foldat dans les troupes de Lorraine, il s'avifa de fe faire un titre dudit Certificat, à prouver que le véritable nom de la noble famille dont étoit iffu fon grand-pere & fes ancêtres s'appelloit Moniard, avec le furnom dit Lefperance.

Ce que l'on vient d'avancer eft fi vrai, qu'Elifabeth Charlotte fa fœur fe fervit du même titre dans fon Factum de Vienne fufmentionné contre le Comte de Sponeck, & que fur ce même principe, elle prétendit être iffue de la très-ancienne & noble famille de Moniard.

Mais à force de vouloir auffi juftifier de quelle maniere fa famille avoit été élevée à la dignité de Barons & Baronnes de l'Empire, elle produifit un autre titre, par lequel il eft pleinement conftaté que fon pere, quand il entra au fervice de l'Empereur s'appelloit Richard Curie avec le furnom du Moniard, & qu'il garda ce nom jufqu'à ce qu'il fût tué au fiége de Bude.

Dont il fera aifé de conclure, que fon fils Jean Cafpar, en le faifant nommer de Moniard dans le Certificat de ceux de Montbeliard, l'a emprunté du furnom que fon pere avoit joint à fon nom de famille Curie, quand il devint officier dans les troupes imperiales.

Pour fçavoir la raifon pour laquelle Richard Curie a pris, & d'où il a tiré ce nom de Moniard, c'étoit que fe trouvant dans un Regiment dont le corps des Officiers n'étoit compofé que de Princes, Comtes & Barons de l'Empire, pour qu'il pût au moins paffer pour Gentilhomme parmi eux, poffeffeur d'une terre feigneuriale du nom de Moniard, auffi fe fit-il appeller plus fouvent M. de Moniard que M. Curie, à l'exception des revuës du Régiment, où il fut toujours infcrit fous le nom de Richard Curie du Moniard, ainfi qu'on le verra ci-après.

A connoître d'où lui eft venu l'idée de prendre ce nom de Moniard, on trouvera qu'il l'a tiré du furnom de fon grandpere Pierre Curie dit Monier.

En jettant les yeux fur la Table Généalogique de la famille des Curies, on y verra que dans les infcriptions des baptêmes des fept enfans de cet homme, il fût nommé, fuivant que les gens du païs l'avoient appellé dans leur patois, tantôt Pierre Curie, dit Moniay, une autre fois, même en trois baptêmes, dit Moniard, Monia & Monial, & fpécialement lui donnat-on dans le baptême de l'aîné de fes fils Pierre Curie, le furnom du Moniard.

Comme Richard Curie étoit fils de ce Pierre, il trouva à propos de joindre à son nom de Curie le surnom de Moniard, comme si c'étoit une terre Seigneuriale.

Aussi la fille de Richard Curie Elizabeth Charlotte, a prétendu le faire valoir de même dans l'exposé de son Factum de Vienne sus mentionné, dont on a joint ici l'Extrait, traduit en François No. 58. où elle suivit de point en point tout ce que son frere Jean Gaspard avoit fait inférer dans le susd. Certificat des Bourgeois de Montbeliard.

Elle ne veut plus descendre de la famille de Lesperance, mais d'une très-ancienne noble famille portant le nom de Moniard. Encore que son grand'pere, dit-elle, n'a pas eu le bonheur d'être un grand General, il a pourtant, en vertu de deux Certificat authentiques, ci-joints sous No. 6 & 7. (qui étoit les susdit de Blamond & de Montbeliard No. 56 & 57.) été en 1636 sous deux Ducs de Wirtemberg Montbeliard, Commandant d leur forteresse de Blamont, qui lui a merité leur approbation & récompense. De maniere que son fils Jean Christophe de Moniard ou de Lesperance a été non-seulement Capitaine & Commandant pour le Duc George, de la Citadelle de Montbeliard, mais aussi après qu'en 1676. cette citadelle fut occupée & démolie par les troupes de France, il est rentré de nouveau au service du Duc d Lorraine, & ensuite en celui de l'Empereur Leopold, où il a servi en qualité de Capitaine d'une Compagnie de Cuirassiers, jusqu' ce qu'en 1684. au siége de Bude, il fut tué d'un coup de faulconot, pour-lors dans le Régiment de Heisler, devenu par-là digne des graces & récompenses accordées à sa famille : s'étant trouvé dans un rang, & revêtu d'un emploi, égal à ceux des Princes & Comtes qui ont servi à côté de lui, dans la même qualité audit Regiment,

Ainsi, dit-elle, que cela paroît par le Certificat, sous No. 8. que l'Office géneral & impérial du Comissariat de guerre, n'a fait aucune difficulté de signer véritable.

De quelles graces, que le pere a déja commencé à mériter, son fils, Jean Caspar de Lesperance, qui a aussi fait quelques campagnes en Hongrie, auroit pareillement tâché de se rendre digne, en continuant dans la bravoure militaire de son pere, pour le service de S. M. Impériale, & sa Sérénissime Maison Archiducale, si la paix de Carlovitz ne fût intervenue, suivie de sa mort inopinée.

Enfin s'écria-t-elle, ce sont-là les preuves & récompense notoire

Notoires de l'élevation de sa famille, dans l'état des véritables Barons & Baronnes de l'Empire, ainsi que le tout est constaté par le diplôme Impérial ci-joint sous N°. 9. * c'est par où finit son exposé sur cet article.

* Ce diplôme se trouve sous N°. 1. dans l'inventaire des productions des Ministres de Wirtemberg.

Avant que de passer outre, il sera à propos de revenir à la piéce qui précéde celle-ci, savoir au Certificat du Bureau de la guerre de l'Empereur ; & quoiqu'on en ait déja joint une copie à la Généalogie des Curies sous N°. 55. on a néanmoins jugé nécessaire, (vu que cette piéce servira de clef à déchiffrer le mauvais caractere & toutes les faussetés commises par cette nouvelle famille de Lesperance) de la raporter encore ici mot pour mot, dont voici la translation de l'Allemand en François !

On certifie, que suivant les actes réposans au Bureau de la guerre & les régistres des révues de l'année 1683. se soit trouvés présens dans le Regiment des Cuirassiers, pour-lors Halweil ; par après Heisler ; ensuite Corbelly, après Roccavione, plus Croix, & présentement Lanthiery en qualité de COLONEL, le sieur Frederic Louis Baron de Halweil ; LIEUTENANT-COLONEL Frederic Baron de Hautois, MAJOR Jean Dicteric de Schadem ; CAPITAINES André de Louë, Christophe Baron de Schaffgotsch, Louis Duc de Wirtemberg, Richard Curie du Moniard ; Rheinhard de Neuperg ; Christophe de Wachenheim, & le Prince de Zollern.

Ce qui est duement attesté par le Commissariat Général de guerre de Sa Majesté Impériale à Vienne le 13 Mai 1731.

Qu'on se rappelle présentement les circonstances de l'Exposé d'Elizabeth Charlotte au Conseil aulique & des 4 titres sur lesquels elle s'est fondée pour les justifier, l'on ne sçauroit disconvenir, qu'il n'en faut pas davantage, en les confrontant avec ce Certificat, pour renverser tous les raisonnemens frivoles des Esperances, dans leur mémoire, par lesquels ils ont voulu prouver que leur pere s'appelloit Jean Christophle de Lesperance. & non Richard Curie & que c'étoit à tort qu'on vouloit les confondre avec la vile famille des Curies à Montbeliard.

Or, dès qu'Elisabeth Charlotte a avoué dans son exposé que ce Capitaine de Cuirassiers pour lors au régiment d'Heisler, tué en 1684. en considération dequoi sa famille avoit été élevée à la dignité de Baronne, étoit son pere, & celui de son frere Jean Caspar. Et qu'elle a prouvé par led. Certificat, que l'année d'auparavant 1683. il a été présent dans led. régiment pour

D

lors Halweil, portant le nom de Richard Curie du Moniar.

Il s'enfuit nécessairement que c'est par une fausseté man
feste que son frere Jean Caspar a fait inférer dans le diplôn
de l'Empereur de l'année 1720. que son pere tué au siége
Bude au service de S. M. Imp, s'appelloit Jean Christophle
Lesperance, prétendu issu d'une ancienne famille imaginai
de Lesperance, ayant depuis long-tems le droit de Chapit
& de Tournois, alliée à plusieurs Nobles familles.

De-là il s'enfuit encore, que ce n'est que sur le faux expo
dud. Jean Caspar, que dans le Certificat ci-dessus rapporté de que
ques bourgeois de Montbeliard du 8. Octobre 1704. il a été di
que son pere, tué au service de l'Empereur, se nommoit Jea
Christophle de Moniard dit Lesperance, de même que so
grand-pere, Pierre de Moniard dit Lesperance, pour déguis
son véritable nom de Pierre Curie dit Perinot, selon la tab
Généalogique des Curies.

Il s'enfuit en outre, que ce que les deux freres de Lesperan
ont avancés dans leur dernier mémoire page 9. est aussi fa
en soutenant.

*Que le pere des Barons & Baronnes de Lesperance ne s'app
loit pas Richard, & qu'il n'a jamais porté d'autre nom que cel
de Jean Christophe de Lesperance sous lequel il a toujours é
connu, soit à Montbeliard, soit à l'armée où il fut tué au siés
de Bude.*

Puisque leur mere a prouvé par le susd. Extrait de revue qu'
a porté le nom de Richard Curie jusqu'à sa mort dans l'armé
même où il a été tué.

Nous le trouverons aussi bien-tôt sous le même nom à Mont
beliard en rémontant à son origine & le suivant par les dé
grés, où il a passé avant que d'entrer au service de l'Em
pereur.

Sa fille Elizabeth Charlotte dit, & les bourgeois de Mont
beliard, à la réquisition de son frere Jean Caspar, attestent
que leur pere a été Commandant des troupes de la ville &
citadelle de Montbeliard jusqu'en l'année 1676. & que pa
après il étoit entré au service de l'Empereur où il fut tué.

Or, étant prouvé, que dans ce service il a toujours paru sou
le nom de Richard Curie quand il étoit Capitaine des Cui
rassiers, on en doit conclure qu'il a porté le même nom, quand
il fut Capitaine de la garnison de Montbeliard.

C'est ce qui est encore prouvé par le régistre de baptême de
l'Eglise du Château de Montbeliard, par le baptême de sa fill

Henriette Hedwig, déja jointe la tabelle généalogique des Curies, dont voici la copie figurée conforme au régiftre.

Anno.			
1675. 26 Nov.	Henriette Hedwig.	‡‡ ~~Perinot~~ Le *fieur* Richard ~~Curie~~ Capitaine de la Gar- nifon d'*icy* ‡‡ de du Mogniare dit Lesperance.	George Scharlebaur. La Séréniffime Princeffe Henriette, Ducheffe de Wirtemberg, &c. Mademoifelle Hed- wig Susanne, fille du Sieur Forftner. La grand- mere fut à fa place.

On obfervera d'abord que le régiftre fur lequel ce baptême fe trouve ainfi infcrit eft en Allemand, par conféquent
non-intelligible à ceux qui ne fçavent pas cette langue, à
moins d'être traduit en Françóis à l'exception des noms de
baptême & de famille, ainfi qu'il paroît aùprès des parains
& maraines, même le mot (: fieur :) au commencement de
Richard Curie & celui (d'ici :) font Allemands.

On voit en outre fur le régiftre que quelqu'un, fans fçavoir
qui, a effacé le nom de Curie & de Perinot au deffus avec un
renvoi ‡‡, fe raportant à l'écriture au-deffous d'une main étrangere en langue Françóife contenant ces mots *de du Mogniare dit
Lefperance* avec ce renvoi ‡‡. C'eft ce que les Lefperances dans
leur dernier Mémoire appellent une falfification, qu'ils difent
avoir été commife par les Agens de Wirtemberg & non par
quelqu'un de la famille de Lefperance.

Une feule réfléxion fuffira, à découvrir le coupable.

Suivant le fiftême du Duc. de Wirtemberg & la généalogie
qu'on en a donné, le pere de la fufd. Henriette Hedwig & de
fes autres freres & fœurs, devoient fe nommer Richard Curie dit Perinot. Et felon celui des Éfperances & du Certificat
des bourgeois de Montbeliard délivré à Jean Cafpar, fon pere
devoit s'appeller Jean Chriftophle de Moniard, dit Lefperance. On demande à cette heure ; lequel des deux a eû le plus
d'intérêt à cette falfification ? Celui qui vouloit que ce Capitaine de la garnifon s'appellât Richard Curie dit Perinot : où
l'autre qui prétendoit qu'il fe nommoit, de Moniard dit Lefperance.

Ce fera fans doute le dernier.

Une autre circonstance dans l'inscription de ce baptême, encore beaucoup plus embarrassante que l'autre, pour les freres de Lesperance, c'étoit, en ce que le pere de lad. Henriette Hedwig y est qualifié de Capitaine de la garnison d'ici, sçavoir de Montbeliard. Vu qu'au 26 Nov. 1675. date de ce baptême, il n'y avoit d'autre Capitaine de la garnison de Montbeliard, que ce même Richard Curie, qui l'année d'après 1676. se retira en Allemagne, entra ensuite au service de l'Empereur dans lequel il fut tué au siége de Bude, le tout selon l'aveu de son fils Jean Caspar & de sa fille Elizabeth Charlotte.

Voilà pourquoi ses fils, considérant d'un côté, que cette qualitéde Capitaine de la garnison de Montbeliard alloit découvrir toutes leurs impostures & de l'autre l'impossibilité de l'effacer sur le régistre entre les mains de M. le Raporteur, s'aviserent d'un autre moyen pour du moins en dérober la connoissance au public, où ils avoient distribué leur Mémoire.

En y joignant deux Extraits, comme s'ils étoient entierement conformes au régistre quoique falsifiés, & la qualité de Capitaine de la garnison de Montbeliard omise pour en tirer plusieurs conséquences en leur faveur. Ainsi qu'on le voit pag. 5. & 7. de leur mémoire dont voici la teneur.

pag. 5.

Or, de l'aveu du Duc de Wirtemberg cet acte étoit ainsi conçu, le 26 Novembre 1675. est née Henriette Hedvvig fille de Richard Curie & d'Anne Gervaiset sa femme.

pag. 7.

Car enfin l'acte, pris par lui même avant la falsification, ne contenoit que ceci le 26. Novembre 1675. est née Henriette Hedvvig, fille de Richard Curie & d'Anne Gervaisot.

C'est ce qui fait une double falsification dans chacune de ces deux copies.

En y ajoutant le nom d'Anne Gervaisot sa femme qui n'étoit pas sur le régistre, & omettant en retranchant.

Le Capitaine de la garnison d'ici qui y étoit.

Ils ont l'audace de dire dans le premier que c'est de l'aveu du Duc de Wirtemberg, que ces choses sont ainsi inscrites & non-autrement.

Cependant la confrontation de ces deux Extraits avec le régistre, ou la copie figurée rapportée ci-dessus décidera du caractere des gens, à qui l'on a affaire.

Dont on peut conclure que s'ils ont osé en imposer à l'Empereur par leur faux exposé inseré au diplôme de 1700.

dans

ans un cas où il s'agiſſoit de leur faire une grace, ils ſeront
aſſi capables d'employer toutes ſortes d'artifices & de fauſſe-
s, à ſurprendre la religion du Roi, ſous prétexte de lui demander juſtice.

Enfin ſi après tout ce qu'on a raporté juſqu'ici, ils ne veu-
nt pas encore reconnoître, que ce *Richard Curie Capitaine*
la garniſon de Montbeliard eut été le pere de leur tante
Henriette Hedwig, enſemble celui de Jean Caſpard, Sebaſ-
enne, Polixene Cathérine, & d'Elizabeth Charlotte leur mere,
qui ſeize ans après ſa mort, en reniant ſon nom prirent les
noms & qualités de Barons & Baronnes de Leſperance comme enfans d'un Jean Chriſtophle de Leſperance, ils ne ſçau-
oient plus ſe diſpenſer de ſatisfaire à ce qu'on leur a déja demandé depuis long-tems; c'eſt de faire voir des extraits baptiſtaires, vrais & non ſuſpects, par leſquels il paroiſſe qu'un
eul d'entr'eux eut reçu le baptême comme fils ou fille d'un
Jean Chriſtophe de Leſperance, & on les défie encore d'en
pouvoir raporter aucun.

Voyons préſentement ſi leurs preuves du mariage de
leur mere avec le Prince de Montbeliard ſeront mieux fondées que celles d'avoir été fille d'un Jean Chriſtophle de Leſperance.

C'eſt à la pag. 8. de leur mémoire, où ils ont commencé
d'entrer en matiere ſur ces preuves

Ils réduiſent le point de la conteſtation à deux queſtions:
l'une de fait & l'autre de droit.

Quoiqu'il ne s'agiſſe ici que d'une ſeule queſtion de fait,
qui eſt la principale, ſavoir ſi, de la part des Eſpérances, il a
été prouvé, que le Prince de Montbeliard a célébré un mariage avec leur mere le 15 Août 1718. faute de quoi leur
queſtion de droit tombera d'elle-même.

Cela non-obſtant nous ſuivrons leur queſtion de fait à la
pag. 9. où ils diſent:

Que pour diſcuter cette queſtion avec ordre, il falloit conſi-
derer.

1º. *Quel a été ſelon le Duc de Wirtemberg, l'objet de la fabri-*
cation de ce Regiſtre.

2º. *Qu'elles ſont les preuves de cette fabrication.*

On auroit ſuffiſamment répondu à cette deuxiéme queſtion,
en ſe raportant ſimplement à ce qu'on en a déja démontré
& prouvé dans la déduction ſous Nº. 45. de l'Inventaire des
productions des Miniſtres de Wirtemberg, dont le précis ſe
trouve ſur le même inventaire, qu'on ne laiſſera pas d'amplifier
ci-après ſuivant les occaſions. E

Quant à la premiere question, quel a été selon le Duc de Wirtemberg, l'objet de la fabrication des régiftres de Montbeliard, ce n'eft pas, comme les Lefperances le fupofent ici, d'affurer un état feulement aux enfans du Prince de Montbeliard; mais auffi à fes prétendües femmes.

Voici ce qui a été dit de la part du Duc de Wirtemberg, & que l'on foutient encore, c'eft que l'objet de la fabrication de ces régiftres étoit pour fournir aux femmes & enfans de Montbeliard des titres propres à leur procurer depuis 1719. tout un autre état que celui où ils fe trouvoient en 1715. par le traité de Wildbaden.

Dans lequel le Prince de Montbeliard a regardé & traité les femmes comme concubines, & leurs enfans comme bâtards, fans qu'il foit befoin d'en raporter les circonftances, dont on a déja parlé ailleurs.

En 1719. ce n'étoit plus cela, les Concubines fe trouvoient métamorphofées en femmes légitimes & Ducheffes de Wirtemberg Montbeliard, leurs enfans, Princes & Princeffes de la même Maifon.

Dans le traité de Wildbaden les enfans naturels, que le Prince de Montbeliard avoit procréés de trois Concubines, n'étoien connus que fous les deux noms : de Sponeck, ceux qui venoien de la Comteffe de Sponeck : de Lefperance, ceux qu'il avoi procréés avec la Henriette Hedwig & fa fœur Elizabeth Charlotte de Lefperance.

En 1719. les trois enfans de la défunte Henriette Hedvvig parurent fous un nouveau nom, favoir de Sanderfleben Comtes & Comteffes de Coligny, dont deux d'entr'eux furent mariés la même année; favoir Charles Leopold avec la fille, & Eleonore Charlotte avec le fils de la Comteffe de Sponeck, tous quatre fœurs & freres d'un même pere, favoir du Prince de Montbeliard comme celui-ci l'avoit avoué & figné aud. traité de wilbaden, de même que Jean Louis Sanderfleben, qu'on a voulu donner en fuite pour pere dud. Charles Leopold & de lad. Eleonore Charlotte.

Demandera-t-on furquoi ont été fondés les noms & qualités de ces nouveaux Sanderfleben Comtes de Coligny ? C'étoit fur trois lettres patentes du Roi, l'une de naturalité du mois de Mai 1716. l'autre de confirmation de l'adoption du Prince de Montbeliard de ces trois enfans du mois de Févrie 1718. la troifiéme confirmation de la donation dud. Prince à eux faite du Comté de Coligny avec la dignité & le nom de Comtes & de Comteffes de Coligny.

Et comme dans les Requêtes préfentées pour l'obtention de ces lettres, au lieu de fe dire les enfans naturels du Prince de Montbeliard, ils fe font donnés pour enfans légitimes d'un ſieur de Sanderſleben & de la dame Henriette Hedwig Baronne de Leſperance ; de-là eſt provenu qu'on leur donna les mêmes noms dans ces trois lettres patentes , conformement à leur expoſé.

Lefquelles ils firent aufſi-tôt enrégiſtrer aux principaux Parlemens & autres ſiéges & jurifdictions dans le Royaume , pour leur fervir de titre à conſtater tôt ou tard, de n'être point enfans naturels d'un Prince de Montbeliard, mais enfans légitimes d'un Sanderſleben & d'une Henriette Hedvvig Baronne de Leſperance.

C'eſt aufſi après ce déguiſement, qu'ils ont crû pouvoir fe marier hardiment à des Comtes & Comtefſes de Sponeck d'une famille étrangere de Sanderſleben , qui ne devoit avoir rien de commun avec celle du Prince de Montbeliard.

Pour voir préfentement , fur quoi étoient fondées les qualités de femmes légitimes & de Duchefſes de la Comtefſe de Sponeck & d'Elizabeth Charlotte de Leſperance & celle de leurs enfans de Princes & Princefſes , c'étoit encore fur de pareilles lettres patentes du mois du Mai 1719. ou dans la Requête préfentée à ce ſujet fous le nom du Duc Leopold Eberhard de wirtemberg Montbeliard tendante à obtenir des lettres patentes portant bénéfice de naturalité en faveur de ſes enfans , ont eu foin de nommer les uns, favoir George Léopoldine Eberhardine Prince & Princefſe fes enfans de fon premier lit d'Anne Sabine Comtefſe de Sponeck & les autres , favoir Henriette Hedvvig , Leopold Eberhard , Charles Léopold , & Sabine Charlotte de fa femme d'alors Elizabeth Charlotte Baronne de Leſperance , moyennant quoi ces noms & qualités furent aufſi raportées en fuivant leur expoſé dans lefdites lettres patentes du mois de Mai 1719. en les nommant Princes & Princefſes , Coufins & Coufines de Sa Majeſté.

Lefquelles lettres à l'exemple de ce qu'en avoient fait les prétendus Sanderſleben de leurs trois lettres fufmentionnées , ils firent enrégiſtrer dans la plupart des Parlemens & autres ſiéges & jurifdictions du Royaume ; & c'eſt depuis ce tems-là qu'ils ont commencé à fe nommer Ducs & Duchefſes , Princes & Princefſes de wirtemberg Montbeliard.

Juſqu'ici toutes chofes réufſirent au gré de ces femmes & enfans tandis qu'ils n'étoient contredits de perſonne.

Mais leur tranquillité ceſſa bientôt.

Après que le Duc regnant de Wirtemberg, informé du co
tenu deſd. lettres patentes avec qualités de Princes & Princeſſ
attribuées aux bâtards de Montbeliard, qui ne tendoient pa
moins qu'à leur former un titre à la ſucceſſion de la Prin
pauté de Montbeliard même au Duché de Wirtemberg,
fait faire ſes inſtances par ſon Miniſtre à la Cour de Franc
à ce que ces qualités de Princes & Princeſſes, Couſins & Co
ſines de Sa Majeſté ſoient rayées & biffées deſd. lettres, co
me ſub-&-obreptices, ne pouvant nullement convenir à
concubines & des bâtards.

Qu'au nom du Prince de Montbeliard on les voulut ſou
nir être légitimes & s'en raportant à la déciſion de l'Emper
& du Conſeil aulique de l'Empire, juger compétants de l'E
perſonel des enfans des Princes de l'Empire nés en Empire.

Et après que le Roi avoit déclaré de ne vouloir prendre
cune part à cette conteſtation en renvoyant ces deux Prin
pour l'affaire décidée au ſuprême tribunal de l'Empire.

Ce ne fut qu'alors qu'on ſongea à Montbeliard à ſe proc
ter des titres à juſtifier leur expoſé à la Cour de France &
prouver devant l'Empereur & le Conſeil Aulique où il dev
entrer en Procès.

Il s'agiſſoit de faire voir en quel tems & en quel lieu
Prince de Montbeliard avoit épouſé Anne Sabine Hedwig
Comteſſe de Sponeck & qu'il avoit fait baptiſer les enfans qu
avoit procréés avec elle.

Malheureuſement le Prince ne s'en ſouvenoit plus.

Ont eut recours à la dépoſition de Leonard Nardin ſon a
cien domeſtique, trompete & confident de ſes déſordres,
commencement de Janvier 1720.

Lequel ayant dépoſé que ce mariage s'étoit fait à Reiou
en Pologne les trois premiers enfans baptiſés en Sileſie; & le
dans l'Evêché de Baſle.

Le ſuſd. Charles Leopold de Sanderſleben Comte de C
ligny fut chargé de ſe rendre en ces païs-là pour en faire
recherche.

L'on a déja fait voir ailleurs que tout ce qu'il en raporta c
toit un extrait falſifié du régiſtre de Reiovvitz en Pologne q
devoit ſervir de preuves du mariage d'Anne Sabine Hedvvig
& un autre Certificat dépourvu de toute autorité, à fai
foi en juſtice, à prouver le mariage de Henriette Hedvvi
Baronne de Leſperance ſa mere avec Jean Louis de Sanderſlebe

A l'égard des trois premiers enfans de lad. Anne Sabir
Hedvvige

Hedvviger, prétendus avoir été baptifés en Silefie, ne s'étant trouvée infcrite dans le régiftre d'aucune des Eglifes, où felon la dépofition de Nardin ils devoient avoir été baptifés, il n'en put trouver un feul non plus que fon baptême, étant né pareillement en Silefie.

On n'a pas laiffé que de produire quatre de ces Extraits, comme s'il les avoit actuellement apportés de Silefie, quoique fauffement fabriqués à Montbeliard, ainfi qu'on le va faire voir dans l'inftant : voici de quelle maniere la chofe fe paffa.

Les femmes & enfans de Montbeliard & en particulier celui qui leur fervoit de confeil en tout, réfléchiffant fur la difficulté qu'ils trouveroient au Confeil Aulique, à faire paffer les Certificats des prétendus mariages de la Comteffe de Sponeck & de Henriette Hedvvig de Lefperance pour authentiques, fans être apuyés encore d'autres preuves; c'eft ce qui leur fit imaginer les deux divorces de ces femmes avec leurs prétendus maris qu'on difoit avoir été fait par le Confiftoire à Montbeliard : & pour faire préfumer les deux mariages précédens, c'eft ce qui a donné lieu à la fabrication du nouveau régiftre pour les divorces.

Une autre difficulté, c'étoit que Charles Leopold, Comte de Coligny malgré toutes fes recherches, n'ayant pu découvrir aucun régiftre en Silefie, d'où il auroit pu prouver fon baptême comme fils de Sanderfleben & de fa mere Henriette Hedwig de Lefperance, on a jugé à propos de procurer des Extraits Baptiftaires à fon frere Ferdinand Eberhard & à fa fœur Eleonore Charlotte; à quoi l'on ne feroit jamais parvenu, vu que tous les deux avoient été baptifés en cachette fous des noms de pere & mere fuppofés, qu'en fabriquant un nouveau régiftre de baptêmes à Montbeliard pour les y infcrire.

Ce qui joint à plufieurs autres difficultés qu'on avoit encore à furmonter, à juftifier le contraire de tout ce que le Prince de Montbeliard avoit avoué dans le Traité de Wildbaden, les fit prendre enfin le parti de former un nouveau fiftême, & d'y renfermer les trois concubines du Prince de Montbeliard, de même que leurs enfans prétendus légitimes ou bâtards, vivants ou morts, afin que dans un clin d'œil on y pût voir comme dans un miroir l'état perfonnel d'un chacun.

C'eft ce qui fut exécuté par le Mémoire imprimé, ayant pour titre ;

MEMOIRE

Touchant l'état & la fituation où fe trouve fon Alteffe Séréniffime Leopold Eberhard, Duc de Wirtemberg Montbeliard avec fa famille.

F

C'est le même qu'ils ont produit en plein au Conseil Aulique dont le Comte de Sponeck a rapporté le précis à la page 57 de son Factum de Vienne, & que de la part du Duc de Wirtemberg on a fait réimprimer avec des remarques à côté de leurs fauſſetés, & produit ſuivant l'Inventaire des productions de ſes Miniſtres en France Nº. 90.

Qu'on ſe mette à l'heure qu'il eſt ce ſiſtême devant les yeux, & qu'on obſerve la différence entre les titres qui leur doivent être parvenus de Pologne & de Sileſie, & ceux qu'ils ont tiré des Regiſtres de Montbeliard.

On s'appercevra par les remarques à côté, que les premiers étoient falſifiés ou entierement ſupoſés, & tirés d'aucun Regiſtre.

Au lieu que ceux de Montbeliard ſont tous tirés des Regiſtres exiſtans, & délivrés dans la forme la plus autentique.

Demandera-t-on la raiſon pourquoi; c'eſt qu'il n'étoit pas au pouvoir du Comte de Coligny de ne rien changer aux régiſtres de baptêmes de Sileſie, au lieu que ceux qui agiſſoient ſous l'autorité du Prince de Montbeliard dans ſa Ville de Montbeliard, étoient les maîtres de faire copier les anciens Regiſtres des mariages, baptêmes, & de ſepultures de l'Egliſe de ſon Château, de même que les livres du Conſiſtoire, d'en faire de nouveaux, & d'y inſerer tel acte qu'ils auroient jugés convenable à leur vue, quoiqu'il n'eût jamais été inſcrit ſur l'ancien régiſtre.

C'eſt ce qui fait le véritable objet de leur fabrication.

Que les Eſperance ne nous objectent plus, ainſi qu'ils l'ont fait dans leur Mémoire page 14 & 15. diſant:

Mais concevra t-on que ſans intérêt & ſans objet on ſe ſoit porté à commettre un crime de faux ſi inouï, ſi difficile & ſi hazardeux? cela ne peut ni ſe préſumer, ni même ſe concevoir; on ne fait rien ſans motif, & ſur-tout quand il s'agit d'une choſe auſſi importante, auſſi délicate & auſſi pénible que la fabrication de pluſieurs Regiſtres publics, qui contiennent les baptêmes & les mariages d'une Ville entiere pendant 25 ans.

A quoi il convient d'obſerver qu'il ne s'agiſſoit pas ici de copier des Regiſtres de baptêmes, mariages & ſepultures d'une Ville entiere, mais ſeulement ceux d'une petite Egliſe du Château où le Prince faiſoit ſa réſidence, à laquelle on a coutume de donner plus ſouvent le nom d'une Chapelle que celui d'une Egliſe deſtinée pour la maiſon du Prince, ſes Officiers & Domeſtiques Allemands, & d'autres de cette Nation à Montbeliard, où le ſervice ſe fait en langue Allemande. Ce qui n'a rien de commun avec la grande Eglife de S. Martin dans la Ville de Montbeliard où le fervice fe fait en François, pour tous les Bourgeois & Habitans.

Ce ne font pas les régiftres de cette derniere, que l'on prétend avoir été copiés, mais de la premiere, qui étoit d'autant moins pénible au Miniftre Gropp, auteur de cette fabrication, que fuivant l'aveu des Lefperance, page 16 & 38 de leur Mémoire, les régiftres précédens depuis le mois de Fevrier 1698. jufqu'à fa mort 1721. étoient écrits uniquement de fa main, ainfi il lui étoit fort aifé en recopiant ces anciens régiftres, d'y fourer tel baptême, tel mariage, ou telle fepulture qu'on lui auroit dicté, quoiqu'il ne les eût jamais infcrits fur fes regiftres précédens, qu'il a fuprimé peu après, à la réferve de ce qu'il avoit infcrit fur un ancien régiftre * depuis le mois de Fevrier 1698. jufqu'au mois de Mai 1701. lequel régiftre il n'ofoit fuprimer à caufe d'un nombre de mariages, baptêmes & fepultures infcrits par fes Prédéceffeurs, qui intéreffoient l'état de plufieurs perfonnes, même des Princes & Princeffes de Montbeliard, parmi lefquels fe trouve auffi le baptême du Prince Leopold Eberhard, & de fa maîtreffe Henriette Hedwig Curie, enfuite Baronne de Lefperance.

* Aujourd'hui entre les mains de M. le Rapporteur.

Il eft vrai, comme ils difent, qu'on ne fçauroit concevoir, que fans intérêt & fans objet on fe foit porté à commettre un crime de faux fi inouï, fi difficile, & fi hazardeux.

Mais en faifant réflexion fur les perfonnes, qui ont eu part à ces crimes, & l'intérêt qu'elles ont eu à le commettre, on n'en fera pas furpris.

Quelles étoient ces perfonnes?

Ce n'étoit pas le Prince de Montbeliard directement, mais fes concubines, fes bâtards & leurs Confeils, lefquels profitant de l'imbecillité de ce Prince à prêter fon nom & autorité à toutes leurs entreprifes frauduleufes, crurent auffi pouvoir faire impunement tout ce qui leur feroit convenable, fans crainte d'encourir les peines de la Juftice, en s'excufant de n'avoir rien fait fans fes ordres.

Preuve de la foibleffe fans exemple de ce Prince, de fe laiffer conduire en tout par des Gens de cette trempe, l'on n'a qu'à fe donner la peine de voir dans les Mémoires du Comte de Spoheck & de Lefperance, les reproches qu'ils fe font les uns aux autres, pour être perfuadé de cette vérité.

On fe contentera de rapporter ici quelques Extraits d'un feul Mémoire des Barons de Lefperance fous N°. 59 & l'on ne dou-

rera plus que ce né font que ces concubines & ces enfans q
ont donné l'idée de la fabrication de ces nouveaux Régiftre
& qui les ont fait mettre en exécution.

D'autant plus, qu'il n'y a pas un de ces quatre Régiftres d
mariages, de baptêmes, de fepultures & de divorces, dans le
quel l'un ou l'autre de ces femmes & enfans n'eût eu un ir
rérêt particulier dans fa fupofition.

Dans celui des mariages, Elifabeth Charlotte Baronne de Le
perance avoit grand intérêt à y faire inferer fon prétendu ma
riage du 15 Août 1718. qui ne fe trouvoit pas fur l'ancie
régiftre pour n'avoir jamais été célébré.

Dans celui des Baptêmes, les trois enfans de Henriette Hedwi
de Lefperance avoient grand intérêt, que d'eux d'entre eux
fçavoir; Ferdinand Eberhard & Eleonore Charlotte y fuffer
infcrits comme enfans de Jean Louis Sanderfleben, ce qui n
fe pouvoit pas pratiquer à l'égard de Charles Leopold leur frer
aîné, né plufieurs années auparavant en Silefie, baptifé comm
fon frere & fa fœur à Montbeliard fous le nom de pere &
mere fuppofé; c'eft pour cela que jufqu'aujourd'hui il n'a pa
été en état de produire fon Extrait baptiftaire. Ce qui ne lu
feroit point arrivé, s'il étoit né à Montbeliard, où on l'au
roit auffi mis fur le nouveau Régiftre.

C'eft ce qui détruit la ridicule objection des Efperance à l
page 11. de leur Mémoire, où ils difent:

*Si l'on avoit fabriqué en 1720. le Régiftre de baptême de Mont
beliard pour affurer l'état de ces trois enfans, fe feroit on contenté
d'y infcrire la naiffance de Ferdinand Eberhard, dont il n'a jamais
été queftion nulle part, & qui étoit peut-être mort en 1720. & cell
d'Eleonore Charlotte fans y infcrire en même tems la naiffance d
Charles Leopold, qui eft le Comte de Coligny; cela ne tombe pa
fous le fens.*

Mais comment auroit-on pu l'infcrire dans le nouveau ré
giftre de baptêmes de Montbeliard, commençant au mois de
Fevrier 1698. vu qu'il prétend être né & baptifé quelques
années auparavant en Silefie, d'où fa mere l'amena déja comm
un garçon de trois ans à fon arrivée à Montbeliard aud. moi
de Fevrier 1698. Plus ils fuppofent que Ferdinand Eberhard
étoit déja mort en 1720. tandis qu'il eft prouvé par la table
généalogique de la famille de Lefperance, qu'il eft encore tout
vivant & marié en Alface.

Plus comme ces trois enfans depuis qu'ils ont paru à Mont
beliard n'ont jamais été connus fous d'autres noms que de Ba
rons

rons & Baronnes de Lefperance , nom de leur mere jufqu'au Traité de Wildbaden , & qu'ils furent infcrits fous les mêmes noms fur le régiftre des baptêmes, aufquels ils affifterent comme Parains ou Maraines, il étoit de leur grand intérêt de ne point faire fubfifter cette infcription fur l'ancien Régiftre , & de fe faire donner le nom de Sanderfleben , qu'ils avoient pris en la maniere fufmentionnée après ledit Traité.

Preuve dequoi on ajoutera ici fous N°. 60. les Extraits de ces fortes de baptêmes traduits en langue françoife au nombre de 15.

Parmi lefquels fe trouvent depuis 1711. jufqu'en 1715. trois des 22. Avril 1711. 28. Juillet 1712. & 8. Novembre 1714. où le Duc Leopold Eberhard de Wirtemberg Montbeliard paroît comme pere, & Elifabeth Charlotte de Lefperance comme mere, & toujours le noble Charles Leopold de Sanderfleben comme parain, & la noble Eleonore Charlotte de Sanderfleben comme maraine.

Mais de quelle maniere voudroit-on combiner avec le bon fens & la bienféance qu'un Prince d'Empire, accoutumé à faire baptifer fes bâtards en cachette & à la campagne, eût fait baptifer publiquement dans l'Eglife de fon Château de Montbeliard trois de fes enfans naturels, en prenant pour parain & maraine de fes enfans même naturels, tels qu'il les a déclarés & pourvu à leur fubfiftance au Traité de Wildbaden.

Comment pouvoit-on les infcrire avant ce Traité fous le nom de Sanderfleben ? tandis que ce ne fut qu'en l'année fuivante 1716. qu'ils ont commencé à prendre pour la premiere fois le nom de Sanderfleben.

Dont on peut conclure qu'ils ont trouvé un double avantage dans la fabrication du nouveau Régiftre de baptêmes.

L'un d'en avoir obtenu un titre pour y avoir été infcrit comme enfans de Sanderfleben, de Henriette Hedwig, Barone de Lefperance.

L'autre pour la poffeffion de ce nom, pour l'avoir toujours porté avant le traité de Wildbaden.

En quoi le Comte de Sponeck & fa fœur étoient également intéreffés pour couvrir leur mariage inceftueux avec leur frere & fœur.

Pour ce qui eft du Régiftre des fepultures, la Comteffe de Sponeck & fes enfans y avoient leur intérêt en y faifant inferer fa fille Charlotte Leopoldine morte dans l'Evêché de Bâle, comme fi elle avoit été inhumée dans l'Eglife du Château de Montbeliard, comme un Enfant du Prince de Montbeliard; ce qu'elle

G

ne pouvoit juftifier par fon baptême fous le nom de pere
& mere fuppofés, & cela devoit fervir de preuves en même tems
que fon fils George Leopold & fa fille Leopoldine Eberhardine
étoient auffi conçus dans fon prétendu mariage avec led. Prince
dont pourtant ils ne pouvoient en rapporter aucun Extrait baptiftaire des Eglifes de Silefie, où ils devoient avoir reçu le
Baptême.

A l'égard des fepultures des autres enfans naturels infcrits fur
le même Régiftre, on n'en fçauroit donner d'autre raifon, finon, qu'ils devoient fervir à fournir les Extraits de fepultures,
qu'on a jugé à propos d'inferer dans le nouveau fiftême, pour
que rien ne manque à l'éclairciffement de toute la famille du
Prince de Montbeliard, telle qu'on l'avoit repréfentée dans le
nouveau fiftême de l'Etat de la famille du Prince de Montbeliard.

Dans le nouveau Regiftre des divorces, il n'y a perfonne qui
conteftera que la Comteffe de Sponeck & les enfans de Henriette Hedwig de Lefperance n'euffent eu un intérêt confidéra-
ble à foutenir les deux divorces imaginaires, qui devoient faire
préfumer un mariage précédent de la Comteffe de Sponeck avec
le Prince de Montbeliard, auffi bien que celui de la Henriette
Hedwig de Lefperance avec Sanderfleben qu'elle ne pouvoit
prouver d'ailleurs.

Qu'on fe mette à cette heure de nouveau devant les yeux
le fufd. fiftême intitulé *Mémoire touchant l'état & la fituation
de la famille de Leopold Eberhard Duc de Wirtermberg Montbeliard,*
réïmprimé avec des remarques à côté fous N°. 90. de l'inventaire de productions des Miniftres de Wirtemberg, & qu'on le
confronte avec tous les Mémoires des Efperance, ou qu'on fe
rapelle leur contenu, on trouvera que les Efperance foutiennent
véritable. tout ce qu'on a objecté au Comte de Sponeck &
aux foi difant Sanderfleben Comtes de Coligny dans les remarques fous les N°. 1. 2. 3. 4. 6. & 7.

Par conféquent ils approuvent auffi celui du N°. 8 où de la part
du Duc de Wirtemberg on foutient que ce nouveau Siftême ou
Mémoire ne renferme qu'un tiffu de fauffetés, d'horreurs & de
crimes, dont à peine il s'en trouvera un exemple dans l'hiftoire.

Parmi ces remarques divifées en huit articles, les Efperance n'en exceptent que le cinquiéme, parce qu'on y attaque le
mariage de leur mere.

Voici comme il a été raporté dans le fiftême.

Après le décès de la fufd. Henriette Hedwig, Baronne de Lef-

perance, qui, suivant l'Extrait mortuaire cotté *V.* arriva le 9. Novembre 1706. *S. A. S.* le Duc de Wirtemberg Montbeliard se fit marier le 15. Août 1718. par le Ministre de sa Cour, avec sa sœur Elizabeth Charlotte Baronne de Lesperance, suivant la cotte. *X.*

A quoi l'on a répondu à la remarque à côté.

Ce mariage cotté X. n'est pas prouvé.

Cette piéce ayant été produite par forme d'Extrait d'un régistre de l'Eglise du Château de Montbeliard pour les mariages, lequel a été aussi faussement fabriqué, que ceux qu'ils ont fait après coup, pour les baptêmes, mortuaires & divorces, qui ne méritent aucune foi en justice

Plus quand même ce mariage se trouveroit inscrit sur un régistre authentique, & qu'il eut été réellement célébré, il ne seroit pas moins incestueux; par conséquent nul dans son principe.

Ce que les Esperance répondent à cette objection à la fin de la pag. 12. de leur Mémoire, c'est de dire.

Il n'étoit pas nécessaire de fabriquer pour la Baronne de Lesperance en 720. un régistre de mariages, puisqu'elle étoit mariée dès 1718. & que dès ce tems son mariage devoit se trouver inscrit sur le régistre.

C'est tout de même comme si le Comte de Sponeck, & les enfans de Henriette Hedwig, pour soutenir les deux prétendus divorces de leurs meres, attaqués par les Esperance, leur eussent répondu; on n'avoit pas besoin en 1720. de fabriquer un nouveau régistre pour les divorces, puisqu'ils avoient déja été faits, l'un en 1701. & l'autre en 1714. & que dès ce tems-là ces divorces devoient déja se trouver inscrits sur un régistre.

Mais c'étoit justement parce que ni l'un ni l'autre ne se trouvoit point inscrits sur un ancien Régistre, on en a fait un nouveau pour les y inscrire selon les dates, qu'on vouloit donner à ces divorces.

N'est-ce pas la même chose que les Esperance, par leurs observations sur le Régistre de divorces, depuis la page 32. jusqu'à la page 39. objectent à ces deux divorces, & n'ont-ils pas par-là suivi de point en point les remarques faites de la part du Duc de Wirtemberg No. 3. & 4. au Mémoire de la famille du Prince de Montbeliard No. 90.

Aussi paroît-il que les Esperances étoient déja tellement convaincus de la supposition du nouveau livre de mariages, dont ils ont tiré le Certificat sous No. X. du Mémoire de la famille de Montbeliard, qu'à lad. pag. 13. de leur Mémoire, ils ont eu recours à des preuves subsidiaires, pour, au cas que la fausseté du Régistre fût reconnue, ils pussent prouver leur prétendu mariage par d'autres circonftances, qui devoient le faire préfumer.

Ces preuves à lad. pag. & la fuivante font au nombre de 7. quoiqu'elles fe détruifent toutes par elles-mêmes, on ne laiffera pas d'y faire les obfervations fuivantes.

1°. Difent-ils.

Le fait du mariage étoit publié dès 1719. comme on le voit par les lettres de naturalité, obtenue, par le Duc de Montbeliard au mois de Mai 1719. dans lefquelles Elifabeth Charlotte eft nommée fa femme.

REPONSE.

Cette Elifabeth Charlotte de même que la Comteffe de Sponeck & leurs enfans furent auffi nommés Princes & Princeffes, Coufins & Coufines de Sa Majefté, quoiqu'ils ne le foient plus aujourd'hui & qu'après que le Roi informé de la furprife qu'on avoit fait à fa Réligion en les nommant tels, S. M. ordonna que lefd. qualités foient corrigées dans lefd. lettres de 1719. & leur en être données d'autres par trois Arrêts de fon Confeil des 11. Septembre 1723. 8. Juin 1725. 9. Octobre 1740. dont on a lieu d'efpérer, que par la même raifon la qualité de femme du Prince de Montbeliard fera bien-tôt changée en celle de concubine après qu'on aura reconnu la fupofition frauduleufe de fon mariage.

2°. *Ce mariage de 1718. eft conftaté par un Procès Verbal du 16. Août 1718.*

3°. *Il eft conftaté par les complimens des Corps du Confeil de la ville & du Confiftoire, infcrits fur les Régiftres de l'année 1718. ou 1719. fi le Duc de Wirtemberg nie le fait, qu'il raporte les Régiftres.*

REPONSE.

Le Comte de Sponeck dans un de fes Mémoires intitulé : Réponfe au Mémoire des Barons de Lefperance * pag. 21. a déja tellement détruit ces deux prétendues preuves, qu'on auroit pu s'y raporter, fans y ajouter rien davantage.

On a jugé néanmoins néceffaire de faire quelques remarques & de produire quelques piéces qui manquoient encore à fa réponfe, favoir, l'Extrait de l'expofé des Efperance, qui y a donné lieu. Cet expofé eft contenu à la pag. 20. du Mémoire pour Charles Leopold & George Frederic fe difant feuls enfans légitimes de Leopold Eberhard Duc de Wirtemberg Montbeliard, contre le Comte de Sponeck * en ces termes.

Le

Le mariage d'Elisabeth Charlotte de Lesperance Baronne du St. Empire, avec Leopold Eberhard Duc de Wirtemberg Montbeliard a été célebré le 15. Août 1718. dans la chapelle du Château par le sieur Gropp, Sur-Intendant & Ministre de la Cour du Prince, en présence de tous les Officiers de cette Cour, & des Corps de ville, qui en firent les complimens aux deux Epoux; cela est prouvé non-seulement par acte de célebration inscrit dans le Registre de la Chapelle du Château, mais encore par un acte solemnel qui fut dressé alors, & signé du Procureur Général du Prince, & par les Archives du Conseil, du Clergé de la ville, où les complimens des trois corps sont inscrits, avec les réponses du Duc & de la Duchesse de Montbeliard.

Ces faits ne sont point contestés.

A ce Mémoire étoient jointes toutes les pièces justificatives du contenu de leur Mémoire de la même Imprimerie * où avoit été imprimé le Mémoire.

De la veuve d'André Knapen 1741.

Parmi ces pièces il s'en trouvera trois l'une sous Nº. 2. qui n'est que l'extrait du prétendu mariage d'Elisabeth Charlotte du 15. Août 1718. tirée du prétendu Régistre des mariages de l'Eglise du Château de Montbeliard le 29. Août 1720. par le Ministre Gropp, avec la légalisation du Conseil de Montbeliard au bas de la même datte.

L'autre sous Nº. 3. intitulée, procès verbal des Officiers de la Souveraineté contenant le même mariage.

La troisième sous Nº. 6. intitulée, Extrait des Régistres ou livres du Conseil des Ministres ou du Clergé & du Corps de la ville de Montbeliard.

A quoi le Comte de Sponeck répond à lad. pag. 21. de son Mémoire; *qu'on étoit toujours convenu, que le Prince de Montbeliard eut épousé cette Elisabeth Charlotte au mois d'Août 1718. * au mépris de toutes les loix; mais on est bien éloigné de reconnoître que ce mariage ait été fait avec cette solemnité & ces acclamations dont parlent nos adversaires; il est certain au contraire, qu'il a été fait secretement, & que le Prince n'a accordé que long-tems après les rangs & les honneurs de Souveraine à la Baronne de Lesperance.*

*Les pièces qu'ils invoquent pour soutenir cette publicité ne répondent point aux idées qu'ils voudroient en donner: elles se reduisent à un acte de célebration, signé du seul Ministre Gropp * car pour le*

Sçavoir en 1720.

*On a déja observé ci-dessus qu'il avoit ses raisons à soutenir ce mariage réellement contracté, plutôt que de fonder sa nullité pour avoir été inscrits sur un Régistre supposé de mariages, crainte d'être attaqué par le même endroit, de la supposition d'un pareil Régistre pour le divorce de sa mère & celui d'Henriette Hedvvig Lesperance avec Sandersleben.

H

Certificat qui paroît avoir été donné le lendemain par quelqes Con-
feillers du Duc de Montbeliard, cette précaution même écarte plu-
tôt l'idée de publicité qu'elle n'eſt propre à l'établir.

On ajoute, que tous les corps de la ville manifeſterent leur joie
par des complimens, qui ont été conſervés dans leurs Archives ; mais
c'eſt ici une nouvelle impoſture qui ſe trouve confondue par la co-
pie même de ces complimens, que les Barons de Leſperance ont fait
imprimer ; on a eu ſoin d'en ſuprimer la date, ce qui prouve qu'ils
ſont fort poſtérieurs au mariage, & en effet, il n'y eſt pas dit un
ſeul mot du mariage, & on ne félicite la Baronne de Leſperance que ſur
le jour de ſa naiſſance, d'où il faut néceſſairement conclure que ces
complimens n'ont été faits que long-tems après le mariage, & depuis
qu'il eut été rendu public.

Ce que le Comte de Sponeck vient de prouver ici d'être véritable par des conjectures, ſera juſtifié ſur le champ par des titres authentiques, en ce que le ſieur Feſch Miniſtre du Duc
de Wirtemberg ayant écrit au mois d'Avril de l'année dernière
1744. à Meſſieurs du Conſeil de Montbeliard, pour lui donner des éclairciſſemens ſur tous ces complimens, joints ſous
N°. 6. aux piéces juſtificatives des Eſperances avec le titre d'Extrait de Régiſtre, ou livre du Conſeil, des Miniſtres ou du
Clergé & du Corps de ville de Montbeliard, dont il leur envoya copie, laquelle lui étant revenue avec le Certificat dud.
Conſeil au bas le 9. Avril 1744. N°. 61.

Un autre du Clergé du 8. Avril 1744. N°. 62. & un troiſiéme du 9. Avril 1744. N°. 63. qui eſt un Extrait du livre des
Notaux des Bourgeois de Montbeliard des choſes notables qui
ſe paſſent chez eux.

Par leſquels on ſera amplement perſuadé que tous ces complimens & réponſes qui doivent s'être enſuivies, n'étant que des
contes faits à plaiſir de la part des Eſperance, ſe réduiſent à
un ſeul compliment des bourgeois de Montbeliard à l'occaſion du jour de la naiſſance de lad. Eliſabeth Charlotte du 28.
Juin 1721. par conſéquent trois ans après ſon prétendu mariage de 1718. & les bourgeois ne l'auroient pas fait, s'ils n'y
avoient pas été induits par un Officier du Prince de Montbeliard
qui voulut faire ſa Cour à ſon Maître par les honneurs faits à
ſa prétendue femme : ce que l'on peut voir ſur le même Extrait des livres Notaux.

Le Prince avoit parmi ſes Conſeillers le nommé Frederic Fallot, natif de Montbeliard, ayant un frere Iſaac Fallot, lequel
ſe trouvant en 1721. revêtu de la qualité de Maître Bourgeois

n chef de la ville de Montbeliard, il étoit aifé au premier,
e perfuader à fon frere de propofer aux bourgeois ce com-
liment & de l'apuyer de fon autorité ; à quoi il fatisfit auffi
ux termes dud. Extrait.

On y voit pareillement que Frederic Fallot, le Confeiller, étoit
Introducteur des bourgeois auprès le Prince & qu'il voulut le
emercier au nom de tous les bourgeois de la grace qu'il venoit
e leur accorder.

Ce que l'on vient de raporter fervira également de réponfe
la troifiéme preuve des Efperance où ils ont l'impudence de
ire que fi le Duc de Wirtemberg nie le fait de ce compliment,
u'on en raporte le Régiftre, puifqu'on vient de les contenter
leur grande confufion, en en produifant l'Extrait.

Dont il réfulte clairement, que des complimens faits en 1721.
u fujet d'un jour de naiffance ne font pas des complimens faits
l'occafion & au même tems d'un mariage en 1718. comme ils ont
oulu fauffement l'infinuer.

On trouvera encore beaucoup plus de fauffetés & contra-
ictions en comparant leur expofé avec le procès verbal men-
ioné dans leur feconde preuve.

Deux obfervations à faire fur cette piéce.

Les perfonnes qui l'ont fignée : & ce qu'elles atteftent véri-
able.

Quant aux perfonnes on pourroit d'abord leur objecter ce
ue les Efperances ont répondu au Comte de Sponeck à l'acte
e divorce de fa mere felon les Extraits de leur Mémoire pro-
uit ci-deffus N°. 59.

Mais, difent-ils, fi l'on examine cet acte dans fa forme, quel carac-
ère d'authenticité pourroit donc l'élever fi fort au deffus du foupçon ?
Eft-ce la fignature du Prince & celle de quelques Officiers de fon Con-
feil, à la tête defquels on voit le frere de la Comteffe de Sponeck &
les deux Nardins, qui lui étoient entierement devoués? Dira-t-on
que ces fignatures foient propres à affurer la date de cet acte ? Le Com-
te de Sponeck ofera-t-il le foutenir, lui qui dans fon Mémoire figné
Courchet et pag. 4. & 20. nous peint le Feu Duc de Montbeliard com-
me un Prince foible, devenu le jouet de ceux qui l'environnoient, &c.

Par les mêmes raifons on leur demande aujourd'hui, par
quelle preuve ils nous affureront la date de ce Procès Verbal
du 16. d'Août 1718. ou s'il n'a pas été plutôt fabriqué après les lettres patentes du mois de Mai 1719. dans lefquelles l'on avoit
donné cette Elifabeth Charlotte pour femme légitime du Prince
de Montbeliard, d'autant plus, que parmi tous ceux, qui ont

signé ce Procès Verbal, il n'y en a pas un, qui eût eu un morceau de pain pour vivre sans la charité du Prince de Montbeliard ou qui ne fût le plus proche parent de lad. Elisabeth Charlotte.

Le premier c'étoit Jean Louis de Sandersleben en qualité de Conseiller privé.

On a fait voir ailleurs que le Prince de Montbeliard l'avoit tiré de la misere dans un tems qu'il n'étoit que soldat dans un Regiment d'Infanterie, pour lui servir de prête-nom de mari de sa concubine Henriette Hedvvig de Lesperance pendant une couple d'années du reste de la vie du Duc George de Wirtemberg Montbeliard son pere.

Le deuxiéme Pierre Prudent en qualité d'Intendant.

Il étoit de Neufchâtel en Suisse où n'ayant pas de quoi s'entretenir, il se retira chez le Prince de Montbeliard, où il vécut de son industrie.

Le troisieme Jacob Sent de Taubenheim en qualité de Gentil-homme de la Chambre.

Cet homme vint aussi dans un pauvre état à Montbeliard, sous prétexte d'avoir déja servi dans les troupes, en état d'accompagner Ferdinand Eberhard, fils naturel du Prince de Montbeliard & de Henriette Hedvvig de Lesperance, qui alloit faire une campagne en Hongrie en qualité de volontaire & avoir soin de sa personne.

Le Prince le reçut dans cet emploi en fournissant les frais de ce voyage, dont on peut voir encore, que ce Ferdinand Eberhard ne fut pas regardé & traité alors comme fils légitime dud. Sandersleben, mais comme fils naturel du Prince de Montbeliard. Revenu de ce voyage ce Sent s'en retourna à Vienne, fut fait Gentilhomme par l'Empereur qui ajouta à son premier nom de Sent celui de Taubenheim; ensuite dequoi il épousa Sophie Magdeleine de Lesperance, fille de Sebastienne sœur aînée des Baronnes de Lesperance, qu'elle eut de son mariage avec le nommé Zieffer Perruquier, mais comme led. Sent avoit emprunté l'argent, dont il avoit besoin pour ce voyage & le payement de la taxe de ses lettres de Noblesse à la Cour Impériale sous l'hypothéque d'une petite maison, qu'il occupoit à un quart de lieu de la ville de Montbeliard, elle fut vendue après par décret, à la poursuite de ses Créanciers faute de payement.

Le quatriéme Jean Henri de Lesperance en qualité de grand Veneur.

Il étoit frere de la femme dudit Sent, fils de ladite Sebastiene

nne Baronne de Lefperance, & de fon mari Zieffer Per-
quier.

On l'appelle le grand Veneur, mais le Prince n'en a jamais
, ni pu avoir dans cette qualité.

Ces fortes de charges n'étant connues en Allemagne, que chez
Empereur, les Electeurs, & les premiers Princes de l'Empire.

Tout fon emploi ne s'étant étendu qu'à ce qu'on apelle en
llemagne Maître des Forêts ou Infpecteurs des Bois, ayant
us lui des valets forétiers; mais il en ufa fi mal, que le Prince
chaffa enfin de fon fervice.

Le cinquiéme George Brifechoux, en qualité de Confeiller
de Procureur Général : Autre Efclave du Prince de Montbe-
ard, fe prêtant à tout ce qu'il a voulu.

Le fixiéme Jean Jacques Gropp, Miniftre de Cour & Surin-
ndant. C'eft le même auquel les Efperance attribuent dans
ur dernier Memoire la fuppofition frauduleufe du nouveau
egiftre du Confiftoire, pour y inferer les deux divorces de la
omteffe de Sponeck & de Sanderfleben, qu'il fçavoit n'avoir
amais été fait ni infcrit fur l'ancien.

Voudroient-ils qu'un homme qui a ofé entreprendre une telle
alfification fans parler de celle des Régiftres de mariages, bap-
êmes & fepultures dont il a été convaincu, n'eût pas auffi
té capable de figner un faux Procès-verbal.

Le feptiéme Leopold Groff en qualité de Miniftre.

Il étoit le Chapelain de Gropp, marqué au même coin que lui.
Quelle contradiction ne trouve-t-on pas en outre entre l'ex-
ofé des Efperance dans leur précédent Memoire, dont on a
roduit ci-deffus l'Extrait à ce Procès-verbal, difant :

Que ce mariage du 15 Aout 1718. a été célébré dans la CHA-
PELLE DU CHATEAU par le fieur Gropp Miniftre du Prince
en préfence de tous les Officiers de cette Cour, & des Corps de
la Ville qui en firent leurs complimens aux deux époux.

Et dans le Procès-verbal il eft dit, que ce mariage avoit été
célébré feulement en préfence de fept perfonnes qui ont figné
ledit Certificat, fans qu'il y foit fait mention, ni d'autres Officiers de cette Cour, ni des Corps de la Ville, ni des complimens que ceux-ci euffent fait en même tems en cette occafion.

Dans ledit Expofé, les Efperance difent que ce mariage a été
célébré dans la CHAPELLE DU CHATEAU.

Tandis que le procès-verbal porte en termes exprès :

Qu'il s'étoit fait au Château de Montbeliard dans le Poële
qu'on nomme JÆGER ZIMMER, ce qui veut dire en
François la falle des Chaffeurs.

I

A en juger par ce que nous trouvons dans les Ecritures fain-
tes de l'hiſtoire de Daniel, il ne lui en falloit pas davantage
pour ſauver l'innocence de la chaſte Suſanne, que la contradiction de ſes deux faux accuſateurs, dont l'un ſoutenoit l'avoir
trouvée en flagrant délit avec un jeune homme ſous un chêne,
& l'autre ſous un Tilleul.

Paſſons à leur quatriéme preuve.

*Il eſt conſtaté, diſent-ils, par un acte mortuaire, inſcrit ſur les
Régiſtres publics du 22 Juin 1719. dans lequel le Duc de Montbeliard & Eliſabeth Charlotte ſont déſignés comme mari & femme ſous le titre de leurs Alteſſes.*

REPONSE.

C'eſt trop peu de n'alleguer que cet exemple à prouver non
ſeulement, qu'elle eût été déſignée comme femme par le Miniſtre Gropp ſur ſon faux Regiſtre mortuaire, il l'a encore qualifiée dans celui des baptêmes de Ducheſſe regnante, de même
que la Comteſſe de Sponeck, de Ducheſſe Douariere de Wirtemberg Montbeliard dont on peut voir les Extraits rapportés ci-
deſſus No. 63. auſſi ne trouve-t'on plus ſur ce Regiſtre depuis ſa
fabrication après les Lettres Patentes de 1719. juſqu'à la mort
du Prince de Montbeliard 1723. que des Ducs & Ducheſſes,
Princes & Princeſſes, & Alteſſes Séreniſſimes, au lieu qu'avant
les lettres on ne trouve ſur le même Regiſtre que des Sponeck
& des Eſperance; ce qui ne prouve autre choſe, ſinon qu'ils
ont voulu affecter d'être ce qu'ils n'étoient pas. Tout ainſi qu'il
en arriva du Comte de Sponeck, lequel trois mois avant les
lettres patentes de 1719. ſe maria dans la ſimple qualité de
Comte de Sponeck, du nom de ſa mere, comme fils naturel,
& que trois mois après leſdites lettres, ſa ſœur Leopoldine
Eberhardine fut mariée à Charles Leopold de Coligny comme
Princeſſe & fille legitime du Prince de Montbeliard dont on
peut voir la preuve par l'Extrait ci-joint de ſes deux mariages
ſous No. 64.

A quoi l'on n'a d'autre réponſe à leur donner que ce qu'ils ont
répondu au Comte de Sponeck quand il vouloit ſe ſervir des
titres faits pendant la conteſtation ſuivant l'extrait de leur Mémoire ſuſmentionné, où ils diſent:

*La ſeconde preuve du Comte de Sponeck eſt fondée ſur tous ces
différens actes fabriqués depuis la conteſtation & arrachés à
la foibleſſe du Prince dans les derniers tems de ſa vie.*

*Le Comte de Sponeck devroit d'ailleurs rougir de citer pour prou-
ver ce fait, des actes extorqués à la foibleſſe du Prince en 1720.
& de ne pouvoir en citer que dans ce tems ſuſpect.*

Qu'ils en faffent prefentement l'application à eux-mêmes par rapport à leur quatriéme preuve des fépultures & nouvelles qua-tés qu'on leur a donné dans les régiftres de mariage & de bap-ème depuis la conteftation, ou le tems fufpect, comme ils 'appellent.

La cinquiéme de leurs prétendues preuves, c'eft de dire *que le mariage de leur mere a été reconnu par le Duc de Wirtemberg, qui 'eft toujours reduit à foutenir ce mariage nul & irrégulier, foit à aufe de l'incefte prétendu, foit à caufe de l'inégalité de condition, oit enfin encore par rapport aux pactes de famille.*

REPONSE.

On a déja obfervé ci-deffus, que pour avoir infifté à ces trois nullités, on n'a pas renoncé à la quatriéme, l'ayant refervée plu-ôt pour une occafion à la pouvoir demontrer avec toute l'éten-lue requife pour qu'il ne refte aucun doute fur les fauffetés qu'on y a mis en ufage pour le fuppofer.

La fixiéme preuve, c'eft lorfqu'ils avancent :

Que ce mariage a été reconnu au Confeil Aulique contradictoi-rement avec le Duc de Wirtemberg par le jugement dudit Confeil du 18. *Septembre* 1739. *qui juge que les deux mariages du Duc de Montbeliard manquent de ce qui eft requis pour former un mariage légitime, & qu'ils doivent être regardés comme nuls & de nulle valeur. Plus qu'on n'avoit d'autre motif que la nullité de ces préten-dus mariages & l'illégitimité de la naiffance des enfans.*

De ces expreffions ils concluent qu'on reconnoiffoit donc le fait & la vérité du mariage.

Mais quelle pauvre confequence.

Dès qu'on l'a appellé un prétendu mariage, n'étoit-ce pas affez de dire ? Qu'on ne reconnoît point ces mariages pour légitimes pour lefquels d'autres voudroient ou prétendroient les vouloir faire paffer.

Septiéme preuve ; voici comme ils en parlent:

Cette derniere raifon tranche toute difficulté.

Le Duc de Montbeliard ni Elifabeth Charlotte Baronne de Lef-perance, n'avoient aucun intérêt, foit pour eux perfonellement, foit pour leurs enfans, de fabriquer en 1720. *un Regiftre de mariage pour y inferer un acte de celebration de* 1718. *en voici la preuve:*

Après quoi ils font un long verbiage qui fe réduit à l'ar-gument fuivant:

Ou ce mariage avoit été célébré en 1718. *ou il ne l'a pas été.*

Si ce mariage avoit été réellement celebré en 1718. *comme cela pa-roît par le Regiftre de mariages, on n'auroit pas eu befoin d'un nou-veau Regiftre.*

Si au contraire , en 1718. il n'y avoit eu aucun mariage de célebré entre le Duc de Montbeliard & Elifabeth Charlotte Baronne de Lefperance , il eft ridicule de penfer , que pour fuppofer ce mariage & pour en avoir une preuve autentique , le Prince ait eu recours à la fabrication d'un Regiftre entier en 1720. vu que le Prince étoit également en 1720. comme en 1718. le maître d'époufer Elifabeth Charlotte & cet expedient pour affurer l'état de la mere & des enfans étoit bien plus fimple , bien plus naturel , bien moins hazardeux , bien moins embarraffant , & beaucoup plus fûr , que de recourir à une fabrication de Regiftres en 1720. pour y inferer un mariage comme fait en 1718.

En un mot le Prince pouvoit en 1720. époufer Elifabeth Charlotte , & confequémment il n'avoit pas befoin de recourir au faux, pour fuppofer ce mariage qu'il pouvoit faire en 1720. auffi librement qu'en 1718.

REPONSE.

Les Efperance , ou pour mieux dire l'auteur de leur Mémoire, a grand tort de chanter victoire après un argument auffi foible que celui qu'il vient de rapporter.

On convient qu'en 1720. il auroit été dans le pouvoir du Prince de Montbeliard , d'ajouter encore à toutes les foibleffes qu'il a eu pour fes concubines & leurs enfans , celle d'époufer Elifabeth Charlotte de Lefperance ; mais ne l'ayant pas fait, cela fait juftement une preuve invincible, qu'il ne l'a pas voulu faire. Bref, ils ne fçauroient prouver, qu'il l'eut époufé en 1718. & ils avouent qu'il ne l'a pas époufée en 1720. donc il s'enfuit qu'il ne l'a jamais époufée, & qu'elle ne peut être regardée que comme une concubine , & fes enfans des bâtards incapables d'aucune fucceffion, de même que la Comteffe de Sponeck & fes enfans déclarés comme tels par la jufte décifion de l'Empereur & du Confeil Aulique , Juges naturels de l'état perfonel des femmes & enfans des Princes d'Empire , nés en Empire , qui ne fçauroient être tenus, ni regardés autrement en tel autre pays qu'ils puiffent fe trouver.

Moyenant quoi tout ce qu'ils difent à la page 39. de leur Mémoire touchant l'examen de la queftion de droit qu'ils ont établis tombe de foi-même.

Or , difent-ils , pour ne parler ici que de trois actes qui intéreffent les enfans légitimes du feu Duc de Montbeliard , c'eft à-dire , de l'acte de celebration de mariage de 1718. & des deux actes de baptêmes des premier Mai 1716. & 16. Août 1722. qui forment les titres conftitutifs de leur état ; quel fait , quelle circonftance particuliere le Duc de Wirtemberg peut-il alleguer , pour prouver que ces actes n'étoient

toient

nt pas originairement *fur les Régiftres prétendus fupprimés*, com-
ils font aujourd'hui fur le Régiftre fabriqué en 1720.

REPONSE.

On a déja rapporté ci-deffus les preuves de la fuppreffion de
..cien Regiftre de mariages & de la fabrication du nouveau,
. lequel le mariage d'Elifabeth Charlotte a été infcrit quel-
.s années après fa prétendue célébration en 1718.

Quant au Regiftre de baptême fabriqué en 1720. on a fou-
.u de la part du Duc de Wirtemberg que tous les enfans na-
.els du Prince de Montbeliard, nés dans ladite Ville, de fes
.is concubines depuis fon retour en ce pays-là du 6 Fevrier
.98 jufqu'à l'époque des Lettres Patentes de 1719. (où ces fem-
.s & leurs enfans ont été donnés comme légitimes,) ont tou-
.rs été baptifés en cachette, fous le nom de pere & mere fup-
.fés, aucun d'eux n'a été infcrit au tems de fa naiffance fur l'an-
.n Regiftre de l'Eglife du Château dudit lieu, mais tous tranf-
.rtés enfuite fur un nouveau Regiftre, aujourd'hui entre les
.ains de M. le Rapporteur.

Par conféquent le baptême de Charles Leopold, aîné des
.eres des Efperance du premier Mai 1716. fe trouvant de ce
.ombre a été pareillement infcrit & tranfporté fur le nouveau
.egiftre comme les autres.

Ce nouveau Regiftre ne pouvoit avoir été fabriqué plutôt
.'après lefdites Lettres Patentes de 1719. lorfqu'on avoit befoin
. fe procurer des titres pour prouver le faux expofé fur lequel
.les avoient été accordées : ni plutard qu'au commencement
.721. lors du décès du Miniftre Gropp, qui avoit écrit de fa
.ropre main tous les quatre Régiftres fuppofés.

Après quoi fon Regiftre de Baptême ayant été continué par fon
.uccefleur le Miniftre Böckshammer jufqu'à la mort du Prince
.le Montbeliard du mois de Mars 1723. on n'a jamais prétendu
.accufer de fuppofition ni de fauffeté l'infcription du baptême de
George Frédéric, frere cadet dudit Charles Leopold du 16 Août
1722. comme fils légitime du Prince de Montbeliard, & d'Elifabeth Charlotte Baronne de Lesperance.

Mais comme fuivant la maxime d'une Jurifprudence généra-
lement reçue, un pere n'eft pas en droit d'ôter à fes enfans un
état qui leur eft dû, auffi ne leur en peut-il donner un, qui ne
leur appartient point.

L'un & l'autre de ces deux cas eft d'abord décidé par la feule
règle de droit.

Pater eft quem nuptiæ demonftrant.

K

Le Prince de Montbeliard a-t-il jamais contracté un mariage avec la mere de ces deux Efperance? Non ; parce qu'ils ne fçauroient le prouver, & qu'on en a juftifié le contraire : en faut-il davantage pour les juger & déclarer bâtards & illégitimes?

Cela étant, il eft bien trifte pour le Duc de Wirtemberg qu'une prétendue légitimité fondée uniquement fur le fimple expofé du Prince de Montbeliard, dans les lettres patentes du mois de Mai 1719, & les prétentions formées (en confequence tant de la part des enfans d'Elifabeth Charlotte de Lefperance de la vile famille de Curie à Montbeliard, que de ceux d'Anne Sabine Hedwiger de la lie du peuple de Silefie fur la fucceffion des anciens Domaines de fa maifon,) ayent donné lieu à un fequeftre fur lefd. terres depuis 1723 ; d'avoir été fruftré de leurs revenus pendant l'efpace de 22. ans ; d'avoir vu lefdits revenus diftribués parmi ces femmes & enfans, par forme de provifion, ce qui faifoit au Comte de Sponeck au-delà du triple, & aux Efperance au-delà du double de ce que le Prince de Montbeliard leur pere lors du traité de Wilbaden avoit demandé, obtenu & regardé comme une grace de la part du Duc regnant de Wirtemberg chef de fa maifon, pour leur aliment & fubfiftance après le décès de celui de Montbeliard.

Ce qui joint à la devaftation des maifons feigneutiales, malverfations des Fermiers du Sequeftre, dégradation des bois, & autres dégâts arrivés dans ces Seigneuries avec les frais de ce Procès, l'entretien des Miniftres pour en folliciter la reftitution, & la non-jouiffance de 22 ans, fait une perte à la Séréniffime Maifon de Wirtemberg au-delà de quatre millions de livres ; ce qu'on offre de juftifier autentiquement & auffi-tôt qu'on en fera requis.

Après quoi l'on ne doute plus que fi le Roi étoit éxactement informé de cette étrange illufion qui dure déja fi long-tems, ainfi qu'on l'efpere des lumieres & de la probité de Meffieurs les Commiffaires nommés à cet effet, Sa Majefté, par fa juftice & générofité ordinaire, ne foit portée d'elle-même à y mettre fin par un promt jugement qui ordonne la main levée du fequeftre, & la reftitution de ces neuf Terres fequeftrées)

N.° LVI.

LEs Maire & neuf bourgeois Jurés de la ville de Montbeliard, les dix-huit & notables de lad. ville, composans les trois corps d'icelle & représentans toute la commune de lad. ville, ayant été réquis de M. Jean Caspard de Lesperance, Baron du Saint Empire Romain, Grand Maître d'hôtel & Intendant Général de la Cour & Domaines de S. A. S. M. Leopold Eberhard Duc de Wirtemberg & Peck, Souverain Seigneur d'Hericours, Blamont, Chatelos, Clemont, & notre très-benin Prince & Souverain, de lui donner acte attestatoire en forme authentique du 26. Septembre 1704. & par la certification du sieur Joseph Titot, Maire de sad. A. S. aud. Montbeliard, âgé de soixante & treize ans, de sa science & connoissance, que le feu sieur de *Moniard, dit Lesperance,* grand pere de mond. sieur le Baron, a été Commandant pour les très-hauts & très-Puissants Princes Nosseigneurs Leopold & George Ducs de Wirtemberg de très-glorieuses mémoires au fort Château de Blamont, pendant qu'ont duré les guerres de l'an 1636. duquel emploi il s'est aquitté si dignement, que lesdits Sérénissimes Princes de très-glorieuses mémoires, de notre certaine connoissance & science lui ont continué l'honneur de leurs services par emplois honorables jusqu'à sa mort. Attestons aussi que le sieur *Jean Christophle de Moniard, dit Lesperance,* pere de mond. sieur le Baron a été Commandant des troupes & de la citadelle de cette ville de Montbeliard, sous les autorités Souveraines de S. A. S. Monseigneur le Duc George de très-glorieuse mémoire, jusqu'à l'invasion des terres & états de Sad. Altesse Sérénissime par les armées de France en l'an 1676. Nous ayant aussi apparu par acte authentique du 11. Décembre 1679. que le pere de mond. sieur le Baron se retira depuis, & rentra dans le service de S. A. S. Monseigneur le Duc de Lorraine où il avoit déja servi en qualité de Lieutenant de ses Chevaux-Legers, ayant enfin sacrifié sa vie au service de S. M. Impériale, comme Capitaine dans le Regiment de ses Cuirassiers : Déclarons de plus que pendant leur séjour parmi nous, ainsi que celui de mond. sieur le Baron ils ont vécu noblement & conversé avec un chacun en gens d'honneur, sans avoir jamais commis actes indignes à leurs qualités & rangs, en foi de quoi, Nous lesd. Maire & neuf bourgeois Jurés de lad. ville, trois Députés desdits dix-huit & trois desd. Notables, avons signé les présentes avec Jean George Cucuel,

Greffier de lad. Mairie, qui a reçu & écrit le préfent acte, auquel pour plus grande force, vigueur & valeur nous avons appofé le fcel ordinaire portant les armes de lad. ville de Montbeliard. Fait & paffé en l'hôtel de ville dud. Montbeliard le 8. Octobre 1704.

J. FECHOTTE. LOUIS FECHOTTE. J. J. DUVERNOY. P. TITOT. J. FALLOT. JEAN HORRY. TITOT. J. BERDOS. PRONGEY. J. F. MASSON. JACQUES RECEVEUR. J. F. CAMPAGNARD. F. G. SCHARFENSTEIN. P. SCHARFENSTEIN J. J. SURLEAU C. D. BEURNIER. CUCUEL *Greffier.*

(L. S.)

No. LVII.

Nous Chaftelains, Miniftres, Procureur Fifcal, Officiers, Maître bourgeois en chef, Jurés de la ville & Seigneurie de Blamont, certifions & atteftons avoir vu & reconnu, que monfieur *Pierre de Lefperance* grand-pere de monfieur le Baron de Lefperance Intendant Général des Domaines de S. A. S. Monfeigneur Leopold Eberhard, Duc de Wirtemberg Montbeliard, notre très-benin & très-gracieux Prince & Seigneur, Souverain Prince & Seigneur defd. ville & Seigneurie de Blamont, fut nommé & établi par les Princes & Seigneurs Tuteurs & Adminiftrateurs de Leurs A. S. Meffeigneurs & Princes Leopold Frederic & George Ducs de Wirtemberg Montbeliard de très-heureufes & très-glorieufes mémoires, pour lors abfens à caufe des troubles & des guerres en la charge de Commandant du fort & château dud. Blamont en l'année 1636. en laquelle charge il fut confirmé par leurfdites Alteffes Séreniffimes à leur retour au pays & en laquelle charge il a rendu de bons & fidels fervices & même fort confidérables, au contentement & à la fatisfaction de leurfdites A. S. & du public, ce que nous certifions & atteftons être véritable, pour l'avoir bien düement & fuffifamment reconnu, & ce par des remarques & écrits valables, affurés, & authentiques : en vérité & en foi de quoi Nous nous fommes Souffignés de nos feins manuels & avons appofé au préfent Certificat & pour une plus grande force & validité d'icelui le fceau ordinaire, dont on fe fert en lad. Seigneurie & Chatelainie de Blamont, pour que mond. fieur le Baron de Lefperance s'en puiffe fervir où il le trouvera apartenir

nir & en. tant que de befoin & raifon. Fait & donné aud. Châ-
eau de Blamont ce préfent jour 26. Septembre de l'an 1704.

J. C. CUVIER. C. C. DUVERNOY. P. MASSON. JEAN CHRIS-
OPHE MASSON. PIERRE FACHARD. JEAN PONNIER. L. F.
IGOULOT. L. F. ESTEVENARD. JEAN BEURNIER. PIERRE
AIBURE. D. BRISECHOUX, *Greffier,*

(L. S.)

No: LVIII.

*XTRAIT & Traduction en langue françoife d'un Factum impri-
mé, produit en langue Allemande par Elifabeth Charlotte Baronne de Lefperance, fe difant feule veuve du feu Prince de Montbeliard, au Confeil aulique le 10. Avril 1731. contre le Comte
de Sponeck contenant un volume de 155. pag. auquel fe trouvent jointes 112. piéces juftificatives.*

Où il eft dit à la pag. 7.

Pour donc mieux donner à connoître la perfonne de Ma-
ame la veuve de Montbeliard, il fera néceffaire au commen-
ement de ce periode (pour réprimer les expreffions injurieu-
s, non chrétiennes & contre la vérité :) de dire en cette oc-
afion feulement deux mots de fon état, de libre Baronne de
Empire. On obfervera, que fuivant les titres dignes de foi,
u'elle a en mains, il y avoit dans les anciens tems une bonne
amille noble portant le nom de Moniard, laquelle ainfi qu'il
rrive tous les jours aux meilleures familles fujettes, comme
un millier d'autres à toutes fortes de fatalités felon le cours de
outes chofes, peut avoir été difperfée par les guerres, ou au-
res révolutions femblables. Il eft cependant auffi certain, que
es malheurs arrivés à un honnête Cavalier ne peuvent point le
river de fon nom, ni du droit de fa naiffance, qu'il feroit in-
ufte d'expulfer une ancienne famille hors de fa Nobleffe, parce
qu'elle feroit devenue pauvre ; ou de reprocher à celui qui feroit tombé de ne s'être pas rélevé, ou bien ce qui paroîtroit
trop affecté, qu'on voulut mettre des bornes à la récompenfe
de la vertu, qui doit toujours faire le premier d'une maifon
noble, fans laquelle plufieurs de ceux, dont les ancêtres ont
pu rapporter de pareilles preuves, n'auroient jamais pu paffer
pour nobles : que la vertu diftribue fes lauriers à ceux qui l'ai-

L

ment, foit à l'armée, foit dans le Cabinet; en un mot de penfer autrement, ce feroit vouloir preferire des loix & des formules en la maniere de procéder d'un Empereur, dans la diftribution de fes récompenfes.

Que l'on adopte donc telle de ces comparaifons qu'on voudra, en l'apliquant au cas préfent, on n'y trouvera aucun fujet de reproches; attendu qu'encore que le grand-pere de Madame la veüve n'ait pas eu le bonheur d'être un grand Général, il a pourtant en vertu des Certificats authentiques ci-joints fous N°. 6. & 7. (: malgré les calomnies fabriquées & non prouvées, quoique publiées:) été en 1636. pendant le regne des deux Ducs Leopold Frederic & George de Wirtemberg Montbeliard, Commandant de leur fortereffe de Blamont, ou pendant les conjonctures dangereufes des guerres d'alors, il a donné des marques de fon attachement envers eux & de fa conduite, qui lui ont mérité l'approbation & les récompenfes de ces Princes.

De maniere que fon fils pere de lad. veuve, Jean Chriftophe de Moniard ou de Lefperance, a non-feulement été Capitaine & Commandant dud. Duc George de fa citadelle à Montbeliard, mais après qu'en 1676. elle fut occupée & démolie par les troupes de France, il s'eft trouvé de nouveau pendant un efpace de 31. ans prémierement dans le fervice militaire du Duc de Lorraine & enfuite dans celui de l'Empereur Leopold le Grand, de glorieufe mémoire, pere de Votre Majefté, où il a fuivi fes drapeaux victorieux comme Officier & enfuite en qualité de Capitaine d'une compagnie de Cuiraffiers, qu'il a fouvent teint de fon fang par fes bleffures honorables, jufqu'à ce qu'en 1684. au dernier fiége de Bude, avec un brevet de Lieutenant-Colonel en poche, il fut enfin tué d'un coup de fauconneau, comme un Cavalier d'honneur & homme de guerre & de mérite, pour la gloire des armes de la maifon Archiducale de Votre Majefté, au grand regret de fon Général fçavoir du Général Heifler, Comte de Heidersheim dans le Regiment duquel il fe trouvoit alors; ainfi que ce fait eft connu tant de ceux qui furent préfens à cette expédition & d'autres, où il a facrifié fa vie & rendu fon ame courageufe devenant par-là digne des graces & récompenfes impériales faites à fa famille; s'étant trouvé dans un rang & révêtu d'un emploi pareil à ceux des Princes & Comtes, qui en même tems & dans la même qualité fe font trouvés à coté de lui dans le même Regiment, ainfi que cela paroît par le Certificat cijoint fous N°. 8. que l'Office Général & Impérial du Commiffa-

at de guerre n'a fait aucune difficulté de figner véritable, tellement qu'aujourd'hui & après fa mort glorieufe, tous les Capitai-
es de Cavalerie de ce tems-là & ceux qui fe trouvent encore en
ie, en parlent toujours comme d'un bon Officier Impérial. Def-
uelles graces que le pere a déja commencé à mériter, fon fils Jean
afpar de Lefperance, qui pendant 14. ans a déja en qualité d'A-
utant Général & Capitaine, Juré aux drapeaux du Grand Leo-
old & fait des campagnes contre l'ennemi héréditaire en con-
inuant dans la bravoure militaire de fon pere pour le fervice de
otre Majefté Impériale & de fa très-Séréniffime Maifon Archi-
ucale & d'en donner des marques dans toutes occafions fi la paix
e Carolowitz n'étoit intervenue & qu'il n'en eût été empêché
ar fa mort inopînée.

Ce font là les preuves des graces & récompenfes notoires de
élevation de la famille de Madame la veuve de Montbeliard
ans l'état de véritables Barons & Barones de l'Empire, ainfi que
e tout eft conftaté par le diplôme Impérial ci-joint N°. 9.

N°. LIX.

*EXTRAIT du Mémoire des Barons de Lefperance contre le Comte
de Sponeck, de l'Imprimerie de la veuve André Knappen 1741.*

Si ce Prince n'avoit pas malheureufement donné dans tous
les tems des preuves d'une foibleffe fans exemple, page 10. dud.
Mémoire.

La feconde preuve du Comte de Sponeck eft fondée fur tous
ces différens actes fabriqués depuis la conteftation & arrachés
à la foibleffe du Prince dans les derniers tems de fa vie. p. 36.

Le Comte de Sponeck devroit d'ailleurs rougir de citer pour
prouver ce fait, des actes extorqués de la foibleffe du Prince
en 1720. & de ne pouvoir en citer que dans ce tems fufpect.
page 52.

Elifabeth Charlotte de Lefperance pour refuter l'acte de divorce de la Comteffe de Sponeck, continue de dire :

*Mais fi l'on examine cet acte dans fa forme, quel caractère d'au-
tenticité pourroit donc l'élever fi fort au-deffus du foupçon ? Eft ce
la fignature du Prince & celle de quelques Officiers de fon Confeil,
à la tête defquels on voit le frere de la Comteffe de Sponeck & les
deux Nardins, qui lui étoient entiérement devoués ? Dira-t-on que
ces fignatures foyent propres à affurer la date de cet acte ? Le Comte
de Sponeck ofera-t-il le foutenir, lui qui dans fon Mémoire figné*

Courchetet, pag. 4. & 20. nous peint le feu Duc de Montbeliard, comme un Prince foible devenu le jouet de ceux qui l'environnoient, qui édifioit & détruisoit souvent en un seul clin d'œil, dont la volonté n'étoit plus entre ses mains, que l'impossibilité n'arrêtoit point dans ses projets & devant qui les loix divines & humaines étoient forcées de plier.

A Dieu ne plaise que Charles Leopold & George Frederic seuls enfans légitimes du feu Prince de Montbeliard reconnoissent les derniers traits de ce portrait outré: mais ils ne sçauroient dissimuler, qu'en effet le Prince leur pere étoit devenu l'esclave de Jean Rudolphe Comte de Sponeck, & que tirannisé par ce favori, sa volonté n'étoit plus entre ses mains.

En parlant contre la Comtesse de Sponeck d'avoir voulu s'élever à la dignité d'une Duchesse de Wirtemberg, ils parlent en ces termes:

C'est cependant cette même fille ignorée jusques-là, confonduë dans la foule des Sujets de Montbeliard qui va sortir des tenebres de son état pour usurper les titres, les honneurs, & les droits de la femme légitime & de la véritable Souveraine.

On se demande, sans doute à soi-même, comment a pu s'operer une metamorphose si prodigieuse, & l'on ne comprend point qu'au milieu de l'Empire, & dans un Etat gouverné par des loix, il soit arrivé un renversement si extraordinaire, & dont peut-être les Histoires ne fournissent aucun exemple; mais que ne doit-on point attendre d'un Prince foible, aveuglé par des passions, & dominé par des favoris interessés à trahir sa confiance. pag. 12. & 13.

Nº 60.

EXTRAIT du Regiftre des Baptêmes de l'Eglife du Château de Montbeliard, contenant les Baptêmes, auxquels les trois Enfans de la Henriette Hedwig de Lefperance ont affiftés comme Parains & Maraines fous le nom de *Sandersleben.*
Pag. 39.

Mois & An.	Nº. des Perfonnes.	Noms des Enfans.	Noms de Peres & Meres.	Noms des Parains & Maraines.
le 1. Avril 1711.	227.	CHARLES LEOPOLD.	Emanuel Lehmann. Catherine Heber Schmitt.	Le Noble Charles Leopold *de Sandersleben.* Haute Dame Leopoldine Eberhardine, Comteffe de Sponeck.
le 22. Avril 1711. féele 23 Avril 1711.	228.	HENRIETTE HEDWIG.	S. A. Leopold Eberhard, Duc de Wirtemberg-Montbeliard. La haute - née Elifabeth Charlotte, Baronne de Lefperance.	Le Noble Charles Leopold, *de Sandersleben.* Noble Dame Eleonore Charlotte *de Sandersleben.*
Pag. 40. le 11. Janvier 1712.	237.	LEOPOLD GEORGE.	Chriftophe Conrad. Marie Moravin.	Le haut né George Leopold, Comte de Sponeck. Le Noble Charles Leopold *de Sandersleben.* La haute née Leopoldine Eberhardine, Comteffe de Sponeck. La Noble Eleonore Charlotte *de Sandersleben.*
Pag. 42. é le 28. Juillet 1712. ptifé le 28 Juillet 1712.	245.	LEOPOLD EBERHARD.	S. A. Leopold Eberhard, Duc de Wirtemberg-Montbeliard. La bien - née Elifabeth -Charlotte, Baronne de Lefperance.	Le Noble Charles Leopold *de Sandersleben.* Noble Dame Eleonore-Charlotte *de Sandersleben.*

M

Jour, Mois, An.	N°. des Personnes.	Noms des Enfans.	Noms des Peres & Meres.	Noms de Parains & Maraines.
Pag. 46. Le 6. Decembre 1713.	269.	LEOPOLD EMANUEL.	Gottlieb Vogel. Anne - Elisabethe Franckin.	Le Noble Charles Leopold *de Sandersleben* Leopold Emanuel Binninger. La bien-née Anne Sabine, Comtesse de Sponeck. Sophie - Magdeleine Louyse Sivers.
Pag. 47. Le 4. Janvier 1714.	273.	LEOPOLD EBERHARD.	Pierre - Jérémie Goguel, Conseiller. Margueritte Maigrot.	Le Noble Charles Leopold *de Sandersleben*. Charles - Christophe Duvernoy, Ministre à Glay La bien-née Elisabeth Charlotte, Baronne de Lesperance.
Le 16. Janvier 1714.	274.	LEOPOLD EMANUEL.	Jean - Martin Nicolay. Catherine - Susanne Semlerin.	Le Noble Charles Leopold *de Sandersleben*. Leopold Emanuel Binninger. Sophie - Magdeleine Louyse Sivers. Catherine - Dorothée Plapertin.
Pag. 49. Le 5. Septembre 1714.	276.	LEOPOLD EBERHARD.	M. Jean-Gaspar Bockshammer. Catherine-Marguerite Duvernoy,	S. A. Leopold Eberhard Duc de Wirtemberg Montbeliard. Le haut - né George Leopold, Comte de Sponeck. Le bien - né Jean Rudolph Comte de Sponeck. La bien-née Anne-Sabine, Comtesse de Sponeck. La bien-née Elisabeth Charlotte, Baronne de Lesperance. La haute-née Leopoldine Eberhardine, Comtesse de Sponeck. La Noble Eleonore-Charlotte *de Sandersleben*.

Pag. 50. Mois, An.	N° des Personnes.	Noms des Enfans.	Noms des Peres & Meres.	Noms des Parains. & Maraines.
Octobre 14.	289.	LEOPOLD	Chriftophe Cunrad. Marie Marabe.	Le Noble Charles-Leopold de Sanderfleben. Jean Frideric Fallot. La haute-née Anne-Sabine Comteffe de Sponeck. Sophie - Magdeleine Louife Sivers.
Novembre. 714.	290.	ANNE - CHARLOTTE HEDWIG.	Le Noble Leonard de Nardin. La Noble Helene Jeanne de Kaltenbron.	S. A. Leopod Eberhard Duc de Wirtemberg-Montbeliard. Le haut-né George Leopold Comte de Sponeck. Le Noble Jean-Louis de Sanderfleben. Le haut-né Jean Rudolphe, Comte de Sponeck. Pierre de Prudent. La haute-née Anne-Sabine Comteffe de Sponeck. La bien - née Elifabeth Charlotte Baronne de Lefperance. La haute-née Leopoldine Eberhardine, Comteffe de Sponeck. La Noble Eleonore Charlotte de Sanderfleben. La bien-née Eberhardine & Leopoldine Eberhardine, Baronnes de Lefperance. La bien-née Sebaftienne, Baronne de Lefperance. Sophie - Magdeleine Louife Sivers.
Pag. 51. 8. Novembre 1714. té le 8. Nov. 1714.	291.	GEORGE.	S. A. Leopold Eberhard, Duc de Wirtemberg - Montbeliard. La bien-née Elifabeth Charlotte, Baronne de Lefperance.	Le haut-né George Leopold, Comte de Sponeck. Le Noble Charles Leopold de Sanderfleben. La bien-née Anne-Sabine, Comteffe de Sponeck. La haute-née Leopoldine Eberhardine, Comteffe de Sponeck. La Noble Eleonore Charlotte de Sanderfleben.

Pag. 57. Jour, Mois, An.	N°.	Noms des Enfans.	Noms des Peres & Meres.	Noms des Parains & Maraines.
Le 12. Decembre 1714.	294.	GEORGE FERDINAND	Pierre - Marie. Anne - Eleonore Evrard.	Le haut - né George Leopold, Comte de Sponeck. Le Noble Ferdinand Ehrard de Sandersleben. La haute - née Leopold Eberhardine, Comtesse Sponeck. La Noble Eleonore Charlotte de Sandersleben.
Pag. 52. Le 22. Janvier 1715.	297.	SABINE CHARLOTTE.	Jean Sontag. Anne - Catherine Joftin.	S. A. Leopold Eberh. Duc de Wirtemberg-Mombeliard. Le haut-né George Leopold Comte de Sponeck. Le Noble Ferdinand Ehard de Sandersleben. La haute Anne - Sabine Comtesse de Sponeck. La bien - née Elisabeth Charlotte, Baronne Lesperance.
Le 26. Fevrier 1715.	299.	CHARLES FRIDERIC.	George Mengé. Marie Franckin.	Le Noble Charles Leo de Sandersleben. La Noble Leopoldine Eberhardine Catherine de Ndin.
Pag. 54. Le 9. Septembre 1715.	307.	GEORGE LEOPOLD.	Le haut-né Jean Rudolph Comte de Sponeck. La haute-née Eleonore Comtesse de Sponeck née Guelderich de Sigmarshofen.	S. A. Leopold Eberh. Duc de Wirtemberg-Mobeliard. Le haut - né George Leopold, Comte de Sponeck. Le Noble Jean - Louis Sandersleben. Le Noble Charles Leopold de Sandersleben. Le Noble Ferdinand Ehard de Sandersleben. La haute-née Anne Sine Comtesse de Sponeck. La bien - née Elisabeth Charlotte, Baronne de Lesperance. La haute-née Leopold Eberhardine, Comtesse Sponeck. La Noble Eleonore-Charlotte de Sandersleben.

Pag. 73. , Mois , An.	Nº.	Noms des Enfans.	Noms des Peres & Meres.	Noms de Parains & Maraines.
le 5. Juin 1720. ée le 7. Juin 1720.	387.	ELEONORE CHARLOTTE.	Le haut-né Charles Leopold, Comte de Coligny. S. A. Leopoldine Eberhardine.	S. A. Leopold Eberhard, Duc de Wirtemberg-Montbeliard. S. A. George Leopold. S. A. Leopold Eberhard. S. A. Charles Leopold. Le haut-né Ferdinand Eberhard Comte de Coligny. S. A. Eleonore-Charlotte Duchesse douairiere d'Oëls. S. A. Anne-Sabine Comtesse de Sponeck. S. A. Elisabeth-Charlotte, femme de S. A. notre très-gracieux Souverain. S. A. Eleonore-Charlotte. S. A. Henriette Hedwig. La haute-née Eberhardine, Comtesse de Coligny.
Pag. 75. Novembre. 1720.	393.	CHARLES GEORGE.	Pierre Roche. Anne Sabine Lassin.	S. A. Elisabeth-Charlotte, Duchesse régnante. S. A. le Duc régnant d'Oëls Charles Frideric. S. A. le Prince héréditaire George.
5. Novembre 1720.	395.	CHARLES CHRISTIAN.	Le Noble Jacob Sente de Taubenheim. Sophie-Magdeleine Louise Lesperance.	S. A. Charles Frideric, Duc régnant d'Oëls. S. A. Christian Uleric, Duc d'Oëls. S. A. Elisabeth-Charlotte, Duchesse regnante de Wirtemberg-Montbeliard.
Pag. 76. En blanc.		En blanc.	En blanc.	S. A. Eleonore-Charlotte, Princesse héréditaire. Sebastienne, Baronne de Lesperance.

Jour, Mois, An.	N°	Noms des Enfans.	Noms des Peres & Meres.	Noms des Parains, & Maraines.
Pag. 76.				
1721. Né le 4. Février. Baptisé le 7. Févr.	401.	LEOPOLD CHRISTIAN.	S. A. George Leopold, Prince héréditaire. S. A. Eleonore-Charlotte, Comtesse de Coligny, Princesse héréditaire.	1. S. A. Leopold Eberhard, notre très-gracieux Prince & Souverain. 2. S. A. Duc Christ. Uleric d'Oëls. 3. S. A. Prince Leopold Eberhard. 4. S. A. Prince Charles Leopold. 5. Le haut-né Charles Leopold, Comte de Coligny. 6. Le haut-né Ferdinand Eberhard, Comte de Coligny. 7. S. A. Eleonore Charlotte, Duchesse douairiere d'Oëls. 8. S. A. la Duchesse Anne Sabine Comtesse de Sponeck. 9. S. A. Elisabeth-Charlotte, notre très-gracieuse Duchesse régnante. 10. S. A. la Princesse Leopoldine Eberhardine, Comtesse de Coligny. 11. S. A. la Princesse Henriette Hedwig. 12. S. A. la Princesse Elisabeth-Charlotte. 13. La haute-née Eberhardine, Comtesse de Coligny. 14. La haute-née Leopoldine Eberhardine, Comtesse de Coligny.
Pag. 79. Le 30. Juillet 1721.	407.	GEORGE. LEOPOLD.	George-Christophe Duvernoy, Confiturier. Catherine-Elisabeth Goguel.	S. A. George Leopold notre Prince héréditaire. La haute-née Leopoldine Eberhardine, Comtesse de Coligny.

Pag. 82. Mois, An.	N°.	Noms des Enfans.	Noms des Peres & Meres.	Noms des Parains & Maraines.
le 16. Août 1722. é le 18. Août même année.	428.	GEORGE FREDERIC.	S. A. Leopold Eberhard , Duc de Wirtemberg-Montbeliard , notre très - gracieux Souverain. S. A. Elifabeth-Charlotte , notre-très-gracieufe Duchefse régnante.	1. S. A. le Duc Chriftian Uleric d'Oëls. 2. S. A. George Leopold , Prince héréditaire. 3. S. A. Leopold Eberhard. 4. S. A. le Prince Charles Leopold. 5. Le haut - né Charles Leopold , Comte de Coligny. 6. Le haut-né Ferdinand Eberhard , Comte de Coligny. 7. S. A. Eleonore Charlotte , Duchefse douairiere d'Oëls. 8. S. A. Eleonore-Charlotte , Comtefse de Coligny, Princefse héréditaire. 9. S. A. la Princefse Leopoldine Eberhardine, Comtefse de Coligny. 10. S. A. la Princefse Henriette Hedwig. 11. S. A. la Princefse Elifabeth-Charlotte. 12. La haute-née Eberhardine. 13. Leopoldine Eberhardine, toutes deux Comtefses de Coligny.

Le refte de ce Regiftre contient encore quatre pages , & finit à la page 86. par le dernier Baptême du 21. Juin 1723.

Je foufsigné Interpréte Juré du Roy , pour les Langues Occidentales , certifie que la préfente traduction , par moi faite , eft fidelle & conforme à l'Original Allemand , en foi de quoi j'ai figné à Paris le 6. Avril 1745.

DEFLEURY.

EXTRAIT du Livre des Baptêmes de l'Eglise du Château de Montbeliard, touchant les Parains & Maraines.

Pag. 65. Jour, Mois & An.	N°. des Personnes.	Noms des Enfans.	Noms de Pères & Mères.	Noms des Parains & Maraines.
Le 11. Juillet 1718.	356.	LEOPOLDINE CHARLOTTE.	Augustin Felgenhauer. Anne-Elisabeth Strobel.	S. A. Leopold Eberhard Duc de Wirtemberg-Montbeliard. Le Noble Jean-Louis Sandersleben. Jean-Henry Sivers. La bien-née Elisabeth Charlotte, Baronne de Lesperance.
Le 9. Septembre 1718.	361.	FERDINAND EBERHARD.	Pierre Reischacher Anne-Judith Vuillemenot.	Le haut-né Ferdinand Eberhard, Comte de Cligny. La bien-née Elisabeth Charlotte, Baronne Lesperance.
Le 29. Decembre 1719.	379.	CHARLES JACOB.	Le Noble Jacob Sente de Taubenheim. Sophie-Louise-Magdeleine.	S. A. Leopold Eberhard Duc de Wirtemberg-Montbeliard. Le haut-né Charles Leopold, Comte de Cligny. S. A. Elisabeth-Charlotte, femme de S. A. notre très-gracieux Souverain & Seigneur. La haute-née Eberhardine Comtesse de Coligny

Je soussigné Interprête Juré du Roy, pour les Langues Occidentales, certifie que la présente traduction, par moi faite, est fidelle & conforme à l'Original Allemand, en foi de quoi j'ai signé à Paris le 6. Avril 1745.

DEFLEURY.

Nº. LXI.

*EXTRAIT des Registres ou Livres du Conseil , des Ministres ;
ou du Clergé , & du Corps de Ville de Montbeliard.*

LE CONSEIL.

Sereniſſime Ducheſſe, le Conſeil m'a chargé d'aſſurer Son
Alteſſe Sereniſſime Madame la Ducheſſe Regnante ; qu'il ſe
félicite de voir renaître le jour qui lui a donné la naiſſance.
Il prie Dieu qu'il la faſſe ſurvivre pendant longues années à cet
heureux jour avec Son Alteſſe Séréniſſime Monſeigneur le Duc,
contente , joyeuſe & ſatisfaite. Il prend la liberté de ſe recommander très-humblement à ſes bonnes graces , & à celles de
toute ſa ſéréniſſime & très-illuſtre famille.

REPONSE.

Je vous ſuis bien obligée de vos bons ſentimens , & comme
je compte ſur votre fidélité , je vous ſouhaite toute ſorte de
bonheur & de contentement , & je ferai de bon cœur tout ce
qui pourra contribuer à votre avantage.

Le Compliment des Miniſtres eſt à peu près dans le même
ſens, fait par le Surintendant des Egliſes.

Compliment des Officiers de l'Hôtel de Ville.

Sereniſſime Ducheſſe , les Bourgeois de la Ville de Montbeliard , repréſentés ici par les trois Corps, m'ont prié d'aſſurer
ſon Alteſſe Séréniſſime Madame la Ducheſſe Regnante, qu'étant
toujours attentifs aux occaſions de s'acquitter de leurs devoirs ,
ils ont appris agréablement que le jour d'aujourd'hui eſt celui
qui lui a donné la naiſſance , ce qui les engage à prendre la liberté de venir l'en féliciter dans les ſentimens du plus profond
reſpect, & prier Dieu du meilleur de leurs cœurs , qu'il veuille
longuement prolonger ſes jours avec Son Alteſſe Séréniſſime le
Duc leur Souverain; qu'il les rende fort heureux , & qu'il leur
accorde, & à toute la Séréniſſime & très-illuſtre Famille , tant
de ſujets de joie & de contentement , qu'elles n'ayent pendant

O

leur vie rien à défirer : les fupplians , tous enfemble , d'être
perfuadée que les Bourgeois de Montbeliard ont & conferve-
ront jufqu'à la mort une fidélité inviolable, tant à Son Alteffe
Séréniffime leur Souverain, qu'à Son Alteffe Séréniffime Madame la Ducheffe Regnante, & à toute la Séréniffime famille
dont ils implorent la protection & la continuation de fes graces.

Réponfe de la Ducheffe de Montbeliard.

Je vous fuis bien obligée des fouhaits que vous me faites de la
part de la Bourgeoifie , & des marques de fidélité que vous me
donnez. Je vous fouhaite auffi bien du contentement, & je vous
affure que je ferai de bon cœur tout ce qui pourra contribuer
à votre avantage.

Autre Réponfe du Duc de Montbeliard.

Je fuis fenfible aux marques que vous donnez à mon époufe
de vos bons cœurs & de votre fidélité. J'efpere que vous ne
fouffrirez jamais perfonne, qui voudroit femer la défunion dans
les familles , non plus qu'entre le Souverain & les Sujets. J'affure
tous ceux qui feront inviolablement attachés & fidéles, tant à
moi qu'à mon Epoufe, & à toute ma famille, de ma protection, du foin que je prendrai de leur bonheur, & de la continuation de mes graces , dont je veux aujourd'hui vous donner des
marques.

Remerciment des trois Corps.

Les trois Corps remercient en profond refpect, Votre Alteffe
Séréniffime des graces qu'elle veut bien repandre fur eux. Ils
affurent qu'ils tâcheront de les mériter par la fidélité qu'ils auront
jufqu'à la mort pour Votre Alteffe Séréniffime, & Son Alteffe
Séréniffime Madame la Ducheffe regnante, & pour toute fa Séréniffime Famille.

Réponfe du Duc.

Je n'en doute aucunement , & vous pouvez auffi compter fur
moi & fur les miens.

Les Gens du Confeil de Régence à Montbeliard pour fon
Alteffe Séréniffime , Monfeigneur le Duc Regnant de Wirtem-

, &c. &c. &c. certifient véritable à tous ceux qu'il appar-
dra, que dans les Archives du Confeil de Montbeliard, il
trouve aucun Livre ou Régiftre que le Confeil du feu Duc
pold Eberhard y ait laiffé, & où fe trouve infcrit un com-
ent pareil à celui couché dans le prétendu Extrait ci - de-
, ni aucune autre remarque relative, n'étant pas au refte
ceux, que ce Confeil, efclave d'un maître abfolu, n'ait fait
la crainte d'attirer fon indignation, des complimens encore
expreffifs, mais mieux arrangés que celui de queftion, fait
Confeil à Montbeliard le neuviéme jour du mois d'Avril
fept cens quarante-quatre, fous le fceau ordinaire de la
ancellerie, & la fignature du Sécretaire.

(L S)   Par Ordonnance.

                              GOGUEL, Sécretaire.

N° LXII.

es fouffignés Confeillers Eccléfiaftiques & Surintendant, Mi-
tres & Diacre de l'Eglife Françoife à Montbeliard, certifient
ur chofe véritable, que leurs Prédéceffeurs dans ces Emplois
leur ont laiffé ni tranfmis aucuns Livres ni Régiftres où fe
uvent infcrits des complimens de félicitation fur le jour de
ffance de la Baronne de Lefperance, après que le feu Duc
opold Eberhard eut trouvé bon de la déclarer Ducheffe, &
faire prier pour elle dans les Eglifes, de maniere que les
traits de ce prétendu Livre de complimens ne peuvent être
e fuppofés & faits à plaifir. En foi dequoi nous avons figné
préfent Certificat, & y avons appofé nos cachets ordinaires.
it à Montbeliard le 8. Avril 1744.

(LS) J. F. MACLER, Confeiller Eccléfiaftique, Surintendant,
remier Miniftre de l'Eglife Françoife de Montbeliard.

(LS) J. F. BLANCHOT, fecond Miniftre de l'Eglife Françoife
ud. Montbeliard.

(LS) C. C. DU VERNOY, Diacre de ladite Eglife.

Les Gens du Confeil de Régence à Montbeliard pour fon
Alteffe Séréniffime Monfeigneur le Duc Regnant de Wirremberg, &c. &c. &c. certifient véritable, que les trois Miniftres

qui ont figné l'acte ci-deſſus, ſont en effet revêtus des qualités qu'ils s'y donnent, pour marque dequoi a été appoſé au préſent le ſceau ordinaire de la Chancellerie ſous la ſignature du Sécretaire : fait en Conſeil à Montbeliard le neuviéme jour du mois d'Avril dix-ſept cent quarante-quatre.

(L S)   Par Ordonnance.

GOGUEL Sécretaire.

N°. LXIII.

EXTRAIT du Livre des Notaux ou choſes notables du Regiſtre de l'Hôtel de Ville de Montbeliard.

Le Samedy vingt-huit Juin mil ſept cent vingt-un, le ſieur *Iſac Fallot, en qualité de Maître Bourgeois* en chef de la Ville de Montbeliard, par conſentement du Corps des Sieurs neuf Bourgeois, ayant fait convoquer les trois Corps de ladite Ville, compoſés des ſieurs neuf Bourgeois, dix huiĉt & Notables, il leur fit cognoître, que comme ce jour eſtoit celuy de naiſſance de S. A. S. Madame Elizabeth Charlotte notre gracieuſe Ducheſſe Regnante, qu'il ſeroit à propos ſi leſdits trois Corps le trouvoient bon, de monter en Corps au Château, pour l'en féliciter, qu'il pouvoit les aſſurer que l'on ſeroit reçu favorablement, & qu'il étoit même perſuadé que cela feroit plaiſir à S. A. S. ſur quoi leſdits trois Corps firent réponſe, qu'ils ne ſouhaitoient rien avec plus d'ardeur que d'avoir les occaſions à marquer à ſadite A. S. leur gracieux Souverain, leurs véritables attachemens & leurs zéles, tant pour ſa Séréniſſime Perſonne, que pour toute ſa Séréniſſime Famille, & qu'ils étoient charmés d'en trouver une, & qu'ils vouloient monter de bon cœur, ce qu'ils firent inceſſamment, aſſiſté d'honoré ſieur Monſieur le Conſeiller Goguel en qualité de Maire, & leſdits trois Corps furent gracieuſement reçeus tant de ſadite A. S. Madame la Ducheſſe Regnante, que de S. A. S. Monſeigneur le Duc, & même ſadite A. S. après que Madame la Ducheſſe eut remercié les trois Corps, leur dit en propre terme, qu'il les remercioit des ſouhaits qu'ils venoient de faire à ſon Epouſe, que comme il étoit perſuadé de leur fidélité, tant pour ſa Perſonne que pour toute Sa Séréniſſime Famille, il les aſſuroit auſſi de ſes graces, & qu'il vouloit commencer dès ce jour-même à leur en donner

des

des marques, & en effet le même jour, après la Priere du Vêpre, Sadite A. S. fit ordonner par Monfieur le Confeiller Goguel à trois des Corps, fçavoir un de chaque Corps, de monter au Château; les fieurs *Ifac Fallot, en qualité de Maître Bourgeois en chef*, Nicolas Titot, du nombre de Meffieurs les Dix huit, Jofeph Jeremie Duvernoy, du nombre de Meffieurs les Notables, y allerent; & ayant été introduits dans l'appartemenr de S. A. S. auprès de qui étoit honnoré fieur *Monfieur le Confeiller Fallot*, Sadite A. S. s'adreffant audit fieur *Maître Bourgeois en chef Fallot*, lui dit qu'il vouloit lui donner un commencement des effets de fes graces, & qu'ils pouvoient être perfuadés qu'auffi long-tems qu'ils lui feroient fideles & à Sa Sérénilfime Famille, auffi long-tems leur donnéroit-il des plus grandes marques de fes graces, & tirant en même-tems un Papier de fa poche, contenant des Franchifes, il le remit entre les mains dudit fieur *Fallot Maître Bourgeois* en chef, mondit fieur *le Confeiller Fallot* toujours préfent, qui voulant remercier au nom de toute la Bourgeoifie Sadite A. S. leur répondit qu'il ne demandoit point de compliment, mais des éceurs.

Les Maire & Neuf Bourgeois Jurés de la Ville de Montbeliard, certifient que l'Extrait ci-devant a été fidelement tiré du Livre des Notaux qui repofe en l'Hôtel de Ville, & qu'il y eft entierement conforme; & que depuis 1720 jufques à 1723, il ne s'y trouve rien autre chofe qui faffe mention de complimens faits à la Baronne Elizabeth-Charlotte de Lefpetance, à l'occafion de fon jour de naiffance, atteftant de plus que dès le 8 Novembre 1721, que Sa Majefté Impériale défendit par un Mandat particulier au Magiftrat, fous de rigoureufes peines & menaces, de la reconnoître fous la qualité de Ducheffe & de la nommer de même; il ne s'y trouve aucune remarque que ledit Magiftrat lui ait été faire de femblables complimens de félicitations. En foi de quoi le préfent Acte a été expédié fous le Sceau ordinaire de ladite Ville & la fignature du Sécretaire. FAIT en l'Hôtel de Ville de Montbeliard, le neuf Avril mil fept cent quarante-quatre.

Par ordonnance,

(L. S.)

JEAN-GEORGE BOHY, Sécretaire.

P

N°. LXIV

Le 22. Février
N°. 68.
EXTRAIT du nouveau Régiſtre de l'Egliſe du Château de Mon
beliard contenant les mariages.

1719.

A été marié le haut-né George Léopold Comte de Sponeck
fils de ſon Alteſſe Séréniſſime Leopold Eberhard Duc de Wirtemberg Montbeliard, & de la haute-née Anne Sabine Comteſſe de Sponeck, avec la haute-née Eleonore Charlotte Comteſſe de Coligny, fille du noble *Jean Louis de Sanderſleben*
& de feuë bien-née Henriette Hedwig, Baronne de Leſperance

1719.

Le 31. Août
N°. 69.
A été marié le bien-né Charles Leopold Comte de Coligny
fils du noble *Jean Louis de Sanderſleben*, & de feue bien-né
Henriette Hedwig Baronne de Leſperance, avec la Princeſſe
Leopoldine Eberhardine, fille de S. A. S. Leopold Duc de Wir-
temberg Montbeliard, & d'Anne Sabine Comteſſe de Sponeck

Je ſouſſigné Interprête Juré du Roi, pour les Langues Occidentales, certifie que la préſente traduction eſt fidele & conforme à l'original Allemand: En foi de quoi j'ai ſigné. A Paris
le ſix Avril 1745.

DEFLEURY.

De l'Imprimerie de CH. J. B. DELESPINE, Imprimeur ordinaire du
Roy, ruë S. Jacques, au Palmier, 1745.

17,281

PIECES

POUR Georges-Leopold, Duc de Wirtemberg-Montbelliard.

CONTRE Charles-Leopold, & Georges-Frederic, Enfans de la Baronne de l'Esperance.

ACTE de Celebration de 1695. écrit & signé de la main du Ministre Fuchs, mort le 30 Juin 1715.

E souſſigné, certifie & atteſte par ces lignes & ſur ma vraye parole de Prêtre, que Tit. Pleniſſ. Monſeigneur Leopold Eberhard H. Z. W. M. & Damoiſelle Anne-Sabine V. H. le 1ᵉʳ Juin du Stile nouveau, ont dûement obtenu ici à Reyovitz dans la Grande Pologne, en l'Egliſe, la Copulation Eccleſiaſtique; ſuivant la coutume de l'Egliſe Evangelique Lutherienne & ont été mariés legitimement au nom de la Très-Sainte Trinité; par

> Jean-Chriſtophe Fuchſius,
> Prédicateur Evangelique,
> Lutherien de Reyovitz &
> Skoki.

Nota. La premiere lettre Allemande H. ſignifie le mot Duc : la ſeconde Z. le mot de : la troiſiéme W. Wirtemberg : la quatriéme M. celui de Montbelliard.

Nota. La premiere lettre Allemande V. ſignifie le mot de; & la ſeconde H. Hedwiger.

APPROBATIO.

NOUS les Bourguemaîtres & Conſuls de la Ville de Skoki, ſçavoir faiſons à tous qu'il appartiendra, que feu le Sieur Jean-Chriſtophe Fuchſius (lequel a marié Pleniſſ. Tit. Monſeigneur Leopold-Eberhard, Duc de Wirtemberg-Montbelliard avec Damoiſelle Anne-Sabine de Hedwiger, dans l'Egliſe de Reyovits, le premier du mois de Juin de l'année mil ſix cent quatre-vingt-quinze, ſuivant qu'il Nous a ſuffiſamment apparu par le Regiſtre des Mariages de ladite Egliſe de Reyovits,) a été Paſteur audit Reyovits & ici à Skoki; & que de ſa propre main que nous connoiſſons très-bien, il a écrit à la page marquée le Certificat ci-deſſus, aux Ecritures & Certificats duquel foi entiere doit être ajoutée : En témoignage de tout ce qui eſt ci-deſſus mentionné, Nous avons ſigné de nos propres mains, & avons fait appoſer le Scel ordinaire de la Ville aux Preſentes: Fait à Skoki le cinquiéme du mois de Juillet en l'année mil ſept cent vingt.

Ont ſignez avec paraphes:

Thomas Forbes, Proconſul-Juré de la Ville de Skoki. Staniſlaus Dyament, Avocat-Juré.
   Boguſlaus Jakubovitz, Conſul-Juré.
   Jean Figulus, Conſul-Juré.
   Jeremie Fuchſius, Conſul-Juré.
   Matthieu Szczepanski, Conſul-Juré.
   Jean Liſek, Echevin-Juré.
   Samuel Solnicki, Echevin-Juré.

A

Jean-Chriſtophe Schultz, Echevin-Juré.
Jacques Cien, Echevin-Juré.
Jean Iſert, Echevin-Juré.
Alexandre Plorozinski, Notaire-Juré de Skoki.
    Et des deux Magiſtratures.

Je ſouſſigné de l'Academie Royale des Sciences, & Interprete du Roy en Langue Teutonique, certifie que cette Traduction eſt conforme à l'Original. Fait à Paris le 8 Fevrier 1736. WINSLOW.

EXTRAIT DU REGISTRE DE REYOVITZ.

CERTIFICAT *touchant le Mariage d'entre Sereniſſime Leopold-Eberhard, Duc de Wirtemberg-Montbelliard, & Illuſtriſſime Dame Anne-Sabine de Hedwiger, donné par le Reverend Sieur Jean-Chriſtophe Fuchs, autre Paſteur des Egliſes Unies de Reyovitz & Skoki, lequel Mariage a été réellement celebré & contraſté le premier Juin mil ſix cent nonante-cinq.*

NOUS Chriſtophe Cock, Paſteur des Egliſes Unies de Skoki & Reyovitz, certifions à tous ceux qui verront les Preſentes, que nous avons extrait fidellement du Regiſtre public des ſuſdites Egliſes l'Acte de Mariage celebré autrefois pardevant le ſieur Fuchs notre prédeceſſeur comme il s'enſuit.

Page 30. 1695. Mariez.

Nº 9. N. B. ou, *Nota bene*, ce qui veut dire, obſervez bien ceci.

Le premier Juin ont été auſſi mariez dans l'Egliſe de Reyovitz deux perſonnes l'une & l'autre de la Religion Evangelique, qui venoient du Duché de Techen en Sileſie, à qui on avoit refuſé la Benediction nuptiale à moins qu'ils ne changeaſſent de créance; elles vinrent ici toutes deux à cheval, ſçavoir le très-Illuſtre Seigneur Leopold-Eberhard H. Z. W. M. Comte du S. Empire Romain, & très-Illuſtre Magnifique Demoiſelle Anne-Sabine V. H. le Seigneur époux étoit alors dans les Troupes de Saxe, & l'épouſe du Duché de Techen, ſous la tutelle de ſa mere veuve. Nous certifions de plus que les premieres années de notre arrivée à Skoki dans les converſations familieres, les entretiens ordinaires avec les fils, la fille & le beau-pere chez le ſieur Fuchs Miniſtre, ſoit dans le ſuſdit Village de Reyovitz, que de Skoki il avoit été mention de ce mariage en preſence du ſieur Fuchs notre Predeceſſeur, que lui-même en avoit parlé autant que nous pouvons nous en reſſouvenir, car il y a déja vingt-cinq ans, que d'autres perſonnes l'ont entendu beaucoup plus ſouvent parler lui-même de ce mariage d'abord après la celebration, enſuite en differens tems, dans les feſtins des Nôces & des Baptêmes, leſquels en ont rendu témoignage, ſous la foi du ſerment pardevant les Magiſtrats de Skoki pour aſſurer la verité & la réalité de la celebration de ce mariage, ont trouvé leur témoignage ſcellé de leurs Cachets dans les Archives de la Ville de Skoki; que tous donc & un chacun qui verront & qui liront ce Certificat, croyent que le ſuſdit Miniſtre Fuchs a aſſiſté en perſonne à la celebration dudit mariage, & qu'il a donné la Benediction nuptiale devant l'Autel dans l'Egliſe de Reyovitz au Sereniſſime Prince de Wirtemberg, & à l'Illuſtriſſime Dame Anne-Sabine de Hewiger; ſi cela n'étoit pas nous n'oſerions publier dans le monde une fauſſeté, ſouiller & charger notre conſcience Paſtorale de faux témoignage, choquer & offenſer par des Certificats frauduleux notre prochain à qui il convient d'en être inſtruit, de quelque rang & ordre qu'il ſoit.

Nous faifons enfin fçavoir que nous avons déja donné deux Certificats autentiques de ce fufdit mariage, dans le premier defquels nous avons rapporté le nom des deux époux, comme ils font dans le Regiftre public de l'Eglife de Reyovitz, c'eft-à-dire en mettant au long le nom de Leopold-Eberhard avec les Lettres initiales de leurs qualitez de cette façon H. Z. W. M. dans le fecond Certificat qui a été auffi dépofé dans les Archives de Skoki, nous avons rapporté les noms des deux époux tout au long, parce que nous fçavons que ces Lettres initiales doivent s'entendre du Sereniffime Prince Leopold-Eberhard, Duc de Wirtemberg, & de l'Illuftriffime Dame Anne-Sabine de Hedwiger fon époufe légitime, ainfi que nous l'a appris le Sr Fuchs notre Prédeceffeur, de peur que la fignification de ces Lettres initiales ne paffât dans l'oubli; & afin que les fucceffeurs dans la Cure des Eglifes Unies de Reyovitz & de Skoki & toute la pofterité fçache ce que fignifie ces Lettres, il a plû à nous ce en prefence des Notaires-Jurez Royal de ce tems-là & à tous les Magiftrats de Skoki avec le confentement du fieur Comte de Coligny de rapporter dans les Archives de la Ville de Skoki les noms en entier des deux époux, comme il a été rapporté.

De plus la memoire de ce mariage fubfifte encore parmi nous; plufieurs même témoins oculaires font encore vivans, lefquels ont été prefens à ce mariage, & ont tout vû; on trouveroit encore un plus grand nombre de témoins dignes de foi qui font prêts autant que befoin fera de rendre des témoignages très-vrays & très-équitables, & de confirmer ceux qu'ils ont déja donné & touchant ce qu'ils ont déja donné & appris fans les entretiens, tant du fieur Fuchs d'heureufe memoire, que de fes parens; en foi de quoi nous avons foufcrit de notre main ce certificat, & l'avons fcellé de notre Sceau. A Skoki l'an mil fept cent trente-cinq, & le 23 de May.

ACTE paffé dans la Ville de Skoki pardevant les Officiers Magiftrats, le 23 de May 1735.

Pardevant les Magiftrats de la Ville de Skoki, eft comparu le venerable fieur Kock, Miniftre de la Confeffion d'Aufbourg des Eglifes Unies de Skoki & de Reyovitz, nous notifiant que par les Lettres à lui envoyées de Breflau du confentement & de l'avis de l'Illuftriffime Seigneur Georges-Leopold de Wirtemberg-Montbelliard, on demandoit un Certificat du mariage entre le Sereniffime Leopold-Eberhard, Duc de Wirtemberg-Montbelliard, & l'Illuftriffime Dame Anne-Sabine de Hedwiger réellement fait & celebré en l'année 1695. le premier Juin par le venerable fieur Jean-Chriftophe Fuchs, autrefois Pafteur des Eglifes Unies de Reyovitz & de Skoki, le fufdit venerable fieur Chriftophe Koch voulant fatisfaire aux juftes demandes de l'Illuftriffime Prince de Wirtemberg-Montbelliard, a fait le prefent Certificat & nous l'a donné à voir & à lire, nous a auffi demandé de rendre témoignage comme ce Certificat étoit écrit de fa main & fcellé de fon Sceau, & parce que ce mariage des fufdits Illuftres époux nous eft parfaitement connu, qu'on le trouve dans les Archives de la Ville de Skoki, & que le fouvenir exifte encore parmi nous, nous ne pourrions refufer le témoignage que nous demande le fieur Chriftophe Koch, car nous fçavons que le Sujet eft digne d'une jufte attention; nous certifions donc que le Certificat du fieur venerable Koch eft écrit de fa propre main, non d'une autre, que pour éloigner tout foupçon il eft fcellé de fon Sceau, qu'un chacun de quelque rang & de quelque condition qu'il foit croit que la chofe eft telle que nous l'avons affûrée, nous certifions & atteftons qu'elle eft exempte de tout foupçon, plus une plus grande foi & autorité nous l'avons foufcrit de notre main & l'avons fcellé du Sceau ordinaire & ancien de la Ville comme ci-deffus.

Martin Offenhammer, P. T. Bourguemeftre, Regnant, M. P. Ainfi figné à l'Original, avec le Scellé.

Jofeph-Thadus Noveki, Notaire-Juré, M. PP. Ainfi figné à l'Original, avec le Scellé.

3 Juillet 1720.

CERTIFICAT de la mort du Ministre Fuchs.

ATTESTATIO.

JE soussigné certifie par ces Presentes, que feu le très-reverend, très-venerable & très-scientifique sieur Jean-Christophe Fuchs mon Prédecesseur, d'heureuse memoire, avec lequel j'ai conversé l'espace de cinq ans, a été 35 ans & demi Pasteur des Paroisses Unies Lutheriennes Evangeliques de Reyovitz & Skoki ; mais lequel est mort l'an 1715. le 30 Juin, & a été enterré le 4 Juillet suivant à Reyovitz, dit en Allemand Revier, auquel j'ai fait moi-même un discours funebre auprès de son tombeau, comme son Adjoint ci-devant, & comme étant déja appellé & nommé dès ce tems-là au Ministere. En foi de quoi je soussigne de ma propre main & appose mon Cachet ordinaire pour plus grande autenticité. Fait dans la très-Noble Ville de SKOKI, le 3 Juillet, l'an de J. C. 1720.

A signé

(L. S.) Christophorus Kochius, Pasteur des Paroisses Unies Lutheriennes Evangeliques de Revier & SKOKI. M. PP.

APPROBATIO.

Nos itaque Proconsul & Consules Civitatis SKOKI in Palatinatu Posnaniensi Majoris Poloniæ Regni præmissa omnia suprascripta, ratione reverendi Pastoris Fuschsii connotata, aliaque omnia contenta esse vera realia recognoscimus & notum testatumque facimus, ac in majorem fidem manibus nostris subscripsimus. Detum in Civitate nostra SKOKI, die tertiâ mensis Julii anno 1720. cum appositione Sigilli officii nostri.

Signé

(L. S.)   Thomas Forbes, Proconsul-Juratus. M. PP.
  Stanislaus Dyament, Advoeatus. M. PP.
  Boguslaus Jahinbowitz, Consul-Juratus.
  Jeremias Fuchs, Consul-Juratus. M. PP.
  Joannes Liseck Scabinus, Juratus.
  Alexander Plorezynski Notar.
  Utriusque spectabilis Magistratus Civitatis SKOKI. M. PP.

---

8 Septembre 1722.

CERTIFICAT du Baptême du Prince George-Leopol, Prince de Montbelliard.

NOUS Frederic Opfergeld, Prevôt & Prelat élû & confirmé du Monastere de Notre-Dame à Magdebourg, de l'Ordre des Premontrez, certifions par les Présentes à tous qu'il appartiendra, & où il en sera besoin, que le 12 Decembre de l'an de notre Seigneur 1697. étant pour lors Diacre de Festemberg, nous avons baptisé un enfant mâle, qui fut nommé George-Leopold, sauf les Titres dont les illustres Parens sont ; sçavoir, le pere S. A. S. Leopold Eberhard Duc de Wirtemberg-Montbeliard ; & la mere, l'illustre Dame Anne-Sabine de Hedwiger, & fut present comme Parain, un certain Capitaine, M. Leonard de Nardin; en foi de quoi les Présentes ont été munies du Sceau dudit Monastere, & de notre signature.

signature. Fait à Magdebourg audit Monastere de Notre-Dame le huit Septembre mil sept cens vingt-deux.

[L. S.] *A signé,*   Frederic Opfergeld Prevôt & Prelat.

Je soussigné de l'Academie Royale des Sciences & Interprête du Roi en Langue Teutonique , certifie que cette traduction est conforme à l'Original. Fait à Paris le premier Fevrier mil sept cens trente-six. Winslow.

---

6 Fevrier 1697.

ACTE de Célebration de Mariage de Monsieur & Madame de Sandersleben.

QUE l'an 1697. le 6 Fevrier fut legitimement marié & beni dans le Château Ducal Pl. Tit. Messire Jean-Louis de Sandersleben & Neuhaltensleben avec Pl. Tit. Damoiselle Henriette Hedwige Demoniard de l'Esperance ; fille d'honneur de S. A. S. Madame la Duchesse regnante alors ; par feu Tit. M. George Neukirch alors Diacre de l'Eglise Paroissiale du Château & Pasteur des Polonois, atteste le soussigné en conformité des Registres de l'Eglise de l'année cy-dessus , n°. 10. par sa signature , & l'apposition de son cachet. Fait à Oels le 9 Juillet 1720.

 A signé sur l'Original ,

[L. S.]   M. Paul Bornagius, Pasteur de la Cour de S. A. S.
        de Wurtemberg-Oels, & de la Ville, Assesseur
        du Consistoire de S. A. S. Premier Ancien , &
        Inspecteur du vénerable Clergé.

Le soussigné atteste par l'apposition du Sceau ordinaire de la Chancellerie , que la présente Copie a été fidelement copiée de son véritable Original , auquel elle s'est trouvée conforme de mot à mot en la collationnant à Mallhausen en Suisse le 4 Octobre 1720.

[L. S.] *A signé,* J. H. Reber , Greffier de la Ville.

Je soussigné de l'Academie Royale des Sciences , & Interprête du Roi en Langue Teutonique , certifie que cette Traduction est conforme à l'Original. Fait à Paris le 6 Fevrier 1736. Winslow.

---

17 Octobre 1700.

ACTE de Baptême de Madame la Princesse de Montbelliard , Fille de Monsieur & de Madame de Sandersleben.

EXTRAIT DU REGISTRE DE L'EGLISE DU CHATEAU DE
Montbelliard concernant les Baptêmes.

Feuille 6. Art. 4. Num. 32.

LE 17 Octobre 1700. est baptisée Eleonor-Charlotte fille de Messire Jean-Louis de Sandersleben , & de très-noble Dame Henriette Hedwige , Baronne de l'Esperance.

A Montbelliard le 14 Mars 1720.

 A signé avec paraphe.

      Jean-Jacques Gropp , Prédicateur de la Cour ,
       Surintendant & Conseiller Consistorial.

B

Les Conseillers de la Chancellerie de Son Alteſſe Sereniſſime Leopold-Eberhard Duc de Wirtemberg-Montbelliard, certifient par les Préſentes que le ſuſdit très-reverend & très-ſcientifique ſieur Jean-Jacques Gropp, qui a fait l'Extrait cy-deſſus, eſt Prédicateur de la Cour, Surintendant & Conſeiller Conſiſtorial de Son Alteſſe Sereniſſime ; en foi de quoi les Préſentes ont été ſcellées du Sceau de la Chancellerie Ducale, & ſignées par le Secretaire. Fait à Montbelliard le 15 Mars 1720.

A ſigné avec paraphe.

[L. S.]   Auguſtin Felgenhaver, Secretaire.

Je ſouſſigné de l'Academie Royale des Sciences, & Interpréte du Roi en Langue Teutonique, certifie que cette Traduction eſt conforme à l'Original. Fait à Paris le 27 Fevrier 1736. Winſlow.

Premier Mars 1701.

DIVORCE ENTRE M. ET MADAME DE SANDERSLEBEN.

Extrait du Regiſtre Conſiſtorial de Montbelliard.

Page ſeconde, art. ſecond.

EN cauſe de très-noble Dame Henriette Hedwige, Baronne de l'Eſperance, comme plaignante, d'un part, & de Meſſire Jean-Louis de Sandersleben, comme accuſé, d'autre part. Ladite Baronne de l'Eſperance a rencontré en ſe plaignant que ledit Jean-Louis de Sanderſleben ſon époux avoit commis un adultere envers elle, & qu'en outre elle avoit ſouffert de lui pluſieurs mauvais traitemens indecens pendant le mariage ; en conſideration de ce la ſuſdite Baronne de l'Eſperance a demandé aux endroits convenables ſeparation & divorce, qui s'eſt fait auſſi pour les raiſons ci-deſſus mentionnées, & par rapport à l'aveu que l'accuſé a fait lui-même de tout ce que deſſus ; deſorte que la Plaignante a été abſoute & entierement détachée de lui Accuſé, quant au mariage ; & il a été permis à ladite Baronne de l'Eſperance de ſe remarier chrétiennement ; mais il a été défendu à lui Accuſé Jean-Louis de Sanderſleben de ne ſe remarier en aucune maniere qu'après la mort de ſa ſuſdite femme ci-devant. Fait à Montbelliard le premier Mars 1701.

A ſigné avec paraphe,

Jean-Jacques Gropp, Prédicateur de la Cour,
Sur-Intendant & Conſeiller Conſiſtorial.

Les Conſeillers de la Chancellerie de S. A. S. Leopold-Eberhard Duc de Wurtemberg-Montbelliard, certifient par les Preſentes que le ſuſdit très-Reverend & très-Scientifique Sieur Jean-Jacques Gropp, qui a fait l'extrait ci-deſſus, eſt Prédicateur de la Cour, Sur-Intendant & Conſeiller Conſiſtorial de ſa ſuſdite A. S. En foy de quoi les Preſentes ont été munies du Sceau de la Chancellerie de S. A. S. & ſignées par le Secretaire. Fait à Montbelliard le 3 Mars 1720.

A ſigné avec paraphe,

(L. S.) Auguſtin Fulgenhaver Secretaire.

Je ſouſſigné de l'Academie Royale de Sciences & Interprete du Roy en Langue Teutonique, certifie que cette traduction eſt conforme à l'original. A Paris le 27 Fevrier 1736. Winſlow.

5 Octobre 1714.

DIVORCE DU DUC ET DE LA DUCHESSE DE MONTBELLIARD.

Au nom de la Très-Sainte Trinité. Ainsi soit-il.

SÇAVOIR faisons par les Presentes à tous qu'il appartiendra, que moi Leopold-Eberhard Duc de Wirtemberg-Montbelliard, aussi-bien que moi Anne-Sabine Comtesse de Sponeck, *nous avons eu pendant notre legitime mariage quelques enfans ensemble, dont deux sont encore en vie, sçavoir Leopoldine-Eberardine, & Georges;* qu'après une mûre délibération, de science certaine & bonne volonté de tous deux, à cause de la contrarieté d'humeurs, d'où s'en est réellement suivi de part & d'autre des raisons assez suffisantes de divorce, nous susdits nous sommes volontairement & formellement separez en vertu de ces Lettres Patentes; *de sorte que dès-à-present nous nous donnons l'un à l'autre la liberté & le pouvoir de se remarier ailleurs, à qui, quand & comment il le voudra;* & moi Leopold-Eberhard Duc de Wirtemberg-Montbelliard, promets pour moi, mes heritiers & successeurs, de faire payer à Montbelliard à ladite Anne-Sabine Comtesse de Sponeck pour son entretien tous les ans pendant sa vie, la somme de cinq mille francs, monnoye de Montbelliard, ou quatre mille livres de France, à commencer du premier Janvier 1715. & de lui donner son logement franc dans mes Châteaux de Montbelliard & de Blamont, outre les Fiefs vendus avec permission, ceux qu'elle possede encore, & les allodieux qu'elle a reçu de moi; *mais en cas qu'elle se remarie*, le logement dans les deux Châteaux, & deux mille cinq cent francs, ou deux mille livres de France, reviendront à nous ou à nos successeurs dès-lors de ce mariage, & les autres deux mille cinq cens francs, ou deux mille livres après sa mort. En foy de quoi nous avons signé tous deux de nos mains, & nous avons fait attacher nos Sceaux, & expedier deux originaux conformes l'un à l'autre, dont moi Leopold-Eberhard Duc de Montbelliard ai reçu l'un, & moi Anne-Sabine Comtesse de Sponeck ai reçu l'autre. Fait à Seloncourt le 5 Octobre 1714.

Signé,

Leopold-Eberhard
Duc de Wirtemberg-
Montbelliard.

Anne-Sabine
Comtesse de Sponeck. M. P.

Nous soussignez Conseillers Consistoriaux de S. A. S. Leopold-Eberhard Duc de Wirtemberg-Montbelliard, certifions par les Presentes, signées de nos propres mains, & par l'apposition de nos Cachets, que l'Acte ci-dessus nous a été communiqué, lequel nous reconnoissons équitable & conforme à l'intention des deux Parties. Fait à Seloncourt le six Octobre mil sept cent quatorze.

Ont signé avec paraphes.

L. De Nardin.
G. De Vernoy.
C. C. Nardin.
J. C. Cuvie.

J. R. Comte de Sponeck.
J. G. Rossel.
Brisechoux.

J. V. Gropp. P. J. Goguel.

Je soussigné de l'Academie Royale des Sciences, & l'Interprete du Roy en Langue Teutonique, certifie que cette traduction est conforme à l'original. Fait à Paris le 11 Fevrier 1736. WINSLOW.

18 May 1715.

TRAITE' DE WILBADE.

SOIT notoire & à fçavoir qu'après que fon Alteffe Sereniffime Monfieur
Leopold-Eberard Duc de Montbelliard, a d'une part confideré, que fadite
Alteffe Sereniffime n'a jufqu'à prefent paffé à aucun mariage licite, fuffifammént
qualifié, ainfi que l'état de leur Maifon de Prince le requiert, & auroit néanmoins
procréé trois fortes d'enfans, qui ne peuvent auffi afpirer à la fucceffion du Comté-Princier de Montbelliard & aux neuf Seigneuries en dépendantes & leurs appartenances, qu'à aucun apanage & convention, ils ne peuvent non plus prétendre la
moindre chofe à cet égard; que d'autre part Son Alteffe Sereniffime Prince de
Montbelliard, pour temoigner l'affection particuliere qu'elle a pour fes enfans incapables de cette fucceffion, a bien voulu pourvoir de leur fubfiftance & alimens
neceffaires, que par la fuite ils n'en foient privez en entier; c'eft le fujet pour lequel fadite Alteffe Sereniffime, à l'inftante follicitation faite auprès de Son Alteffe
Sereniffime Monfieur Eberard-Louis Duc de Wirtemberg Regent, comme fucceffeur legitime de Montbelliard, a tant effectué, que la convention fuivante a
été faite, arrêtée & conclue à l'amiable entre lefdites deux perfonnes Princieres &
coufins.

Premierement, lefdits deux Princes paifibles promettent reciproquement de vivre à l'avenir dans une amitié infeparable, bonne harmonie & intelligence, enforte que fpécialement Son Alteffe Sereniffime Monfieur le Duc de Montbelliard
n'entreprendra & ne fera la moindre chofe, directement, ni indirectement qui
puiffe porter du dommage & préjudice à Son Alteffe Sereniffime Monfieur le Duc
de Wirtemberg Regent, ou à fa Maifon, ligne de Stutgard, ou les inquieter dans
leurs droits & fucceffions des Comté de Montbelliard & Seigneuries; mais à plus
forte raifon, que fi de la part de Montbelliard il s'eft effectivement paffé quelque
chofe jufqu'à prefent, que l'on ne veut point efperer, où dût fe faire par la fuite,
le tout fera par & en vertu des Prefentes fciemment annullé & revoqué, pour plus
de corroboration.

En fecond lieu, fi en tout cas Monfieur le Duc de Montbelliard payera, à la
volonté de Dieu, le droit de nature, *lequel Duc ne s'eft marié fuivant fon état,
comme il eft indifpenfablement requis dans la Maifon de Wirtemberg*, de maniere qu'il n'a point de defcendans legitimes & capables de lui fucceder, & que
fadite Alteffe Sereniffime Monfieur le Duc de Wirtemberg Regent, auquel, fuivant les anciens pactes de famille, unions de fucceffions & fideicommis, ce droit
eft dû, foit tant plus affuré de la fucceffion de tous les Pays de Montbelliard, fadite
Alteffe s'eft obligée d'ordonner en fon vivant & d'enjoindre expreffément à fes
Confeillers & Officiers, qu'immédiatement après la mort, foit tôt ou tard, à la
difpofition divine, de Monfieur le Duc de Montbelliard, Son Alteffe Sereniffime
Monfieur le Duc de Wirtemberg Regent, fa Maifon Princiere ligne de Stutgard,
fera dûment reconnu pour l'unique Seigneur legitime des Pays du Comté-Princier
de Montbelliard & des neuf Seigneuries, avec leurs appartenances; conféquem-
ment fera mis en poffeffion de la propriété, fans divifion, du Comté-Princier de
Montbelliard & de fa dépendance, comme auffi des neuf Seigneuries d'Ericourt,
Chaftelot, Blamont, Clermont, Granges, Clerval, Paffavant, Horbourg &
Reichenweyher, avec leurs appartenances, & de tout ce que Son Alteffe Sereniffime Monfieur le Duc de Montbelliard avoit, auroit dû, ou pû poffeder en
fon vivant, fans aucune exception, libres des dettes paffives que fadite Alteffe Sereniffime auroit pû elle-même contracter, & d'autres charges femblables; recevront
de la part de Son Alteffe Sereniffime Monfieur le Duc de Wirtemberg Regent,
le ferment de fidelité & de devoir des Officiers, Bourgeois & Habitans qui y feront; ce faifant, les affujertiront alors generalement en tous les points à fadite Alteffe Sereniffime dans le fait leur Seigneur legitime du Pays, de lui être fidels,
favorables & prêts à fes ordres; la Regence & Confeillers de Montbelliard fe
mettront, en tout cas, en peffeffion au nom de Monfieur le Duc de Wirtemberg
Regent, s'il ne fe trouvera pas fi-tôt quelqu'un de fa part fondé de plein pouvoir.

Troifiémement,

Troisièmement, sadite Altesse Serenissime Monsieur le Duc de Wirtemberg Regent, promet pour une fois & en tout, cependant au surplus sans aucun préjudice & à condition expresse & présupposition, après que sadite Altesse Serenissime aura immédiatement obtenu de Son Altesse Serenissime Monsieur Leopold-Eberard Duc de Montbelliard, ledit Comté-Princier & les neuf Seigneuries avec leurs appartenances, & ce qui leur peut être annexé, à la maniere susdite, possedez à present par ce dernier, de faire un fonds de douze mille florins de revenus annuels sur les biens de Montbelliard, lesquels seront érigez en Fief de Guenoville, distribuez entre les trois sortes d'enfans de Monsieur le Duc de Montbelliard, sçavoir que Madame de Sponeck & ses deux enfans Georges & Leopoldine-Eberardine seront formellement investis de Son Altesse Serenissime Monsieur le Duc de Wirtemberg Regent, pour un tiers, qui fait quatre mille florins de revenus. Les cinq enfans de feue Henriette Hedwiger Baronne de l'Esperance, nommez Charles-Leopold, Ferdinand-Eberard, Eleonore-Charlotte, Eberardine & Leopoldine-Eberardine, pour l'autre tiers de quatre mille florins. Et Elisabeth-Charlotte de l'Esperance encore vivante, avec ses enfans procréés avec Monsieur le Duc de Montbelliard, nommez Henry-Hedwigue & Leopold-Eberard, & ceux qui lui naîtront par la suite, pour la troisième part aussi de quatre mille florins de revenus, sans que lesdits enfans, non plus sadite Serenissime Monsieur le Duc de Montbelliard puissent au surplus prétendre du tout la moindre chose, ni former aucune prétention contre Son Altesse Serenissime Monsieur le Duc de Wirtemberg Regent, sous prétexte quelconque que ce soit, & seront pour l'avenir entierement exclus.

Quatrièmement, pour que tout ce que dessus soit chose tant plus solide & stable, Son Altesse Serenissime Monsieur le Duc de Montbelliard pour accomplissement exact, a declaré & promis d'abandonner & déguerpir encore pendant son vivant, même après la clôture, d'une maniere faisable & convenable à son Altesse Serenissime Monsieur le Duc de Wirtemberg Regent, autant de Pays qu'il faut pour faire le fonds desdits douze mille florins de revenus, afin de pouvoir investir lesdites trois sortes d'enfans incapables de la succession legitime, pour les revenus desdits douze mille florins du Rhin, en la maniere susdite, se reservant le domaine direct & le droit territorial cedé par Monsieur le Duc de Montbelliard en faveur de la Maison de Stutgard, pour le pouvoir exercer par la suite du tems, & d'en prendre possession actuelle par Monsieur le Duc de Wirtemberg Regent. Bien entendu de soi-même, si l'une ou l'autre part viendra à éteindre, que cette part, & consecutivement les autres, retournera au domaine direct, & n'échera à la Partie restante par droit d'accroissement.

Cinquièmement, Son Altesse Serenissime Monsieur le Duc de Wirtemberg Regent, lorsqu'elle succedera immédiatement à Monsieur le Duc de Montbelliard, à la maniere stipulée, dans le Comté-Princier & neuf Seigneuries avec leurs appartenances, & que ce que Monsieur le Duc de Montbelliard a promis par ces Presentes, sera accompli & executé, il protegera & maintiendra lesdits enfans, tant qu'il y aura un Covassal, ou leur donnera de tems à proportion pour équivalant d'autres Fiefs vacans dans le Duché de Wirtemberg de pareils revenus & de la même importance.

Sixièmement, s'il arrivoit que Son Altesse Serenissime Monsieur le Duc de Montbelliard, lequel a promis de ne point passer à d'autres nôces pendant le vivant de Madame Elisabeth-Charlotte Baronne de l'Esperance ladite Dame, & qu'il n'aura aucun empêchement de se remarier & convolera à d'autres nôces proportionnées à sa condition, sans empêchement & sans préjudice de la ligne Princiere de la Maison de Stutgard, & pourroit de ce mariage avoir des mâles & Princes legitimes descendans, ou se presenteroit, contre toute esperance, l'un ou l'autre accident inopiné, que Monsieur le Duc de Wirtemberg Regent & sa ligne Princiere de la Maison de Stutgard ne pourra succeder au Duc Leopold-Eberard de Montbelliard, immédiatement après sa mort, dans tout le Comté de Montbelliard & dans toutes les Seigneuries; comme aussi, si le Duc de Montbelliard n'abandonnera immédiatement après la clôture de la presente convention à Monsieur le Duc de Wirtemberg Regent, le fonds en question de douze mille florins du Rhin de revenus, au contenu litteral du quatrième article ci-dessus, auquel cas Son Altesse Serenissime Monsieur le Duc de Wirtemberg ne prétend point du tout être

C

tenu à ce qui a été stipulé par ces presentes d'une pure & bonne volonté, & à l'instante requête du Duc de Montbelliard, en faveur desdits enfans, mais est en ce cas nul, & doit être comme non avenu au surplus.

Septiémement. Après toutes ces suppositions & conditions, particulierement après l'abandonnement actuel du fonds susdit à Son Altesse Sereniffime M. le Duc de Wirtemberg Régent, Sadite Altesse Sereniffime ne concede pas seulement, mais consent auffi que M. le Duc de Montbelliard a fait élever lesdits Enfans à la qualité de Comte, ainfi que cela se trouve, & autant que cela leur eft avantageux, pourvû que cela se peut faire sans préjudice & dommage de la Maison du Duché de Wirtemberg, à condition qu'aucun d'eux porte les Armes de Wirtemberg ou de Montbelliard & de leurs appartenances, qu'ils prétendront non plus la moindre chose, outre ce qui leur a été accordé par cette convention, sous de certaines conditions d'une pure generosité & sans obligation.

Huitiémement. Et finalement Son Altesse Sereniffime M. le Duc de Vurtemberg Régent se reserve très-expreffement par ces Préfentes, que cette convention ne portera au surplus aucun préjudice, ni dommage à ses Droits, tels qu'ils puiffent être appellez ; moins aux anciens pactes de la Famille Ducale, unions de succeffions & *fideicommis*, qu'entant de ce qui a été traité par ces Préfentes, sous de certaines conditions, à l'encontre voue & promette Son Altesse Sereniffime M. le Duc de Montbelliard sous peine, que le Pays lequel doit autrement été abandonné, sera échu à la Maison de Stutgard avec les usufruits.

Neuviémement, de tenir en ses véritables paroles, honneur & foi de Prince ferme & ftable, tout à quoi Sadite Altesse Sereniffime s'eft obligée par ces Préfentes, ne rien faire au contraire en maniere quelconque ; mais garantira de son côté tous les points contenus en cette convention, le tout fidelement & de bonne foi. En foi de quoi la préfente convention, sur laquelle ont été expediez deux Exemplaires en originaux, dont l'un a été delivré à M. le Duc de Wurtemberg, Régent, & l'autre à M. le Duc de Montbelliard, a été par lesdits deux Ducs signée & corroborée des Sceaux de leurs Armes de Prince avec lesquels ont auffi figné & scellé leurs Conseillers intimes & Officiers, comme affiftans. Fait à Wildbad le dix-huitiéme May mil sept cens quinze.

Eberard Louis, Duc de Wurtemberg.   Leopold Eberard.

(L. S.)   (L. S.)

(L. S.) Comte de Grœvenitz.   (L. S.) J. L. de Sandersleben.

(L. S.) Baron de Thüngen.   (L. S.) R. Comte de Sponeck.

(L. S.) J. N. de Schunck.   (L. S.) Brisechoux.

Traduit sur l'Original Allemand, figné comme il eft cy-deffus avec appofition de huit Cachets sur cire rouge, auffi figné & paraphé par moi souffigné, Avocat & Secretaire, Interprète au Conseil Souverain d'Alsace. Fait à Colmar ce dix-septiéme Fevrier mil sept cens trente-six. Brucdet.

Le préfent Tranflat a été fait & tiré sur l'Original qui s'eft trouvé parmi les Titres & Papiers de la Famille de Wirtemberg-Montbelliard, qui sont préfentement dépofés au Greffe du Conseil d'Alsace ; lequel Original eft porté dans l'Inventaire qui a été dreffé desdits Titres en exécution de l'Arrêt dudit Conseil le vingt-six Aouft dernier, sous le numero 14. Fait à Colmar au Greffe du Conseil Souverain d'Alsace le dix-septiéme Fevrier mil sept cens trente-six.

Le Fevre, Greffier.

FORMULAIRE DU SERMENT,

Prêté ensuite de la Renonciation à la Principauté de Montbeliard.

COMME la ceſſion & renonciation du 29 Juillet dernier, que j'ai ſigné de ma propre main, & dont la teneur me vient d'être expliquée de nouveau, porte, qu'en cas que j'aye en vertu de ma naiſſance quelque droit & prétention à la Principauté de Montbeliard, & les Comtés & Seigneuries en dépendantes, je l'ai transferé & cedé à S. A. S. Monſeigneur Eberhard-Louis, Duc regnant de Wirtemberg, & à ſes ſucceſſeurs, en y renonçant pour moi, & ma poſterité pour jamais & éternellement; moi GEORGE, Comte de Sponeck, je jure preſentement pour confirmation de la ſuſdite ceſſion & renonciation faite par moi, avec le conſentement de S. A. S. Monſeigneur Leopold-Eberhard, Duc de Montbeliard, & avec connoiſſance de cauſe, priſe par ſa Regence, au Dieu tout-puiſſant, un ſerment corporel & ſolemnel, lequel m'a été bien expliqué, que je tiendrai toujours ferme, ſans vouloir avoir jamais recours au benefice de minorité ou autres exceptions quelconques, ce à quoi je me ſuis engagé dans la ceſſion & renonciation du 29 Juillet dernier, & par conſequent que je ne veuille, ni moi, ni mes heritiers, jamais de ma vie, & éternellement former aucune prétention, competenee ou droit à ladite Principauté de Montbeliard, ni aux Comté & Seigneuries en dépendantes, ſoit ou ſous prétexte de ſucceſſion, appanage ou alimentation, & que je reconnois pour ſeul & legitime ſucceſſeur en ladite Principauté de Montbeliard & toutes ſes Seigneuries & dépendances, S. A. S. Monſeigneur Eberhard-Louis Duc de Wirtemberg; & cela conformément à la ceſſion & renonciation ſus-mentionnée faite & écrite à Montbeliard, auſſi vrai que je ſouhaite, que Dieu me ſoit en aide par JESUS-CHRIST.

(L. S.) GEORGE, Comte de Sponeck.

(L. S.) FALLOT, Conſeiller & Aſſiſtant.

Après cela M. le Conſeiller & Aſſiſtant Fallot repreſenta avec bien du reſpect, que comme le ſuſdit Seigneur Comte George de Sponeck, &c. étoit dans l'intention de tenir fidelement ce qu'il avoit promis par le ſerment prêté au gracieux contentement de S. A. S. le Duc regnant de Wirtemberg, qu'il eſperoit auſſi, que du côté de Sadite Alteſſe Sereniſſime ce qui avoit été promis & ſtipulé gracieuſement par écrit audit Seigneur Comte de Sponeck, à ſa famille, & à ſes deſcendans, au ſujet de cet accommodement, ſeroit auſſi executé & accompli fidelement; de quoi lui fut donné une aſſurance convenable par la réponſe de M. le Conſeiller Intime, Baron de Schunck, au nom de ſon très-gracieux Seigneur. Enſuite de quoi ce preſent Acte commencé au nom de Dieu, ſe finit auſſi de même, après pluſieurs congratulations de part & d'autre.

Toutes leſquelles choſes ont été faites l'an de Chriſt, Indiction, Regnes de ſa Maj. Imp. mois, jour, heure & lieu marqués ci-deſſus, dans la maiſon de plaiſance de S. A. S. de Wirtemberg à Louiſbourg, dans la chambre baſſe de l'aîle gauche du bâtiment, le matin environ les onze heures, en preſence du ſuſdit Conſeiller M. Pfau, comme témoin requis ſpecialement pour le preſent Acte, qui en foi des choſes ſuſdites s'eſt ici ſouſcrit de ſa propre main, & y a appoſé ſon Cachet ordinaire, *ſigné*, (L. S.) CASPARD PFAU.

Nous donc Jean Philippe Schæffer, & Jean-Frideric Senckeiſen, Notaires Jurez publics, par le pouvoir & autorité de Sa Majeſté Imperiale, qui avons aſſiſté au preſent Acte, ceſſion, renonciation & accommodement confirmé par Serment, dès le commencement jufqu'à la fin, fans interruption; & qui avons vû & oui, pris fidellement *ad notam* & protocolé tout ce que deſſus arrivé, fait, & ainſi traité, en avons dreſſé le preſent inſtrument public pour une memoire éternelle, & en foi de verité l'avons écrit nous-même, fouſcrit de nos propres mains, confirmé & corroboré *in optimâ formâ*, de nos cachets accoutumés, qui nous ont été accordés gracieuſement comme ſeings du Notariat, ſuivant que nous en avions été requis & priés gracieuſement à raiſon de notre Charge.

Pro Lege & Grege.		Fidelis & Secretus	
S. Joh. Phil. Schæfferi,		S. Joh. Friderici Senckeisen.	
Not. Cæſ. Publ.	(L. S.)	Not. Cæſ. Publ.	(L. S.)

Johann. Philipp. Schæffer, Notarius Cæſareus publ. Juratus debito & legitimo modo requiſitus in fidem præmiſſorum, atteſtor.	Joh. Friedr. Senckeisen, Notarius Cæſareus publ. Juratus, debito & legitimo modo réquiſitus in fidem præmiſſorum, atteſtor.

Je fouſcris Notaire Imperial public & Juré, atteſte en la meilleure forme que faire ſe peut, par mon ſeing manuel & mon Sceau ordinaire de Notaire ici appoſé, que la preſente copie tirée fidelement de ſon original & *factâ collatione & diligenti auſcultatione*, y a été trouvée conforme de mot à mot. Fait à Stoutgard le 23 Octobre de l'an 1715.

(L. S.)   Notariatus Johann. Philipp. Schæffer, Notarius Cæſaræus Publ. Juratus in fidem præmiſſorum, atteſtor.

Certificat de Madame la Ducheſſe d'Oels touchant le mariage & la naiſſance de Georges-Leopold de Montbelliard.

NOUS Eléonore-Charlotte, par la grace de Dieu, née Ducheſſe & Douairiere de Wirtemberg, Teck & Chaſtillon, comme auſſi d'Oëls en Sileſie, Comteſſe de Montbelliard & Colligny, Dame de Heidenheimb, Sternberg, Mezibohr, Feſtemberg & Koltzig, &c.

Atteſtons & reconnoiſſons par les Preſentes devant Dieu, qui ſçait tout, & devant tous les honnêtes gens du monde, ſur notre bonne conſcience que feu S. A. S. le Prince & Seigneur, Monſeigneur Leopold Eberard Duc de Wirtemberg & Teck, Comte de Montbelliard, Seigneur de Heidenheimb, de ſon vivant notre très-honoré & très-cher frere, s'eſt fait marier au mois de Juin 1695. par la Copulation Paſtorale avec Pl. Cum. Tit. très-noble Anne-Sabine Comteſſe de Sponeck; qu'enſuite il a auſſi engendré pendant ce mariage illuſtre Georges-Leopold Duc de Wirtemberg-Montbelliard, aujourd'hui vivant, qui naquit le 12 Decembre 1697. dans notre Château Ducal de Feſtenberg, & fut baptiſé par Maître Opffergeld, alors notre Paſteur. En foy de quoy nous avons voulu atteſter ceci par forme de ſerment, & aſſurer en même tems que pour le ſoutien de la verité, nous ſommes prête & portée à prêter ſerment là-deſſus nous-même en propre perſonne, ou de le faire prêter ſur notre ame, en quelque tems & quelqu'endroit qu'il en ſera beſoin; c'eſt pourquoi de pleine ſcience & déliberation, nous avons ſigné cette Atteſtation de notre propre main, & y avons fait appoſer notre Sceau Ducal. Fait à Vienne le 24 Juillet 1726.

Signé,

[L. S.] Eleonore-Charlotte H. Z. W. Oëls.

Je fouſſigné de l'Academie Royale des Sciences & Interprête du Roi en Langue Teutonique, certifie que cette traduction eſt conforme à l'Original. Fait à Paris le treize Mars mil ſept cens trente-ſix. Winſlow.

21 Septembre 1717.

DONATION par Madame la Duchesse d'Oels au Prince George, son Neveu & Fils.

NOUS Eleonore-Charlotte par la grace de Dieu, née Duchesse & Douairiere de Wirtemberg, Teck, Chaftillon & d'Oels en Silefie, Comtesse de Montbelliard, & Colligny, Dame de Heydenheim, Sternberg, Metzibor, Feftenberg, & Koltzing, &c. Sçavoir faifons à tous qu'il appartiendra, & reconnoiffons publiquement par ces Préfentes, que pour certaines raifons à ce nous mouvant, & par une affection cordiale, que nous *avons pour notre très-cher Neveu, & Fils le Comte* de Sponeck, fils de Son Alteffe Sereniffime Monfeigneur Leopold-Eberhard Duc de Wirtemberg & Teck, Comte de Montbelliard, Seigneur de Heidenheim, &c. Notre très-honoré & très-cher frere, nous lui donnons & affignons deux mille écus fur le pied de trente grofches d'argent l'écu, à prendre fur les fommes confiderables qui nous font dûës, & que nous avons à percevoir, & dont nous efperons bientôt de faire le recouvrement de quelques-unes, & nous promettons à notre très-cher Neveu & Fils le Comte de Sponeck de lui envoyer la fufdite fomme par lettres de change, auffitôt que nous l'aurons touchée, le tout fur notre dignité, fidelité, & foi de Princeffe ; ce que nous confirmons par le feing de notre main, & par l'appofition du Sceau de nos Armes. Donné à Kleinellguht le 21 Septembre 1717.

Signé,

[L. S.]   Eleonore-Charlotte H. Z. W. Oels.

Je fouffigné de l'Academie Royale des Sciences & Interprête du Roi en Langue Teutonique, que cette Tranflation eft conforme à l'Original. Fait à Paris le 28 Fevrier 1736. Winflow.

31 Aouft 1719.

MARIAGE DE M. DE COLLIGNY.

LE 31 Aouft l'an 1719. a été marié ici dans la Chapelle du Château & de la Cour le très-noble Seigneur Charles-Leopold, Comte de Colligny, fils de Meffire Louis de Sanderfleben, & de feue noble Dame Henriette Hedwige, Baronne de l'Efperance, avec la Princeffe Leopoldine Eberhardine, fille de S. A. S. Leopold Eberhard, Duc de Wirtemberg-Montbelliard, & d'Anne Sabine, Comteffe de Sponeck.

Extrait des Regiftres de l'Eglife concernant les Mariages. Fait à Montbelliard le 14 Fevrier 1728.

Attefté par

Leopold-Frederic Perdrix, Vicaire de la Chapelle du Château, & de la Cour d'icy.

J'attefte dans la meilleure forme en qualité de Notaire Imperial Public-Juré par ma propre main, & l'appofition de mon Cachet ordinaire de Notariat, que le préfent Extrait a été fidelement copié du vray Original, & qu'après l'avoir collationné, il s'y eft trouvé conforme mot pour mot. Fait à Montbelliard le 14 Fevrier 1728.

A figné,

[L. S.]   Benjamin Ruth, Notaire-Imperial Public Juré.

Je fouffigné de l'Academie Royale des Sciences & Interprête du Roi en Langue Teutonique, que cette Traduction eft conforme à l'Original. Fait à Paris le 6 Fevrier 1736. Winflow.

16 & 17 Juin 1720.

DÉPOSITION DE NARDIN.

NOUS Leopold-Eberhard, par la grace de Dieu, Duc de Wirtemberg-Montbelliard, &c. &c. certifions par les Présentes, que nous avons donné commission expresse à nos Féaux les Conseillers Brisechoux & Goguet de se transporter chez notre Conseiller Leonard de Nardin, attendu sa maladie dont il est détenu actuellement depuis long-tems, à l'effet de prendre une exacte information de la connoissance qu'il a du mariage que nous avons contracté solemnellement avec Madame Anne Sabine de Hedwiger, de la naissance & du baptême des quatre enfans nez pendant que nous avons été mariés avec elle; leur ordonnant en particulier de l'alliberer du serment de fidelité qu'il nous a prêté, & de lui en faire prêter un autre pour affirmer l'information susdite; que nous leur avons donné commission & enjoint de prendre; en foi de quoi nous avons signé lesdites Présentes de notre main, & à icelles fait apposer le Scel de nos Armes. En notre Château de Montbelliard le seize Janvier mil sept cens vingt.

Leopold-Eberhard, Prince de
Wirtemberg-Montbelliard.

Au lieu de Montbelliard, & le 17e jour de mois de Janvier avant midy mil sept cens vingt, nous George Brisechoux & Pierre-Jéremie Goguet, tous deux Conseillers de S. A. S. Monseigneur Leopold-Eberhard Duc de Wirtemberg-Montbelliard, en exécution de la commission cy-dessus à nous déferée le jour d'hier seiziéme du courant par Sadite Altesse Serenissime, signée de sa main, & scellée de ses Armes, nous nous sommes transporté en la maison de résidence de noble Sieur, M. Leonard de Nardin, à raison de son indisposition, & de sa maladie, même au poisle bas regardant sur le jardin, à l'effet de prendre de lui information exacte, jurée & assermentée de la connoissance qu'il a du mariage que Sadite Altesse Serenissime a eu contracté solemnellement avec Son Altesse Madame la Duchesse Anne Sabine née de Hedwiger, cy-devant son épouse, de la naissance & du baptême des quatre enfans nez pendant que Sadite Altesse Serenissime a été mariée avec elle; pour à quoi parvenir avec toute la liberté & la sincerité, nous avons en vertu de notre commission & pouvoir spécial alliberé ledit Sieur Nardin du serment de fidelité au service de Sadite Altesse Serenissime, & avons ensuite reçu le serment corporel qu'il a prêté sur & aux saints Evangiles de Dieu, par lequel il a promis de dire verité sans déguisement sur les Interrogatoires que nous lui avons formé, comme ils suivent cy-après.

Répond qu'il a nom Leonard de Nardin, âgé de cinquante-six ans, Conseiller de S. A. S. le Duc de Wirtemberg Stutgard demeurant à Montbelliard.	Interrogé de son nom, âge, qualité & demeure.
Répond que ouy.	Interrogé s'il a connoissance du mariage que S. A. S. Leopold-Eberbard Duc de Wirtemberg-Montbelliard a contracté avec Madame Anne Sabine née de Hedwiger.
Répond que ouy.	Interrogé si effectivement Sadite Altesse Serenissime a été mariée avec ladite Dame.
Répond qu'il croit que ce fut en mil six cens nonante-quatre, ou mil six cens nonante-cinq.	Interrogé quand Sad. A. S. a été mariée avec elle.

Répond

Répond que c'eſt par un Miniſtre Lutherien en Pologne, nommé Chriſtophorus Fuckſius, même dans l'Egliſe d'un Village nommé Rajovietz à cinq grandes lieues de Poſnanie.

Interrogé par qui Sad. A. S. a été mariée avec elle, & où.

Répond qu'il le ſçait comme témoin oculaire, & pour avoir aſſiſté à la Cérémonie de la bénédiction dudit mariage.

Interrrogé d'où il le ſçait, & quelle connoiſſance particuliere il a de cela.

Répond n'avoir vû que le Marguillier de l'Egliſe préſent, ne ſçachant s'il y avoit quelques autres perſonnes, mais ſe ſouvient bien qu'après la bénédiction dudit mariage, S. A. S. continua ſes prieres avec Madame Anne Sabine de Hedwiger Comteſſe de Sponeck, leſquels étant rentrez dans la maiſon du Miniſtre, qui eſt tout proche de l'Egliſe, le répondant vit pluſieurs perſonnes au-devant de ladite maiſon.

Interrogé qui étoit préſent avec lui à la bénédiction dudit mariage.

Répond qu'il croit qu'il l'enregiſtra, parce que S. A. S. ayant demandé audit Miniſtre un Acte ou Certificat de ſon mariage, il entra inſtamment dans ſon petit cabinet à côté du poiſle où Sad. A. S. avoit ſoupé le jour précedent, & dîné le propre jour de ſon mariage; lequel Acte ou Certificat ledit Miniſtre remit à Sad. A. S. qui l'a depuis remis à Madame Dame Anne Sabine de Hedwiger, Comteſſe de Sponeck, cy-devant ſon épouſe.

Interrogé ſi le Sieur Miniſtre n'enregiſtra pas le mariage ſur le Livre des mariages qu'il beniſſoit en ſon Egliſe.

Répond qu'ayant l'honneur d'être au ſervice de Sa Majeſté Imperiale Leopold, en qualité de Lieutenant au Régiment de Sad. A. S. & icelle ayant jetté ſa confiance en lui, le prit avec ſoi pour l'exécution du deſſein qu'il avoit formé de ſe marier.

Interrogé par quelle avanture, & comment il s'eſt trouvé préſent audit mariage.

Répond que ouy, qu'il lui découvrit ſon deſſein, chemin faiſant pour ſe marier, & qu'il prit même la liberté de dire à Sad. A. S. de réflechir ſur ce qu'elle alloit faire, ce qui lui attira ſon indignation pour un moment.

Interrogé ſi Sad. A. S. ne lui a pas eü dit avant ledit mariage, qu'elle vouloit épouſer Madame Anne Sabine née de Hedvviger.

Répond que ouy.

Interrogé ſi ce mariage a été beni d'enfans

Répond qu'il en ſçait quatre; le premier étant né au Château d'Oels, nommé Leopold-Eberhard, qui eſt décedé au Château de Montbelliard.
Le ſecond eſt né à Oels, & fut nom-

Interrogé s'il en ſçait le nombre & les noms, & le lieu de leur naiſſance.

D

mé Leopoldine - Éberhardine aujour-
d'hui épouse de Son Excellence Messire
Charles Leopold Comte de Coligny.

Le troisième est né à Festenberg en
Silesie, nommé George Leopold, qui
est marié à Madame Eleonore Charlotte
Comtesse de Coligny.

Et enfin, le quatrième est né au Château de Montbelliard, nommé Charlotte
Leopoldine, décedée à Saint Germain
en Suisse.

Répond que c'est par l'endroit qu'il a
assisté au baptême desdits enfans.

Interrogé d'où il a cette connoissance
si particuliere du nombre des noms &
de la naissance desdits enfans.

Répond que Leopold-Éberhard premier né fut baptisé dans un endroit nommé Mittelwalt proche Metzibohr en Silesie par le Magister Samuel Crinniger,
Ajoint au Ministere dudit lieu, le Dimanche avant *Quasimodo geniti* de l'année mil six cens nonante-cinq.

L'autre nommé Leopoldine Eberhardine, a été baptisé à Metzibohr par le
Ministre du lieu Christian Ascherweiler
le quinze Fevrier mil six cens nonante-
sept.

Le troisième, nommé George-Leopold, a été baptisé à Festenberg en Silesie par le Diacre de l'Eglise dudit lieu
Friderich-Obsergelt le douze Decembre mil six cens nonante-sept.

Et le quatrième, nommé Charlotte-
Leopoldine a été baptisé à Acourt, Prevôté de Moutié-Grandvaux, par le Ministre Jonas Chiffelle le quatre Octobre
mil sept cens.

Interrogé où lesdits enfans ont été bap-
tisez, par qui & quand.

Répond qu'il connoît très-bien ceux
qui restent en vie; sçavoir, Leopoldine-
Éberhardine, & George-Leopold, qui
sont mariez les deux, comme il l'a dit
cy-devant, & qu'il n'en a connu ni n'en
connoît point d'autres.

Interrogé comme il nous a dit qu'il y
avoit deux desdits enfans decedez, s'il
connoît les deux qui restent en vie, &
n'en connoît point d'autres.

Répond qu'il l'a dit, comme s'il étoit
devant Dieu.

Admonesté de dire verité.

Lecture à lui faite des présens Interrogatoires, & des réponses qu'il y a attribué, a dit qu'icelles contiennent verité, & a signé avec nous prédits Commissaires.

L. De Nardin.

Brisechoux.   P. J. Goguel j.

Je soussigné de l'Academie Royale des Sciences, & Interprète du Roi en Langue Teutonique, certifie que cette Copie est conforme à l'Original. Fait à Paris
le 14 Fevrier 1736. Winslovv.

17 Juin 1720.

PROCURATION de Leopold-Eberhard D. de Montbelliard au Prince Georges son fils.

NOUS Leopold-Eberhard, par la grace de Dieu, Duc de Wirtemberg & Teck, Comte de Montbelliard, Seigneur de Heydenheim, donnons par ces Presentes à notre très-cher fils Georges, à celui où à ceux qu'il commettra en son nom plein pouvoir d'aller chercher & se faire donner les Certificats & Actes de Baptême en forme autentique des trois enfans que nous avons eu avec *Anne-Sabine de Herdwiger, ci-devant notre épouse.* Sçavoir de Leopold-Eberhard, baptisé le Samedy avant Quasimodo 1695. par M. Samuel Paringer, Adjoint au Ministere de Metzibohr.

Leopoldine-Eberhardine, baptisée le 15 Fevrier 1697. par Chretien Ascher-weyler Pasteur Allemand : & enfin dudit

Georges, baptisé le 12 Decembre 1697. par M. Frederic Opfergeld Diacre à Festemberg, nous sommes portés d'inclination dans toutes les occasions à rendre à un chacun selon sa qualité le même plaisir que nous en esperons. En foi de quoi nous avons signé les Presentes, & y avons fait apposer notre Sceau. Donné dans la Ville de Montbelliard notre residence le 17 Juin, l'an 1720.

A signé avec paraphe

Leopold-Eberhard H. Z. W. M.

Il est comparu dans la Chancellerie de la Ville de Muhlhausen en Suisse S. A. S. Prince Georges-Leopold, fils de S. A. S. Leopold-Eberhard, Duc de Wirtemberg & Teck, Comte de Montbelliard, Seigneur de Heydenheim, &c. lequel a presenté la Procuration ci-dessus, & a declaré que par rapport à une indisposition & d'autres empêchemens à lui survenus il ne seroit pas en état de faire lui-même le voyage de Pologne dont la Procuration fait mention, & qu'ainsi il avoit commis & constitué Messire Charles-Leopold de Coligny son cher beau-frere pour faire ce voyage en son nom, & pour avoir soin le mieux qu'il lui seroit possible de la commission contenue dans la susdite Procuration en donnant plein pouvoir au susdit Seigneur le Comte de substituer un ou plusieurs autres Procureurs.

En foi de quoi la presente substitution a été signée par mondit Seigneur le Prince, & par moi Greffier soussigné de cette Ville, pour plus grande confirmation & suivant l'usage de cette Ville, le Sceau de la Chancellerie y a été apposé. Fait le 30 Juin 1720.

Ont signé avec paraphe

Georges.

Et plus bas.

Je soussigné de l'Academie Royale des Sciences & Interprete du Roy en Langue Teutonique, certifie que cette Traduction est conforme à l'Original. Fait à Paris le 6 Fevrier 1736. WINSLOW.

17 Juin 1720.

Autre Procuration au Prince de Montbelliard par le Duc son pere.

NOUS Leopold-Eberhard, par la grace de Dieu, Duc de Wirtemberg & Teck, Comte de Montbelliard, Seigneur de Heydenheim, donnons en vertu des Presentes à notre très-cher fils Georges-Leopold, ou à celui & à ceux qu'il commettra & envoyera en son nom, plein pouvoir de faire les recherches de notre mariage qui a été accompli avec Damoiselle Anne-Sabine de Hedwiger ci-devant notre épouse, en Pologne près de Posnanie, dans l'Eglise Lutherienne de Reyovits, par la copulation du Predicateur Evangelique-Lutherien dudit Lieu, Jean-Christophe Fuchsius, le premier Juin environ de l'année 1694. & de s'en faire donner aux endroits qu'il faudra des Certificats autentiques dans la meilleure forme. Nous sommes portez d'inclination à rendre dans toutes les occasions à un chacun selon sa qualité le même plaisir que nous en esperons: en foi de quoi nous avons signé les Presentes de notre main propre, & y avons fait apposer notre Sceau. Donné dans la Ville de Montbelliard notre résidence le 17 Juin 1720.

      Signé,

Leopold-Eberhard H. Z. W. M.

Il est comparu dans la Chancellerie de la Ville de Mullhausen en Suisse S. A. S. le Prince Georges-Leopold, fils de S. A. S. Leopold-Eberhard; Duc de Wirtemberg & Teck, Comte de Montbelliard, Seigneur de Heydenheim, lequel a presenté la Procuration ci-dessus, & a declaré que par rapport à une indisposition & d'autres empêchemens à lui survenus, il ne seroit pas en état de faire lui-même le voyage de Pologne dont la Procuration fait mention, & qu'ainsi il avoit commis & constitué Messire Charles-Leopold, Comte de Colligny son cher beaufrere pour faire ce voyage en son nom, & pour avoir soin le mieux qu'il lui seroit possible de la commission contenue dans la susdite Procuration, en donnant plein pouvoir au susdit Seigneur le Comte de substituer un ou plusieurs autres Procureurs.

En foi de quoi la presente Procuration a été signée par mondit Seigneur Prince & par moi Greffier soussigné de la Ville, & pour plus grande confirmation, & suivant l'usage de cette Ville, le Sceau de la Chancellerie y a été apposé. Fait le 19 Juin 1720.

    Ont signé avec paraphe

Georges-Leopold.

    Et plus bas.

J. H. Keber.

Je soussigné de l'Academie Royale des Sciences, & Interprete du Roy en Langue Teutonique, certifie que cette Traduction est conforme à l'Original. Fait à Paris le 6 Fevrier 1736. WINSLOW.

---

     17 Juin 1720.

PASSEPORT *du Duc de Montbelliard au Prince son fils.*

NOUS Leopold-Eberhard, par la grace de Dieu, Duc de Wirtemberg & Teck, Comte de Montbelliard, Seigneur de Heydengheim, &c. Requerons par les Presentes tous & un chacun respectivement de quelle qualité, dignité & condition qu'il puisse être, de laisser passer & repasser le porteur des Presentes S. A. S. le Prince Georges-Leopold notre cher fils & Prince hereditaire avec toute sa suite, lequel a dessein d'aller à la Cour de l'Empereur & de-là en Pologne par la Silesie, en toute liberté & sureté, sans lui porter aucun empêchement, mais de lui donner au contraire toute aide & assistance pour avancer son voyage; en pareille occasion & toutes les autres nous en témoignerons notre reconnoissance, amitié & bienveillance à un chacun selon sa qualité, mais nos Sujets ne feront en cela que leur devoir: En foi de quoi nous avons signé les
                                         Presentes

Prefentes de notre main ; & y avons fait appofer notre Sceau. Fait au Château de Montbelliard notre réfidence, ce 17 Juin 1720.

A figné, Leopold-Eberhard.

Je fouffigné de l'Academie Royale des Sciences, & Interprete du Roy en Langue Teutonique, certifie que cette Traduction eft conforme à l'Original. A Paris le premier Fevrier 1736. WINSLOW.

30 Novembre 1720.

ASSIGNAT de Douaire à Anne-Sabine de Hedwiget, Ducheffe de Montbelliard.

PARDEVANT le fouffigné Notaire-Juré public & Bourgeois de Montbelliard & les Témoins, font comparus en perfonnes au jour ci-deffous marqué S. A. S. Leopold-Eberhard, Duc de Wirtemberg-Montbelliard, &c. d'une part; Et S. A. S. la Ducheffe Anne-Sabine affiftée de Meffire Jean-Joachim de Wefterftetten, Colonel au Service de Sa Majefté le Roy de Dannemarc, Seigneur de Buckowine, &c. d'autre part, qui ont confeffé librement & publiquement d'être convenus des articles fuivans.

SÇAVOIR.

Premierement, les deux Parties déclarent encore très-folemnellement, que par des raifons valables & fuffifantes & bien connues aux deux Parties, telles qu'elles furent produites le 6 Octobre 1714. aux Juges qui ont prononcé le Divorce, accepté de part & d'autre, elles font juftement, valablement & pour jamais féparées, à l'égard même du lien conjugal, par un confentement mutuel.

En fecond lieu, comme en confequence dudit Divorce, une certaine fomme de rentes annuelles a été reglée à S. A. S. la Ducheffe Anne-Sabine pour toutes fes prétentions & fon entretenement, qu'elle avoue avoir exactement reçû jufqu'au premier Janvier de l'année 1721. & le fonds en ayant été depuis diminué, de maniere que S. A. S. le Duc ne lui eft refté redevable que de 2000 liv. de revenus annuels, ainfi les deux Parties font convenues en vertu des Prefentes, que pour une affurance conftante de la provifion viagere & de l'entretenement de ladite Ducheffe Anne-Sabine, le Château Seigneurial d'Hericourt & tous les Batimens Seigneuriaux qui en dépendent lui feront vuidez pour fon logement & fon ufage, lefquels S. A. S. la Ducheffe Anne-Sabine entretiendra toutes fes parties en bon état à fes frais & dépens, & que fon entretenement lui fera affigné fur la Ville & Banlieue dudit Hericourt & le Village de Brevillers, avec tous les droits, privileges, rentes, revenus, jouiffances & appartenances, telles qu'elles puiffent être, pour en jouir pendant fa vie avec toutes leurs appartenances & dépendances de la même maniere que S. A. S. en a toujours joui, ou auroit pû en jouir, rien excepté fi ce n'eft ce qui a été fpecialement réfervé ci-deffous, ainfi que Sadite A. S. le Duc affigne & cede tout cela par les Prefentes à S. A. S. la Ducheffe Anne-Sabine de façon que.

En troifiéme lieu, cette jouiffance commencera, s'il plaît à Dieu, le premier Janvier 1721. & S. A. S. la Ducheffe y reftera paifiblement jufqu'à la fin de fes jours, mais après fa mort cette jouiffance retournera à S. A. S. le Duc ou à fes heritiers.

En quatriéme lieu, S. A. S. fe réferve cependant à Hericourt & à Brevillers-le-Bois pour fes Forges, de même que le débit du Sel de Saunot & le débit du Fer des Forges de Chagey & d'Audincourt, comme auffi les Mines de ces deux endroits & les Prez dudit Brevillers.

En cinquiéme lieu, comme le Château d'Hericourt a befoin de réparation,

E

S. A. S. le Duc veut donner une fois pour toutes 5000 liv. que S. A. S. la Duchesse Anne-Sabine a réellement reçûe.

En sixiéme lieu, S. A. S. la Duchesse Anne-Sabine doit & veut non-seulement se contenter entierement de cette jouissance viagere de ladite Ville d'Hericourt & du Village de Brevillers avec les appartenances, tant par rapport au passé, que par rapport à l'avenir, mais encore en cas qu'elle fût troublée par d'autres au sujet de la jouissance desdits revenus, elle ne sera en droit de demander à S. A. S. le Duc aucune autre garantie que celle de 2000 l. de rente, ainsi qu'elle déclare expressément de la maniere la plus *obligatoire* que cela se peut par les Presentes, & moyennant la jouissance libre & paisible des susdits droits, rentes & revenus, ne devoir ni vouloir sous quelque pretexte que ce soit, former ni à present ni à l'avenir aucune demande ni prétention à son Serenissime époux ci-devant & maintenant légitimement séparés, renonçant de plus par les Presentes & très-autentiquement à tous les droits & prétentions qui par le Divorce où les décomptes, obligations, billets, quittances ou quelques autres titres, auroient pû lui revenir, lui reviennent actuellement ou lui pourroient revenir dans la suite; cedant aussi de la même maniere & abandonnant entierement à S. A. S. le Duc tous les droits qu'elle a acquis par des traitez faits avec d'autres au sujet de son accommodement & entretenement.

Après quoi & pour l'observation constante de tout ce qui a été marqué ci-dessus, les deux Parties contractantes se sont promises & se sont obligées reciproquement sous leur parole d'honneur d'observer inviolablement tout ce qui est dit ci-dessus, de n'y contrevenir jamais ni permettre qu'il y soit contrevenu; renonçant absolument à toutes les exceptions, subterfuges, droits & privileges à ce contraires, par exemple si l'une ou l'autre des Parties y avoit été forcée persuadée par finesse ou engagée par erreur, que l'affaire ne s'étoit passée comme on l'a décrite ici, mais d'une maniere differente, *item* à une lésion ou diminution grande, plus grande ou très-grande, pareillement pour ce qui regarde l'affaire de S. A. S. la Duchesse Anne-Sabine, à l'exception du Senatus-Consulte de Velleyen, dont elle a été suffisamment instruite, & à tous autres benefices contenus dans le droit en faveur des femmes, les deux Parties n'ayant pas moins renoncé à l'objection qu'une renonciation generale ne vaut pas à moins que la speciale ne precede, & en un mot à tous les autres privileges, exceptions & subterfuges qui sont ou actuellement introduits, ou pourroient être introduits & inventez dans la suite par l'esprit humain, par lesquels cet accommodement pourroit être empêché, enfreint ou violé, le tout fidelement & sans fraude.

En foi de quoi deux exemplaires d'une même teneur ont été expediez, signez des propres mains, tant des deux Parties que de moi Notaire & des Témoins pour ce appellez & requis & corroborez des Sceaux & Cachets des uns & des autres. Fait à Montbelliard le 30 Novembre, l'an 1720.

Ont signez,

(L. S.) Leopold-Eberhard H. Z. W. M.

(L. S.) Anne-Sabine.

(L. S.) Jean-Joachim de Westerstetten, comme assistant requis.

(L. S.) Chrétien-Ulrich H. Z. W. O. comme Témoin requis.

(L. S.) Frederic-Auguste Rausch, Secretaire, comme Témoin requis.

(L. S.) Jeremie Bundot, Notaire-Juré, Bourgeois de Montbelliard.
M. PP.

Je soussigné de l'Academie Royale des Sciences, & Interprete du Roy en Langue Teutonique, certifie que cette Traduction est conforme à l'Original. Fait à Paris le 18 Fevrier 1736. WINSLOW.

26 Mars 1723.

PUBLICATION *de la mort du Prince Leopold-Eberhard, Duc de Wirtemberg-Montbelliard.*

VOTRE Charité Chrétienne est avertie que Jeudy vingt-cinq Mars 1723. à trois heures & demie pour huit heures du soir, il plut à la Providence Divine de retirer de ce monde le Serenissime Prince & Seigneur Leopold-Eberhard, Duc de Wirtemberg & Teck, Comte de Montbelliard, Seigneur de Heidenheim, après une maladie de vingt-quatre jours, dont il a supporté les douleurs avec une patience Chrétienne & exemplaire, de sorte que ce décès est un grand sujet de deuil & de tristesse à cette Principauté & Pays, & en particulier à la Serenissime épouse & à tous les Serenissimes Princes & Princesses de cette Serenissime Maison. Comme il est donc de notre devoir d'être sensible à la perte que nous avons faite d'un si gracieux Prince & si fidele Pere de la Patrie, & de témoigner la douleur que nous en ressentons, aussi esperons-nous que tous les fideles Sujets s'acquitteront du leur à cet égard en pleurant non-seulement cette perte & s'humiliant avec le sac & la cendre sous la puissante main de Dieu qui vient de les frapper, mais encore que pour une marque plus sensible de la douleur dont ils sont penetrez, ils s'abstiendront de toute sorte de joie & de divertissement dont d'abord après la lecture des Presentes & donneront partout des témoignages de la douleur qu'ils ressentent à ce sujet dans leurs cœurs; c'est que nous enjoignons aussi par les Presentes à tous les Sujets de ce Pays, priant le Seigneur de vouloir réparer la breche qu'il y a faite, & fournir ses consolations paternelles à S. A. S. Madame la Duchesse douairiere, à tous les Serenissimes Princes & Princesses de cette Serenissime Maison, particulierement à S. A. S. Monseigneur Georges-Leopold, Duc de VVirtemberg-Montbelliard son successeur, notre Prince & Souverain à present regnant, & à sa Serenissime Epouse, duquel le Dieu Tout-Puissant veuille benir abondamment le Gouvernement, & le faire prosperer pour la consolation & le bien de cette Principauté & le Pays. *Amen.*

Proximâ die Dominicâ, sive Festo ipso Paschalis fiat publicatio mortis nostri Serenissimi, heri, proh dolor! horâ postmeridiani ferè octavâ facta juxta formulam ex opposito adjectam, & in precibus quotidianis ordinariis observetur quoque in posterum formula hic distinctè apposita. Montis Bellegardi A 26 Martii 1723. M. Joh. Gasp. Bockshammer, Superintendens.

À Oëls le 4 May 95.

MADEMOISELLE,
Ma chere Bienele, *

COMME je suis dans l'intention de faire un voyage à Breslau au commencement de la semaine prochaine, je ne puis pas vous donner la permission pour un tems si long que vous me l'avez demandé; & je vous assure en même tems que je serai toujours votre gracieuse Princesse;

Eleonore-Charlotte
H. Z. W. O.

Adresse.

A Mademoiselle,

Mademoiselle Anne-Sabine de Hedwiger, notre Damoiselle d'Honneur.

Je soussigné, certifie que la presente traduction est en tout conforme à son original Allemand; en foy de quoi j'ai signé. A Paris ce 6 Fevrier 1736.
Marchand, Maître de Langues.

* Diminutif Allemand du nom de Sabine, signifiant petite Sabine.

Sereniſſime Princeſſe.

Madame ma très-honorée couſine & mere,

JE n'ai pas voulu manquer de m'informer par cette occaſion de votre précieuſe ſanté, à laquelle je prens beaucoup de part, vous priant de me continuer vos bonnes graces, étant avec toute la veneration poſſible,

Madame,

De Votre Alteſſe,

A Paris le premier Decembre 1721.

Le bien humble & fidele Couſin, Fils & Serviteur, Chrétien Ulric D. de W. O.

A Son Alteſſe Sereniſſime,

Madame la Ducheſſe Anne-Sabine de Wirtemberg-Montbelliard, née Comteſſe de Sponeck,

A Hericourt.

Je souſſigné, certifie que la preſente traduction eſt en tout conforme à ſon original Allemand; en foy de quoi j'ai ſigné. A Paris ce 10 Fevrier 1736.
Marchand, Maître de Langues.

Sereniſſime Princeſſe,

Madame, ma très-honorée Couſine & Sœur,

JE n'ai pas voulu manquer, ſuivant la permiſſion que votre Alteſſe m'en a donné, de m'informer très-reſpectueuſement de l'état de ſa chere ſanté, à laquelle je m'intereſſe très-fort, & de vous demander, Madame, la continuation de vos bonnes graces & de votre amitié ineſtimable. Quant à moi, je ſuis arrivé ici, graces au Seigneur, en parfaite ſanté; j'ai été très-bien reçu, & je ſuis ici comme l'enfant de la maiſon; on m'y témoigne toutes ſortes de bontez & d'honneurs imaginables: je ſuis actuellement ſur le point de partir pour Schwetzing pour y voir l'Electeur; on y attend demain au ſoir l'Electeur de Cologne. En finiſſant je me recommande de rechef à la continuation de vos bonnes graces & de votre amitié, en vous aſſurant très-humblement que je ſerai juſqu'au tombeau, avec une très-profonde veneration,

Madame,

De Votre Alteſſe,

A Manheim ce 15 Septembre 1722.

Adreſſe.

Le plus devoué & fidele Couſin, Frere & Serviteur, Chrétien-Ulrich H. Z. W. O.

A Son Alteſſe Sereniſſime,

Madame la Princeſſe Hereditaire de Wirtemberg-Montppeliard, née Comteſſe de Coligny.

A Montppeliard.

Je souſſigné, certifie que la traduction ci-contre eſt en tout conforme à ſon original Allemand; en foy de quoi j'ai ſigné. A Paris ce 10 Fevrier 1736.
Marchand, Maître de Langues.

Sereniſſime

Sereniſſime Ducheſſe,

Madame ma très-honorée Couſine & Mere;

JE n'ai pas voulu manquer de feliciter votre Alteſſe ſur la nouvelle année que nous venons de commencer, ſouhaitant de tout mon cœur que le Tout-Puiſ-ſant vous laiſſe jouir de toutes les proſperitez deſirables, non-ſeulement pendant celle-ci, mais encore pendant pluſieurs autres conſécutives; en attendant je me recommande à la continuation de vos bonnes graces, & je ſuis avec toute la ve-neration poſſible,

Madame;

A Rome ce 25 Janvier 1723.

De Votre Alteſſe

Le bien fidele dévoué Couſin, Fils & Serviteur, Chrétien-Ulrich H. Z. W. O.

A Son Alteſſe Sereniſſime;

Madame la Ducheſſe Anne-Sabine de Wirtemberg-Montbelliard, née Comteſſe de Sponeck.
A Hericourt.

Je ſouſſigné, certifie que la preſente traduction eſt en tout conforme à ſon origi-ginal Allemand; en foy de quoi j'ai ſigné. A Paris ce 10 Fevrier 1736.
Marchand, Maître de Langues.

Monſieur mon très-cher & très-honoré Couſien & Frere,

JE prans la liberté de vous filicite ſur la nouvelle année, prient le Sengeur de vous aſſiſte dans toutes vos endrepriſes, vous benifiant en tout que vous puiſſié deſirer, me recommendent en même-temps dans l'honeur de votre ſouvenir, vous prien d'aitre perſuadé qu'il n'y a perſone avec plus d'atachement que moi,

Monſieur mon très-cher Couſien & Frere,

Vottre très-humble & très obeiſſent Serviter, Couſien & Frere, C. U. Duc de Wurtemberg-Oëls.

Rome ce 25 Jan. 1723.

Sereniſſime Princeſſe,

Madame ma très-honorée Couſine & Mere;

CElle-ci eſt pour m'informer de votre ſanté, à laquelle je prens beaucoup de part, & pour vous prier de m'accorder la continuation de vos bonnes graces, étant avec tout le reſpect poſſible,

Madame;

De Votre Dilection;

Sans date.

Le bien humble, bien fidéle Couſin, Fils & Serviteur, Chrétien-Ulric D. de W. O.

A Son Alteſſe Sereniſſime;

Madame la Ducheſſe de Wirtemberg-Montbelliard, née Comteſſe de Sponeck.
A Hericourt.

P.S.

M. le Baron de l'Eſperance eſt dangereuſement malade, & je doute qu'il en revienne.

E

Je souffigné, certifie que la presente traduction est en tout conforme à son original Allemand ; en foy de quoi j'ai signé. A Paris ce 10 Fevrier 1736.

Marchand, Maître de Langues.

Serenissime Prince héréditaire mon très-cher neveu & fils.

COMME je fouhaite votre profperité, autant que la mienne propre, je ferois charmé d'apprendre de vos cheres nouvelles. Je fuis arrivé ici en bonne fanté ; la lenteur de Steck mon Secretaire, eft caufe que je ne pourrai faire que dans deux jours mes productions au grand Bailliage ; en atendant on m'a donné de fort bonnes efperances, & je fçaurai dans peu fi elles auront leur effet. Je recommande à l'amitié ineftimable de Votre Alteffe celle qui fera jufqu'à la mort,

A Breflau le 7 Février 1722.   De Votre Alteffe Sereniffime,
La plus fidele & la plus dévoüée tante,
Maman & fervante

Eleonore-Charlotte H. Z. VV. OELS.

P. S. Votre Alteffe pardonnera ma mauvaife écriture.

ADRESSE.

A Son Alteffe Sereniffime, Monfieur George Leopold,
Prince hereditaire de VVirtemberg Montbeliard.

A Vienne.

Je souffigné, certifie que la préfente Traduction eft en tout conforme à fon original Allemand ; en foi de quoi j'ai signé. A Paris, ce 10 Février 1736.

Marchand, Maître de Langues.

Sereniffime Ducheffe Madame ma très-chere belle-fœur & fœur.

J'EMBRASSE votre dilection en penfée encore un milion de fois ; je vous remercie de tout mon cœur de toutes les graces que j'ai reçues de vous, mon Ange ; & comme je vous en ai une entiere obligation, vous pouvez être perfuadée, ma très-chere Ducheffe, que je vous en témoignerai réellement ma reconnoiffance en toute occafion. La porteufe de la préfente NN....... vous informera de ce qui fe paffe ici. Je recommande à la continuation de votre chere amitié celle qui fera jufqu'à la mort,   Madame,

De votre Dilection,

La plus dévoüée & la plus fidele
belle-fœur, fœur & fervante,

A Oftheim, le 20 Aouft 1723.   Eleonore-Charlotte H. Z. VV. OELS.

P. S. Voici une Lettre au Confeiller de votre Dilection que fon pere lui envoye avec le peu que je lui ai remis. Je prie votre Dilection de ne point trouver mauvais que je vous envoye fi peu de chofe pour votre chocolat.

ADRESSE.

A Son Alteffe Madame Anne Sabine, Ducheffe
Doüairiere de VVirtemberg Montbeliard.

A Hericourt.

Je souffigné, certifie que la préfente Traduction eft en tout conforme à fon original Allemand ; en foi de quoi j'ai signé. A Paris, ce 6 Février 1736.

Marchand, Maître de Langues.

Sereniffime Ducheffe Madame ma très-chere belle-fœur & fœur.

JE viens de recevoir votre très-chere lettre fans date avec fon incluse, rien ne m'a fait plus de plaifir que d'apprendre votre parfaite profperité de Princesse; le Seigneur répande sur vous & sur votre famille sa riche benediction pou l'ame & pour le corps, & ne vous laisse manquer d'aucun bien. Dieu veuille, ma très-chere Duchesse, que ces lignes vous trouvent en bonne santé. Lorsque j'ai mal aux yeux, je ne me sers que de lait de nourrice, que je me fais rayer dans les yeux, ce qui me soulage d'abord. Le fils du General Comte de Sponeck votre frere, qui a été ici, est un très-joli Seigneur, qui promet beaucoup; je ne doute pas, mon très-cher cœur, que vous n'ayez une veritable joye de le voir. Il s'est contenté de manger avec moi à mon petit couvert; je m'informerai de ce que vous me demandez. Le pauvre Mathieu est arrivé ici avec sa petite femme, je l'ai pris pour mon Valet de chambre, & elle pour femme de chambre; ils me servent très-bien l'un & l'autre, & j'en suis fort contente. J'embrasse un million de fois votre Dilection, vos enfans & vos petits-enfans. Je me recommande à la grace de votre Dilection, & suis jusqu'à la mort,

Madame,

De votre Dilection,

La plus fidele & dévoüée belle-sœur & sœur, & obeïssante servante,

A Breslau, ce premier Mars 1724.   E. C. H. Z. VV. OELS.

ADRESSE.

A Son Altesse Madame Anne Sabine Duchesse Doüairiere de VVirtemberg Montbeliard,   A Hericourt.

Je soussigné, certifie que la présente Traduction est en tout conforme à son original Allemand; en foi de quoi j'ai signé. A Paris, ce 6 Fevrier 1736.
Marchand, Maître de Langues.

Serenissime Duchesse.

Madame ma très-chere belle-sœur & sœur,

SI le Seigneur laisse commencer la nouvelle année à votre dilection & à son seul Prince, & à sa seule Princesse, de même qu'à ses petits-fils & petites-filles, Princes & Princesses, aussi-bien qu'à sa belle-fille, son gendre & leurs enfans Comtes & Comtesses dans la prosperité que je souhaite de tout mon cœur; & que je demande à Dieu votre dilection & toutes ses cheres familles de Princes & de Comtes ne commenceront pas non-seulement cette année par le plus haut degré de la felicité, mais elle sera encore suivie d'une infinité d'autres remplie de tous les contentemens & les satisfactions qu'elles pourront souhaiter, le Tout-Puissant benisse votre dilection & ses familles de Princes & de Comtes, tant pour le Spirituel que pour le Temporel, & qu'il ne les laisse manquer tous en general d'aucun bien, afin que vous & eux soyez & demeuriez éternellement les enfans du Seigneur, en vous embrassant d'un cœur sincere un million de fois, ma très-chere Duchesse avec toutes vos cheres familles de Princes & de Comtes. Je recommande à votre grace celle qui sera jusqu'à la mort,   Madame,

De Votre Dilection,

La plus dévouée & la plus fidele belle-sœur, sœur & obeïssante servante, Eleonore-Charlotte H. Z. W. O.

P.S. Je ne sçaurois vous exprimer, ma très-chere Duchesse & belle-sœur, l'impatience que j'ai d'apprendre des bonnes nouvelles de Paris par votre dilection, & pour sçavoir comment se porte Mgr le Prince. Ah! mon Ange, mandez-moi bientôt des nouvelles agréables. A l'égard des 300 l. de M. Dogein, il y a de l'erreur de la part du Marchand. Je ne manquerai pourtant pas d'envoyer à votre dilection les 300 liv. que j'ai promises; en attendant je vous prie de faire mes complimens à M. Dogein & à M. Cuvier à Hericourt. J'adresse cette Lettre à M. Rentz à Ostheim. Je vous aurois écrit plutôt, si je n'avois été indisposée, mais à present que je puis vous être utile, je me porte parfaitement bien. Faites-moi la grace, Madame, de marquer à toutes vos cheres familles le compliment

que je leur ai fait du plus profond de mon cœur fur le renouvellement de l'année.
Adieu, ma très-chere belle-sœur, sans adieu,

  De Votre Dilection,   La fidele & obéiffante belle-sœur, sœur & servante,
          E. C. H. Z. W. Oels.

  A Breflau le 19 Decembre 1724.

A D R E S S E.   A Son Alteffe Madame Anne-Sabine, Ducheffe Douairiere
     de Wirtemberg-Montbelliard.

                A Hericourt.

Je fouffigné certifie que la prefente traduction eft en tout conforme à son original Allemand. En foi de quoi j'ai figné. A Paris ce 6 Fevrier 1736.
          Marchand, Maître de Langues.

    Sereniffime Princeffe,
        Ma très-chere niece.

J E baife les mains de Votre Dilection pour toutes les graces & la peine que vous
avez prife, ma très-chere Ducheffe, d'aller à Verfailles par rapport à moi. Je
me rapporte en tout à la Lettre que j'ai écrite à fa Dilection M. votre époux. Je vous
prie très-humblement de continuer vos soins pour ce qui regarde l'heritage de celle
qui se portera jufqu'au tombeau le nom glorieux d'être,

      De Votre Dilection,

        La plus fidele Maman & obéiffante fervante, Eleonore-
        Charlotte H. Z. W. Oels.
A Vienne le 9 Juin 1734.

A D R E S S E.
    A Son Alteffe Sereniffime Madame Eleonore-Charlotte, Ducheffe de
VVirtemberg-Montpelgart née Sonderleben, Comte de Colligny. A Paris.

Je fouffigné certifie que la traduction ci-contre eft en tout conforme à son original Allemand. En foi de quoi j'ai figné. A Paris ce 6 Fevrier 1736.
        Marchand, Maître de Langues.

A Breflau le 17 Janvier 1724.

    Sereniffime Ducheffe,
       Madame ma très-chere belle-sœur & sœur,

J E viens de recevoir au moment de mon arrivée à Breflau, les deux cheres Lettres de Votre Dilection. Je te remercie très-humblement, mon Ange & ma
chere sœur, de ta gracieufe felicitation; que le Seigneur répande pareillement fur
toi, ma très-chere belle-sœur & fur ta chere famille Ducale, toutes fortes de prof-
peritez & de benedictions jufqu'au comble de la plus parfaite fortune & felicité, &
qu'il ne laiffe jamais manquer ta dilection ni ceux qui t'appartiennent, d'aucun biens
qu'il te conferve une infinté d'années en parfaite fanté, profperité, fatisfaction &
contentement à la confolation de celle qui se recommande continuellement aux
bonnes graces de ta dilection & à celles de tes Princes & Princeffes, & qui fera
avec un amour maternel & un parfait attachement jufqu'à la mort, Madame,
       De Votre Dilection,
    La plus fidele & la plus dévouée belle-sœur, sœur & servante,
    Eleonore-Charlotte H. Z. VV. Oels.
A D R E S S E.

    A Son Alteffe, Madame Anne-Sabine, Ducheffe Douairiere
    de VVirtemberg-Montbelliard.

              A Hericourt.
Je fouffigné certifie que la prefente traduction eft en tout conforme à son original Allemand. En foi de quoi j'ai figné. A Paris ce 6 Fevrier 1736.
     Marchand, Maître de Langues.

LETTRES PATENTES

DE SA MAJESTE' IMPERIALE LEOPOLD I.
Par lesquelles il éleve la Noble & Ancienne Famille de Hedwiger, de l'un & de l'autre sexe, à la dignité de Comtes & Comtesses du saint Empire.

Du 2 Aoust 1701.

Traduites d'Allemand en François.

NOUS LEOPOLD, par la grace de Dieu, élû Empereur des Romains, toujours Auguste, Roy d'Allemagne, de Hongrie, de Bohême, de Dalmatie, de Croatie, & d'Esclavonie, Archiduc d'Autriche, Duc de Bourgogne, de Brabant, de Stirie, de Carinthie, de Carniole, de Luxembourg, de Wirtemberg, de la haute & basse Silesie, Prince de Suabe, Marquis du saint Empire Romain, de Bourgau, de Moravie, de la haute & basse Lusace, Comte de Hapsbourg, de Tirol, de Ferrette, de Kibourg, & de Gorice, Landgrave en Alsace, Seigneur de la Marche d'Esclavonie, de Port-Naon, & de Salins.

Déclarons ouvertement par les présentes Lettres, pour Nous, nos Successeurs à l'Empire, à nos Royaumes hereditaires, Principautez & Pays, & faisons sçavoir à tous: Quoique quantité de Familles, & Sujets nobles fassent aujourd'huy l'ornement de La Majesté Imperiale, que la Providence divine Nous a donné en partage; cependant, comme & plus ces anciennes & nobles Familles reçoivent d'honneur & de bienfaits de leurs excellentes vertus & services, & plus le Trône de cette Majesté a d'éclat & de splendeur, & que d'ailleurs tous effets que des Sujets ressentent de la bonté Imperiale, sont de puissans motifs pour les porter à un attachement inviolable à son service & à toutes sortes de belles actions: ayant de plus un penchant naturel à procurer generalement à tous les fideles Sujets du saint Empire, de nos Royaumes hereditaires, Principautez & Pays, tous les avantages, honneurs, dignitez & accroissemens imaginables; Nous en avons un incomparablement plus grand, à favoriser & honorer ceux dont les Ancêtres & eux-mêmes, qui étant nez de bonne & ancienne Noblesse, se sont signalez par leurs vertus heroïques, par leur fidelité & attachement à Notre Service, à celui du saint Empire Romain, & de nos Royaumes hereditaires, Principautez & Pays dans les affaires d'importance.

Ayant donc gracieusement consideré & remarqué, que *GEORGE GUILLAUME, JEAN CHRISTOFFLE, JEAN RUDOLFE, Freres & leur Sœur ANNE SABINE de Hedviger* descendans de la noble & ancienne Famille *des Hedvigers*, qui depuis plusieurs siecles a residé dans notre Duché de Silesie, qui ont toujours été elevez dans les vertus de la Noblesse, & qui dès leur jeunesse ont été formez aux exercices des Chevaliers; ayant de plus passé leurs vies avec honneur dans les Charges tant Civiles que Militaires, & qui, sans épargner leurs biens, ni leur sang, les ont sacrifiez pour le bien public, qu'ils ont tâché de procurer par leurs conseils & par leurs actions. *BALTHASAR de Hedviger* ayant été favorisé des graces singulieres de l'Empereur *MAXIMILIAN II.* de glorieuse memoire, Notre Predecesseur à l'Empire, qui à cause de ses actions Heroïques, & du courage intrepide qu'il fit paroître en Hongrie contre le Turc, ennemi juré du nom Chrétien, particulierement, lorsqu'ayant passé le Danube à la nage, pour reconnoître l'Ennemi, il lui causa une perte considerable, pour témoignage de sa valeur, & du bon & fidele service qu'il avoit rendu, fit inserer dans ses Armes une Demi-Lune & un Poisson nageant dans la riviere. *CHARLES de Hed-*

G

viger , *leur Bifayeul* , ayant fervi jufqu'à fa mort avec honneur feu le Duc HENRI de Lignitz , en qualité de Confeiller intime , & *CHRISTOFFLE de Hedviger*, leur ayeul de la même maniere , & en la même qualité , le Duc JEAN-CHRIS-TIAN de Lignitz , *& leur pere JEAN GEORGE de Hedviger* s'étant rendu également recommandable à Notre fervice dans les Troupes à Kayſerswaldau & Prauſdorf, & ayant fini fa vie par une mort prématurée , en qualité de Capitaine , dans le Régiment du General Thim , l'exemple defquels , fes *ayeuls , bifayeuls & Ancêtres , ledit GEORGE GUILLAUME de Hedviger* a ſuivi dans le ſervice qu'il Nous a rendu contre l'Ennemi juré. Premierement , en qualité de Volontaire dans le Regiment de Dragons de notre General Schlick , enſuite en qualité d'Enſeigne , après avoir tué un Baſſa par ſon adreſſe d'un coup de feu , puis en qualité de Lieutenant , & enfin en celle de Capitaine dans le Regiment de Montbelliard , ayant dans toutes les occaſions donné des marques de ſa fidelité inviolable , & s'étant toujours comporté en brave Soldat & d'honneur ; de ſorte qu'après la réforme que nous fîmes dudit Regiment de Montbelliard entre pluſieurs autres , le Duc de Wirtemberg-Montbelliard à preſent Regnant , le fit Maréchal de ſa Cour , qui eſt l'Emploi où il eſt encore actuellement , & où juſqu'à preſent il ne continue pas moins de Nous être ſoumis & dévoué qu'il l'étoit , quand il ſervoit dans les Troupes , s'offrant très-humblement de procurer à l'avenir dans toutes les occaſions Notre avantage , celui de l'Empire , & de notre Maiſon Archiducale d'Autriche , & de porter ſes Freres à la même choſe , ainſi qu'il peut & doit le faire dans l'Emploi de Maréchal de ladite Cour , qu'il poſſede.

C'eſt donc en conſideration des ſuſdits mérites , fidelité , ſervices rendus , & qu'ils rendront à l'avenir , de leurs nobles qualitez & vertus , qu'après une mûre déliberation , bon conſeil & pleine ſcience , Nous avons fait aux ſuſnommez *GEORGE GUILLAUME , JEAN CHRISTOFFLE , JEAN RUDOLFE , & ANNE SABINE de Hedviger* , cette grace particuliere , & les avons avec tous leurs heritiers légitimes , procréez de leurs corps , & les heritiers de leurs heritiers des deux ſexes en ligne deſcendante , élevez , honorez , mis & incorporez pour toujours , au rang , honneur & dignité de nos Comtes & Comteſſes du ſaint Empire , de nos Royaumes hereditaires , Principautez & Pays , de la même maniere que s'ils étoient nez anciens Comtes & Comteſſes de quatre générations.

Le faiſons , honorons , élevons & mettons les ſuſdits Freres & Sœur *de Hedviger* , leurs heritiers légitimes procréez de leurs corps , & les heritiers de leurs heritiers , mâles & femelles en ligne deſcendante , comme deſſus , au rang , honneur & dignité de nos Comtes & Comteſſes du ſaint Empire , les mettons dans leur nombre , & les inſerons dans leur Communion ; conferons & donnons à eux tous , outre les Titres d'honneur qu'ils avoient déja , en omettant le nom de leurs Prédeceſſeurs , le Nom & la Qualité de Comtes & Comteſſe de Sponeck , & leur permettons de ſe nommer & de s'écrire ainſi : Entendons , ordonnons & voulons auſſi , que les ſuſdits *GEORGE GUILLAUME , JEAN CHRISTOFFLE , JEAN RUDOLFE , & ANNE SABINE , Comtes & Comteſſe de Sponeck*, leurs heritiers légitimes procréez de leurs corps , & les heritiers de leurs heritiers ſoient à jamais nos Comtes & Comteſſes du ſaint Empire , de nos Royaumes hereditaires , Principautez & Pays , qu'ils ſe nomment & s'écrivent ainſi , & ſoient reconnus , honorez , appellez & inſcrits tels par Nous , par les Empereurs Romains & Rois nos Succeſſeurs à l'Empire ; par notre Maiſon Archiducale d'Autriche , par toutes nos Chancelleries & les leurs , & par un chacun , ſoit de haute ou de baſſe condition : Qu'ils puiſſent ſans aucun empêchement jouir & être faits participans de toutes & chacunes les graces , libertez , honneurs , dignitez , avantages , prééminences , droits , juriſdictions dans les Aſſemblées & Tournois ; avoir & recevoir des Benefices dans les hauts & bas Canonicats , des Fiefs & des Charges tant Eccleſiaſtiques que Seculieres , de la maniere que nos Comtes & Comteſſes du ſaint Empire , de nos Royaumes hereditaires , Principautez & Pays , qui ſont tels , en jouiſſent & en uſent , de Droit & de Coutume.

De plus , Nous avons gracieuſement confirmé aux ſuſdits Comtes & Comteſſe *GEORGE GUILLAUME , JEAN CHRISTOFFLE , JEAN RUDOLFE , & ANNE SABINE de Sponeck* , leurs anciennes Ar-

moiries de Noblesse & de Chevaliers qu'ils ont heritez , & Leurs avons gracieusement permis de les porter à l'avenir éternellement , comme il suit : un Ecu
écartelé , dont le premier & dernier quartier est un Lion d'Or couronné , lam-
passé dans un Champ de gueules , tourné en dehors & en sautoir ; le Gosier ouvert ,
jettant de l'écume , dressant en haut une double queüe ; le second & le troisiéme
quartier est un Champ d'azur , chargé d'un Ruisseau coulant , & portant un Thim
surnageant ; dans le troisiéme quartier en haut , & dans le second en bas , à la droite
du Ruisseau , paroit une Etoile d'or à six Rais , & à la gauche une Demi-Lune : sur
le Centre de l'Ecu est un Aigle de sable dans un Champ d'or couronné à ailes dé-
ployées , présentant ses serres , & tirant une langue de gueules : sur l'Ecu des Armoiries sont deux casques de Tournois ouverts & tournez en dedans l'un contre
l'autre , détachés , nobles , garnis de gueules , dont le gauche est à Cimier d'or &
d'azur , & le droit d'or , & de gueules pendant en bas , chacun avec ses Lambre-
quins , & une Couronne d'or au dessus : de la Couronne de la gauche sortent deux
Aigles d'azur , surchargés du Ruisseau , du Thim , de l'Etoile , & de la Demi-Lune
blasonnez dans l'Ecu : de la Couronne de la droite est issant le Lion coloré
dans ledit Ecu , tourné en dedans : qui sont les Armoiries que Nous leur avons
confirmées & accordées , blasonnées de leurs couleurs naturelles dans le blanc des
présentes Lettres.

Et pour faire d'autant plus ressentir les Effets de Notre Grace Imperiale aux
susdits *GEORGE GUILLAUME , JEAN CHRISTOFFLE , JEAN
RUDOLFE , & ANNE SABINE Comtes & Comtesse de Sponeck ,*
Nous leur avons après une mûre Déliberation , bon Conseil , & pleine science , à
leurs heritiers légitimes procréés de leurs corps , & à leurs descendans , mâles &
femelles , fait cette grace singuliere , & accordé cette liberté ; la leur accordons par
Notre Puissance Imperiale & pleine science par les Presentes ; qu'à l'avenir ils portent le Titre de *Hoch & Wohlgehohrn*, Voulans & Nos Successeurs au saint Empire,
à Nos Royaumes hereditaires , Principautez & Pays , les nommer & écrire ainsi ;
& donner ausdits *Comtes & Comtesse de Sponeck* , à leurs heritiers légitimes procréés
de leurs corps , & aux heritiers de leurs heritiers ledit Titre & qualité , dans Nos
Chancelleries , dans les écrits ouverts & cachetés , Lettres & Missives , où ils seront
nommez , & que Nous , ou Nos Successeurs leur adresseront : comme Nous avons
déja actuellement ordonné à Nos Chancelleries de le faire.

Ordonnons & commandons aussi expressément par les Presentes à Leurs Eminences Illustrissimes , les Archevêques de Mayence , de Treves & de Cologne , Nos
chers Neveux & Cousins , comme Electeurs & Archichanceliers du saint Empire
Romain , en Allemagne , dans les Gaules , au Royaume d'Arelat , & en Italie , & à
tous Nos autres Chancelliers , Officiers de Chancellerie & Secretaires , presens &
à venir , de faire & tenir main , à ce que dans nos Chancelleries , & dans celles de
Nos Successeurs le Titre & Nom *Hoch & Wohlgehohrn* , soient donnez , & écrits à
l'avenir , & à jamais aux susdits *GEORGE GUILLAUME , JEAN
CHRISTOFFLE , JEAN RUDOLFE , & ANNE-SABINE ,
Comtes & Comtesse de Sponeck* , à leurs heritiers légitimes procréés de leurs corps ,
& aux heritiers de leurs heritiers en ligne descendante.

Enjoignons de plus serieusement par les Presentes à tous & chacun les Electeurs,
Princes Ecclesiastiques & Seculiers , Prelats , Comtes , Barons , Chevaliers , Inten-
dans , Gouverneurs de Provinces , Grands Baillis , Commandans de Villes , Sénéchaux , Prevôts , Juges Provinciaux , Maires , Bourgmaîtres , Jurés , Conseillers ,
Juges des Armoiries , Herauts *Persevanten* , Bourgeois , Communautés , & à tous
Nos autres Sujets de l'Empire , de nos Royaumes hereditaires , Principautés &
Pays , de quelle qualité & condition qu'ils soient , & voulons , qu'ils reconnoissent
à l'avenir & à jamais les susdits *Comtes & Comtesse de Sponeck* , leurs heritiers légitimes procréés de leurs corps , & les heritiers de l'un & de l'autre sexe , pour de
nos anciens Comtes & Comtesses du saint Empire , de nos Royaumes hereditaires,
Principautés & Pays : qu'ils les reconnoissent pour tels , les honorent , les nomment , & leur écrivent ainsi , & les laissent jouir paisiblement de toutes les Graces ,
Libertés , Honneurs , Dignités , Titres , Avantages , Droits & Jurisdictions cy-
dedans specifiées , sans les y troubler , mais les y maintenir & proteger entiere-

ment de notre part, & de celle du saint Empire, sans y contrevenir, ni permettre que d'autres y contreviennent en aucune maniere que ce soit, à peine d'encourir notre disgrace & celle du saint Empire, & de payer sans aucune rémission par chaque contrevenant une amende de deux cens marcs d'or, applicable, moitié à notre profit, & à celui de la Chambre de l'Empire, l'autre moitié aux susdits *Comtes & Comtesse de Sponeck*, à leurs heritiers légitimes procréés de leurs corps, & aux heritiers de leurs heritiers en ce lezés, sans cependant que les Présentes préjudicient en aucune maniere à nos Droits, à ceux du saint Empire Romain, de nos Royaumes, Principautés, & Pays, ni à ceux d'autrui. En foi de quoi, Nous avons fait pendre aux presentes Lettres Patentes notre Bulle d'or Imperiale. Donné dans notre Ville de Vienne le deuxiéme du mois d'Aoust l'an de Grace mil sept cens & un, de nos Regnes, de celui à l'Empire le quarante-quatriéme, de Hongrie le quarante-septiéme, & de celui de Bohême le quarante-cinquiéme. LEOPOLD. Ut Dominique André, Comte de Kaunitz. *Ad mandatum Sacæ. Cæsæ. Majeſtatis proprium.* C. F. CONSBRUCH. Collationné & enregistré Jean Friderich Weningolten, Regiſtrateur.

De l'Imprimerie de la Veuve d'ANDRE' KNAPEN, au bas du Pont S. Michel, à l'entrée de la ruë de S. André des Arcs, au Bon Protecteur. 1736.

17.282

PRECIS

POUR GEORGES-LEOPOLD DE VIRTEMBERG-MONTBELIARD.

CONTRE le Duc de Virtemberg-Stutgard,

ET contre les Barons de l'Esperance.

L E s droits de Georges-Léopold de Montbeliard ont été établis d'une maniere si victorieuse, qu'on entreprendroit inutilement d'ajouter à sa défense. Mais comme elle a été traitée avec cette étenduë qu'entraîne la contradiction, on croit devoir en donner une idée plus abregée ; afin qu'un seul coup d'œil offre tout-à-la-fois les prétentions & les moyens respectifs des Parties.

Deux propositions forment toute la défense de Georges-Léopold de Montbeliard. Dans la premiere, il prouve la vérité & la validité du mariage du Duc de Montbeliard son pere, avec Anne-Sabine de Hedviger. Dans la seconde, il établit la nullité du mariage de la Barone de l'Esperance, sur le fondement de l'inceste & de la bigamie qui y ont présidé.

Les Barons de l'Esperance au contraire s'élevent contre la réalité du premier mariage, en même-tems qu'ils font les plus grands efforts pour justifier celui de leur mere des vices qui lui sont reprochez. Mais comme le ton de confiance qu'ils ont pris ne les a point abusez, ils reclament au moins la bonne foi de l'engagement auquel ils doivent le jour & la naissance.

La défense de Georges-Léopold a toujours été uniforme ; les titres les plus solemnels, le témoignage des monumens publics & la possession la plus éclatante : voilà les armes victorieuses qu'il a perpetuellement employées, & cette uniformité est le partage de la vérité.

Il n'en est pas de même des Barons de l'Esperance ; toujours flottans dans leurs opinions, on les a vû changer de sistêmes à mesure qu'ils ont changé de Tribunaux ; ils seroient étonnez eux-mêmes de la distance

A

& de la contradiction, qui regne entre les idées qu'ils ont foutenuës fucceffivement.

Ce n'eft pas cependant qu'on puiffe leur faire un reproche de tant de variations. Preffez, fans ceffe, par la vérité dans les différens partis qu'ils ont embraffez, ils n'ont point été les maîtres du choix ; deforte que s'ils foutiennent aujourd'hui les plus grandes abfurditez, c'eft le fruit de l'extrêmité à laquelle ils ont été réduits. Voici donc comment ils ont raifonné. Si nous laiffons fubfifter cette foule de titres qui nous font oppofez, ils mettent dans le plus grand jour la vérité du mariage que nous avons interêt de combattre. Il nous refte une reffource ; difons que tout eft faux, que les Officiers publics de plufieurs Royaumes ont été livrez à la prévarication, que les titres les plus folemnels ont été falfifiez, que les dépôts publics ont été corrompus, que les Hiftoriens de tout l'Univers ont été gagnez ; & ne craignons pas même d'accufer notre pere d'être l'auteur ou le complice de tant d'attentats. Il eft vrai que nous n'en rapportons pas la preuve la plus legere, que nous choquons même les regles de la vraifemblance, par une défenfe auffi hardie ; mais peut-être nous en croira-t-on fur notre parole, peut-être par le ton de confiance le moins mefuré, parviendrons-nous à en impofer au Tribunal le plus augufte & le plus éclairé.

Si on nous interroge fur le motif de tant de crimes, nous répondrons que l'élevation d'une concubine, livrée depuis vingt ans à la haîne & au mépris, en étoit l'objet ; dans le tems même que notre mere, maîtreffe fouveraine du cœur du feu Duc de Montbeliard, venoit de voir couronner fes intrigues par les apparences d'un mariage folemnel. Un évenement auffi incroyable révoltera, fans doute, la nature & la raifon ? Mais nous ajouterons que le crédit d'un être imaginaire a produit cette efpece d'enchantement, nous imaginerons une piece dans laquelle nous diftribuerons les rôles à notre gré, nous débiterons une fable ; mais nous prendrons foin de l'orner, & c'eft ainfi que le Roman finira.

Il femble qu'un projet auffi extravagant ne puiffe venir à l'efprit de perfonne. Il femble même qu'on s'expofe à n'être point cru quand on ofe imputer à quelqu'un de pareilles abfurditez, c'eft cependant l'idée exacte de la défenfe des Barons de l'Efperance. On va la retrouver dans la difcuffion abregée des faits & des moyens.

Trois époques partagent les faits. Dans la première, depuis 1695 jufqu'en 1707, on voit le feu Duc de Montbeliard & la Demoifelle de Hedviger s'unir par les liens les plus facrez. Cette union fut fuivie de la naiffance de plufieurs enfans ; & la paix & la tranquilité regnerent entre les deux époux.

Dans la feconde, depuis 1707 jufqu'en 1719 fe forme par les intrigues de la Barone de l'Efperance, la tempête la plus violente contre l'époufe légitime & contre fon fils. Cette maîtreffe audacieufe profitant de l'empire qu'elle avoit fur le cœur du feu Duc de Montbeliard, entreprit de s'élever fur leur ruine.

Dans la troifiéme enfin le calme fuccede à l'orage, la vérité & la juftice reprennent leurs droits, & les honneurs que l'on accorde au fils légitime, le dédommagent de tout ce qu'on avoit arraché de fon pere pour le dégrader.

La guerre de 1688 obligea le Prince Georges de quitter les États de Montbeliard ; il se retira avec le Prince heréditaire son fils, chez la Duchesse d'Oels sa fille, en Silesie. Anne-Sabine de Hedviger, étoit alors auprès d'elle en qualité de sa Demoiselle d'honneur. C'est aujourd'hui un fait prouvé sans replique. La naissance de la Demoiselle de Hedviger n'est pas plus équivoque. La Noblesse de sa Famille est reconnue ; elle s'est même distinguée depuis plusieurs siécles dans le Service Militaire ; & c'est ce qui lui a mérité des Léttres Patentes de l'Empereur, par lesquelles les mâles & les femelles de cette Maison ont été élevez à la dignité de Comtes & de Comtesses de l'Empire. Le General Sponec frere de la Demoiselle de Hedviger, est mort en 1740, comblé des honneurs militaires, Lieutenant General des Armées du Roi de Dannemarc, Gouverneur de Coppenhague, & Chevalier de l'Ordre de l'Elephant. Des certificats de gens obscurs & mandiez par le Duc de Virtemberg peuvent-ils entrer en comparaison avec des témoignages si éclatans ?

La naissance de la Demoiselle de Hedviger ne la mettoit cependant point à portée de prétendre à l'alliance du feu Duc de Montbeliard. Mais l'estime & l'inclination remplirent l'intervalle qui les séparoit ; & sur la proposition du Prince de Montbeliard le mariage fut célebré le 1 Juin 1695 dans l'Eglise de Rejovits en Pologne, distant d'une journée de la Silésie. Ce mariage a été célebré suivant le Rit Protestant, qui ne connoît aucune des formalitez prescrites par nos Ordonnances.

Le Ministre qui a administré la Bénediction Nuptiale en a délivré un certificat sur le champ au Duc de Montbeliard : certificat en bonne forme, & qu'il a signé. Ce mariage a été inscrit depuis sur le Registre avec sa véritable datte, quoique plusieurs mois après sa célébration.

Les époux se rendirent ensuite à la Cour d'Oels, & depuis ce moment la Duchesse d'Oels n'a jamais cessé de reconnoître, & de traiter la Demoiselle de Hedviger comme sa belle-sœur.

Ce mariage fut suivi de la naissance de plusieurs enfans, & entr'autres d'une fille née le 13 Février 1697, & d'un fils qui vint au monde le 12 Décembre de la même année ; il fut baptisé par le Ministre de la Duchesse d'Oels, & nommé Géorges-Léopold; c'est celui dont on entreprend aujourd'hui de contester les droits.

Le Prince Géorges rétabli dans ses Etats par le Traité de Riswick, y fut suivi par son fils & sa bru, qu'il reçut en cette qualité dans son Château & à sa table. Après la mort du Prince Géorges arrivée en 1699 le Duc de Montbeliard a continué de traiter Anne-Sabine de Hedviger comme son épouse légitime. Il en eut encore une fille dont elle accoucha en l'année 1700. Il est vrai, que quoique reconnuë publiquement & universellement pour femme légitime, elle ne jouissoit pas des honneurs attachez à un rang aussi éminent. Mais que pouvoit-elle contre un mari qui étoit en même-tems son Souverain?

La Demoiselle de Hedviger perdit bien-tôt après le cœur du Duc de Montbeliard son mari. La premiere qui alluma les feux criminels fut

Henriette Hedvic , Barone de l'Esperance ; son mariage avec le Sieur de Sandersleben venoit d'être caffé par une Sentence de divorce du 1 Mars 1701 ; mais la paix & l'innocence regnoient encore dans le mariage du Duc de Montbeliard avec la Demoiselle de Hedviger; lors de la naiffance d'une fille arrivée au mois d'Octobre 1700. Cette fille a depuis été mariée à Géorges - Léopold de Montbeliard.

Henriette Hedvic Barone de l'Esperance eut plusieurs enfans du Prince de Montbeliard. Coupable dans ses complaisances, elle eut au moins le mérite de la modération ; on ne la vit point abuser de son pouvoir pour prétendre aux honneurs; & si elle occupoit la place de la femme légitime , elle fçut au moins en respecter les droits. Elle est morte en l'année 1707.

Seconde Epoque. Ici se présente un nouvel ordre de faits qui rempliffent la seconde époque.

Après la mort de Henriette Hedvic de l'Esperance, Elisabeth-Charlotte sa fœur ne rougit point de briguer la tendreffe du Prince de Montbeliard ; cette femme artificieuse, auffi ambitieuse que sensible aux feux de l'amour , chercha bien-tôt à parvenir au comble des honneurs. Un premier mariage eût été pour toute autre un obstacle invincible; mais Maîtreffe souveraine à Montbeliard, elle fçut à force d'intrigues déterminer le Prince de Montbeliard à un divorce avec Anne-Sabine de Hedviger fur un fondement jufques-là inconnu aux Eglises Proteftantes.

Ce divorce eft du 5 Octobre 1714. Les deux époux y reconnoiffent qu'ils ont été mariez , qu'ils ont eu plusieurs enfans , dont deux sont actuellement vivans; fçavoir , Léopoldine-Eberardine & Géorges-Léopold. Ils confentent de rompre les nœuds qui les uniffoient fur le vain prétexte de la disparité d'humeurs. Le Prince de Montbeliard promet à sa femme une penfion , & il lui conserve son habitation dans le Château de Montbeliard, ou dans celui de Hericour, à son choix. Ce divorce fut approuvé le lendemain par neuf Conseillers du Consiftoire , qui en dresferent un acte autentique figné d'eux & des deux époux; cet acte fut tranfcrit enfuite dans les Regiftres du Consiftoire , deforte que rien n'a manqué à sa solemnité.

Mais , il restoit un fils de ce mariage , dont les droits inquietoient la Barone de l'Esperance ; parce que le divorce n'y pouvoit donner aucune atteinte. De-là eft né une convention monftrueuse , connuë fous le nom de Traité de Vilbade , fruit des intrigues de la Barone de l'Esperance , avec la Cour de Virtemberg-Stutgard. Ce Traité eft du 18 Mai 1715. Il faut y diftinguer deux parties effentielles : Les faits qui y font reconnus, & les conventions qu'il renferme. Le Duc de Montbeliard commence par reconnoître son mariage avec la Demoiselle de Hedviger , en avouant *que jufqu'à préfent il n'a point contracté de mariage permis & fuivant l'état que requeroit fa féréniffime Maifon.* Ce langage n'eft point équivoque ; dire qu'on n'a point contracté de mariage convenable , c'eft reconnoitre qu'on en a contracté un autre.

Quant aux difpofitions elles fe réduifent à affurer au Duc de Virtemberg la fucceffion du Prince de Montbeliard , qui s'engage en même tems

tems de ne point *se remarier* pendant la vie de la Barone de l'Esperance.

Ce Traité a été approuvé par le Conseil de Montbeliard, & par la Barone de l'Esperance, tant pour elle que pour ses enfans. L'autorité du Duc de Montbeliard a même forcé la D^lle de Hedviger d'y souscrire.

Mais ce qui allarmoit le plus le Duc de Virtemberg, c'étoit Géorges-Léopold; on crut donc devoir prendre avec lui de plus grandes précautions; on exigea de lui un serment corporel de se soumettre à tout ce qui avoit été convenu, comme si un enfant âgé de dix-sept ans pouvoit renoncer valablement aux droits sacrez que lui déferoit sa naissance & son rang.

La Barone de l'Esperance alors ne garda plus de mesures, & malgré la Loi imposée au Prince de Montbeliard, par le Traité de Vilbalde, elle se détermina à l'épouser. Le mariage fut célebré secretement au mois d'Août 1718. On profita pour cette cérémonie de l'absence de la Demoiselle de Hedviger, & de celle de Géorges-Léopold, que des affaires importantes avoient appellé en Dannemarc.

Ce mariage n'acquit cependant point à la Barone de l'Esperance les honneurs dont elle étoit si jalouse; elle conserva son nom de fille: & c'est ainsi qu'elle a signé plusieurs actes qui sont rapportez.

A la vûe de ce mariage, la Cour de Virtemberg éclata. Le Prince de Montbeliard de son côté ouvrit enfin les yeux. Il reconnut toutes les injustices qu'on lui avoit fait commettre. Heureux s'il eût eû la force de les réparer toutes! Occupé de l'état de Géorges-Léopold son fils, il le présenta à ses Peuples comme Prince heréditaire, & en même-tems il le revêtit de tous les honneurs attachez à un rang aussi éminent; c'est dans cette même qualité qu'il obtint pour lui en 1719 des Lettres de naturalité de la Cour de France; de sorte qu'on a rendu à sa naissance l'hommage le plus éclatant. *Troisième Epoque.*

Mais comme le Duc de Montbeliard prévoyoit les persécutions que la Cour de Virtemberg feroit éprouver à son fils, il crut devoir prendre des mesures pour assurer son état. Il fit délivrer une commission, pour recevoir la déposition du sieur Nardin, témoin de son mariage avec la Demoiselle de Hedviger. Peu de tems après il donna une procuration à son fils pour lever un extrait du Registre de Rejovits, dépositaire de ce mariage. Cette procuration énonce la datte du 1 Juin 1695.

Les droits de la Demoiselle de Hedviger ne furent pas moins prétieux au Duc de Montbeliard son mari; il lui rendit les titres & les honneurs attachez à la qualité de femme légitime. Il lui assura une pension convenable à son rang. Il la fit reconnoître par la Barone de l'Esperance elle-même. La Cour de Virtemberg-Oels joignit sa voix à tant d'acclamations, desorte que rien n'a manqué au triomphe de la mere & à l'éclat du fils.

Le Duc de Virtemberg vit avec chagrin un hommage aussi universel; il entreprit donc de le renverser. Il sollicita d'abord à la Cour de France le rapport des Lettres de naturalité, sur le seul prétexte qu'on y avoit donné la qualité de Prince à Géorges-Léopold: Qualité qu'il contestoit, sur le fondement de l'inégalité du mariage qui lui avoit donné naissance.

B

Mais accrédité par ses services à la Cour de Vienne, il tourna tous ses efforts de ce côté-là; le Duc de Montbeliard se disposoit à y défendre son mariage, & les droits éminens de son fils, lorsqu'il fut surpris par la mort arrivée en 1723.

A cet évenement les Etats de Montbeliard se sont empressez de reconnoître leur légitime Souverain; mais tant d'hommages n'ont servi qu'à irriter davantage la Cour de Virtemberg; & depuis cette époque fatale, Georges Leopold s'est vû successivement la victime de l'injustice & de l'usurpation.

Un premier Décret du Conseil Aulique, en reconnoissant la verité & la validité du premier mariage, se contente de déclarer les enfans qui en sont nez incapables de posseder les Fiefs allodiaux de l'Empire, sous prétexte de l'inégalité de condition. C'est à l'ombre de ce Décret que Georges Leopold s'est vû dépoüiller de ses Etats. Obligé de ceder à la force & au crédit de l'usurpateur, il n'a trouvé de ressource que dans la protection du Roi, azile sacré des Princes malheureux, & il lui a demandé la possession des biens situez en France. C'est alors qu'on a vû paroître les Barons de l'Esperance; non-contens de partager les droits de la naissance de Georges Leopold, ils ont porté la hardiesse jusqu'à les lui disputer. Differens Tribunaux ont retenti successivement d'une contestation si éclatante, on y a vû même le Duc de Virtemberg oser contester au Roi son droit & sa competence, y soutenir que l'état de Georges Leopold étoit fixé par un dernier Décret du Conseil Aulique, qui plus témeraire que le premier, déclare nul le mariage dont le premier avoit également respecté la vérité & la validité.

A la vûe de tant d'injustices, le Roi a cru qu'il étoit de sa gloire de maintenir un droit qu'il ne pouvoit abandonner, sans blesser les droits des Couronnes & des Souverains.

Ce premier avantage annonce à Georges-Leopold le triomphe qu'il doit attendre. Peut-il douter qu'il ne touche à la fin de ses malheurs quand il voit le plus juste & le plus puissant des Monarques, l'Arbitre de son sort & de sa destinée?

Georges-Leopold a aujourd'hui pour Adversaires le Duc de Virtemberg, & les Barons de l'Esperance, qui après avoir réuni leurs efforts contre lui, se combattent réciproquement. Il n'est pas indifferent de faire une observation particuliere sur la conduite du Duc de Virtemberg. Plein de la vérité du premier mariage du Duc de Montbeliard, & persuadé de sa validité, il crut obtenir beaucoup d'en faire prononcer l'inégalité par le Décret du Conseil Aulique de l'année 1723; mais comme ce moyen n'excluoit pas les enfans de succeder aux Terres situées en France, il a depuis attaqué ce mariage par la voye de la nullité; le Décret du Conseil Aulique rendu sans contradicteur a prononcé suivant ses vûes; mais depuis qu'il est maître des dépôts publics de Montbeliard, il semble avoir abandonné ces deux premiers moyens pour soutenir la fausseté de tous les monumens publics qui établissent le mariage. Il n'est pas difficile de sentir combien cette défense tardive est suspecte entre les mains d'un Adversaire dont les Agens sont dépositaires des titres mêmes qu'il combat; c'est la seule réflexion qu'on se permette sur cette circonstance.

De cette obfervation, paffons à la défenfe de Georges-Leopold ; elle a été portée jufqu'au dernier dégré d'évidence dans les Memoires qu'il a préfentez, on va effayer d'en donner une idée auffi exacte qu'a-bregée, elle peut fe renfermer dans deux propofitions. 1°. La vérité & la validité du mariage de la Demoifelle de Hedviger avec le Duc de Montbeliard. 2°. La nullité du mariage de la Barone de l'Efperance. On répondra dans le même ordre aux objections propofées contre le pre-mier mariage, & aux moyens deftinez à juftifier le fecond.

PREMIERE PROPOSITION.

Qu'il y ait un mariage entre le feu Duc de Montbeliard & la De-moifelle de Hedviger, tout annonce, tout publie cette verité. Les Dé-crets même du Confeil Aulique, ouvrage de l'injuftice & de la partia-lité, en contiennent la reconnoiffance la plus victorieufe ; le premier déclare ce mariage inégal, le dernier en prononce la nullité : Donc ils en reconnoiffent la réalité.

Mais au fond les preuves de ce mariage font fi claires qu'il n'eft pas poffible d'y réfifter, elles font fondées fur les titres les plus folemnels, & fur la poffeffion la plus éclatante. Entrons d'abord dans le détail des titres.

Le premier qui fe préfente eft l'original même de l'acte de célébra-tion écrit & figné par le Miniftre de Rejovits, & remis au Duc de Montbeliard à l'inftant même de fon mariage ; ce Miniftre attefte qu'il a marié Leopold Eberard H. Z. W. M. ce font les lettres initiales des noms *Duc de Virtemberg-Montbeliard* en Allemand, avec Anne Sabine V. H. ce font dans la même langue les lettres initiales *de Hedviger* ; cette forme de rédaction n'a rien d'équivoque à qui veut l'entendre, on en prouvera dans la fuite l'application néceffaire aux pere & mere de Geor-ges-Leopold.

A ce premier titre fe joint le regiftre même de Rejovits, dans le-quel ce mariage fe trouve infcrit fous la datte du premier Juin 1695, le regiftre & le certificat font écrits de la main du Miniftre mort en l'année 1715.

Ces deux actes fuffiroient fans doute à la preuve du mariage du feu Duc de Montbeliard ; l'un renferme le témoignage d'un Officier pu-blic ; l'autre eft l'expreffion même d'un monument public dépofitaire de l'état des hommes. Quelle preuve plus folemnelle pourroit-on exiger ?

Mais combien d'autres titres publient la même vérité ! Une Enquête faite à Skochy en Pologne, affure & le mariage & l'application de l'acte de célébration au feu Duc de Montbeliard. La memoire de cet évenement s'étoit confervé à Rejovits, la tradition l'avoit tranfmis du pere au fils ; c'eft ainfi que plufieurs témoins en dépofent, en même-tems que d'autres perfonnes en parlent, comme témoins oculaires, & tous en indiquent la datte au mois de Juin de l'année 1695. Cette En-quête eft d'autant moins fufpecte qu'elle fe trouve conforme aux cer-tificats que le Duc de Virtemberg s'eft fait délivrer à Rejovits.

Le fieur Nardin avoit accompagné le Prince de Montbeliard à Rejovits ; il a été entendu folemnellement à Montbeliard ; il rend compte
dans fa dépofition de la datte & des circonftances du mariage dont il
avoit été témoin ; fon témoignage eft d'autant moins fufpect qu'il étoit
alors attaché à la Maifon de Virtemberg-Stutgard.

La notorieté publique a foutenu dans tous les tems la vérité de ce
mariage. Dès l'année 1712, les Hiftoriens d'Allemagne l'ont annoncé
à tout l'univers, ainfi que la naiffance de Georges-Leopold. En l'année 1712, Hubner fit imprimer à Hambourg des Tables généalogiques
des plus grandes Maifons d'Allemagne ; on y trouve *Leopold Eberhard, Duc*
de Virtemberg-Montbeliard, & Anne Sabine de Hedviger fa femme. Dans l'édition de 1716, le même Auteur fixe la datte du mariage au premier
Juin 1695, & il parle du divorce qui l'avoit fuivi. En 1718, plufieurs autres Hiftoriens publient la même vérité. Comment auroient-ils parlé du
mariage d'un Prince de l'Empire, s'il n'avoit point été conftant aux
yeux de toute l'Allemagne ; comment la Maifon de Virtemberg à qui
un de ces ouvrages eft dédié ; comment la branche de Montbeliard &
le Corps de l'Empire entier ne fe feroient-ils point foulevez contre la
témerité des Auteurs qui auroient ofé débiter une fable fi groffiere, &
confondre la Concubine avec la femme légitime ? Cependant loin qu'ils
fe foient réformez dans la fuite des tems, toutes les édicions font uni-
formes : preuve certaine de la vérité & de la publicité du mariage
du feu Duc de Montbeliard.

Mais fi ces premiers titres diffipent jufqu'au moindre nuage, un nouveau jour va fortir encore des titres mêmes, par lefquels on a tenté de
détruire un engagement auffi folemnel ; on va voir le Duc de Montbeliard, la Maifon de Virtemberg, la Barone de l'Efperance, & les
Etats de Montbeliard fe réunir & reconnoître la même vérité ; & tel
eft l'avantage de Georges-Leopold, que les actes par lefquels on a
cherché à l'obfcurcir ne fervent aujourd'hui qu'à la faire briller davantage.

La Barone de l'Efperance conçoit le projet criminel de s'élever fur
les ruines de la femme légitime livrée depuis plufieurs années à la haine
& au mépris ; mais elle n'ignore pas les liens qui attachent le Prince
de Montbeliard, elle le détermine à les rompre ; c'eft dans cette vûe
que fut tramé le fameux divorce de 1714, fondé fur la difparité
d'humeurs, prétexte auffi nouveau qu'il eft frivole. Cet acte eft figné
du Prince de Montbeliard, & approuvé par neuf Confeillers du Confiftoire ; il a donc fallu que le Prince de Montbeliard fe reconnût dans
les liens d'un mariage bien conftant & bien légitime, puifque la voye
du divorce lui a paru le feul moyen de recouvrer fa liberté. Eft ce encore ferieufement qu'on prétend perfuader que ce divorce n'a été imaginé que pour fuppofer un mariage qu'il n'avoit jamais contracté ? Mais
quel tems choifit-on pour faire adopter cette fable au Prince de Montbeliard ? Celui où dégouté de la Demoifelle de Hedviger, il avoit conçu pour une autre la plus vive paffion. Qu'on accorde, s'il eft poffible,
un pareil fiftême avec le cœur humain, & plus encore avec les interêts
de la Barone de l'Efperance qui fans ceffe occupée du mariage qu'elle a

depuis

depuis contracté, n'auroit pas manqué de s'élever avec succès contre une supposition si funeste à ses vûes & à l'état de ses enfans.

Le Traité de Vilbade de l'année 1715, ce monument d'opprobre pour ses Auteurs, met le dernier sceau à la vérité. La Barone de l'Esperance se ligue avec le Duc de Virtemberg qu'elle flate de la succession du feu Duc de Montbeliard ; mais malgré l'injustice qui y regne, on commence d'abord par reconnoître son mariage avec la Demoiselle de Hedviger ; on fait dire au Prince de Montbeliard *qu'il n'a point contracté de mariage permis, & suivant l'état que requiert sa Serenissime Maison.* Dans un autre endroit, il s'engage de ne point passer à *d'autres nôces* pendant la vie de la Barone de l'Esperance ; enfin on prévoit le cas où il viendroit à *se remarier* ; toutes ces expressions supposent donc le Prince de Montbeliard dans les liens d'un premier mariage ; le Duc de Virtemberg, la Barone de l'Esperance, le reconnoissent eux-mêmes. Qu'on nous dise donc, si on le peut, de quel autre mariage on a entendu parler ? Si ce n'est pas de celui que le Prince de Montbeliard avoit contracté avec la Demoiselle de Hedviger, pourquoi lui auroit-on fait signer un traité qui, cessant son mariage, lui auroit été étranger ? Pourquoi sans cela exiger la soumission, & même le serment corporel de Georges-Leopold ? Falloit-il tant de précautions contre un bâtard ? Tout annonce donc la vérité du mariage de la mere, & la légitimité du fils.

Que l'on joigne à des titres si décisifs, la reconnoissance solemnelle du Prince de Montbeliard, reconnoissance contre laquelle les Barons de l'Esperance ne peuvent s'élever, sans accuser leur pere de crimes multipliez à la face de toute l'Europe ! Que trouve-t-on dans les dernieres années du Prince de Montbeliard ? Indigné des injustices qu'on lui a fait commettre, touché de l'état d'un fils exposé à tant d'outrages, il céde à la voix de la nature & de la vérité, il le fait reconnoître par ses Peuples pour son fils légitime, & pour leur Prince héréditaire. C'est dans la même qualité qu'il le présente en 1719, à la Cour de France, & à celle de Vienne. Il rend à la mere des honneurs acquis légitimement, & trop long-tems suspendus. Tout rétentit d'hommages & d'acclamations continuées jusqu'à la mort du Prince de Montbeliard. Une foule d'actes solemnels, passez dans le cours de plusieurs années déposent publiquement de l'état de la mere & du fils, en même-tems qu'ils sont destinez à en assurer les preuves. Le Prince de Montbeliard meurt en 1723, ses Sujets s'empressent de reconnoître dans son fils l'héritier de son nom & de sa puissance. Est-ce donc sur des événemens de cette nature, qu'il est possible d'en imposer à un Peuple entier, on peut mieux dire, à toute l'Europe ? Le Prince de Montbeliard auroit inutilement parlé en Souverain, pour faire reconnoître un Bâtard ; l'hommage de ses Etats contraint pendant sa vie, se seroit bientôt démenti après sa mort, si la conviction & la vérité n'en avoient point été le principe. Concluons donc, que la reconnoissance du pere, le témoignage de ses Sujets, tout concourt pour établir le mariage du feu Duc de Montbeliard & de la Demoiselle de Hedviger, & la légitimité du fils, auquel il a donné naissance.

C

La poffeffion publique d'état de femme légitime, eft le dernier trait qui juftifie la vérité de ce mariage. Le Duc Georges rétabli dans fes Etats en 1698, y fut fuivi par fon fils & par la D^{lle}. de Hedviger; il eft prouvé qu'elle logeoit dans le Château de Montbeliard, qu'elle y mangeoit à la table du Prince - Georges, qu'elle ne l'a point quitté pendant le cours de fa derniere maladie, qu'elle a reçu pour ainfi dire fes derniers foupirs; de tels honneurs font-ils faits pour une fimple Concubine?

L'Hiftoire qui ne parle que d'après la notoriété publique, eft un monument éclatant de cette poffeffion. Dès 1712, elle a publié le mariage du feu Duc de Montbeliard, & la naiffance de fon fils. Loin de fe démentir dans les tems pofterieurs, on la voit au contraire dans les années 1716 & 1718, entrer dans le plus grand détail fur un événement auffi important. A qui devoit-elle tant de lumieres, fi ce n'eft point à la poffeffion publique de l'état de femme légitime, dont jouiffoit la Demoifelle de Hedviger?

Le divorce de 1714, figné de neuf Confeillers du Confiftoire, affure & forme en même-tems cette poffeffion d'état. Les liens du Prince de Montbeliard étoient déja connus, mais il les apprend encore, en effayant de les détruire.

Le Traité de Vilbade de l'année 1715, met cette poffeffion dans un plus grand jour encore, puifqu'il renferme la reconnoiffance de la Maifon de Virtemberg-Stutgard, & de la Barone de l'Efperance.

Mais quel éclat ne reçoit-elle point des quatre dernieres années qui ont précédé la mort du Prince de Montbeliard? Jufques-là la Demoifelle de Hedviger jouiffoit bien de l'état de femme légitime; mais aucun honneur ne l'environnoit; à ce moment fes titres, fon rang, fa qualité de Princeffe, tout lui eft rendu. La Ducheffe de Virtemberg-Oëls s'eft empreffée d'applaudir elle-même à des honneurs fi légitimement dûs; dans tous les tems elle avoit reconnu la Demoifelle de Hedviger pour fa Belle-fœur; devenue libre dans fes hommages, elle ne la traite plus que comme Princeffe fouveraine des Etats de Montbeliard, titre qu'elle a confervé publiquement avant & depuis la mort de fon mari.

La poffeffion du fils fe joint à celle de la mere, ou pour mieux dire, ces deux poffeffions fe confondent. L'Hiftoire l'avoit annoncé comme fils légitime du Prince de Montbeliard dès l'année 1712. Il eft rappellé fous la même qualification dans l'acte de divorce. Le Traité de Vilbade fait foi, fi on lui en refufoit ce titre dans la Maifon de Virtemberg-Stutgard. Enfin les honneurs accumulez fur fa tête depuis 1719, ont achevé l'éclat de fa poffeffion. Reconnu dans tous les tems pour fils légitime, il ne lui manquoit que la qualité de Prince héréditaire; l'année 1719 a vû couronner fes défirs & les droits de fa naiffance.

Qui peut donc aujourd'hui élever des doutes fur un mariage affermi par le concours des titres & de la poffeffion? On peut le pardonner aux Barons de l'Efperance, que leur intérêt aveugle, ou que des confeils dangereux ont féduits. Mais que le Duc de Virtemberg fe joigne à eux pour combattre la même vérité, c'eft une témerité qui n'a point d'exemple; il fuffit de le rappeller aux Décrets du Confeil Aulique,

fruit du crédit de fa Maifon & de la partialité du Tribunal, Tous fuppofent la réalité du mariage, dont il affecte de douter aujourd'hui. Les
uns en prononcent l'inégalité, les autres la nullité, un autre enfin diftingue Georges-Leopold des enfans de Henriette Hedvic premiere Barone
de l'Efperance, qui font feuls qualifiez d'enfans naturels. Ces titres ne
font point fufpects, ils font l'ouvrage de la Maifon de Virtemberg, elle
ofe même encore les employer aujourd'hui pour défenfe. Qu'elle effaye
donc, fi elle le peut, de les concilier avec fa critique.

Au furplus la vérité du mariage du feu Duc de Montbeliard éclate
par tant d'autres endroits, qu'il faut renoncer à la raifon & à l'évidence,
pour réfifter aux preuves qui l'établiffent. Veut-on fçavoir où elles ré-
fident ? Voici ce que nous répondrons : Ouvrez le Regiftre de Rejovits, parcourez les monumens publics de Montbeliard, confultez la
voix publique, lifez l'Hiftoire, écoutez le témoignage du Prince de
Montbeliard même ; & fi vous ofez, à la vûe de tant de titres, défavouer un engagement fi pur & fi facré, vos cris impuiffans ne découvrent que l'injuftice de la paffion qui vous anime, mais ils n'ébranleront
jamais un état fi folidement établi.

La défenfe de Georges-Leopold va acquerir encore un nouveau
dégré de force, en la comparant avec les vains efforts de fes Adverfaires ; on les fuivra dans leur critique, fuivant l'ordre des titres qu'ils
effayent de combattre.

On obfervera d'abord que l'original de l'acte de célébration remis au
Prince de Montbeliard à l'inftant même de fon mariage, n'a éprouvé
d'autre cenfure, que celle du défaut de fignature du Miniftre ; mais on
a reconnu depuis, que les Barons de l'Efperance en poffeffion d'en impofer à tout l'Univers, n'avoient pas plus refpecté la vérité fur ce fait,
que fur beaucoup d'autres. Leur impofture & leur confufion deviennent aujourd'hui l'aveu du triomphe de Georges-Leopold. Muni d'un
acte de célébration en bonne forme, il n'eft point obligé de pouffer
plus loin fes recherches, ni même de juftifier le Regiftre de Rejovits,
qui fe trouve fupléé par un titre qui mérite la même foi, puifqu'il eft
également l'ouvrage d'un Officier public, mort dès l'année 1715.

Ecoutons cependant les Barons de l'Efperance s'exhaler contre ce
Regiftre. 1°. Il eft faux. 2°. Il ne prouve point le mariage du Prince
de Montbeliard avec la Dlle. de Hedviger ; c'eft fur ces deux points
que roule toute leur critique. Commençons par la première objection.

Il ne faut pas croire que les Barons de l'Efperance ayent porté d'a-
bord leur témerité jufqu'à l'accufation de faux, c'eft l'ouvrage de la né-
ceffité. Ils ont foutenu long-tems, que l'année 1720 avoit vu éclore
tous les titres qu'on leur oppofe ; mais accablez par les Hiftoriens, par
la datte du divorce, par celle du Traité de Vilbade, & enfin par l'é-
poque de la mort du Miniftre arrivé en 1715, il a fallu renoncer à un
fiftème fi évidemment démenti.

Une autre illufion a fuccedé à la première. Obligé de retrograder,
on a foutenu que les titres avoient été préparez, n'importe en quel
tems, & l'on a accufé le Prince de Montbeliard, d'être le complice
de cette fuppofition.

Mais, a-t'on dit aux Barons de l'Efperance, comment des pièces de-meurées dans le fecret jufqu'en 1720, feroient-elles parvenues aux Hiftoriens avec leur datte précife, plus de huit ans auparavant? D'ail-leurs le Prince de Montbeliard étoit libre alors, puifqu'il n'a époufé la Barone de l'Efperance qu'en 1718. Pourquoi réfolu de donner un état à la Demoifelle de Hedviger, fe feroit-il rendu criminel, pour fuppofer un engagement qu'il pouvoit contracter légitimement? Enfin cette fuppofition répugne aux circonftances, & à la connoiffance du cœur humain. La Demoifelle de Hedviger languiffoit depuis long-tems dans le mépris. La Barone de l'Efperance jouiffoit alors en Souveraine du cœur de fon Amant. Eft-il naturel que le Prince de Montbeliard ait tout fait pour une Concubine abandonnée, fans craindre de com-promettre les droits d'une Maitreffe cherie, à laquelle il deftinoit fon rang & fa main?

Ces differentes réflexions ont déconcerté les premiers Défenfeurs des Barons de l'Efperance; mais un nouvel Athlette s'eft préfenté pour les défendre; & comme fon imagination n'avoit point encore fouffert, il paroit qu'elle lui a prêté toutes fes graces, fans auffi le garantir de fes défauts. Il ne faut cependant pas lui enlever le mérite d'un trait de jugement qu'on découvre à travers tant de chimeres. Il a bien fenti que les dattes avoient toujours été l'écueil de ceux qui l'avoient précedé dans la même carriere. Prudemment il s'eft abftenu d'en donner aucune. Libre de cette contrainte, voici le nouveau fiftême que fes efforts ont enfanté. Il foutient avec autant de confiance que s'il en avoit été le té-moin, que la Demoifelle de Hedviger rebutée par le Prince de Montbe-liard, a formé le projet de fuppofer un mariage avec lui; que dans ce deffein, fans fortir de Montbeliard, elle a parcouru toute l'Allema-gne & toute la Pologne, dans l'intention de découvrir un Regiftre qui pût recevoir dans quelque blanc laiffé par hafard, l'acte de célébra-tion, qu'elle fe propofoit d'y inferer; qu'elle a trouvé à Rejovits, Village de la Pologne, éloigné de 200 lieuës de Montbeliard, ce qu'elle cherchoit depuis long-tems; & que là dénuée des fecours de la fortune, elle a trouvé un Miniftre difpofé à la prévarication; mais que pour envelopper ce fecret dans l'ombre du myftere, on s'étoit fervi de lettres initiales, pour défigner les noms des deux Epoux; que les années 1719 & 1720, ayant rendu à la Demoifelle de Hedviger la fa-veur qu'elle avoit perdue depuis fi long-tems, elle a enfin appris au Prince de Montbeliard, qui venoit d'époufer la Barone de l'Efperance, qu'il étoit marié dès 1695 avec elle, & que ce Prince foible avoit eu la fa-cilité de foufcrire à une fupofition auffi ridicule; que cette premiere com-plaifance avoit donné l'être à tous les autres titres, & aux démarches, fur lefquelles l'Europe entiere a eu les yeux ouverts pendant plufieurs années.

Telle eft en general l'analyfe du nouveau fiftême, qui ne differe des premiers, que par le double délire qui le caracterife.

On peut dire avec confiance que l'égarement d'une pareille défenfe, porte avec elle fa réfutation. Quelques réflexions acheveront de la confondre.

1°. Si les titres deftinez à établir le mariage, ont été fecrets jufqu'en

qu'en 1720, comment les Historiens les ont-ils devinez dès 1712 ? Comment en ont-ils fixé les dattes en 1716 ? Et comment l'acte de divorce leur est-il parvenu en 1718 ?

2°. A qui persuadera-t'on, qu'une Concubine abandonnée, ait formé le projet de supposer un acte de célébration de mariage avec un Prince Souverain, & que pour cet effet, elle se soit servi adroitement d'un blanc laissé dans le Registre d'un Village étranger, éloigné de 200 lieües des Etats de Montbeliard, dans lequel il auroit été facile de prouver que le Prince de Montbeliard n'auroit jamais mis le pied ? D'ailleurs, si la Demoiselle de Hedviger esperoit de conduire le Prince de Montbeliard à un mariage, la supposition étoit un crime inutile ; & si elle ne l'esperoit pas, c'étoit un crime infructueux.

3°. La Barone de l'Esperance se seroit-elle elle-même laissé abuser par un mariage imaginaire, qui compromettoit son état & celui de ses enfans, tandis qu'elle regnoit souverainement sur le cœur du Prince ?

4°. La Maison de Virtemberg auroit-elle traité en 1715, sur la foi d'un mariage, qui n'auroit existé encore que dans l'imagination de la Demoiselle de Hedviger ? Et comment les Peuples de Montbeliard auroient-ils reçu avec tant de docilité, une erreur à laquelle ils n'auroient pas été préparez ?

On ne finiroit point, si on entreprenoit d'épuiser les réflexions sur les absurditez que présente le nouveau sistême des Barons de l'Esperance, on n'y trouve rien qui ne révolte tout à la fois la raison & la vraisemblance ; c'est offenser le public, que de lui offrir de pareilles chimeres.

Mais, ajoute-t'on, ce mariage se trouve inscrit au bas d'une page ; c'est vraisemblablement un blanc dont on a profité pour l'y inserer, d'autant plus qu'il n'est point inscrit dans l'ordre de sa datte, il n'est placé qu'après les mariages du mois de Novembre, quoique datté du mois de Juin.

1°. Ce qu'on appelle le bas d'une page est au moins le tiers de la page ; la copie figurée du Registre en fait foi.

2°. D'ailleurs comme les Parties ne signent point sur le Registre, on ne peut jamais les rendre responsables d'une inscription tardive ; c'est le fait du Ministre seul. Mais quant aux Parties, il suffit à leur état, que le Registre contienne la mention de l'engagement qu'elles ont contracté.

Il est vrai que le mariage du Prince de Montbeliard n'est point placé dans l'ordre de sa datte ; mais c'est ce qui en assure davantage la vérité. S'il avoit été inseré après coup, on n'eût pas manqué de suivre l'ordre des dattes indiqué par le Registre. En effet, il eût été indifferent pour la Demoiselle de Hedviger, que ce mariage supposé fût datté du mois de Novembre, ou du mois de Juin 1695 : S'exposer à cette transposition de dattes, c'étoit élever des doutes qu'elle devoit éviter ; mais comme la bonne foi a conduit la main du Ministre, la vérité a conservé tous ses droits ; il avoit négligé sans doute, de porter sur son Registre le mariage du Prince de Montbeliard, il a pensé quelques mois après à réparer sa faute ; mais il l'a fait, en conservant à ce mariage sa véritable datte du premier Juin 1695.

D

Cette négligence est sans doute réprehensible dans la personne du Ministre, mais elle ne peut donner aucune atteinte à l'état des Parties, l'ordre & le tems dans lequel un mariage est écrit, n'en fait point la foi, il suffit qu'il soit déposé dans un monument public, & qu'il soit attesté par l'Officier chargé d'en rendre témoignage.

On ne relevera pas d'autres prétendues faussetez, telles par exemple, que l'*alibi* du Prince de Montbeliard, & de la Demoiselle de Hedviger, elles ont été combattues avec tant d'avantage, qu'on n'entreprendra pas sans doute, de les faire revivre.

La seconde objection, n'est pas plus difficile à renverser. Si l'on en croit les Barons de l'Esperance, le Registre de Rejovits, supposé vrai, ne fait aucune preuve du mariage du Prince de Montbeliard avec la Demoiselle de Hedviger. C'est, dit-on, une énigme impénetrable, les personnes mariées n'y sont désignées que par des Lettres initiales, qui n'ont point une application nécessaire au Prince de Montbeliard, elles peuvent également convenir à beaucoup d'autres noms, donc elles ne forment aucune preuve.

Mais, comment les Barons de l'Esperance ne se sont-ils pas apperçu du peu de conséquence qui regne dans leur défense? Ils soutiennent dans la premiere partie de leur sistême, que l'acte qu'on leur oppose a été inseré après coup dans le Registre, pour faire supposer un mariage entre le Prince de Montbeliard, & la Demoiselle de Hedviger. Dans la seconde partie, ils ne reconnoissent plus ce mariage, que, selon eux-mêmes, on a prétendu supposer par l'acte inscrit dans le Registre. Comment accorder des idées aussi inconciliables?

Raisonnons plus juste. L'acte de célebration a paru aux Barons de l'Esperance, avoir une application si nécessaire au Duc de Montbeliard, & à la Demoiselle de Hedviger, qu'ils ont été réduits à supposer, que c'étoit elle qui l'avoit fait fabriquer après coup, pour se former une preuve de mariage avec le Prince de Montbeliard. L'application de cet acte aux pere & mere de Georges-Leopold, est donc une chose convenue; il demeure pour certain, que cet acte, est l'acte de célebration de leur mariage, qu'il n'a point été fait pour d'autres, & que c'est d'eux, dont cet acte parle. Voilà un point sur lequel nous n'avons plus à combattre; c'est une vérité, dont les Barons de l'Esperance sont eux-mêmes les garants. Si cet acte est vrai & sincere, ainsi qu'on l'a prouvé, tous les autres reproches tombent, & les nuages se dissipent.

Ce n'est pas qu'on ait besoin sur ce point, de la reconnoissance des Barons de l'Esperance, tant d'autres traits déterminent l'application de cet acte au Duc de Montbeliard, & à la Demoiselle de Hedviger, qu'il n'est une énigme, que pour ceux qui ont intérêt de s'aveugler. Le Prince de Montbeliard s'appelloit *Leopold Eberard*, & la Demoiselle de Hedviger, *Anne Sabine*; ces noms sont écrits en toutes lettres. D'un autre côté, les lettres initiales répondent aux noms *de Duc de Virtemberg-Montbeliard, & de Hedviger*. Comment à des caracteres si distinctifs, ose-t'on méconnoître l'application de l'acte à leurs personnes? Poussons plus loin le raisonnement : ou cet acte regarde le

Prince de Montbeliard, ou bien il a été fait pour d'autres, dont il prouve le mariage. Dans le premier cas, point de difficulté. Dans le second cas, comment les personnes que cet acte interesseroit, ne se font-elles point encore présentées pour le reclamer? Comment ont-elles gardé le silence, malgré l'éclat & la durée de cette contestation!

2°. A qui persuadera-t'on que le hasard aura rassemblé quatre noms differens & six lettres initiales, pour fournir 25 ans après au Duc de Montbeliard le droit d'adopter un acte de célébration qui ne le regardoit pas, en abusant de la conformité des noms? C'est une illusion si grossiere, qu'il n'est point d'esprit raisonnable sur lequel elle puisse faire la moindre impression.

3°. L'original de l'acte de célébration, signé du Ministre, a été remis entre les mains du feu Duc de Montbeliard. Si cet acte avoit été fait pour un autre Léopold, & pour une autre Anne Sabine, comment se seroit-il trouvé entre ses mains? Peut-on douter qu'il n'appartienne, qu'il ne soit propre à celui qui l'a en sa possession?

4°. Le feu Duc de Montbeliard a reconnu dans tous les tems que cet acte étoit celui qui avoit formé le nœud, qui l'unissoit à la Demoiselle de Hedviger: Par quel renversement étrange refusera-t'on de reconnoître le mariage du feu Duc de Montbeliard dans un acte, où il l'a toujours reconnu lui-même, pour supposer qu'il peut s'appliquer à un inconnu qui ne l'a jamais reclamé?

5°. L'Enquête faite à Rejovits, laisse-t'elle quelque ressource à l'équivoque? Des Témoins oculaires, la notoriété publique qui s'y étoit confirmée; tout dépose que le Prince de Montbeliard y a été marié; & si on a employé des lettres initiales pour le désigner, c'est une erreur qui a son principe dans l'usage de la Maison de Virtemberg; on prouve par les actes les plus solemnels, le Traité de Vilbade & autres, que c'est ainsi qu'elle & le Duc de Montbelliard étoient en possession de signer; que les lettres initiales dans leur Maison ont la même force & le même caractere que les noms écrits en toutes lettres par d'autres personnes. Que l'on rassemble tous ces traits, la critique des Barons de l'Esperance se perd dans le néant d'où elle n'auroit jamais dû sortir. Nous avons ici deux époux bien connus par des actes constitutifs, & par le concours des actes qui les ont suivis, & l'on veut y substituer des phantômes qu'il est impossible de réaliser; c'est offenser la Justice que de lui proposer de courir ainsi après des ombres qui lui échappent nécessairement.

Les autres preuves du premier mariage du feu Duc de Montbeliard n'ont pas trouvé plus de grace aux yeux des Barons de l'Esperance. Suivons-les dans leur critique, pour achever de les confondre. L'Enquête faite à Skoki leur paroît suspecte, sous prétexte que les Magistrats qui l'ont reçuë, ont légalisé un premier extrait du registre de Rejovits, dans lequel on avoit rempli les noms de Duc de Virtemberg-Montbeliard, & de Hedviger: Mais s'ils ont fait une faute, ils ont été prévenus par les Historiens, & la notorieté publique est pour ainsi dire leur complice. Au surplus, quelle relation y a-t-il entre le premier extrait du Registre, & l'Enquête? La prétenduë fausseté n'auroit point échappé aux recherches multipliées du Duc de Virtemberg & des Barons de l'Esperance, & leur silence devient aujourd'hui la plus grande preuve de la verité de cette Enquête.

Les Historiens ont toujours paru embarassans; d'abord on s'est contenté de dire, qu'on ne prouvoit pas un mariage par l'histoire; mais la réponse a été prompte: Nous ne prétendons point prouver le mariage par l'histoire, & nous ne l'invoquons que pour dissiper les doutes qu'on éleve sur la verité des titres constitutifs, & pour assurer la notorieté publique.

Une nouvelle lumiere a éclairé depuis les Barons de l'Esperance, une réponse plus simple est venuë à leur secours. Les Historiens ont été corrompus, ont-ils dit. Quoi, une femme sans relation & sans fortune a séduit les Historiens de tout l'Univers! Ils ont perseveré dans l'erreur dans trois éditions differentes distantes de six années, & une fable aussi grossiere n'a point été démentie par la Maison de Virtemberg & par le Duc de Montbeliard lui-même!

D'ailleurs vous faites tenir à la D^lle de Hedviger une conduite bien inconsequente, elle se prépare clandestinement des titres pour les mettre au jour dans un tems favorable, & cependant elle invite les Historiens dès 1712, à publier un mariage imaginaire, aux risques de voir déconcerter tous ses projets; l'acte de célebration n'a paru qu'en 1720, cependant un Historien en indique la date dès 1716? En verité de pareilles critiques peuvent-elles être entenduës de sang froid? Qu'un mépris éternel en soit donc le partage.

Le divorce de 1714 n'est aux yeux des Barons de l'Esperance qu'un titre faux fabriqué en 1720, & échappé à la foiblesse du Prince de Montbeliard. Pourquoi le placent-ils en 1720? C'est que pris dans sa datte, le Prince de Montbeliard n'avoit point d'interêt de supposer un mariage qu'il étoit libre de contracter. Ce divorce est donc affirmativement de 1720, nous dit-on? Mais comment l'Histoire a-t'elle pû en indiquer la datte, en rappeller les circonstances dès 1718?

2°. Ce divorce est supposé dans le Traité de Vilbade; on y reconnoît le mariage du feu Duc de Montbeliard avec la Demoiselle de Hedviger, & en même tems on y prend des précautions pour prévenir un second mariage avec la Barone de l'Esperance. On supposoit donc que les premiers liens avoient été rompus; & comment ont-ils pû l'être, si ce n'est pas par le divorce de 1714? Le Traité de Vilbade est un acte commun à la Barone de l'Esperance & à la Maison de Virtemberg. Sa date est certaine, elle assure donc celle du divorce; & le divorce assure le mariage.

Les Barons de l'Esperance se sont contentez long-tems d'une accusation vague, & la supposition du divorce en 1720 étoit restée dans les termes d'une simple allégation; mais depuis profitant des nouvelles découvertes du Duc de Virtemberg, ils ont porté la hardiesse jusqu'à s'inscrire en faux contre la datte du divorce, sous prétexte de la fausseté du Registre qui en contient la mention.

Pour entendre & le moyen & la réponse, il faut se rappeller qu'on rapporte l'original de l'acte de divorce signé des Parties, de neuf Conseillers feillers du Confiftoire, & revêtu des Sceaux du Prince de Montbeliard; cet acte eft datté du 5 Octobre 1714.

Mais le divorce fe trouve encore infcrit dans un Regiftre, avec la datte du 6 Octobre 1714; à la fuite de plufieurs autres, dont le plus ancien remonte à l'année 1698. Les Barons de l'Efperance foutiennent que ce Regiftre a été fabriqué en 1720, & de la prétendue fauffeté de ce Regiftre, ils tirent la conféquence, que la datte du Traité de divorce eft fauffe, qu'il n'eft lui-même que de l'année 1720, ou pour mieux dire, qu'il ne merite aucune foi.

L'accufation de faux contre ce Regiftre, eft fondée fur la repréfentation d'un autre Regiftre, qu'on dit être celui du Confiftoire, & dans lequel on ne trouve point le divorce de 1714; d'où l'on conclut, que le Regiftre qui en contient la mention, a été fabriqué pour avoir la liberté d'y inferer le divorce, fous la datte de 1714. Une feconde circonftance, ajoute-t-on, prouve la fauffeté de ce nouveau Regiftre, il eft écrit en Allemand, tandis que celui du Confiftoire eft en François. Tels font les moyens de faux, deftinez à foutenir la fuppofition de la datte du divorce, & telle eft la derniere reffource qu'on a cru néceffaire, pour embaraffer une affaire, qui laiffée dans la fimplicité mettoit la verité dans un jour qui alloit devenir funefte aux Barons de l'Efperance.

Mais on ne peut mieux réfuter cette nouvelle accufation, qu'en prouvant, qu'elle eft auffi frivole que le fuccès en feroit inutile à la décifion.

S'il étoit permis de décider de la foi des deux Regiftres par la comparaifon de leur forme exterieure, il ne feroit pas difficile de prendre fon parti. Celui qu'on préfente comme le feul véritable, eft un amas de papiers informes & de differente grandeur, qui ne meritent ni la foi, ni le nom d'actes autentiques. Il auroit été facile d'en enlever un cahier entier, contenant la mention du divorce de 1714; les pages n'étant pas cottées; ce regiftre ne préfentant que l'idée d'un recueil de copies détachées, dans lefquelles on a pû inferer ou fupprimer tout ce qu'on a voulu. Celui au contraire qui eft argué de faux paroît tenu dans la forme la plus réguliere; c'eft un Regiftre complet compofé de feuilles égales & coufues dans la forme ordinaire des Regiftres, dans lequel on a écrit tous les divorces qui ont été approuvez au Confeil Ecclefiaftique; il eft revêtu de la fignature de plufieurs Officiers publics, qui par leur témoignage affirment la fincérité de ce Regiftre.

2°. Les Barons de l'Efperance ne ceffent de crier que ce Regiftre eft faux; mais leur allégation en eft la feule preuve, il fuffit de leur répondre, il eft en forme probante & autentique, donc, il doit faire foi; & la difference du langage eft une trop foible préfomption, pour en faire foupçonner la fincérité.

3°. Le faux tiré du double Regiftre trouve fa réfutation dans l'explication d'un fait notoire; il y a à Montbeliard, ainfi que dans tous les Etats Proteftants, deux Tribunaux differens, l'un appellé le Confiftoire, & l'autre le Confeil Eccléfiaftique; le premier connoît de la procedure & de plufieurs autres matieres peu intereffantes. Le fecond connoît plus ordinairement des divorces. Dans les petits Etats les Juges de ces Tri-

E

bunaux font prefque les mêmes, de même que parmi nous les Baillia-
ges & Préfidiaux, font compofez des mêmes Officiers, quoiqu'ils con-
noiffent de matieres différentes. Il eft donc naturel, que chacun de ces
Tribunaux ait fon Regiftre, & il n'eft pas étonnant qu'il fe trouve dans
l'un des chofes que l'autre ne renferme pas.

Mais pouffons le raifonnement plus loin, & faifons voir que l'infcription
de faux hazardée par les Barons de l'Efperance, feroit fans objet, même
quand elle feroit prouvée. Suppofons donc que le Regiftre attaqué ait été
fabriqué en 1720, ce feroit évidemment l'ouvrage de la Barone de l'Efperance, qui apparamment pour rendre le divorce plus folemnel, auroit crû
devoir le faire inferer dans un Regiftre public. On dit que ce feroit l'ouvrage de la Barone de l'Efperance, puifqu'elle feule avoit interêt à ce
céremonial, pour tâcher par cette précaution d'affermir fon mariage,
contracté au préjudice du premier : car on ne prétendra pas, fans doute, que la Comteffe de Sponec foit l'auteur d'une falfification qui n'a-
voit pour objet que d'affurer la ruine de fon mariage, en même-tems
qu'on foutient qu'elle venoit de faire les plus grands efforts pour le fuppofer à l'aide des titres, dont on a rendu compte.

D'ailleurs, le Duc de Montbeliard, en fe prêtant aux vûës de la
Comteffe de Sponec, n'auroit pas eu fans doute intention d'hazarder
l'état de fa feconde femme, ni celui de fes enfans. N'étoit-ce pas cependant vifiblement l'expofer, que de fuppofer un mariage antérieur,
dont les liens ne paroîtroient rompus, que par un divorce fufceptible
de la critique la plus folide?

Reprenons donc le raifonnement. Suppofons encore une fois contre
l'autorité du Regiftre le plus régulier, & le plus autentique, qu'il n'ait été
fabriqué, fi l'on veut, que dans l'année 1720, & que c'eft alors feulement
que le Traité du divorce y a été infcrit. Qu'en réfultera-t'il? Que l'infcription dans le Regiftre eft un faux, en ce qu'elle paroît faite en 1714, datte du
divorce, tandis que dans la verité cette mention n'eft que de l'année 1720.
Mais de ce que le divorce n'a été inferé qu'en 1720, dans un Regiftre
fabriqué, fi l'on veut, après coup, on n'en peut pas conclure que l'acte
original qui le renferme ne foit pas du 6 Octobre 1714.

Il ne faut pas confondre le Regiftre & la mention qu'il contient
avec le Traité même du divorce ; quand on auroit fabriqué le Regiftre
en 1720, en y infcrivant le divorce, comme fi cette mention avoit
été faite dès 1714, ces fuppofitions même prouvées ne pourroient
donner aucune atteine à la verité de la datte du Traité de divorce.
La mention du Regiftre & l'acte n'ont rien de commun, & de ce que
la datte de l'infcription dans le Regiftre feroit fauffe, on n'en pourroit pas conclure, que celle du Traité même de divorce ne fût pas fincere, l'une eft indépendante de l'autre, parce que l'une ne doit point
fon exiftence à l'autre. En effet, le divorce a pû exifter dès 1714,
quoiqu'il n'ait été infcrit dans un Regiftre qu'en 1720.

Il faut donc écarter de cette affaire l'infcription de faux relativement
à l'acte de divorce. La verité ou la fauffeté du Regiftre font abfolument
indifferentes, il faut s'attacher à l'acte en lui-même, examiner la foi
qu'il merite, foit par la forme, foit par les circonftances qui l'ont fuivi;
c'eft par-là qu'on doit juger de fon exiftence en 1714.

Consulté dans sa forme, il a tous les caracteres destinez à en assurer l'autenticité, il est signé des Parties, & reçu par neuf Conseillers du Consistoire. Que faut-il davantage pour constater & sa datte & la verité des dispositions qu'il contient ? Oser le soupçonner, c'est accuser un pere, un Souverain d'imposture, & ses principaux Officiers de prévarication. Quelle défense, que celle qui conduit à de pareilles extrêmitez ! Aussi ne cessera-t'on pas de repeter que l'inscription de faux contre ce Registre une fois écartée, comme étrangere à l'acte même, il ne reste point la plus legere présomption, qui puisse faire douter de la verité de sa datte.

Combien les circonstances servent-elles encore à l'établir ! Le Traité de Vilbade de 1715 suppose nécessairement le divorce, il rappelle le premier mariage du Duc de Montbeliard, on y prend des précautions contre un second engagement : donc il suppose les premiers liens détruits par un divorce antérieur.

Enfin les Historiens l'ont publié avec sa véritable datte dès l'année 1716, il est donc antérieur à l'année 1720, & même 1718, époque importante, parce que jusques-là le Duc de Montbeliard n'avoit point d'interêt de recourir à la supposition pour donner l'être à un mariage qu'il pouvoit contracter légitimement. Quoi l'Histoire auroit parlé d'un divorce imaginaire, toute l'Allemagne auroit été abusée, & l'Auteur n'auroit point été démenti ! Le silence seul de la Maison de Virtemberg, est un témoignage sans replique de la verité de l'Histoire, & de l'existence du divorce, dont elle a parlé.

Qu'il reste donc pour constant, qu'il est de l'année 1714 ; les efforts des Barons de l'Esperance, prouvent combien cette datte est précieuse ; ils l'auroient moins combattu, s'ils avoient moins senti, qu'elle assure d'une maniere décisive la verité du premier mariage.

Quant au Traité de Vilbade, voici comment on a essayé d'en éluder les consequences victorieuses. On convient qu'il y est parlé d'un mariage déja contracté par le Duc de Montbeliard. Mais quel est ce mariage, disent les Barons de l'Esperance ? C'est celui de notre mere ; quoiqu'il ne paroisse contracté que trois ans après ; il y avoit vraisemblablement un mariage par parole de présent dès l'année 1715. Nous nous sommes empressez de demander la preuve de ce prétendu mariage ; mais nos soins ont été infructueux, & il est resté pour constant que ce mariage n'a d'autre trace, que l'imagination de nos Adversaires.

Le Traité de Vilbade, selon eux-mêmes, parle d'un premier mariage ; celui de la Barone de l'Esperance est une chimere : donc il ne peut y être question que de celui de la Demoiselle de Hedviger, reconnu universellement dès 1715. Que devient donc ce projet si long-tems suspendu, & qui n'a éclaté qu'en 1720 ?

Le Traité même de Vilbade répugne à ce mariage imaginaire. Par parole de présent, on y fait promettre au Duc de Montbeliard, *de ne se point remarier* pendant la vie de la Barone de l'Esperance, c'est-à-dire, dans l'esprit du Traité, de ne la point épouser. Comment concilier l'idée d'un mariage déja fait, & déclaré par le Traité même, avec la promesse de ne le point contracter ? On en appelle sur cela à la raison outragée par tant d'égaremens.

Les actes victorieux des années 1719 & 1720, n'ont rien fourni à l'équivoque ; mais on secoue le joug d'une autorité si puissante, en accusant le feu Duc de Montbeliard d'une supposition criminelle, dans laquelle il a entraîné sa Cour, les Etats & l'Univers entier, sans que la Barone de l'Esperance, Souveraine à Montbeliard, ait osé reclamer son état compromis par les intrigues d'une Concubine abandonnée depuis 20 ans ! De pareilles fictions révolteroient dans un Roman ; mais dans une affaire aussi serieuse, elles ne peuvent exciter que le mépris & l'indignation.

Les Barons de l'Esperance accoutumez depuis long-tems à ne rien respecter, osent contester à la Demoiselle de Hedviger la possession d'état de femme légitime, sous prétexte, que jusqu'en l'année 1720 elle n'a pris dans differens actes que son nom de fille, ou celui de Comtesse de Sponec.

Mais on leur a déja cent fois répondu : Ne confondez point l'état de femme avec celui de Princesse Souveraine : La Demoiselle de Hedviger soumise à son mari, ne joüissoit point des honneurs attachées à son rang ; mais elle n'étoit pas moins connuë pour femme légitime du Prince de Montbeliard. Les Etats de Montbeliard ont rendu à cette verité l'hommage le plus éclatant ; & l'Histoire a pris soin d'en instruire l'Univers ; consultez l'acte de divorce, ce monument si solemnel du mariage de la Demoiselle de Hedviger ; vous ne l'y verrez qualifiée que de Comtesse de Sponec, elle y est traitée comme femme ; cependant les titres augustes qui devoient être inseparables de son état lui sont refusez. Qu'on cesse donc de nous dire que la Demoiselle de Hedviger n'a jamais eu de possession, parce qu'elle n'a point pris les qualitez qui lui appartenoient.

L'exemple de la Barone de l'Esperance elle-même auroit dû sur cela éclairer ses enfans. Mariée dès 1718, elle n'a pris depuis dans differens actes que la seule qualité de Barone de l'Esperance, & malgré la publicité de son mariage, elle n'a dû qu'aux années 1719 & 1720, les honneurs & les titres attachez au rang qu'elle venoit d'usurper sur la femme légitime ; la même époque a vû couronner les droits de la Demoiselle de Hedviger, elle en a joüi avec éclat jusqu'à sa mort. Reconnuë pendant vingt-cinq ans pour femme du Duc de Montbeliard, elle a vû terminer sa carriere, environnée des honneurs attachez à un rang aussi éminent. A quels traits pourra-t'on jamais reconnoître la possession d'état, si l'on refuse à des titres aussi solemnels le droit d'en faire la preuve la plus victorieuse ?

La possession du fils se joint encore à celle de la mere ; aussi n'a-t'elle point échappé à la critique des Barons de l'Esperance. Ils entreprendroient presque de faire douter de la filiation de Georges-Léopold, avec qui cependant ils combattent depuis tant d'années, comme fils du Duc de Montbeliard ? C'est envain que le Ministre de la Duchesse d'Oëls, atteste avoir baptisé Georges-Léopold comme enfant du Prince de Montbeliard ; cet extrait n'est point légalisé, c'en est assez

pour

pour exciter la défiance des Barons de l'Esperance ; mais une Lettre écrite par le Ministre, devenu Prevôt de Magdebourg, leur apprendra que le crédit de la Maison de Virtemberg auprès des Puissances auxquelles ce Ministre est soumis, a été jusqu'à présent le seul obstacle à la légalisation qu'ils désirent.

Au surplus, c'est bien tard vouloir élever des doutes sur une filiation, que la possession la plus éclatante a consacrée, & à laquelle les Barons de l'Esperance eux-mêmes rendent depuis vingt ans l'hommage le plus constant. Ont-ils donc oublié que l'Histoire a rendu compte dans tous les tems de la naissance de Georges-Léopold ; que le Prince de Montbeliard l'a rappellée expressement dans l'acte de divorce ; que la Maison de Virtemberg l'a reconnuë dans le Traité de Vilbade ; que les Décrets du Conseil Aulique l'ont désignée, & que ce fils, dont ils osent attaquer l'état est celui que le Prince de Montbeliard a fait reconnoître par ses peuples pour l'héritier légitime de son nom, & de son pouvoir ? Que prétendent donc aujourd'hui les Barons de l'Esperance ? Est-ce une nouvelle accusation qu'ils déferent contre la mémoire de leur pere ?

Coupable, selon eux, de la supposition d'un mariage, prétendent-ils l'accuser encore d'avoir supposé un enfant ? Hé quoi ! ne cesseront-ils jamais d'accabler un Prince Souverain, un Prince qui leur a donné le jour, des crimes les plus atroces ? Et l'Univers indigné ne se révoltera-t'il point enfin contre des enfans coupables de tant d'opprobres & de tant d'impostures ?

Mais il y a long-tems que dans cette affaire les Barons de l'Esperance ont oublié les devoirs de la nature, & secoué le joug de la raison. Tout ce qui combat leur prétention, devient un crime à leurs yeux ; sans respect pour les droits les plus sacrez, tout change au gré de leur chimere ; le témoignage des monumens publics n'est plus que le fruit de la corruption ; l'Univers entier est tombé dans la prévarication, & la voix d'un pere, cette voix si respectable n'est plus que le langage du mensonge & de l'imposture.

A des traits aussi audacieux, peut-on méconnoître la passion qui égare les Barons de l'Esperance ? Plus la lumiere les frappe, plus ils affectent de la combattre ; mais leurs efforts témeraires seront toujours impuissans contre une vérité affermie par les titres les plus solemnels, les témoignages les plus respectables, & par la possession la plus éclatante.

Pour assurer à jamais l'état de Georges-Leopold, il ne lui reste qu'à établir la validité du mariage dont il vient de prouver la réalité ; ce seroit s'abuser que de consulter les Loix sous lesquelles nous vivons en France, pour décider de la validité du mariage du Prince de Montbeliard. Né dans le sein de la Religion Protestante, fils d'un Prince qui la faisoit regner dans ses Etats, il n'a dû connoître d'autres regles que celles qui sont observées dans la Religion qu'il professoit : Or ces regles n'ont rien de gênant. Que deux personnes libres en présence de tel Ministre qu'elles veulent choisir, déclarent s'accepter pour mari & femme ; que le Ministre leur donne la Benediction Sacerdotale, il n'en faut pas davantage pour former un engagement sacré & indissoluble : c'est la

F

doctrine de tous les Auteurs Proteftans, c'eft la décifion de toutes le
Univerfitez d'Allemagne, & c'eft depuis long-tems une vérité reconnu
dans cette affaire. La difcipline de l'Eglife Catholique, eft, fans doute
& plus fainte & plus fage ; mais en même-tems qu'on doit plaindre ceu
qui en ont fecoué le joug pour fuivre l'erreur, il faut cependant fe fou
mettre aux regles qui les gouvernent quand il eft queftion de décide
de leur état.

Or, fuivant ces principes, tout eft regulier, tout eft légitime dans l
mariage du feu Duc de Montbeliard.

La validité de ce mariage a cependant éprouvé quelque contradic
tion ; fi l'on en croit les Barons de l'Efperance, le défaut du confen
tement du Prince Geoges, forme une nullité dans le mariage du Princ
de Montbeliard.

Mais cette objection eft auffi frivole dans le droit que dans le fait
dans le droit, le Prince de Montbeliard étoit majeur, & les Loix le
plus favorables à l'autorité paternelle n'ont jamais exigé le confenteme
du pere, que pour le mariage des mineurs ; c'eft la difcipline de l'E
glife Catholique & en particulier celle du Royaume.

Quant aux Eglifes Proteftantes, on n'y trouvera aucune Loi qu
exige ce confentement, foit pour les majeurs, foit pour les mineurs ; a
contraire le fameux INTERIM de Charles-Quint de l'année 1548, dé
cide formellement qu'on ne peut regarder un mariage comme nul, fou
prétexte du défaut du confentement du pere. Cette Loi étoit géné
rale tant pour les Catholiques que pour les Proteftans ; elle ne laiffe don
aucun doute fur la queftion qu'on voudroit agiter fur la foi de quelque
Auteurs Proteftans, dont l'opinion cédera toujours à une Loi émané
du Chef même de l'Empire.

Dans le fait ces queftions deviennent inutiles, quand il eft juftifié qu
le Duc Georges a connu & approuvé le mariage de fon fils. Il fuff
pour s'en convaincre de confulter les traitemens diftinguez qu'il a fai
éprouver à la Demoifelle de Hedviger depuis fon rétabliffement dar
fes Etats jufqu'aux derniers momens de fa vie.

Enfin quand le confentement du pere feroit néceffaire, lui feul au
roit pû oppofer ce moyen pour venger fon autorité bleffée ; mais quan
il n'a point ufé du pouvoir dont la Loi l'avoit armé, eft-ce à des colla
teraux, à des enfans, qu'il appartiendra de l'employer pour comba
un engagement que le pere lui-même a cru devoir refpecter ? Le Du
Georges n'a point reclamé ; un filence éternel doit donc être impof
aux Barons de l'Efperance.

On n'a garde de mettre au nombre des objections l'anecdote qu
regarde le fieur Zeidlits ; on a moins penfé fans doute à en tirer des con
féquences pour la caufe, qu'à embellir un Roman deftiné à l'amufement
L'imagination du Défenfeur des Barons de l'Efperance n'avoit garde
de manquer une fi belle occafion. Voici la vérité prouvée par les pieces
Le fieur Zeidlits avoit fait une promeffe de mariage à Anne-Sabine de
Hedviger. Dès 1692 il fut pourfuivi pour l'accomplir ; mais fa réfiftance
réduifit la famille de la Demoifelle de Hedviger à prétendre de fimple
dommages & interêts qui firent la matiere de fes pourfuites au mois

d'Août 1695 posterieurement, à la vérité, au mariage du Duc de Montbeliard. Mais quelle conséquence en peut-on tirer ? Dans le droit, une promesse de mariage n'est point un obstacle à un autre engagement, c'est la décision de toutes les Universitez d'Allemagne. D'ailleurs celle du sieur Zeidlits ne subsistoit plus en 1695, il avoit refusé de l'executer dès 1692, & son refus avoit donné lieu à un Jugement du Consistoire de Breslau.

La malignité des Barons de l'Esperance n'a donc pû se proposer d'autre avantage que celui de faire naître des impressions peu favorables à la Demoiselle de Hedviger ; mais son âge fait sa justification. Elle étoit alors à peine âgée de seize ans, & comme elle n'avoit eu aucune part à la promesse de mariage, elle en a eu encore moins aux poursuites de sa famille.

Qu'il reste donc pour constant que le mariage du Duc de Montbeliard avec la Demoiselle de Hedviger est un engagement aussi réel qu'il est légitime. Les efforts qu'on fait pour le combattre ne servent au contraire qu'à l'affermir, & l'on ne craint point de dire qu'il n'est point de vérité de fait à laquelle on puisse donner confiance, si celle, qu'on s'est proposée d'établir, est susceptible du moindre doute. Les titres & les circonstances en font une démonstration, & on ne l'attaque que par des argumens qui blessent également la nature & la raison.

Mais après avoir prouvé l'existence & la validité du mariage auquel Géorges-Léopold doit la naissance, il faut examiner le mérite de l'engagement que la Barone de l'Esperance a fait contracter au Prince de Montbeliard. Les caractères odieux ausquels il est marqué en assurent la condamnation.

SECONDE PROPOSITION.

Que la Barone de l'Esperance ait épousé le Duc de Montbeliard ; c'est une vérité que l'on a toujours reconnuë ; c'est ainsi qu'abusant de la foiblesse de son Amant, elle a vû couronner une intrigue criminelle suivie de la naissance de plusieurs enfans.

Mais que ce mariage ait été célebré avec éclat, que tous les Ordres de l'Etat en ayent été les témoins, ce sont des idées fastueuses qui ne résident que dans l'imagination des Barons de l'Esperance. C'est depuis long-tems un point constant qu'il a été contracté mysterieusement pendant l'absence de la premiere femme, à qui on faisoit un si sanglant outrage, & qu'il n'a dû sa publicité qu'aux années 1719 & 1720.

Mais quel mariage que celui de la Barone de l'Esperance ! Et comment n'a-t-elle point rougi de le contracter ? Le crime l'a préparé, l'ambition l'a consommé, & l'inceste & la bigamie sont les deux flambeaux qui l'ont éclairé.

L'inceste étoit le premier obstacle qui s'opposoit au mariage de la Barone de l'Esperance. Henriette Hedvic sa sœur n'avoit point été insensible aux feux du Duc de Montbeliard. Leurs liaisons avoient même donné naissance à plusieurs enfans. Après la mort d'Henriette Hedvic, la Barone de l'Esperance sa sœur n'a pas craint de briguer les careffes du Duc de Montbeliard. Le concubinage eft le premier lien qui les a unis, & le mariage qui l'a fuivi a été l'ouvrage de l'adreffe & de l'empire de la Barone de l'Efperance.

De cet incefte naît une nullité à laquelle il n'eft pas permis de réfifter. L'affinité au premier degré produit le même empêchement que la parenté; & fans examiner fi cet empêchement eft de droit naturel ou divin, il eft certain qu'il eft également reçu dans les Eglifes Proteftantes & dans la Religion Catholique. Il n'eft pas permis dans aucune d'époufer les deux fœurs.

Auffi les Barons de l'Efperance n'entreprennent-ils pas d'ébranler un principe auffi important. Mais ils prétendent fauver la nullité qu'on leur oppofe, fous prétexte que les Princes Proteftans réuniffent la puiffance temporelle & fpirituelle: D'où ils concluent que le Prince de Montbeliard a pû fe difpenfer lui-même de l'empêchement naiffant de l'affinité. Pour autorifer ce fiftême, ils citent l'exemple de pareilles difpenfes accordées dans l'Eglife Catholique.

On convient avec les Barons de l'Efperance que dans la difcipline de l'Eglife Catholique, on peut obtenir difpenfe d'époufer la fœur de fa premiere femme, & qu'il y en a des exemples illuftres. Mais ces graces ne font accordées qu'à la confideration du plus grand interêt; encore faut-il qu'il n'y ait point d'enfans du premier mariage.

On n'a pas de peine à fe perfuader que ces fortes de difpenfes foient autorifées dans la Confeffion d'Aufbourg; mais qu'un Prince Proteftant puiffe fe difpenfer lui-même, ou pour mieux dire, qu'il n'ait pas befoin de difpenfe, & qu'il puiffe contracter légitimement un mariage que les Proteftans condamnent comme inceftueux, c'eft un paradoxe qui révolte la pudeur & l'honnêteté publique.

En effet, toute difpenfe doit être fondée fur une caufe légitime; n'eft point un pouvoir aveugle & arbitraire qui diftribuë ces fortes de graces, un motif légitime ou au moins favorable en doit être le principe; celui qui l'accorde devient Juge en cette partie. Mais comment veut-on qu'un Prince Proteftant puiffe fe juger lui-même?

Les Barons de l'Efperance n'exigent pas même qu'il fe difpenfe & qu'il le déclare; dans leur fiftême, l'incefte n'eft point un obftacle pour lui, il le canonife en le commettant. Quel étrange appanage de la Souveraineté, que la liberté indefinie de fe proftituer à toute forte de crimes, & de trouver dans fa grandeur un titre pour s'en applaudir! Non. Une doctrine auffi fcandaleufe ne trouvera point de Sectateurs. Elle offenfe la Religion & fcandalife tout l'Univers.

Mais une feconde nullité plus décifive encore s'éleve contre le mariage de la Barone de l'Efperance. Le Duc de Montbeliard avoit époufé la Demoifelle de Hedviger en 1695, & ces premiers liens fubfiftoient encore lorfqu'il en a formé de nouveaux avec la Barone de l'Efperance.

Nos Adverfaires conviennent que la poligamie eft défenduë chez les Proteftans; mais ils invoquent deux excufes. La premiere, que le mariage de 1695 étoit inconnu, & que par conféquent la Barone de l'Efperance étoit dans la bonne foi. La feconde, que ce mariage avoit été détruit par le divorce prononcé en 1714.

Comment

Comment les Barons de l'Esperance n'ont-ils pas senti d'abord la contradiction de leur propre sistême ? Leur mere, nous disent-ils, ignoroit le premier mariage ; mais en même-tems elle sçavoit qu'il avoit été anéanti par un divorce. Il faut avoir bien du talent pour réunir ces deux idées dans la même défense. Mais passons aux Barons de l'Esperance un sistême aussi mal assorti ; & revenons au moyen en lui-même.

On suppose d'abord que la Barone de l'Esperance ne connoissoit pas le mariage de 1695, & pour le prouver on rapporte différens actes dans lesquels, dit-on, Anne-Sabine de Hedviger n'a pris que la qualité de fille ; d'ailleurs elle n'a joui qu'en 1719 des honneurs dûs à la femme d'un Prince Souverain.

Mais cette objection est tout-à-la-fois le comble de l'illusion & de la mauvaise foi. Quoi, la Barone de l'Esperance, Maîtresse du Prince de Montbeliard, ignoroit un mariage qui étoit connu de tout le monde; & que l'Histoire avoit répandu dans toute l'Allemagne dès l'année 1712?

2°. Que peut-on répondre au Traité du divorce de 1714 ? Ce Traité présenté à neuf Conseillers Consistoriaux du Prince, & qui s'executoit publiquement depuis quatre années ? Ajoutons une circonstance sans replique. Deux Conseillers qui ont signé le divorce, ont également signé le certificat de la célébration du mariage de la Barone de l'Esperance. Ce sont les mêmes Ministres qui ont concouru, & au mariage & au divorce. Comment après cela ose-t-on porter l'imposture jusqu'à dire que le mariage de 1695 n'étoit point connu, quand le divorce étoit public ? Il faut renoncer à toute pudeur pour invoquer après cela la prétenduë bonne foi de la Barone de l'Esperance.

Enfin le Traité de Vilbade de 1715 ne prouvoit-il point encore le mariage de 1695, comme on l'a fait voir ? Eh la Barone de l'Esperance à elle-même signé ce Traité.

Que sert-il, après des preuves aussi éclatantes, de faire passer en revuë plusieurs actes qui justifient qu'Anne-Sabine de Hedviger ne prenoit point la qualité de Duchesse depuis son mariage ? Elle n'en étoit pas moins connuë pour femme légitime, quoiqu'elle n'en eût pas les honneurs.

Passons à la seconde excuse tirée du divorce de 1714. Le mariage de 1695 étoit détruit, dit-on, par ce divorce ; la Barone de l'Esperance à donc pû épouser légitimement le Duc de Montbeliard ?

Mais, on ne craint point de le dire, ce Traité est plutôt un ouvrage de scandale qu'un véritable divorce, qui ait pû autoriser un second engagement. Il faut l'examiner & dans la forme & dans le fonds.

La Loi des Eglises Protestantes veut qu'un divorce soit prononcé par le Consistoire en connoissance de cause, & après une discussion exacte des motifs qui y donnent lieu. Ici au contraire on ne trouve qu'un acte volontaire passé entre le mari & la femme, par lequel ils rompent les nœuds qui les unissoient, & au bas un certificat par lequel le Consistoire déclare qu'il a vû l'acte ; qu'il le trouve équitable & conforme à l'intention des Parties. Est-ce-là de bonne foi ce qu'on peut appeler une Sentence de divorce ? C'est visiblement un abus de l'Autorité souveraine. On n'y trouve ni Parties, ni Tribunal, ni discussion, ni Jugemens.

Au fond, les causes du divorce ne sont point arbitraires chez les Pro-

G

teftans, ils n'en reconnoiffent que deux. L'adultere & la défertion ma-
licieufe ; on l'a établi par les autoritez les plus refpectables répandues
dans les Mémoires. Il eft vrai qu'un Canonifte a hazardé d'y ajouter la
difparité d'humeurs pour tenter fon propre divorce. Mais cette nou-
veauté a foulevé tous les Confiftoires, & a été univerfellement réprouvée. C'eft même un point, entre les Parties, fur lequel il n'eft plus permis de contefter raifonnablement : On croit pouvoir donc fe difpenfer de pouffer plus loin la differtation.

Rapprochons ces maximes du divorce de 1714. Quelle en eft la caufe
& le motif? La difparité d'humeurs. Mais le mariage ce lien fi refpecté
chez toutes les Nations, deviendroit bien-tôt le jouet des paffions, fi fa
durée dépendoit d'une caufe auffi frivole & auffi arbitraire. Le Traité
ajoute *& pour d'autres motifs connus aux Parties*. Mais quels font ces autres motifs! Les Barons de l'Efperance interrogez mille fois ont gardé
un filence prudent. Eh qui ne voit pas en effet qu'on ne s'eft fervi de
ces expreffions vagues que parce qu'on n'avoit rien de réel & de légitime à propofer !

Le divorce de 1714 eft donc contraire à toutes les maximes reçues
chez les Proteftans ; & dès-lors il n'a pû détruire le mariage de 1695,
ni autorifer celui de 1718.

La bonne foi de la Barone de l'Efperance eft la derniere reffource
de fes enfans. Que le divorce foit nul, dit-on, il aura toujours fuffi pour
conftituer en bonne foi la Barone de l'Efperance. Quoi, un acte auffi vicieux auffi contraire à toutes les regles, pourroit être la fource de la bonne
foi? Si la Barone de l'Efperance connoiffoit l'acte de divorce, elle a
dû fçavoir en même-tems qu'il ne renfermoit ni Jugement, ni caufe de
divorce. Les principes fur cette matiere font fi publics & fi intéreffans
pour la Société, qu'il n'eft permis à perfonne de les ignorer, ni de fe
faire une excufe de fon ignorance.

Qu'un mari & une femme parmi nous paffent un acte pour annuller
leur mariage ; qu'un Official l'approuve au bas, & qu'il le déclare jufte
& conforme à l'intention des Parties ; croit-on qu'un fecond engagement pût être juftifié par la faveur de la bonne foi ? Non, fans doute ;
un pareil mariage ne trouveroit grace dans aucun Tribunal. On excufe
quelquefois une femme infortunée, qui a été trompée par un mari per-
fide, & qui, par les routes de l'honneur, a été engagée dans un mariage
dont elle ne pouvoit pas prévoir la nullité. Mais pour une Maîtreffe
livrée depuis long-tems à la paffion d'un Souverain, qui a profité de
fa foibleffe, pour lui faire rompre les nœuds les plus facrez, & pour
l'entraîner dans l'engagement le plus criminel : c'eft prophaner le terme
de bonne foi, que de l'employer pour fervir d'excufe à tant de dé-
fordres.

Rien ne peut donc juftifier le mariage de la Barone de l'Efperance ;
l'acte de divorce, en confirmant la foi du premier engagement,
n'eft propre qu'à fournir des armes contre le fecond, loin de lui fervir
d'excufe.

Que les Barons de l'Efperance ceffent donc de prétendre partager
avec Géorges-Léopold la gloire d'une naiffance légitime : Un parallelle
auffi odieux feroit un fujet de fcandale & d'indignation.

De l'Imprimerie de PAULUS-DU-MESNIL, rue de la Vieille-Draperie,
vis-à-vis Sainte Croix en la Cité. 1745.

17,283

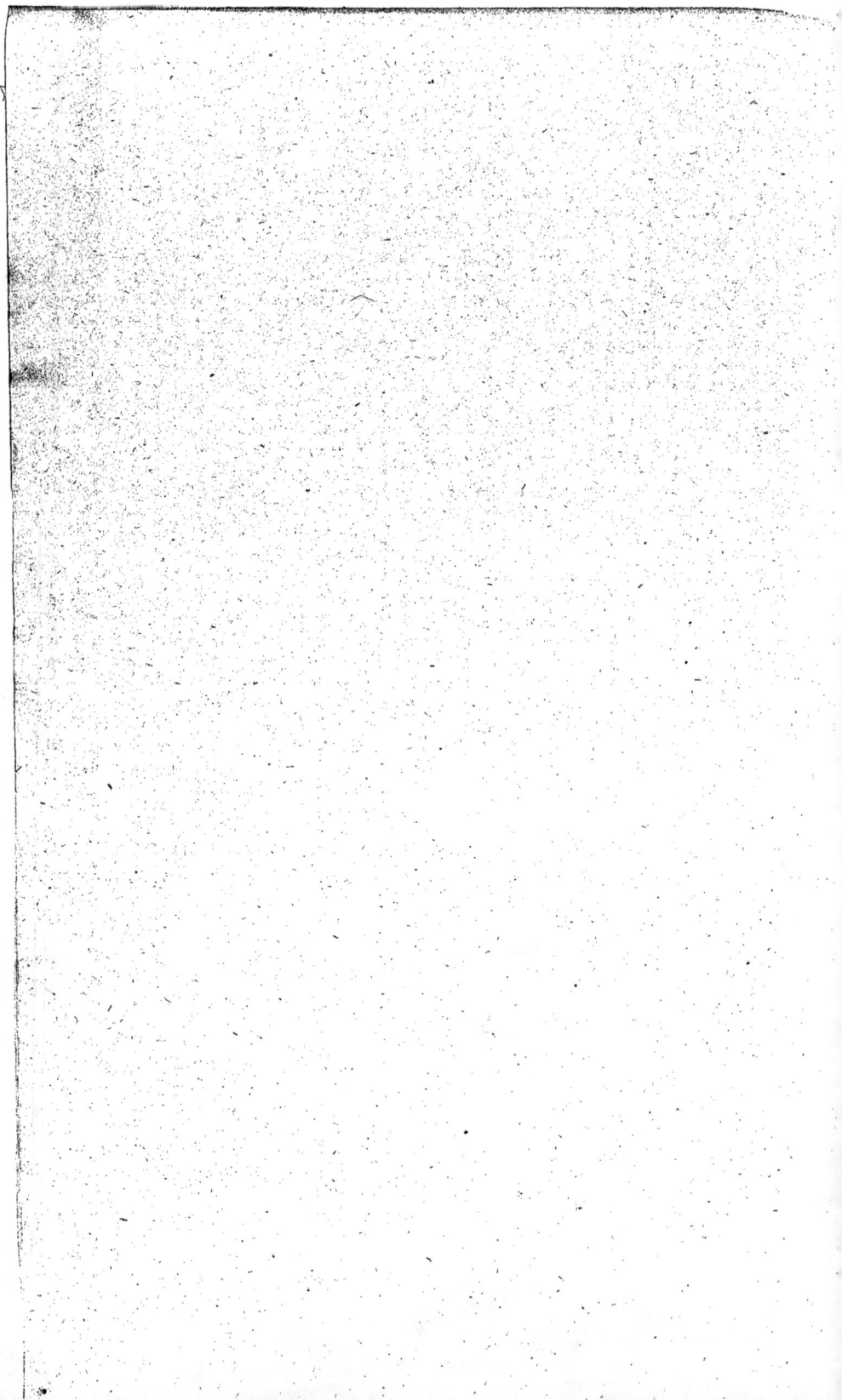

PRÉCIS
DE LA CONTESTATION
AGITÉE À LA COUR DE FRANCE
DEPUIS 1723,
AU SUJET DE LA SUCCESSION
DE FEU M. LE DUC
LEOPOLD EBERHARD
DE WIRTEMBERG
MONTBELIARD.

Produit avant la Nomination,
de c Mess.ʳˢ les Commissaires.
au mois de juin 1740.

M. le Duc CHARLES FREDERIC de Wirtemberg en qualité d'Adminiſtrateur & Tuteur de M.
le Duc CHARLES EUGENE, ſon Pupille, demande
d'etre mis en Poſſeſſion des Seigneuries de Blamont, Clemont, Chatelot, Hericourt; Paſſavant, Clairval,
Granges ; Riquevier & Horbourg ; Circonſtances & Dependances.

)(Cette

❀ (o) ❀

Cette demande est fondée sur trois articles aussi solides que notoires.

ARTICLE PREMIER.

LA Proprieté des dites Seigneuries appartient depuis plusieurs Siécles à la Ser^me Maison de Wirtemberg. Les Traités de Paix de Westphalie, de Ryswik, de Baaden, & de Vienne, la garentissent specialement aux Princes Regnans & leurs Successeurs, & en Conséquence au Present Seigneur Duc Mineur.

A.   Voyez les Extraits ci-joints Cotés A.

ARTICLE DEUXIEME.

LE Comte George Leopold de Sponek, & les Barons Charles Leopold & George Frederic de Lesperance prétendent aux mêmes Biens sur le prétexte, que selon les Loix & Usages des Protestans de l'Empire ils sont Enfans legitimes du dernier Prince de Montbeliard.

Pour pallier ce Prétexte, ils ont produits des Reponses Juridiques de plusieurs Universités Allemandes, obtenues sur des faux exposés.

Ce Prétexte est detruit, non seulement par la Revocation unanime de ces Universités :

B.   Voyez les Actes ci-joints Cotés B.

mais encore par la Decision de sa Majesté Imperiale;

C.   Voyez l'Arret ci-joint Coté C.

& par la Declaration de tous les Electeurs, Princes & Etats du Saint Empire.

D.   Voyez la Lettre ci-jointe Cotée D.

Le

Le feu Duc de Montbeliard ayant contradictoirement plaidé sur la Question de Legitimité de ses deux prétendus Mariages, pendant plus de deux ans; de même qu'après sa Mort le Comte de Sponek & la Baronne de Lesperance; dont les Deductions imprimées sont entre les Mains de tout le Monde.

ARTICLE TROISEME.

COmme cette Contestation rouloit uniquement sur un point préjudicial, c'est à dire sur la Legitimité des Mariages du feu Duc de Montbeliard, Prince de l'Empire, & sur la Qualité personelle, que ses Enfans auroient selon les Loix & Usages de l'Empire, dont ils sont sujets: Sa Majesté tr. Chr. en etablissant & continuant le Sequestre de ces 9. Seigneuries, fit declarer à M. le Duc de Wirtemberg, que cette Question etant actuellement pendante au Conseil Aulique de l'Empire, S. M. ne vouloit prendre aucune part à cette Contestation, ni donner aucun signe de Protection à une ni à l'autre des Parties, qui puisse etre regardée comme un Prejugé de sa part; mais qu'elle mettra le Duc de Wirtemberg en Possession des Terres susmentionnées dès ce que sa Maj. Imp. aura declaré les Prétendans pour enfans illegitimes.

Pour que M. le Duc de Wirtemberg se pût tenir à cette Declaration Royale, M. le Duc d'Orleans, alors Regent, fit remettre aux Ministres de Wirtemberg la Copie des Ordres donnés pour l'etablissement du Sequestre,

Ci-jointe Cotée E.　　　　　　　　E.

La même Declaration fut faite & très souvent reiterée au Nom de Sa Maj. tr. Chr. à toutes les Cours, qui s'interessoient pour la Serme Maison de Wirtemberg, & en particulier à Sa Maj. Imp. par M. le Baron de Fonseca; à sa Maj. Britannique par M. de Walpole & M. le Chevalier Schaub; à sa Maj. Prussienne par M. de Chambrier; à son Alt. Electorale de Baviere par M. le Prince de Grünbergue.

Voyez la Lettre de feu M. d'Armenonville, Cotée F.　　F.

�֍ (○) ✖

    Si la Ser^me Maiſon de Wirtemberg n' a pû juſqu' à preſent entrer en Poſſeſſion des Terres, dont il s'agit, il faut l'attribuer à un Concours de toutes ſortes de Difficultés, qui par la Longueur du Tems ſe ſont jointes à cette Conteſtation d'ailleurs au fond toute ſimple.

    Mais l'Objet direct de cette affaire étant preſentement mis dans un jour entier, on ne peut s'attendre de la Religion, de la Juſtice, & de la Bonté de Sa Maj. tr. Chr. qu' à une promte & heureuſe iſſue.

PIECES

PIECES
USTIVICATIVES.

A.

EXTRAITS DES TRAITÉS PUBLICS.

A.

xtrait du Traité entre le Roy Louis XIV. & la Maison de
Wirtemberg du 25. Janvier 1644.

ARTIC. I.

SA Majesté a pris & mis en sa protection Royale les personnes des Ducs de
Wirtemberg & Princes de Montbeliard ensemble leur dit Comté, leurs
biens, terres & possessions, specialement *les 4. Seigneuries D'Hericourt,*
Chatelot, Blamont Clemont & de leurs dépendances, sans toutes fois, que
cette protection puisse prejudicier au Droit souverain, Préeminences, Digni-
és, Privileges, Autorité & bonne Coutume des dits Princes & de leurs terres
& Seigneuries, circonstances & Dependances, n'ayant d'autre pensée, que de
maintenir & conserver leur peuples & sujets en leur obeissance.

A

Art.

ARTIC. IV.

§. 18.

Du Traité d'Osnabruck.

LEs Princes de Wirtemberg de la branche de Montbeliard feront retablis e͠
tous leurs Domaines fitués en Alface & ailleurs, & nommement aux deu͠
fiefs de la haute Bourgogne, Clairval & Paffavant, & feront reintegrés par l'un͠
ou l'autre partie dans les mêmes Etats, droits & prerogatives, & fpeciale͠
ment &c.

ART. XIII.

Du Traité de Rysvvyk.

QUe la Maifon de Wirtemberg & nommement Mr. le Duc George pour luy &͠
fes Succeffeurs foient rétablis en la Poffeffion de la Principauté ou Comté
de Montbeillard dans le même Etat, Droits & prerogatives, & fur tout la même͠
immediateté à l'egard du St. Empire Romain, dont il a joui auparavant, & dont͠
jouiffent ou doivent jouir les autres Princes de l'Empire, fans avoir aucunement
égard à la foy & hommage rendu à la Couronne de France en 1681. & les dits
Princes jouiront librement par la fuite de tous les revenus tant feculiers qu' Ecclefiaftiques des dits Biens, comme ils faifoient avant la paix de Nimegue de même que des fiefs, qui ont eté ouverts à leur profit, pendant que la France en
jouiffoit, & qui n'ont point été remplis par les dits Princes, excepté la Conceffion
que le Roi T. C. a fait du Bourg de Baldenheim avec fes dépendances en faveur
du Commandeur de Chamblay Meftre de Camp general de fes Armées, la quelle
doit demeurer bonne & valable à Condition toute fois qu'il foit tenu d'en rendre
l'hommage à Mr. le Prince de Wirtemberg & à fes heritiers comme Seigneur direct, & d'en reprendre de fief, de meme ils feront remis en la pleine & libre
jouiffance, tant des fiefs de Clairval & Paffavant qui leur appartiennent en Bourgogne que des Seigneuries de Granges, Hericourt, Blamont, Chatelot, & Clemont, & autres fituées dans le Comté de Bourgogne & la Principauté de Montbeliard avec tous les Droits & revenus, de la même maniere qu'ils les poffedoient
avant la paix de Nimegue, en aboliffant entierement tout ce qui fous quelque titre, de quelque maniere, & en quelque tems auroit eté fait ou prétendu au
contraire.

ART.

ART. XII.

Du Traité de Baade.

A Mté T. C. promet auſſi à ſa Majeſté Imperiale & à l'Empire, qu'elle reſtituera à tous les membres Cliants & Vaſſaux de l'Empire, Eccleſiaſtiques & ſeculiers cialement à Mr. l'Electeur de Treves, à Mr. l'Electeur Palatin, à Mr. le Grand itre de l'ordre Teutonique Evêque de Wormbs à ſon venerable Ordre, à Mr. rêque de Spire, à la Maiſon de Wirtemberg, & en particulier à Mr. le Duc Montbeliard, aux deux Maiſons de Baade, & géneralement à tous ceux qui t compris dans le Traité de Ryſwxk, quoy qu'ils ne ſoient pas expreſſement nmés icy, tous les pais, places, Lieux & biens dont Elle ſe ſeroit miſe en eſſion pendant le Cours & à l'occaſion de la derniere Guerre, ſoit par la voye Armes par Confiſcations, ou de quel qu'autre maniere contraire à la paix de wyk, quoy qu'ils ne ſoient pas ſpecifié dans le preſent Traité, comme auſſi elle executera pleinement & exactement toutes les Clauſes & conditions du dit ité de Ryſwyk aux quelles il n'aura pas eté expreſſement derogé par le preſent ité, s'il y en a quelqu'une qui n'ait pas eté executé après la concluſion de la x de Ryſwyk, ou qui ait ſouffert quelque Changement depuis l'Execution.

ART. XIII.

Du Traité de Vienne.

E benefice de la reſtitution ſtipulée par le treizieme article de la Paix de Ryſwyk, & par le douzieme de la paix de Baaden, en faveur de la Maiſon de irtemberg, aura lieu de la même maniere préciſement qui y eſt preſcrite à ard du preſent Seigneur Duc, & de ſes heretiers & ſucceſſeurs, d'autant que égle generale exprimée ci-deſſus dans l'article troiſieme demeure en ſon entier, voir, que dans toutes les choſes qui n'ont pas eté changées par des convens poſterieurs, faites du conſentement de deux contractans, les traités, cités s ce même Article, ſervant de baſe & de fondement à la preſente paix, doit ſubſiſter en leur entier. D'où il reſulte naturellement, que ſi quelque ſe n'avoit pas encore eté reſtitué aux etats, Vaſſaux, & ſujets du St. Empire main, en conformité de ces mêmes traités, ou n'avoit pas encore eté mis de ou d'autre pleinement à execution, le tout doit être reſtitué & mis à exeion ſans delai comme ſi la teneur de ces traités étoit repetée ici de mot ot.

A 2　　　　B. DECLA-

B.

B.

DECLARATION

Des facultés Theologiques & Juridiques des Universités de
JENA, ALTORF, LIPSIC, & HALLE, Au sujet des prétendus Mariages de feu M. le DUC de MONTBELIARD, portant révocation de leurs
Avis, ci-devant donnés sur des faux Exposés du Fait, en
faveur des Enfans issus desdits Mariages.

Traduit du Latin.

CELLE DE JENA.

IL a plû au Sérénissime Seigneur CHARLES FREDERIC Duc & Administrateur
de Wirtemberg, de faire sçavoir à Nous les deux Facultés Théologique &
Juridique de l'Université de Jena, que le Comte de Sponek, qui se donne pour
fils du feu Seigneur Duc Leopold Eberhard de Montbeliard, prétend justifier
la légitimité de sa naissance par les Réponses obtenuës de Nous, Faculté Juridique, en 1735. & 1738. quoique l'illégitimité de sa Naissance soit manifestement
démontrée par les Arguments contenus dans le Mémoire imprimé, ayant pour
titre;

L'Imposture du Comte George Leopold de Sponeck & des Barons Charles Leopold
& George Frederic de Lesperance, soidisants Princes de Montbeliard, &c.

Ledit Mémoire étant fondé sur des Titres & Preuves, dont une bonne partie a été produite du même Comte de Sponek, & les autres méritant la foy publique, & ayant été en son lieu reconnus pour tels.

Le Sérénissime Duc Administrateur de Wirtemberg sus-mentionné Nous a
en même tems requis, de lui donner une Déclaration & Certificat touchant les
Réponses, que Nous la Faculté Juridique avons donné dans cette Cause en 1735.
& 1738. desirant en outre, que Nous les deux Facultés disions nos sentiments;
sçavoir, ce que nous statuons sur les prétendus mariages du Seigneur Duc Leopold Eberhard de Montbeliard.

Ayant donc mûrement pesé & examiné toute chose, portés par l'amour pour
la vérité, Nous n'avons pû nous dispenser de lui déclarer publiquement nos sentiments; c'est-à-dire, que dans le tems, que Nous la Faculté Juridique donnâmes
nos réponses de *Droit* aux Questions du Comte de Sponek, les véritables circonstances du *Fait* Nous étoient entierement inconnuës, ainsi que par le susdit Mémoire Nous en avons âpris toute autre chose.

Il sera aisé à comprendre, que nos Réponses, ci-devant données au Comte
de Sponek, ont été fondées sur la supposition, que tout ce que ledit Comte de
Sponek sous le nom de Prince George Leopold a posé en fait, étoit vrai & certain; sçavoir, qu'il constoit indubitablement de la Copulation Sacerdotale & légitime,

itime, faite à Reiowiz; qu'il y avoit confentement du Pere; qu'il n'y avoit au-
un doute, que ledit George Leopold n'eût eté infcrit dans le Livre de Baptême;
ue la poffeffion publique de l'Etat de Mariage fe trouve vraie, de même que d'au-
res circonftances effentielles, qui feroient conftatées par des Preuves inconte-
ables? outre que, ce qui eft le Point effentiel, on Nous avoit fait accroire, que
a Maifon de Wirtemberg ne s'oppofoit au Comte de Sponek, qu'à caufe de l'iné-
alité de condition de fa mere.

Mais dès ce que Nous avons vû le Mémoire fus-mentionné, & pefé, examiné & approfondi fes Preuves & Titres, dont une partie avoit eté produite par
e même Comte de Sponek, & les autres par la Séréniffime Maifon de Wirten-
erg tous très-dignes de foi, Nous nous fommes d'abord apperçûs, que nofdites
éponfes ont eté furprifes par des faux expofés, puifque, ce qui fembloit devoir
ervir de preuve à la prétenduë Copulation de Reiowiz, a tellement eté affoibli
& réfuté par des circonftances contraires amplement juftifiées, que cette Copu-
ation a perdu toute fa foi & valeur.

Sans parler de ce qu'il ne confte rien de certain du confentement du Pere,
& qu'en effet il y manque entierement. Joint à ce que la poffeffion de l'Etat de
Mariage eft une fiction & une fable faite à plaifir, s'y trouvant plûtôt une poffeffion
ublique de l'Etat de Concubinage, & de l'Illégitimité de la Naiffance abondam-
ent démontrée.

Le feu Duc de Montbeliard, induit peu d'années avant fa mort par les per-
uafions de fes Femmes & Enfans, à des Déclarations, & à des faits contraires,
e pouvoit rien attribuer de valide ni de legitime à fes prétendus mariages &
ux Enfans par lui procréés, attendu que fes faits précédents diamétralement
ontraires aux Inftitutions Chrétiennes étoient toûjours un obftacle, à pouvoir
mais déclarer des Mariages & Naiffances illégitimes pour legitimes.

Nous tant la Faculté Théologique que Juridique ayant examiné fidélement
& avec foin ce que deffus, avons en vérité trouvé que les circonftances des pré-
endus Mariages du défunt Seigneur Duc Leopold Eberhard font de telle nature &
claires, que non feulement le prétendu Mariage avec Anne Sabine Hedwiger,
ui a enfuite obtenu le nom de Comteffe de Sponek, mais encore celui qui doit
voir eté contracté avec Elifabethe Charlotte de Lefpérance, de la fœur de la-
uelle le Seigneur Duc Leopold Eberhard, ainfi qu'il l'a avoué lui-même, a auffi
rocréé plufieurs enfans, font entierement illégitimes & non valables par aucun
roit.

Ce que Nous avons trouvé avoir eté fi clairement prouvé dans le fufdit
Mémoire, qu'après une Délibération préalable Nous nous en trouvons convain-
us dans nôtre confcience, déclarant fans difficulté nôtre jugement; fçavoir:

Que les deux prétendus mariages du Seigneur Duc Leopold Eberard de Montbeliard répugnant non-feulement aux Pactes de la Sereniffime Maifon de Wirtemberg, mais étant encore contraires au Droit
crit & commun, & principalement oppofés aux Droits & Coûtumes
tablis chez ceux de la Confeffion d'Ausbourg;

A ces Caufes, Nous ne tenons ces Mariages ni pour valables, ni
our légitimes. par conféquent Nous mettons les Enfans, qui en font
rovenus, au nombre de ceux qui font entierement d'une naiffance illé-
itime. Ainfi qu'il eft de Droit.

B   En

En foi de quoi Nous avons confirmé les Préfentes par l'appofition de nos Sçeaux.

A Jena ce 1. Février 1740.

Signé,

(L.S.)   Les Doyen & Docteurs de la Faculté Théologique.

(L.S.)   Les Doyen & Docteurs de la Faculté Juridique.

CELLE D'ALTORF.

S. A. S. Monfeigneur le Duc & Adminiftrateur de Wirtemberg a fait Sçavoir à Nous les Doyens, Docteurs & Profeffeurs des Facultés Theologique & Juridique de l'Univerfité d'Altorf, avec quelle Opiniatreté les Enfants naturels du feu Serme. Duc de Wirtemberg Montbeliard, ofent defendre leur pretendue legitimité, s'appuiant entre autre fur un avis obtenu fur des faux expofés de Nous les Doyen & Docteurs de la Faculté Theologique ; quoique les Titres & actes authentiques, reconnus en Juftice, & dont les dits Enfants ont produit eux mêmes une grande partie, tels qu'on les trouve dans un Memoire intitulé:

Impofture du Comte George Leopold de Sponek & des Barons Charles Leopold & George Frederic de Lefperance, foi difants Princes de Montbeliard demontrée par des Preuves inconteftables &c.

demontrent l'illegitimité de leur Naiffance felon les Loix divines & humaines, d'une maniere très Convainquante devant tous ceux, qui jugeront avec impartialité.

On nous a demandé, d'examiner tous ces Documents publiques, & de dire nos Sentiments par raport à l'Etat de ces Enfants, tels, que la bonne foy, la Religion, nôtre confcience, & l'autorité des Loix divines & humaines nous obligeroit.

Nous n'avons pu nous difpenfer, de declarer felon les pieces juftificatives jointes au fus dit Memoire imprimé, qu'il ne fe trouve rien dans les pretendus mariages, qui ne demontre abondamment les impoftures, nullités, illegitimités, & les caracteres honteux d'un Concubinage & Commerce damné, de forte, que l'on ne fçauroit les regarder pour valables, juftes & legitimes, tant felon le Droit Commun, que felon les Loix de l'Empire & en particulier felon celles de la Confeffion d'Augsbourg.

Nous les Doyen, Docteurs & Profeffeurs de la Faculté Theologique declarons en particulier, que dans le tems, qu'on nous a demandé en 1738. nôtre avis fur les deux pretendus Mariages, nous n'avons pû juger felon les pieces qu'on

nous

ous a produites alors, si non, le mariage avec Anne Sabine Hedwiger, nommée ensuite Comtesse de Sponek, pour legitime, & celui d' Elisabethe Charlotte
e Lesperance pour illegitime.

C'est à dire, nous avons supposé, que tout ce qu'on nous a rapporté de
a Benediction Sacerdotale dans le Village de Reiovviz selon l'Usage de nos Egli-
es, & du Consentement du Duc George le Pere, comme aussi de la possession
ublique de l'Etat de Mariage, & de toutes les qualités requises pour un Mariage
uste & legitime ne fut sujet à aucun doute.

Mais depuis que Nous avons vû le Memoire, que la Serme Maison a don-
é au public, nous avons trouvé, que tout ce que nous avons supposé, étoit
ans fondement.

Personne ne pourra disconvenir, que les deux prétendus Mariages du
Serme Prince Leopold Eberhard ne Conviennent aucunement aux Loix & Usa-
es des Eglises de la Confession d'Augsbourg, & que les Enfants issus d'un Pa-
eil Commerce defendu ne sçauroient passer pour habiles des noms, privileges &
Droits des Enfants nés d'un Mariage legitime.

C'est pourquoi, portés par l'amour pour la Verité, nous ne sçaurions
nous empêcher non seulement, DE REVOQUER, tout ce que nous avions ju-
é en 1738. sur des faux exposés, mais encore de declarer, que le dit avis ne
pourra étre utile à personne.

Nous temoignons par les Seaux de nos Facultés, que ceci est nôtre veri-
able avis sincere, tel que nôtre Conscience nous l'a dicté. à Altorf le 3. Febr.
740.

(L.S.)   Doyen, & les autres Docteurs & Pro-
          fesseurs de la Faculté Theologique de
          l'Université d' Altorf.

(L.S.)   Doyen, & les autres Docteurs & Pro-
          fesseurs de la Faculté Juridique de
          l'Université d' Altorf.

CELLE DE LIPSIC.

LA Serme Maison de Wirtemberg, nous ayant envoyé le Memoire public

L' Imposture du Comte George Leopold de Sponek & des Barons Charles
Leopold & George Fredric de Lesperance.

Avec les Pieces justificatives y jointes, nous a demandé en même tems nôtre avis
sur DEUX QUESTIONS:

Si

Si felon l'Etat de l'affaire, tel qu'il a été expofé dans le dit memoire, les mariages du Duc Leopold Eberhard avec Anne Sabine Hedwiger, & Elifabethe Charlotte de Lefperance, peuvent être regardés pour legitimes, felon les Loix de l'Empire, & l'Ufage des Proteftants de la Confeffion d'Augsbourg?

Comme auffi,

Si les Enfants iffus de ces deux Mariages, peuvent paffer pour legitimes, & capables de fucceder dans les Biens du Pere?

Nous le Doyen, & les autres Docteurs & Profeffeurs des Facultés Theologique & Juridique de l'Univerfité de Lipfic, aprez avoir repaffé avec foin cet Ecrit public, & aprez en avoir bien pefé toutes les Raifons, jugeons

QUANT A LA PREMIERE QUESTION,

que le Mariage du Duc Leopold Eberhard de Montbeliard avec Anne Sabine Hedwiger, n'eft ni prouvé ni legitime, puifque

a) Le Certificat du Miniftre Nro. 1. eft fans dâte & fans année, ni figné, comme il faut.

b) l'Extrait du Livre de l'Egife de Reiowiz Nro. 3. muni de l'Autorité du Magiftrat de Skoki, eft manifeftement faux en le Comparant avec l'Original.

c) Le temoin Nardin, dont la Dépofition fe trouve Nro. 2. eft fufpecte.

d) La Dépofition des temoins Nro. 5. ne fe rapporte qu'a ce qu'ils ont ouï dire, & en quoi ils fe contredifent à plufieurs égards.

e) L'enregiftrement dans le Livre de l'Eglife de Reiowiz Nro. 9. paroit faux & fuppofé.

f) En échange le confentement du Pere, dans la famille duquel le Prince Leopold Eberhard fe trouva en 1695. ne fe trouve ni exprimé ni demontré; ni avant ni aprez ce pretendu Mariage.

g) Anne Sabine Hedwiger n'a jamais obtenu une Poffeffion de l'Etat de Mariage.

h) Elle n'a jamais été traité en femme, ni dans le Diplome de Comteffe ni dans le Traité de Wildbaaden, qu'elle a reconnu & confirmé elle même, de même que le Mariage avec ELISABETHE CHARLOTTE DE LESPERANCE eft tout à fait inceftueux, puifque

a) Sa fœur Henriette Hedwiger étoit pendant plufieurs années Concubine du Duc Leopold Eberhard, dont elle a eu nombre d'Enfants;

b) Le Duc Leopold Eberhard en Vertu du Traité de 1617. Confirmé de nouveau & reconnu à l'Egard de la Perfonne de la Baronne de Lefperance dans le Traité de Wildbaaden de 1715. n'a pas même été en Droit, de fe difpenfer lui-même dans un Degré prohibé.

QUANT

QUANT A LA SECONDE QUESTION.

ue les Enfans provenus de ces deux pretendus Mariages, ne fauroient paffer
ur legitimes, & habiles de fucceder dans les Biens du Pere,

Savoir celui d'ANNE SABINE HEDWIGER, parceque

a) Le Certificat du Miniftre Nro. 7. qui doit avoir baptifé ce George Leopold de Sponek, n'eft pas tiré du Livre de Baptême de l'Eglife de Feftenberg.

b) Ce même billet, ne fait aucune mention du Mariage des Pere & Mere.

c) Ce baptême n'eft pas enregiftré dans le Livre des Baptêmes de l'Eglife de
Feftenberg.

d) Le Comte de Sponek a toujours eté traité comme illegitime jufqu'en
1719. dans tous les aftes publics, & dans fon particulier, même dans
le tems de fon Mariage.

Outre que

e) Le Mariage de fa Mere n'a jamais eté legalement prouvé.

Ceux de la BARONNE DE LESPERANCE, parceque

Le Mariage inceftueux n'a jamais pû introduire la legitimité, furtout au pre-
udice du Droit de la Maifon de Wirremberg etabli dans le Traité de 1617. con-
irmé de nouveau dans le Traité de Wildbaade.

Ainfi de Droit. à Lipfic ce_   1740.

(L.S.)   Doyen & les autres Doéteurs & Profeffeurs
de la Faculté Theologique dans l'Univerfité de Lipfic.

(L.S.)   Les Doéteurs & Profeffeurs de la Faculté
Juridiqué.

C   CELLE

CELLE DE HALLE
DE LA FACULTÉ THEOLOGIQUE.

LE Ser^me Duc Charles Fredric de Wirtemberg, Adminiftrateur & Tuteur, ayant envoyé aux deux Facultés, la Theologique & la Juridique, dans cette Univerfité un Memoire imprimé, & intitulé :

L'Impofture du Comte George Leopold de Sponeck, & des Barons Charles Leo-pold & George Fredric de Lefperance &c.

avec les Pieces juftificatives pareillement imprimées, & dont une grande partie a eté produite & alleguée par la Partie adverfe elle même, & l'autre munie d'une autorité publique, nous a demandé en même tems, d'examiner & de pefer avec exactitude tous les Points contenus dans le dit Memoire, pour donner de nou-veau nôtre avis, au cas que l'un ou l'autre en eut donné un Contraire fur les faux expofés de la Partie adverfe.

La Faculté Theologique déclare, que, fi le Comte de Sponek a obtenu quel-que Reponfe en fa faveur fur des faux expofés, elle n' y a eu aucune part.

Mais la Faculté Theologique, après avoir examiné avec foin toutes les Pie-ces, & pefé fidelement toutes chofes, fe joint très volontiers, aux Sentimens de la Faculté Juridique, qui les a reformés & corrigés fur le rapport, qu'elle a eu de nouveau.

Elle Certifie, qu'elle reconnoit les deux prétendus Mariages du Duc Leo-pold Eberhard, auffi bien celui avec la Hedvviger ou Sponek, que celui avec la Lefperance, pour illegitime, & contraire aux Loix Ecclefiaftiques de ceux de la Confeffion d'Augsbourg.

Elle a confirmé cette Sentence par fa fignature ordinaire & par fon Séel. à Halle ce 27. Fevr. 1740.

(L. S.)

Doyen, & les autres Docteurs & Profeffeurs de la Fac. Theol. dans l' Univerfité de Halle.

CELLE

CELLE

DE LA FACULTÉ JURIDIQUE.

Le Serme. Prince & Seigneur Charles Fredric, Duc de Wirtemberg, &c. Admi-
trateur & Tuteur, a envoyé à nous, les Jurisconfultes de l'Univerfité de Halle,
Memoire imprimé intitulé:

*L'Impofture du Comte George Leopold de Sponek & des Barons Charles Leopold
& George Fredric de Lefperance &c.*

nous demandant, fi nous croyons, que la Juftice exige, de changer l'avis,
e nous aurions donné fur les faux expofés du Comte de Sponek ou des Barons
Lefperance.

§, 2. A Dieu ne plaife, que nôtre Faculté réponde jamais au gré & fenti-
ens des Parties!

La Verité & fon guide la Juftice nous tient uniquement à Cœur, fans re-
rder, à qui nôtre avis puiffe être utile ou nuifible!

§. 3. Nous certifions donc; qu'en 1738. le 4. Dec, il nous a été commu-
qué une Reponfe de la Faculté Juridique de Lipfic, dans la quelle

*Le Comte de Sponek a été declaré non feulement fils, mais encore heritier
& fucceffeur legitime du Duc Leopold Eberhard dans les Seigneuries appartenantes à la Principeauté de Montbeliard, féqueftrées par Sa Maj.
très Chrétienne.*

§. 4. Le Procureur du Comte de Sponek s'étoit flatté, que nous convi-
endrons de même de l'un & de l'autre article. Mais ayant lû la Deduction
rite en Latin d'une affez grande étendue, & chargée d'un grand amas de raifons
d'allegations, nôtre étonnement a été des plus forts, que les Jurisconfultes
e Lipfic ont pû declarer pour heritier & fucceffeur dans la Principeauté
aternelle ce même Sponek, que le Pere même n'avoit traité que comme né d'un
Mariage *ad Morganaticam*, c'eft à dire, comme tel, qui devoit fe contenter
es alimens neceffaires, que la Bonté du Pere lui avoit affigné. C'eft l' Ufage
ans l'Empire Germanique depuis fon commencement.

Les fouverains du Monde Chrétien n'ont pas d'autres moyens, de difcerner
es Enfans nés d'un Mariage égal & afforti, d'avec ceux, dont la Mere s'eft
ffujettie aux Loix *ad Morganaticam*, qui excluent les Enfans, de la fucceffion
ans les honneurs paternelles & de famille, & dans la Principeauté.

§. 5. Le Concubinage, qui ci-devant a été toleré, même parmi les Chre-
iens, ayant enfin été defendu & aboli dans la Chrétienté, on a penfé d'un au-
re expedient pour les Princes épris d'un amour aveugle pour des femmes forties
u bas peuple, fans bleffer leur Confcience ni la Dignité de famille des Maifons
ouveraines.

Ce qui a donné lieu aux Mariages *ad Morganaticam.*

A l'egard du Droit de fucceffion & des autres Effets Civils la femme *ad Morganaticam* ne differe pas d'une Concubine, quoiqu' une pareille union eft appellée un Mariage à caufe des ceremonies Ecclefiaftiques, qu'on y obferve. Mais on le diftingue par les paroles, *ad Morganaticam*, ou à la main gauche.

ſ. 6. Les Enfans, qui en proviennent, font de la même condition, & pour ce qui eft des Effets civils, de la fucceffion dans les fiefs & dans la Principeauté, ils ne font pas d'un meilleur fort, que les Enfans naturels, bâtards ou nés du Concubinage. Ils en different feulement, que les ceremonies & la Benediction Ecclefiaftique leur a ôté la macule, qui eft attachée par les Moeurs de la Chrétienté aux enfans nés du concubinage.

ſ. 7. Nous avons attribué au Comte de Sponek cette derniere Qualité avec les Jurifconfultes de Lipfic, fur l'expofé, qui nous a eté fait du fait.

Les Points principaux en étoient:

1°. qu'il étoit fûr, que la mere de Sponek a eté mariée avec le Duc Leopold Eberhard.

2do. qu'elle a eté dès ce moment traitée en femme, & non pas en concubine, reconnüe pour telle des Ducs Parens.

3°. que fur ce pied-là on a affigné au Comte de Sponek felon l'ufage *ad Morganaticam* les alimens, neceffaires à fa condition de Comte.

4°. que le Duc Leopold Eberhard las d'une femme *ad Morganaticam* ne l'avoit pas abandonnée comme une concubine, mais moyennant un divorce legitime;

Sans parler d'autres circonftances de pareille nature.

§. 8. Mais Cette fcene s'eft entierement changée, & les actes, qu'on nous a reprefentés du depuis, font bien oppofés aux premiers. On nous avoit fuppofé des fauffetés pour la verité. Nous avons donc des grandes raifons, pour retracter, ce que nous avons dit & écrit ci-devant. Nous avions eté induits par ces pures fables à opiner autrement, à ce qui eft maintenant très manifefte. Premierement, il paroit par le memoire imprimé, que le mariage fur les frontiers de la Silefie, eft plûtôt feint, que réel. Même que dans ce tems-là le Duc doit avoir eté abfent en Hongrie. Enfuite il a eté connu à la Cour du Duc defunt, & il eft notoire encore aujourdhui, qu'il n'a jamais traité la Hedvviger en femme, ni fes Enfans fur un autre pied, que comme Enfans naturels & illegitimement nés. En outre les Parens du Duc leurs ont affigné les alimens, tels qu'il eft ufité, d'affigner aux Enfans naturels & peu legitimes; Et pour ce qui eft du Divorce, il confte, que le Procès n'étoit qu'un jeu pour tromper les autres.

§. 9. Cela étant, & n'y ayant là-deffus aucun doute, fur les pieces juftificatives jointes au memoire imprimé.

Nous certifions de propre mouvement & obligés par la verité & la Juftice, que nous n'aurions jamais approuvé l'avis de Lipfic du 4. Dec. 1738. fi nous avions vu auparavant le Memoire intitulé: Impofture du Comte de Sponek. &c.

C'eft

C'est pourquoi nous retractons & revòquons après cette Information l'avis, qui nous a ci-devant surpris sur des faux exposés du fait. On nous avoit proposé des Enigmes & des Phantomes, par les quels on ne sauroit prouver le lien de Mariage. La gravité & la Sainteté de la Chose demande des fondemens plus solides, pour statuer, qu'un Mariage a eté contracté d'une maniere licitée & établie chez les Chrétiens.

§. 10. Pour ce qui est de l'autre femme, Elisabethe Charlotte de Lesperance, nôtre Faculté n'a jamais eté requise, de dire là-dessus ses sentimens, s'il a eté legitime selon les Loix reçues dans la Chretienté, c'est pour quoi ni le Sereffime Duc Tuteur, ni nous, avons cru être necessaire, de le soumettre à une nouvelle Discussion.

Ainsi nous, les Juris consultes Ordinaires, Doyen, & autres Assesseurs, avons repondu selon l'Histoire, qui nous a eté exposée dans le Memoire susmentionné, à Halle. le 23. fevr. 1740.

(L.S.)

C. C.

Translation de l'Arrêt d'interpretation de Sa Majesté Imperiale.

Extrait des Registres du Conseil Aulique de l'Empire.

Le 18. Septembre 1739. a eté publié la Resolution Imperiale.

Sa Majesté Imperiale a approuvé le très-humble avis de son Conseil Aulique d'Empire.

LA démande faite par le Comte de Sponek pour la restitution en entier & Cassation de la Conclusion du 5. Mars 1734. selon les Circonstances, qui accompagnent ne peut luy être acordée.

Encore que le Comte de Sponek & la Baronne de Lesperance & ses enfans par la réconoissance réiterée par Serment en 1715. de tout ce que le feu Duc de Montbeliard a donné à conoitre touchant l'illegitimité de ces deux prétendus mariages & la Naissance illegitime de ces Enfans par le traité de Wildbaad'le) eussent deja eté declarés de soy même être illegitimes & par consequent non recevables d'être écoutés d'avantage contre M. le Duc de Wirtemberg, pour Raison du dit Serment; joint à ceque S. M. Imperiale, ayant deja le 8. Novembre 1721. refusé à feu M. le Duc de Montbeliard sa demande pour la legitimation de ses dits Enfans naturels, & qu'en Conformité des usages & coutumes du St. Empire Romain n'ayant rien voulu statuer au Préjudice de M. le Duc, de Wirtemberg-Stoutgard Son Successeur legitime, suivant les pactes & dispositions de ses Ancêtres & donné par là à conoitre derechef, qu'Elle tenoit les Enfans du feu Duc de Montbeliard être de Naissance illégitime & S. M. Imperiale ayant laissé les affaires en cet état; Elle a bien voulu encore par Surabondance le. . Mars 1723. (après que, pour ce qui régarde le fait de ces prétendus mariages, & les Enfans, qui en sont issus, le Procez a eté de part & d'autre pleinement instruit;) se faire donner par Son Conseil Aulique de l'Empire un avis juridique princi-

D

principalement fur la queſtion; Si ces prétendus mariages & les Enfans du feu Duc de Montbeliard pourroient être réputés legitimes.

S'étant donc trouvé ſelon les Circonſtances du fait, que ces prétendus mariages par l'accumulation des Crimes & mâcules, qui les accompagnent & faute de ce qui eſt réquis dans les mariages legitimes, êtoient nuls & de nulle valeur, & les Enfans y procreés ne pouvoient être tenus pour autres que pour enfans Bâtards, non ſeulement ſelon le droit de l'Allémagne & de toutes les trois Religions y recûés & leurs uſages, mais encore ſelon le droit Commun écrit & le droit Canon; Joint à tout cela les Pactes de la Maiſon de Wirtemberg, en particulier celuy des frérés paſſé en 1617. confirmé par un Serment ſolemnel pour eux tous leurs heritiers & Succeſſeurs, de ces 5. fréres, qui ont été les Péres de trois Lignes de Wirtemberg recû & aprouvé par les Prélats & Etats du Pays comme une Sanction pragmatique, valable à perpetuité, conforme en tout aux Pactes precedens de cette Maiſon, ſuivant lesquels il n'eſt pas permis aux Ducs de Wirtemberg de contracter mariage avec d'autres perſonnes, qui ne ſeroient pas de dignité de Princes; Auquel traité desdits fréres le defunt Duc de Wirtemberg - Montbeliard étoit d'autant plus lié, que luy & ſes Ayeux ont reçu la Principauté de Montbeliard & ſes Dépendances ſous les Clauſes y contenuës, & que luy & eux l'ont poſſedée juſqu'à ſa mort en vertu dudit Traité, & que par conſéquent tenû de remplir toutes les clauſes & conditions d'yceluy. Ainſi le Conſeil Aulique de l'Empire fondé principalement ſur ce qu'il ne ſe trouve ici ni mariages legitimes ni des enfans d'une naiſſance légitime, a donné ſon très humble avis, que non ſeulement defenſe ſoit faite à ces femmes & enfans de porter les qualités de Prince, noms & armes de la Maiſon de Wirtemberg, mais que ces derniers ſeroient en outre incapables de ſucceſſion; comme le tout ſe peut voir plus amplement par la Reſolution Imperiale du 8. Avril 1723.

Après quoy l'on donna aſſez à conôitre par differentes concluſions, qui s'enſuivirent du dépuis tant au Comte de Sponek, qu' à la Baronne de l'Eſperance, que la queſtion de leur état étoit actuellement terminée & decidée, & que la démande du Comte de Sponek d'être allibéré de ſon ſerment, à l'effet de pouvoir agir en juſtice, ne pouvoit luy être accordée en l'etat où il ſe trouve par raport à ſa naiſſance.

Non obſtant toutes ces déciſions le Comte de Sponek n'a pas laiſſé que de continuer ſes Procedures très amples contre M. le Duc de Wirtemberg Stoutgardt & d'inſinuer tout ce qui pouvoit donner une aparence de' legitimité au mariage entre ſa mere & le Duc. En échange la Baronne de l'Eſperance avoit voulu par la production de pluſieurs volumes d'écritures ſoûtenir ſon coté la legitimité de ſon mariage avec le Duc, en alleguant d'un autre coté tout ce qui pouvoit ſervir à prouver l'illégitimité du mariage de ce Prince avec Anne Sabine Hedwiger faite enſuite Comteſſe de Sponek.

Non obſtant que le Comte de Sponek n'y ait rien répondu, ſoit faute de moyens, ou que par une Contumace inouie & ſi ſeverement defendue par les Conſtitutions de l'Empire eût réfuſé de répondre, il n'a pas laiſſé auſſy bien que la Baronne de Leſperance de ſupplier pluſieurs fois pour une Déciſion ſur la legitimité de ces mariages; & M. le Duc Charles Frederic de Wirtemberg - Oels, Adminiſtrateur d'à preſent du Duché de Wirtemberg, ayant démandé la méme choſe.

Sa Majeſté Imperiale, après avoir fait examiner de nouveau & à fond les Actes & Ecritures produites de part & d'autre, & s'en étant fait faire le raport, n'a pû trouver autre choſe ſinon que ces deux Mariages manquent de ce qui eſt réquis pour former un Mariage legitime & par raport à la complication de divers
cri-

mes, qui s'y rencontrent, doivent être régardés tant par les ufages de l'Allémagne,
e par les droits communs & écrits & les droits Canons reçûs en pareil cas par
ux de la confeffion d'Augsbourg, comme nuls & de nulle valeur, & les enfans,
i en font provénus, tenus pour Bâtards.

Déclarant en outre en interprétation de fa Decifion Imperiale du 8.
ril 1723. par ces préfentes, favoir :

Qu'en conformité d'un ample avis précédent du Confeil Aulique de l'Em-
re l'on n' avoit d'autre motif, que la nullité & l'illegitimité de ces prétendus
ariages & l'illegitimité de la naiffance des enfans en leur faifant défenfe de fe
vir des noms & des armes de Princes & leur enjoignant de ne s'écrire autre-
ent que Comte de Sponek & Barons de Lefperance ; Ce que l'on répete de
uveau par les préfentes en les avertiffant , qu'au cas de contravention ultérieure,
rection à la dignité de Comte de Sponek & le Diplome des Barons de Lefpe-
nce, entant qu'ils régardent les méres des Sponek & d'Efperance & leurs enfans
ront caffés & rétirés.

Dont il s'enfuit de foy même, qu'ils doivent être exclus des fucceffions ac-
rdées par les Loix aux Enfans légitimes comme étant inhabiles & d'une Naiffance
égitime & être réduits à fe contenter d'une fimple alimentation.

Par ainfi on leur âjuge dereche. par les Préfentes les 12000. florins accordés
tre M. le Duc de Wirtemberg-Stoutgardt & feu M. le Duc de Wirtemberg
ontbeliard pour leur entrêtien annuel & aux conditions, qui y ont eté ftipulées.

⎧ Le Sceau ⎫
⎩ Imperial ⎭

Signé

Matthieu Guillaume Haan.

Pour mieux entendre le précédent Arrêt, il faut favoir, que le feu Duc de Montbeliard
a contradictoirement plaidé pour la legitimité de ces deux prétendus Mariages en 1721.
1722. & 1723.

Après fa mort le Comte George Leopold de Sponek , & la Baronne de Lefperance ont
formé oppofition aux Arrêts du 8. & 16. Auril 1723. en continuant de plaider fur
la même queftion de l'Etat.

Le Comte de Sponek conclut entre autres fa Requête du 15. Juillet 1727. pour qu'il
plaife à fa Majefté Imperiale de déclarer le mariage du feu Prince de Montbeliard avec
la Comteffe de Sponek pour legitime , & le follicitant pour fils legitimement né de ce
mariage , à fin qu'il ne foit pas plus long tems dans l'incertitude de fon etat, regardé
de tout le monde pour Bâtard.

La Baronne de Lefperance a fait la même Demande pour fes Enfans , fur tout dans la
grande Deduction imprimée & exhibée au Confeil Aulique le 10. Auril 1731.

La Sereniffime Maifon de Wirtemberg, qui avoit crû, que la première Decifion du 8.
& 16. Auril 1723 comme fondée fur l'illegitimité de ces Mariages, étoit fuffifante pour
les Conclufions par elle prifes, s'eft toujours tenue aux dits Arrêts, mais voyant à la
fin, qu'on leur vouloit attribuer un fens trop vague, M. le Duc Adminiftrateur demanda un arrêt d'interpretation , qui fut donné le 18. Sept. 1739. tel qu'il vient
d'être rapporté.

D. DE-

D.

D.

DECLARATION

Du St. Empire touchant l'Etat des prétendans de Montbeliard.

Lettre écrite à Sa Maj. très Chret. par Ordre des Electeurs, Princes & Etats de l'Empire, par leurs Ministres Plenipotentiaires à la Diete de Ratisbonne.

Traduite du Latin.

SIRE,

IL nous a eté exposé par M. le Duc Charles Frederic de Wirtemberg, Admini- strateur & Tuteur, avec quelle Temerité les Enfans illegitimes, que le feu Duc de Montbeliard avoit procreés avec une certaine Hedwiger & une certaine Lesperance, osent implorer Vôtre Majesté pour être mis en Possession de plusieurs Seigneuries, legitimement possedées depuis plusieurs Siécles de la Serme Maison de Wirtemberg, & garenties aux Ducs de ce nom, & à leurs Successeurs par plusieurs Traités de Paix. Ce Prince nous a representé en même tems, avec quels artifices ils tachent, d'eluder l'Effet des justes Declarations, que Vôtre Majesté avoit fait faire & reiterer par Son Ministere d'Etat, tant du vivant du feu Duc de Montbeliard, qu'après sa Mort, non seulement au Duc de Wirtemberg, mais encore à Sa Majesté Imperiale & à plusieurs Princes, qui s'etoient interessés chez Elle en faveur de la Serme Maison de Wirtemberg, savoir que Votre Ma- jesté portée par un glorieux Zele pour la Justice, & observant ce que dans un pareil Cas Elle exigeroit d'un autre à juste titre, & selon les Principes du Droit universel, étant question de la Legitimité de la Naissance des Sujets de l'Empire, Elle mettra sans aucune Difficulté le Duc de Wirtemberg en Possession des Seigneuries, dont il s'agit, dès que Sa Majesté Imperiale aura declaré les Preten- dans de Montbeliard pour Enfans illegitimes.

M. le Duc de Wirtemberg nous a instruit en outre, que pour empecher l'Exe- cution d'une si juste Declaration Royale, ces Pretendans n'ont pas rougi, de faire naitre à Votre Majesté un scrupule, comme si selon les Loix & Usages du Saint Empire, & en Particulier des Protestans de la Confession d'Augsbourg on ne sauroit leur disputer la Legitimité.

Ce

Ce Prince nous a donc prié pour fauver les Droits de fon Serme Pupile & de fa Maifon, de nous charger du foin de cette affaire près Vôtre Majefté; Ce que nous n'avons pû lui refufer, étant notoire & inconteftable, qu'il n'y a aucune Loi ni Ufage dans le Saint Empire, qui puiffe favorifer les deux pretendus Mariages du feu Duc de Montbeliard; Mariages, qui ne contiennent que du crime & de l'illegitimité, de forte que les Principes des Proteftans de la Confeffion d'Augsbourg deteftent plûtôt tout ce qui s'y trouve, comme contraire à la Religion, à l'honneteté publique, & à l'Ordre de la Societé civile; ce qui eft fi manifefte, que même on n'y rencontre rien, qui foit fondé fur quelque principe du Droit Ecclefiaftique ambigu; Comme en fon tems toutes les Circonftances ont eté legalement & authentiquement deduites devant fa Majefté Imperiale.

Nous fommes perfuadés, Sire, que la Decifion de S. M. J. touchant la queftion de l'Etat des pretendans s'etant enfuivie telle, que Vôtre Majefté l'avoit demandée pour pouvoir mettre M. le Duc de Wirtemberg en Poffeffion des Terres, dont il s'agit, Vôtre Majefté eft bien eloignée, de youloir donner la moindre atteinte à la Jurisdiction du St. Empire, ni aux Jugemens juftes & folemnels de S. M. J. ni aux Traités publics.

Cette même Religion, qui a eté implorée fans le moindre fondement de Droit, & fur des faux exposés, par le Comte de Sponek & les Barons de Lefperance & leurs Avocats, nous en garentit, & nous prions très inftamment Vôtre Majefté au nom des Electeurs, Princes & Etats du St. Empire, en vertu de nos Charges, pour qu'il lui plaife, felon fa Bonté & Equité Royale, de donner lieu à la Reftitution de la Maifon de Wirtemberg dans fon ancien Patrimoine, felon la Teneur de tant de Traités de Paix, tous les doutes, que les pretendans avoient formés, étant entierement detruits.

Il nous refte, de fouhaiter au Régne de Vôtre Majefté toute la Profperité & Gloire, en nous recommandant très humblement à fa Grace Royale

SIRE,

DE VOTRE MAJESTE,

à Ratisbonne ce 4. Avril *1740.*

Les très-humbles & très-obeiffans les Confeillers, & Envoyés des Electeurs Princes & Etats du Saint Empire, y affemblés.

E   RE-

REPONSE

DE SA
MAJESTE TRES CHRETIENNE

Très chers & grands Amis!

NOus avons reçu la lettre, que vous nous avez ecrite le 6. du mois dernier, sur les intérêts de notre Cousin, le Duc de Wirtemberg, par raport aux neuf seigneuries, situées dans nos Etats. L'interêt, que vous paroissez prendre à cette affaire, n'auroit pû qu'augmenter, s'il avoit été possible, l'attention, que nous avons aportée dans l'examen de cette contestation, & pour vous en convaincre plus particulierement, nous chargeons le Sr. de la Noüe, Notre Ministre près de vous, de vous communiquer le memoire, que nous avons fait remettre au Duc de Wirtemberg.

Nous sommes persuadé, que vous y reconnoitrez la pureté de nos intentions, & nous vous assurons bien volontiers de l'amitié la plus sincere, & la plus parfaite. Sur ce nous prions Dieu qu'il vous ait, très chers & Grands Amis, en Sa Sainte & digne garde.

Ecrit à Versailles le 4. May 1740.

LOUIS

AMELOT

INSCRIPTIO

A Nos très chers & grands Amis les Electeurs, Princes & Etats du St. Empire, ou Leurs Ambassadeurs & Deputés assemblés à la Diete generale de Ratisbonne.

E. DECLA-

E.

DECLARATION

De Sa Majefté T. C. touchant la Conteftation pour la Succeffion de Montbeliard, remife par ordre de M. le Duc d' Orleans aux Miniftres de Wirtemberg.

Copie de la Lettre de M. d' Armenonville, Garde des Seaux
en France, à M. d' Oroz, Confeiller d' Etat, Procureur General du
Parlement de Befançon : le 30. Mars 1723.

MONSIEUR,

MR. le Cardinal du Bois a reçû avis de l'extremité, où eft Mr. le Prince de
Montbéliard, qui eft telle, qu'il n'y a pas lieu de croire, que fa fanté fe ré-
tabliffe, & fur le Compte, que Son Eminence a rendu au Roy, Sa Majefté m'a ordonné de Vous écrire, *que la queftion de l'Etat de ces Enfans de ce Prince étant
actuellement pendante au Confeil Aulique, où Mr. le Duc de Wirtemberg attaque
leur legitimité, Sa Majefté n'entend prendre aucune part à cette Conteftation, ni
donner aucun Signe de Protection à une ni à l'autre des Parties, qui puiffe être
regardé comme un préjugé de fa part ;* mais comme Elle a interêt de s'opofer
aux voyes de fait, qui pourroient attirer des Troupes étrangéres fur les frontieres, Elle a jugé à propos d'ordonner à Mr. le Duc de Levy, au cas que Mr.
le Duc de Wirtemberg voulût introduire des Trouppes dans la Principauté de
Montbéliard, pour s'en mettre en Poffeffion avant la décifion du Procès, concernant l'état des Enfans, qu'il ait à s'y opofer & employer à cet effet les moyens,
qu'il jugera neceffaires: il en doit ufer de méme à plus forte raifon pour ce
qui régarde les 4. Baronies, que ce Prince poffede en franche Comté & dans la
pleine Souveraineté du Roy, & qui doivent démeurer en Séqueftre *jufqu'à la decifion de ce Procès, après laquelle S. M. eft difposée, à en donner la poffeffion à
ceux, qui auront droit à la Proprieté,* en fe foumettant de leur part à tous les
devoirs dûs à fa Souveraineté:

Si Mr. le Duc de Levy n'arrivoit pas à Befançon affez à tems pour donner
à propos les ordres neceffaires à ce fujet, Vous aurés foin d'inftruire ceux, qui
commandent en fon abfence, des intentions de Sa Majefté, afin qu'ils agiffent de
concert avec Vous pour s'y conformer.

Vous m'informerés foigneufement des nouvelles, que Vous aprendrés du
Prince de Montbéliard & des méfures, que Vous aurés prifes en exécution des
ordres de S. Majefté, foit avec Mr. le Duc de Levy ou avec ceux, qui commandent fous fes ordres. Je fuis. &c.

Signé

D' Armenonville.

E 2   F. PA-

F.

F.
PAREILLE
DECLARATION.

Copie de la Lettre de M. le Garde des sceaux d'Armenon-
ville à M. le Prince de Grümbergue, Ministre de son A.
E. de Baviere à la Cour de France, du 24.
Aoust 1723.

JE n' ay pû Monsieur rendre Compte que ce mâtin à M. le Duc d' Orleans de
l' affaire de M. le Duc de Wirtemberg, que j'avois traitée auparavant avec
M. le Baron de Montigny, son Alteſſe Royale a trouvé bon, que j'ecrive au
Parlement de Beſançon, & au Conſeil ſuperieur de Colmar, pour qu'on n'y réçoi
plus à l'avénir de Réquête de la part du fils ainé du feu Prince de Montbeliard avec
*la qualité de Prince attendu le jugement du Conſeil aulique, qui l'a déclaré inha-
bile à porter cette dignité.*

*A l'égard de la miſe en poſſeſſion des Terres ſituées tant en franche Comt
qu'en Alſace, il y a un préalable à juger, qui concerne l'état des Enfans du feu
Prince de Montbeliard, c'eſt à dire, s' ils ſont légitimes ou non?*

*Si M. le Duc de Wirtemberg obtient un jugement, qui les déclare illégi-
times? Il ſera mis ſans difficulté par le Parlement de Beſançon & le Conſeil ſupé-
rieur de Colmar en Poſſeſſion de ces terres, en réconoiſſant préalablement la Souveraineté & la Vaſſalité du Roy.*

Si au contraire ce fils ainé de ce Prince étoit jugé legitime, comme il le prétend, il reſteroit à juger, ſi par la qualité de ces terres elles ne peuvent être
poſſedées que par des Princes de la Maiſon de Wirtemberg?

Ou ſi au contraire, elles ſont ſuſceptibles d' être poſſedées par un fils legitime, comme l'Heritage de ſon Pére, quoiqu' il ſoit dechû de la dignité de Prince? & c'eſt ce qui ſera décidé dans ce cas, tant au Parlement de Beſançon, qu'au
Conſeil ſuperieur de Colmar, attendu que la queſtion de proprieté eſt du poſſeſſoire des terres ſituées ſous l'obeiſſance du Roy, ne peut être jugée que dans les
Tribunaux de France.

Cependant S. A. Royale m'a ordonné de rénouveller les ordres du Roy tan
au Parlement de Beſançon qu'au conſeil ſuperieur de Colmar, pour tenir toutes
ces terres en Sequeſtre, juſqu' à ce qu' autrement il plaiſe à ſa Majeſté à en ordonner.

*Je crois, que Vous avés lieu d'être ſatisfait de cette DECISION, & que
l'Electeur, qui Vous a chargé de la ſolicitation de cette affaire, auſſi bien que
Duc de Wirtemberg, l'aprendront avec Satisfaction, & je vous prie d'être perſuadé, qu'on ne peut vous honorer Monſieur, plus parfaitement que je fais.*

Signé

D' Armenonville.

17,284

F.

F.
PAREILLE
DECLARATION.

Copie de la Lettre de M. le Garde des sceaux d'Armeno
ville à M. le Prince de Grümbergue, Ministre de son A.
E. de Baviere à la Cour de France, du 24.
Aoust 1723.

JE n' ay pû Monsieur rendre Compte que ce mâtin à M. le Duc d' Orleans
l' affaire de M. le Duc de Wirtemberg, que j'avois traitée auparavant a
M. le Baron de Montigny, son Altesse Royale a trouvé bon, que j'ecrive
Parlement de Besançon, & au Conseil superieur de Colmar, pour qu'on n'y ré
plus à l'avénir de Réquête de la part du fils ainé du feu Prince de Montbeliard a
la qualité de Prince *attendu le jugement du Conseil aulique, qui l'a déclaré in*
bile à porter cette dignité.

A l'égard de la mise en possession des Terres situées tant en franche C
qu'en Alsace, il y a un préalable à juger, qui concerne l'état des Enfans du
Prince de Montbeliard, c'est à dire, s' ils sont légitimes ou non?

Si M. le Duc de Wirtemberg obtient un jugement, qui les déclare il
times? Il sera mis sans difficulté par le Parlement de Besançon & le Conseil
rieur de Colmar en Possession de ces terres, en réconoissant préalablement la
veraineté & la Vassalité du Roy.

Si au contraire ce fils ainé de ce Prince étoit jugé legitime, comme il le
tend, il resteroit à juger, si par la qualité de ces terres elles ne peuvent
possedées que par des Princes de la Maison de Wirtemberg?

Ou si au contraire, elles sont susceptibles d' être possedées par un fils
time, comme l'Heritage de son Pére, quoiqu' il soit dechû de la dignité de l
ce? & c'est ce qui sera décidé dans ce cas, tant au Parlement de Besançon, q
Conseil supérieur de Colmar, attendu que la question de propriété est du pe
soire des terres situées sous l'obeissance du Roy, ne peut être jugée que dans
Tribunaux de France.

Cependant S. A. Royale m'a ordonné de rénouveller les ordres du Roy
au Parlement de Bésançon qu'au conseil superieur de Colmar, pour tenir to
des terres en Sequêstre, jusqu' à ce qu' autrement il plaise à sa Majesté à e
donner.

Je crois, que Vous avés lieu d'être satisfait de cette DECISION, &
l'Electeur, qui Vous a chargé de la solicitation de cette affaire, aussi bien q
Duc de Wirtemberg, l'aprendront avec Satisfaction, & je vous prie d'être
suadé, qu'on ne peut vous honorer Monsieur, plus parfaitement que je fais.

Signé

D' Armenonville.

17,284

RÉPONSE

AU MEMOIRE

DES BARONS DE L'ESPERANCE.

D ANS un nouveau Mémoire que les Enfans de la Baronne de l'Esperance viennent de diftribuer, on a rencheri fur tout ce que la temerité & la fuppofition leur avoient fait hazarder dans les premiers.

On y trouve un Roman qui a toutes les graces de ces fortes d'ouvrages, mais qui en a auffi tous les défauts ; on forge des avantures, on diftribue des caracteres à chacun des Heros de la piece, on les fait parler, on les fait agir au gré de fon interêt ; on laiffe dans l'oubli les titres les plus effentiels ; on change, on défigure ceux dont on croit pouvoir tirer quelque avantage : en un mot, fans refpect pour la verité, on débite les fables les plus groffieres, démenties par une foule de monumens.

Qu'on prefente cet ouvrage à des hommes qui n'ont aucune connoiffance, ou qui n'ont qu'une idée très-fuperficielle des faits & des titres qui en contiennent la preuve, on ne fera pas étonné qu'ils en foient féduits jufqu'à s'intereffer même pour les Barons de l'Efperance ; mais qu'on mette ce même ouvrage fous les yeux du Tribunal le plus augufte, qui inftruit par les titres mêmes doit être revolté de toutes les fictions dans lefquelles on s'égare, c'eft un excès de temerité dont on n'auroit jamais pû foupçonner des perfonnes capables de reflexion & de fentiment.

Ces reproches feront-ils foutenus par des traits propres à confondre les Barons de l'Efperance ? C'eft au Public à en juger fur les obfervations qu'on va lui prefenter.

OBSERVATIONS SUR LES FAITS.

On peut les partager en trois époques remarquables.

Dans la premiere, depuis 1695. jufqu'en 1707. on voit le feu Duc de Montbelliard & la Demoifelle de Hedviger s'unir par les liens facrés du mariage ; cette union fuivie de la naiffance de plufieurs enfans ; la paix & la tranquillité regner entre les deux époux.

A

Dans la seconde, depuis 1707. jusqu'en 1719. se forme par les intrigues de la Baronne de l'Esperance la plus violente tempête contre l'épouse legitime & contre son fils : cette maîtresse audacieuse profitant de l'empire qu'elle avoit sur le cœur & sur l'esprit du Duc de Montbelliard, entreprend de s'élever sur leur ruine.

Dans la troisiéme enfin le calme succede à l'orage, la verité & la justice reprennent leurs droits, & les honneurs que l'on accorde au fils legitime, à l'heritier presomptif, le dédommagent de tout ce qu'on avoit arraché de son pere pour le dégrader.

C'est ce que l'on a établi dans de précedens Mémoires : voyons comment les Barons de l'Esperance essayent de défigurer ces veritez.

Premiere époque.

Après avoir donné une idée de la Maison de Wirtemberg, & rendu compte de la triste situation où se trouvoit le Duc Georges de Montbelliard pendant la guerre commencée en 1688. on nous represente le Prince Leopold-Eberard son fils comme un jeune Guerrier, qui après avoir servi avec distinction à la tête de son Regiment, venoit se délasser à la Cour de la Duchesse d'Oels sa sœur pendant les quartiers d'hyver. Il lui falloit quelque amusement de cœur, il s'attacha, dit-on, à une jeune personne nommée Anne-Sabine de Hedviger qui servoit la Duchesse d'Oels en qualité de Demoiselle de Chambre : quoique son cœur fût déja occupé lorsque le Prince de Montbelliard fut tenté d'en faire la conquête, elle ne se refusa point à ses empressemens ; elle se ménagea si bien avec ses deux Amans, qu'elle ne perdit ni l'un ni l'autre ; elle devint mere de deux ou trois enfans, & pour se maintenir dans la liberté de les attribuer à celui des deux qu'elle pourroit conserver, elle aima mieux compromettre leur état, que de leur donner un pere certain.

Cependant pour fixer enfin leur destinée, elle poursuivit le sieur Zeidlits au Consistoire de Breslau pour l'obliger à accomplir les promesses de mariage qu'il lui avoit faites ; elle fit prononcer contre lui un Interdit Ecclesiastique dès 1692. elle obtint une Sentence le 21 Mars 1695. qui le condamnoit ou à l'épouser, ou à la satisfaire pour ses dommages & interêts ; le sieur Zeidlits ayant pris ce dernier parti, & payé mille ducats pour racheter sa liberté, il fut déchargé de son engagement par une Sentence du 18 Août de la même année.

Les esperances que la Demoiselle Hedviger avoit formées sur la passion du sieur Zeidlits étant dissipées, elle ne fut plus occupée qu'à captiver le Prince de Montbelliard. La Paix de Risvick ayant rétabli le Duc son pere dans ses Etats, il y retourna avec lui : la Demoiselle Hedviger qui n'avoit plus de bienséances à garder, y suivit son Amant ; mais pour ne point irriter le Duc Georges, on eut soin de la confiner dans une maison obscure à Montbelliard où elle vêcut inconnuë jusqu'à la mort du Duc Georges arrivée en 1699. Alors ne croyant plus trouver d'obstacle à ses desseins, elle proposa au Duc Leopold Eberard de l'épouser : elle ne fut pas reçue favorablement, mais l'amertume de ce refus fut adoucie par les protestations dont les Amans sont si prodigues. La Demoiselle Hedviger rebutée par le Duc de Montbelliard, forma alors le projet temeraire de supposer un mariage entre ce Prince & elle, & de le faire inscrire sur le Registre de quelque Eglise Lutherinne. Elle connoiſſoit un Miniſtre qui deſſervoit l'Egliſe de Rejovitz en Pologne, il ne fut pas difficile à gagner ; il trouva heureuſement ſur ſon Regiſtre un blanc dans le cours de l'année 1695. il y inſera le faux Acte de celebration de mariage qu'on lui demandoit ; mais comme l'impoſture pouvoit éclater dans le Public, on redigea cet Acte d'une maniere myſterieuſe, & les noms des deux époux n'y furent mis qu'en lettres initiales ; en même tems elle ſe fit délivrer en Allemand un Certificat de cette celebration, ſoit par le Miniſtre même, ſoit par un autre : c'eſt ce qu'on ne peut pas ſçavoir, puiſque ce Certificat n'eſt ſigné de perſonne.

Pendant qu'elle ſe forgeoit à elle-même des titres ſi infructueux, elle traînoit une vie obſcure & mépriſable dans la honte du concubinage ; mais elle perdit bien-tôt le peu de faveur qu'elle ne devoit qu'à ſes intrigues & à ſes foibleſſes, par la nouvelle paſſion dont le Duc de Montbelliard devint épris ; ce fut Henriette Hedwic Baronne de l'Eſperance qui la fit naître ; elle conſerva juſqu'à ſa mort arrivée en 1707. le cœur de ce Prince, & acheva d'éteindre les feux languiſſans que la Demoiſelle Hedviger y avoit allumez.

C'eſt ainſi que les Enfans de la Baronne de l'Eſperance tournent les faits qui rempliſſent la premiere époque. Leur Roman les réduit à une intrigue amoureuſe, dans laquelle une fille adroite cherche à captiver deux Amans, & ne peut en fixer aucun, & ne recüeille enfin de tant de mouvemens que la honte & l'ignominie. Reprenons toutes les circonſtances de la fable pour ſubſtituer à ces traits, qui ne ſont que le jeu de l'imagination, la verité ſimple qui reſulte des titres.

On nous dit d'abord que la Demoiſelle Hedviger ſervoit la Ducheſſe d'Oëls en qualité *de Demoiſelle de Chambre*, & l'on croit établir cette qualité par deux Actes rédigez en Allemand, qu'on nous preſente traduits en François, avec cette fauſſe dénomination. Mais outre que la dénomination de Demoiſelle de Chambre en Allemand, pourroit ne pas répondre à l'idée que nous avons en François des termes de Femme de Chambre, c'eſt qu'il eſt aiſé de juſtifier qu'on abuſe ici d'une traduction infidéle : le Public, qui ne peut pas juger par lui-même de cette verité, en ſera bien-tôt convaincu en conſultant deux Lettres originales de la Ducheſſe d'Oëls à la Demoiſelle Hedviger, & dont la ſubſcription écrite en François par cette Princeſſe elle-même, ſe trouve en ces termes : *A Mademoiſelle Hedviger, notre Demoiſelle d'Honneur.* C'eſt un Juge non ſuſpect qui s'exprime ainſi avant le mariage de la Demoiſelle de Hedviger, c'eſt la Ducheſſe d'Oëls qui ſçavoit mieux que perſonne en quelle qualité la Demoiſelle Hedviger lui étoit attachée : les enfans de la Baronne de l'Eſperance peuvent-ils après cela ſoutenir leur ſuppoſition ?

La verité ne ſe conciliera pas mieux avec ce qu'ils avancent ſur ce concours de deux Amans, que la Demoiſelle de Hedviger ſçait ménagér avec tant d'art qu'elle les conſerve également ſous ſon empire pendant pluſieurs années, partagée entre l'interêt qui l'attache à l'un, & l'ambition qui la flatte en faveur de l'autre. Il faut convenir que dans un Roman une pareille ſituation eſt bien propre à fournir à ſon Auteur des tours heureux, & des expreſſions brillantes, à ſoutenir & à recréer l'attention du Lecteur ; c'est apparemment tout ce qu'on s'est proposé dans le Memoire des Barons de l'Esperance.

Car enfin que déviendra cette fable, quand dépoüillée de ses ornemens, on la mettra, pour ainsi dire, vis-à-vis des titres. On voit bien que le sieur Zeidlits avoit recherché en mariage la Demoiselle Hedviger, qui étoit alors fort jeune, & qu'il en avoit donné des promesses par écrit à sa famille ; mais il avoit bien-tôt changé de sentiment, puisque dès 1692. la famille de la Demoiselle Hedviger avoit obtenu contre lui au Consistoire de Breslau, un Interdit Ecclesiastique, que nous ne voyons point, mais qui est énoncé dans une Sentence du même Consistoire du 18 Août 1695. il y avoit donc une rupture déclarée entre les deux familles, lorsque le Prince de Montbelliard commença à concevoir de l'estime & de l'attachement pour la Demoiselle de Hedviger ; rien ne faisoit obstacle à sa passion naissante ; le sieur Zeidlits qui s'étoit présenté dans des vûes legitimes, s'étoit retiré : c'étoit donc à un cœur libre que le Prince de Montbelliard adressoit ses vœux, & pour les recevoir la Demoiselle de Hedviger n'a eu besoin ni de cette adresse, ni de ce ménagement ingenieux qu'on lui attribue.

C'est ce qui resulte même de la Sentence que la famille de la Demoiselle de Hedviger obtint contre le sieur Zeidlits au mois de Mars 1695. cette Sentence rendue au Consistoire de Breslau, porte en propres termes, *qu'au cas que le sieur Zeidlits voulût constamment insister à sa resistance déduite dans les actes, & que suivant l'aversion qu'il a jusqu'ici témoignée, il ne voulût pas aucunement se laisser induire au mariage, il sera tenu de donner juste satisfaction à la Demanderesse, avec refusion de frais & dépens.* Ainsi depuis long-tems le Sieur Zeidlits avoit perseveré dans son refus, & dans son éloignement pour la Demoiselle de Hedviger ; il s'en étoit expliqué par écrit, & dans les termes les plus durs. Est-il donc extraordinaire qu'après cela elle ait écouté les recherches du Prince de Montbelliard ?

Comment peut-on attribuer à la Demoiselle de Hedviger l'heureux talent de se ménager tout à la fois & publiquement deux Amans qu'elle retient également dans ses fers ?

Ce n'est pas depuis 1692. que l'on peut placer cette rare intelligence ménagée avec tant d'art, puisque le sieur Zeidlits portoit alors ses sentimens non-seulement jusqu'à la plus parfaite indifference, mais même jusqu'à l'*aversion*, pour se servir des termes de la Sentence de Breslau.

Ce n'est pas non plus dans les années antérieures à 1692. que l'on peut mettre l'époque du Roman, puisqu'il n'y a rien qui nous indique, ni qui nous fasse même soupçonner que la passion du Prince de Montbelliard remonte à un tems si éloigné.

Ce n'est donc qu'en confondant les tems qu'on est parvenu dans le Roman des Barons de l'Esperance, à unir en quelque maniere deux Amans également écoutez par la Demoiselle de Hedviger. Si on avoit voulu consulter la verité, on auroit reconnu qu'après une recherche honorable de la part du Sieur Zeidlits, suivie de la rupture la plus éclatante

tante

tante, le Prince de Montbelliard est devenu sensible, & que les regles du devoir le plus austére permettoient à la Demoiselle de Hedviger de recevoir l'hommage d'un cœur auquel elle pouvoit s'attacher sans reserve.

La naissance de plusieurs enfans, les mesures artificieuses attribuées à la Demoiselle de Hedviger pour conserver la liberté d'en gratifier qui elle voudroit, deviennent donc après cela des impostures grossieres qui tombent avec la fable même qui les a produites.

Plus les Barons de l'Esperance étalent avec pompe ces chimeres, fruits de leur imagination, & plus ils suppriment habilement le fait décisif du mariage celebré en 1695. entre le Prince de Montbelliard & la Demoiselle de Hedviger : ce fait important & si bien justifié, comme on le verra dans la suite, ne pouvoit pas s'assortir avec les differentes parties du Roman, le parti le plus prudent étoit de l'oublier; les Barons de l'Esperance ne daignent donc pas en parler, mais suivant toujours l'idée d'une simple galanterie, ils passent rapidement au retour du Prince de Montbelliard dans les Etats de son pere; ils le font suivre par la Demoiselle de Hedviger, comme une maîtresse inconnue au Duc George, & confinée dans une maison obscure à Montbelliard pendant toute la vie de ce Prince. Ces derniers faits ne sont appuyez d'aucun commencement de preuves; les enfans de la Baronne de l'Esperance ne s'assujettissent pas à des regles si austéres : on pourroit donc se contenter de les dénier avec la même confiance qu'ils les débitent; & l'on ne voit pas par quel privilege ils pourroient meriter plus de foi que nous.

Mais ce n'est point assez de dénier leur fait; il faut en prouver la fausseté. Pour cela il n'y a qu'à consulter ceux qui ont été les témoins de tout ce qui s'est passé alors à la Cour de Montbelliard, & il n'y en a pas un seul qui ne nous donne une idée bien differente de la situation de la Demoiselle de Hedviger.

Le sieur Beurlin, dans une enquête juridique, dépose que le Duc George lui avoit dit à lui-même, que la proposition du mariage du Prince son fils avec la Princesse de Bade, lui ayant été faite, il avoit été obligé de répondre que cela ne se pouvoit pas, le Prince son fils étant marié. Dans une autre enquête plusieurs témoins déposent unanimement, *que le mariage étoit connu à Montbelliard, & du Duc George lui-même; que la Demoiselle de Hedviger après avoir demeuré quelques mois dans le Château d'Hericourt, vint habiter dans le vieux Château de Montbelliard, en attendant que le Château neuf, appellé le Donjon, fût habitable; que le Prince Leopold-Eberard son mari y demeuroit avec elle; que le Duc George venoit presque tous les jours y visiter la Demoiselle Hedviger, & lui faisoit beaucoup de caresses; qu'elle alloit aussi visiter le Duc George dans le Donjon, où elle mangeoit très-souvent avec lui; que dans la derniere maladie du Duc George, elle ne le quittoit point, & qu'il mourut entre ses bras en presence de tous ceux qui l'assistoient.* Quelques-uns de ces témoins ajoutent, *qu'Anne-Sabine de Hedviger, après la mort du Duc George, continua de demeurer dans le Château de Montbelliard avec le Duc Leopold-Eberard son mari jusqu'au divorce de* 1714. A la vûe de ces dépositions, peut-on entendre sans indignation ce que débitent les enfans de la Baronne de l'Espe-

B

rance fur l'état dans lequel l'époufe legitime a vêcu à Montbelliard pendant la vie & après la mort du Duc George ?

La fuite de leur narration fe foutient dans le même caractere. Ils fuppofent qu'après la mort du Duc George Anne-Sabine de Hedviger propofa au Duc de Montbelliard de l'époufer, croyant que tout obftacle étoit levé par la mort d'un pere qui n'auroit pas fouffert une pareille alliance. On ajoute que la propofition ne fut pas reçue favorablement ; mais que le Duc Leopold-Eberard accompagna ce refus des proteftations d'un attachement inviolable fi familieres aux Amans.

On croiroit à ce recit, qu'une converfation fi touchante eft parvenue aux Barons de l'Efperance par quelques veftiges qui en feroient demeurés, que quelques témoins, que quelques lettres en dépoferoient ; mais non, ils conviendront eux-mêmes qu'ils n'en ont pas le plus leger indice ; c'étoit un ornement dont la fable étoit fufceptible ; pouvoit-on fe refufer de la placer dans un Memoire qui n'étoit deftiné qu'à répandre d'agréables fictions ?

Quand la fuppofition évidente de cette converfation ne feroit pas démontrée par les preuves qui établiffent que le mariage étoit celébré depuis plufieurs années, il faudroit donc rejetter un difcours qui n'a d'autre appuy que la fecondité de l'imagination de nos ennemis.

Achevons les faits de cette premiere époque par le dernier trait dont les Barons de l'Efperance ont couronné leur fable. Anne-Sabine de Hedviger, difent-ils, piquée du refus qu'elle venoit d'effuyer, refolut de fe former un titre à elle-même qui pût l'élever au comble des honneurs dont elle étoit fi jaloufe ; elle fe détermina à fuppofer un mariage ; elle connoiffoit le Miniftre d'une Eglife Lutherienne en Pologne, elle n'eut pas de peine à le gagner, & ce Pafteur infidéle infera dans le Regiftre de fon Eglife l'acte de celebration qui s'y trouve aujourd'hui, à la faveur d'un blanc qu'il trouva au bas d'une page dans le cours de l'année 1695. Mais comme ce Regiftre formoit un monument public, Anne-Sabine de Hedviger, pour ne pas s'expofer aux fuites dangereufes d'une fauffeté fi propre à revolter, voulut que l'acte fût conçû d'une maniere mifterieufe ; elle fe fit même donner un Certificat en Allemand de la celebration du mariage, mais qui n'eft figné de perfonne : voilà, dit-on, les circonftances qui ont donné l'être à ce titre qui fournit aujourd'hui le prétexte d'une conteftation fi celebre.

La verité outragée dans un pareil expofé, ne l'eft pas même avec ces ménagemens qui tendent à donner au moins l'idée du vrai-femblable : il ne faut que réfléchir avec quelqu'attention pour en être convaincu.

Premierement, qu'une maîtreffe rebutée forme le projet de fuppofer un mariage entre un Prince Souverain & elle, il faut convenir que c'eft une entreprife fi temeraire, qu'il n'y a perfonne qui puiffe concevoir que l'audace ait jamais été portée à un tel excès. Que pouvoit attendre la Demoifelle de Hedviger d'une fauffeté fi groffiere ? Si le Prince fe déterminoit à l'époufer dans la fuite, c'étoit un crime inutile ; s'il refufoit de prendre aucun engagement avec elle, auroit-elle ofé, de fon vivant, lui foutenir en face qu'il l'avoit époufée, ou après fa mort auroit-elle ofé prefenter cette fable aux yeux de l'univers, quand la notorieté publique, quand la poffeffion la plus conftante fe feroit élevée contre elle? Allons plus loin, fi la Demoifelle de Hedviger n'étoit pas veritablement mariée, le Duc de Montbelliard pouvoit époufer une perfonne de fon rang, la traiter avec la diftinction qui lui auroit été dûe, élever fes enfans comme Princes d'une Maifon illuftre, honorer fon fils aîné du titre de Prince hereditaire: quel perfonnage auroit joué dans ces circonftances la Demoifelle de Hedviger avec ce titre obfcur défavoué par le Souverain? Pour lui attribuer un tel projet, il faut fuppofer dans la Demoifelle de Hedviger non-feulement la temerité la plus outrée, mais encore l'extravagance la plus complette.

Secondement, comment Anne-Sabine de Hedviger auroit-elle concerté un projet fi audacieux avec le fieur Fuchs, Miniftre de l'Eglife de Rejovitz en Pologne, une diftance de plus de 200 lieuës les feparoit? Comment a-t'elle pû le gagner? Comment a-t'elle pû lui prodiguer les tréfors neceffaires pour le corrompre? On ne dira pas qu'Anne-Sabine de Hedviger ait fait le voyage de Pologne, ni que le fieur Fuchs foit venu à Montbelliard pour arranger entr'eux un projet fi monftrueux; qui font donc les auteurs de la négociation? l'accufation, le foupçon même ne tombent fur perfonne en particulier; que peut-on donc penfer d'une fable fi groffiere?

Troifiémement, on dit que ce Miniftre a profité d'un blanc qu'il a trouvé fur fon Regiftre en 1695. mais fi cela eft, pourquoi n'a-t'il pas donné à l'acte de celebration la datte qui convenoit au lieu où il le plaçoit; il écrivoit à la fuite d'un acte du 27 Novembre, pourquoi ne dattoit-il pas l'acte de celebration du 28? rien ne le gênoit; déterminé à commettre la fauffeté, il n'en coutoit pas davantage d'éviter une critique que les feules dattes faifoient naître; & il étoit fort indifferent pour la Demoifelle de Hedviger que le faux mariage qu'elle faifoit fabriquer fût du mois de Juin, ou du mois de Novembre 1695. cette interverfion feule des dattes fait donc fentir que l'acte de celebration n'eft pas l'ouvrage d'un fauffaire, qui depuis la mort du Duc George arrivée en 1699. fe foit prêté aux vûes ambitieufes de la Demoifelle de Hedviger.

Quatriémement, on prétend que la Demoifelle de Hedviger a voulu fuppofer un mariage entre le Duc de Montbelliard & elle; mais fi cela eft, pourquoi n'a-t'elle pas fait écrire en toutes lettres les noms propres tant du Duc de Montbelliard que d'elle-même? pourquoi s'eft-elle contentée de lettres initiales, qui pouvoient compromettre l'état même qu'elle vouloit s'attribuer? Le crime marche-t'il donc avec tant de circonfpection & de retenue? fe porte-t'on à commettre une fauffeté énorme pour s'expofer à n'en recueïllir aucun fruit? tout feroit donc marqué au coin de l'extravagance & dans le projet & dans l'exécution.

C'eft une illufion de dire qu'elle craignoit de manifefter fon crime en faifant rédiger l'Acte de celebration dans un Regiftre public, d'une maniere qui ne pût laiffer aucun doute fur les veritables noms des deux époux; pour raifonner ainfi, il faut fuppofer en même tems deux idées qui ne peuvent jamais fe concilier. La Demoifelle de Hedviger

auroit fait fabriquer un faux Acte de mariage, & elle auroit eu en même
tems la fage précaution de le faire rédiger de telle maniere, qu'on ne pût
jamais y reconnoître, felon les Barons de l'Efperance, ni elle, ni l'é-
poux qu'elle vouloit fe donner: quelle abfurdité ! C'eft cependant fur
cette fuppofition chimerique que porte tout le fyftême des Barons de
l'Efperance.

Cinquiémement, de l'aveu même de nos adverfaires, le Duc de
Montbelliard a adopté cet Acte de celebration, il a lui-même donné
une Procuration à fon fils pour s'en faire délivrer une expedition; mais
fi c'étoit une piece fabriquée fans qu'il y eût eu veritablement un mariage contracté entre la D^lle de Hedviger & lui, on demande à toutes
perfonnes fenfées comment il auroit pû tranquillement recevoir la nouvelle d'une impofture fi affreufe, & comment il auroit pû l'approuver,
& cela depuis même le mariage qu'il avoit contracté avec la Baronne
de l'Efperance ? Il faudroit donc fuppofer qu'on feroit venu dire au
Duc de Montbelliard : Vous n'avez jamais voulu époufer la D^lle de
Hedviger dans le tems que vous brûliez pour elle de la plus vive paffion, dans le tems que vous lui prodiguiez & que vous receviez d'elle
les gages les plus fenfibles d'une tendreffe mutuelle; mais voici une
nouvelle à laquelle vous ne vous attendez pas, fans doute : Dans le Regiftre d'une Eglife de Pologne on a fait inferer un Acte de celebration entre la D^lle de Hedviger & vous; on vous a marié fans votre
participation à celle à qui vous avez conftamment refufé cet honneur;
loin de vous foulever contre une telle impofture, reconnoiffez la verité
de cet engagement : en qui peut-on fuppofer affez d'effronterie pour
faire une pareille propofition, & comment pourroit-elle être reçue, on
ne dit pas par un Prince, mais par l'homme le plus obfcur, fans exciter
en lui le plus vif reffentiment ? Cependant, à en croire les Barons de
l'Efperance, il faut que la propofition ait été faite; il faut qu'elle ait
été reçue docilement. Si de pareilles fictions peuvent trouver grace,
quelles font donc celles qui doivent révolter toutes les perfonnes qui
ont du goût & du difcernement ?

Mais la fuppofition clandeftine d'un Acte de celebration de mariage
n'eft pas feulement abfurde, elle ne choque pas feulement toute vraifemblance, elle fe trouve encore détruite par les preuves les plus décifives.

On pourroit dire d'abord que le Regiftre feul de Rejovitz fuffit pour
faire rejetter cette fable. Car enfin, c'eft un monument public qui fait
foi par lui-même tant qu'il n'eft point attaqué ni détruit juridiquement.
On nous dira, fans doute, que le Regiftre que nous invoquons porte
avec lui-même la preuve que l'Acte de celebration n'y a point été rédigé dans le tems même du mariage, & que dès-lors on peut fe donner une libre carriere fur le tems dans lequel il a pû être fabriqué;
mais cette difficulté va bien-tôt s'évanouir : en approfondiffant avec quelque attention l'état même du Regiftre, il en refultera à la verité que
l'Acte de celebration du premier Juin 1695. n'y a été écrit qu'après
un Acte du 27 Novembre de la même année; mais il n'en fera pas
moins évident qu'il a été écrit dès 1695. dans l'ordre où il fe trouve,
c'eft-à-dire, avant tous les Actes qui rempliffent les pages fuivantes,

&

& qui répondent à la fin de l'année 1695. & à l'année entiere 1696. Pour justifier ce fait, qui est d'une grande consequence, il faut observer que la page où se trouve l'Acte de celebration, contient neuf articles.

Des huit premiers articles, il y en a sept qui ne contiennent que deux lignes chacun, & un autre qui en contient trois, ensorte que ces huit articles ne remplissent que dix-sept lignes; c'est à la suite de ces huit premiers articles que se trouve l'Acte de celebration dont il s'agit, qui forme le neuviéme, & qui contient six lignes pleines, ensorte qu'il remplit seul le tiers de la page ou environ.

Nota. Cette observation est justifiée par la copie de la page entiere du Registre de Rejovitz, que le Duc de Wirtemberg a fait imprimer.

Or l'on demande s'il est permis de penser que le sieur Fuchs qui écrivoit sur son Registre les Actes qu'il passoit comme Ministre de l'Eglise de Rejovitz en 1695. ait laissé en blanc le tiers d'une page, & qu'il ait mis les Actes qui ont suivi celui du 27 Novembre sur la page suivante, quand il pouvoit encore en mettre trois sur la même. Il faut convenir que cela ne peut pas entrer dans l'esprit d'un Ministre, qui n'a aucun interêt de laisser un pareil vuide sur son Registre, & qui s'exposeroit même par-là à la censure de ses Superieurs. Il ne prévoyoit pas alors qu'il en auroit besoin cinq ou six ans après pour favoriser l'imposture qu'on lui demanderoit; il suivoit l'ordre naturel de son Registre, & écrivoit les Actes à la suite les uns des autres.

Mais s'il n'a pas pû laisser en 1695. le tiers d'une page en blanc, il n'est donc pas vrai que quelques années après on ait profité de ce blanc pour y inserer après coup un faux Acte de celebration. Si cet Acte ne contenoit que deux lignes serrées au bas d'une page, on pourroit peut-être soupçonner quelque imposture; mais quand c'est un Acte étendu qui remplit seul le tiers de la page, un pareil soupçon doit s'évanouir, puisqu'il n'est pas possible de concevoir qu'on eût laissé un si grand vuide sur un Registre public, sans objet & sans interêt.

Cette observation qui détruit toute la fable des Barons de l'Esperance, prouve en même tems la verité de l'Acte de celebration, & la candeur avec laquelle il a été mis sur le Registre par le Ministre Fuchs en 1695. Il avoit celebré le mariage le premier Juin; mais soit que l'Acte qu'il en avoit délivré en Allemand lui parût suffisant, soit par d'autres motifs, il neglige d'en faire mention sur son Registre; revenu de son erreur au mois de Novembre de la même année, il le rédige avec la plus scrupuleuse fidelité, en avertissant qu'il est du premier Juin, quoiqu'il l'écrive après un Acte du 27 Novembre; sa faute même devient une preuve de son exactitude, & le justifie de la supposition dont on ose l'accuser.

A l'autorité du Registre se joint la preuve testimoniale la plus complette. Le sieur Nardin dans une déposition faite à Montbelliard devant les Commissaires du Souverain, atteste que le mariage a été celebré en 1695. en sa presence, & que le Prince Leopold-Eberard & la D[lle] de Hedviger se rendirent en personne à Rejovitz pour y recevoir la benediction nuptiale. Dans une enquête faite à Scoki, plusieurs témoins déposent aussi avoir vû celebrer le mariage en 1695. c'est ce qu'on a exposé avec plus d'étendue dans les précedens Memoires. Com-

C

ment donc soutenir après cela l'idée d'une supposition commise en
1700. ou 1711? Le Regiftre public, des dépositions juridiques affurent également & la foy & la date du mariage, & les Barons de l'Efperance, au mépris de tant de preuves, croiront avoir le droit de donner à l'Acte de celebration une exiftence arbitraire, de le placer quand
ils voudront, & cela uniquement parce qu'ils le veulent, & que cela
convient à leur interêt. De quelle autorité font-ils donc revêtus pour
difpofer ainfi à leur gré des Actes les plus facrés?

Quant au Certificat de ce même mariage délivré en Allemand par
le Miniftre Fuchs, les Barons de l'Efperance ne craignent point d'a-
vancer avec une confiance capable d'en impofer, qu'il n'eft figné de
perfonne. Si cela étoit, il faut avouer que la Demoifelle de Hedviger auroit
été douée d'une prudence admirable. Elle veut fuppofer un mariage,
pour cela elle fe munit d'un Certificat qui n'eft point figné; elle le garde
précieufement comme une preuve autentique de fon état & de celui
de fes enfans. Il n'y a point à balancer ou de fa part, ou de la part de
ceux qui lui font un pareil reproche, il faut que quel'qu'un foit tombé
dans le délire; mais la piece même décide, elle eft écrite & fignée par
le Miniftre Fuchs, qui commence ainfi : *Je fouffigné, &c.* & qui finit
par ces termes détachés du corps du Certificat comme toutes les fignatures : *Chriftophe Fuchs, Predicateur Lutherien de Rejovitz & de Scoki.* On
voit donc que les fables les plus groffieres ne coûtent rien aux Barons
de l'Efperance.

De là la difcuffion de tous ces faits il refulte que tout ce qu'on a imaginé
pour ternir la réputation de la Demoifelle de Hedviger, pour ébranler
la foi du mariage qu'elle a contracté en 1695. avec le Prince Leopold-
Eberard, pour la reduire depuis à la vile condition d'une concubine ignorée ou méprifée à Montbelliard, n'eft qu'un tiffu de fuppofitions qu'il eft
bien facile de confondre; il eft évident au contraire que la Demoifelle
de Hedviger qui avoit été d'abord recherchée en mariage par le fieur
Zeidlits, fe trouvant dégagée par le refus qu'il avoit fait prefqu'auffitôt
d'exécuter fes promeffes, a pû recevoir les vœux du Prince de Montbelliard, & s'unir à lui par les liens facrés du mariage; que ce mariage,
en effet, a été celebré dans l'Eglife de Rejovitz par le Miniftre Fuchs en
l'année 1695. en prefence d'un grand nombre de perfonnes, que la nouvelle époufe a fuivi fon mari à Montbelliard, qu'elle y a été logée dans
le Château de Montbelliard où elle demeuroit publiquement avec le
Prince fon époux, connue, cherie par le Duc Georges fon beau-pere
qui lui prodiguoit tous les témoignages de la plus fincere affection, qui
la recevoit très-fouvent à fa table, & qui eft mort enfin entre fes bras. Tout
ce que nous difons à cet égard eft foûtenu par des preuves juridiques,
pendant que le fyftême des Barons de l'Efperance n'eft appuyé que
fur les idées romanefques d'une imagination qui fe croit tout permis.

Seconde Epoque. Paffons à la feconde époque dans laquelle la Baronne de l'Efperance,
maîtreffe abfolue du Duc de Montbelliard, fait jouer les refforts de fa
politique & de fon ambition pour perdre l'époufe legitime & fes
enfans.

Si on en croit les Barons de l'Efperance, tout ce qui eft arrivé alors étoit au contraire l'effet des intrigues de celle qu'ils appellent la Comtesse de Sponeck. Outrée de s'être vûe enlever le cœur du Duc de Montbelliard d'abord par Henriette Hedvic, ensuite par Elizabeth-Charotte Baronne de l'Esperance, sa passion irritée lui fait tout tenter pour se venger d'un pareil affront. On étoit persuadé que le Duc de Montbelliard avoit épousé la Baronne de l'Esperance par paroles de present, pour lui ravir la gloire d'une pareille élevation, la Comtesse de Sponeck fait agir son frere, Favori du Duc de Montbelliard, & gagne le Duc de Wirtemberg-Stugard, trop porté de lui-même à s'assurer la succession aux Etats de Montbelliard; on mene le Prince aux Eaux de Vilbade dans le Wirtemberg; on profite de la foiblesse de sa santé pour l'engager à se nommer un successeur; le Comte de Sponeck dans une harangue pathetique le détermine enfin à se rendre aux vûes du Duc de Wirtemberg, & à signer la fameuse Convention du 18 May 1715.

Par cet Acte le Duc de Montbelliard nomme, en effet, le Duc de Wirtemberg pour son successeur; le Duc de Wirtemberg s'oblige de payer 4000 florins de pension aux enfans de la Comtesse de Sponeck, pareille somme aux enfans d'Henriette Hedvic; & la même somme à ceux d'Elizabeth-Charlotte de l'Esperance; enfin on stipule que si le Duc de Montbelliard, qui a promis de ne point passer à d'autres nôces pendant le vivant de la Baronne de l'Esperance, survivoit à ladite Dame, & que n'ayant point alors d'autre empêchement de se remarier & de convoler à d'autres nôces proportionnées à sa condition, il pût avoir des mâles & Princes legitimes, le Duc de Wirtemberg demeureroit déchargé de ses engagemens: cette derniere clause, ajoutent les Barons de l'Esperance, suppose deux verités : La premiere, que le Duc de Montbelliard étoit marié, puisqu'on le regarde comme ne pouvant alors convoler à de secondes nôces : La seconde, qu'il étoit marié à la Baronne de l'Esperance, puisqu'on lui fait promettre de ne se point marier pendant sa vie. Ainsi on reconnoît dans ce Traité la main qui a cherché à lui porter des coups si funestes ; mais bien-tôt le Duc de Montbelliard honteux de la foiblesse qu'il avoit eue de signer un pareil Traité, se détermina à épouser la Baronne de l'Esperance; le mariage fut celebré le 15 Août 1718. avec toutes les solemnités qui convenoient à la dignité de l'époux; la Baronne de l'Esperance a joui dans une paix profonde des honneurs dûs à son rang jusqu'au mariage du fils de la Comtesse de Sponeck avec la Demoiselle de Sandersleben de Coligny.

On croit avoir rassemblé ce qu'il y a de plus essentiel dans le Memoire des Barons de l'Esperance; mais on va voir que la bonne foi, que la fidelité n'a pas plus de part au recit de ces nouveaux faits qu'à l'exposé des premiers.

C'est dans le cours de cette époque que se trouvent trois Actes extrêmement importans; le divorce du 5 Octobre 1714. par lequel le Duc de Montbelliard a prétendu dissoudre le mariage qu'il avoit contracté avec la Demoiselle de Hedviger, & se ménager la liberté de se marier à une autre, la Convention de Vilbade par laquelle le Duc de Wirtemberg a été nommé successeur aux Etats de Montbelliard, en réduisant l'épouse legitime & ses enfans à une pension viagere de 4000 florins, & enfin l'Acte de célébration de mariage entre le Duc de Montbelliard & Elizabeth-Charlotte Baronne de l'Esperance du 15 Août 1718. tous ces Actes sont-ils l'effet des intrigues, du crédit, de l'autorité de la Demoiselle de Hedviger ou du Comte de Sponeck son frere sur l'esprit du Duc de Montbelliard ? C'est ce que les Barons de l'Esperance veulent nous persuader : que d'heureux talens ne faut-il pas réunir pour tenter une pareille preuve !

Premierement, pour juger du crédit de l'épouse legitime, il n'y a qu'à jetter les yeux sur le Traité de divorce du 5 Octobre 1714. qui ne précede la convention de Vilbade que de sept à huit mois ; on y voit le Duc de Montbelliard reconnoître les nœuds sacrez par lesquels il avoit été uni à la Demoiselle de Hedviger, & les rompre sur de vains prétextes que la Religion Protestante n'a jamais toleré : quand la passion peut porter un Prince à de pareils excès contre sa femme, nous dira-t-on encore que cette femme malheureuse, soit par elle-même, soit par son frere, ait été en état de dominer à la Cour de son mari, & de lui faire signer tout ce qu'elle a voulu, contre les interèts de celle à qui le Prince avoit donné sur son cœur un empire absolu ?

Il est vrai que les Barons de l'Esperance ont la sage précaution de ne pas dire un seul mot de ce traité de divorce ; cette piece étoit trop gênante ; d'un côté elle confirme invinciblement la verité du mariage de Rejovitz ; de l'autre, elle fait connoître à quelles disgraces étoit reduite l'épouse legitime : tout cela ne convenoit point au plan que les Barons de l'Esperance avoient formé ; ils venoient de soutenir que la Demoiselle de Hedviger n'avoit point été mariée, & qu'elle n'avoit langui que dans l'état obscur d'une Concubine peu favorisée ; par un contraste tout nouveau, ils vouloient la representer comme devenue toute puissante depuis qu'une autre avoit pris sa place : comment concilier ces illusions avec le traité de divorce qui les détruit toutes également ? dans un ouvrage consacré à la verité, il n'y avoit pas moyen de resister à une piece si victorieuse ; mais dans un roman, où l'on est maître de son sujet, il est facile de supprimer ce qui gêne, & c'est aussi la seule ressource qui soit restée aux Barons de l'Esperance. Ils n'ont donc pas dit un seul mot du traité de divorce dans le recit des faits.

Secondement, ils se sont fort étendus sur le traité de Vilbade, pour persuader qu'il étoit l'ouvrage du Comte de Sponeck & de sa sœur ; mais deux reflexions fort simples détruisent tous leurs sophismes.

1°. Anne-Sabine de Hedviger étoit alors dans la disgrace, la Baronne de l'Esperance étoit au plus haut période de faveur & d'autorité ; à laquelle peut-on imputer de bonne foi ce que l'on a fait faire alors au Duc de Montbelliard ?

2°. Consultons les dispositions mêmes du traité. Anne-Sabine de Hedviger y perd tout, biens, honneurs, fortune, en un mot tous les avantages de son état, & de celui de ses enfans. La Baronne de l'Esperance qui n'avoit, qui ne pouvoit avoir aucun droit, y gagne tout au contraire ; elle fait pourvoir à la subsistance de ses enfans ; elle s'assure de la personne du Duc de Montbelliard, & lui fait promettre de ne se point marier

marier pendant qu'elle vivra : de quelle main peuvent donc partir de pareilles difpofitions?

Troifiémement, le Duc de Montbelliard reconnoît dans ce traité qu'il a été marié, mais que le mariage *n'eft pas licite & fuffifament qualifié, fuivant l'état de fa Maifon* : mais pourquoi ne nomme-t'on point celle qu'il avoit époufée, fi ce n'eft parce que cela auroit fait neceffairement le triomphe d'Anne-Sabine de Hedviger? Jamais le Duc de Montbelliard n'avoit contracté d'autre mariage que celui de 1695. ce mariage reconnu & publié par l'Hiftoire, ce mariage dont on prétendoit avoir brifé les nœuds par le divorce de 1714. pourquoi ne le rappelle-t'on pas dans le traité? Ne voit-on pas que la jaloufie & l'ambition de la Baronne de l'Efperance en auroient été offenfées, & que comme elle dominoit dans cette convention, c'eft elle qui n'a pas permis qu'on s'y expliquât en termes fi clairs?

On ne feroit pas attendu fans doute que les Barons de l'Efperance entreprendroient de tourner cet argument en leur faveur; & de prétendre que le mariage dont on parle dans le traité avoit été contracté avec leur mere. On étoit perfuadé, difent-ils, que le Duc de Montbelliard avoit époufé la Baronne de l'Efperance par paroles de prefent. Mais qui eft-ce qui étoit perfuadé de cette fable? Sur quoi pouvoit-elle être appuyée? Où en trouvoit-on la trace la plus foible? Jamais on n'en a parlé, jamais on n'en a eu même le plus leger foupçon; lorfque le mariage a été célébré depuis en 1718. c'étoit l'occafion favorable de rappeller cette efpece d'engagement; mais ni dans l'acte de celebration de cet odieux mariage, ni dans aucun autre acte tel qu'il puiffe être, on n'en découvre aucune mention: fera-t'il donc permis aux Barons de l'Efperance de nous entretenir perpetuellement de fictions & de chimeres?

Deux veritez, difent-ils, refultent de ce traité. La premiere, que le Duc de Montbelliard étoit marié: la feconde, qu'il étoit marié avec la Baronne de l'Efperance leur mere. Pour la premiere confequence, elle eft jufte; tout annonce en effet dans la convention de Vilbade que le Duc de Montbelliard avoit été marié; c'eft ce qu'il déclare lui-même dès le commencement du traité, en difant *que jufqu'à prefent il n'a point contracté de mariage licite & fuffifament qualifié, & fuivant l'état que requiert fa Sereniffime Maifon.* Pour la deuxiéme confequence, que le mariage qu'il avoit contracté étoit avec la Baronne de l'Efperance; c'eft ce qu'on ne peut pas foutenir avec quelque pudeur; car enfin il doit demeurer pour conftant que jamais il n'y avoit eu de mariage entr'eux, au moins lors de la convention de Vilbade: on l'a déja dit, & on ne peut trop le repeter, on n'en apperçoit pas le moindre veftige dans tout ce qui précede; non-feulement les Regiftres publics n'en parlent point, mais les écrits privez, mais les actes les plus obfcurs & les plus fufpects ne nous en prefentent pas même l'idée; au contraire le mariage de 1718. fuppofe neceffairement qu'il n'y avoit aucun engagement anterieur; comment donc entreprend-on de nous perfuader que le traité de Vilbade établiffe une fauffeté fi groffiere?

Il y eft parlé d'un mariage anterieur du Duc de Montbelliard, cela eft vrai; mais puifqu'on ne défigne point celle qu'il avoit époufée, à qui peut-on appliquer cet aveu? Sera-ce à la Baronne de l'Esperance, qui certainement ne l'avoit point épousée, & qui n'a été mariée avec lui que trois ans après? Ce ne peut donc être qu'à la Demoiselle de Hedviger, dont l'acte de celebration de mariage est rapporté, dont le mariage avoit été reconnu par le traité de divorce fait sept mois avant la convention de Vilbade, que l'Histoire avoit annoncé depuis plusieurs années comme mariée au Duc de Montbelliard. Les Barons de l'Esperance ne veulent pas qu'on croye un mariage qui existe, dont l'acte est rapporté, qui est confirmé par les actes les plus solemnels, & ils veulent nous faire croire un mariage fabuleux qui n'a pas l'ombre même d'existance; ils veulent que le traité de Vilbade, en parlant d'un mariage, se rapporte à cette chimere, & non à l'engagement justifié de la maniere la plus claire & la plus précise; c'est insulter à la raison que de lui tenir un pareil langage.

Ce n'est donc qu'en 1718. que le Duc de Montbelliard a eu la foiblesse d'épouser la Baronne de l'Esperance, au préjudice des droits sacrez de l'épouse legitime, ausquels le divorce de 1714. n'avoit pû donner aucune atteinte. S'il n'y avoit eu d'obstacle que dans le traité de Vilbade, le Duc de Montbelliard auroit eu raison de se soulever contre une condition aussi dure & aussi injuste que celle qu'on lui avoit imposée par cet acte; & la Baronne de l'Esperance, en le faisant signer, avoit bien compris qu'il ne pourroit jamais lui faire préjudice. Mais ce qui détruira à jamais ce prétendu mariage de 1718. est que les nœuds qui unissoient le Duc de Montbelliard à la Demoiselle de Hedviger, n'avoient point été rompus par le divorce, & n'avoient pû l'être; c'est que dans la Religion même Protestante on ne se joue point ainsi des engagemens les plus sacrez, & qu'un Prince, quelqu'élevé qu'il soit par son rang, ayant une femme legitime, ne peut en prendre une seconde, ni lui attribuer par là un état dont il n'est plus le maître.

Reconnoissons donc que tous les faits renfermez dans cette seconde époque ne sont que l'ouvrage des intrigues de la Baronne de l'Esperance, qui a voulu s'élever au comble des honneurs, en sacrifiant celle qui pouvoit seule y apporter obstacle; c'est ce qui a produit le divorce de 1714. le traité de Vilbade de 1715. & enfin le mariage même de 1718. mais que peuvent tant de titres impuissans contre l'état inébranlable de l'épouse legitime & de son fils? C'est aussi ce qui a produit dans la troisiéme époque tant de monumens dans lesquels ils ont été reconnus.

Troisiéme Epoque. Les Barons de l'Esperance éfrayez du nombre & de l'autorité des titres par lesquels le feu Duc de Montbelliard, dans les trois dernieres années de sa vie, a reconnu la verité du mariage qu'il avoit contracté en 1695. avec la Demoiselle de Hedviger, & les droits inviolables de son fils, ont réuni tous leurs efforts pour persuader que ces actes n'étoient que l'effet d'un complot formé entre les membres de deux familles qui dominoient à la Cour de Montbelliard, & dont les intrigues ont été favorisées par la foiblesse & par l'indolence du Souverain.

Il avoit marié, dit-on, en 1719. le Comte de Sponeck son fils avecEleonore-Charlotte de Saudersleben de Coligny, qui étoit aussi sa fille : c'est avec douleur, disent les Barons de l'Esperance, que nous rappellons une circonstance si humiliante ; mais on ne pouvoit la dissimuler après les pieces que le Comte de Sponeck a lui-même produites, & qui la justifient. Ces deux familles réunirent tout leur credit pour forcer en quelque maniere le Duc de Montbelliard à adopter le faux mariage de Rejovitz, & à reconnoître le Comte de Sponeck comme Prince hereditaire ; pour appuyer ces idées, on fait un long exposé des motifs par lesquels ils parvinrent à le déterminer. Mais comme on est obligé de convenir de l'absurdité de ces motifs, en supposant avec les Barons de l'Esperance qu'il n'y avoit point de mariage, on échappe, ou l'on croit échapper au reproche qu'excite un sistême si odieux, en representant le Duc de Montbelliard comme un Prince asservi sous le joug de Jean-Rodolphe Comte de Sponeck, qu'on décore du titre chimerique de son premier Ministre.

C'est à cette intrigue qu'on attribue les Lettres de Naturalité que le Duc de Montbelliard obtint du Roi au mois de May 1719. pour les enfans de ses deux mariages. L'acte du 16 Avril 1720. par lequel le Duc de Montbelliard engage sa premiere femme, dont il s'étoit separé par le divorce, & celle qui lui avoit succedé, à se traiter & à se reconnoître pour épouses legitimes ; la Commission donnée à deux de ses Conseillers pour prendre une déposition juridique du Sieur Nardin sur toutes les circonstances du mariage celebré en 1695. & cette déposition, la Procuration donnée à son fils pour aller en Pologne lever une Expedition de l'Acte de celebration, la fausse, l'infidéle Expedition que le Comte de Coligny s'en fit donner par le Ministre Koch, & qu'il fit legaliser par les Magistrats de Skoki, l'assignat du Douaire du mois de Novembre 1720. enfin les démarches que fit le Duc de Montbelliard auprès de l'Empereur, pour faire rendre à son fils le titre & les honneurs de Prince hereditaire.

Ces titres, ajoute-t'on, ont prevenu tous les esprits en sa faveur ; mais depuis qu'on a substitué les pieces veritables à celles qui ne l'étoient pas, les prestiges de l'erreur & du mensonge se sont dissipez, & l'on a vû s'élever une espece de cri universel en faveur des Barons de l'Esperance.

Tout roule donc dans cette derniere partie sur le sistême d'une cabale sous le poids de laquelle le Souverain lui-même a succombé ; voilà à quoi aboutit tout l'effort du genie qui préside à la défense des Barons de l'Esperance.

Une foule de monumens confond nos prétentions ; mais pour les détruire imaginons que tout cela n'est que l'effet de l'obsession sous laquelle le Prince a gémi, que l'honneur, que la verité n'ont pû penetrer jusqu'à lui, qu'il a cedé à la tyrannie que l'on a exercée sur son esprit, & que tant de démarches qu'il a faites dans le cours de trois ou quatre années lui sont absolument étrangeres. Avec de pareilles insinuations, il n'y a point de verité qu'on n'obscurcisse, point d'état qu'on ne renverse, point de titres qu'on ne détruise. Il est inutile de raisonner sur ce que les hommes ont fait, sur ce qu'ils ont écrit & signé, sur ce qu'ils ont repeté cent & cent fois, tout cela ne pourra être oppofé à une Partie temeraire, qui aura toujours la reffource de fuppofer que c'eft l'artifice & la féduction qui ont arraché d'un homme foible tant de preuves & tant de reconnoiffances.

Mais fi un pareil moyen ne peut être écouté, quel jugement en peut-on porter, quand on le propofe dans des circonftances qui en découvrent toute l'abfurdité? La Comteffe de Sponeck, felon nos Adverfaires, n'étoit qu'une Concubine abandonnée depuis près de vingt ans; dans le tems qu'elle regnoit avec le plus d'empire, le Prince n'avoit rien fait, n'avoit rien voulu faire pour elle; l'indifference d'abord, la haine & le mépris dans la fuite, avoient pris fucceffivement la place de la tendreffe & du dévoûment; la Baronne de l'Efperance au contraire étoit dévenue l'objet de l'eftime la plus pure, & de la paffion la plus vive, & le Duc de Montbelliard s'étoit déterminé avec joye à partager avec elle fon rang & fa fortune. Telle étoit la fituation de la Cour de Montbelliard en 1719. c'eft dans cette pofition que la Comteffe de Sponeck, cette Concubine qui avoit vieilli dans l'obfcurité & dans l'ignominie, reprend un empire defpotique fur le Duc de Montbelliard; tout tremble, tout fléchit fous fes loix; le Prince, fes Miniftres, les Officiers du Confiftoire, les Peuples du Comté de Montbelliard, rien ne lui refifte; elle traveftit la honte du concubinage & l'éleve à la dignité de l'engagement le plus facré; elle fait adopter un acte faux & fabriqué dans les tenebres; elle fe fait reconnoître pour époufe legitime, & fon fils pour Prince hereditaire. Eft-ce donc à des perfonnes fenfées que l'on propofe une fi étrange métamorphofe? La décoration change auffi fubitement à la Cour de Montbelliard que fur nos Théatres; c'eft une efpece d'enchantement qui la produit, contre les lumieres de la raifon, contre les idées du vrai-femblable; les Barons de l'Efperance ne peuvent fe le diffimuler à eux-mêmes; ils font forcez de convenir que cela eft incroyable, & cependant ils ne permettent pas d'en douter. Que pourroit-on répondre à des gens qui tiennent un pareil langage, finon qu'ils veulent que tous les hommes deviennent auffi imbecilles, qu'ils repréfentent le feu Duc de Montbelliard?

Mais que devient, pendant ces revolutions, la Baronne de l'Efperance leur mere? elle venoit d'époufer le Souverain, fi l'on en croit fes enfans; *tous les Officiers de la Cour, tous les Ordres de la Principauté avoient affifté à fon mariage; elle en avoit reçu les hommages; les Princes & les Princeffes de la branche de Wirtemberg-Oëls lui avoient écrit dans les termes les plus tendres, & ont toujours continué de lui donner, comme à une Sou-& veraine, comme à leur parente, des témoignages fignalez de leur eftime & de leur tendreffe.* Quel triomphe! quelles acclamations! quel dégré de gloire & d'honneurs! Cependant auffi-tôt on la dégrade, & on l'avilit jufqu'à donner à fon époux une femme qui la précede dans l'honneur du mariage, & aux enfans nez de ce mariage fuppofé, un rang qui rabaiffe les fiens; elle voit fubitement un Prince âgé de vingt-deux ans, paroître à la Cour de Montbelliard comme Prince hereditaire, & elle demeure tranquille, fans credit, fans confideration; elle laiffe tout faire à une cabale qui l'opprime

au

au moment même où elle parvient à la Souveraineté ; personne ne s'interesse pour elle, elle n'a ni ami ni confident ; & jusqu'à cet époux même qui la comble d'honneur, tout la trahit. Ce n'est point assez, elle se prête elle-même à la conjuration, elle reconnoît la Demoiselle de Hedviger pour Duchesse de Montbelliard, & son fils pour Prince hereditaire ; elle signe avec eux des actes dans lesquels elle leur défere ces titres si injustement usurpez, & subit elle-même sa propre proscription ; quelle frénesie ! Aussi les Barons de l'Esperance ne craignent point de le repeter ; cela est incroyable, & cependant il le faut croire. Ce seroit fatiguer inutilement le public que de pousser plus loin la réflexion.

Mais un grand mobile, nous dit-on, conduisoit toute cette intrigue. Le Duc de Montbelliard avoit marié le Comte de Sponeck son fils avec la Demoiselle de Sandersleben qu'il avoit euë d'Henriette Hedvic, premiere Baronne de l'Esperance ; ce mariage monstrueux avoit ranimé toute sa tendresse, & rien ne devint difficile à la Comtesse de Sponeck, soutenue du Comte de Sponeck son frere, favori, Premier Ministre du Duc de Montbelliard, car on ne craint point de lui prodiguer les titres les plus imaginaires.

Les Barons de l'Esperance renouvellent ici l'imposture énorme qu'ils avoient essayé de répandre dans leurs premiers Memoires ; ils ne craignent point d'accuser leur pere d'avoir marié ensemble deux de ses enfans, & de l'annoncer à tout l'univers comme coupable d'excès aussi contraires à la nature qu'à la Religion. A ce seul trait ils deviendroient indignes de prendre part à sa grandeur & à ses biens : il auroit mieux vallu que pendant sa vie ils lui eussent plongé un poignard dans le sein, que de lui faire une pareille insulte après sa mort ; un pere qui marie ensemble deux de ses enfans, est un monstre qu'il faut étouffer, & un fils qui fait un pareil reproche à la mémoire de son pere, en est un autre qui n'est pas digne du jour qui l'éclaire.

D'autant plus que ce reproche d'un côté ne peut jamais servir à la défense des Barons de l'Esperance, que de l'autre la calomnie est confondue par des titres autentiques qu'ils ne peuvent desavouer.

On dit que ce reproche leur est inutile, parce que si on ne peut élever aucun doute sur le mariage de 1695. ni sur la naissance de l'enfant qui lui doit le jour, sa capacité de succeder ne souffriroit aucune atteinte du mariage plus ou moins legitime que son pere lui auroit fait contracter ; c'est donc gratuitement, c'est donc sans objet que les Barons de l'Esperance imaginent une imposture dont ils ne peuvent recueillir aucun fruit.

Mais c'est une calomnie confondue par les titres les plus autentiques. Henriette Hedvic, Baronne de l'Esperance, avoit été mariée au mois de Février 1697. avec le Sr de Sardersleben, l'Acte de celebration est en bonne forme dans l'Eglise d'Oels en Silesie, & non dans une Eglise de Montbelliard, comme les Barons de l'Esperance l'avoient avancé faussement dans un de leurs Memoires.

De ce mariage est née au mois d'Octobre 1700. Eleonore-Charlotte de Sandersleben qui a été mariée en 1719. au fils legitime, à l'heritier profomptif du feu Duc de Montbelliard, elle a été baptisée comme fille

E

du sieur de Sandersleben & de Henriette Hedvic, Baronne de l'Esperance, sa femme; ainsi elle est née dans le sein d'un mariage consacré par les loix, legitime par sa naissance, elle en a reçu le caractere par l'Acte solemnel constitutif de son état, elle est donc née absolument étrangere au Duc de Montbelliard.

Ce ne fut qu'en 1701. qu'Henriette Hedvic demanda & obtint au Consistoire de Montbelliard une Sentence de divorce contre le sieur de Sandersleben son mari, Sentence qui en lui rendant sa liberté, défendoit au sieur de Sandersleben de se marier à une autre, suivant l'usage des Eglises Protestantes, qui distinguent entre les deux époux celui qui par ses égaremens a donné lieu au divorce, de celui qui ne s'est attiré aucun reproche, délivrant celui-ci d'un joug trop onereux, & laissant l'autre dans des liens qui font partie de la peine qu'il a meritée.

Si depuis ce divorce le Duc de Montbelliard s'est attaché à Henriette Hedvic, Baronne de l'Esperance, s'il en a eu des enfans naturels, il est souverainement injuste de confondre les enfans qu'elle a eus avec son mari pendant le cours de leur union, avec ceux qu'elle a pû avoir depuis le divorce avec un Amant qui avoit profité de sa liberté & de son indépendance.

On ne peut pas douter de la verité des faits que l'on vient d'exposer; l'Acte de celebration de mariage des Sieur & Dame de Sandersleben du mois de Février 1697. l'Extrait-Baptistaire d'Eleonore-Charlotte leur fille du mois d'Octobre 1700. enfin la Sentence de divorce de 1701. tout est rapporté en bonne forme : il n'y a point d'état dans le monde qui ne puisse être compromis, si avec de pareils titres on n'est pas à l'abri de l'insulte & de la calomnie. Que reste-t'il donc aux Barons de l'Esperance d'une accusation si odieuse & si temeraire, que l'indignation publique dont ils doivent être accablés pour avoir voulu couvrir la memoire de leur pere d'un opprobre éternel?

Si dans les dernieres années de la vie du Duc de Montbelliard, il a rendu hommage aux droits de sa femme & de son fils, s'il les a presentés au Roy, à l'Empereur, aux Princes & Princesses de sa Maison, aux Peuples du Comté de Montbelliard comme lui étant unis par les titres les plus sacrés, s'il a rassemblé toutes les preuves du mariage, s'il a eu recours pour cela aux monumens publics, s'il a employé les dépositions des témoins presens au mariage, en un mot, s'il a mis dans tout son jour une verité si importante, il ne faut donc pas attribuer cette conduite au credit de la famille de Sponeck & de celle de Sandersleben; le Duc de Montbelliard n'a fait en cela que ce que l'honneur, que ce que la Religion exigeoient de lui pour reparer l'injustice que la branche de Wirtemberg-Stutgard lui avoit fait faire par le Traité de Vilbade.

Que la Baronne de l'Esperance se soit jointe elle-même à tant de témoignages par les Actes qu'elle a signés, on n'en doit pas être surpris; autant qu'elle auroit dû s'élever contre ces démarches si elles avoient été le fruit de cabale & de l'imposture, autant étoit-elle obligée de ceder à l'éclat d'une verité si incontestable; trop heureuse en se retranchant sur le divorce de 1714. d'occuper la seconde place à la Cour de Montbelliard, & de ménager à ses enfans un rang éclatant à la suite du fils legitime qu'elle ne pouvoit méconnoître.

Dans cette conduite tout est simple, tout est naturel, au lieu que dans le syftême imaginé par les Barons de l'Esperance tout revolte, tout choque également & la raifon & la vraisemblance.

Après avoir détruit toutes les fables, toutes les fuppofitions hazardées par les Barons de l'Esperance, il faut paffer aux conféquences qu'ils en tirent dans l'établiffement de leurs moyens : ils les partagent en trois propofitions.

Dans les deux premieres ils entreprennent de prouver que quand le Duc de Montbelliard auroit époufé en 1695. la Demoifelle de Hedviger, le fecond mariage qu'il a contracté en 1718. avec la Baronne de l'Esperance n'en feroit pas moins valable.

Dans la troifiéme ils attaquent le mariage de 1695. par tous les moyens que la malignité, la paffion & l'efprit d'erreur a pû leur infpirer.

L'ordre naturel auroit voulu qu'on fuivît une autre route, qu'on commençât par examiner fi le Duc de Montbelliard avoit été marié en 1695. avant que d'agiter la queftion de fçavoir, s'il a pû fe marier en 1718. car quoique dans les deux premieres propofitions on fuppofe l'exiftence & la validité du mariage de 1695. on fent l'extrème difference qu'il y a entre une verité conftante & parfaitement juftifiée, & une fuppofition toujours accompagnée de referves & de correctifs qui laiffent l'efprit en fufpens, & qui le difpofent plus facilement à recevoir tout ce qu'on veut lui infpirer contre cette verité qu'on regarde comme équivoque. Les Barons de l'Esperance ont fenti tout le befoin qu'ils avoient de cet artifice pour fauver, s'il étoit poffible, le prétendu mariage de 1718. mais quoiqu'ils ayent crû fe ménager quelque avantage dans cette interverfion de l'ordre naturel, on ne craindra pas de les fuivre dans leurs propofitions telles qu'ils les ont arrangées, & de foutenir les deux propofitions contraires en faifant voir :

Premierement, que le prétendu mariage de 1718. ne peut jamais être legitime.

Secondement, que celui contracté avec la Demoifelle de Hedviger eft auffi facré, auffi indiffoluble, qu'il eft conftant & appuyé fur les preuves les plus décifives.

Mais avant que de traiter ces deux objets, qu'il foit permis de faire ici une reflexion importante fur l'idée generale que prefente une conteftation fi celebre. Le feu Duc de Montbelliard a été marié deux fois, en 1695. avec la Demoifelle de Hedviger, en 1718. avec la Baronne de l'Esperance ; nous foutenons la verité inconteftable du premier mariage qui fait tomber le fecond, & le fait degenerer dans un adultere déguifé fous l'ombre d'un engagement facré. Les Barons de l'Esperance au contraire après avoir effayé de détruire le premier mariage, font tous leurs efforts pour foutenir le fecond. Voilà le point effentiel qui nous divife, il ne s'agit que de la preference entre les deux mariages.

Mais un autre Adverfaire s'éleve, c'eft le Duc de Wirtemberg-Stutgard, qui voulant envahir la fucceffion aux Etats de Montbelliard, s'efforce de profcrire également les deux mariages, & prétend qu'on ne

les doit regarder que comme des traits de débauche d'un Prince peu
délicat, qui fous differens titres a fçu s'attacher fucceffivement plufieurs Maîtreffes, aufquelles il s'eft livré fans fcrupule. Il met dans la même claffe la Demoifelle de Hedviger, Henriette Hedvic Baronne de
l'Efperance, & Elizabeth-Charlotte fa fœur; il confond leurs enfans, & veut les réduire également au trifte fort d'enfans naturels, fruits
malheureux de la licence & des égaremens de leur pere.

Si de pareilles idées pouvoient former quelque préjugé, il feroit facile de le diffiper.

On ne prétend pas donner le feu Duc de Montbelliard comme un
exemple de retenue & de moderation dans fes plaifirs; mais ne doit-
on pas diftinguer dans le cours de fa conduite ce qu'il y a de pur, d'innocent, de legitime, de ce qui fe reffent de la corruption des paffions? S'il
a formé d'abord des vœux que la Religion elle-même ne puiffe condamner, s'il les a confacrés aux pieds des Autels, s'il a contracté une union
fainte, indiffoluble avec la Demoifelle de Hedviger, ce premier engagement doit-il recevoir quelque atteinte des égaremens dans lefquels
il s'eft précipité depuis? Suppofons qu'il n'eût jamais connu ni Henriette Hedvic Baronne de l'Efperance, ni Elifabeth-Charlotte fa fœur,
qu'il eût continué de vivre depuis 1701. comme il avoit fait jufques-là,
qu'il fût demeuré attaché à la Demoifelle de Hedviger, que du moins
après s'en être feparé par le divorce de 1714. il n'eût livré fon cœur
à aucune autre, on demande ce que l'on pourroit reprocher à la Demoifelle de Hedviger, & ce que l'on pourroit propofer contre fon mariage, & contre le fort de fes enfans? On diroit, fi l'on veut, que le Duc
de Montbelliard n'avoit pas époufé une perfonne d'une condition égale
à la fienne, qu'il n'a pas voulu d'abord la mettre en poffeffion des honneurs dûs à fon caractere d'époufe legitime, qu'il a attendu long-tems
à la traiter en Souveraine, & fon fils en Prince hereditaire; mais ces circonftances abfolument indifferentes ne porteroient aucun coup aux
droits ni de la femme ni des enfans.

D'où viennent donc ces préjugés confus que l'on fe forme contr'eux? c'eft uniquement des égaremens dans lefquels eft tombé depuis le Duc de Montbelliard, c'eft des infidelités qu'il a faites à fa
femme: mais peut-on fans injuftice la rendre coupable des fautes de
fon mari, & la punir des malheurs qu'elle a effuyés?

Qu'on diftingue les premieres démarches du Duc de Montbelliard
de celles qui ont fuivi, tout eft pur dans fon attachement pour la Demoifelle de Hedviger; ce n'eft que par un mariage honorable qu'il
lui a été uni dans un tems de liberté; tout eft criminel dans ce que la
paffion lui a fait faire depuis en faveur des deux Baronnes de l'Efperance: autant que celle qui a reçû fes premiers vœux eft innocente,
autant celles qui ont flatté depuis fes paffions, font-elles coupables.

Il y a donc de l'aveuglement à les confondre, & à vouloir que toute la conduite du Duc de Montbelliard ait été infectée des mêmes vices & des mêmes égaremens, parce qu'on ne peut fe difpenfer de reconnoître qu'il s'eft porté aux plus grands excès depuis qu'il a abandonné fon époufe legitime.

Ces

Ces préjugés diffipés, & la queftion réduite à fon veritable objet; revenons à nos deux propofitions.

Obſervations ſur les deux premieres Propoſitions des Barons de l'Eſperance.

On eſt toujours convenu que la Baronne de l'Eſperance, depuis long-tems Concubine du Duc de Montbelliard, dont elle avoit eu trois enfans, l'avoit enfin épouſé au mois d'Août 1718. au mépris de toutes les Loix; mais on eſt bien éloigné de reconnoître que ce mariage ait été fait avec cette ſolemnité & ces acclamations dont parlent nos Adverſaires; il eſt certain au contraire qu'il a été fait ſecretement, & que le Prince n'a accordé que long-tems après les rangs & les honneurs de Souveraine à la Baronne de l'Eſperance.

Les pieces qu'ils invoquent pour ſoutenir cette publicité, ne répondent point aux idées qu'ils voudroient en donner: elles ſe réduiſent à un acte de celebration ſigné du ſeul Miniſtre Gropp; car pour le Certificat qui paroît avoir été donné le lendemain par quelques Conſeillers du Duc de Montbelliard, cette précaution même écarte plûtôt l'idée de publicité qu'elle n'eſt propre à l'établir.

On ajoute que tous les Corps de la Ville manifeſterent leur joye par des complimens qui ont été conſervez dans leurs Archives; mais c'eſt ici une nouvelle impoſture qui ſe trouve confondue par la copie même de ces complimens que les Barons de l'Eſperance ont fait imprimer; on a eu ſoin d'en ſupprimer la datte, ce qui prouve qu'ils ſont fort poſtérieurs au mariage: & en effet, il n'y eſt pas dit un ſeul mot du mariage, & on ne felicite la Baronne de l'Eſperance que ſur le jour de ſa naiſſance, d'où il faut neceſſairement conclure que ces complimens n'ont été faits que long-tems après le mariage, & depuis qu'il eût été rendu public.

Il en eſt de même des Lettres des Princes & Princeſſes de la branche de Wirtemberg-Oëls; la plus ancienne eſt du premier Decembre 1720. plus de deux ans après le prétendu mariage de 1718. à quoi donc veut-on nous faire reconnoître ce caractere de publicité dont on eſſaye de décorer ce mariage?

Mais autant que les Barons de l'Eſperance inſiſtent ſur des pieces ſi frivoles, & ſi peu propres à ſoutenir ce qu'ils avancent, autant ils negligent de répondre aux preuves contraires qu'on leur a rapportées. Le mariage de la Baronne de l'Eſperance eſt du 15 Août 1718. ſi ce mariage avoit été ſolemnel, & accompagné de toutes les acclamations de la Ville, comment trouveroit-on dans les Regiſtres d'une Egliſe de Montbelliard un Acte de Baptême du mois de Septembre ſuivant, dans lequel la Baronne de l'Eſperance, Mareine de l'enfant, n'eſt qualifiée que Illuſtre Dame Eliſabeth-Charlotte, Baronne de l'Eſperance. Il n'y eſt parlé ni d'Alteſſe Sereniſſime, ni de Ducheſſe de Montbelliard, ni d'Epouſe du Prince Regnant; elle eſt traitée comme elle l'auroit été dix ans avant ſon mariage. Cette preuve n'eſt pas ſuſpecte, elle juſtifie le ſecret gardé ſur le mariage, la privation du rang, des honneurs, des

F

qualitez dont on suppose que la Baronne de l'Esperance a été rewêtue au moment de son mariage ; en un mot, elle dissipe toutes les fumées de grandeur dont il plaît aux Barons de l'Esperance de se repaître.

Dans quel tems le mariage de la Baronne de l'Esperance a-t'il donc été connu & rendu public ? Dans quel tems a-t'elle commencé à jouir des honneurs ? Ce n'a été qu'en 1720. & dans le tems que le Duc de Montbelliard les a aussi accordez à son épouse legitime ; les deux mariages si differens dans ce qui en constitue l'essence & la validité, ont été traitez de même par le Duc de Montbelliard ; ils n'ont été suivis ni l'un ni l'autre de ces marques d'honneurs dûs à la seule épouse legitime. La Demoiselle de Hedviger, Comtesse de Sponeck & la Baronne de l'Esperance ont continué de porter leur nom de fille, & ce n'a été qu'au mois d'Avril 1720. qu'après leur avoir fait passer un Acte, où elles se traitoient également d'épouses legitimes, le Duc de Montbelliard leur a laissé prendre les titres de Duchesses & d'Altesses Serenissimes.

Qu'on n'attribue donc à la Baronne de l'Esperance aucun avantage sur la Comtesse de Sponeck du côté des honneurs, comme si celle-là en étoit en possession dans le tems même de son mariage, & que celle-cy ne les eût obtenus que long-tems après ; leur sort a été le même à cet égard, & le même instant qui a vû naître les honneurs de l'une, a vû l'autre entrer en possession des mêmes prérogatives.

Mais comme ce n'est pas là ce qui décide de la validité du mariage de la Baronne de l'Esperance, voyons si ce que ses enfans alléguent pour le justifier, peut se soutenir.

Ils prétendent d'abord qu'il n'y avoit aucun empêchement dirimant ; que quoique le Duc de Montbelliard eût eu pour Concubine Henriette Hedvic, Baronne de l'Esperance, & qu'il en eût eu deux enfans, cela ne formoit aucun obstacle au mariage qu'il a contracté avec sa sœur ; qu'en tout cas le Duc de Montbelliard, comme Souverain, a pû se dispenser par le fait seul.

Ils n'insistent pas beaucoup sur le premier moyen ; ils se contentent d'observer que le Droit Romain n'a point établi de prohibition expresse d'épouser la sœur de celle que l'on avoit eu pour Concubine : mais ne suffit-il pas que la Discipline des Eglises Catholiques & Protestantes soit certaine à cet égard ? La pureté des mœurs que le Christianisme a retablie, en a fait une loi que les Protestans eux-mêmes n'ont pas pû méconnoître.

Aussi les Barons de l'Esperance n'ont-ils pas pû citer un seul Auteur de la Confession d'Ausbourg, qui eût porté le relâchement à cet excès ; aussi n'ont-ils pas même entrepris de répondre à l'autorité de Capzovius, & de cette foule d'autres Docteurs qu'il cite pour établir que cette circonstance forme un empêchement dirimant, & fait regarder le mariage comme un veritable inceste. *Jure pontificio & civili*, dit-il, *quoad nuptiarum prohibitionem ex illicito coitu oritur affinitas, idque adeo ut coitus horum affinium in gradibus prohibitis pro incestu habeatur, eique pœna incestûs indicatur.* Il rapporte un Jugement du Consistoire Suprême de

Drefde qui l'a ainfi décidé. Ce n'eft donc pas un problème parmi les Proteftans que le mariage avec celle qu'on a euë pour Concubine eft nul
& inceftueux.

Mais, dit-on, ce n'eft point un empêchement qui derive du droit
naturel ou divin, il eft purement de droit pofitif; il eft donc permis
d'en difpenfer; ces difpenfes même font reçûes dans l'Eglife Catholique, comme on le voit par les exemples d'Emmanuel Roi de Portugal,
d'Henry V. Roi d'Angleterre, de Sigifmond-Augufte & de Jean-Ca-
fimir, Rois de Pologne, du Duc de Parme, & de plufieurs autres. Or
parmi les Princes Proteftans le Souverain l'eft également pour le fpiri-
tuel comme pour le temporel, ainfi qu'il eft établi dans le Traité de
Paffau, confirmé par celui de Weftphalie; ils peuvent donc fe difpenfer eux-mêmes, & ils n'ont à cet égard aucune précaution à prendre; par
le fait feul, par la feule contravention à la Loi, ils font préfumez s'en
difpenfer. En vain fe recrie-t'on contre les conféquences affreufes de ce
principe; c'eft la maxime reçûe par les Proteftans, & l'on pourroit même l'autorifer par l'exemple du Prince d'Oettingen en 1632. & du Duc
de Hoftein en 1649.

On convient avec les Barons de l'Efperance que dans la Difcipline
de l'Eglife Catholique on peut obtenir la Difpenfe d'époufer la fœur de
fa premiere femme, & qu'il y en a des exemples fort illuftres; ces Difpenfes cependant ne s'accordent prefque jamais lorfqu'il y a eu des enfans du premier mariage. Mais enfin, on peut dire en general que ces
fortes de Difpenfes font autorifées parmi nous, & l'on n'a pas de peine
à fe perfuader qu'elles foient également reçûes dans la Confeffion d'Aufbourg; mais qu'un Prince Proteftant puiffe fe difpenfer lui-même, ou,
ce qui eft encore plus fort, qu'il n'ait pas befoin de Difpenfe, & qu'il
puiffe legitimement contracter un mariage que les Proteftans regardent
comme inceftueux, c'eft un paradoxe qui doit revolter tous ceux qui
ne portent pas l'aveuglement auffi loin que les Barons de l'Efperance;
& quand un Auteur ou deux, vil adulateur de fon Maître, auroit
ofé avancer une pareille propofition, elle ne ferviroit qu'à le couvrir
d'opprobre.

En effet, toute Difpenfe doit être fondée fur une caufe; ce n'eft
point un pouvoir aveugle & arbitraire qui diftribue ces fortes de graces, il faut qu'un motif legitime, du moins favorable, en foit le principe; ainfi celui qui l'accorde devient Juge en cette partie: mais comment veut-on qu'un Prince Proteftant puiffe fe juger lui-même? quelle
liberté apportera-t'il dans ce jugement que la violence de la paffion
lui arrache en quelque maniere?

Auffi les Barons de l'Efperance n'exigent pas même qu'il fe difpenfe, ni qu'il le déclare; dans leur fiftême, il eft fe maître abfolu
de fe marier à fon gré; l'incefte n'eft point un obftacle pour lui, il le
canonife en le commettant; la Religion, la pudeur, l'honnêteté publique ne font que pour le Peuple; pour lui, affranchi de ces regles
auftéres, il n'a point d'autre loi, d'autre guide que fa paffion. On fre-
mit de rappeller de fi affreufes maximes, qui font cependant l'unique

appuy du mariage que les Barons de l'Esperance veulent faire regarder comme legitime.

Ils nous citent deux exemples dans les années 1632. & 1649. mais peut-on sçavoir aujourd'hui ce qui fut fait alors pour favoriser ces alliances? on ne peut pas douter que les Princes dont on nous parle, n'ayent fait autoriser dans les regles des mariages qui n'étoient point inspirés par d'aveugles passions, mais dans lesquels ils ne consultoient que l'honneur & l'avantage des grandes Maisons qui s'unissoient.

On ne peut donc justifier le mariage du Duc de Montbelliard avec la Baronne de l'Esperance, ni par les principes, ni par les exemples; comment pourroit-on couronner l'inceste, sans se rendre coupable du crime le plus odieux, & répandre le scandale le plus funeste?

Mais outre ce premier moyen qui s'éleve contre le mariage de la Baronne de l'Esperance, il y en a un second si puissant, si décisif, qu'on peut dire que ses enfans entreprennent moins de le combattre, que d'échapper à la rigueur des principes par des prétextes chimeriques.

Le Duc de Montbelliard marié en 1695. avec la Demoiselle de Hedviger, qui n'est morte qu'en 1735. a-t-il pû épouser en 1718. la Baronne de l'Esperance? Nos Adversaires n'oseroient le soutenir: ils conviennent que la poligamie est défendue parmi les Protestans, mais ils invoquent deux excuses; la premiere, que le mariage de 1695. étoit inconnu, & que par conséquent la Baronne de l'Esperance étoit dans la bonne foy. La deuxiéme, que ce mariage avoit été détruit par le divorce de 1714. reçû & autorisé parmi les Protestans.

Dans tout ce qu'ils hazardent à cet égard, il n'y a rien de nouveau, & qui n'ait déja été refuté plusieurs fois dans differens Memoires.

On suppose que la Baronne de l'Esperance ne connoissoit pas le mariage de 1695. & pour le prouver on cite plusieurs actes, dans lesquels Anne-Sabine de Hedviger n'a pris, dit-on, que la qualité de fille, que la qualité de Comtesse de Sponeck jusqu'en 1719. pouvoit-on la regarder comme épouse legitime, elle qui depuis vingt-cinq ans ne jouissoit ni des honneurs, ni des qualitez dûes à la femme d'un Souverain? On a déja répondu que c'étoit le comble de la mauvaise foi de supposer, de présumer même quelqu'incertitude sur le mariage du Duc de Montbelliard; personne ne l'ignoroit ni à Montbelliard, ni dans les Etats du Duc de Wirtemberg, ni dans toute l'Allemagne; on a vû que dans un Ouvrage imprimé dès 1712. le mariage étoit annoncé comme un fait public, qui n'a été contredit par personne, & qui a été confirmé par une seconde édition du même Ouvrage, donnée en 1716. deux ans avant le prétendu mariage de la Baronne de l'Esperance.

Mais que peut-on répondre au traité de divorce de 1714.? Dira-t'on que ce traité étoit ignoré à Montbelliard, ce traité qui a été présenté aux Conseillers Consistoriaux du Prince, qui l'ont signé au nombre de neuf, & qui s'exécutoit publiquement depuis quatre années?

Ajoutons

Ajoutons une circonftance qui merite une nouvelle attention. Entre les neuf Confeillers Confiftoriaux du Prince qui ont figné le divorce, on trouve le Sieur *Gropp*, & le Sieur *Briffehoux*, & ces deux mêmes Confeillers fe trouvent dans le nombre de ceux qui ont figné le Certificat de la celebration du mariage de 1718. Il paroît même que le St *Gropp* eft celui qui a donné la Benediction Nuptiale à la Baronne de l'Efperance : ce font donc les mêmes Miniftres qui ont concouru au divorce, dont on s'eft fervi pour le mariage : comment après cela peut-on porter l'impofture jufqu'à foutenir que le mariage de 1695. étoit ignoré à Montbelliard ? comment peut-on dire qu'il *n'y a pas une feule circonftance qui puiffe faire préfumer que la Baronne de l'Efperance en ait eu connoiffance ?* Elle a connu, elle n'a pû ignorer le divorce, il étoit publié à Montbelliard, il étoit figné par ceux mêmes qu'elle a choifis pour confidens de fon mariage ; la connoiffance du divorce emporte neceffairement la connoiffance du mariage. Il faut donc renoncer à toute pudeur pour invoquer après cela la prétendue bonne foi, l'ignorance de la Baronne de l'Efperance.

Enfin, le traité même de Vilbade ne prouvoit-il pas encore la verité du mariage de 1695 ? On reconnoît dans ce traité que le Duc de Montbelliard avoit contracté un mariage qui ne répondoit pas à l'éclat de fa naiffance ; jamais il n'y en a eu d'autre que celui de 1695. comment donc la Baronne de l'Efperance, qui a figné ce traité, pouvoit-elle ignorer le mariage ? Le dernier Défenfeur des Barons de l'Efperance, qui a fenti toute l'évidence de cette preuve, n'a pû y échapper, qu'en fuppofant que cette reconnoiffance dans le traité s'appliquoit à quelque mariage avec la Baronne de l'Efperance ; on dit *à quelque mariage*, caril ne défigne, & ne peut défigner ni le tems ni les circonftances de ce mariage chimerique, c'eft-à-dire qu'il foutient un fiftême fabuleux par une fuppofition manifefte.

Que fert-il après cela de nous faire paffer en revûe plufieurs actes qui juftifient qu'Anne-Sabine de Hedviger ne prenoit point la qualité de Ducheffe de Montbelliard ? Ces actes prouveront bien qu'elle ne jouiffoit pas des honneurs, des qualitez même qui lui étoient dûes comme femme legitime, mais ils ne prouveront jamais que fon mariage fût ignoré, mariage publié par l'Hiftoire, mariage reconnu dans le traité de divorce, & même dans la convention de Vilbade ; mariage qui feul avoit apporté tant d'obftacles aux vûes ambitieufes de la Baronne de l'Efperance, & contre lequel elle avoit employé tous les refforts de fa politique : il faut donc retrancher cette premiere excufe tirée de la bonne foi, qui ne peut être propofée que par un excès d'infidélité.

Paffons à la feconde excufe tirée du divorce de 1714. Vous voulez, dit-on, que la Baronne de l'Efperance connût le mariage de 1695. mais en même tems elle ne pouvoit ignorer qu'il avoit été détruit par un divorce ; elle a donc pû legitimement époufer le Duc de Montbelliard ; & quand même ce divorce n'auroit pas été conforme aux regles des Eglifes Proteftantes, il auroit toujours fuffi pour la conftituer en bonne foi.

Comment les Barons de l'Efperance n'ont-ils pas fenti d'abord la

G

contradiction de leur propre fiſtême ? Leur mere ignoroit le premier mariage, nous diſent-ils, mais en même tems elle ſçavoit que ce premier mariage avoit été anéanti par un divorce; il faut avoir bien du talent & bien de l'eſprit pour réunir tout à la fois ces deux idées dans la même défenſe. Mais paſſons aux Barons de l'Eſperance un fiſtême ſi mal aſſorti, oublions pour un moment une contradiction ſi groſſiere, & venons au moyen en lui-même.

Ce divorce, dit-on, eſt autoriſé parmi les Proteſtans; mais l'admettent-ils indifferemment ſans cauſe, ſans formalitez, ſans avoir recours à une autorité legitime ? Nous dira-t'on encore que les Princes de la Confeſſion d'Ausbourg ſont tellement Souverains dans le ſpirituel, qu'ils peuvent diſſoudre leur mariage quand ils veulent, & qu'ils peuvent changer de femmes comme de Palais & de vêtemens ? il ne reſtoit plus que ce dernier trait pour couronner la défenſe des Barons de l'Eſperance.

S'ils ne portent pas les choſes à cette extrêmité, leur fiſtême ne s'en éloigne pas beaucoup. Les Proteſtans, ſelon eux, admettent pluſieurs cauſes de divorce, & ne les réduiſent pas à l'adultere, & à la déſertion malicieuſe, comme on le prétend; celui de 1714. ne parle pas ſeulement de la diſparité d'humeurs, mais il ajoute qu'ils s'en eſt enſuivi d'autres cauſes ſuffiſantes de divorce; ainſi on ne peut pas douter qu'il ne fût appuyé ſur des cauſes legitimes.

Mais qu'on nous diſe donc d'abord quelles ſont ces autres cauſes de divorce qui peuvent être admiſes, & en particulier quelles ſont celles ſur leſquelles celui de 1714. a été fondé; car c'eſt une choſe bien ſinguliere d'entendre les Barons de l'Eſperance n'aborder que des generalitez, & nous dire : Vous prétendez qu'on ne peut diſſoudre un mariage entre les Proteſtans que pour l'adultere & la déſertion malicieuſe, mais vous vous trompez, & les Conſiſtoires en admettent bien d'autres. Vous prétendez qu'on ne parle dans l'Acte de 1714. que de la diſparité d'humeur; mais vous vous trompés encore, car on ajoute que la diſparité d'humeur a produit des cauſes ſuffiſantes de divorce. Les Barons de l'Eſperance me vont pas plus loin; mais que peuvent-ils attendre d'un pareil genre de défenſes ?

Il y a d'autres cauſes de divorce en general; mais qui ſont-elles ces autres cauſes? il y en a d'autres que la diſparité d'humeur dans l'Acte de 1714. mais qui ſont-elles encore ces autres cauſes ? Sur cela on ne trouve qu'un ſilence auſſi prudent que profond dans leur Memoire. Que veulent-ils donc qu'on leur réponde ? Il faudroit dire, outre l'adultere & la déſertion malicieuſe, il y a encore telle & telle cauſe admiſe par les Proteſtans, & le divorce de 1714. énonce au moins ces cauſes dont les Conſiſtoires ſe contentent, alors on pourroit raiſonner avec eux; mais n'allant pas juſques-là, & ne pouvant pas y aller, c'eſt abandonner eux-mêmes & leur défenſe & leur moyen.

Mais eſt-il vrai que les Proteſtans admettent d'autres cauſes de divorce que l'adultere & la déſertion malicieuſe ? on a cité ce qu'il y a de plus celebre parmi eux; Capzovius qui nous dit, *haud conceditur divortium, niſi ex cauſa fornicationis, ſive adulterii & deſertionis malitioſa.* Stikius, qui ne parle pas moins affirmativement ; *omnes à Juſtiniano præſcriptas auſas ad eum numerum reductas, ut earum hodiè duas tantùm genuinas in Ecclesiis noſtris admittamus, adulterium nempè & malitioſam deſertionem.* C'eſt le langage de preſque tous les autres ; & ſi quelques-uns admettent d'autres cauſes, ce n'eſt pas pour diſſoudre le mariage, mais pour ſeparer ſeulement les deux époux d'habitation, ce qu'ils appellent *divortium partiale*, à la différence du vrai divorce qui opere la diſſolution du mariage, *divortium totale.* Tout cela a été oppoſé aux Barons de l'Eſperance, & tout cela eſt demeuré ſans réponſe.

Si le divorce ne peut pas être juſtifié au fond, il eſt également inſoutenable dans la forme. La Loi des Egliſes Proteſtantes eſt qu'il ſoit prononcé par le Conſiſtoire en connoiſſance de cauſe, & après une diſcuſſion exacte des motifs qui y donnent lieu : ici au contraire on ne trouve qu'un Acte volontaire entre le mari & la femme, par lequel ils ſe donnent la liberté de ſe marier à d'autres, & au bas un Certificat datté du lendemain, par lequel le Conſiſtoire déclare qu'il a vû cet Acte, qu'il reconnoît *équitable & conforme à l'intention des deux Parties.* Ce ſont les ſeuls termes du Certificat, & tout ce que l'autorité du Souverain a pû obtenir de ſon Conſiſtoire : mais de bonne foi peut-on appeller cela une Sentence de divorce ?

Cependant les Barons de l'Eſperance ne comprennent pas, diſent-ils, ſur quoi tombe notre critique ; comment n'y auroit-il pas un Jugement de divorce, puiſqu'on trouve dans l'affaire deux Parties, une cauſe, & un Tribunal ? Reprenons les propres termes de leur Memoire pour en développer le ſophiſme & l'équivoque. *Il y a deux Parties,* diſent-ils, *le Duc de Montbelliard & la Comteſſe de Sponeck, tous deux Demandeurs ;* c'eſt-à-dire qu'il y a eu deux Parties contractantes, mais non pas deux Parties traduites en Jugement. *Il y a eu une cauſe, puiſqu'on prétend que l'affaire a été expoſée aux Juges ;* c'eſt-à-dire que les Parties, après avoir conſommé volontairement leur traité, ont déclaré aux Juges qu'elles en étoient contentes. *Il y a eu des Juges & un Tribunal, puiſque ce ſont les Miniſtres du Conſiſtoire qui ont prononcé ;* c'eſt-à-dire qu'il y a eu des Juges à qui on n'a demandé aucun Jugement, & qui n'en ont prononcé aucun ; mais qui ont certifié avoir vû l'Acte, l'avoir reconnu équitable & conforme à l'intention des Parties. Eſt-ce donc là ce que l'on peut appeller une Sentence de divorce ? Que deux Parties parmi nous paſſent un Acte pardevant Notaires, dans lequel ils déclarent que leur mariage eſt nul, qu'ils portent cet Acte à un Official, qui ſoit aſſez ignorant pour mettre au bas qu'il le trouve équitable & conforme à l'intention des Parties, diroit-on que le mariage auroit été déclaré nul par une Sentence de l'Officialité, & que ſur la foi d'un pareil Acte une des Parties auroit pû ſe marier ?

Mais que le divorce ſoit nul, dit-on, il aura toujours ſuffi pour conſtituer la Baronne de l'Eſperance en bonne foy : quelle reſſource ! Quoi un Acte auſſi vicieux, auſſi choquant dans la forme, qu'il eſt nul & inſoutenable au fond, peut être la ſource de la bonne foy ? Non, un Acte qui ne preſente que des caracteres de reprobation, ne peut ſéduire perſonne.

Comme il n'est jamais permis d'ignorer les regles & les Loix, il n'est jamais permis de se reposer sur un acte dans lequel elles sont toutes violées ; on excuse une ignorance de fait, mais on n'excuse point le mépris des Loix les plus sacrées ; & comme ce caractere étoit sensible dans le traité de divorce, il n'a pû en imposer à qui que ce soit, & moins encore à la Baronne de l'Esperance, qui ne pouvoit se dissimuler à elle-même qu'il étoit uniquement le fruit de ses artifices.

On ne peut qu'être scandalisé après cela du paralelle qu'osent faire ses enfans entre son mariage & celui d'Agnès de Bohëme ou d'Istrie, fille du Duc de Meranie, avec Philippe-Auguste. Ce Prince qui avoit épousé, dit-on, Insberge, sœur de Canut IV. Roy de Dannemarck, fit prononcer la nullité de son mariage, pour cause de parenté, par un Legat du Saint Siege, & sur le fondement de cette Sentence, épousa Agnès, fille du Duc de Meranie ; mais la Sentence de divorce ayant été depuis cassée, on jugea cependant que les enfans nés du mariage d'Agnès d'Istrie étoient legitimes.

Les differences essentielles entre cet exemple & celui de la Baronne de l'Esperance, ont-elles donc besoin d'être relevées ?

Philippe-Auguste qui venoit d'épouser Insberge, ayant prétendu qu'il y avoit un empêchement dirimant dans le dégré de parenté qui se trouvoit entr'eux, le Pape Celestin III. nomma un Legat pour présider à une Assemblée d'Evêques, d'Abbés, & de Barons, & pour y prononcer en connoissance de cause sur la validité du mariage. Ce fut dans une assemblée si auguste que le mariage fut déclaré nul, quelque resistance qu'il y eût de la part d'Insberge & du Roi de Dannemarck, son frere. Le Roy de Dannemarck en porta ses plaintes au Pape, qui representa à ses Envoyez les informations qui avoient été faites en France sur l'alliance des deux Maisons, ce qui les obligea de se retirer. Ce fut dans ces circonstances que Philippe Auguste épousa Agnès d'Istrie. Cet évenement excita de nouvelles plaintes de la part du Roi de Dannemarck ; il y eut plusieurs Conciles tenus en France par de nouveaux Legats du Pape, pour prendre une plus ample connoissance du fond ; mais Philippe-Auguste fatigué du trouble que cette affaire causoit dans le Royaume, reprit Insberge sa femme, sans que cela fût ordonné par aucun Jugement contraire au premier.

Quand après cela on auroit reconnu Agnès d'Istrie pour femme legitime, & ses enfans comme capables de succeder, quel avantage en pourroit tirer la Baronne de l'Esperance ? La bonne foi d'Agnès d'Istrie étoit appuyée sur le Jugement solemnel d'une Assemblée venerable d'Evêques, d'Abbés, & de Barons, qui avoient à leur tête un Legat du Saint Siege ; ce Jugement avoit été rendu sur des Informations juridiques ; le Pape Celestin III. paroissoit l'avoir adopté, & ce ne fut que son Successeur Innocent III. qui permit de renouveller la question terminée par un Jugement, qui dans la regle, ne pouvoit être reformé. Que l'on mette vis-à-vis de ces circonstances l'Acte purement volontaire passé entre le Duc de Montbelliard & Anne-Sabine de Hedviger, par lequel ils se promettent mutuellement de se marier à d'autres, & il n'y a personne qui ne soit revolté du paralelle.

Cependant

Cependant ce ne fut qu'avec beaucoup de peine que les enfans d'Agnès d'Istrie furent reconnus pour legitimes. *Philippe-Auguste*, dit un de nos Historiens, *obtint du Pape, & de plusieurs Prélats de France, qu'un fils nommé Philippe, & une fille nommée Marie, qu'il avoit eus d'Agnès de Bohême, fussent déclarez legitimes & capables d'heriter de lui,* CE QUI DE'PLUT FORT AUX SEIGNEURS DE FRANCE; *mais ayant un fils d'Isabelle de Haynaut, sa premiere femme, & ce fils ayant eu posterité, cette affaire n'eut point de suite.*

Le Pere Daniel, Hist. de Philippe-Auguste.

Un autre Historien qui ménage moins les expressions, dit que Philippe-Auguste eut d'Agnès de Bohême *deux enfans qui ne pouvoient passer que pour bâtards, si le Pape Innocent III. ne les eût legitimez.*

Mezeray.

Quel avantage les Barons de l'Esperance peuvent-ils donc tirer de cet exemple ? On ne pouvoit pas soupçonner la bonne foi d'Agnès de Bohême ou d'Istrie, cependant Philippe-Auguste eut besoin de toute son autorité pour faire reconnoître legitimes les enfans qu'il avoit eus de cette Princesse, & pour vaincre la repugnance de la nation; qu'auroit-on pensé alors, que doit-on penser aujourd'hui des enfans de la Baronne de l'Esperance, elle dont la mauvaise foi éclate dans toutes ses démarches, & qui n'a en sa faveur qu'un divorce purement volontaire, sans causes & sans prétexte ?

Rien ne peut donc justifier le prétendu mariage de la Baronne de l'Esperance avec le Duc de Montbelliard : quand ce Prince n'auroit pas été dans les liens d'un premier engagement, il n'auroit pas pû épouser la sœur de celle dont il avoit eu plusieurs enfans naturels. Mais l'obstacle du premier mariage détruit si radicalement le second, qu'il n'est plus possible de le soutenir, & le prétendu Acte de divorce entre le mari & la femme, en confirmant de plus en plus la foy du premier mariage, n'est propre qu'à fournir des armes contre le second, loin de le justifier ou de lui servir d'excuse.

Observations sur la troisiéme Proposition des Barons de l'Esperance.

Ils commencent par élever des doutes sur la naissance de George-Leopold, fils unique du feu Duc de Montbelliard & de Anne-Sabine de Hedviger. On ne prouve pas, disent-ils, qu'il soit même fils naturel de ce Prince, on n'est fondé que sur le Certificat d'un inconnu, qui n'est soutenu d'aucune possession d'état, ou plûtôt qui se trouve combattu par une possession contraire ; comment peut-il se presenter comme fils legitime, & comme capable de recueillir les Etats & les biens du feu Duc de Montbelliard ?

Pour dissiper ces doutes affectez, il suffit de retracer en un mot les titres qui prouvent & la naissance & la possession d'état, contre lesquels les Barons de l'Esperance osent s'élever. George-Leopold est né dans le Château de Festemberg, appartenant à la Duchesse d'Oëls, le 12 Decembre 1697. plus de deux ans après le mariage du Duc de Montbelliard & de Anne-Sabine de Hedviger ; il fut baptisé le même jour par Frederic Opfergeld, qui étoit alors Pasteur de la Duchesse d'Oëls,

H

& qui depuis est devenu Prévôt & Prélat du Monastere de Magdebourg,
il en a donné son Certificat scellé du Sceau de ce Monastere, & dans
ce Certificat, il déclare *avoir baptisé George-Leopold, fils de Son Altesse
Serenissime Leopold-Eberard, Duc de Wirtemberg Montbelliard, & d'Illustre
Dame Anne-Sabine de Hedviger.*

La verité de ce Certificat se trouve confirmée par la Duchesse d'Oels
même, qui, dans un Acte passé à Vienne le 24 Juillet 1726, reconnoît
que le Duc de Montbelliard son frere, *a été marié au mois de Juin 1695
avec Anne-Sabine Comtesse de Sponeck, & qu'ensuite il a aussi engendré
pendant ce mariage Illustre George-Leopold, Duc de Wirtemberg-Montbelliard, aujourd'hui vivant, qui nâquit le 12 Decembre 1697. dans notre
Château de Festemberg, & fut baptisé par Me Opfergeld, alors notre Pasteur ; en foi de quoi nous avons voulu attester ceci par forme de serment, &c.*
Des preuves si claires doivent imposer silence à la critique ; car c'est
une absurdité de dire que le Certificat de Frederic Opfergeld n'est point
legalisé, & qu'il doit être regardé comme faux, parce que l'Acte de
Baptême ne se trouve point sur les Registres de l'Eglise de Festemberg.
Quant à la legalisation, on ne peut la demander pour un Acte déliv
par le Prélat d'une grande Eglise, & scellé du Sceau de ce Monastere ;
c'est un Acte autentique par lui-même, & qui merite plus de foi qu
la legalisation d'un Juge particulier inconnu dans le Royaume. D'ail
leurs cet Acte soutenu du témoignage conforme de la Duchesse d'Oel
ne laisse aucune ressource à l'équivoque ni à l'incredulité. Pour le silenc
des Registres de Festemberg, on n'a jamais oui dire qu'un Acte de cele
bration de mariage, qu'un Acte de Baptême fût faux, parce qu'il n'est pa
inscrit sur les Registres. Le Baptême de l'enfant qui venoit de naître au Du
de Montbelliard, fut fait dans la Chapelle du Château de Festemberg
appartenant la à Duchesse d'Oels, & par son Chapelain ou Pasteur ; jama
il n'y a eu de Registres dans cette Chapelle ; il n'est donc pas extraordinai
que l'Acte de Baptême dont il s'agit ne se trouve pas sur les Registres de
Paroisse. Mais il n'en a pas moins d'autenticité, soit par la dignité d
celui qui l'a donné, soit par le poids de l'attestation de la Duchess
d'Oels qui s'y réunit.

Ajoutons que cette verité a été reconnue dans tous les tems, soit pa
le feu Duc de Montbelliard, soit par la Baronne de l'Esperance elle
même, soit enfin par tous les Princes & Membres de l'Empire. Dans
divorce du 5 Octobre 1714. le Duc de Montbelliard & Anne-Sabin
de Hedviger s'expliquent ainsi : *Nous avons eu pendant notre legitime m
riage quelques enfans ensemble, dont deux sont encore en vie, sçavoir Leopoldine-Eberardine & Georges.* Dans le traité de Vilbade on stipule 400
Florins de pension pour *la Comtesse de Sponeck & ses deux enfans, George
& Leopoldine-Eberardine.* N'est-ce pas dans la même qualité qu'on
fait faire à ce même Georges-Leopold la renonciation sous serment
corporel, en exécution du traité de Vilbade, que la Duchesse d'Oel
lui a fait la donation du 21 Septembre 1717. *comme à son très-che
Neveu,* que se font passez enfin ces Actes si solemnels par lesquels
même Georges-Leopold a été reconnu pour Prince hereditaire d
vivant de son pere, & pour Souverain après sa mort ?

Joignons à cela les Jugemens même du Conseil Aulique, dans lesquels on a reconnu la verité du mariage de ses pere & mere, & dans lesquels la partialité la plus outrée n'a pû empêcher qu'on ne traitât du moins le même Georges-Leopold comme le fils du Duc de Montbelliard, & d'Anne-Sabine de Hedviger; quoiqu'en supposant le mariage nul, on l'ait réduit à de simples alimens, il est toujours certain, qu'aux termes de ces Jugemens même sa naissance est demeurée hors de toute atteinte.

A la vûe de tant de preuves, c'est un excès de temerité auquel on ne devoit pas s'attendre de la part des Barons de l'Esperance, de traiter un enfant dont la naissance est si éclatante, comme le fruit d'une débauche obscure, qui ne permet pas de distinguer ni de reconnoître ceux à qui il doit le jour : les plus grands excès ne leur coûtent rien, & il n'y a point de verité pour eux qu'on puisse regarder comme sacrée.

Mais si la naissance n'est point équivoque, le mariage des pere & mere est-il certain, est-il inébranlable? C'étoit à proprement parler l'unique question à laquelle il falloit se réduire, c'est aussi celle sur laquelle nos Adversaires réunissent tous leurs efforts. Suivons-les dans leurs raisonnemens, & faisons voir qu'ils ne sont appuyez que sur l'imposture & sur l'illusion.

Comme le premier titre qui soutient le mariage est l'Acte même de celebration, on entreprend de le combattre par trois réflexions. 1°. Il étoit impossible que le Duc de Montbelliard & la Demoiselle de Hedviger se mariassent au mois de Juin 1695. 2°. L'Acte de celebration presente par lui-même des preuves & des caracteres de fausseté. 3°. Il ne renferme aucune preuve de mariage.

Pour établir la premiere réflexion, on observe que la Demoiselle de Hedviger poursuivoit en 1695. le Sieur Zeidlits, pour lui faire accomplir des promesses de mariage. Il seroit absurde de penser, dit-on, qu'elle voulût dans le même tems épouser le Prince de Montbelliard; d'un autre côté le Prince de Montbelliard étoit à la tête de son Regiment en Hongrie ; il n'auroit donc pas pû se trouver à Rejovitz en Pologne le premier Juin, pour y recevoir la Benediction Nuptiale; il est donc impossible, disent nos Adversaires, que le mariage ait été celebré dans de pareilles circonstances. Mais il est facile de faire tomber ces prétendus obstacles.

Par rapport au Sieur Zeidlits, il suffit de consulter les pieces même qu'on nous oppose, pour démontrer la fausseté des raisonnemens dont on les accompagne. Le Sieur Zeidlits avoit fait une promesse de mariage, mais en quel tems? c'est ce que nous ne voyons pas ; ce qui est certain, est qu'elle remonte necessairement au-delà de 1692. puisqu'on voit que dans cette même année on avoit obtenu un Interdit Ecclesiastique contre lui, faute d'exécuter cette promesse ; il avoit donc retiré dès-lors sa parole, & il n'a jamais cessé un instant depuis de persister dans son refus.

Nous en avons une preuve qui n'est pas équivoque dans la Sentence du Consistoire de Breslau du 21 Mars 1695. qui porte que si le Sieur

Zeidlits vouloit conftamment infifter dans fa refiftance déduite dans les Actes, & que fuivant l'averfion qu'il a jufqves-ici témoignée, il ne voulût pas fe laiffer induire au mariage, il fera tenu de donner jufte fatisfaction à la Demanderefte, &c. On ne peut donc pas douter que le Sieur Zeidlits n'eût rompu avec la famille de la Demoifelle de Hedviger, & n'eût rompu même avec éclat & avec aigreur, au moins depuis 1692. mais fi cela eft, comment n'auroit-il pas été permis à la Demoifelle de Hedviger en 1695. de s'engager au mariage propofé par le Prince de Montbelliard? Une réfiftance auffi conftante, auffi envenimée de la part du Sieur Zeidlits, au moins pendant trois années entieres, permettoit-elle de penfer qu'il pût revenir à fes premiers fentimens? & fi cela étoit impoffible, la Demoifelle de F dyiger n'avoit-elle pas une pleine liberté de fe rendre aux recherches du Prince de Montbelliard?

Mais fi cela eft, dit-on, pourquoi pourfuivoit-on encore le Sieur Zeidlits en 1695? La réponfe fe préfente d'elle-même à ceux qui ne veulent pas s'aveugler. Ces pourfuites n'étoient pas l'ouvrage de la Demoifelle de Hedviger perfonnellement, & l'on peut dire qu'elles lui étoient abfolument étrangeres. Elle étoit née au mois d'Avril 1676. ainfi elle n'avoit que 16. ans lorfque le Sieur Zeidlits refufa d'accomplir les promeffes qu'il avoit faites; & lorfqu'on obtint contre lui un Interdit Ecclefiaftique en 1692. peut-on imaginer qu'elle eût quelque part ni aux promeffes en elles-mêmes, ni aux pourfuites qui furent faites, lorfqu'elle étoit encore dans un âge fi peu avancé? Il eft évident que c'étoit à fa mere, que c'étoit à fa famille que les promeffes avoient été faites, & que c'étoit cette même famille qui en pourfuivoit l'exécution. Si on ne peut imputer à la Demoifelle de Hedviger les premieres démarches, il eft aifé de juger qu'elle n'a pas eu plus de part à celles qui ont fuivi en 1695. On voit même par la Sentence du 21 Mars 1695. que fa famille ne penfoit plus à faire exécuter au Sieur Zeidlits fes engagemens, mais qu'elle fe propofoit uniquement d'obtenir une jufte reparation; ainfi l'obftacle chimerique qu'on voudroit trouver au mariage contracté avec le Prince de Montbelliard, fe diffipe de lui-même. Depuis plus de trois ans il n'étoit plus queftion du Sieur Zeidlits, il avoit manifefté non-feulement fa réfiftance, mais même fon averfion par une fuite d'Actes qu'il avoit fait fignifier. Quel obftacle y avoit-il donc au mariage de la Demoifelle de Hedviger avec le Prince de Montbelliard?

On ne s'arrêtera pas à une autre difficulté nouvellement imaginée par les Barons de l'Efperance. La Demoifelle de Hedviger, felon eux, ne pouvoit pas être à Rejovitz le premier Juin 1695. puifqu'on voit une Lettre qui lui fut écrite le 28 May précedent par la Duchefte d'Oels, & qui eft adreffée à Kake; mais les Barons de l'Efperance fourniffent eux-mêmes la réponfe à leur objection, car ils conviennent que cette Lettre eft écrite par la Duchefte d'Oels de Weilbing à 160. lieües de Kake. Dans cet éloignement, eft-il bien étonnant que la Duchefte d'Oels ne fçût pas précifément la marche de la Demoifelle de Hedviger? Ne pouvoit-elle pas même penfer qu'avant que fa Lettre fût arrivée,

la

la Demoiselle de Hedviger pouvoit être revenue à Kake ? c'en eſt trop pour écarter une pareille obſervation.

Du côté du Prince de Montbelliard l'obſtacle n'étoit pas plus réel, & le prétendu *alibi* eſt une veritable chimere. En vain les Barons de l'Eſperance prétendent-ils avoir fouillé dans les Archives des Conſeils de l'Empereur, & y avoir trouvé des ordres adreſſés au Prince de Montbelliard en Hongrie dans le cours de l'année 1695. Quand ils auroient fait une pareille decouverte, une réponſe ſimple diſſiperoit cette illuſion. Le Regiment du Prince de Montbelliard étoit en Hongrie ; il y avoit de tems en tems des ordres à donner pour en regler la marche, & c'eſt toujours au Colonel preſent ou abſent que ces ordres s'adreſſent ; il ne ſeroit donc pas extraordinaire qu'on en eût trouvé pluſieurs dans les Chancelleries de Vienne ſous le nom du Prince de Montbelliard ; mais ces ordres n'étoient veritablement adreſſez qu'au Regiment, & non au Colonel perſonnellement ; c'eſt un uſage conſtant, & qui n'eſt ignoré d'aucun de ceux qui ſont au fait du Service Militaire.

Si on avoit voulu avoir une preuve non équivoque de la preſence du Prince de Montbelliard en Hongrie, & de ſon Service actuel à la tête de ſon Regiment, ce n'étoit pas par des ordres à lui adreſſés qu'il falloit le juſtifier, mais par des Lettres & des réponſes écrites de ſa part. Peut-on concevoir en effet que s'il avoit reçû tant d'ordres des Miniſtres de l'Empereur, il n'eût jamais rendu compte de leur execution ? On rapporte bien des Lettres qu'il écrivit au Conſeil de Guerre les 21 Octobre, 11 & 29 Novembre 1694. pourquoi ne s'en trouve-t'il pas une ſeule des mois de Mars, Avril, May & Juin 1695 ? les Barons de l'Eperance n'auroient pas manqué de les rapporter s'il s'en étoit trouvé ; il faut donc ou qu'ils conviennent qu'il n'étoit point en Hongrie, ou qu'ils ſoutiennent que quoiqu'il y fût, il aura été quatre mois entiers ſans écrire aux Miniſtres de l'Empereur, & ſans faire une ſeule réponſe à tant d'ordres qui lui étoient adreſſez, ce qui choque le bon ſens. Il eſt donc évident que ſon ſilence alors ne vient que de ce qu'il n'étoit point en Hongrie avec ſon Regiment, ce qui détruit invinciblement le prétendu *alibi*. On ne peut prouver le ſéjour d'une perſonne dans un lieu, uniquement parce qu'on lui a adreſſé des Lettres dans le même endroit ; ce ne ſeroit que par ſes réponſes qu'on pourroit le juſtifier ; il n'y en a aucune du Prince de Montbelliard dans le tems critique, en faut-il davantage pour établir qu'il n'étoit point en Hongrie, comme on le ſuppoſe ?

Au ſurplus, les Barons de l'Eſperance n'ont produit aucunes de ces Lettres, aucuns de ces ordres dont ils prétendent appuyer leur prétendu *alibi*, ce qui auroit pû diſpenſer d'y répondre ; mais en les ſuppoſant, il eſt évident qu'ils n'en pouvoient tirer aucun avantage.

Ces prétendus obſtacles une fois écartés, paſſons à la ſeconde reflexion, & voyons ſi l'Acte de celebration adminiſtre par lui-même des preuves de fauſſeté.

Premiere preuve de fauſſeté. Pourquoi le Prince de Montbelliard auroit-il été chercher une Egliſe en Pologne pour ſe marier ? on prétend que le Duc Georges ſon pere conſentoit au mariage ; rien ne l'empêchoit donc de ſe marier en Sileſie.

I

Mais quel nouveau genre de preuve nous adminiſtre ce raiſonne-ment ! Le prince de Montbelliard n'étoit point obligé d'aller en Polo-gne pour ſe marier, donc il eſt faux qu'il y ait été.

Si c'eſt là une de ces reflexions ſur leſquelles les Barons de l'Eſperan-ce fondent leur triomphe, on demande s'il y en a jamais eu un de plus chimerique ? De quel Acte ne pourroit-on pas dire, il a été paſſé dans un tel lieu, mais par quelle raiſon ne l'a-t'il pas été dans un autre Acte? avec ce raiſonnement on pourroit détruire les Actes les plus ſolemnels.

D'ailleurs les Barons de l'Eſperance ſuppoſent apparemment que per-ſonne n'eſt inſtruit de la ſituation de la Pologne par rapport à la Sileſie; on diroit, à les entendre, que le Prince de Montbelliard a entrepris ſans objet un voyage de long cours; mais il eſt conſtant que la Sileſie & la Pologne ſe touchent, & qu'il n'a fallu qu'un jour de chemin pour ga-gner Rejowits. Comment donc ſeroit-t'il, on ne dit pas impoſſible, mais même extraordinaire, que le Prince de Montbelliard eût pris le parti de s'y rendre pour y recevoir la Benediction nuptiale?

Seconde preuve de fauſſeté. L'Acte de celebration n'eſt écrit ſur le Re-giſtre de Rejowits que long-tems après ſa date; la page ſur laquelle il ſe trouve contient huit mariages, depuis le 27 Février juſqu'au 29 Septem-bre; c'eſt après ce dernier mariage qu'*il eſt reſté un peu de blanc*, & c'eſt dans ce blanc qu'on a inſcrit l'Acte de celebration en queſtion, ſous la date du 1er Juin; donc l'Acte eſt ſuppoſé & fait après coûp par un Mi-niſtre prévaricateur.

Mais ce ſiſtême forgé par la malignité, n'eſt-il pas renverſé par ce qu'on a établi que l'Acte de celebration dont il s'agit ne remplit pas, comme on le ſuppoſe, *un peu de blanc* trouvé au bas d'une page, mais qu'il rem-plit ſeul le tiers de cette page.

Le Duc de Wirtemberg dans le Recueil de Pieces qu'il a fait impri-mer, nous a donné la page entiere du Regiſtre de Rejowits ſur laquelle ſe trouve notre Acte de celebration; elle contient en effet neuf maria-ges, huit de pluſieurs Particuliers de Rejowits, & celui du Prince de Montbelliard qui fait le neuviéme; ces neuf articles dans ſon imprimé contiennent vingt-trois lignes, les huit premiers n'en contiennent que dix-ſept, & le neuviéme ſeul en contient ſix: voilà de ces veritez que l'on peut appeller palpables, & dont il ne faut que des yeux pour ſe convaincre. On ſçait que l'impreſſion eſt plus ſerrée que l'écriture à la main; mais il y aura toujours la même proportion entre l'écriture du Regiſtre à celle de la page imprimée. Si les huit premiers articles ne con-tiennent que dix-ſept lignes imprimées, ils en peuvent contenir trente-quatre d'écriture à la main; mais auſſi le neuviéme article qui ne contient que ſix lignes imprimées, en contiendra douze à la main; cela eſt égal, d'autant plus qu'on n'a jamais oſé avancer que l'article du mariage du Prince de Montbelliard fût d'une écriture plus ſerrée que celle des huit articles precedens; il eſt donc conſtant que cet article ſeul contient le tiers de la page où il ſe trouve.

Mais eſt-ce donc là ce qu'on peut appeller *un peu de blanc*, trouvé par hazard au bas d'une page? cet eſpace rempli par l'Acte de celebration dont il s'agit, auroit suffi pour écrire encore sur la même page trois Actes de mariage de la même étendue que ceux qui précedent, puisque de huit il y en a sept qui ne sont que de deux lignes chacun. Par quel caprice le Ministre Lutherien auroit-il laissé le tiers de la page sans y écrire les Actes posterieurs au 27 Novembre, & auroit-il été les placer sur la page suivante ? c'est ce qui ne peut se concevoir.

La verité exacte ainsi developpée, raisonnons à notre tour, & voyons de quel côté doit être le triomphe. Pour rendre suspect l'Acte de cele-bration du Prince de Montbelliard, on suppose qu'il a été mis après coup dans un peu de blanc qui s'est trouvé au bas d'une page ; mais on vient de voir qu'il est impossible qu'on eût laissé un pareil blanc dans le Registre ; il est donc impossible qu'il ait été rempli après coup : on ne laisse point le tiers entier, & plus que le tiers d'une page sans écriture : on ne va pas porter sur une page suivante des Actes de celebration de mariage, quand on en peut mettre encore trois sur la même page où l'on a commencé à écrire ; ce prétendu blanc n'a donc point été laissé, & par consequent il n'a point été rempli par la suite.

Nous dira-t-on que c'étoit un Ministre infidele qui vouloit se mena-ger la criminelle facilité de supposer dans la suite quelque mariage ? mais indépendamment de l'absurdité de cette supposition qui n'a aucun fon-dement, on demande si le Ministre d'une Eglise de Village peut con-cevoir de pareilles idées ? s'il peut concevoir que quelque jour il se presentera une occasion de favoriser quelque imposture, & si dans une attente si casuelle il aura commencé par commettre une faute énorme, & qui pouvoit lui attirer de justes reproches : on peut tout supposer pour satisfaire sa passion ; mais en cela même on revolte ceux qui ne se livrent pas aux mêmes excès.

Ajoutons que toutes les pages du Registre sont écrites exactement jusqu'au bas, comment n'y auroit-il que celle où se trouve le mariage du Duc de Montbelliard qui auroit été reservée pour le crime & pour l'imposture ?

Enfin, on ne peut trop le repeter, si on avoit voulu inserer un faux Acte de celebration dans un blanc trouvé par hazard, pourquoi le Mi-nistre n'auroit-il pas donné à ce mariage la date qui convenoit à l'Acte qui precede, & à celui qui suit immediatement ? qui l'empêchoit de dater notre mariage du 28 ou du 29 Novembre 1695 ? celui qui commet un un crime cherche le cacher quand il en est le maître ; ici on l'auroit, pour ainsi dire, affiché sans interêt & sans objet, ce qui repugne à la droite raison.

Tout ce qu'on peut dire sur l'Acte de celebration est donc unique-ment, qu'il n'a pas été écrit & redigé dans le tems même que le maria-ge a été fait : on en convient, & le Ministre même a pris soin d'en avertir ; mais en conclura-t-on que l'Acte est faux, qu'il a été mis après coup ? c'est ce qu'on ne peut raisonnablement soutenir ; l'inspection seule du Registre prouve que l'Acte de celebration a été écrit avant tous les Actes qui se trouvent sur les pages suivantes ; il a donc été écrit en 1695. il l'a été, si l'on veut, six mois après le mariage ; mais ce n'est pas une raison d'imaginer qu'il soit faux. Un Ministre, un Curé qui n'écrira un

Acte que trois mois, que six mois après qu'il a été fait, ne commet pas une fausseté, au contraire il répare une faute qu'il avoit commise; il n'est donc pas coupable d'avoir écrit, mais d'avoir écrit trop tard, voilà tout ce qu'on peut lui reprocher; mais le mariage en lui-même ne pourra-t'il plus subsister? la femme deviendra-t'elle une concubine, ses enfans seront-ils degradés & reduits à la vile condition d'enfans naturels? voilà des consequences qui ne peuvent être goûtées que par les enfans de la Baronne de l'Esperance.

Troisiéme preuve de fausseté. Le texte de l'Acte de celebration ne peut s'appliquer au Prince de Montbelliard ni à la Demoiselle de Hedwiger, les énonciations ne conviennent qu'à d'autres époux: on y dit qu'ils venoient du Duché de Teschen, mais le Duc de Montbelliard & la Demoiselle de Hedwiger venoient du Duché d'Oëls: on y dit qu'on n'avoit pas voulu les marier à cause de la difference de Religion, cependant il y a beaucoup d'Eglises Lutheriennes en Silesie: on y dit que l'Epoux servoit dans les Troupes de Saxe, cependant il servoit dans celles de l'Empereur: les noms du mari & de la femme ne sont qu'en lettres initiales; la premiere de ces lettres ne convenoit pas même au Prince de Montbelliard, puisque c'est une H, premiere lettre du terme *Herßog*, qui, en Allemand, veut dire Duc, & Leopold - Eberard n'étoit pas alors Duc, mais Prince de Montbelliard; cet Acte est donc *une espece de monstre dont les parties n'ont aucune proportion, une énigme que personne ne peut deviner, un dedale où la raison s'égare.*

Dans ces mouvemens de colere qui transportent ici les Barons de l'Esperance, on ne doit pas être étonné qu'ils oublient leur propre sistême; il faut de la reflexion pour être d'accord avec soi-même, & cette vertu n'est pas du ressort des grandes passions.

Si les Barons de l'Esperance soutenoient aujourd'hui, comme ils avoient fait dans leur premier Memoire, que l'Acte qui est sur le Registre de Rejowits est absolument étranger au feu Duc de Montbelliard, & que son fils ne l'a adopté que parce qu'il a cru y trouver quelques caracteres équivoques dont il pouvoit profiter, on ne seroit point surpris de leur entendre relever des énonciations qu'ils croyent propres à combattre l'application de cet Acte au feu Duc de Montbelliard & à la Demoiselle de Hedwiger. Mais que dans le nouveau Roman qu'ils débitent, ils nous disent que c'est la Demoiselle de Hedwiger qui, pour supposer un mariage entre le feu Duc de Montbelliard & elle, a fait dresser l'Acte de celebration, & l'a fait inserer dans le Registre de Rejowits, & que cependant il est tellement fabriqué, qu'il ne peut jamais convenir ni à l'un ni à l'autre, c'est un paradoxe si nouveau, c'est une contradiction si grossiere, qu'on ne peut pas le pardonner à gens qui se piquent de raisonner.

Il faut supposer pour cela que dans le Conseil intime de la Demoiselle de Hedwiger, on s'est dit à soi-même, il faut nous menager un Acte de celebration, il faut le faire rédiger dans le Registre d'une Eglise éloignée, & le laisser là comme dans un dépôt sacré dont nous sçaurons bien le tirer quand il sera tems; mais il faut le rédiger d'une maniere si obscure, & avec des énonciations si fausses, qu'on ne puisse jamais y

reconnoître

reconnoître ceux dont nous voulons fuppofer le mariage. Voilà non feulement le langage que l'on fait tenir aux Miniftres de l'impofture; mais encore la conduite qu'on leur fait obferver; ne feroit-ce point de ce fiftême dont on pourroit dire que c'eft *un monftre compofé de parties qui n'ont aucun rapport; aucune proportion entr'elles* ? Ou ne fuppofez pas que la Demoifelle de Hedwiger ait fait fabriquer cet Acte de celebration, ou ne fuppofez pas que de deffein prémedité elle l'ait fait rédiger de maniere à ne pouvoir s'en fervir.

Mais voyons donc quelles font ces énonciations fi fatales. On dit dans l'Acte de celebration, que les deux époux venoient du Duché de Tefchen, & qu'on n'avoit pas voulu les y marier s'ils ne changeoient de Religion; tout cela eft faux, s'écrient les Barons de l'Efperance; ils venoient du Duché de d'Oëls, où rien ne les empêchoit de fe marier, puifqu'on y fuit la Religion Lutherienne.

Un pareil démenti eft facile à donner; mais de quelles preuves peut-il être foutenu? Le Duché de Tefchen eft en Silefie fur les frontieres de la Pologne; le Duc de Montbelliard qui pouvoit avoir des raifons de ne fe point marier à Oëls, s'étoit rendu fans doute dans le Duché de Tefchen où on avoit refufé de le marier, & avoit paffé de-là en Pologne; qu'y a-t'il donc en cela qui puiffe former la moindre préfomption de faux, & qui combatte les énonciations qui fe trouvent dans l'Acte de celebration?

Il plaît aux Barons de l'Efperance, de leur autorité feule, de nier ces énonciations; cela leur fuffit pour crier à la fauffeté de l'Acte même; mais croyent-ils donc trouver une docilité fi aveugle dans les efprits? on ne peut pas fçavoir aujourd'hui tout le détail de ce qui s'eft paffé lorfque le Duc de Montbelliard & la Demoifelle de Hedviger fe font rendus à Rejovits; on ne peut avoir aucune preuve ni de ce qu'ils venoient du Duché de Tefchen, ni de ce qu'on avoit refufé de les y marier; mais il fuffit qu'il n'y ait point de preuves du contraire; il fuffit même que cela foit poffible, comme on ne peut pas en douter, pour que les prétendues critiques de l'Acte s'évanouiffent.

Il eft vrai qu'il paroît une erreur dans l'Acte, en ce que l'on dit que l'époux étoit dans le Service de l'Electeur de Saxe, au lieu que le Duc de Monbelliard fervoit dans les Troupes de l'Empereur; mais on demande à toute perfonne équitable, fi une pareille erreur gliffée dans un Acte que le Miniftre n'a dreffé que fix mois après le mariage, peut faire, non pas une preuve, mais un foupçon même apparent de fauffeté.

Quant aux noms des deux époux; les Barons de l'Efperance fuppofent toujours qu'ils ne font qu'en lettres initiales; ils fuppriment fans ceffe ce fait important, que les noms de *Leopold-Eberard*, qui étoient ceux du Duc de Montbelliard, & les noms d'*Anne-Sabine*, qui étoient ceux de la Demoifelle de Hedviger, y font écrits tout au long & en toutes lettres. Mais plus ils garderoit le filence à cet égard, & plus on croit être en droit de les rappeler à cette verité effentielle; car enfin, peut-on hefiter à reconnoître dans cet Acte de celebration Leopold-

Eberard, Duc de Wirtemberg-Montbelliard, & Anne-Sabine de Hedviger, quand on voit que c'eſt Leopold-Eberard avec les lettres initiales de Duc de Wirtemberg-Montbelliard, & Anne-Sabine avec les
les lettres initiales de Hedviger qui ont été mariés ? Ce concours ſi
exact des deux noms propres du mari, & des deux noms propres de la
femme ne ſera-t'il que l'effet du hazard ? Cet accord ſi parfait des lettres
initiales ne ſera-t'il encore qu'une rencontre favorable, qui aura ſervi ſi
heureuſement l'impoſture ? de pareilles idées ne ſervent qu'à revolter contre ceux qui en font toute leur reſſource.

Du moins, nous dira-t'on, il paroît bien inconcevable qu'un Acte
auſſi important que celui dont il s'agit n'exprime que par des lettres initiales une partie des noms des deux époux ; c'eſt expoſer leur ſort à l'incertitude & à la critique, quand au contraire la verité la plus lumineuſe
doit ſe faire reconnoître dans un titre de cette qualité ; mais quand on
auroit pû apporter plus de précautions dans la rédaction de cet Acte, ne
ſuffit-il pas d'y reconnoître ſi parfaitement les deux époux, qu'il ſoit
impoſſible de s'y tromper ? quatre noms propres, ſix lettres initiales,
forment par leur concours & par leur accord, une application ſi juſte & ſi
neceſſaire, qu'il y auroit de l'aveuglement à demeurer encore dans quelque ſorte d'incertitude.

Ajoutons que les lettres initiales deviennent encore plus claires,
quand on obſerve que rien n'eſt plus commun en Allemagne que de s'en
ſervir dans des Actes même de la plus grande conſequence ; par rapport
au feu Duc de Montbelliard en particulier, on voit qu'il n'a ſigné les
Actes des 17 Juin & 30 Novembre 1720. qu'avec les mêmes noms &
les mêmes lettres initiales qui ſe trouvent dans l'Acte de celebration,
Leopold-Eberard, H. Z. W. M. le Duc de Wirtemberg-Stutgard n'a ſigné
auſſi que dans cette forme la convention de Vilbade, *Louis-Evrard,*
D. D. V. tous les Actes qui ſont au Procès, tant de la Ducheſſe d'Oëls
que du Duc Chriſtian-Ulric de Wirtemberg, & en particulier toutes les
Lettres que les Princes & Princeſſes de cette branche ont écrites à la Baronne de l'Eſperance, ſans exception d'une ſeule, ne ſont ſignés de même
qu'en lettres initiales. Après cela, nonſeulement on ne peut ſe diſpenſer de
reconnoître le feu Duc de Montbelliard dans notre Acte de celebration,
mais on ne ſera pas même étonné de la forme dans laquelle cet Acte a
été rédigé : ce qui peut paroître extraordinaire parmi nous, paroiſſoit ſi
naturel, ſi ſimple, ſi familier au feu Duc de Montbelliard, qu'il n'imaginoit pas même qu'on pût élever le moindre doute en voyant dans un
Acte ſes noms & ſes qualités écrits dans cette forme.

Pour échapper à une reflexion ſi déciſive, les Barons de l'Eſperance
prétendent qu'on trouve la ſignature du feu Duc de Montbelliard plus
étendue dans quelques-unes de ſes Lettres ; qu'il ne s'agit pas ici d'une
ſimple ſignature, mais d'une expreſſion dans le corps de l'Acte ; enfin,
que ſi on allegue un uſage à ſon égard, on ne peut pas dire la même
choſe de la Demoiſelle de Hedviger, dont les noms ſont de même en
lettres initiales. Mais ſi le feu Duc de Montbelliard a ſigné deux ou
trois Lettres en écrivant ſes qualités dans toute leur étendue, cela ne

détruit pas pour cela le fait conftant que dans un plus grand nombre d'Actes & plus importans, fa fignature ne fe trouve fimplement qu'en lettres initiales, & cela fuffit pour qu'on ne doive pas être étonné de voir qu'il ait fait employer la même forme dans fon Acte de celebration. La difference que l'on veut faire entre les fignatures & les expreffions de l'Acte, n'a rien de réel : un Prince qui fçait qu'on doit le reconnoî- tre aux caracteres qu'il employe ordinairement dans fa fignature, n'i- magine pas que ces mêmes caracteres deviennent obfcurs quand ils fe trouvent dans le corps d'un Acte ; il y a même en cela un air de gran- deur & de dignité : on fe perfuade aifément quand on eft dans un rang fi élevé, qu'on ne peut être confondu avec le commun des hommes, & qu'on eft fuffifamment defigné par des caracteres qui nous font pro- pres, & qu'aucun autre n'oferoit ufurper. Enfin pour les noms de la Demoifelle de Hedviger, n'eft-il pas naturel qu'en époufant le Duc de Montbelliard, elle fe conformât à l'ufage de la Maifon dans laquelle elle entroit, & qui devenoit la fienne même ?

Quoi qu'il en foit, cet ufage des Princes de la Maifon de Wirtemberg n'étoit pas neceffaire pour conferver à l'Acte de celebration toute fa for- ce & toute fon autorité ; il n'étoit pas neceffaire pour reconnoître dans cet Acte les deux époux qui ont reçu la Benediction nuptiale ; quatre noms propres & fix lettres initiales qui ne peuvent jamais convenir qu'au feu Duc de Montbelliard & à la Demoifelle de Hedviger, met- tent la verité dans un fi grand jour, qu'il n'eft pas poffible de s'y refufer.

En vain veut-on équivoquer fur la premiere dès lettres initiales qui eft celle du mot *Herfog*, qui veut dire Duc en Allemand. En vain nous dit-on que Leopold-Eberard n'étoit pas alors Duc de Wirtem- berg-Montbelliard, mais feulement Prince de Montbelliard, il eft certain qu'il pouvoit indifferemment prendre ces differens titres ; tous les Princes de la Maifon de Wirtemberg & autres Maifons Ducales, font dans cet ufage, comme on le voit pour la Maifon de Wirtemberg en particulier dans le traité des cinq freres de 1617. où ils prennent éga- lement le titre de Ducs de Wirtemberg, quoiqu'il y en eût trois qui fuffent réduits à de fimples apanages ; quoiqu'il en foit, Leopold-Eberard avant 1695. prenoit fouvent le titre de Duc de Wirtemberg-Montbel- liard : que les Barons de l'Efperance rapportent les differentes Lettres adreffées par le Confeil de Guerre de l'Empereur au Prince Leopold- Eberard dans la même année 1695. ces Lettres qu'ils ont autrefois communiquées, & l'on verra qu'on ne lui donnoit jamais que la qualité de *Duc* de Wirtembeg-Montbelliard, ce qui prouve qu'il la prenoit de fa part, le Confeil de Guerre ne pouvant pas lui donner une autre qualité, un autre titre que celui fous lequel il étoit connu, & qu'il étoit dans l'ufage de prendre lui-même.

Que refte-t'il donc maintenant de ces preuves de fauffeté que l'on pré- tendoit trouver dans l'Acte de celebration même ? que le Duc de Mont- belliard fe foit marié dans une Eglife de Pologne qui touche prefqu'à la Silefie, ou dans la Silefie même, on ne voit rien en cela qui puiffe im-

primer à l'Acte un caractere ou de fausseté ou de verité ; c'est une circonstance absolument indifferente. Si l'Acte de celebration n'a été écrit
sur le Registre que six mois après le mariage, au moins il est évident
qu'il a été rédigé en 1695. immédiatement après celui qui le precede,
& avant tous ceux qui sont sur les pages suivantes, & que ce n'est point
un Acte redigé après coup dans un peu de blanc trouvé par hazard au
bas d'une page ; nulle preuve de fausseté dans les énonciations,
ce qui ne seroit d'ailleurs d'aucune consequence ; nulle équivoque à former sur les noms des deux époux, puisque les noms de Leopold-Eberard
& d'Anne-Sabine écrits tout au long, & les lettres initiales qui y sont
jointes, expriment & designent si clairement le feu Duc de Montbelliard & la Demoiselle de Hedviger, qu'il est impossible de les méconnoître.

A l'autorité du titre se joignent d'ailleurs les preuves les plus claires
de sa verité ; une Enquête faite en Pologne nous presente une foule de
Témoins qui déposent avoir vû eux-mêmes celebrer le mariage en
1695. l'Histoire l'a publié dès 1712. sans que personne se soit élevé
contre son Auteur ; le feu Duc de Montbelliard l'a reconnu de la maniere la plus forte & la plus décisive dans le divorce de 1714. dans le
Traité de Vilbade, & dans ce grand nombre d'Actes qui ont suivi ;
mais ce qui fera peut-être encore plus d'impression, ce sont de nouvelles preuves que nous administre notre plus cruel ennemi, c'est-à-dire,
le Duc de Wirtemberg-Stutgard ; il nous rapporte deux Certificats, l'un
du Sieur d'Abrinski du 26 Decembre 1722. l'autre des Sieurs Seydlits
& Pritulz du 28 Decembre de la même année. Dans le premier, le
Sieur d'Abrinski atteste que le Ministre Fuchs dont il étoit l'ami intime,
lui a dit plusieurs fois qu'il avoit marié en 1695. Leopold-Eberard &
Anne-Sabine, & que l'épouse étoit à la main gauche de l'époux ; dans
le second, les Sieurs Seydlits & Pritulz déclarent avoir oui dire à Michel
Zado & à Christophe Sager, Habitans de Rejovits, *que le mariage fait en*
1695. entre Monseigneur le Duc de Montbelliard & une Demoiselle, leur
étoit connu, & qu'ils avoient vû ces deux personnes qui étoient arrivées à
cheval à Revier (ou Rejovits, c'est la même chose) *& qui avoient été*
mariés en habits d'homme, de maniere qu'ils ne pouvoient sçavoir lequel des
deux étoit l'époux ou l'épouse. Ces circonstances sur la place de l'épouse du
côté gauche, sur l'habillement, & la difficulté de les distinguer, ne
peuvent être prouvées par de pareils certificats que le Duc de Wirtemberg a eu le credit de se faire donner ; mais de ces pieces mêmes toutes
suspectes, & pour ainsi dire, toutes empoisonnées qu'elles sont, resulte
cependant une verité principale, qui est, qu'en effet le Duc de Montbelliard & la Demoiselle de Hedviger ont été mariés à Rejovits en 1695.
il en resulte que l'Acte de celebration de mariage est vrai, est sincere,
& que ce n'est point une Piece fabriquée par l'imposture quelques années après ; il en resulte en un mot, que tous les raisonnemens, que
toutes les critiques, que tous les reproches de supposition hazardés,
tant par le Duc de Wirtemberg que par les Barons de l'Esperance, réu-
nis

...is en ce point contre nous, ne tendent qu'à combattre une verité qu'ils ne peuvent se dissimuler à eux-mêmes, & qui est justifiée par les Pieces mêmes qu'ils nous fournissent.

Qui ne seroit indigné après cela de leur voir prodiguer des Memoires immenses pour s'armer contre cette même verité, pour la traiter de fable & d'imposture, pour insulter à la foiblesse des preuves qui servent à l'établir? Qui ne seroit indigné de voir le ton de hauteur qu'ils ont la temerité de prendre, la pompe du triomphe qu'ils se donnent, l'air de mépris avec lequel ils traitent & ce mariage, & la femme, & les enfans, & ceux qui soutiennent leurs droits? Rappellons-les à leurs propres pieces, & puisque tout ce qui vient de nôtre part ne peut trouver grace à leurs yeux, au moins fixons-les sur ce qu'ils nous fournissent eux-mêmes. Ils prétendent que le Duc de Montbelliard n'a point été en Pologne en 1695. & qu'il n'y a point été marié; mais les Certificats qu'ils produisent, ces Certificats qui font toujours foi contre ceux qui s'en servent, déposent au contraire que le Duc de Montbelliard & la Demoiselle de Hedviger se font rendus à Rejovitz en 1695. & qu'ils y ont été mariés publiquement. Les Barons de l'Esperance ne rougiront-ils point enfin de l'opprobre dont ils se couvrent eux-mêmes?

Il leur sied bien après cela de se répandre en injures, en déclamations, en reproches sanglans contre le Ministre Kock, Successeur du Ministre Fuchs, qui a délivré une Expedition de l'Acte de celebration de mariage de 1695. & contre les Magistrats de Skoki, qui l'ont legalisé; ce sont tous des faussaires, suivant les Barons de l'Esperance, qui se sont laissés corrompre par le Comte de Coligny; parce qu'ils ont étendu les lettres initiales dans l'Expedition; mais outre que cela est absolument étranger à la contestation; puisqu'on ne se sert de cet Acte que tel qu'il est dans le Registre, n'est-il pas absurde d'ailleurs de faire un crime à un Ministre d'avoir délivré une Expedition conformément à la notorieté publique; conformément à ce que l'Histoire en avoit publié; & à ce qui étoit reconnu par la Procuration même du Duc de Montbelliard; en vertu de laquelle cette Expedition étoit délivrée? Un Ministre est-il réduit à ne donner qu'une copie figurée de ce qui est dans son Registre? jamais cela n'a été imaginé.

Que diroient les Barons de l'Esperance, si on alloit leur faire un crime d'avoir fait imprimer les Lettres des Princes & Princesses de la branche d'Oels écrites à la Baronne de l'Esperance, & d'avoir mis au pied les signatures en toutes lettres, quoique dans les originaux elles ne soient qu'en lettres initiales, si on alloit crier à l'imposture & à la falsification? C'est cependant le même reproche qu'ils font au Ministre Kock, & aux Magistrats de Skoki: sera-t'on toujours si austére, si rigide pour les autres, pendant qu'on est si indulgent pour soi-même?

Pour le Comte de Coligny, qui avoit à peine alors vingt-deux ans, il n'a fait autre chose que presenter sa Procuration, & de demander une Expedition de l'Acte qui y étoit indiqué; ce que le Ministre lui accorda aussi-tôt; non-seulement on n'a aucune preuve des faits qu'on lui impute, mais sa probité & son honneur le mettent fort au-deffus des vaines clameurs de ceux qui ofent s'ériger en fes accufateurs.

Il eft inutile après cela de s'arrêter à la troifiéme réflexion qu'ils nous ont annoncée contre l'Acte de celebration. Ils prétendent que cet Acte, quoique vrai, ne peut jamais établir le mariage, & voici leur raifonnement. Le mariage eft un Contrat, eft une convention; parmi les Proteftans il n'a même que ce caractere; or tout Contrat doit être reciproquement obligatoire, il doit contenir la preuve d'une convention parfaite: mais quelle obligation pouvoit refulter du Regiftre de Rejovitz? Si le Duc de Montbelliard avoit refufé de reconnoître la Demoifelle de Hedviger pour fa femme, ou que la Demoifelle de Hedviger eût refufé de le reconnoître pour fon mari, quel titre l'un ou l'autre auroit-il pû invoquer en fa faveur? Auroit-il produit l'Acte de celebration? mais les Parties n'y étant pas nommées, & ne l'ayant pas figné, une piece fi frivole n'auroit pas pû être admife; cet Acte ne prouve donc pas le mariage.

Pour détruire ce fophifme, il faut obferver que ce n'eft qu'en France qu'on a porté la police publique fur les mariages à ce haut dégré de perfection, fi neceffaire pour prevenir les abus & les inconveniens; on exige non feulement des Regiftres publics, mais encore la fignature des deux époux, de plufieurs témoins & du Curé, ce qui donne à l'Acte toute fa force, & ne permet pas d'élever des doutes fur fa finçerité. Il n'en eft pas de même de la plus grande partie des Païs Etrangers; on fe contente d'une fimple note, ou d'une fimple mention fur un Regiftre, fans que cette mention foit fignée ni des Parties, ni du Curé ou Miniftre, ni d'aucuns témoins; c'eft ce qu'on voit pour les huit mariages écrits fur la même page du Regiftre de Rejovitz.

Cela fuppofé, il eft certain que ces Regiftres n'adminiftrent pas une preuve auffi complette du mariage que parmi nous; on pourroit y inferer des Actes de mariage entre des Parties qui n'auroient jamais penfé à s'époufer; deux perfonnes pourroient fe prefenter devant un Miniftre, & prendre d'autres noms, d'autant plus qu'il n'eft pas neceffaire de s'adreffer à fon propre Pafteur; ainfi la foi publique pourroit facilement être violée, ce qui vient de l'imperfection des Loix & de la police de ces Etats.

Comment donc la foi des mariages peut-elle y être établie? comment pourroit-on convaincre un des époux de perfidie? ce feroit en joignant à l'autorité du Regiftre la preuve par témoins, ce feroit par les reconnoiffances que les deux époux auroient fait de la verité de leur mariage, avant que l'un des deux eût eu la mauvaife foi de le défavouer, ce feroit, en un mot, par tous les autres genres de preuves que l'on pourroit raffembler.

Appliquons ces réflexions au mariage du Duc de Montbelliard, & à la difficulté qu'élevent nos Adverfaires. Si l'un des deux avoit voulu méconnoître l'autre pour fon mari ou pour fa femme, auroit-on pû le confondre par le feul acte de celebration de Rejovitz? cela auroit peutêtre été difficile; mais il en auroit été de même de tous les autres ma-

riages contractez foit à Rejovits, foit dans tous les Pays où l'on n'apporte
pas plus de forme pour la réduction des Actes de celebration. Ces Actes
n'étant fignés de perfonne, ne font pas naturellement une preuve complette & décifive, la circonftance des lettres initiales dans celui du
Duc de Montbelliard, ne l'auroit pas mis dans une claffe differente,
foit parceque l'expreffion des noms propres du mari & de la femme eft
fi claire, foit parce que les lettres initiales ont une application fi jufte
& fi neceffaire, qu'on n'auroit pas pû douter qu'on ne dût les entendre
du Duc de Montbelliard & de la Demoifelle de Hedviger; mais il étoit
toujours vrai que cet Acte n'étant figné de perfonne, ne pouvoit faire
une foy entiere; il auroit donc fallu, de même que pour les autres mariages, recourir aux autres genres de preuves, à la preuve teftimoniale,
à la reconnoiffance du mari & de la femme, aux lumieres que la Ducheffe
d'Oels étoit en état de donner; & avec ces fecours fi neceffaires pour
tous les mariages des Proteftans, l'infidélité n'auroit-elle pas été confondue?

Nous les rapportons ces preuves fi décifives, Enquêtes juridiques,
Traités folemnels, Actes geminez, & dans les tems les moins fufpects,
Reconnoiffance des Princes & Princeffes de la même Maifon; c'eft
donc une illufion de nous dire que l'Acte par lui-même ne feroit pas
une preuve complette; ce reproche feroit commun à tous les mariages,
& par conféquent ne peut rien décider: mais pour ce mariage, comme
pour tous les autres, le Regiftre renferme un monument, qui, foutenu
des autres preuves qui s'y réuniffent, diffipe jufqu'au moindre doute.

On croit donc avoir vengé l'Acte de celebration qui eft fur le Regiftre de Rejovitz, de tous les reproches qu'une aveugle paffion a tenté
de faire valoir; mais peut-on finir cette réponfe fans obferver avec quelle
tranquillité les Barons de l'Efperance paffent fur l'Acte de celebration écrit & figné du Miniftre Fuchs, & délivré en Allemand le jour
même du mariage? Cet Acte ne fait point à la verité partie du Regiftre
public, mais il eft écrit & figné de la main du Miniftre, ce qui lui donne
encore plus de poids que n'en auroit une fimple mention non fignée fur
le Regiftre; il n'eft point daté; mais il a au moins une date certaine avant
la mort de ce Miniftre décedé en 1715: cette piece, au furplus, n'eft
expofée à aucune des critiques élevées contre le Regiftre, fi ce n'eft
celle qui fe tire des lettres initiales que l'on croit avoir pleinement détruite; cependant quoique cette piece fût fuffifante, indépendamment
du Regiftre, il plaît aux Barons de l'Efperance de la paffer abfolument
fous filence, ou du moins de l'écarter en paffant comme un Certificat
qui, n'étant figné de perfonne, ne merite pas de fixer leurs regards; cependant c'eft un Acte entierement écrit & figné de la main du Miniftre,
quelle temerité! Eft-il difficile avec une pareille conduite d'éblouir &
de furprendre ceux qui n'étant pas inftruits, ne peuvent pas être en
garde contre de pareilles fuppofitions?

Il refte à examiner ce qu'opofent les Barons de l'Efperance aux preuves tirées d'un grand nombre d'Actes qui confirment pleinement la foy
du mariage: Vous nous parlez de poffeffion, difent-ils, d'Actes qui fe

lient avec le titre primitif du mariage ; mais il faut diftinguer deux tems ; dans les vingt-cinq premieres années on n'apperçoit aucun veftige de poffeffion ; la mere n'y paroît jamais que comme fille & comme Concubine , & les enfans que comme enfans-naturels ; c'eft ce qui réfulte de beaucoup d'Actes qui fe fuivent prefque d'année en année ; dans les trois dernieres , on voit bien quelques Reconnoiffances qu'on a arrachées à la foibleffe d'un Prince qui n'étoit plus maître de lui-même ; mais que fervent desReconnoiffances des pere &mere dans des queftions d'état, & des Reconnoiffances furprifes depuis que la conteftation étoit engagée ; c'eft à quoi l'on peut réduire toutes les critiques des Barons de l'Efperance.

Pour rétablir la verité alterée dans leur défenfe , il faut commencer par donner une idée fi nette de ce que nous avons foutenu jufqu'à prefent , qu'on ne puiffe plus équivoquer fur notre fiftême. Le mariage a été contracté en 1695. les deux époux font revenus à Montbelliard après la Paix de Rifwik , où ils ont été rejoindre leur pere & beaupere ; la femme a été logée dans le Château de Montbelliard avec fon mari ; pendant que le Duc George demeuroit dans le Donjon. Les nœuds qui uniffoient les deux époux n'ont été ignorez de perfonne ; ils vivoient à la vûe de tout le peuple comme mariez ; le Duc George venoit très-fouvent voir fa bru , & lui faifoit mille careffes ; elle alloit voir le Duc George , & mangeoit publiquement avec lui , elle ne l'a point quitté dans fa derniere maladie , & il eft mort entre fes bras.

Depuis fon décès Anne-Sabine de Hedviger a continué de demeurer dans le Château de Montbelliard jufqu'en 1714. quoique le Duc de Montbelliard ait eu fucceffivement deux maîtreffes , qui avoient étouffé en lui tout fentiment de tendreffe pour elle , jamais on n'a ceffé de la traiter un moment comme fa femme ; voilà quel a été le caractére de la poffeffion jufqu'en 1714.

Les faits que l'on vient d'expliquer font juftifiez par le témoignage unanime de plufieurs perfonnes qui vivoient à la Cour de Montbelliard, & qui ont vû eux-mêmes toutes les circonftances que l'on vient de relever ; & la notorieté du mariage s'étoit tellement répandue, que dans les Tables Genéalogiques d'Hubners, imprimées en 1712. à Hambourg, au rang des Souverains d'Allemagne , on met Leopold - Eberard Duc de Wirtemberg Montbelliard , & Anne-Sabine de Hedviger fa femme. On ne peut pas trouver un garant plus fûr de la poffeffion publique.

Les Barons de l'Efperance oppofent à des faits fi conftans des Actes paffez par la Demoifelle de Hedviger , dans lefquels on ne lui a donné que fa qualité de fille , ou de Comteffe de Sponeck , fans que dans aucun elle ait pris , ni qu'on lui ait donné le titre de Ducheffe de Montbelliard ; ils n'en demeurent pas là, ils foutiennent qu'elle n'y eft traitée que comme Concubine , & ils portent même l'audace jufqu'à citer deux Extraits-Baptiftaires de 1697. & un Extrait-Mortuaire de 1709. dans lefquels , difent-ils, fes enfans font annoncez comme *enfans naturels* ; c'eft ce qu'ils ont eu foin de faire imprimer en lettres italiques,

pour

pour qu'on ne pût pas douter que ces termes d'enfans naturels ne fussent employez dans les Actes mêmes.

Ces derniers traits d'imposture répondent parfaitment à toute la suite de l'ouvrage dans lequel ils sont répandus. On dénie formellement qu'il y ait un seul Acte dans lequel on ait donné aux enfans cette qualité d'enfans naturels, & ceux que l'on cite en particulier, ne renferment ni ces expressions, ni aucune qui en presente l'idée, comme il n'y a aucun Acte non plus dans lequel la Demoiselle de Hedviger soit traitée comme Concubine; il est vrai que le Prince son époux, n'ayant pas déclaré autentiquement son mariage, quoiqu'il fût connu de tout le monde, elle ne pouvoit pas prendre la qualité de Duchesse de Montbelliard; ce qui la réduisoit à prendre ou le nom d'Anne-Sabine de Hedviger, ou celui de Comtesse de Sponeck. Mais que peut-on conclure de là? qu'elle n'étoit pas en possession publique de son état? c'est un équivoque sur lequel on s'est assez expliqué, pour que les Barons de l'Esperance ne dûssent pas y insister plus long tems.

On convient qu'elle n'étoit pas en possession des honneurs & des qualitez dûes à son rang & à son état; c'est une verité qui a toujours été avouée, & qu'on ne devoit pas se donner la peine d'établir. Mais la Baronne de l'Esperance n'a-t'elle pas été traitée de même depuis son mariage de 1718? N'a-t'on pas justifié que près d'un mois après elle n'est qualifiée que Baronne de l'Esperance, dans l'Acte de Baptême d'un enfant dont elle a été Mareine? & ses enfans ne rapporteront pas un seul Acte où elle soit qualifiée Duchesse de Montbelliard avant l'année 1720. qui est le même tems dans lequel ce titre a été donné à la Demoiselle de Hedviger. Qu'on ne nous dise donc pas que la Demoiselle de Hedviger a passé pour Concubine du Duc de Montbelliard, que son mariage a été ignoré, qu'elle n'a pas été traitée à Montbelliard comme femme legitime; débiter de pareilles impostures, c'est se soulever contre l'évidence qui resulte & des dépositions des témoins & de l'Histoire.

Mais les témoins ont été corrompus, les Historiens ont été gagnez, tout cela est l'effet des intrigues & de l'artifice de la Comtesse de Sponeck; c'est ainsi que les Barons de l'Esperance ont toujours une réponse prête pour détruire tout ce qui leur fait obstacle; ils la repetent sans cesse, & la font également servir dans toutes les occasions. Le Sieur Fuchs Ministre de Rejovits, le Sieur Cokh son successeur, les Magistrats de Scoki, les Témoins qui ont deposé dans l'enquête de Rejovitz, ceux qui ont deposé à Montbelliard, Hubners dans ses Tables Genealogiques, l'Editeur de Puffendorf, en un mot tout ce qui a rendu hommage à la verité du mariage, n'a cédé qu'à la corruption. Qui pourroit après cela se declarer contre les Barons de l'Esperance? La probité la plus connue, la reputation la plus entiere, rien ne les arrête, tout devient prevaricateur au moment même qu'on ne traite pas de fable, d'imposture le mariage qu'ils ont interêt de combattre: faut-il donc pour leur triomphe que l'Univers entier soit couvert d'opprobre?

Mais quand Anne-Sabine de Hedviger & ses enfans n'auroient eu aucune possession d'état jusqu'en 1714. tout ce que cela opereroit seroit que le mariage auroit été secret; mais en seroit-il moins un mariage? Anne-Sabine de Hedviger en seroit-elle moins la femme legitime? ses enfans en seroient-ils moins capables de succeder? en France même où

les mariages tenus fecrets jufqu'à la mort ne produifent point d'effets civils, on les reconnoît pour des mariages valables, la legitimité, la
nobleffe, & tous les autres avantages d'une naiffance pure, font acquis
aux enfans; à plus forte raifon doivent-ils jouir de ces avantages hors le
Royaume, où les mariages fecrets ne font pas punis par la privation des
effets civils.

D'ailleurs, fi la poffeffion n'a pas été auffi éclatante qu'elle auroit dû
l'être jufqu'en 1714. que lui manque-t'il dans les années qui ont fuivi?

D'abord, que peut-on répondre à l'Acte de divorce de 1714. dans
lequel le Duc de Montbelliard & la Comteffe de Sponeck déclarent,
*qu'ils ont eu pendant leur mariage legitime quelques enfans enfemble, dont deux
font encore en vie,* & dans lequel ils fe donnent *la liberté de fe remarier
ailleurs?* Cet Acte qui eft figné non-feulement des deux époux, mais
encore de neuf Confeillers Confiftoriaux du Prince, ne fait pas feulement une preuve conftante du mariage, mais il annonce encore dans
les termes les plus clairs la reconnoiffance du mari dans un titre public,
& par confequent il forme une poffeffion publique de l'état.

Cependant aux yeux des Barons de l'Efperance c'eft une piece frivole;
fi on le confidere feul, les principes ne permettent pas de faire dépen-
dre les preuves du mariage & de l'état du fait feul des Parties intereffées; le divorce feroit une voye facile pour couvrir la honte du liber-
tinage; fi au contraire on lie ce divorce avec ce qui a précédé & fuivi,
on voit qu'il ne peut fe concilier avec tant d'Actes dans lefquels Anne-
Sabine de Hedviger eft traitée comme fille; cet Acte antidaté ne peut
donc fe lier qu'avec des Actes marquez au même caractere de fauffeté.

Quel talent pour fécouer le joug d'une verité qui accable! le divorce
détaché de ce qui précede & de ce qui fuit, fourniroit feul une preuve
du mariage; car enfin, eft-ce tendreffe, eft-ce complaifance qui a arraché cet Acte au Duc de Montbelliard? il y avoit long-tems que ces
fentimens étoient bannis de fon cœur; livré à d'autres charmes, il n'a-
voit plus que de l'indifference pour fa femme, & le divorce même en
eft la preuve la plus complette; ce n'eft donc pas à fa facilité ni à fa
complaifance qu'on peut attribuer un Acte de cette qualité; il ne l'a
confenti que parce que c'étoit la feule voye de recouvrer une liberté
dont il étoit fi jaloux.

Dans quels cas rejette-t'on la preuve qui ne fe tire que de la fimple
reconnoiffance des Parties? c'eft quand ils ont un égal interêt de perfuader qu'il y a eu un mariage entr'eux, & qu'ils ne font occupez que du
deffein de le foutenir, alors on eft peu touché d'une reconnoiffance
fi fufpecte: mais quand on voit au contraire qu'une des Parties n'afpire
qu'à rompre les nœuds qui l'uniffent, que rebuté de l'engagement qu'il
a contracté, il ne cede qu'à la force d'une verité qu'il ne peut défavouer, alors fon aveu, loin d'être rejetté, acquiert un tel dégré de
force, un tel poids d'autorité, qu'il n'eft pas poffible d'y refifter. C'eft
donc abufer des principes contre les principes mêmes, que de nous dire
en general que la reconnoiffance des Parties intereffées eft indifferente
dans une queftion d'état. De quel poids n'a point été dans l'affaire de
la Demoifelle Ferrand la reconnoiffance de fa mere, qu'elle étoit accouchée d'une fille, qu'elle prétendoit décédée depuis, fans pouvoir
le juftifier? on difoit alors de la part des collateraux, que la reconnoiffance de la mere étoit impuiffante; mais on ne fut point point touché d'un

principe fi mal appliqué. Un aveu contraire à l'interêt même de celui qui le fait, eft de toutes les preuves la plus éclatante.

Le Duc de Montbelliard en 1714. vouloit avoir la liberté de fe marier, le moyen le plus fimple étoit de foutenir qu'il ne l'avoit jamais été; mais la bonne foi, mais l'honneur & la probité ne permettoient pas de recourir à une fuppofition fi honteufe; il eft donc forcé de recourir au remede du divorce; & l'on nous dira que la reconnoiffance du mariage que renferme un pareil traité, n'en fait pas la preuve la plus décifive? c'eft en verité renoncer aux lumieres de la raifon que de propofer une pareille défenfe.

Mais cet Acte fi décifif par lui-même, répand encore plus de lumieres quand on le rapproche & du mariage contracté en 1695. & de cette foule d'Actes qui ont fuivi, dans lefquels le mariage a été fi folemnellement reconnu par le Duc de Montbelliard.

C'eft une illufion de dire que le traité de divorce devient fufpect, quand on confidere tous les Actes qui précedent, dans lefquels Anne-Sabine de Hedviger ne porte pas d'autre nom que celui de Comteffe de Sponeck.

Anne-Sabine de Hedviger étoit mariée en face d'Eglife, mais fon mariage n'étoit pas déclaré publiquement, il falloit donc qu'elle fe contentât du titre de Comteffe de Sponeck, mais certe Comteffe de Sponeck étoit cependant mariée avec le Duc de Montbelliard; il a donc fallu un divorce pour rendre à fon mari la fauffe liberté dont il étoit fi jaloux: qu'y a-t'il donc en cela qui ne fe concilie parfaitement?

S'il étoit impoffible qu'une femme fût mariée, lorfqu'elle ne porte pas le nom de fon mari, le raifonnement des Barons de l'Efperance auroit quelque couleur; ils nous diroient: Comment voulez-vous qu'il y ait eu un divorce en 1714. entre deux perfonnes qui n'étoient pas mariées? Mais fi on peut être bien réellement marié fans porter le nom de fon mari, le fophifme s'évanouit, il n'y a plus de contradiction entre les Actes où Anne-Sabine de Hedviger n'eft appellée que Comteffe de Sponeck, & le traité dans lequel on diffout, à la mode des Proteftans, le mariage fubfiftant, & qu'on eft forcé de reconnoître.

Mais cet Acte, nous dit-on, eft antidaté, & ne fe concilie qu'avec des Actes auffi faux qu'il l'eft lui-même. Voilà fans doute une réponfe bien féduifante; tous les hommes font prévaricateurs, tous les Actes font faux; avec de pareils moyens reftera-t'il donc une verité fur la terre? Que les Barons de l'Efperance nous difent donc quels font les genres de preuves dont l'efprit humain puiffe être frappé.

Mais quelle preuve d'antidate & de fauffeté trouve-t'on dans le divorce? Ne feroit-ce point affez qu'il fût figné d'un Souverain dont ils fe difent enfans legitimes, pour les tenir dans le refpect? Mais non, il ne faut pas leur demander de pareils fentimens; cet Acte les bleffe, c'en eft affez pour qu'il devienne criminel à leurs yeux, & leur propre pere n'échappera pas à la plus atroce de toutes les accufations.

On juge bien qu'après cela ils ne feront pas touchez de ce grand nombre de Miniftres Confiftoriaux qui l'ont figné, & qui par leur fignature & leur approbation en affurent la date. Voici cependant une obfervation qui peut les embarraffer. Entre ces Miniftres, on trouve le fieur *Gropp*, qui eft le même qui a marié leur mere, & qui en a délivré l'Acte de celebration; on trouve encore le fieur *Brifechoux*, qui a figné l'atteſtation du mariage de la Baronne de l'Eſperance; ces deux hommes ſont-ils des impoſteurs, des fauſſaires, gens capables de ſe prêter à une antidate? mais alors que devient la foi de ce mariage dont les Barons de l'Eſperance ſont trophée? ne tomberoit-il pas ſous le même coup qu'ils veulent porter au divorce? C'eſt trop s'arrêter à combattre des abſurditez qui ne ſont propres qu'à attirer ſur leurs auteurs la plus juſte indignation.

A la reconnoiſſance du mariage qui ſe trouve dans l'Acte de divorce, on a joint celle qui reſulte même du traité de Vilbade, dans lequel le Duc de Montbelliard déclare *qu'il n'a juſqu'à preſent paſſé à aucun mariage licite, ſuffiſamment qualifié, ainſi que l'état de leur Maiſon de Prince le requiert.* On a conclu de ces termes, que le Duc de Montbelliard étoit donc marié, quoiqu'avec une perſonne d'une condition inegale; & comme il n'y a jamais eu d'autre mariage que celui de 1695. on a ſoutenu que le traité même de Vilbade en contenoit la reconnoiſſance. Ce raiſonnement eſt ſimple & déciſif; mais y en a-t'il que les Barons de l'Eſperance ne tournent à leur avantage? Il eſt vrai, diſent-ils, que le traité de Vilbade prouve que le Duc de Montbelliard avoit été marié, mais avec qui? ce n'eſt pas avec Anne-Sabine de Hedviger dont on ne raporte qu'un faux Acte de celebration, c'eſt avec la Baronne de l'Eſperance notre mere; il eſt vrai que nous n'avons point d'Actes qui prouvent ce mariage, que nous n'en trouvons ni énonciation, ni aucune ſorte de veſtige; n'importe, puiſque le Duc de Montbelliard étoit marié, c'étoit avec la Baronne de l'Eſperance; de ſimples paroles ſuivies de copulation forment un mariage parmi les Proteſtans, c'étoit ce qui avoit formé l'engagement avec la Baronne de l'Eſperance.

A de pareilles ſuppoſitions, fruits d'une imagination qu'aucun frein ne peut retenir, quelle réponſe nous demanderoit-on? Auſſi habiles à forger un mariage chimerique, qu'à combattre un mariage parfaitement juſtifié, les Barons de l'Eſperance nous promenent dans le Pays des viſions & des vapeurs, ils nous donnent leurs rêves pour des réalitez; bien aſſurez que ſi nous entreprenions de les combattre, nos armes porteroient toujours à faux, puiſqu'on ne nous preſente que des phantômes; dans ce combat, les enfans de la Baronne de l'Eſperance auroient trop d'avantage, ſi on vouloit ſe livrer à la diſcuſſion du prétendu mariage dont ils nous parlent ils ſeroient à l'abri de toute critique, point d'*alibi* à leur oppoſer, point de fauſſes énonciations à relever, point de lettres initiales à expliquer, point d'Acte redigé après coup, ils ſont inabordables de tous les côtez, auſſi eſt-ce un avantage qui n'eſt reſervé qu'à la chimere

Mais, diſent-ils, liſez bien le traité de Vilbade, & peſez bien tous les termes de la clauſe que vous venez de rapporter. On dit que le Duc de Montbelliard n'a point paſſé *à un mariage licite ſuffiſamment qualifié*; voilà deux épithetes qui ont chacune en particulier une grande energie; la ſeconde pouvoit convenir à un mariage avec la Demoiſelle de Hedviger; mais il n'en étoit pas de même de la premiere, il auroit été licite, parce qu'il n'y avoit point d'empêchement à leur union; ainſi ce n'eſt pas de ce mariage dont on a voulu parler. Au contraire les deux épithetes conviennent à un mariage avec la Baronne de l'Eſperance; il n'étoit pas licite, parce qu'elle étoit ſœur d'Henriette Hedvic, qui avoit été la Concubine du Duc de Montbelliard; il n'étoit pas ſuffiſamment

mment qualifié , parce què la Baronne de l'Esperance n'étoit pas d'une
ondition égale au Duc de Montbelliard ; c'est donc d'un mariage avec
Baronne de l'Esperance qu'il faut entendre le traité de Vilbade.

Voilà sans doute le triomphe de la Grammaire : qui auroit pû sans
le penetrer dans un pareil mistére , & découvrir de si grandes veritez ,
la lecture de ces deux épithetes ? Mais ne nous laissons pas éblouir
ar l'éclat d'une si magnifique interpretation. Le terme de *licite* ne
entend pas seulement de ce qui est permis par les Loix , mais encore
e ce qui est permis dans les regles de l'honneur & de la bienséance ,
 suivant ce que demandent l'état & la condition ; on peut donc
ire d'un mariage contracté avec une personne d'une naissance obscure ,
ue ce n'est pas un mariage licite & suffisamment qualifié , d'autant
lus que si la premiere épithete n'étoit pas parfaitement exacte , elle
eroit assez expliquée par la seconde. Ajoutons que ceux qui rédi-
ent des Actes n'apportent pas ordinairement dans leurs expressions ce
hoix , cette exactitude dont se piquent les Orateurs & les Academi-
iens , & que ceux-cy même , malgré leur vigilance , ne sont pas toû-
ours exempts de ces fautes legeres , qu'on ne pourroit éviter que par
ne contrainte perpetuelle de l'esprit , qui feroit languir la composi-
ion. Le Commentaire des Barons de l'Esperance ne peut donc se sou-
enir , & avec lui disparoît ce mariage imaginaire dont ils nous en-
retiennent.

Mais , dit-on , il faut joindre cette premiere clause avec une autre
ui se trouve dans le même traité , par laquelle le Duc de Montbelliard
*romet de ne point passer à d'autres nôces pendant le vivant de la Baronne
e l'Esperance, où il survivra ladite Dame , & n'aura aucun empêchement
e se remarier , & convolera à d'autres nôces proportionnées à sa condition ,
ans empêchement , &c.* Pourquoi lui fait-on promettre de ne se point
narier pendant la vie de la Baronne de l'Esperance , s'il n'étoit pas ma-
ié avec elle ? il y a une liaison si naturelle entre la premiere & la seconde clause , qu'il resulte des deux qu'on reconnoissoit un mariage
ubsistant avec la Baronne de l'Esperance. Mais si on avoit besoin d'entrer dans cette discussion , il seroit facile de tirer de cette derniere clause
une consequence toute contraire à celle que les Barons de l'Esperance
veulent nous faire appercevoir. Le Duc de Montbelliard promet de ne
point passer à d'autres nôces du vivant de la Baronne de l'Esperance ;
mais s'il avoit été marié avec elle , convenoit-il de mettre une pareille
clause dans un traité solemnel ? Un mari s'engage de ne point se remarier du vivant de sa femme ; voilà sans doute une étrange convention ,
elle est de droit naturel & Divin , est-il d'usage , est-il honnête & licite de
la stipuler par un contrat ? Qu'on ne dise pas que le divorce étant reçû
parmi les Protestans , une pareille clause ne doit pas paroître aussi extraordinaire parmi eux que parmi nous ; car le divorce dans la Confession
d'Ausbourg n'est pas libre & arbitraire , il faut qu'il soit fondé sur des
causes graves , & l'on a déja fait voir qu'il n'étoit autorisé que dans le
cas de l'adultere , & de la désertion malicieuse ; il faudroit donc , dans
le sistême des Barons de l'Esperance , faire dire à la clause dont il s'agit ,
que le Duc de Montbelliard promet de ne point faire de divorce avec
la Baronne de l'Esperance , que quand elle tomberoit dans le crime
d'adultere , ou de désertion malicieuse , il lui seroit toujours fidéle , &
ne profiteroit pas de la liberté que lui donnoit la discipline des Eglises

N

Lutheriennes, ce qui fait dégenerer la claufe dans une abfurdité qu'o
ne peut pas foutenir.

Mais cette claufe n'en demeure pas là ; elle ajoute ; *& où il furvivr
ladite Dame , & n'aura aucun empêchement de fe remarier, & convoler
à d'autres nôces proportionnées à fa condition , fans empêchement , &c.* Que
étoit cet empêchement qui pouvoit fubfifter alors ? ce n'étoit pas l
mariage avec la Baronne de l'Efperance, puifqu'on fuppofe fon décès
il y avoit donc toujours un empêchement connu, un empêchemen
fubfiftant , que la Baronne de l'Efperance fût morte ou vivante : mais
on le repete, quel étoit donc cet empêchement, finon le mariage con
tracté avec Anne-Sabine de Hedviger, qu'un divorce auffi radicale
ment nul que celui de 1714. n'avoit pas pû diffoudre ?

Ainfi les Barons de l'Efperance ont beau contourner les claufes d
traité de Vilbade, pour y trouver un foupçon de mariage entre leu
mere & le feu Duc de Montbelliard, cette idée péche dans le principe
puifque ce prétendu mariage eft évidemment une chimere ; mais le
claufes mêmes du traité ne peuvent fe concilier avec elle.

Mais que fignifie donc cette promeffe du Duc de Montbelliard d
ne fe point marier pendant la vie de la Baronne de l'Efperance? O
pourroit répondre qu'il n'eft pas permis de demander les motifs de
difpofitions d'un Acte dans lequel on paroît avoir renoncé à toutes le
lumieres de la droite raifon ; l'honneur, l'équité, la Religion, tout
eft violé; l'ambition & la politique en dictoient les claufes, fans s'emba
raffer de chercher même des couleurs aux engagemens qu'on y faifo
contracter. On vouloit affurer au Duc de Wirtemberg la fucceffion d
Montbelliard, pour cela on fait profcrire le mariage contracté avec l
Demoifelle de Hedviger ; on met des entraves au Duc de Montbel
liard, pour l'empêcher de fe remarier, & on le flatte par ce qui pou
voit le toucher davantage, c'eft-à-dire par l'attachement pour une Maî
treffe qui poffedoit fon cœur fans referve ; tout cela eft-il jufte, mefuré
raifonnable ? Non fans doute ; mais il n'eft pas permis de demander d
la raifon dans un Acte qui n'eft infpiré que par les plus aveugles paf
fions.

Pour fuivre l'ordre chronologique que les Barons de l'Efperance nou
ont tracé, on convient que depuis le traité de Vilbade il y a encor
deux ou trois Actes, dans lefquels Anne-Sabine de Hedviger n'ef
qualifiée que de Comteffe de Sponeck, & fon fils que de Comte d
Sponeck; mais c'eft précifément ce qui détruit tout l'avantage que le
Barons de l'Efperance ont voulu tirer des Actes anterieurs au divorce
dans lefquels on trouve les mêmes qualitez. En effet, le mariage ayan
été bien folemnellement reconnu dans le divorce, on ne peut pas mê
me imaginer que depuis Anne-Sabine de Hedviger ne fût pas reconnu
pour époufe legitime du Duc de Montbelliard ; mais fi dans cette pof
feffion conftante de fon état on ne lui donnoit que le nom de Comteff
de Sponeck ; fera-t-on furpris qu'avant le divorce on ne lui donnât qu
le même titre, quoiqu'elle fût mariée dès 1695 ? Conclura-t-on de
Actes anterieurs au divorce, qu'elle n'étoit pas mariée, quand dan
les Actes pofterieurs elle eft traitée de même, quoique le mariage fû
reconnu par le Duc de Montbelliard d'une maniere fi claire, fi précife
& fi pofitive ? On voit donc que ces dénominations ne peuvent forme
aucun préjugé. Anne-Sabine de Hedviger mariée en 1695. ne reçoi

dans les Actes qui fuivent que la qualité de Comteffe de Sponeck ; les Barons de l'Efperance en concluent que le Duc de Montbelliard ne la regardoit pas ; ne la traitoit pas comme fa femme ; mais cette conféquence eft-elle jufte, quand on voit qu'après le divorce où il l'a bien reconnue pour fa femme, on ne lui donne encore que la qualité de Comteffe de Sponeck ? Il ne falloit qu'un peu de réflexion pour faire fentir aux Barons de l'Efperance toute la force de ce raifonnement qui renverfe leur fiftême.

Enfin, depuis 1719. jufqu'en 1723. que le Duc de Montbelliard eft mort, c'eft-à-dire pendant quatre années entieres, les Barons de l'Efperance font obligez de convenir que la poffeffion d'état a été publique, qu'elle eft foutenue par un grand nombre de titres, dans lefquels Anne-Sabine de Hedviger a été qualifiée de Ducheffe de Montbelliard, & fon fils de Prince hereditaire. Tout fe réunit donc pour affurer les droits de la mere & des enfans ; non-feulement le mariage eft conftant, mais il n'y a plus d'ombrage fur fa publicité.

Mais, dit-on, il ne s'agit pas de fçavoir fi le mariage a été fecret jufqu'à la mort, il eft queftion de fçavoir s'il y a eu un mariage, & ces Actes fi réiterez pendant le cours de quatre années, ne peuvent en fournir une preuve fuffifante. Premierement, le Duc de Montbelliard, dit-on, étoit tyrannifé par le Comte de Sponeck, favori, à qui il avoit donné un empire abfolu, & dont il fuivoit aveuglement les paffions. Secondement, les déclarations, les reconnoiffances de toute efpece ne peuvent jamais traveftir en une union legitime un concubinage avéré. Enfin, on ne s'arrête jamais à des reconnoiffances données au préjudice d'une conteftation engagée.

De ces réflexions il faut retrancher d'abord l'autorité de ce prétendu favori ; c'eft encore un phantôme qu'on nous prefente, & que l'imagination feule des Barons de l'Efperance a produit ; car enfin on n'avoit jamais entendu parler de ce pouvoir imaginaire dont on veut revêtir le Comte de Sponeck ; jamais il n'a eu la confiance intime du Prince, jamais il n'a eu plus d'accès, plus de credit que les autres Confeillers. Si quelqu'un jouiffoit alors d'un pouvoir rédoutable à la Cour de Montbelliard, c'étoit la Baronne de l'Efperance, elle qui avoit fçû s'élever au comble des honneurs, & qui n'a jamais éprouvé aucun partage dans le cœur du Duc de Montbelliard, & c'eft ce qui donne un nouveau poids à tant de reconnoiffances ; car fi la force de la verité a fait faire tant de démarches au Duc de Montbelliard, dans le tems que la Baronne de l'Efperance dominoit avec le plus d'empire, que n'auroit-il pas fait fi dégagé des liens dans lefquels elle le retenoit ; il avoit joui de toute fa liberté ? il auroit renvoyé l'ufurpatrice, & rendu à la feule époufe legitime ces droits facrez dont elle n'avoit pû être dépouillée ; mais partagé entre l'autorité de fon premier engagement, & fa paffion fubfiftante pour la Baronne de l'Efperance, on doit regarder comme un prodige tout ce qu'il a fait & pour fa femme & pour fon fils ; il n'y a que la verité qui puiffe obtenir un pareil triomphe.

Que des déclarations & des reconnoiffances ne puiffent pas traveftir en un union legitime un concubinage avéré, voilà une de ces propofitions que perfonne ne peut combattre ; mais que le mariage étant prouvé, les déclarations & les reconnoiffances ne puiffent pas, ne doivent pas diffiper tous les doutes qu'il plaît à la critique d'élever, c'eft

ce que la raison ne permettra jamais de penser. Donnons plus d'avantage aux Barons de l'Esperance, supposons pour un moment avec eux
que la preuve du mariage fût équivoque, dans ce cas-là même les
reconnoiffances les plus folemnelles ne doivent-elles pas forcer tous
les esprits à se rendre? Vous héfitez encore fans raison, fans prétexte,
à la vûë d'un Acte de celebration dont les Registres publics font dépofitaires; mais enfin les reconnoiffances, les déclarations, la poffeffion
publique, tout vous fubjugue, ces titres differens fe prêtent un fecours
mutuel, la verité du mariage reçoit un nouveau poids des Actes dans
lesquels il est reconnu, & ces Actes, à leur tour, prenant leur fource
dans le titre conftitutif de l'engagement, ne peuvent laiffer aucune reffource à l'incertitude.

D'autant plus que, comme on l'a déja dit, il faut bien diftinguer les
circonftances dans lesquelles ces reconnoiffances font faites: peut-on
imaginer que l'interêt & la paffion y ayent quelque part? alors elles
peuvent être fufpectes; mais quand il a fallu au contraire combattre
fon propre cœur pour ceder à une verité qu'on n'a pû méconnoître,
alors il eft abfurd: de rejetter de pareilles reconnoiffances. Telle étoit
la fituation du D c de Montbelliard en 1714. en 1719. & dans les
années fuivantes; dégoûté depuis long-tems de celle à laquelle il s'étoit
uni par le mariage, déterminé à la faire fortir du Château de Montbelliard, brûlant d'autres feux qui lui ont fait facrifier ce qu'il devoit
avoir de plus cher; c'eft alors qu'il rend à la pureté, à la faintété de
fon premier engagement l'hommage qui lui eft dû: qu'on nous vienne
dire après cela que des reconnoiffances font impuiffantes par elles-
mêmes, on ne craindra point qu'un principe fi déplacé puiffe faire illufion.

Enfin, on oppofe à ces reconnoiffances qu'elles n'ont été faites que
pendant le cours de la conteftation; mais c'eft une nouvelle fuppofition qu'on défie les Barons de l'Esperance de juftifier. Il n'y avoit point
de conteftation quand le Duc de Montbelliard a obtenu du Roy les
Lettres de Naturalité du mois de May 1719. en faveur de Georges-
Leopold fon fils, *comme Prince hereditaire*, quand il a marié la Comteffe de Coligny fa fille, fous le titre *de la Princeffe Leopoldine-Ebe-*
rardine, quand au mois de Juin 1720. il a nommé des Commiffaires
pour recevoir la dépofition de Leonard Nardin, quand cette dépofition a été faite, quand il a donné à fon fils fes Procurations pour aller
en Pologne, enfin, quand au mois de Novembre 1720. il a reglé le
douaire *de Son Alteffe Sereniffime la Ducheffe Anne-Sabine*. Ce n'eft qu'au
mois d'Avril 1721. que le Duc de Wirtemberg a obtenu un premier
Refcrit de l'Empereur contre la mere & contre le fils; & ce n'eft
qu'au mois d'Août 1723. que fes Miniftres ont prefenté un Memoire
au Roy, fur lequel ils ont obtenu l'Arrêt du 11 Septembre de la même
année, encore ce Refcrit & cet Arrêt ne frappoient-ils point fur le
mariage, mais feulement fur les honneurs de Prince & de Princeffe
que le Duc de Wirtemberg ne vouloit pas qu'un mariage inégal eût
pû produire: tous ces faits font conftans, & mettent dans le plus grand
jour la fauffeté dont les Barons de l'Esperance fe font rendus coupables
fur cet article comme fur tant d'autres.

Mais, dit-on, quelles font ces reconnoiffances que vous faites fonner
fi haut?

D'abord

D'abord les Barons de l'Efperance gardent un profond filence fur les Lettres de Naturalité obtenues au mois de May 1719. dans lefquelles le Duc de Montbelliard prefente fon fils comme Prince hereditaire; la critique n'avoit pas là beau jeu, auffi affecte-t'elle d'oublier ce premier titre. On ne peut pas fe faire un moyen de ce que le Roy en a ordonné le rapport fur un fimple Memoire du Duc de Wirtemberg, & fans entendre celui à qui elles avoient été accordées; car outre qu'on eft toujours en droit de former oppofition à cet Arrêt, c'eft qu'il ne s'agit pas de l'autorité des Lettres en elles-mêmes, mais de la reconnoiffance folemnelle du pere qu'elles renferment.

Paffant donc tout d'un coup à la Commiffion donnée par le Duc de Montbelliard, pour recevoir l'interrogatoire de Nardin, *fur la connoiffance qu'il a du mariage que nous avons contracté folemnellement avec Madame Anne-Sabine de Hedviger*, les Barons de l'Efperance nous demandent fi on a jamais fait faire à un Prince une démarche auffi choquante & auffi ridicule: mais, en premier lieu, c'eft changer d'objet; il ne s'agit pas de fçavoir fi la démarche eft digne de la grandeur du Souverain, il n'eft queftion que du fait même qui eft reconnu. En deuxiéme lieu, qu'y a-t'il donc de choquant, de ridicule dans cette démarche? Le fieur Nardin étoit le feul habitant de Montbelliard qui ait été prefent au mariage; on veut avoir de lui une déclaration judiciaire, comment pouvoit on s'y prendre autrement? Il ne s'agiffoit pas d'un mariage dont l'Acte de celebration repofât dans une Eglife de Montbelliard, il avoit été celebré en Pologne; on ignoroit alors fi le Miniftre l'avoit écrit fur fon Regiftre, fi ce Regiftre fe trouveroit; on fe difpofoit à en aller faire la recherche; mais il ne falloit pas negliger une preuve facile, & qu'on avoit, pour ainfi dire, fous la main; le fieur Nardin pouvoit mourir, & il étoit effentiel de le faire répondre judiciairement.

Par là tombe la même critique que l'on fait fur les Procurations données le lendemain au fils legitime, pour aller, ou envoyer en Pologne *faire les recherches du mariage du Duc de Montbelliard, qui a été accompli avec Demoifelle Anne-Sabine de Hedviger*. Eft-il donc bien étonnant qu'on fît la recherche d'un mariage celebré depuis long-tems dans une Eglife éloignée de Montbelliard de plus de 200. lieuës?

C'eft, dit-on, s'expofer à la rifée du Public d'imaginer qu'on ait attendu jufqu'au 30 Novembre 1720. pour affigner un douaire à Anne-Sabine de Hedviger; mais encore une fois, en fait de reconnoiffance, il s'agit du fait feul; d'ailleurs, ce douaire avoit été affigné dans le traité même de divorce de 1714. & l'Acte du 30 Novembre 1720. n'eft qu'une réduction du douaire ou de la penfion de 4000 l. à 2000 l. en confideration des fommes qu'Anne-Sabine de Hedviger avoit reçûes; le douaire a donc été accordé dans l'inftant même du divorce; & comme il n'y avoit point eu de contrat de mariage, on n'avoit pas pû prendre plûtôt des précautions pour affurer les droits de la femme. Un peu de réflexion auroit fait fentir cette verité; mais quand on en eft incapable, on donne dans des égaremens qui font pitié, s'ils n'excitent pas la rifée publique.

Enfin, on s'échauffe beaucoup contre l'enquête de Scoki; on convient cependant que ces fortes d'enquêtes d'examen à futur font autorifées hors le Royaume; mais, dit-on, il faut s'adreffer au Juge qui doit connoître de la contestation, & faire l'enquête contradictoirement avec la Partie à laquelle on veut l'opposer. Mais ces deux critiques de forme font icy déplacées ; il n'y avoit point de contestation, il n'y avoit point de Parties, il n'y avoit donc point de Juge qui en dût connoître.

De quoi s'agissoit-il en effet dans cette enquête ? de confirmer la preuve du mariage contracté en 1695. entre le Duc de Montbelliard & la Demoiselle de Hedviger ; mais la verité de ce mariage étoit alors réconnue de tout le monde, & il n'étoit pas même possible de présumer qu'elle pût être un jour contestée ; le Duc de Wirtemberg l'avoit reconnue dans le traité de Vilbade, comme on l'a établi, & se réduisoit uniquement à exclure les enfans de la succession de leur pere, sous prétexte que le mariage n'étoit pas *licite & suffisamment qualifié*. La branche de Wirtemberg-Oels, par un grand nombre d'Actes & de lettres, avoit reconnu la Demoiselle de Hedviger pour Duchesse de Montbelliard, & son fils pour Prince hereditaire : enfin, la Baronne de l'Esperance elle-même, dans l'Acte du 6 Avril 1720. avoit traité avec eux dans les mêmes qualitez : on ne voyoit donc point de contradicteur sur le fait du mariage, tout se reunissoit pour en assurer la foy, il n'y avoit donc ni contestation, ni Parties, ni Tribunal qui dût connoître de ce fait.

Si le Duc de Montbelliard a voulu cependant lever tous les doutes que des ennemis inconnus pourroient former un jour, s'il a crû que c'étoit une précaution sage de faire entendre les témoins qui avoient été presens au mariage, il n'a pû s'adresser qu'aux Magistrats de Scoki, puisque le mariage avoit été celebré dans l'étendue de leur Jurisdiction, & que les témoins y étoient domiciliés ; l'enquête est donc aussi reguliere dans sa forme, qu'elle est concluante & décisive au fond.

On croit donc avoir détruit tous les moyens imaginez par les Barons de l'Esperance, pour ébranler la foy du mariage contracté en 1695. entre le Duc de Montbelliard & la Demoiselle de Hedviger.

La situation où se trouvoient les deux Parties ne pouvoit apporter aucun obstacle au mariage. Du côté de la Demoiselle de Hedviger, si elle avoit été recherchée autrefois par le sieur Zeidlits, le refus d'accomplir ses promesses avoit rompu depuis long-tems un si foible engagement ; ce refus avoit été déclaré dès 1692. & avoit été soutenu depuis par une suite d'Actes dans lesquels il avoit fait éclater *son aversion*. La Demoiselle de Hedviger avoit donc une pleine liberté de se rendre aux empressemens du Duc de Montbelliard en 1695. & auparavant ; & si la famille de la Demoiselle de Hedviger a continué alors ses poursuites contre le sieur Zeidlits, ce n'étoit que pour obtenir la reparation qui lui étoit dûe, & que la Demoiselle de Hedviger personnellement a refusée. Du côté du Prince de Montbelliard, on n'avoit imaginé d'obstacle que celui de son Service en Hongrie ; mais il ne s'y étoit pas encore rendu, & rien ne demandoit encore sa presence au mois de Juin ; aussi quelques lettres qui ayent été adressées sous son nom, de la part des Ministres & des Conseils de l'Empereur à son Regiment, ne trouve-t'on pas une seule lettre en réponse de sa part, ce qui ne permet pas de douter qu'il ne fût alors en Silesie.

On ne trouve aucun caractere de fausseté dans l'Acte de celebration ; s'il n'a pas été écrit sur le Registre le jour même du mariage, la seule inspection de la piece justifie qu'il a été écrit dans l'ordre où il se trouve, & que ce n'eſt point un blanc rempli après coup. Pour les énonciations, la critique ne peut ſe fixer que ſur ce qu'on a dit que l'époux ſervoit dans les Troupes de Saxe, au lieu qu'il ſervoit dans celles de l'Empereur; mais une erreur ſi legere dans un Acte redigé ſix mois après la celebration, & en l'abſence du Duc de Montbelliard, peut-elle former le moindre ombrage?

Enfin, l'Acte de celebration n'a rien d'équivoque ni d'énigmatique; les noms de Leopold-Eberard avec les premieres lettres des mots de Duc de Wirtemberg-Montbelliard, ceux d'Anne-Sabine avec les premieres lettres des mots de Hedviger, ne peuvent jamais être appliquez à d'autres perſonnes, & ne laiſſent aucun doute dans les eſprits qui ne veulent pas s'aveugler eux-mêmes. Ce n'eſt pas la faute des deux époux, ſi par leur ſignature ils n'ont pas mis le dernier ſceau à l'évidence; l'uſage en Pologne, & preſque par tout hors le Royaume, eſt de ne faire ſigner ni les Parties, ni les témoins, ni le Miniſtre ou le Curé, & c'eſt ce qui oblige ſouvent de recourir à d'autres preuves pour ſoutenir la foy du mariage que la ſeule mention du Regiſtre n'établit jamais parfaitement. Mais du côté des preuves qui ſe joignent à l'Acte de celebration, que peut-on demander de plus fort & de plus lumineux que ce que nous rapportons? Des dépoſitions juridiques de pluſieurs perſonnes qui ont été témoins oculaires du mariage, la notorieté publique atteſtée par l'Hiſtoire, le traité de divorce de 1714. ſigné de neuf Conſeillers du Duc de Montbelliard, la convention même de Vilbade, les Lettres de Naturalité du mois de May 1719. l'Acte du 6 Avril 1720. la Commiſſion donnée par le Duc de Montbelliard le 16 Juin, l'Interrogatoire de Nardin du 17. les Procurations du même jour, le traité du 6 Octobre 1720. enfin, l'hommage des Peuples du Comté de Montbelliard.

Qu'on nous diſe que l'état ne ſe prouve point par de ſimples reconnoiſſances; c'eſt un principe dont on abuſe, ſoit parce que nous ne ſommes pas réduits à de ſimples reconnoiſſances, & qu'elles ne ſervent qu'à appuyer la preuve qui reſulte de l'Acte même de celebration, ſoit parce que ce ne ſont pas ici des reconnoiſſances ſuſpectes quel'intérêt & la paſſion ayent ſuggerées, & qu'elles ſont données dans un tems où le Prince de Montbelliard, brûlant de nouveaux feux, n'a pû être entraîné que par la force de la verité même.

Ces reconnoiſſances ne ſont point données dans le cours d'une conteſtation ni qui fût formée, ni qu'on pût prévoir qui ſeroit formée dans la ſuite, elles ne ſont point équivoques, tout y eſt mis dans le plus grand jour.

Auſſi toute la reſſource des Barons de l'Eſperance s'eſt-elle réduite d'un côté à débiter des fictions, à inventer des circonſtances, à ſubſtituer des idées romaneſques à l'exactitude des faits; de l'autre, à répandre le poiſon de leur colere ſur tout ce qui confond leur ſiſtême. Leur préſente-t'on des Actes, ils ſont faux, fabriquez après coup, ou antidatez; invoque-t'on le ſuffrage des témoins, des Hiſtoriens, ils ſont tous gagnez, corrompus, livrez à l'erreur & au menſonge; leur oppoſe-t'on des procedures juridiques, elles ſont ſuſpectes, irrégulieres; en un mot, leurs fables dénuées de tout commencement de preuves doivent prévaloir ſur des preuves de tout genre: avec de tels preſtiges croit-on pouvoir long-tems en impoſer à l'univers? il n'y a qu'à rappeller la verité, la bonne foy, l'évidence pour les diffiper.

Réduifons en un mot, une affaire fi importante, elle ne dépend que d'un feul fait : le Duc de Montbelliard a-t-il été marié en 1695. avec la Demoifelle de Hedviger ? les Barons de l'Efperance nous conteftent cette verité ; mais que faut-il pour l'établir ? l'Acte de célébration de mariage exifte, un Regiftre public en eft le dépofitaire ; que cet Acte s'applique au Duc de Montbelliard & à la Demoifelle de Hedviger, c'eft une verité dont on fe fent pénétré à la vûe de quatre noms propres, & de fix lettres initiales qui ne peuvent convenir qu'à eux. Mais cette preuve a-t-elle befoin d'être fortifiée ? la lumiere fort de tous côtés, & vient diffiper jufqu'aux plus foibles nuages, les dépofitions des témoins oculaires, la notorieté publique, les Actes dictés par la haine contre la Demoifelle de Hedviger & contre fes enfans, des reconnoiffances multipliées du Duc de Montbelliard, des Princes & Princeffes de Wirtemberg-Oels, qui devoient fucceder au Duc de Montbelliard par préference à la branche de Stutgard, des reconnoiffances du Duc de Wirtemberg-Stutgard, de la Baronne de l'Efperance elle-même, enfin, de tous les Peuples de Montbelliard.

Mais voici quelque chofe de plus fort, & c'eft une derniere reflexion qui rend, pour ainfi dire, toutes les autres fuperflues. Les Barons de l'Efperance eux-mêmes, oui les Barons de l'Efperance dans leur propre Memoire, deviennent les garans de la verité que nous foutenons. L'Acte de célébration de mariage leur a paru avoir une application fi neceffaire au Duc de Montbelliard & à la Demoifelle de Hedviger, qu'ils ont été réduits à fuppofer que c'étoit elle qui l'avoit fait fabriquer après coup ; il demeure donc pour certain entre nous, que cet Acte eft l'Acte de célébration du mariage du Duc de Montbelliard avec la Demoifelle de Hedviger, qu'il n'a pas été fait pour d'autres, mais pour eux, que c'eft d'eux dont on parle dans cet Acte ; voilà un point fur lequel nous n'avons plus à combattre ; & il ne refte plus qu'à fçavoir fi cet Acte a été écrit en 1695. ou fi on a profité depuis d'un blanc que le hazard a préfenté, pour l'inferer dans ce Regiftre ; mais la fable réduite à cette derniere extrémité, languit & feiche, pour ainfi dire, d'elle-même ; il faudroit avoir des preuves de cette fuppofition faite après coup, mais loin d'en avoir, tout revolte contre cette idée chimerique, le contraire eft démontré par la feule infpection du Regiftre, par la dépofition unanime des témoins qui étoient prefens, & plus encore par l'impoffibilité, & par l'abfurdité d'une pareille tentative.

Auffi quand le Confeil Aulique dévoué au Duc de Wirtemberg, a voulu profcrire les enfans legitimes du feu Duc de Montbelliard, ce n'a pas été en jugeant qu'il n'y avoit pas de mariage, mais en fuppofant qu'il étoit nul ; mais ce prétexte qui ne pouvoit fe foutenir, eft abandonné par les Barons de l'Efperance, ils n'infiftent fur aucun des moyens qu'on avoit hazardés contre la validité du mariage ; retranchés dans la feule queftion de fait, ne feront-ils pas accablés par le fuffrage de tout l'Univers, & par leur propre fiftême ?

De l'Imprimerie de la veuve d'ANDRE' KNAPEN, au bas du Pont S. Michel, du côté de la ruë S. André des Arts, au Bon Protecteur. 1741.

17,285

Reliure serrée

AU ROY

IRE,

GEORGES LEOPOLD, seul fils légitime & héritier du feu Prince de
iremberg-Montbéliard, a l'honneur de repréfenter très-humble-
nt à VOTRE MAJESTE',

Que le feu Prince de Montbéliard eft mort en 1723 ; il a laiffé une fuc-
ion opulente, compofée de la Principauté de Montbéliard, & de plu-
urs Terres fituées en Franche-Comté & en Alface, fous la domination
Roy.

M. le Duc de Wirtemberg s'eft emparé à main armée de la Principauté
Montbéliard, l'Empereur l'a fouffert ; & dans la fuite cette Principauté
té adjugée deffinitivement à M. de Wirtemberg par le Confeil Aulique,
s le prétexte que le fils de feu M. le Prince de Montbéliard eft né d'un
riage morganatique, c'eft-à dire que fa mere étoit d'une condition iné-
e à celle du Prince, & que cette mere n'a pu tranfmettre à fa pofterité
roit de fucceder aux Fiefs immédiats de l'Empire.

ependant il eft effentiel d'obferver, que dans la conteftation qui a été
ruite au Confeil Aulique, M. le Duc de Wirtemberg avoit demandé
reffément que le fils de feu M. le Prince de Montbéliard fût déclaré il-
itime & incapable de fuccéder aux Fiefs de l'Empire ; l'Empereur a pro-
cé fur la prétendue incapacité, mais fon Decret ne donne aucune at-
te à la légitimité du fils du feu Prince de Montbéliard ; & l'on peut dire
cette légitimité eft démontrée, parceque le feu Prince de Montbé-
d avoit contracté mariage avec toutes les folemnitez requifes dans la
nfeffion d'Aufbourg, que ce Prince fuivoit : parcequ'avant le mariage il
voit aucun engagement, parceque le mariage a été fuivi d'une cohabi-
on publique pendant vingt ans.

l femble que le fils de feu M. le Prince de Montbéliard peut efpérer qu'on
ugera en France dans toute l'équité des Maximes du Royaume, comme
l'a jugé dans l'Empire felon la févérité des Regles établies pour la fuccef-
des Fiefs de cet Empire, quoique ces Regles n'euffent point d'applica-
jufte au mariage du feu Prince de Montbéliard.

n France nous ne reconnoiffons point de mariage morganatique ; &
n nos Maximes, la naiffance ne peut donner que deux fortes d'état,
ui d'enfant légitime, & celui d'enfant naturel. Le fils de feu M. le Prince
Montbéliard raporte pour preuve de fa légitimité un Regiftre public,
foule d'Actes par lefquels le feu Prince de Montbéliard l'a reconnu
r fon fils légitime, une poffeffion tranquille de fon Etat pendant plus de
grans, & le filence même du Decret de l'Empereur, malgré les follici-
ions de M. le Duc de Wirtemberg, pour faire déclarer ce fils illegitime.

r il eft des Regles parmi nous, lorfque l'on contefte à un fils fon état de

fils légitime , & la succession de son pere , si ce fils a un titre apparent
est en possession de l'état de fils légitime, on ne le réduit point à de sim
alimens pendant la contestation , on lui donne la Possession provisionn
de la succession contestée : c'est l'équité qui le demande , c'est l'usage
stant qui l'autorise.

Ainsi le fils de feu M. le Prince de Montbéliard doit avoir la Posse
provisionnelle des terres de Franche-Comté & d'Alsace , lui qui rapp
une multitude de preuves de sa légitimité , & qui oppose à M. le Du
Wirtemberg son adversaire le Decret même de l'Empereur , à la faveur
quel M.de Wirtemberg possede aujourd'hui la Principauté de Montbéli

Ces Terres sont en sequestre depuis plus de six ans , & le fils de feu ,
Prince de Montbéliard est réduit à demander tous les ans des Provision
mentaires. Il seroit de l'équité du Roy d'y pourvoir , & de lui accorde
que tous les Tribunaux du Royaume accordent aux enfans dont l'Eta
contesté , pour peu qu'ils aient de preuves de la légitimité qu'ils reclam

M. le Duc de Wirtemberg ne peut pas posseder dans l'Empire la P
cipauté de Montbéliard , sous prétexte que le feu Prince n'avoit contr
qu'un mariage morganatique , & tenir en France les Terres de la succe
en sequestre , sous le prétexte de l'illégitimité du fils de M. le Princ
Montbéliard. Le mariage qui a été regardé comme morganatique
l'Empire , ne peut être regardé en France que comme un mariage lé
me , & capable de faire passer les Terres qui sont sous la dominatio
Roy , dans les mains du fils qui est issu de ce mariage.

D'ailleurs il seroit difficile de laisser plus longtems subsister ce sequ
Les Maisons ne sont point entretenues, les Bois sont degradez , les Ba
sont point à leur juste valeur , puisque l'on en rapporte un de 1692, o
seules terres de Franche-Comté étoient à 71500 liv. & par le Bail act
elles ne sont qu'à 52000 liv. quoiqu'il ait peu de difference entre les
litez que l'on avoit données au Fermier en 1692 , & celles que le Fer
actuel peut avoir.

Un autre inconvénient mérite quelque attention. Il y a dans le sequ
de Franche-Comté beaucoup de personnes emploiées à la Régie de c
questre , & qui le consomment en frais : Tel est un Conseil, un Proc
Fiscal, un Greffier , un Caissier , dont les appointemens forment une so
assez considérable: c'est ainsi que des étrangers profitent d'une succe
que le Sang & nos Loix ne deferent qu'au fils de feu M. le Prin
Montbéliard.

Par la Possession provisionnelle qui lui seroit accordée , la bonne a
nistration seroit bientôt rétablie , puisqu'il seroit intéressé à régir en
pere de famille des Terres qu'il peut regarder comme son patrimoine.
reste il ne seroit pas necessaire de chercher dans une caution des assura
de cette sage administration : M. de Wirtemberg ne conteste point
adversaire la qualité de fils de feu M. le Prince de Montbéliard . le feu
jet de la contestation est de sçavoir s'il est fils légitime : mais sa seule qu
de fils du feu Prince de Montbéliard lui assure au moins dans la succe
des sommes considerables , & proportionnées à la naissance du fils
Prince Souverain : ce seroit à la caution de ces sommes, qu'il jou
provisionnellement des Terres de Franche-Comté & d'Alsace.

A CES CAUSES, SIRE, il plaise à VOTRE MAJESTÉ
corder au Suppliant la Possession provisionelle des terres de Franche-C
& d'Alsace, qui dépendent de la succession du feu Prince de Montbéli
à la caution des sommes qu'il peut prétendre sur cette succession , ordo
qu'à le souffrir , le sequestre sera contraint, quoi faisant il sera bien &
blement déchargé , & le Suppliant continuera ses vœux pour la prosp
de VOTRE MAJESTÉ.

17.286

SUR la Requeste presentée au Roy, estant en son Conseil, par Georges Leopold Duc de Wirtemberg Montbelliard, CONTENANT : Qu'il est Fils unique & seul Heritier legitime du feu Duc de Wirtemberg Montbelliard ; Que la legitimité de Sa Naissance n'a jamais esté attaquée par le Duc de Wirtemberg Stoutgard, son Cousin, quoique sa Partie adverse ; qu'au contraire il l'a reconnuë dans tous les temps, à la Cour de France & à la Cour de Vienne, & même autentiquement *dans le Traité de Wildbâde*, dont il veut aujourd'huy se prévaloir, pour exclure le Suppliant des Titres & Droits qui y sont inseparablement attachés. Il fonde ses injustes pretentions sur l'inégalité de la Naissance de la Dame Anne Sabine de Hedviger, Mere du Suppliant, sur le seul pretexte qu'elle n'est pas née Princesse : quoiqu'elle soit Comtesse de l'Empire, & d'une ancienne extraction noble, suivant les Lettres d'Erection, accordées à Elle & à ses Freres par l'Empereur Leopold, le 2 Aoust 1701, pour la Dignité de Comtes & de Comtesse de l'Empire. Le Traité *de Wildbâde*, fait pendant la vie du feu Prince de Montbelliard, & les Arrests du Conseil Aulique rendus depuis sa mort, n'ont pas d'autres motifs. Mais on veut insinuer qu'ils sont conformes, tant à l'usage qui se pratique en Allemagne, par rapport aux Mariages qui se font dans les Maisons des Princes de l'Empire, qu'aux anciens Pactes de famille des Ducs de Wirtemberg. A l'égard de l'usage, c'est un fait incontestable, qu'il n'y a pas une seule Maison de Prince, ni de Souverain en Allemagne, & peut-estre dans toute l'Europe, où il ne soit entré des femmes de condition inégale. L'Histoire en fournit des exemples en Allemagne, dans les Mariages des Princes des Maisons de Brunswic, Nassau, Birkenfeld, de Bade, & Danhalt. Le Conseil Aulique a rendu trois Arrests Contradictoires en faveur de pareils Mariages, les quatre Septembre 1622 11 Avril 1715, & en l'année 1717, contractés dans les Maisons de Bade, de Birkenfeld, & de Nassau Siegen,

& qui par consequent sont absolument contraires à celui que le
Duc de Wirtemberg Stoutgard a fait rendre contre le Suppliant, le
8 Avril 1723, sur la même matiere, en le declarant inhabile à
porter la Dignité du Prince son pere, *& à la succession des Allodiaux & Fiefs immediats de l'Empire. Les Pactes de Famille* des
Princes de la Maison de Wirtemberg, du 28 May 1617, portent
(en voicy les propres termes) *Que les cinq Freres, qui stipulent,
comme il est en soi-même loüable, convenable & juste, ne devront, ni
ne voudront point se marier, sans le consentement les uns des autres,
principalement du Prince leur frere aîné, sur tout avec une personne,
qui n'est point de condition de Prince.* Ces termes ne signifient autre
chose, sinon, qu'il est de la bienséance, ou si l'on veut de la prudence, que ces Princes, en se mariant, se demandent les uns aux
autres leur agrément. Il n'est pas dit qu'ils ne pourront se marier,
sans le consentement les uns des autres, avec une personne de
condition inegale, sous peine de priver leurs descendans du droit
de succeder aux Titres attachés à la qualité de Prince. Il n'est pas
même parlé de leur posterité dans cet Article, quand ils ont voulu
stipuler, tant pour eux, que pour leur posterité, comme sur le
Chapitre de la Religion, leurs descendans y ont été formellement
compris, sans les assujettir à aucune peine, sans les declarer inhabiles à succeder. Ce qui prouve que ces sortes de conventions, par
rapport *à la Religion & aux Mariages*, ne peuvent passer que pour
de simples conseils, ou des exhortations, qui ne blessent jamais la
liberté, qui doit estre inviolable sur ces matieres. Le Duc de
Wirtemberg Stoutgard n'a pas estimé, quand il s'est marié, que de
telles alliances pûssent priver de la qualité de Prince, puisque la
Duchesse de Wirtemberg sa femme, de la Maison de Bade Dourlac,
qu'il reconnoît Princesse avec justice, descend en ligne directe, &
par consequent le Prince hereditaire son fils, d'une Demoiselle
nommée Ursule, fille du Chevalier de Rosenfeld, qui n'étoit point
Prince. Enfin le Duc de Wirtemberg Stoutgard n'a pas regardé en
cette occasion le prétendu usage, qui s'observe dans les Mariages
des Princes de l'Empire, ni *les anciens Pactes de sa Famille*, ni le
Traité de Wildbâde, comme des actes, ou des considerations qui
fussent capables d'exclure le Suppliant, des Titres & droits attachés
à sa legitime filiation, puisqu'il a employé la surprise, & ensuite
la violence, pour tâcher de fortifier ses esperances. Pour y parvenir, voici la conduite qu'il a tenuë; il engage adroitement le
Suppliant, qui étoit pour lors âgé de dix-sept ans, à se rendre dans
ses Etats *à Loüisbourg*, dans sa principale Maison de Campagne;
aussi-tôt que le Suppliant y est arrivé, on lui fait non seulement

confirmer & ratifier le Traité de *Vildbâde* ; mais on l'oblige par
un nouvel Acte qu'on lui presente tout dressé, de renoncer à la Dignité de Prince, & de ceder au Duc de Wirtemberg Stoutgard
tous les Droits qu'il a à la Principauté de Montbeliard, à toutes les
Terres & Seigneuries situées en France, en un mot, à tous les Biens
dont le Duc de Montbeliard son pere étoit en possession. Pour assurer d'autant plus cette Renonciation, on employe la sainteté du
serment, ou plûtôt on en abuse. C'est sur un Acte aussi odieux par
toutes ses circonstances, & qui se détruit de lui même, que le Duc
de Wirtemberg Stoutgard appuie principalement ses prétentions ;
par le dernier Article du Traité, contenant les *Pactes de Famille*,
du 28 May 1617, *les cinq Freres qui stipulent, promettent par serment
corporel, qu'ils prestent respectivement & personnellement les uns aux
autres, d'en observer inviolablement toutes les Clauses, mais à condition que le plus jeune de ces Princes, qui étoit pour lors mineur, ratifiera
& confirmera par un nouvel Acte le present Traité, aussi-tôt qu'il aura
atteint l'âge de vingt-cinq ans*, d'où il resulte, que jusqu'à la ratification en pleine majorité, du plus jeune de ces Princes, l'execution de
ce Traité demeureroit entierement suspendue. Par la même raison,
& sur le même principe le Traité *de Vildbâde*, qui a pour unique
fondement les *anciens Pactes de Famille*, suivant le sentiment du
Duc de Wirtemberg Stoutgard, ne peut ni ne doit avoir aucune
execution, qu'en cas qu'il soit ratifié, & confirmé par le Suppliant
depuis sa majorité, puisqu'il n'étoit âgé que de dix-sept ans, lorsqu'il a été passé, & qu'il se trouve aujourd'huy la seule partie
interessée. D'ailleurs quand la Clause de ratification ne seroit pas
formellement exprimée dans les *Pactes de Famille*, ou dans le
Traité de Wildbâde, qui est une suite ou une prétendue execution, elle se suplée de Droit, suivant les Usages & la Jurisprudence
de tous les Tribunaux. Un mineur, qui en renonçant à la succession de ses pere & mere, a souffert une lesion énorme, est en droit
de se faire restituer ; & c'est une injustice criante de lui refuser
une faculté que toutes les Loix Civiles, toutes les Ordonnances
& toutes les Coutumes lui accordent. Ce raisonnement est juste &
convaincant, il détruit radicalement & invinciblement toutes les
prétentions du Duc de Wirtemberg Stoutgard, & renverse les motifs
de l'Arrêt du Conseil Aulique, qui ne sont appuyés que sur le Traité
de Wildbâde, & sur les *anciens Pactes de Famille*. En un mot le Traité,
contenant *les Pactes de Famille*, renferme des clauses de rigueur,
capitales & essentielles, qui sont des Loix inviolables qui doivent
avoir dans tous les tems une pleine & entiere execution, parce qu'elles sont également conformes aux Loix divines & humaines. Tels

font les premier & second Article de ce Traité; *par le premier, l'Aîné des cinq Freres doit posseder pour lui & ses Heritiers mâles & legitimes & leurs descendans en loyal mariage, le Duché de Wirtemberg, circonstances & dépendances; par le second Article, le Puîné des cinq Freres doit posseder pour lui & ses Heritiers mâles legitimes, & leurs descendans en loyal mariage la Principauté de Montbeliard, avec toutes les Seigneuries qui en dépendent, situées en Franche Comté & en Alsace.* Les Lettres d'Investitures accordées par les Empereurs aux Branches de Stoutgard & de Montbeliard, & les Traités de Paix de Westphalie & de Riswick, qui servent de base & de fondement à ceux de Rastat & de Bade, contiennent expressément les mêmes dispositions. Ces deux Clauses sont de rigueur, les seuls mâles, tant qu'il y en a, nés en legitime mariage, font appellés à la possession de ces Principautés, Terres & Seigneuries, soit qu'elles soient situées dans l'Empire, dans le Comté de Bourgogne ou en Alsace. Or le Suppliant est né en legitime mariage, donc suivant l'esprit & la lettre des *Pactes de Famille*, des Lettres d'Investitures, & des Traités de Paix, il doit succeder à tous les Titres & Droits, dont joüissoit le feu Duc de Montbeliard son Pere, & même *au Duché de Wirtemberg;* Si tous les Mâles legitimes de la Branche aînée viennent à deceder sans posterité; il doit être preferé aux *autres Branches cadettes de la Maison de Wirtemberg,* & par consequent *à la Maison d'Autriche;* puisqu'elle n'est appellée à la succession des Etats de Wirtemberg, *qu'après l'extinction de tous les Princes de cette Maison.* L'Article au contraire du même Traité, qui regarde les Mariages, est une convention purement personnelle, qui n'engage que les cinq freres, & qui ne doit avoir d'execution, qu'autant qu'elle est agreable & du goût de leurs Heritiers & Successeurs. Les termes dans lesquels cet Article est conçû le font voir évidemment: on y represente qu'il est *loüable & convenable, que les cinq freres se marient à des femmes de leur Rang.* Ces paroles ne peuvent engager la liberté sur le chapitre du Mariage, qui est de droit public. Le Duc de Wirtemberg Stoutgard, ne trouvant point de réponses à des raisonnemens aussi justes & aussi concluans, se retranche à dire que le Mariage qui a été contracté entre le feu Prince de Montbeliard & la Dame de Hedviger, Comtesse de Sponeck, a été fait *de la main gauche, ad morganaticam* ou *Lege salicâ,* comme on parle dans la Jurisprudence féodale d'Allemagne. Les Actes de célébration & plusieurs autres qu'on rapporte, prouvent invinciblement le contraire; ils établissent, que ce Mariage a été public & solemnel. Dans les Mariages, qui se font *de la main gauche,* les Parties contractantes doivent convenir, par un Acte fait exprès, que les enfans qui naîtront, quoique legitimes, ne succederont point aux Titres, aux Dignités & aux Droits de leurs Peres. C'est un fait incontestable, qu'on n'a point fait une pareille convention avant le Mariage du feu Prince de Montbelliard. Le Traité même de *Wildbâde* en est une preuve demonstrative; on y suppose seulement, qu'il n'est pas conforme *aux anciens Pactes de Famille*: n'est-ce pas convenir expressément qu'il n'a point été fait *de la main gauche*, & qu'au contraire on a observé toutes les formalités & toutes les cérémonies necessaires, suivant la Coutume des Eglises de la Confession d'Ausbourg? Tous les faits ci-dessus sont certains & incontestables; ils établissent invinciblement, par Piéces autentiques, qui seront jointes à la presente Requête, les Titres & les Droits du Suppliant à la succession du feu Duc de Montbeliard son pere. Après sa mort le Suppliant fut forcé, à mains armées, d'abandonner le Château de Montbelliard, au Duc de Wirtemberg Stoutgard qui s'empara de tous les Titres, Meubles & Effets de la succession, qui montoient à des sommes immenses, & qui appartenoient incontestablement au Suppliant, comme au Fils legitime & à l'heritier du Sang, independemment de toutes les prétentions mal fondées du Duc de Wirtemberg Stoutgard, sur les Terres, Fiefs, Terres & Seigneuries dépendantes de la succession du feu Prince de Montbelliard son pere. Le Suppliant en qualité de Fils unique & seul Heritier legitime de ce Prince, étoit saisi de droit immediatement après sa mort, de toutes les Terres & Seigneuries, qui se trouvent en France, suivant *le Droit Commun, les Ordonnances & les Coutumes des Provinces*, où les Biens contestez sont situés; qui portent, *que le mort saisit le vif son plus prochain heritier, habile à lui succeder*. Suivant la Coutume du Comté de Bourgogne, Article VII. Titre I. *des Fiefs : en choses féodales & mouvantes de Fiefs, les Heritiers ab intestat peuvent succeder, comme en autres choses, & prendre la possession desdites choses féodales, sans le consentement du Seigneur du Fief, & sans danger de Commise, excepté les Religieux.* Cependant le Suppliant ayant appris, que les Ducs de Wirtemberg Stoutgard & Oëls formoient des prétentions sur lesd. Terres, *malgré la reconnoissance publique, que le Prince Christian Ulrich de Wirtemberg Oëls son Cousin a faite des Droits du Suppliant, par une lettre qu'il a écrite le 29. Aoust 1720, au feu Prince de Montbelliard*: il a mieux aimé, *pour obeïr aux Ordres de Sa Majesté*, presenter Requêtes au Parlement de Besançon & au Conseil Superieur de Colmar, à l'effet d'être envoyé en possession : elles ont été reponduës *de l'agrément de Sa Majesté* par Arrêts desdites Cours, portans, *foient Parties appellées*. En confequence les Ducs de Wirtemberg Stoutgard & Oëls ont été affignés par Exploits des 19 & 25 Juin 1723, aux Hôtels des Procureurs Generaux, conformément à l'Ordonnance : mais fur une Requête prefentée à Sa Majefté par le Duc de Wirtemberg Stoutgard, la conteftation d'entre les Parties a été évoquée au Confeil, par Arrêt du 3 Janvier dernier, qui ordonne en même tems, que les revenus defdites Terres demeureront en Sequeftre. Le Duc de Wirtemberg Stoutgard offre en termes exprès, par fa Requête inferée dans ledit Arrêt d'évocation, de prouver, que le Suppliant *eft fans titre & fans qualité, pour intenter aucune action, pour raifon defdites Terres*: ainfi la conteftation eft liée & engagée contradictoirement au Confeil, *par le fait propre du Duc de Wirtemberg Stoutgard*: mais jufqu'ici, il n'a point fatisfait à fes offres, & n'a rapporté ni raifons ni piéces, pour établir que le Suppliant fût incapable de fucceder aux Titres & Droits du feu Prince de Montbelliard fon pere. Par une confequence jufte & naturelle, il ne peut plus y avoir aujourd'hui aucune difficulté de l'en mettre en poffeffion. A CES CAUSES, Requeroit le Suppliant, qu'il plût à Sa Majefté l'envoyer en poffeffion des Fiefs, Terres & Seigneuries fituées en Franche-Comté, en Alface & dans les autres Provinces du Royaume, aux offres qu'il a faites plufieurs fois, & qu'il réitere de reconnoître la Souveraineté & les Droits du Roy, par tout où befoin fera. Vû ladite Requête fignée de DESBOYS, Avocat du Suppliant, & toutes les Piéces juftificatives. OUY le Rapport :

Me *DESBOYS, Avocat.*

PREUVES,

DES FAITS CONTENUS DANS LA REQUESTE.

On produit les Pieces suivantes.

LA premiere, est un Acte de celebration du mariage d'entre feu Monsieur le Duc de Wirtemberg Montbeliard, & Madame Anne Sabine de Hedviger.

Cet Acte prouve, que ce mariage fut celebré publiquement, & suivant la coûtume de l'Eglise Lutherienne, le premier Juin 1695, dans l'Eglise de Rejowitz dans la grande Pologne. Il a été délivré en langue Allemande, le jour même de la Celebration du Mariage à feu Monsieur le Duc de Montbeliard, par le Sieur Fuchs, pour lors Ministre des Eglises Unies de Rejowitz & Skoki, qui venoit de lui donner la Benediction Nuptiale.

Cet Acte a été legalisé dans la forme la plus autentique, par les Magistrats de la Ville de Skoki, qui declarent qu'il est écrit de la propre main du feu Sieur Fuchs, pour lors Ministre des Eglises Unies de Skoki & de Rejowitz, & qu'il est entierement conforme au Registre des Mariages de l'Eglise de Rejowitz, qu'ils se sont fait representer.

La seconde, du 17 Fevrier 1720, est la déposition par serment du Sieur Leonard Nardin, des faits cy-après, faite en vertu d'une Commission donnée à cet effet, par feu Monsieur le Prince de Montbeliard à deux de ses Conseillers.

Le Sieur Nardin dépose, qu'il a été present à la Celebration du Mariage, d'entre feu Monsieur le Prince de Montbeliard, & Madame de Hedviger, qui fut faite dans l'Eglise de Rejowitz, & que le Sieur Fuchs, qui en étoit pour lors Ministre, donna la Benediction Nuptiale.

Il dépose de plus, qu'il reste deux enfans de ce Mariage, sçavoir, Monsieur le Duc de Montbeliard d'aujourd'hui, & Madame la Princesse Leopoldine Eberhardine; & qu'il a été present à leurs Baptêmes.

La troisiéme du 17 Juin 1720, est une procuration de feu Monsieur le Prince de Montbeliard donnée à Monsieur le Prince son fils, pour aller lui même en Pologne, ou du moins y envoyer quelqu'un de sa part, pour faire expedier un nouveau certificat du Mariage dudit feu Prince, avec Madame de Hedviger.

Le quatriéme, du 3 Juillet 1720, est un Certificat dudit Mariage, délivré en langue Latine, par le Sieur Koch, Pasteur des Eglises Unies de Skoki & de Rejowitz, à celui qui étoit chargé à cet effet de la Procuration de Monsieur le Duc de Montbeliard d'aujourd'huy; le Sieur Koch reconnoît que le feu Sieur Fuchs son Predecesseur a écrit de sa propre main en langue Latine, sur le Registre de l'Eglise de Rejowitz, le Mariage dont il s'agit, & qu'il a donné lui-même la Benediction Nuptiale le premier Juin 1695.

Ce Certificat est pareillement legalisé le 3 Juillet 1720, par les Magistrats de Skoki, dans la forme la plus autentique, & dans les mêmes termes, qu'ils ont legalisé l'Acte de Celebration du même Mariage, écrit en langue Allemande, de la propre main du Sieur Fuchs, dont il a été parlé cy-dessus.

La cinquiéme, du 4 Juillet 1720, est une Enqueste faite devant les Magistrats du Lieu de Skoki, à la requisition de celui qui étoit chargé à cet effet, de la Procuration de Monsieur le Duc de Montbeliard d'aujourd'hui; dans laquelle plusieurs Témoins des Lieux de Skoki, & Rejowitz ont été entendus, & ont tous affirmé par serment, avoir une parfaite connoissance du Mariage dont il est question; qu'il avoit été celebré publiquement dans l'Eglise de Rejowitz, & qu'on y fit chanter des Cantiques, & sonner les cloches, suivant la Coûtume des Eglises de la Confession d'Ausbourg.

Quelques uns de ces Témoins déposent avoir été presens à la Celebration de ce Mariage, avec plusieurs autres personnes qui sont mortes.

La sixiéme, est l'Extrait Baptistaire de Monsieur le Duc de Montbeliard d'aujourd'huy, du 12 Decembre 1697, il est expedié par le Sieur Opfergeld, Prevost & Prélat du Monastere de Notre-Dame à Magdebourg, de l'Ordre des Premontrés; il certifie, qu'étant pour lors Diacre de Festemberg, il a baptisé, le 12 Decembre 1697, un enfant mâle, qui a été nommé George Leopold, dont le Pere est S. A. S. Leopold Eberhard Duc de Wirtemberg Montbeliard, & sa Mere Madame Anne Sabine de Hedviger.

Ce Certificat est scellé du Sceau du Monastere de Notre-Dame de Magdebourg, & signé du Sieur Opfergeld en ladite qualité de Prévôt & Prélat.

Enfin, c'est un fait incontestable que Monsieur le Prince de Montbeliard d'aujourd'huy a été reconnu par Monsieur le Duc son Pere, Prince hereditaire & habile à lui succeder en tous ses Titres & Droits. Les Officiers Ecclesiastiques & Seculiers, & tous les Peuples du Comté de Montbeliard l'ont reconnu publiquement en cette qualité, tant avant que depuis la mort du feu Prince, & lui ont presté serment, lorsqu'il prit solemnellement possession, de ses Etats, après la mort du Prince son pere.

La septiéme, est le Traité, contenant les Pactes de Famille des Ducs de Wirtemberg du 28 May 1617, fait entre cinq freres Princes de cette Maison.

Les faits articulez dans la Requête, sont entierement conformes au sens propre & litteral de ce Traité, la simple lecture le fera connoître.

La huitiéme, est le Traité de Wildbâde du 18 May 1715, dont Monsieur le Duc de Wirtemberg Stoutgard veut se prevaloir, pour exclure Monsieur le Duc de Montbeliard de la succession de feu Monsieur le Duc son pere.

On a fait voir dans la Requête, en discutant exactement tous les Articles, qui composent les Pactes de Famille; que le Traité de Wildbâde est diametralement opposé à l'esprit & à la lettre des mêmes Pactes de Famille, des Lettres d'Investitures & des Traitez de Paix de Westphalie & de Riswic, qui ne demandent autre chose dans les Enfans des Princes, pour être habiles à leur succeder, que d'être nés en legitime Mariage.

La neuviéme, sont les Lettres Patentes de l'Empereur Leopold du 2 Aoust 1701, par lesquelles il éleve la Famille de Hedviger de l'un & de l'autre Sexe à la Dignité de Comtes & de Comtesses de l'Empire.

Ces Lettres prouvent, que la Famille des Hedvigers est noble, & ancienne, élevée dans les vertus de la Noblesse, & formée aux exercices des Chevaliers : ce sont les propres termes de ces Lettres.

La dixiéme, est l'Arrêt du Conseil Aulique du 8 Avril 1723, qui déclare Monsieur le Duc de Montbeliard d'aujourd'hui inhabile à porter la Dignité du Prince son pere, & à la succession des Allodiaux & Fiefs immediats de l'Empire, dépendans de sa succession.

Les motifs de cet Arrêt ont été détruits invinciblement dans la Requête.

On observera seulement, que Madame de Hedviger, Duchesse de Montbeliard, y est qualifiée, Comtesse de Sponec; ce qui confirme les Lettres Patentes accordées par l'Empereur Leopold le 2 Aoust 1701, par lesquelles il éleve la Famille de Hedviger de l'un & de l'autre Sexe à la Dignité de Comtes & Comtesses de l'Empire, & la reconnoît d'ancienne Extraction noble.

La onziéme & derniere, est la lettre écrite le 29. Aoust 1720, à feu Monsieur le Duc de Montbeliard, par Monsieur le Duc Christian Ulric de Wirtemberg Oëls, son Cousin, par laquelle il reconnoit Monsieur le Duc de Montbeliard d'aujourd'hui, Enfant legitime de feu Monsieur le Duc de Montbeliard, & habile à lui succeder dans tous les Titres & Droits attachez à la qualité de Prince.

Me DESBOIS, Avocat.

Depuis ou produit Les Lettres de Naturalité, accordées par le Roy Louis XIV de Glorieuse memoire, au mois de Septembre 1651, à Monsieur le George de Wirtemberg Montbeliard, et à Madame anne de Coligny, fille de Monsieur le Duc de Chatillon, Marechal de France, Ayeux de Monsieur le Duc de Montbeliard d'aujourd'huy, ensemble à leurs Enfans nés en legitime Mariage.

Ces Lettres sont conformes aux Pactes de Famille des Princes de Wirtemberg, aux Lettres d'Investiture, et aux Traités de paix de Weyphalie et dont il a été parlé cy dessus, qui ne demandent dans les Enfans des Princes pour être habiles à leur succeder, que d'être nés en legitime Mariage.

Enfin on produit l'arrêt du Conseil d'Etat du 3 janvier 1724, qui au Conseil le procès d'entre les parties, et ordonne, que les Revenus situées en Alsace et en Franche Comté demeureront en sequestre.

La Requête de Monsieur le Duc de Wirtemberg Stoutgard, jointe à cet arrêt, prouve que la Contestation est liée et engagée du seul fait propre de Monsieur le Duc de Wirtemberg Stoutgard qui offre au Conseil les Titres et qualités de Monsieur le Prince de Montbeliard, et faire voir qu'il est incapable de succeder à feu Monsieur le Prince son Pere.

Monsieur le Duc de Wirtemberg Stoutgard n'a point jusqu'à present satisfait à ses offres, et il n'y satisfera jamais.

SUR LA REQUESTE PRESENTE'E AU ROY, étant en son Conseil, par GEORGE LEOPOLD, Fils unique & seul heritier legitime du feu Prince Leopold Eberhard, Duc de Wirtemberg-Montbeliard : CONTENANT, qu'il ne peut se dispenser de s'opposer, Tous le bon plaisir du Roy, à l'execution de l'Arrest du Conseil du 11. Septembre dernier, obtenu par le Duc de Wirtemberg-Stougart son Cousin, signifié le 28. suivant. Il porte que dans deux mois pour toute préfixion & délay, le Supliant, & les autres enfans du feu Prince de Montbeliard, & leurs meres, seront tenus de raporter aux mains de Monsieur le Garde des Sceaux de France, les Lettres en original du mois de May 1719. portant benefice de naturalité en leur faveur, avec Titres de Princes & Princesses, Cousins & Cousines de Sa Majesté, pour être lesdites Lettres reformées, en ce qui concerne lesdits titres & qualitez, & leur en être expedié d'autres en la maniere accoutumée. Le même Arrest ajoûte, que faute par eux de le faire dans ledit temps. lesdites Lettres seront & demeureront nulles & de nul effet, même quant au benefice de naturalité, & que mention sera faite dudit Arrest du Conseil, tant au Parlement de Besançon, qu'au Conseil Superieur de Colmar, & autres Cours & Sieges où elles auront été enregistrées, à côté de l'enregistrement desdites Lettres. Les moyens d'oposition du Supliant sont, qu'il n'a aucune part aux Lettres de naturalité du mois de May 1719. qu'il ne les a pas même entre ses mains, qu'elles sont obtenuës à la seule requisition du feu Duc de Wirtemberg-Montbeliard son pere, comme il est prouvé par l'exposé desdites Lettres, dans lesquelles il a fait employer, sans distinction, les noms de ses enfans & de leurs meres, dans le dessein de leur faire attribuer confusément les titres & qualitez de Princes & de Cousins de Sa Majesté, qui ne peuvent appartenir qu'aux enfans issus d'un legitime mariage. La legitimité de la naissance du Supliant n'est point attaquée, & ne le peut être, elle est incontestable, par consequent on ne peut, sans une injustice criante, vouloir empêcher le Supliant de porter les titres qui y sont inséparablement attachez. Le Supliant ne fonde point uniquement ses droits sur les Lettres de naturalité du mois de May 1719. il les fonde sur l'autenticité de sa naissance legitime, & sur les Lettres Patentes accordées au mois de Septembre 1651. par le Roy Loüis XIV. de glorieuse memoire, au Duc George de Wirtemberg-Montbeliard, & à la Dame de Coligny ses ayeux. Ces Lettres sont données principalement en conside-

A

ration des grands & signalez services rendus au Roy & à l'Etat, par le Comte de Coligny Duc de Châtillon, Marêchal de France, Bisayeul maternel du Supliant. Elles declarent ledit Duc George de Wittemberg-Montbeliard, & ladite Anne de Coligny son épouse, Cousins de Sa Majesté, & les reconnoissent Princes ; elles attribuent les mêmes honneurs, les mêmes droits, & les mêmes avantages à leurs enfans & à leurs descendans en legitime mariage ; d'où il resulte par une suite juste & naturelle, qu'ils sont acquis au Supliant par une filiation legitime, & qu'ils ne doivent, ni ne peuvent lui être contestez. Le Duc de Wirtemberg-Stoutgart allegue, qu'après l'Arrest du Conseil Aulique, rendu contradictoirement sur les prétentions respectives des parties le 8 Avril dernier, par lequel les enfans du feu Prince de Montbeliard & leurs meres ont été declarez inhabiles à porter la qualité de Princes, & à la succession des Allodiaux & Fiefs immediats de l'Empire, la demande qu'il forme aujourd'huy au Conseil de Sa Majesté ne peut souffrir aucune difficulté. On luy répond, 1°. Qu'on ne peut oposer au Supliant le jugement du Conseil Aulique, il a été rendu sur les Memoires du Duc de Wirtemberg Stoutgart, & sur ceux presentez par ordre du Duc de Wirtemberg-Montbeliard, pere du Supliant, qui confondoit l'état de ses enfans, & prétendoit sans distinction de leur naissance, leur faire attribuer les qualitez de Princes, & les faire joüir des mêmes avantages. Ces demandes n'étoient pas justes en general, le Conseil Aulique devoit les examiner séparément. S'il l'avoit fait, comme il y étoit obligé, il ne pouvoit se dispenser d'adjuger au Supliant les titres, qualitez & droits qui lui apartiennent necessairement, & dont il est en possession. Après la mort du feu Prince de Montbeliard, qui arriva le 25 Mars dernier, le Supliant eut l'honneur d'écrire une Lettre à Sa Majesté Imperiale, par laquelle il la suplioit très-humblement de luy accorder un délai suffisant pour produire ses défenses, attendu que l'état de la cause se trouvoit totalement changé par la mort du Prince son pere. Il y a preuve que cette Lettre fut produite au Conseil Aulique le 6 Avril dernier ; cependant le 8 du même mois, ce Tribunal rendit l'Arrest dont il s'agit, sans avoir entendu le Supliant dans ses défenses particulieres, quoi qu'elles méritassent une très-sérieuse attention, si on vouloit lui rendre justice, principalement depuis la mort du Prince de Montbeliard son pere, & sans lui avoir jamais communiqué les écritures du Duc de Wirtemberg Stoutgart, pour y fournir de réponses. Dans ces circonstances, le Supliant est toûjours en état, suivant les Usages, & les Constitutions de l'Empire, de se pourvoir contre l'Arrest du Conseil Aulique du 8 Avril dernier, & on travaille actuellement à sa Requeste, qui sera presentée dans les délais prescrits par les Ordonnances de l'Empire. 2°. Les Jugemens du Conseil Aulique ne doivent point avoir d'execution en France, principalement quand ils sont directement contraires à l'équité naturelle, au droit commun, aux Coûtumes, aux Ordonnances, & aux Loix fondamentales du Royaume. L'Arrest du Conseil Aulique, dont il s'agit, prive le Supliant, sans l'entendre, & par conséquent contre toutes les regles prescrites dans l'Empire, du titre de Prince, des Allodiaux, & des Fiefs immediats de l'Empire : cette difpofition ne peut avoir lieu en France ; le titre de Prince lui eft acquis en ce Royaume par fa legitime filiation, & par les Lettres Patentes accordées dans le mois de Septembre 1651, comme il a efté obfervé ci-deffus, au Duc George de Wirtemberg-Montbeliard, & à Anne de Coligny, ayeux du Supliant, enfemble à leurs enfans & defcendans en legitime mariage, avec tous les droits qui appartiennent aux vrais originaires François, comme font ceux de fucceder aux terres & biens fituez dans le Royaume, dépendans de leurs fucceffions, & aux titres de leur pere. Ces Lettres ont force de Loi inviolable en France, elles ont efté enregiftrées dans tous les Tribunaux où il a efté neceffaire. Le Duc de Wirtemberg-Stoutgart ne peut pas, pour exclure le Supliant des titres & droits attachez à fa naif-fance legitime, fe prévaloir, même dans l'Empire, à plus forte raifon en France, des anciens Pactes de la Maifon de Wirtemberg du 28 May 1617. qui portent, *Que les cinq freres, qui ftipulent dans ces Actes, ne de-vront ni ne voudront point fe marier, fans le confentement l'un de l'autre, principalement du Prince leur frere aîné, fur tout, avec une perfonne, qui n'eft point de condition de Prince.* Ces Pactes de famille ne regardent en ce point que les cinq freres perfonnellement qui contractent, il n'y eft point parlé de leur pofterité. Quand dans les mêmes Actes ils ont fait quelque con-vention, par laquelle ils vouloient engager leurs defcendans, ils les y ont formellement compris. D'ailleurs les propres termes de la claufe, qui parle des mariages qui fe feront dans la fuite dans la Maifon de Wirtem-berg, ne portent point, que les enfans qui naîtront d'une femme d'une condition inégale, ne pourront eftre qualifiez Princes, ni fucceder ; par conféquent c'eft une fimple claufe de pure bienféance, qui n'emporte point d'incapacité, pour joüir des titres & prérogatives, & recüeillir les biens de la Maifon de Wirtemberg. Le Duc de Wirtemberg-Stoutgart n'a point demandé au feu Prince de Montbeliard fon confentement, quand il s'eft marié, comme il y eftoit obligé, s'il vouloit executer les Pactes de Famille ci-deffus ; par la même raifon il ne doit pas trouver mauvais, que le feu Prince de Montbeliard fe foit marié fans fon agrément. Les Lettres d'inveftiture accordées depuis ces Pactes de famille par les Empereurs aux Princes de la Maifon de Wirtemberg - Montbeliard, déclarent expreffément leurs enfans, iffus de mariages legitimes, habiles à fuc-ceder dans les Fiefs, & dans les titres d'honneur, fans éxiger dans les meres l'égalité des conditions. Le Supliant convient que depuis les Pactes de famille du vingt-huit May 1617, jufqu'au Prince fon Pere, il eft entré deux Demoifelles dans la Maifon de Montbeliard, fçavoir, Anne de Coligny ayeule du Supliant, fille du Duc de Châtil-lon, Maréchal de France, mariée au Duc George de Wirtemberg-Mont-beliard, en l'année 1648. de l'agrément du feu Roy & de la Reine fa mere, qui leur ont fait l'honneur de figner à leur Contrat de mariage. De plus Anne Sabine de Hedviger mere du Supliant, mariée en face d'E-glife le premier Juin 1695. au feu Prince de Montbeliard. Par Lettres Pa-tentes de l'Empereur Leopold du 2 Août 1701. qui fubfiftent actuellement, la famille de Hedviger de l'un & de l'autre fexe eft élevée à la dignité de Comtes & Comteffes de l'Empire, & reconnuë de très-ancienne extrac-

tion noble. Le Comte de Sponeck, frere de la mere du Supliant, est actuel-lement Chevalier de l'Ordre de Danebrog, Chambellan, & Lieutenant General des Armées du Roy de Danemark, & Gouverneur de Coppen-hague. Le Duc de Wirtemberg-Stoutgart a tort de prétendre, que de telles alliances doivent priver le Supliant du titre de Prince, & des autres droits & prérogatives attachez à sa filiation legitime, puisque la Duchesse de Wir-temberg sa femme, de la Maison de Bade-Dourlac, descend en ligne direc-te, & par conséquent le Prince hereditaire de Wirtemberg son fils, d'une Demoiselle nommée Ursule, fille du Chevalier de Rosenfeld, qui n'étoit point Prince. Le Duc de Wirtemberg Stoutgart prétendroit très-mal à pro-pos, que le mariage contracté entre le feu Prince de Montbeliard & la Dame de Hedviger Comtesse de Sponeck, a esté fait de la main gauche, *ad morganaticam*, ou *lege salica*, comme on parle dans la Jurisprudence feodale d'Allemagne. On raporte l'Acte de celebration du mariage dont il s'agit, qui prouve qu'il a esté public & solemnel. Dans les mariages de la main gauche, *ad morganaticam*, qui se font quelquesfois entre un Prince & une femme inferieure à sa naissance, les Parties contractantes doivent convenir, que les enfans qui naîtront, quoique legitimes, ne succederont point à leurs titres & dignitez : bien loin qu'il se trouve ici une pareille convention, le feu Prince de Montbeliard a reconnu le Supliant comme Prince hereditaire & habile à lui succeder, en tous ses droits, honneurs & prérogatives. Les Officiers Ecclesiastiques & Seculiers, & tous les peuples du Comté de Montbe-liard l'ont reconnu publiquement en cette qualité, tant avant que depuis la mort du feu Prince, & luy ont presté serment lorsqu'il prit solemnel-lement possession de ses Etats, après la mort du Prince son Pere. Le Duc de Wirtemberg Stoutgart ne pourroit, sans confusion, oposer au Supliant le prétendu Traité fait à Wilbade dans le Wirtemberg le 18 May 1715. entre luy, & le feu Prince de Montbeliard ; c'est un ouvrage d'iniquité, qui pour l'honneur de l'une & de l'autre des Parties contra-ctantes, n'auroit jamais dû paroître au jour. Le Prince de Montbeliard se trouvoit malheureusement dans les Etats du Duc de Wirtemberg Stout-gart, sans avoir fait reflexion que dans sa plus tendre jeunesse, il y fut arresté prisonnier, & qu'il fut obligé d'en porter ses plaintes à l'Empe-reur Leopold, qui donna un Mandement Imperial portant ordre, sous des peines, de mettre le Prince de Montbeliard en liberté ; ce Mande-ment fut suivi de deux Sentences paritoires des 14 May & 9 Octobre 1682. renduës sur le même sujet. Enfin l'Empereur écrivit à l'Electeur de Baviere, une Lettre, le 9 Octobre 1682. portant commission d'execu-ter ses Mandemens contre le Duc de Wirtemberg-Stoutgart, même par execution militaire. Ce qui prouve que depuis long-temps la Maison de Stoutgart a entrepris à force ouverte, & en violant les droits les plus sacrez de l'hospitalité, de se faire faire une cession des biens de la Maison de Montbeliard. N'ayant pû réüssir dans ses desseins, dans les années 1681. & 1682. pendant la prison du feu Prince de Montbeliard, elle a crû trouver une occasion bien plus favorable en l'année 1715. Le Prince de Montbeliard estoit allé dans le Wirtemberg pour y prendre les
bains,

bains, il y tombe malade très-dangereusement ; le 18 May 1715. lors
qu'on defesperoit de sa vie, on luy presente à minuit un Traité tout
dressé, dont il n'avoit jamais oüy parler, & on l'oblige de le signer sans luy
permettre d'en prendre la lecture. On le fait convenir par ce Traité, que
les enfans qu'il a eu d'Anne Sabine d'Hedviger, Comtesse de l'Empire,
mere du Supliant, quoique reconnuë femme legitime, ne sont point habiles à luy succeder, dans les Fiefs & biens de la Maison de Montbeliard,
en quelques lieux qu'ils soient situez, soit en Allemagne, ou en France,
suivant les anciens Pactes de famille, qui, à ce qu'on prétend, défendent aux Princes de la Maison de Wirtemberg de se marier à des femmes de condition inégale. Le Prince de Montbeliard estant retourné
dans ses Estats, ratifie mal-à-propos le Traité qu'il avoit fait à Wildbade, il le fait signer & approuver par le Supliant, & par la Princesse
son épouse mere du Supliant. Le Duc de Wirtemberg-Stoutgart
avoit gagné par presens, pensions, promesses ou menaces, tous
les peuples de Montbeliard, & principalement les personnes qui
approchoient le plus près du feu Prince de Montbeliard. Cependant il ne croit pas encore toutes ces précautions suffisantes, il
engage le Supliant, qui estoit pour lors âgé de dix-sept ans, de l'aller
trouver dans le Wirtemberg, pour luy faire faire avec serment une
nouvelle approbation de ce Traité. On passe icy sous silence les autres conditions du Traité, elles renferment toutes en general & en
particulier des nullitez capitales & essentielles, & renversent les Loix
divines & humaines. Quoy qu'il en soit, pour détruire radicalement
& invinciblement ce Traité, le Supliant se contentera d'employer icy
les dissertations exactes & solides qu'il a faites sur les Pactes de famille
de l'année 1617. puisqu'on les veut regarder comme la baze & le fondement du prétendu Traité de Wildbade, dont il joindra l'analyse à la
presente Requeste. Le Supliant a démontré cy-dessus que le Duc de
Wirtemberg-Stoutgart ne pouvoit tirer aucun avantage de ces Pactes de
famille, suivant leur sens propre & litteral. Il n'y a point de Loy prohibitive reçûë en Allemagne contre les mariages entre personnes de
condition inégale ; ils sont permis d'ailleurs par le Droit Civil & par le
Droit Canon, & autorisez par l'usage de toutes les Nations, & notamment en Allemagne. Si on vouloit parcourir les Genealogies des Maisons
les plus illustres de l'Empire & de l'Europe, de quelques rangs & qualitez
qu'elles puissent estre, on prouveroit qu'il n'y a peut-estre pas une seule
Maison de Prince, où il ne soit entré des femmes de condition inégale.
Ces mariages sont inserez dans les Annales & dans les Genealogies des
Princes, & la posterité qui en descend, gouverne tranquillement des
Royaumes & des Estats Souverains. A CES CAUSES, requeroit le
Supliant, qu'il plût à Sa Majesté le recevoir oposant à l'Arrest du Conseil du onze Septembre dernier, en ce qui le concerne ; faisant droit
sur son oposition, ordonner que les Lettres de naturalité expediées au
mois de May 1719. seront executées à son égard selon leur forme & teneur, & qu'il joüira du benefice desdites Lettres, & de celles accordées

au Duc George de Wirtemberg-Montbeliard son ayeul au mois de Septembre 1651. & à ses enfans & descendans en legitime mariage; & en outre ordonner qu'il sera fait mention de l'Arrest qui interviendra sur la presente Requeste, sur les minutes, ensemble sur les expeditions des Arrests des Cours & autres Sieges où lesdites Lettres de naturalité du mois de May 1719. ont esté enregistrées, & par tout où besoin sera. VEU ladite Requeste signée de DESBOYS, Avocat du Supliant, & les Pieces justificatives : OUY le raport, &c.

Cette Requeste a esté presentée le 19 Novembre 1723. & remise à M. le Garde des Sceaux.

Me. DESBOYS, Avocat.

UR CE QUI A ESTE' REPRESENTE' AU ROY, eſtant en ſon Conſeil, par GEORGE LEOPOLD, Fils unique & ſeul Héritier légitime du feu Prince LEOPOLD EBERHARD, Duc de Wirtemberg - Montbeliard, Que ſuivant le Droit commun, les Ordonnances, & toutes les Coûtumes du Royaume, & notamment celle de la Franche-Comté, Article premier du Titre 3. des Succeſſions, qui porte, *Que le mort ſaiſit le vif, ſon plus prochain heritier, habile à lui ſucceder* ab inteſtat, les Biens, Terres & Seigneuries, poſſedées par le feu Prince ſon pere, lui appartiennent inconteſtablement : Que par cette raiſon, il eſtoit en droit de s'en mettre de lui-même en poſſeſſion ſur le champ, & immédiatement après la mort du Prince ſon pere : Que cependant ayant appris, que les Ducs de Wirtemberg - Stoutgart & Oëls ſes Couſins formoient des prétentions ſur les Terres & Seigneuries ſituées en France, il a preſenté Requeſtes, tant au Parlement de Beſançon, qu'au Conſeil Superieur de Colmar, leſquelles ont eſté réponduës, de l'agrément de SA MAJESTE', par Arrêts, portans : *Soient Parties appellées.* En conſequence, les Ducs de Wirtemberg-Stoutgart & Oëls, ont eſté aſſignez, par Exploits des 19 & 25 Juin dernier, à deux mois, aux Hôtels des Procureurs Généraux du Parlement de Beſançon, & du Conſeil Superieur de Colmar, conformément à l'Ordonnance. Les délais des Aſſignations eſtant expirez depuis très-long-temps, ſans que leſdits Ducs de Wirtemberg-Stoutgart & Oëls, ayent comparu, ni Procureurs de leur part, ledit George Leopold réquiert, en qualité de Fils unique & ſeul Héritier légitime dudit feu Duc de Wirtemberg-Montbeliard, qu'il plaiſe à SA MAJESTE' ordonner au Parlement de Beſançon, & au Conſeil Superieur de Colmar, de lui rendre bonne & prompte juſtice, ſuivant les Ordonnances & Coûtumes du Royaume. En conſequence, conformément aux Concluſions par lui cy-devant priſes dans ces deux Tribunaux, l'envoyer en poſſeſſion des Biens, Terres & Seigneuries ſituées en Franche-Comté & en Alſace, à la charge de reconnoître la Souveraineté & les Droits du ROY par tout où beſoin ſera : ſi mieux n'aime SA MAJESTE' évoquer à ſoy, & à ſon Conſeil, les conteſtations d'entre les Parties, pour y eſtre procedé devant tels Commiſſaires qu'il plaira à SA MAJESTE' de nommer à cet effet, ſuivant les derniers erremens. VEU ladite Requeſte, ſignée de DESBOYS, Avocat du Suppliant, & autres Pieces juſtificatives, &c.

Cette *Requeſte a eſté preſentée le* 19 *Novembre* 1723. & *remiſe à* M. *le Garde des Sceaux.*

Me DESBOYS, Avocat.

De l'Imprimerie d'ANDRE' KNAPEN, au bout du Pont S. Michel, à l'entrée de la ruë S. André des Arcs, au Bon-Protecteur.

MEMOIRE
EN FORME DE MANIFESTE,

POUR S. A. S. Elizabeth - Charlotte de l'Esperance, Baronne du Saint Empire, Douairiere de feu S. A. S. Leopold-Eberhard Duc de Wirtemberg-Montbelliard, Prince Souverain du Saint Empire; & L. A. S. les Princes & Princesses leurs Enfans.

CONTRE S. A. S. Eberhard-Louis Duc regnant de Wirtemberg-Stougard, aussi Prince Souverain du Saint Empire.

ET George-Leopold, Comte de Sponeck.

EU Monsieur le Duc de Montbelliard, mort le 25 Mars 1723, a laissé de Madame la Duchesse de Montbelliard son Epouse cinq Enfans. (a) Quoique, selon les disposi- tions des Loix divines & humaines, il n'y ait aucun pre- texte de contester à la Mere sa qualité de Veuve, non plus qu'aux Enfans, leur état, & la succession de leur Pere; M. le Duc de Wirtemberg-Stougard s'est neanmoins emparé, de son autorité privée & à main armée, de la Ville, du Château & de la Principauté de Montbelliard. George-Leopold Comte de Sponeck, qui se dit fils du Duc de Montbelliard, quoiqu'il n'ait pas la moindre preuve juridique, qu'il soit seulement son fils naturel, a eu de même la témérité, pour pouvoir également usurper les Terres, que ce Prince a laissées en Alsace & en Franche-Comté, de prendre le nom & le titre de Prince de Montbelliard, comme s'il avoit l'avantage d'être né Enfant légitime de ce Prince, & que Madame la Duchesse de Montbelliard n'eut été que sa Concubine: Les Ministres de M. le Duc de Wirtemberg & le Comte de Sponeck ont répandu dans le monde differents écrits, pour justifier les droits, qu'ils s'attribuent, de succéder à la Principauté & aux autres biens du feu Duc de Montbelliard, au préjudice l'un de l'autre. Ceux-là n'ont pas eu de peine à démontrer, que le Comte de Sponeck étant, pour le plus, fils na- naturel du Duc de Montbelliard, n'est pas moins exclu par sa naissance,

(a) Leopold Eberhard, Charles-Leo- pold, George- Frederic, Hen- riette Hedwige, & Elizabeth- Charlotte, Prin- ces & Princesses de Wirtemberg- Montbelliard, tous Mineurs.

A

du titre & de la qualité de Prince, qu'incapable de lui fuccéder. Le Comte de Sponeck n'a pas moins folidement établi, que M. le Duc de Wirtemberg, n'étant qu'un Collateral, n'a rien à prétendre à la fucceffion de ce Prince, tandis qu'il a laiffé des Enfans légitimes, capables & en droit de lui fuccéder.

Conteftant tous deux l'état & la qualité de Madame la Ducheffe de Montbelliard, & des Princes & Princeffes fes Enfans, il femble qu'à l'envi l'un de l'autre, ils ont cherché à noircir, & le feu Duc de Montbelliard & la Ducheffe fa Veuve. Leurs écrits font de veritables libelles diffamatoires, dans lefquels ils n'ont pas plus refpecté le feu Duc de Montbeillard, que la verité.

Une Veuve & des Enfans, doivent trop à un Mary & à un Pere, pour garder le filence dans de telles circonftances. Le refpect, qu'ils ont pour la memoire du feu Duc de Montbelliard, leur honneur, leur état & leur fortune, fe réuniffent pour les engager à refuter des écrits, qui, quelques injurieux qu'ils lui foient, auffi-bien qu'à fa Veuve & à fes Enfans, n'ont heureufement pour fondement & pour principe qu'une fauffeté manifefte. En attendant qu'ils foient en état de fe pourvoir au Confeil Aulique, & de demander à S. M. Imperiale la juftice, qui leur eft dûë : on va prouver à toute l'Europe, que Madame la Baronne de l'Efperance a été femme légitime & la feule du feu Duc de Montbelliard ; que par confequent les Enfans, que ce Prince a eu d'elle, foit avant, ou depuis fon Mariage, les premiers legitimés par le Mariage, qui a fuivi : ceux-ci évidemment legitimes, ont feuls droit de lui fuccéder, foit par rapport à la Principauté de Montbelliard & aux Fiefs immediats de l'Empire, foit par rapport aux autres Terres & à tous les biens, qu'il a laiffez, à l'exclufion & du Comte de Sponeck, dont la mere n'a été que la Concubine de ce Prince, & de M. le Duc de Wirtemberg-Stougard, qui, indépendemment de ce qu'il ne feroit pas fon plus proche parent, ne fçauroit jamais lui fuccéder, à l'exclufion de fes Enfans legitimes.

F A I T.

LE feu Duc de Montbelliard, dès fa plus tendre jeuneffe, fut obligé de fuivre le Duc George de Wirtemberg-Montbelliard fon Pere, dépoüillé de fa Principauté de Montbelliard, & de l'accompagner en Silezie, où ce Prince chercha un azyle, auprès du Duc de Wirtemberg-Oëls fon Gendre.

En 1681, n'ayant encore que douze ans, il voyagea en Allemagne. Paffant dans les Etats de Wirtemberg, il y fut arrêté prifonnier. On n'impute pas cette violence à M. le Duc de Wirtemberg-Stougard, qui ne gouvernoit pas encore. On ne peut l'attribuer qu'à ceux qui avoient l'adminiftration de fes Etats, affez hardis & injuftes, pour s'être imaginé pouvoir envahir un jour la Principauté de Montbelliard, en exigeant d'un Prince auffi jeune, pour le prix de fa liberté, une renonciation aux Etats du Duc George de Wirtemberg-Montbelliard fon Pere, qui vivoit encore. Cette violence, fi contraire aux droits des gens & aux liaifons du fang, n'a été qu'un trop fûr préfage de celle, qu'on a exercée depuis la mort du feu Duc de Montbelliard, contre les Enfans légitimes de ce

Prince. Quoiqu'il ne fût alors qu'un Enfant, il n'eut pas affez de foibleffe pour s'effrayer des menaces des Miniftres de Wirtemberg, & il eut affez de pénétration pour démêler leurs artifices. Il ne douta pas que l'Empereur ne réprimât une violence auffi odieufe. Le Duc George fon Pere en ayant en effet porté fes plaintes à S. M. Imperiale : par un Mandement Imperial du 3 Octobre de la même année 1681, il fut ordonné au Prince Frideric-Charles de Wirtemberg, alors Adminiftrateur des Etats de Stougard, de mettre en liberté le feu Duc de Montbelliard. Ce Prince ne pût fe réfoudre à obéir. Le Duc George obtint deux autres Mandemens les 14 May & 9 Octobre 1682, qui ordonnoient l'execution du premier, fous peine d'execution militaire, & de l'indignation de l'Empereur. Ces deux Mandemens n'eurent pas plus d'effet. L'Empereur fut obligé de charger le Duc de Baviere d'entrer, à main armée, dans les Etats de Wirtemberg-Stougard, pour forcer le Prince Adminiftrateur, à mettre en liberté le Prince hereditaire de Montbelliard. Les préparatifs de cette execution militaire l'arracherent enfin des mains des Miniftres de Wirtemberg. Mais ils n'abandonnerent pas pour cela le projet qu'ils avoient formé d'envahir un jour fes Etats, pour les réünir à la Branche aînée.

Le Duc de Montbelliard, qui devoit fa liberté à l'Empereur, voulut lui en marquer fa reconnoiffance. Il fe mit à fon fervice, & fit plufieurs Campagnes en Hongrie, à la tête d'un Regiment d'Infanterie. Il commandoit dans la ville de Tockay, lorfqu'en 1693, elle fut bloquée par les Turcs. Il fit lever le Blocus, & força les Turcs à repaffer la Save, après une perte confiderable de leurs troupes.

Pendant les quartiers d'hyver, il revenoit auprès du Duc George fon Pere, qui étoit en Silezie chez Madame la Ducheffe d'Oëls fa Fille. Cette Princeffe avoit à fon fervice une jeune perfonne, nommée Anne Sabine Hedviger. M. le Duc de Wirtemberg (page 8 & 9 de fon Mémoire) en a fait la génealogie. Selon ce Mémoire, à la fin duquel on a fait imprimer des copies des piéces juftificatives, fa mere fervoit dans la maifon de Madame la Ducheffe d'Oëls en qualité de Confituriere, & la fille en qualité de femme de Chambre. Cette Fille étoit belle, vive, enjoüée, & n'ignoroit pas l'art de plaire. Elle infpira fans peine de l'amour à un jeune Prince, qui crut pouvoir fe faire un amufement de cœur, d'autant plus féduifant pour lui, qu'il devoit lui coûter peu de foins. Auffi ne foupira-t-il pas long-tems. Il falut bien-tôt chercher des expediens pour fauver les dehors & pour affurer à cette fille un mary. Le Duc de Montbelliard propofa à Claude Raguillot, l'un de fes Valets de Chambre, d'époufer Anne Sabine Hedviger. Celui-ci, mauvais courtifan, aima mieux facrifier fa fortune, que d'avoir la complaifance de paroître le mary de la maîtreffe de fon Prince. Il vit encore. Toute la Silezie le regarde comme un exemple rare de délicateffe fur le point d'honneur, laquelle ne s'accorde guére avec l'ambition, ou le befoin. Ce mauvais fuccès ne rebuta pas Anne Sabine Hedviger. Ses charmes & fon induftrie, lui offrirent une reffource, que fon Amant n'avoit pû trouver dans fes liberalitez. Elle agaça un Gentilhomme de Silezie, nommé Amadée Leopold de Zedlitz, qui n'avoit que quinze ans. Dans une partie de plaifir, où il s'enyvra, (a) elle furprit de lui une promeffe de mariage. Pour donner à ce mariage les apparences de la réalité (ce font les termes du

(a) Le Mémoire de M. le Duc de Wirtemberg, dit une partie de débauche.

Mémoire) elle le fit coucher dans sa chambre. Le jeune Gentilhomme revenu de son yvresse, ne se crut pas lié par pareil engagement. Anne Sabine Hedviger le fit assigner à l'Officialité, ou au Consistoire de Breslau, y obtint une Sentence *(a)* le 21 May 1695, qui déclara bonne & valable la promesse de mariage, & condamna le Gentilhomme à l'épouser. Neuf jours après elle accoucha en secret d'un premier enfant, qu'elle fit baptiser du nom de Leopold-Eberhard, qui étoit celui du Prince de Montbelliard son amant. Ce fils né en Allemagne, est mort à Montbelliard, comme on le dira dans la suite.

(a) Imprimée à la fin de ce Mémoire.

La Sentence du Consistoire de Breslau, qui déclaroit la promesse de mariage faite à Anne-Sabine Hedviger, bonne & valable, formoit entre elle & le Gentilhomme Silezien un engagement, qu'elle n'étoit pas en droit de dissoudre de son autorité privée, pour se livrer à un autre mary, avant que d'avoir été légitimement déliée, comme elle le fut depuis par une autre Sentence du même Consistoire, du 18 Août de la même année. Si le prétendu acte de célébration de mariage, rapporté par le Comte de Sponeck, datté du premier Juin de la même année, dont on parlera bien-tôt, n'avoit pas été fabriqué après coup, il s'ensuivroit que sa mere, mariée avec le feu Duc de Montbelliard, auroit eu l'éfronterie, près de trois mois après son mariage, de passer une transaction avec le sieur de Zedlitz, par laquelle pour le prix de sa renonciation aux promesses de mariage de ce Gentilhomme, & à la Sentence qui les déclaroit valables, ce jeune Gentilhomme, qui ignoroit son commerce avec le Duc de Montbelliard, sa grossesse & son accouchement, beaucoup plus encore le prétendu mariage du premier Juin, lui paya mille ducas, qu'il crut devoir sacrifier au rachat de sa liberté. Cette seconde Sentence déclara le sieur de Zedlitz quitte & libre de celle qui avoit été prononcée en faveur d'Anne-Sabine Hedviger, après qu'elle se fut démise entierement de sa prétention & renoncé en présence des Juges à la précédente Sentence, & les remit en liberté de se marier ailleurs à leur volonté.

L'impossibilité de concilier cette seconde Sentence *(b)* avec le prétendu acte de célébration de mariage, raporté par le Comte de Sponeck, fourniroit seule une preuve de sa fausseté, & qu'il n'a été fait qu'après coup. C'est ce qu'on établira plus particulierement dans la suite.

(b) Egalement imprimée à la fin de ce Mémoire.

Le dégoût, que le sieur de Zedlitz avoit marqué pour la Hedviger, avoit fait trop d'éclat dans le Païs, & les causes de ce dégoût avoient été trop publiques, pour lui laisser esperer de secondes dupes. Elle se borna à fournir au Duc de Montbelliard, son amant, de nouvelles preuves de sa fécondité. Si on en croit le Comte de Sponeck, elle lui donna une fille le 15 Février 1697, & un fils, qui est lui, le 12 Décembre suivant. Il a fait imprimer à la fin d'un Mémoire, distribué à Vienne, sous le nom du feu Duc de Montbelliard, un Extrait Baptistaire de la fille, datté de Medzibohr, sans aucune légalisation. En le supposant vrai, il fournit une preuve de la bâtardise de l'Enfant; la mere n'y étant point qualifiée d'épouse: & par conséquent un second argument de la fausseté du prétendu acte de célébration de mariage du premier Juin 1695.

A l'égard du Comte de Sponeck, qui veut être cet Enfant né le 12 Décembre 1697, il n'a point d'Extrait Baptistaire, mais un simple certificat non légalisé, datté du 8 Septembre 1722, *(c)* d'un inconnu nommé Opfergeld, qui se qualifie Prevôt de Notre-Dame de Magdebourg, Ordre de Prémontré;

(c) Il est également imprimé à la fin du Mémoire.

Prémontré. Cet inconnu y dit, qu'étant Diacre à Feſtemberg en Silezie, le 11 Decembre 1697, il y avoit près de 25 ans, il avoit baptiſé un Enfant mâle, nommé George Leopold, que ſon Pere étoit S. A. S. Leopold Eberhard Duc de Wirtemberg Montbelliard, & ſa mere Anne Sabine Hedviger, & qu'avoit été préſent comme Parrain le Capitaine Leonard de Nardin. L'auteur de ce certificat a oublié de qualifier la Hedviger d'épouſe du Duc de Montbelliard. Indépendamment du défaut de cette qualification, ſi importante pour l'état de la mere & de l'Enfant : quelle foy peut mériter pareil certificat ? Un Extrait Baptiſtaire ne fait preuve qu'autant qu'il eſt conforme au Regiſtre, dont il doit être tiré. On n'a pas oſé dire dans le certificat, rapporté par le Comte de Sponeck, qu'il eût été pris des Regiſtres de l'Egliſe de Feſtemberg. Ces Regiſtres n'étoient pas en la poſſeſſion de ce prétendu Prevôt de Nôtre-Dame de Magdebourg. Le certificat d'un particulier, ſans caractere, dont on ne connoît ni l'écriture ni la ſignature, qui atteſte avoir baptiſé, il y avoit 25 ans, un enfant de tel & de telle, pendant qu'il étoit Diacre, ou ſelon le langage des Proteſtans, qu'il faiſoit la fonction de Chapelain dans une Paroiſſe Proteſtante, eſt d'autant plus mépriſable, que les Regiſtres de Baptêmes de cette Egliſe ſont conſervez en bonne forme. (a) La Ducheſſe de Montbelliard rapporte un certificat du Senieur & Paſteur, déſervant actuellement l'Egliſe de Feſtemberg, du 19 Avril 1725, dûëment légaliſé par les Bourguemeſtres & Magiſtrats de la Ville, où il atteſte, que dans ces Regiſtres il ne ſe trouve pas un mot de l'Enfant, qui, lors de ſon Baptême, ait eu le nom de George-Leopold, & dont les pere & mere, ayent été le Sereniſſime Prince & Seigneur Meſſire Leopold-Eberhard Duc de Wittemberg Montbelliard, & l'Illuſtre Comteſſe de Sponeck, née de Hedviger en Silezie. M. le Duc de Wirtemberg, à la fin de ſon Memoire à Paris (pag. 8.) a fait imprimer un pareil certificat, donné le 20 Juillet 1722, par Daniel Langhammer, ancien Miniſtre de l'Egliſe Evangelique de Feſtemberg, qui porte également, qu'ayant été requis de faire rechercher dans les Regiſtres de ſon Egliſe, ſi George-Leopold de Sponeck, fils d'Anne Sabine Hedviger, y a été baptiſé le 11 Décembre 1697, & ayant ſur ce lû avec ſoin le Regiſtre de cette Egliſe, dans lequel ont été inſcrits tous les enfans, qui ont été baptiſez, non-ſeulement pendant l'année 1697, mais pendant l'année ſuivante ; il a dû certifier, en témoignage de la verité & en ſa conſcience de Paſteur, que les noms ſus-mentionnez, ni du fils, ni de la mere, ne ſe trouvent point dans le Regiſtre de cette Egliſe, & qu'ils n'y ont point été inſcrits. Ce qui ne permet pas de douter de la ſuppoſition & de la fauſſeté atteſtée par ce prétendu Prevôt de Magdebourg, que M. le Duc Wirtemberg dit dans ſon Memoire avoir depuis été chaſſé de Magdebourg, & interdit de ſes fonctions à Feſtemberg, pour ſes mauvaiſes mœurs. Le Comte de Sponeck n'ayant donc aucune preuve juridique, qu'il ſoit fils naturel du feu Duc de Montbelliard : comment a-t-il pû oſer s'en dire le fils légitime ?

Le Duc George de Montbelliard, fut rétabli dans ſes Etats en 1697 par le Traité de Paix de Riſwick. Le feu Duc de Montbelliard y retourna avec ſon Pere. Il ne put empêcher qu'Anne Sabine Hedviger ne l'y ſuivît. Quoique puiſſe dire le Comte de Sponeck, il eſt très-certain, que tandis que le Duc George a vécu, (il eſt mort en 1699) elle n'a eu d'autre nom que celui d'Hedviger. Ce n'a été qu'en 1701 qu'elle prit celui de Comteſſe de

(a) Il eſt imprimé à la fin de ce Memoire.

B

Sponeck, dignité qui fut conferée à fa famille par l'Empereur Leopold, à la confideration de fes trois freres, d'un merite diftingué, & fur tout de l'aîné, excellent Officier, fort avancé à la Cour de Danemarck.

Le Duc de Montbelliard, laffé fans doute d'Anne-Sabine Hedviger, que nous appellerons deformais la Comteffe de Sponeck, s'attacha à Dame Henriette Hedwige, Baronne de l'Efperance. Il en a eu cinq enfans. Elle mourut le 9 Novembre 1707. (a) La Comteffe de Sponeck profita de cette conjoncture, pour faire venir auprès d'elle trois enfans, qu'elle difoit avoir eu du Duc de Montbelliard, deux garçons & une fille. Elle eut foin de l'éducation de fa fille. Les deux garçons, fous le nom de Sponeck, que leur mere avoit pris, depuis qu'elle avoit été élevée à la dignité de Comteffe, comme fes Freres à celle de Comtes, entrerent au fervice du Duc de Montbelliard, en qualité de Pages. Leopold-Eberhard l'aîné, mourut la même année 1707. Il fut inhumé dans la cave de la famille de Sponeck, fous le feul nom de Sponeck. Sur fon cercueil, font les feules armes de fa famille; & fur une plaque d'argent, attachée au même cercueil, eft cette infcription, *Leopold Eberhard Sponeck*.

(a) Son Extrait mortuaire eft imprimé à la fin du Memoire.

Le Comte de Sponeck accompagna le Duc de Montbelliard fon Maître dans differentes Cours d'Allemagne, & entr'autres à Vienne, où chaque jour il montoit avec fes autres Pages au-devant de fon caroffe, à côté du Cocher.

Le Duc de Montbelliard, après la mort d'Henriette Hedwige, Baronne de l'Efperance, donna toute fon affection à Elifabeth Charlotte, Baronne de l'Efperance, fa fœur, qu'il a époufée depuis. La Comteffe de Sponeck crut alors ne devoir rien épargner pour traverfer un mariage, qu'elle craignit & qui lui parut devoir fûrement arriver. Elle n'ignoroit pas le projet que les Miniftres de la Maifon de Wirtemberg s'étoient formez depuis long-tems, de réunir à la branche aînée les Etats & les Fiefs poffedez par celle de Montbelliard. Elle leur offrit de conduire le Duc de Montbelliard dans les Etats de Wirtemberg-Stougard, & de l'engager de faire une ceffion anticipée de fa Principauté & de fes autres Terres à M. le Duc de Wirtemberg, pourvû que pour le prix d'un tel fervice, on affurât à elle & à fes Enfans dequoi fubfifter, & qu'on liât tellement les mains au Duc de Montbelliard, qu'il ne put époufer la Baronne de l'Efperance. Elle avoir eu le fecret de mettre auprès du Duc de Montbelliard, Jean Rodolphe Comte de Sponeck, l'un de fes freres, en qualité d'un de fes Chambellans; de Grand Veneur & de Confeiller de fon Confeil Privé. Celui-ci avoit acquis la confiance de fon Maître. La fanté du Duc de Montbelliard s'étant affoiblie, la Comteffe de Sponeck & fon frere engagerent les Medecins de ce Prince de lui perfuader, qu'il lui étoit néceffaire d'aller prendre les eaux de Wildbade, dans le Wirtemberg. Ceux qui l'approchoient, pour marquer mieux l'interêt qu'ils prenoient au rétabliffement de fa fanté, applaudirent à ce confeil. Jean Rodolphe Comte de Sponeck, le principal Miniftre de l'intrigue, accompagna le Duc de Montbelliard à Wildbade. Les infirmitez de ce Prince y ayant tellement augmenté, qu'il fe crut defefperé: Le Comte de Sponeck & fa Sœur, fous prétexte de lui parler en faveur de fon propre fang, lui perfuaderent, qu'il n'y avoit pas de tems à perdre à pourvoir à la fubfiftance de fes Enfans: que n'en ayant point de légitimes, il y avoit tout lieu de craindre, que s'il venoit à mourir, fes enfans naturels, en perdant leur unique appui, ne reftaffent fans alimens; qu'il ne pouroient même trouver de protection, qu'auprès de M. le Duc de Wirtemberg, son cousin; que ce Prince étant le Chef de la Maison de Wirtemberg, il étoit de la gloire d'un Prince de la seconde Branche, d'en soûtenir la grandeur par la réunion de ses Etats à ceux de la Branche aînée; que par conséquent il devoit en assûrer la possession à M. le Duc de Wirtemberg; que par-là, remplissant ce qu'il devoit à l'honneur de sa propre Maison, il engageroit M. le Duc de Wirtemberg à protéger ses Enfans, & à ne pas les abandonner à la rigueur des Loix. Le Duc de Montbelliard, accablé de sa maladie, peu en état de découvrir le piege, qu'on lui tendoit, consentit à tout ce qu'on lui proposa.

Les Ministres de M. le Duc de Wirtemberg, & le Comte de Sponeck oncle, eurent bien-tôt dressé le traité: Il est necessaire de faire l'analyse de ses dispositions.

Dans le préambule, on fait dire au Duc de Montbelliard, » qu'après » avoir considéré, d'un côté que jusqu'alors il n'avoit point contracté de » Mariage licite, (a) suivant l'état que demandoit la Maison de Wirtem- » berg, ni qui fût convenable à sa naissance; de sorte que les trois sortes » d'Enfans, qu'il avoit procréé, ne pouvoient aspirer, ni à la Principauté » de Montbelliard & des neuf Seigneuries en dépendantes, ni à aucuns » appanages, ou désistemens; & par ainsi hors d'état de demander la » moindre chose; que d'un autre côté, voulant pourvoir à ces mêmes » Enfans, incapables de lui succéder, pour lesquels il avoit une tendresse » particuliere, de façon que les alimens necessaires à la vie ne leur man- » quassent pas tout-à-fait; par ces raisons, il s'étoit adressé à M. le Duc » regnant de Wirtemberg-Stougard Eberhard-Loüis, comme au légitime » Successeur des Etats de Montbelliard. (b) Que par ses instances, au- » près de lui, il avoit conduit l'affaire à la convention suivante, agréé » & concluë par leurs A. S.

» 1º Les deux Princes promirent de vivre à l'avenir dans une amitié in- » violable, en bonne harmonie & intelligence, de façon que M. le Duc » de Montbelliard assûroit de ne jamais rien faire, ni entreprendre de ce » qui pourroit porter préjudice à M. le Duc de Wirtemberg & à sa Mai- » son, de la Branche de Stougard, pour troubler ses droits à la succession » des Comtez & Seigneuries de Montbelliard, soit directement ou indi- » rectement; qu'au cas que jusqu'alors il eut fait, ou feroit à l'avenir quel- » que chose de contraire: il vouloit que tout fut révoqué & annullé.

» Pour plus grande confirmation, il s'engagea en second lieu, attendu » qu'il n'étoit pas marié convenablement à sa naissance, (c) selon que, » dans la Serenissime Maison de Wirtemberg; cela étoit inévitablement » requis, & que par conséquent il n'avoit point de Descendans légitimes » & habiles à lui succéder, au cas que Dieu le dût appeller de ce monde, » pour que M. le Duc de Wirtemberg regnant, pût être assûré de toute » la succession de Montbelliard, qui lui déja appartenant, selon les » anciens pacts de famille; traités de partages & fideicommis: M. le Duc » de Montbelliard prendroit, pendant sa vie, les mesures, & donneroit » ses ordres positifs à son Conseil & à ses Officiers, que d'abord après sa » mort, quand, selon la volonté de Dieu, elle arriveroit, M. le Duc de » Wirtemberg & sa Serenissime Maison, de la Branche de Stougard, » fut dûëment reconnû pour seul légitime Souverain de la Principauté de » Montbelliard, & des neuf Seigneuries & dépendances, dénommées dans

» l'Acte ; & que tout ce que M. le Duc de Montbelliard auroit poſſedé,
» ou dû poſſeder pendant ſa vie, ſans rien excepter, déchargé des dettes,
» qu'il auroit pû avoir faites, & libre d'autres Charges ſemblables, fût
» à lui remis en propre & ſans partage ; les Officiers, Bourgeois & ſu-
» jets, tenus à lui prêter foy & hommage comme à leur veritable Sou-
» verain ; la Regence & le Conſeil de Montbelliard pouvant en tout
» évenement prendre poſſeſſion au nom de M. le Duc de Wirtemberg
» regnant, au cas qu'il ne ſe trouvât pas plûtôt un Plénipotentiaire de
» ſa part.

» Dans le troiſiéme Article, M. le Duc de Wirtemberg, par contre, ou en
» conſideration de ce que le Duc de Montbelliard venoit de lui promet-
» tre, promit de ſa part, au cas qu'après la mort du Duc de Montbel-
» liard, il eut la Principauté de Montbelliard, & les neuf Seigneuries,
» qui en dépendent, de fournir un fonds de 12000 florins du Rhin, de
» revenu annuel, des biens de Montbelliard, à titre de Fief feminin,
» pour les trois ſortes d'Enfans du Duc de Montbelliard, à partager de
» maniere, que la Dame de Sponeck & ſes deux Enfans, George-Leo-
» pold, (c'eſt le Comte de Sponeck) & Leopoldine, ſeroient dûëment
» inveſtis par le Duc de Wirtemberg, d'une portion, qui ſeroit de 4000
» florins de revenu. Les cinq Enfans (a) de la deffunte Henriette Hedvi-

» ger, Baronne de l'Eſperance, de la ſeconde portion, auſſi de 4000 flo-
» rins du Rhin, de revenu ; & Elizabeth-Charlotte de l'Eſperance : (c'eſt
» aujourd'hui la Ducheſſe Doüairiere de Montbelliard :) avec les Enfans,
» alors procréez, du Duc de Montbelliard, Henriette Hedwige, Leo-
» pold-Eberhard, & ceux qu'il pourroit procréer à l'avenir, (b) de la
» troiſiéme portion auſſi de 4000 florins de revenu, au moyen de quoy
» tous ces Enfans ſeroient entierement exclus de toutes autres prétentions,
» ſous quelque prétexte que ce fut.

» En quatriéme lieu, pour que tout ce qui avoit été dit cy-deſſus, fût
» d'autant plus ferme & ſtable, S. A. S. de Montbelliard déclara, & pro-
» mit de céder & abandonner de ſon vivant à M. le Duc de Wirtemberg,
» autant de païs, qu'il en faudroit, pour fournir le fonds de 12000 flo-
» rins, à l'effet qu'il inveſtît dûëment, de la maniere ſuſdite, les trois ſor-
» tes d'Enfans incapables à ſucceder, de la ſeule Baſſe-Juſtice, & de tous les
» revenus, en ſe réſervant le Domaine direct ; en ſorte que l'une, ou
» l'autre des familles, venant à s'éteindre, chaque portion fût réünie à la
» Maiſon de Stougard, comme au Seigneur direct, ſans acroître aux au-
» tres parties ſurvivantes.

Le Duc de Montbelliard n'ayant alors que des Bâtards de trois differentes Maîtreſſes : rien n'étoit plus naturel, de la part d'un Pere, qui ſe
croyoit en danger de mort, que de pourvoir à leur ſubſiſtance. Mais on
aura peine à comprendre, que l'envie d'aſſûrer les Etats de ce Prince à
M. le Duc de Wirtemberg, ait ſi fort aveuglé ſes Miniſtres, que d'oſer
faire promettre au feu Duc de Montbelliard de ne point ſe marier, avant
la mort de la Baronne de l'Eſperance, en ſtipulant dans le ſixiéme Article, » par une clauſe auſſi extraordinaire, qu'elle eſt nulle & vicieuſe,
» qu'en cas qu'il la ſurvécut, ayant promis de ne ſe point marier avant ſa
» mort, & qu'ainſi, après ſa mort, il ne ſe trouvât plus d'obſtacles de ſe
» marier ; que par conſequent à la ſuite du tems, ſans légitime empêche-
» ment, & au préjudice de la maiſon de Stougard, il ſe marieroit d'une
» maniere

„ manière convenable à son état, & qu'il eut des Descendans légitimes
„ & Princes, où que par quelqu'autre accident (contre toute espérance)
„ il arriveroit que M. le Duc de Wirtemberg, & sa Maison de la Bran-
„ che de Stougard, ne succéderoit au Duc de Montbelliard, immédiate-
„ ment après sa mort, dans tous ses Comtez & Seigneuries; que M. le Duc
„ de Wirtemberg ne seroit plus tenu, à ce qui avoit été précedemment
„ stipulé de pure & bonne volonté de sa part, aux pressantes instances du
„ Duc de Montbelliard, en faveur de ses Enfans; & qu'alors tout seroit
„ annullé & regardé, comme si jamais il n'avoit rien été stipulé pour eux.

Selon le sens, que les Ministres de Wirtemberg donnent à cet Article,
le Duc de Montbelliard étoit obligé de continuer son commerce avec
Madame la Baronne de l'Espérance, sans pouvoir l'épouser; & même
sans pouvoir en épouser une autre, tandis qu'elle vivroit. Pareille stipulation ne devroit-elle pas les faire rougir?

Par la clause suivante, M. le Duc de Wirtemberg promit au Duc de
Montbelliard de faire élever ses Enfans naturels à la dignité de Comte,
autant que cela se pourroit faire, sans préjudice à la maison de Wirtemberg, & d'y contribuer, autant qu'il dépendroit de lui; à condition
qu'aucun d'eux ne pourroit porter les Armes de Wirtemberg-Montbelliard; ni rien prétendre au-delà de ce qui leur avoit été accordé par le
Traité; par pure generosité, & sans obligation.

Par une dernière clause, on fit promettre au Duc de Montbelliard,
sur sa parole & vraie foy de Prince, de tenir ferme & saintement (a) tout
ce à quoi il s'étoit engagé par le Traité, dans tous ses points, au pied
de la lettre, le tout fidellement & sans fraude.

Ce Traité du 18 May 1715, signé par les deux Princes & par les Ministres de l'un & de l'autre, entr'autres par Jean Rodolphe Comte de
Sponeck, Chambellan du Duc de Montbelliard, frere de la Comtesse
de Sponeck, & oncle maternel du Comte de Sponeck, à été ratifié
par la Comtesse de Sponeck & par ses deux Enfans, le 29 Juillet suivant; après une entière connoissance, précedée & prise par la Regence
de Montbelliard, de toutes les circonstances qui l'accompagnoient, (ce
sont les termes de l'Acte), & approuvé en toutes ses dispositions. La ratification ajoûte, qu'ils se contentoient absolument de ce qui leur avoit
été accordé; pour leur entier désistement, ne prétendant plus demander
la moindre chose à M. le Duc de Wirtemberg & à ses Successeurs. Quoique dans l'Acte de cette ratification, il ne soit parlé que de la Comtesse de
Sponeck & de ses deux Enfans, George-Leopold & Leopoldine; on le
fit signer par la Duchesse de Montbelliard, alors Baronne de l'Esperance, pour Elle & pour ses Enfans: Au bas, le Duc de Montbelliard a
certifié avoir donné son consentement comme Pere, à la cession & renonciation, faite par les Enfans de la Comtesse de Sponeck : ensuite est
son decret en qualité de Souverain.

Le 18 Octobre 1718, trois ans après, le Comte de Sponeck ratifia &
confirma une seconde fois ce même Traité à Stougard, avec serment
corporel & solemnel; dont la force & l'autorité, dit l'Acte, lui fut expliquée, sans vouloir avoir jamais recours au Benefice de minorité, ou autres
exceptions quelconques; ni former éternellement, lui & ses héritiers,
aucune prétention à la Principauté de Montbelliard, ni aux Comtez &
Seigneuries en dépendans, sous pretexte de succession, appanage, ou

(a) cet adver-
be, saintement,
convenoit peu à
la promesse,
qu'on faisoit fai-
re à ce Prince de
ne point épouser
Madame Eli-
zabeth-Charlot-
te Baronne de
l'Esperance,
pour légitimer
les Enfans qu'il
avoit eu d'Elle,
ni d'épouser au-
cune autre pen-
dant sa vie.

C

alimentation. Il reconnut pour seul & legitime successeur en cette Principauté & ses dépendances, M. le Duc de Wirtemberg-Stougard. L'acte finit par ces termes : *Aussi vrai que je souhaite que Dieu me soit en aide par Jesus-Christ.* C'est *George Leopold de Sponeck,* qui parle & qui a signé avec le sieur *Fallot, qui lui servoit de Conseil.*

Le Duc de Montbelliard, qui trouvoit dans la Baronne de l'Esperance, à la foiblesse près qu'elle avoit euë pour lui, dont un Souverain n'a pas accoûtumé de faire un crime à une Demoiselle sujette à sa domination, autant de bonnes qualités, que sa personne lui paroissoit aimable, crut par un principe de conscience (a) devoir s'acquitter envers elle des promesses, qu'il lui avoit souvent données de l'épouser, recompenser son merite personnel, donner un état aux enfans qu'il avoit d'elle, & enfin s'assurer en leurs personnes des heritiers legitimes. Il l'épousa solemnellement le 11 Août 1718. La ceremonie se fit publiquement en presence de tous les Ordres de la Principauté. Les Officiers Ecclesiastiques & Civils y assisterent. Tout se passa avec les formalitez les plus autentiques, selon les usages des Princes de la Confession d'Ausgbourg.

Tous les Corps de la Principauté complimenterent la nouvelle Duchesse de Montbelliard sur son mariage, & lui rendirent leurs hommages, comme à leur Souveraine. La Comtesse de Sponeck & ses enfans furent les spectateurs & les témoins de ce triomphe. Quelque chagrin qu'il dût leur causer, ils n'en firent rien paroître au dehors. Le Comte de Sponeck n'avoit pas encore imaginé de s'ériger en Prince, & en Fils aîné du Duc de Montbelliard, sous prétexte de ce prétendu acte de mariage, qui se trouve aujourd'hui ajoûté au Registre d'une Eglise de Pologne, & qui n'a peut-être été fabriqué que depuis. Quoiqu'il en soit du tems auquel il a été inseré dans ce Registre ; la mere & le fils rendirent à la Duchesse de Montbelliard, les respects qu'ils lui devoient.

Mrs Les Ducs de Wirtemberg-Oëls, Made. la Duchesse de Wirtemberg-Oëls, & Made. la Princesse Anne de Wirtemberg, sœurs du feu Duc de Montbelliard, lui ont rendu tous les témoignages d'estime & d'amitié, qu'une femme peut attendre des cousins & des sœurs de son mari. Voici comment Charles-Frideric Duc régnant de Wirtemberg-Oëls s'explique *Imprimée à la fin du Memoire.* dans une lettre qu'il écrivit au feu Duc de Montbelliard le 6 Decembre 1720 : *Avec la permission de vos graces, je fais mes très-obéissans complimens & recommandations à Madame votre Epouse, & à ses très-chers Enfans.* Ces termes sont écrits de sa main.

A la fin du Memoire distribué à Vienne par le Comte de Sponeck, sous le nom du feu Duc de Montbelliard, il a fait imprimer une Lettre de Christian Ulric Duc de Wirtemberg-Oëls, écrite au feu Duc de Montbelliard le 20 Août 1720, dont voici les termes : »Nous ne sçaurions » vous cacher que nous avons été fort surpris d'apprendre que notre cher » Cousin le Duc de Wirtemberg-Stougard, a representé dans un Memoire » du 15 Fevrier dernier, que son Conseiller & Envoyé Dermineur a remis » à S. M. le Roy de France, qu'il n'y a point de Princes ni de Princesses » de la Maison de Wirtemberg, qui reconnoissent l'Epouse de V. A. S. » la Serenissime Princesse Elizabeth-Charlotte Duchesse de Wirtemberg »Montbelliard, née Baronne de l'Esperance, notre très-chere Cousine

(a) Qui seduxerit virginem nondum desponsatam & dormierit cum ea, dotabit eam & habebit uxorem. *Exodi Cap.* 22.

„pour la femme légitime de V. A. S. ni les Princes & Princesses vos En-
„fans nos très-chers Cousins & Cousines, pour Enfans legitimes, &
„habiles à succeder. Comme donc cela nous a fort surpris, par l'endroit
„que non-seulement nous n'avons point donné de plein pouvoir à notre-
„dit Cousin le Duc de Wirtemberg-Stougard, pour faire de telles re-
„montrances, mais reconnoissons plutôt l'Epouse de V. A. S. la Serenis-
„sime Princesse Elizabeth-Charlotte Duchesse de Wirtemberg Mont-
„belliard, &c. née Baronne de l'Esperance, notre très-chere Cousine, pour
„la femme legitime de V. A. S. de même que nos très-chers Cousins &
„Cousines les Princes & Princesses ses Enfans, pour Enfans légitimes, ha-
„biles à succeder, & pour Princes & Princesses . . . Dieu ayant beni
„V. A. S. d'une nombreuse posterité légitime, & pouvant encore l'en be-
„nir dans la suite, &c.

Le même Prince dans une Lettre de compliment, qu'il écrivit à la *Imprimée à la*
Duchesse de Montbelliard à l'occasion du renouvellement de l'année, *fin du Memoire.*
le 2 Janvier 1722, la qualifie de Serenissime Princesse, très-honorée Cousine & mere; (*a*) il se recommande à la continuation de ses graces inesti- *(a). Ce terme*
mables, & finit sa Lettre en ces termes : „Je suis avec toute la venera- *de mere, n'est*
„tion & le respect, de vos graces, très obéissant & fidel cousin, fils & ser- *qu'un nom d'a-*
„viteur. L'inscription est à S. A. S. Madame la Duchesse Elizabeth-Char- *mitié.*
„lotte de Wirtemberg Montbelliard, née Baronne de l'Esperance, à Mont-
„belliard.

Après la mort du Duc de Montbelliard, le même Prince lui écrivit le *La Lettre est*
à Avril 1724 dans ces termes, également pleins d'estime & d'amitié : *imprimée à la*
„Serenissime Duchesse, très-honorée Cousine & Mere, votre gracieuse *fin du Mémoire.*
„Lettre m'a tout-à-fait consolé, craignant être bani de votre gracieux
„souvenir. Le cœur me seigne, ma gracieuse maman, de vous sçavoir
„dans un état si malheureux, sur tout puisque pour le present je me trouve
„embarassé de reconnoître les graces infinies que j'ai reçû de vous, &c. Je
„me recommande à la continuation de vos graces, & je suis jusqu'à la mort
„avec un profond respect de vos graces très-obéissant & fidel Cousin,
„Fils & serviteur. L'inscription : à S. A. S. Madame la Duchesse Doüai-
„riere de Wirtemberg Montbelliard, née Baronne de l'Esperance. A
„Ostheim.

La Duchesse Doüairiere de Wirtemberg-Oëls, dans une Lettre de com- *Imprimée à la*
plimens à la nouvelle année, dattée de Breslau le 27 Decembre 1722, *fin du Memoire.*
qui commence par Serenissime Duchesse, ma très-chere belle sœur, ne
lui marque pas moins d'amitié & de politesse; en lui souhaitant une felicité parfaite, telle que la personne, à qui elle écrit auroit pû la desirer
elle-même. Elle ajoute cette expression : „Pour la grande consolation
„de celle qui se dévoüe entierement à vos graces, & qui sera jusqu'au
„dernier soupir de sa vie, de vos graces très-fidelle & dévoüée belle-
„sœur & très-obéissante servante. La suscription : A. S. A. S. Madame
„Elizabeth-Charlotte, Duchesse régnante de Wirtemberg-Montbelliard,
„née Baronne de l'Esperance du S. Empire, à Montbelliard.

Dans une autre Lettre du 7 Octobre 1724, posterieure de dix-huit *Imprimée à la*
mois à la mort du Duc de Montbelliard, qui commence également par *fin du Mémoire.*
„Serenissime Duchesse ma très-honorée & très-chere belle-sœur : elle lui
„dit : J'ai vû avec une grande douleur, par la Lettre de vos graces,
„mon incomparable Duchesse, que vos graces & ses Serenissimes Enfans,

» que j'embraſſe un million de fois, ont été preſque tous malades, mais
» qu'à préſent Dieu ſoit loüé, ils ſe portent mieux. Je ſouhaite de
» tout mon cœur que le Seigneur veüille toûjours conſerver vos graces
» & ſes chers Princes & Princeſſes dans une ſanté heureuſe & dans un
» contentement parfait, &c. Je demeure juſqu'au tombeau, de vos graces
» très-fidele & devoüée belle-ſœur & obéïſſante ſervante. Signée Eleo-
» nore-Charlotte, Ducheſſe de Wirtemberg-Oëls ; la ſuſcription eſt, à S.
» A. S. Madame Elizabeth-Charlotte, Ducheſſe Doüairiere de Wirtem-
» berg-Montbelliard, à Oſtheim.

Imprimée à la fin du Mémoire. La Princeſſe Anne dans une Lettre de félicitation, qu'elle écrivit au Duc de Montbelliard ſon frere, ſur la naiſſance de George-Frideric ſon dernier fils, & de Madame la Ducheſſe Doüairiere de Montbelliard ſon Epouſe, s'explique en ces termes : » Sereniſſime Prince, très-honoré &
» très-cher Frere ; la Lettre de vos graces nous a bien réjoüi, nous ſou-
» haitons à vos graces, à votre Epouſe ; & au fils de la chere Ducheſſe
» toute ſorte de bonheur & de benediction, &c.

Imprimée de même. Le 26 Decembre de la même année, elle écrivit une Lettre de compliment à Madame la Ducheſſe de Montbelliard. Sa Lettre commence :
» Sereniſſime Ducheſſe & Belle-ſœur ; & finit : Nous ſommes de vos gra-
» ces très-obéïſſante Belle-ſœur, ſigné Anne Ducheſſe de Wirtemberg ; la
» ſuſcription, à S. A. Madame Eliſabeth-Charlotte, Princeſſe de Mont-
» belliard, à Montbelliard.

Idem. Dans les prieres nominales, que cette Princeſſe fait faire dans ſes Terres, voici quelle en eſt la formule : » Nous prierons Dieu pour Sa
» Majeſté Très-Chrétienne ; pour la Sereniſſime Ducheſſe, notre très-gra-
» cieuſe Princeſſe, pour la Sereniſſime Ducheſſe de Wirtemberg-Oëls,
» pour la Sereniſſime Ducheſſe Doüairiere Elizabeth-Charlotte, & pour
» tous ſes Princes & Princeſſes, & pour toute la Sereniſſime Maiſon de
» Wirtemberg.

C'eſt auprès de cette Princeſſe à Oſtheim en Alſace, que la Ducheſſe Doüairiere de Montbelliard, s'eſt retirée ; depuis la mort du feu Duc de Montbelliard ſon mari. Elle y eſt encore aujourd'hui.

Le mariage du Duc de Montbelliard avec Elizabeth-Charlotte de l'Eſperance, eſt du 15 Août 1718. Le 22 Fevrier 1719 ce Prince maria le Comte de Sponeck avec Eleonore-Charlotte de Sanderſleben de Coligny. Dans *Imprimé à la fin du Mémoire.* l'acte de celebration, Sponeck eſt qualifié d'Illuſtre Seigneur George Leopold Comte de Sponeck, fils de S. A. S. Leopold-Eberhard Duc de Wirtemberg Montbelliard, & d'Illuſtre Dame Anne-Sabine Comteſſe de Sponeck. Si la Comteſſe de Sponeck avoit alors prétendu avoir été femme légitime de ce Prince : auroit-elle oublié, dans un acte auſſi important, de prendre la qualité, du moins de ci-devant Epouſe du Duc de Montbelliard, & ſon fils celle de Prince hereditaire de Montbelliard ?

Une circonſtance importante à remarquer, c'eſt que le Duc de Montbelliard a eu cinq enfans de la Ducheſſe de Montbelliard, avant ſon mariage avec elle, & deux depuis. Dans les Actes Baptiſtaires des cinq premiers, ils ſont ſimplement qualifiez fils, ou filles de S. A. S. Leopold-Eberhard Duc de Wirtemberg-Montbelliard & de Madame Elizabeth-Charlotte de l'Eſperance, de même dans l'Acte mortuaire de l'un d'eux. Il n'en eſt pas de même de l'acte Baptiſtaire de l'un des enfans, né depuis le mariage, l'autre étant mort en naiſſant, ſans avoir été baptiſé. Il eſt

conçû

conçû en ces termes : Le 16 Août 1722 nâquit un fils à S. A. S. Leopold Eberhard Duc de Wirtemberg-Montbelliard, de Madame son Epouse Elizabeth-Charlotte, Barónne de l'Esperance, & fut baptifé le 18 dudit mois dans l'Eglife de la Cour & du Château de ce lieu ; & nommé George Frideric.

Quelqu'eftime & quelque tendreffe, que le Duc de Montbelliard ait eu pour la Ducheffe Elizabeth-Charlotte Baronne de l'Esperance, la feule qu'il ait crû digne d'être fa femme légitime ; & pour les enfans qu'il avoit d'elle : il avoit fes foibleffes pour ceux, qu'il croyoit avoir eu de la Comteffe de Sponeck. Il venoit de marier l'aîné, George Leopold de Sponeck avec Charlotte-Eleonore de Coligny, ou de Sandefleben, fille de la fœur de Madame la Ducheffe de Montbelliard. Celle-ci bien faite de fa perfonne, d'un efprit adroit & infinuant, avoit trouvé le fecret de gagner l'amitié d'un Prince, qu'elle avoit d'autant plus de facilité de voir fouvent, qu'elle étoit niéce de la Ducheffe fa femme. Aidée par les intrigues de la Comteffe de Sponeck fa Belle-mere, elle engagea le Duc de Montbelliard, qui avoit reconnu George-Leopold de Sponeck fon mari pour fon fils naturel dans le traité de Wildbade, à le traiter encore de fils légitime, & de Prince hereditaire de fes Etats : fans néanmoins que la Comteffe de Sponeck fa mere prît le nom & le titre de Ducheffe ; ce Prince n'ayant jamais eu la penfée de lui communiquer les honneurs, qui n'étoient dûs qu'à la femme du Souverain. Madame la Ducheffe de Montbelliard comprit aifément l'ufage, que les ennemis du Prince fon mari & d'elle, ne manqueroient pas de faire quelque jour d'une reconnoiffance, fi oppofée à toutes les régles. Mais quelque injure, que le Duc de Montbelliard fît à fes enfans légitimes : elle fçavoit que leur état & leur fortune ne dépendoient pas de fimples déclarations de leur Pere. Confolée par cette fecurité, qui accompagne ceux qui font à l'abri des loix : elle ne crût pas devoir fatiguer le Prince fon époux par les juftes reproches, que méritoit l'atteinte, qu'on lui faifoit porter à l'état de fon Epoufe & de fes enfans. Elle fe contenta de gémir en fecret, fur le malheur, que le Duc de Montbelliard alloit s'attirer & à toute fa famille. Ce qu'elle prévoyoit, arriva bien-tôt.

En 1719 le Duc de Montbelliard obtint du Roy, des Lettres de naturalité pour la Ducheffe de Montbelliard fon époufe. Dans ces Lettres, il fit comprendre, non-feulement les enfans légitimez, ou légitimes, qu'il avoit d'elle, mais encore George Leopold de Sponeck, & Leopoldine Eberhardine fa fœur, qu'il difoit avoir eu de la Comteffe de Sponeck. Il fit donner indiftinctement aux uns & aux autres les mêmes qualitez de Princes & de Princeffes, de coufins & de coufines de S. M.

M. le Duc de Wirtemberg ne manqua pas cette occafion, qui lui fourniffoit un prétexte fpecieux de confondre ces deux fortes d'enfans, dont l'état étoit néanmoins fi different. Il fuplia le Roy de révoquer ces Lettres de naturalité, par rapport aux qualitez qu'on vient d'expliquer, données, felon lui, à des enfans également illegitimes, les deux meres, dont ils étoient iffus, étant encore actuellement vivantes. Le Duc de Montbelliard, au lieu de defavoüer la fauffe démarche qu'on lui avoit fait faire, obfedé tant par la Comteffe de Sponeck & par fes enfans, que par ceux d'Henriette Hedwige, Baronne de l'Efperance, unis avec les premiers par un double mariage, eut la foibleffe de la foûtenir. Il en laiffa

D

le foin au Comte de Sponeck. Celui-ci ébloüi par la qualité de Prince hereditaire, que le Duc de Montbelliard avoit eu l'imprudence de lui donner dans les Lettres Patentes du Roy, proposa sous le nom de ce Prince des exceptions, & demanda que la Requête de M. le Duc de Wirtemberg, fût renvoyée à l'Empereur. Le Roy ayant égard à ce déclinatoire, renvoya les Parties à se pourvoir à S. M. Imperiale, comme au seul Juge, de l'état des Princes de l'Empire, pour, par elle, décider de celui des enfans du Duc de Montbelliard. Sous prétexte de ce renvoi, les Ministres de M. le Duc de Wirtemberg surprirent un premier refcrit au Conseil Aulique le 8 Novembre 1721, portant, que le titre de Duchesse & la qualité de presente femme du Duc de Montbelliard, donnez à Elizabeth-Charlotte, Baronne de l'Esperance, & ceux de Princes & Princesses, donnez à leurs enfans, & celui de son fils aîné, né d'Anne-Sabine Comtesse de Sponeck, & celui de sa fille aînée, avec tout ce qui s'étoit passé à ce sujet, dans & hors les prieres nominales de l'Eglise, seroit entierement cassé & annullé. En conséquence de ce premier refcrit, les Ministres de Stougard envoyerent des Commissaires à Montbelliard, pour y faire reconnoître le droit *Evantuel*, (a) que leur Maître s'attribuoit de succeder au Duc de Montbelliard. A la tête de ces Commissaires, étoit Jean-Rodolphe de Sponeck, frere de la Comtesse de Sponeck, & oncle de George-Leopold. Ce Ministre, malgré la solicitation du sang & l'honneur, qui eût rejailli sur lui, si son neveu eût pû devenir fils légitime du Duc de Montbelliard, n'a jamais osé le reconnoître pour tel; persuadé que les artifices de sa sœur ne pourroient jamais suppléer, un mariage, qui n'avoit d'existence que dans son imagination.

(a) *C'est-à-dire le droit que M. le Duc de Wirtemberg prétendoit avoir de succeder au Duc de Montbelliard, supposant qu'il ne pourroit laisser des enfans légitimes.*

Pour arrêter les mouvemens, que les Ministres de Stougard tâchoient d'exciter dans les Etats de Montbelliard: le Duc de Montbelliard forma opposition à ce premier refcrit, surpris fur Requête au Conseil Aulique. Il se disposoit d'aller lui-même défendre son mariage avec la Duchesse de Montbelliard sa femme, son état & celui des enfans qu'il avoit d'elle. Mais la Comtesse de Sponeck ne douta pas qu'étant à Vienne, on ne lui ouvrît les yeux sur les fausses démarches, qu'on lui avoit fait faire; que libre d'obsession, il ne sentît & l'impossibilité d'élever George-Leopold de Sponeck à la qualité de son fils aîné, & de Prince hereditaire de Montbelliard, & l'injure qu'on lui avoit fait faire à la Duchesse de Montbelliard sa femme légitime & à ses enfans, en confondant avec eux des enfans purement naturels, & qu'il ne prît le sage parti d'abandonner l'idée odieuse & chimerique, qu'on lui avoit inspirée, de rendre légitimes ces enfans naturels, au moyen dequoi la contestation d'entre lui & M. le Duc de Wirtemberg Stougard, n'auroit plus été susceptible du moindre doute. Elle eut assez d'adresse & d'intrigue pour parer le coup.

Le sieur de Waldner, en sortant de la maison des Princes de Birkenfeld, s'étoit attaché à celle de Montbelliard. La Comtesse de Sponeck en faisoit dire sans cesse tant de bien au Duc de Montbelliard, que prévenu de son habileté, il lui avoit donné sa confiance. Ce Prince avoit toûjours eu du foible pour la Comtesse de Sponeck. Il aimoit les Enfans, qu'il croyoit avoir eu d'Elle; on n'eut pas de peine à lui rendre possible ce qu'il auroit souhaité.

La Comtesse de Sponeck avoit trouvé le moyen de faire inserer dans les Registres, d'une petite Eglise sucursale, aux extrémités de la Po-

logne, un faux acte de célébration de mariage, d'entre le Duc de Montbelliard & Elle, que l'on a daté du premier Juin 1695. En 1714, le Duc
de Montbelliard avoit eu la complaisance de laisser rendre une Sentence
au Consistoire de Montbelliard, qui de son consentement, & de celui
de la Comtesse de Sponeck, à cause de la disparité de leurs humeurs, &
pour des causes suffisantes, avoit prononcé la dissolution de leur mariage, comme s'il y en avoit eu de célébré entr'eux. La Comtesse de
Sponeck avoit encore engagé ce Prince à faire aprouver cette Sentence
de divorce par les Ministres de la Principauté de Montbelliard. Avec
de pareils titres, dont on démontrera dans la suite le faux & l'illusion ;
le sieur de Waldner persuada au Duc de Montbelliard, qu'au lieu d'aller
personnellement à Vienne, il devoit se contenter d'y envoyer George
Leopold de Sponeck, comme son fils & Prince hereditaire de Montbelliard ; qu'en l'y accompagnant, il trouveroit aisément le moyen de
lui faire confirmer, par le Conseil Aulique, cette qualité, & d'assûrer
en même tems aux Enfans de la Duchesse de Montbelliard la légitimité
de leur naissance, avec les honneurs & les avantages, qui en sont la
suite nécessaire.

Quoique la Comtesse de Sponeck n'esperât pas de réussir : c'étoit assez
pour elle d'empêcher le Duc de Montbeilliard d'aller à Vienne, & d'être
assûrée, que sous le nom du Duc de Montbelliard, on continueroit de
confondre ses Enfans avec ceux d'une Rivale, devenuë à son exclusion,
légitime Epouse de ce Prince. Elle se flattoit qu'un pareil mêlange donneroit tant d'avantage aux Ministres de Stougard, soûtenus du crédit
de leur Maître ; que c'en seroit assez pour exclurre, en faveur de ce
Prince, les Enfans légitimes du Duc de Montbelliard & de la Duchesse
sa femme, Madame Elizabeth-Charlotte, née Baronne de l'Esperance,
de la Principauté, des Terres, & des autres Biens de la succession de
leur Pere.

Le sieur de Waldner alla donc à Vienne avec le Comte de Sponeck,
qui se faisoit appeler le Prince hereditaire de Montbelliard. Ce voyage
eut le succès, que toute personne ne devoit attendre. Le
Comte de Sponeck voulut se présenter à l'audience de S. M. Imperiale,
sous le nom de Prince hereditaire de Montbelliard. Cet honneur lui fut
refusé. L'Empereur auroit-il pû l'accorder à un homme, qu'il avoit vû
à sa Cour, il n'y avoit que quelques années, servir de Page, un Prince,
dont il avoit le front de se dire fils légitime, qui, trois ans auparavant,
s'étoit marié publiquement comme simple particulier, & pour le plus,
comme fils naturel du Duc de Montbelliard, qui n'avoit jamais eu d'autre fonction, près de ce Prince, que celle de son Domestique, & qui
enfin avoit porté à Vienne, cette Capitale de l'Empire, sa livrée, monté
au-devant de son carrosse, & servi à sa table.

Le sieur de Waldner fut donc obligé de mener le Comte de Sponeck
à l'audience de l'Empereur, comme simple particulier. Ce début faisoit
aisément comprendre à l'un & à l'autre, que la Cour de Vienne étoit
trop éclairée & trop en garde, pour se laisser surprendre à l'artifice, &
pour donner à un Bâtard les droits & les prérogatives d'un Prince légitime. Si le sieur de Waldner avoit eu des intentions droites, pour l'honneur & pour le bien de la Maison de Montbeilliard ; s'il avoit été moins
dévoüé à la Comtesse de Sponeck : au lieu d'écouter ce qu'exigeoit de

D ij

lui la confiance, dont un Souverain l'honoroit, & d'agir comme s'il avoit été gagé par ses ennemis, pour le trahir : il se seroit contenté, en retranchant le Comte de Sponeck d'un Procès, où sa naissance ne lui permettoit pas de prendre le moindre interêt, de rapporter l'Acte de celebration solemnelle du mariage du Duc de Montbelliard, avec la Duchesse sa femme, & les autres preuves de la légitimité de ce lien sacré, & se feroit uniquement attaché à défendre les droits & les prérogatives, qui en sont inseparables. S. M. Imperiale auroit-Elle pû refuser, à des titres aussi victorieux, la justice, qui leur est dûë? Le sieur de Waldner laissa écouler bien des jours, qu'il auroit dû ménager, sans rien faire pour l'interêt du Duc de Montbelliard son maître, & pour l'honneur de sa Maison. Il revint à Montbelliard avec le Comte de Sponeck sur la fin de l'année 1722, sans avoir fait autre chose à la Cour de Vienne, que d'avoir donné une idée affreuse de la conduite du Duc de Montbelliard, & des droits de la Duchesse son Epouse, & de ceux de leurs Enfans, par l'affectation qu'il avoit euë de confondre, & de mêler perpétuellement leurs noms & leurs interêts, avec ceux des Enfans naturels, que ce Prince pouvoit avoir eu auparavant de la Comtesse de Sponeck.

Le Duc de Montbelliard tomba malade au commencement du mois de Mars 1723. Sa maladie parut d'abord mortelle. C'en fut assez pour dévoiler le caractere de la Comtesse de Sponeck & de ses Enfans. Leur application ne fut plus dès-lors, que de faire des Partisans. Tandis que la maladie dura, ce ne fut, de leur part, qu'intrigues, pour soûtenir l'usurpation, qu'ils avoient projetté de faire des Etats de Montbelliard. Madame la Duchesse de Montbelliard ne leur faisoit aucun ombrage. Occupée du soin de remplir ses devoirs auprès du Prince son Epoux: attentive à le servir, & à lui faire rendre les secours dont il avoit besoin; elle tâchoit, en partageant avec lui ses douleurs, de les lui rendre suportables. Uniquement sensible à la crainte de le perdre : elle ne songeoit, qu'à ce qui pouvoit le soulager, & prolonger ses jours. Pendant qu'elle oublioit ainsi ce que ses interêts & ceux de ses Enfans, auroient aussi demandé d'elle : le Comte de Sponeck ne s'endormoit pas, il gagnoit les Officiers du Prince, corrompoit ses Domestiques. Les Comtes de Coligny, dont il avoit épousé la sœur, quoique comblez des bienfaits du feu Duc de Montbelliard, leverent des troupes à la Campagne. Ils les firent entrer dans le Château, pour mettre en état le Comte de Sponeck de s'en assûrer, & de s'y maintenir.

Le Duc de Montbelliard mourut le 25 Mars. A peine eut-il les yeux fermez, que le Comte de Sponeck se fit donner les clefs du Château, & se fit prêter serment de fidelité par la Garnison, & par tous ceux qui se trouverent dans la place. Qui auroit osé s'y opposer? La Garnison, levée par les Comtes de Coligny, étoit à sa devotion. Madame la Duchesse de Montbelliard, accablée de sa douleur, n'étoit gueres en état de lui résister. Dès lors que Sponeck se vit le maître, son premier soin fut de mettre la Duchesse de Montbelliard hors d'état d'agir, en lui ôtant tout moyen de subsister, Elle & ses Enfans. Le sieur de Waldner, comme on l'a observé, avoit surpris la confiance du feu Duc de Montbelliard. C'en étoit assez à la Duchesse sa veuve, pour ne pas s'en méfier. Si-tôt qu'il vit Sponeck le plus fort, il lui offrit ses services. Sponeck, qui sçavoit de quoi il étoit capable, lui proposa de témoigner en
secret

secret à Madame la Duchesse de Montbelliard, un dévouement particulier, & tout le zele possible pour ses interêts, & pour ceux de ses Enfans. Madame la Duchesse de Montbelliard, qui ne sçavoit pas qu'il s'étoit livré à Sponeck, & qui jugeoit de ses sentimens, par ceux que la reconnoissance des bontés de son mary & des siennes, auroit dû lui inspirer, n'eut garde de le soupçonner de perfidie. Il ne lui conseilloit, que le seul parti qu'elle avoit effectivement à prendre, qui étoit de se pourvoir à la Cour de Vienne & à celle de France, pour y faire connoître son état de Veuve du feu Duc de Montbelliard, & celui de ses Enfans, d'Enfans légitimes de ce Prince, & d'implorer la justice de l'Empereur & du Roy, & même la protection de leurs Majestés, pour faire cesser l'usurpation de Sponeck, & rétablir ses Enfans dans la possession des Etats de leur Pere, & de tous les biens qu'il avoit laissé. Il n'eut pas de peine à persuader, que pareilles poursuites ne pouvoient se faire sans argent. Madame la Duchesse de Montbelliard, qui n'avoit pas à choisir, crut pouvoir accepter les bons offices que le sieur de Waldner lui offroit, & lui confier le peu d'argent comptant qu'elle avoit. Elle ordonna au Receveur de son Doüaire, de lui délivrer 9000 liv. qu'il avoit à elle. Elle esperoit qu'il ne s'en serviroit que pour soûtenir l'état & la fortune de l'Epouse & des Enfans légitimes, d'un Prince, qui l'avoit honoré de son estime, & comblé de ses bienfaits.

Le sieur de Waldner n'eut pas plûtôt touché les 9000 liv. qu'il les remit au Comte de Sponeck. Celui ci auroit dû être content d'avoir ainsi dépoüillé la Duchesse de Montbelliard de tout ce qu'elle pouvoit avoir. Toute dénuée qu'elle étoit, sa présence, dans les Etats de Montbelliard, ne l'inquiétoit pas moins: Tous les ordres de la Principauté l'avoient vûë l'Epouse légitime de leur Souverain, & partager avec lui les honneurs de la Souveraineté. Ils lui avoient fait souvent des complimens en cette qualité, & rendu les autres honneurs, qui ne sont dûs qu'à pareil rang. Ils pouvoient se lasser bien-tôt de l'usurpation d'un Bâtard, faite au préjudice des Enfans légitimes de leur Prince. L'amour & la fidelité, que les peuples ont naturellement pour l'Epouse de leur Souverain & pour sa posterité légitime, pouvoient se réveiller. C'en étoit trop pour laisser tranquile un Usurpateur, sur-tout après que le ministere du Château l'eut compris, la premiere dans les prieres nominales de l'Eglise, comme Duchesse Doüairiere de Montbelliard. Sponeck n'osant pas cependant la chasser par force: voulut lui persuader de se retirer en quelque lieu de sureté. Il lui représenta qu'il y avoit des mouvemens dans la Principauté, qui pouvoient avoir des suites: que M. le Duc de Wirtemberg-Stougard faisoit avancer des troupes, pour assiéger le Château de Montbelliard: qu'il ne convenoit ni à son sexe, ni à l'âge de ses Enfans d'y essuyer un siege. Madame la Duchesse de Montbelliard chercha de son côté à éluder la proposition. Le Comte de Sponeck, qui se voyoit le plus fort, changea alors de langage, & lui parla de maniere, que crainte de pis, pour elle & pour ses Enfans, il lui falut céder. Elle se flattoit qu'il lui seroit du moins, permis d'emporter avec elle, ses papiers, ses habits, & les hardes, qui étoient à son usage & à celui de ses Enfans. Elle les avoit fait mettre dans des coffres. Le Comte de Sponeck eut la cruauté de s'en emparer. La Duchesse de Montbelliard fut donc forcée de sortir du Château de Montbelliard, & de se refugier à Clerval en Franche-Comté;

E

fans argent, fans linge, fans habits & fans hardes, dépoüillée de tout, jufqu'à fes papiers & à fes titres les plus importans. Ce n'eft que par un coup de la Providence qu'elle a recouvré peu à peu ceux qui pouvoient lui être néceffaires pour la défenfe de fon état, & de celui de fes Enfans. Elle en a heureufement affez pour confondre fes ennemis & les leurs.

On auroit crû qu'un Ufurpateur, affez hardi pour chaffer de leurs Etats la Veuve & les Enfans légitimes de fon Prince Souverain, auroit affez de cœur pour en défendre la principale place, & pour y foûtenir un fiége. Cependant le Comte de Sponeck n'eut pas plûtôt reçu des nouvelles fûres, que les troupes de M. le Duc de Wirtemberg étoient en marche pour venir affiéger Montbelliard, que profitant des iffuës, qu'il avoit libres, il fit fortir du Château tous les effets prétieux que le Duc de Montbelliard avoit laiffé à fa mort, pierreries, vaiffelle d'or & d'argent, & l'argent monnoyé. Le tout n'eut pas été tranfporté en lieu de fureté, que Sponeck ne penfa plus qu'à y mettre également fa perfonne. Par une honteufe capitulation, avant même qu'il y eut de tranchée ouverte, il mit entre les mains des Officiers de M. le Duc de Wirtemberg une Souveraineté, qu'il avoit envahie quelques jours auparavant. C'eft ainfi que M. le Duc de Wirtemberg a enfin a recueilli le fruit des violences & des intrigues, pratiquées par les Miniftres de fes Etats depuis plus de quarante ans, pour envahir ceux de Montbelliard, & en dépoüiller la pofterité du dernier Duc, quelque légitime qu'elle pût être.

A peine ces Miniftres avoient appris fa maladie, qu'ils firent courir le bruit de fa mort. A la faveur de cette fauffe nouvelle, & de l'argent qu'ils femerent avec profufion, ils fe rendirent favorables des Peuples, qui n'étant pas accoûtumez au joug d'un pouvoir defpotique, fouffroient avec peine l'oppreffion des Coligny, favoris de leur Prince, qui abufoient de fa confiance. Ces Peuples fe livrerent d'autant plus volontiers des nouveautés, qui les délivroient des Coligny, qu'ils voyoient les Enfans légitimes de leur Souverain hors d'état de fe défendre. Leur fidelité feule ne pouvant les maintenir dans les Etats de leur Pere : ils crurent qu'il leur feroit moins honteux d'obéir à un Prince, Chef de l'Illuftre Maifon de leur Souverain, qu'au Comte de Sponeck & aux Coligny. Les Miniftres de M. le Duc de Stougard profitant de ces difpofitions, agirent fi vivement à la Cour de Vienne, qu'ils y furprirent deux Decrets du Confeil Aulique, l'un du 8, & l'autre du 16 Avril 1723. Le Duc de Montbelliard mourut pendant qu'on les follicitoit. Par ces Decrets, rendus, fans que la Ducheffe de Montbelliard, ni fes Enfans, aient été oüis, ni appellez ; & comment auroient-ils pû l'être, le Duc de Montbelliard n'étant mort que le 25 Mars precedent : ils firent ordonner que M. le Duc de Wirtemberg-Stougard feroit invefti par provifion de la Principauté de Montbelliard. Ils avoient eu l'adreffe de les mettre par avance à execution, en s'emparant à force ouverte & à main ärmée, de la Capitale du païs, avant que de les avoir reçûs.

Pendant que d'un côté M. le Duc de Wirtemberg étoit maître des Etats de Montbelliard, & que de l'autre le Comte de Sponeck, enrichi du pillage, qu'il avoit fait de tout ce qui avoit pû être enlevé dans le Château, joüoit le rolle de Prince, dont il avoit pris le nom : Madame la Ducheffe Doüairiere de Montbelliard étoit avec fa famille à Clerval,

dépourvûë des chofes les plus néceffaires à la vie, pouvant à peine fubfifter. Comment auroit-elle agi dans les differens Tribunaux, où il
auroit été néceffaire qu'elle fe fût pourvûë, pour faire valoir fes droits,
& ceux des Princes fes Enfans? Elle voulut recourir au plus prochain,
& demander au Parlement de Befançon, comme tutrice naturelle de fes
Enfans, d'être maintenûë en poffeffion des Terres du feu Duc de Montbelliard fon Epoux, fituées en Franche-Comté. Les Comtes de Coligny,
que l'on connoiffoit à Befançon pour fes neveux, informez de ce deffein,
qui pouvoit déconcerter les vûës du Comte de Sponeck leur Beau-frere,
perfuaderent au Procureur, à qui elle s'étoit adreffée, qu'ils avoient
reçû des ordres de fa part de fufpendre fa Requête. Par cette fuperche-
rie, ils donnerent le tems au Comte de Sponeck de demander au Parlement de Befançon, en qualité de fils aîné du feu Duc de Montbelliard
& de Prince hereditaire, d'être envoyé en poffeffion des Terres, qu'il
avoit laiffé en Franche-Comté. Sur cette Requête, il furprit une provifion de 60000 livres, fur les revenus des Terres, qui furent fequeftrées.

M. le Duc de Wirtemberg furprit de même fur fimple Requête au
mois de Septembre de la même année 1723. un Arrêt du Confeil d'Etat
du Roy, qui ordonnoit le rapport des Lettres Patentes de 1719 de confirmation de Naturalité; par rapport aux titres & aux qualitez de Princes
& de Princeffes, de coufins & de coufines de S. M. données tant à la
Ducheffe de Montbelliard, qu'à fes Enfans; & par un fecond Arrêt
du mois de Janvier 1724, il fit évoquer devant le Roy la demande,
que le Comte de Sponeck avoit formée au Parlement de Befançon.

L'indigence, où la Ducheffe de Montbelliard étoit réduite, & l'enlevement de fes titres & papiers ne lui permettoient pas, pour ainfi dire,
de fe montrer. Mais la Providence lui ayant fait recouvrer affez de titres pour combattre fes ennemis, & pour faire valoir fes droits & ceux
des Princes fes Enfans : aidée de quelques fecours, elle donna fa Requête au Roy au mois de Décembre 1724; pour être reçûë Partie intervenante dans la conteftation indécife au Confeil des Dépêches, entre
M. le Duc de Wirtemberg & le Comte de Sponeck. Par la même Requête,
elle demanda, en fa qualité de Tutrice des Princes & Princeffes fes Enfans, d'être envoyée en poffeffion des Terres délaiffées par le feu Duc
de Montbelliard fon Epoux, fituées en Alface & dans le Comté de Bourgogne; & que S. M. Très-Chrétienne de lui ac-
corder une provifion pour Elle & pour fes Enfans, qui les mit en état
de fubfifter; & de fournir aux frais des procédures. Sur fa Requête
& fur les Memoires de M. le Duc de Wirtemberg & du Comte de Sponeck; qui ne lui ont point été communiquez, eft intervenu un Arrêt le 8
Juin 1725, qui a renvoyé les Parties au Confeil Aulique, pour ce fait
être ftatué fur leurs Conclufions; & cependant par provifion, & fans
préjudice des droits des Parties, a ordonné, que fur les revenus des
terres fequeftrées de la fucceffion du Duc de Montbelliard, il feroit
payé à la Ducheffe de Montbelliard la fomme de 15000 liv. & pareille
fomme au Comte de Sponeck.

Rien de plus dur pour Mad.me la Ducheffe de Montbelliard, que
d'avoir été ainfi mife en paralelle avec le Comte de Sponeck, & traitée
de la même maniere. Il eft tems de diffiper une comparaifon auffi odieufe

E ij

& à Elle & aux Princes ſes Enfans : & de montrer contre M. le Duc de Wirtemberg, la ſeule partie, qu'ils puiſſent avoir, qu'étant ſeuls Enfans légitimes ou légitimés du feu Duc de Montbelliard, ils ont auſſi ſeuls droits de lui ſuccéder, & de l'exclure.

Madame la Ducheſſe de Montbelliard, rapportant un acte de célébration de mariage en bonne forme, accompagné de toutes les ſolemnités néceſſaires, telles qu'elles ſont en uſage parmi les Princes d'Allemagne de la Confeſſion d'Auſgbourg, ſuivi d'une poſſeſſion publique & paiſible de l'état & de la qualité d'Epouſe légitime d'un Souverain : En un mot, la preuve d'un Mariage ſi légitime, que juſqu'ici il ne paroît pas qu'on ait entrepris de la combatre ; il n'y auroit pas de ſens à conteſter à la Mere & aux Enfans un état, que le concours des Loix divines & humaines, rendent également inconteſtable. Il falloit donc imaginer des fables & des preſtiges, pour inſinuer au Public que le feu Duc de Montbelliard a eu une première femme, pendant la vie de laquelle il n'a pû en épouſer une ſeconde : que pareille polygamie a été d'autant plus odieuſe, que ce Prince ayant eu auparavant un commerce illegitime avec la ſœur de cette ſeconde femme, l'affinité au premier degré, auroit été un obſtacle inſurmontable à un mariage légitime avec elle. Les Miniſtres de M. le Duc de Wirtemberg, convaincus du faux & de la foibleſſe de ces deux premières objections, ſe ſont trouvez réduits à ſuppoſer qu'il y a du moins une Loy particulière dans la Maiſon de Wirtemberg, qui y établit dans la perſonne des Princes, qui la compoſent, une eſpece de puiſſance & d'autorité les uns ſur les autres ; en ſorte qu'aucun d'eux ne peut ſe marier, ſans le conſentement des autres, ou du moins de celui, qui en eſt le Chef, ſur-tout avec une perſonne d'une condition inégale, à peine de nullité du mariage. Ils ſe ſont flattez, qu'en confondant Madame la Ducheſſe de Montbelliard avec la Comteſſe de Sponeck, & les Enfans de l'une & l'autre, ils en auroient aſſez pour faire perdre de vûë un mariage légitime, & pour anéantir les ſuites & les conſequences néceſſaires, qui en réſultent. C'eſt tout l'art des Memoires qu'ils ont débité juſqu'ici. Pour diſſiper les prétextes, à la faveur deſquels ils oſent conteſter l'état de la Mere & des Enfans, & diſputer à ceux-ci la ſucceſſion du Duc de Montbelliard leur Pere ; la Ducheſſe de Montbelliard ſe renfermera dans quatre propoſitions.

DIVISION DE CE MEMOIRE.

La première, qu'il n'y a jamais eu de mariage entre le feu Duc de Montbelliard & la Comteſſe de Sponeck ; que celui qu'on leur impute aujourd'hui, n'a pour principe qu'un acte évidemment faux, ſi mal imaginé, qu'en le ſuppoſant vrai, il auroit été nul & incapable de produire aucuns effets civils. Que par conſéquent ce Prince ayant toûjours été libre, rien ne l'a empêché de contracter un mariage légitime avec la Ducheſſe de Montbelliard.

(a) Pluſieurs Canoniſtes & Theologiens Catholiques enſeignent, que cet empêchement n'eſt abſolument point dirimant. Petrus de Ledeſma de Matri. Quæſt. 55. art. 6. Sanchez. de Matr. Lib. 7. diſp. 66. n. 7.

La ſeconde, qu'en ſuppoſant que l'affinité, qui naît d'un commerce illegitime, ne forme pas moins un empêchement, que celle qui naît du mariage : (a) cet empêchement n'étant que de droit poſitif, le Pape peut en diſpenſer parmi les Catholiques, comme les Princes Proteſtans dans leurs Etats. Que par conſéquent le feu Duc de Montbelliard, qui réüniſſoit en ſa perſonne les deux puiſſances, la Temporelle & l'Eccleſiaſtique, s'eſt ſuffiſamment diſpenſé lui-même, en épouſant publiquement & à la face des Autels, la ſœur d'une femme, qu'il avoit entretenue.

La

La troisiéme, que selon les Loix & l'usage de l'Empire, l'inégalité de condition, dans les mariages des Princes, pourvû qu'ils ne soient pas faits de la main gauche, ou selon la Loy Salique & *ad Morganaticam*, ne change rien aux avantages, attachez à tout mariage légitime; leurs veuves & leurs enfans, joüissent également des droits & des prérogatives de la Principauté, & ont le même droit de succéder à leurs Peres, de quelque nature que soient leurs biens, quelque dignité ou élevation, qui puisse y être attachée.

La quatriéme enfin, que dans la maison de Wirtemberg, il n'y a point de Loy particuliere, qui ait tiré le feu Duc de Montbelliard de la régle generale & commune, dans tous les Etats de l'Empire.

La Duchesse de Montbelliard répondra ensuite aux Decrets du Conseil Aulique, dont jusqu'ici elle a eu quelque connoissance, aucun d'eux ne lui ayant été ni communiqué, ni signifié, & fera voir, qu'ils ne peuvent lui être opposez.

PREMIERE PROPOSITION.

Il n'y a jamais eu de mariage entre le feu Duc de Montbelliard & la Comtesse de Sponeck. Celui qu'on veut leur imputer, n'a pour preuve qu'un Acte évidemment faux: si mal imaginé, qu'en le supposant vrai, il auroit été nul dans son principe, incapable de produire aucuns effets civils. Par conséquent le Duc de Montbelliard, ayant toûjours été libre; rien ne l'a empêché de contracter un mariage légitime avec la Duchesse de Montbelliard.

Le Comte de Sponeck a distribué à la Cour de Vienne, sous le nom du feu Duc de Montbelliard, un Factum contre M. le Duc de Wirtemberg-Stougard, à la fin duquel il a fait imprimer l'Acte de célebration du prétendu mariage de sa mere. Il se flattoit, qu'à la faveur de cette piéce, & d'une Sentence de divorce, consentie entre le Duc de Montbelliard & sa mere, il en auroit assez pour éblouïr le Public, & que parlant sous le nom du Duc de Montbelliard, il persuaderoit aisément au Conseil Aulique, qu'étant né, de l'aveu de ce Prince, pendant le cours d'un mariage subsistant, il étoit incontestablement son fils légitime.

M. le Duc de Wirtemberg, qui avoit pour lui le traité de Wildbade, où le Duc de Montbelliard avoit formellement reconnu le Comte de Sponeck, pour l'un de ses enfans naturels, traité, qui ayant été solemnellement ratifié deux fois par le Comte de Sponeck, avec serment, formoit contre lui une fin de non-recevoir invincible: n'avoit pas d'interêt de contester la verité de ce mariage; puisqu'en la supposant, le Comte de Sponeck n'auroit pas moins dû être exclu de la Principauté. Au contraire, ce premier mariage lui fournissoit un moyen victorieux pour combattre celui de Madame la Duchesse de Montbelliard. Mais le Comte de Sponeck demandant en France les terres, qui sont situées en Alsace & dans le Comté de Bourgogne: M. le Duc de Wirtemberg a cru, que pour le combattre avec plus de succès, il devoit verifier le fait de la celebration de ce mariage. Il a envoyé à Skoki, où il s'en est fait délivrer une expedition en bonne forme, tirée du même Registre des mariages de Reiowitz. Il a également fait imprimer cette expedition à la fin d'un Mémoire, distribué par ses Ministres à la Cour de France.

F

Elle eſt individuellement dans les mêmes termes, que celle que la Ducheſſe de Montbélliard s'eſt également fait délivrer (a) : ayant envoyé
exprès en Pologne une perſonne éclairée & ſûre, pour examiner le Regiſtre, qui ſubſiſte actuellement, & qui eſt entre les mains du Miniſtre de l'Egliſe de Revier ou Reiowitz, petit Village, annexé, ou Ha-
meau de l'Egliſe de Skoki, dans la grande Pologne.

(a) Elle eſt
imprimée avec
les autres Piéces
à la fin de ce
Mémoire.

Il ne faut que rapporter en deux colomnes ces deux Expeditions differentes, telles qu'elles ſe trouvent traduites à la fin du Memoire de M.
le Duc de Wirtemberg, imprimé à Paris (page 3, 4, 5, 6 & 7.) Et à la
fin de celui du Comte de Sponeck, imprimé à Vienne, ſous le nom du
feu Duc de Montbelliard (page 49, 50 & 51.) Pour démontrer la fauſſeté,
tant de l'Expedition du Comte de Sponeck, que de la prétenduë celebration du mariage de ſa mere.

EXTRAIT DU LIVRE
de Reiowitz, tel que les Agens du
Comte de Sponeck l'ont fait falſifier,
& qu'il l'a joint à ſon Memoire,
imprimé à Paris, preſenté au Roy.

Traduit du Latin en François.

JE ſouſſigné, à la Requête de Meſſire
Charles-Leopold Comte de Coligny,
comparant en perſonne à Skoki, Terre
du Palatinat de Poſnanie, au Royaume
de Pologne, demandant un acte des Regiſtres des Mariages de l'Egliſe de
Reiowitz, unie à celle de Skoki : ai vû,
lû tout au long ce qui ſuit, écrit en Latin dans le Livre autentique de matricule de la propre main du feu Reverend
Jean Chriſtophle Fuchs, de ce tems le
Miniſtre ordinaire de l'Egliſe de Skoki
& Reiowitz, decedé en 1715, touchant
le mariage des perſonnes ci-après nommées,
& l'ai décrit à la requiſition de mondit
Sieur le Comte, pour le lui remettre entre
les mains de la maniere qui ſuit.

L'an 1695. fol. 30. N°. 9.

N. B. le premier Juin furent auſſi
mariez dans l'Egliſe de Reiowitz,
deux perſonnes de la Confeſſion
d'Auſgbourg, qui y arriverent à cheval, ſçavoir le très-Illuſtre Seigneur
Leopold-Eberhard Duc de Wirtemberg-Montbelliard, Comte du
S. Empire Romain, & très-Illuſtre
Damlle. Anne-Sabine de Hedviger.

COPIE FIDELLE DE LA
Feüille 30 du Regiſtre des Mariages
de l'Egliſe de Reiowitz, ou Revier
en Allemand, contenant les Mariages
de ce Village pendant l'année 1695.
Cette Feüille commence Anno 1695
copulati, & puis au-deſſous eſt écrit
en Langue Allemande huit Mariages,
dont voici la traduction.

1°. Le 7 Février ſe marient à
Reiowitz le ſieur Jean le Noir,
Bourgeois, Tailleur & Braſſeur à
Skoki, avec Damoiſelle Catherine,
fille du ſieur Jean Kolner, Potier à
Reiowitz.

2°. Le 8 Mai ſe marient à Reiowitz Jacques Pohl, fils de feu Mathieu Pohl, habitant à Reiowitz,
gardeur de beſtiaux à Gottſchen,
avec Dame Marie, veuve de Chriſtophle Genſch, valet à Barenbuſch.

3°. Le 29 Mai ſe marient George
Lens, faiſeur de gaudron de Ba-
renbuſch, veuf, avec Damoiſelle
Marguerite, fille de feu Mathieu
Pohl, habitant à Reiowitz auprès
de ſa mere.

4°. Le 3 Juillet ſe marient George
Martens le jeune, Laboureur à Barenbuſch, fils d'André Martens,
dudit lieu, avec Damoiſelle Eve,
fille de feu Martin Lauther, Charron dudit lieu.

5°. Le 6 Novembre ſe marient à

Ceci est veritablement & réellement contenu dans le certificat ci-dessus, lequel j'ai décrit en foy & conscience de Pasteur, & l'ai délivré à mondit sieur le Comte à sa requisition, l'ayant pour plus grande coroboration & validité, signé de ma propre main, & scellé de mon cachet. Fait à Skoki dans ma résidence ordinaire audit lieu, le 3 Juillet 1720.

(L. S.)　　　Christophle Koch,
　　　Pasteur des Eglises unies
　　　de Reiowitz & Skoki.

Le Reverend Christophle Koch, qui est actuellement notre Pasteur des Eglises Evangeliques Lutheriennes de Skoki & Reiovvitz, que nous connoissons très-bien, comparant en personne pardevant les Officiers & Magistrats de la Ville de Skoki, située au Palatinat de Posnanie dans le Royaume de Pologne, à la Requête de M. le Comte de Colligny, a produit à tout le Magistrat de Skoki, assemblé extraordinairement pour ce sujet, le Registre autentique de l'Eglise de Reiowitz, en sa forme ancienne, contenant les Mariages bénis dans ladite Eglise, lequel nous avons trouvé entier, sans deffaut & à ne pouvoir donner aucun soupçon de fausseté, comme il est approuvé & reconnu pour tel par nous & par toute la Ville de Skoki. Mondit Sieur le Comte comparant en personne, a demandé un certificat de l'existence autentique & vérité dudit Registre, pour s'en servir en cas de besoin: requit qu'on lui mist entre les mains un Article contenu audit Registre écrit de la propre main de feu Reverend Jean-Christophle Fuchs, autrefois Pasteur de Skoki, & Reiowitz, touchant le Mariage des Serenissimes Epoux ci-après nommez, lequel article par nous vû est conçû en ces termes.

L'an 1695. Fol. 30. N°. 9.

N. B. le 1er Juin furent aussi mariez dans l'Eglise de Reiowitz, deux personnes de la Confession d'Ausbourg, qui y arrivèrent à cheval, sçavoir, le très-Illustre Seigneur

Skoki George Burger, Charron le jeune, fils de Jean Burger, Laboureur à Oberbritschen, auprès de Fraustat; & Dame Judith, veuve du sieur Daniel Becker, Laboureur & faiseur de drap, de la Religion Reformée.

6°. Le 13 Novembre se marient à Skoki Adam Schwalbe ou Jastolzi, veuf, Bourgeois & faiseur de drap, avec Damoiselle Marie, fille de feu Jean Rahn, Maréchal au petit Wittenberg, auprès de la Scierie.

7°. Le 20 Novembre se marient Jean Kurth de Caculin, Laboureur de ce lieu, avec Damoiselle Marie, fille du Laboureur Nikel, de ce lieu.

8°. Le 27 Novembre se marient Michel Stettler, valet, fils de feu Michel Stettler, de ce lieu, avec Damoiselle Dorothée, fille de Michel Radlon de Schidazove.

9°. N. B. *Prima Junii copulati sunt & in Templo Reiowicensi binæ ex Teschnensi Silezie Ducatu huc venientes personæ; ambo Evangelicæ, quibus ibidem copulatio, ni à fide deficerent, interdicta, equites ambo huc venerant nimirum per illustris Dominus Leopoldus-Eberhard H. Z. W. M. S. Romani Imperii Comes & per Illustris Magnifica & virgo Anna Sabina V. H. Dominus sponsus tunc erat in militia Electoris Saxonici, sponsa vero ex Ducatu Teschnensi, sub tutela matris viduæ.*

A la requisition de S. A. S. le Seigneur Duc regnant de Wirtemberg, & sur la demande & approbation de Mrs. les Anciens de l'Eglise de Skoki & des deux sieurs Prevôts de Reiowitz, autrement appellé Revier, j'ai expedié le present Extrait du Registre de Revier, attestant ici sur ma foy pastorale, que ce qui est ci-dessus, compose mot pour mot toute la page du Registre de l'Eglise, & qu'ainsi la copulation dudit très-Illustre Leopold-Eberhard, & de la très-Illustre Anne-Sabine, se trouve à la fin de ladite page avec

F ij

Leopold - Eberhard Duc de Wirtemberg - Montbelliard, Comte du
S. Empire Romain, & très-Illuftre
Damoifelle Anne-Sabine de Hedviger.

*Nous donc, le Proconful & les Con-
fuls de la Ville de Skoki, après les offres
que nous faifons de nos offices & respects,
atteftons & faifons fçavoir à tous ceux
qu'il appartiendra, que ledit Regiftre &
matricule de Reiowitz, & l'article du
mariage des Sereniffimes personnes fuf-
dites, écrit en Latin de la propre main
du fus-nommé Reverend Jean-Chrifto-
phle Fuchs, en ce tems le Pafteur de Skoki
& de Reiowitz, de l'an, jour & mois,
comme deffus, eft vrai, réel, non changé, très-bien connu à nous, & à notre
Magiftrat, fain, fauf, en entier, l'ayant
trouvé tel, après l'avoir confronté avec
plufieurs lettres & actes authentiques, écrits
de la main du fufdit Reverend Fufchs,
qu'on a trouvé de lui après fa mort, &
produits publiquement par le Reverend
Pafteur Koch, lequel Regiftre & écritures,
non feulement nous, mais encore le fufdit Reverend Pafteur Koch, a reconnu
de bonne foy & en confcience en notre
préfence, vrai & réel; ayant affuré qu'il
favoit fuffifamment, l'ayant oüi dire plufieurs fois au Reverend Pafteur Fuchs fon
Prédéceffeur mort en 1715; auquel il étoit
adjoint au miniftere, qu'il avoit marié
dans l'Eglife de Reiowitz le Sereniffime
Duc de Wirtemberg - Montbelliard avec
une certaine Damoifelle; de quoi le fufdit
Reverend Pafteur Fuchs s'eft glorifié en
préfence de plufieurs perfonnes, & en a
parlé plufieurs fois. Sachant donc que la
chofe eft telle, nous en avons donné notre
atteftation; la donnons auffi par les Prefentes; & pour plus grande corroboration
& validité, Nous l'avons figné de nos
propres mains, & y avons fait appofer
le fcel de notre Ville de Skoki le troifiéme
jour du mois de Juillet l'an de grace 1720.*
(L. S.)

*Par Ordonnance de M. le Proconful
des Confuls de la Ville de Skoki,
fituée dans le Palatinat de Pofna-
hie auRoyaume de Pologne, & ex-*

les mêmes paroles, les mêmes abré-
viations, & les lettres comme elles
fe trouvent écrites ici; tout ce que
deffus fe trouvant à la page 30 fous
l'année 1695. En foi dequoi j'ai expedié les Prefentes, fous la fignature de ma main & l'appofition de
mon cachet. Fait en la très-noble
Ville de Skoki en 1722. le 23. Décembre (L. S.)

  Signé, Chriftophle Koch,
   Miniftre à Skoki &
   Reiowitz.

On certifie publiquement de la
part du Confeil, que l'Extrait ci-
deffus expedié par le Miniftre Chriftophle Koch, fe trouve mot pour
mot dans le Regiftre du Livre de
l'Eglife de Revier, qui remplit toute la page 30, & que la copulation
du très-Illuftre Seigneur Leopold-
Eberhard, & Dame Sabine, fe trouve ainfi écrit tout à la fin de ladite
page 30. n. 9. Fait dans la très-noble Ville de Skoki, fituée dans la
grande Pologne, & attefté fous le
fceau de ladite Ville & fignatures
accoutumées, ce 23 Décembre 1722.
(L. S.)

Signés, Staniflas Diament, Vice-
Conful Juré de Skoki, avec paraphe.

 Thomas Forbes, Avocat Juré à
Skoki, avec paraphe.

 Boguflas Jakokowiz, Conful
Juré, avec paraphe.

 Laurent Mackolziwa, Conful
Juré, avec paraphe.

 Sarnut Somietti, Conful Juré,
avec paraphe.

 Gabriel Crifeu, Conful, avec
paraphe.

 Martin Tenrich, Conful, avec
paraphe.

 Jean Liefeck, Conful Juré, avec
paraphe.

 Samuel Oftenhammer, Confeiller Juré, avec paraphe.

 Jean Tropulus, Confeiller Juré,
       avec

trait des Regiſtres de lad. Ville. Signez,
Thomas Forbes, Proconſul Juré de la
Ville de Skoki.
Staniſlas Diamant, Avocat Juré.
Bogiſlaus Jacubowitz, Conſul Juré.
Laurent Macolagwa, Conſul Juré.
Jean Figulus, Conſul Juré.
Jeremie Fuchſius, Conſul Juré.
Mathias Szekepánski, Conſul Juré.
Jean Liſeck, Echevin Juré.
Samuel Sölniki, Echevin Juré.
Jean-Chriſtophle Schutlz, Ech. Juré.
Jacques Cien, Echevin Juré.
Jean Iſſet, Echevin Juré.
Alexandre Plorezynski, Notaire Juré.
de la Ville de Skoki des deux Magiſtrats
de ladite Ville.

avec paraphe.
Jeremie Fuchs, Conſeiller Juré,
avec paraphe.
François Radwanski, Conſeiller
Juré, avec paraphe.
Alexandre Ploroynski, Notaire
Juré de la Ville de Skoki, & des
Magiſtrats dudit lieu, avec paraphe.

A lire ſéparément ces deux Extraits, il ſeroit difficile de refuſer à
chacun d'eux une créance entiere. L'un & l'autre paroît avoir été
tiré d'un Regiſtre public, par le Miniſtre, qui en étoit le dépoſitaire. Ce Miniſtre, à la ſignature duquel les Magiſtrats d'une Ville
conſidérable atteſtent que foi doit être ajoutée; & ces mêmes Magiſtrats
aſſurent que l'un & l'autre eſt conforme, mot pour mot, à ce qui eſt écrit
dans le Regiſtre, dans la même page & ſous le même nombre. Pourroit-on exiger de légaliſation plus ſolemnelle & plus autentique? Ils ſont
cependant ſi contraires l'un à l'autre, dans ce qu'il y a véritablement
d'eſſentiel, qu'il ne faut que les mettre ſous les yeux pour être convaincu
de la falſification de celui du Comte de Sponeck.

EXTRAIT DU COMTE DE SPONECK.

N. B. *Prima Junii, copulati ſunt*
ETIAM in templo Reiowicenſi, binæ huc
venientes perſonæ ambo Evangelicæ, equi
tes ambo huc venerunt, nimirùm per Illuſ
tris Dominus Leopoldus Eberhard HER
ZOG ZU WIRTEMBERG
MONTPELGARD SACRI
Romani Imperii Comes & per Illuſtris
magnifica Domina & virgo Anna Sabi
na VON HEDWIGER.

EXTRAIT DE M. LE DUC de Wirtemberg.

N. B. *prima Junii copulati ſunt*
& in Templo Reiowicenſi, binæ
EX TESCHNENSI SILESIÆ
DUCATU huc venientes perſonæ
ambo Evangelicæ, QUIBUS IBI
DEM COPULATIO, NI A FIDE
DEFICERENT, INTERDICTA,
equites ambo huc venerunt, nimi
rùm per Illuſtris Dominus Leopol
dus Eberhard H. Z. W. M. S. Ro
mani Imperii Comes & per Illuſtris
magnifica & virgo Anna Sabina V.
H. DOMINUS SPONSUS
TUNC ERAT IN MILITIA
ELECTORIS SAXONICI,
SPONSA VERO E DUCATU
TESCHNENSI, SUB TUTELA
MATRIS VIDUÆ.

1°. Dans celui du Comte de Sponeck, on a d'abord ajouté la conjonc-

G

tion *etiam*, qui n'eſt point dans l'original & dans le Regiſtre. Pourquoi cette addition ? C'eſt qu'à la faveur de ce terme, on a crû donner à la célébration, dont il s'agit, une liaiſon avec les autres mariages de la feüille, & inſinuer, qu'il a été célebré comme eux dans la même Egliſe.

2°. Des lettres initiales H. Z. W. M. S. miſes dans le Regiſtre, après les noms propres de l'Epoux, & de l'V, & de l'H, mis après ceux de l'Epouſe, on s'eſt donné la liberté d'en faire des mots entiers Allemands, HERZOG ZU WIRTEMBERG MONTPELGARD SACRI : ET VON HEDWIGER. Les mots de DUC DE WIRTEMBERG, MONTBELLIARD, de SACRI, ni ceux d'HEDWIGER, ne ſont point dans l'Original & dans le Regiſtre. On n'y voit que ceux-ci, LEOPOLDUS - EBERHARD, en Latin, ſuivis de ces lettres H. Z. W. M. S. & ANNA SABINA, ſuivis d'une V. & d'une H. Y a-t-il quelque exemple, que pour déſigner les Parties dans un contraɛt, à plus forte raiſon dans l'acte le plus important de la ſocieté civile, tel qu'une celebration de mariage, on ait jamais employé de ſimples lettres initiales, veritablement énigmatiques, par la liberté qu'on auroit d'en faire l'application à telles perſonnes qu'on voudroit imaginer ? Des huit mariages, qui précédent dans la même feüille de ce Regiſtre, il n'en eſt pas un ſeul où les noms, ſurnoms, qualitez, demeures, & profeſſions des perſonnes qui les ont contraɛtez, ne ſoient exprimez. On y fait même mention de leurs peres, & meres. Celui dont il s'agit, eſt le ſeul où l'on ſe ſoit contenté d'exprimer les noms de Baptême, avec de ſimples lettres, pour déſigner les familles. En faudroit-il davantage pour prouver, qu'il n'auroit pû être, pour le plus, que quelque jeu d'amans ; parce qu'enfin un aɛte auſſi eſſentiel à l'état des hommes, conçû avec des lettres initiales, qui peuvent également avoir leur application à des perſonnes très-differentes, n'a rien de certain. Il ne ſçauroit par conſéquent former un engagement, tel qu'un mariage, ni en faire la moindre preuve. Quelle ouverture ne donneroit-on point au deſordre, pour peu d'égard qu'on eût pour un tel aɛte, d'autant plus dangereux, qu'il n'eſt ſigné, ni des parties, ni d'aucuns témoins ?

M. le Duc de Wirtemberg a eu raiſon de dire, dans ſon Mémoire, imprimé à Paris, que ſi on pouvoit contraɛter des mariages avec de tels chifres, on ſeroit bien-tôt maître de ſe donner tel mari, ou telle femme, qu'on jugeroit à propos, même pluſieurs à la fois, par la facilité qu'il y auroit de déſigner differentes perſonnes par les mêmes lettres initiales. Il y a fait voir, qu'outre qu'il n'eſt pas permis de ſuppoſer dans un aɛte, conçû d'une maniere énigmatique, des termes qui n'y ſont pas écrits, & que le ſeul interêt fait imaginer : L'interprétation que le Comte de Sponeck voudroit donner aux lettres initiales de ſa prétendüe célébration, ne ſçauroit ſe concilier avec l'idiome & la langue, dans laquelle elle a été écrite : qu'étant en Latin, il auroit falu que les lettres initiales, ou les chifres qui s'y trouvent, formaſſent en la même langue les noms de Duc de WIRTEMBERG-MONTBELLIARD. Qu'il n'y a certainement aucun mot Latin qui ſignifie DUC, dont la premiere lettre ſoit un H ; que la lettre Z ne peut de même déſigner en Latin l'article DE. Que quoique les deux W entrelaſſez & l'M, puiſſent convenir à WIRTEMBERG-MONTBELLIARD ; dès-lors qu'on ne ſçauroit prouver, à ne pouvoir en douter, qu'elles ayent plûtôt déſigné Wirtemberg-Montbelliard que toute autre famille ; qu'il n'y avoit rien

de fûr à cet égard : ç'en étoit affez de nier l'application , qu'on vouloit en
faire à l'une plûtôt qu'à l'autre, pour faire abfolument rejetter pareille
piece. Qu'il en étoit de même des lettres V & H, qui fuivent le nom
de Baptême ANNE SABINE ; que la lettre V ne forme point en Latin
l'article DE ; que l'H peut commencer tout autre nom que celui
d'HEDWIGER : que pour faire de ces lettres initiales, des noms, qui
euffent application au feu Duc de Montbelliard , & à Anne-Sabine Hedviger , le Comte de Sponeck avoit été obligé de recourir à un idiome ,
different de celui dans lequel l'acte a été redigé ; que de la lettre H il
en faifoit le mot Allemand HERZOG , qui veut dire Duc , de la lettre
Z, le mot ZU qui fignifie DE , & des deux W entrelaffez & de l'M,
Wirtemberg-Montpelgard. Que fes Agens, perfuadez , que des inter-
prétations auffi forcées , données à de fimples lettres initiales , ne prou-
veroient jamais la verité d'un mariage , avoient eu l'adreffe de faire inferer fauffement dans l'extrait , qu'ils ont furpris à Skoki, les noms de
Duc de Wirtemberg-Montbelliard & de Hedwiger , comme s'ils
avoient été écrits tout au long en Allemand dans le Regiftre. Qu'enfin un acte , auquel on ne pouvoit donner quelque apparence , non pas
de verité , mais feulement de vraifemblance , fans recourir aux impoftures les plus hardies, n'étoit digne que de mépris.

Ces impoftures, aujourd'hui conftantes, par les copies figurées, ex-
traites folemnellement du Regiftre de l'Eglife de Reiowitz, délivrées
tant à M. le Duc de Wirtemberg qu'à Madame la Ducheffe de Montbelliard , par les Magiftrats de Skoki , en prefence & à la honte du Miniftre Koch, forcé de reconnoître une verité , qu'il avoit fi indignement
trahie, dans le premier Extrait par lui fourni au Comte de Sponeck ,
ou à fes Agens; où peut être le doute que la Ducheffe de Montbelliard,
& les Princes fes enfans, formant, en tant que befoin, une infcription de
faux contre pareil Extrait, il ne foit déclaré faux, dans quelque Tribunal, que la conteftation foit portée?

Le Comte de Sponeck, pour excufer la licence qu'il s'eft donnée de
changer les lettres initiales du Regiftre de Reiowitz, en noms de familles
du feu Duc de Montbelliard & de fa Mere, propofe (pag. 30 de fon
Memoire de Paris) une affez comique raifon. C'eft, dit-il, l'ufage & la
coûtume des Princes de la Maifon de Wirtemberg, de n'employer que
leurs noms de Baptême dans leurs fignatures : témoins les pacts de famille
de 1617 , paffez entre les cinq freres de cette Maifon, où ces Princes n'ont
figné que par leurs noms de Baptême & le Traité de Wildbade, où M. le
Duc de Wirtemberg & feu M. le Duc de Montbelliard, n'ont de même
figné que leurs noms de Baptême. Mais a-t-il fait réflexion que l'Acte de
Célébration, dont il s'agit, n'a point du tout été figné par le Duc de
Montbelliard, de quelque maniere que ce foit. Si ce Prince avoit mis au
bas, ou fon nom de Baptême, ou même les premieres lettres qui le com-
mençoient, par forme de paraphe, ou autrement : à la bonne heure,
qu'on pût foûtenir , qu'il n'étoit pas néceffaire, qu'il fignât tout au long
fon nom de Maifon & de famille ; parce que telle auroit été fa maniere
de figner. Dans les deux Traitez propofez par Sponeck, les lettres & les
qualitez des Princes, qui les ont paffé, y font expliquées. C'eft affez
qu'ils fignaffent par leurs noms de Baptême, les Souverains n'en prenant
pas d'autre avec le titre de leur dignité ; au lieu que dans l'Acte en quef-

tion, il n'y a aucune signature, pas même une seule lettre, ni le moindre caractere de la main du feu Duc de Montbelliard. Quelle comparaison entre ce prétendu Acte, & les pacts de famille de 1617, & le Traité de Wildbade! L'un & l'autre, signez dans les regles, ne peuvent servir qu'à faire sentir davantage le vice & la nullité de la prétendue Celébration, dont il s'agit.

On ne peut donc assez s'élever contre la hardiesse, que le Comte de Sponeck a eüe, de faire changer, dans l'extrait, de la prétendue Celébration de Mariage, qu'il a produit à Vienne & à Paris, de simples Lettres initiales, en noms de famille.

Cette fausseté n'est pas la seule, que l'on y puisse démontrer. La verité a été si indignement alterée dans cet extrait, qu'on en a retranché les dispositions les plus essentielles; parce qu'elles fournissent autant de preuves invincibles de sa fausseté.

Il y a dans l'original & dans le Registre de Reiowitz que les deux personnes, que le Ministre dit avoir mariées, l'une & l'autre de la Confession d'Aufgbourg, étoient venües à cheval du Duché de Tefchen en Silezie, par la raison qu'il ne leur avoit pas été permis de s'y marier, fans abandonner leur Religion : *quibus ibidem copulatio, ni à fide deficerent, interdicta.* Que l'Epoux servoit alors dans les troupes de l'Electeur de Saxe, & que l'Epouse étoit sous la tutelle de sa mere, qui étoit veuve. Les Agens du Comte de Sponeck ont bien senti, qu'en laissant dans l'Acte ces expressions, il ne seroit plus possible d'appliquer le Mariage ni au feu Duc de Montbelliard, ni à Anne-Sabine Hedviger. Ils les ont fait retrancher de leur Extrait; 1°. Le feu Duc de Montbelliard & Anne-Sabine Hedviger demeuroient alors l'un & l'autre à Oëls en Silezie. On n'a donc pû dire, qu'ils venoient du Duché de Tefchen.

2°. Le Lutheranisme est établi dans les Etats de Wirtemberg-Oëls. Le Duc de Montbelliard & la Comtesse de Sponek allant souvent à Breslau en Silezie, où les Protestans ont un Confistoire : leur auroit-il été plus difficile de s'y marier, si l'un & l'autre l'avoient voulu, qu'il l'a été à la Comtesse de Sponeck, qui n'avoit alors d'autre nom, que celui d'Anne-Sabine Hedviger, d'obtenir à ce Confistoire la Sentence du 21 Mars 1695; qui déclara bonne & valable la promesse de mariage, que Leopold de Zedlitz lüi avoit faite, & qui le condamna à l'épouser. C'est ce même Confistoire, qui rendit la seconde Sentence du 18 Août suivant, qui déclara le sieur Zedlitz libre de son engagement, après que Anne-Sabine Hedviger eut renoncé, en présence des Juges, à la premiere Sentence. Si elle avoit été mariée, lors de cette seconde Sentence, avec le feu Duc de Montbelliard, comme il faudroit qu'elle l'eut été : si l'acte en question étoit vrai, de quel front auroit-elle pû se démettre, en présence des Juges, de sa prétention au mariage de Zedlitz ? Liée à son égard par une Sentence de Confistoire : son fils veut-il prouver qu'elle a violé, de son autorité privée, pareil engagement ? Pour écarter l'idée d'un tel crime; il faut nécessairement, ou que l'acte dont il s'agit, ne l'ait jamais regardé, ou qu'il n'ait été fait que posterieurement à cette seconde Sentence du Confistoire de Breslau. Quoiqu'il en soit, rien de plus faux que la Religion ait été un obstacle au mariage, que le Duc de Montbelliard & Anne-Sabine auroient voulu contracter dans les Etats de Wirtemberg-Oëls, ou en Silezie.

3°. Le

3°. Le feu Duc de Montbelliard n'a jamais été dans les troupes de l'Electeur de Saxe. Il n'a jamais servi que l'Empereur, commandant un Regiment d'Infanterie en Hongrie. Anne-Sabine Hedviger, née dans la Principauté de Liegniz, n'étoit point non plus du Duché de Teschen : sa mere demeuroit à Oëls. On n'a donc pû dire, ni que l'Epoux servoit alors dans les troupes de cet Electeur, ni que la fille demeuroit à Teschen, sous la conduite de sa mere.

Mais à quoi bon relever les circonstances & les dispositions d'un Acte aussi mal imaginé. Quelque preuve qui en résulte, qu'il n'a été que l'ouvrage d'une imposture grossiere : sa fausseté en est suffisamment démontrée par la seule inspection du Registre. Les Mariages celébrez dans le cours de l'année 1695 dans l'Eglise de Reiowitz, y sont écrits de suite sur une même feüille, numerotée 30. Au haut de la feüille est une inscription generale en ces termes : ANNO 1695. COPULATI. On trouve dans cette feüille huit mariages de suite, en Langue Allemande, cottez chacun à la marge par des chifres continus, 1. 2. 3. 4. 5. 6. 7. & 8. Le premier est du 7 Février, le second du 8 May, le troisiéme du 29 du même mois, le quatriéme du 3 Juillet, le cinquiéme du 6 Novembre, le sixiéme du 13, le septiéme du 20, & le huitiéme du 27 du même mois de Novembre. Si le Mariage, dont il s'agit, avoit été célébré le premier Juin, jour de sa datte, il se trouveroit dans la feüille après le troisiéme mariage du 29 May, & avant le 4e. du 3 Juillet suivant. Il seroit cotté à la marge du chifre 4. parce qu'il seroit veritablement le quatriéme. Pourquoi n'est-il point dans son ordre naturel, mais au bas de la page, & pendant qu'il est le quatriéme par sa datte, comment a-t-il pû être numeroté 9 ? Pourquoi se trouve-t-il après cinq mariages plus recens, quatre desquels lui sont posterieurs de cinq mois ? Enfin d'où vient qu'il a été écrit dans un idiome different des autres mariages, avec une note particuliere. N. B ? Cette interposition n'a eu évidemment d'autre principe, sinon que la Celébration n'ayant été inserée dans le Registre qu'après coup, il n'étoit pas possible de le mettre dans son ordre naturel. La Comtesse de Sponeck, qui se voyoit & sans promesse de mariage & sans contrat, se flatta qu'avec un Acte de Celébration, quel qu'il fût, elle en auroit assez pour obtenir quelque jour d'un Prince genereux, dont elle avoit été aimée, quelque gratification considerable. S'étant trouvé au bas d'un feüillet de Registre d'une petite Eglise sucursale, de domination étrangere, & aussi éloignée que Reiowitz, assez de blanc pour y écrire un Acte de Celébration de mariage : il ne lui fût pas difficile de corrompre le Vicaire amovible de cette Eglise. Ce Ministre écrivit l'Acte, dans les termes qu'on lui dicta, & avec de simples lettres initiales, ausquelles on pourroit donner tel sens qu'on voudroit. Dans la crainte que l'interversion, qui se trouveroit dans l'ordre des Actes, ne fît l'impression, qui en résulte à la seule inspection : on rédigea l'Acte en Latin, pendant que les huit autres mariages sont en Allemand.

Quelque faux que fût cet Acte : la Comtesse de Sponeck ne laissa pas de s'en faire un prétexte en 1714, pour exiger, du feu Duc de Montbelliard, qui vouloit se débarrasser d'elle, la permission à son Consistoire, d'expédier une Sentence de divorce, comme s'il avoit été question, entre ce Prince & Elle, de dissoudre un mariage, qu'il est évident n'avoir jamais existé. C'est tout l'usage que l'on ait prouvé jusqu'ici, que la Comtesse

H

de Sponeck ait fait de la prétenduë Célébration, dont il s'agit.

Mais quelle induction le Comte de Sponeck peut-il tirer aujourd'hui de cette Sentence de divorce? Elle supposera, tant qu'il voudra, un mariage : faudra-t-il moins prouver son existence & sa légitimité. Celui, qu'il attribuë à la Comtesse de Sponeck sa mere, avec le feu Duc de Montbelliard, n'a pour toute preuve, que le Registre de l'Eglise de Reiowitz. Mais la Célébration, qui y a été inserée après coup, indépendamment de ce qu'elle est en chifre, en sorte qu'elle ne sçauroit avoir plus d'application au feu Duc de Montbelliard, qu'à tout autre Seigneur, est manifestement fausse. L'interversion, dans l'ordre des Mariages d'une feüille de Régistre, fournit un moyen de faux si sensible, si incontestable & si simple, que la Duchesse de Montbelliard & les Princes ses Enfans, n'attendent que l'avantage de plaider dans un Tribunal reglé, pour s'inscrire en faux, tant contre l'Extrait rapporté par le Comte de Sponeck, supposé qu'il ait encore la hardiesse de s'en servir, que contre la minute; parce qu'encore une fois s'il y avoit eu un Mariage celébré en l'Eglise de Reiowitz, entre le feu Duc de Montbelliard & la Comtesse de Sponeck, le premier Juin 1695 : L'Acte de Célébration de ce Mariage, qui se trouve au bas de la feüille du Registre de cette Sucursale, y auroit été mis dans son ordre naturel, comme les autres mariages de la même année, & numeroté en marge comme les autres du chifre qui lui convenoit. Il n'a pû être écrit après tous ceux de l'année, dont quatre lui sont posterieurs de cinq à six mois, que parce qu'il n'y a été ajoûté, que long-tems après sa datte. Un Acte de cette importance auroit-il d'ailleurs exprimé le nom des Mariés, par de simples lettres initiales, toûjours énigmatiques, qu'il n'est pas même possible d'appliquer au feu Duc de Montbelliard : les autres expressions de l'Acte ne pouvant absolument lui convenir. Le Comte de Sponeck en a été lui-même si convaincu, qu'il a eu soin de les faire retrancher de son expédition.

Cet Acte de Célébration de Mariage, devant donc être retranché, comme s'il n'avoit jamais été : la seconde partie de la premiere Proposition de la Duchesse de Montbelliard & des Princes ses Enfans, que quand il y auroit eu une célébration de Mariage, aussi véritable, que celle en question est incontestablement supposée, elle auroit été nulle dans son principe, incapable d'aucuns effets civils, beaucoup plus de former un obstacle à un Mariage légitime, paroît absolument surabondante.

Mais dans une affaire aussi importante à l'état & à la fortune de la Duchesse de Montbelliard, & des Princes & Princesses ses Enfans, il semble qu'il n'est pas permis de négliger des moyens solides, quelques superflus qu'ils puissent être.

Le feu Duc de Montbelliard étoit fils de famille en 1695, sous la puissance de George Duc de Wirtemberg-Montbelliard son Pere & son Souverain, qui n'est décédé que le 11 Juin 1699 ; par consequent il n'auroit pû se marier sans le consentement du Prince son Pere & son Souverain, à peine de nullité. Telle est la décision des Instituts de Justinien. (a) Cet Empereur expliquant les conditions, qui sont nécessaires, pour rendre un mariage légitime, dit d'abord, que si les Parties contractantes sont fils de famille, il faut qu'elles aient le consentement de leurs Peres, dans la puissance desquels elles sont : la Loy Civile comme la Naturelle, exi-

(a) De Nupt. in princ.

geant tellement ce consentement, qu'il doit même précéder le mariage. Dans le §. 12, il prononce la nullité de tout mariage, fait au préjudice d'une Loy aussi respectable : *Si adversùs ea quæ diximus, aliqui coierint : nec vir, nec uxor, nec nuptiæ, nec matrimonium, nec dos intelligitur.* La Loy Paulus 11. *de stat. hom.* décide, que l'Enfant issu d'un tel mariage, quoique né depuis la mort de son ayeul, „ n'est pas légitime.

Luther, *tom. 5. Jenens. fol. 238. n. 6. & tom. 6. operum Witteberg. p. 170. &* Melanchton, *de conjugio, tit. de consensu Parent.* décident formellement, que tels mariages, faits sans le consentement des Peres, sont nuls de plein droit, comme également contraires au Droit divin & humain.

Theodore de Beze, dans son Traité de *repudiis & divortiis*, traite la question, si après la consommation d'un pareil mariage, on peut soûtenir qu'il a été nul. Il décide pour l'affirmative : on ne sçauroit (dit-il) regarder comme un mariage, celui à qui il manque, ce qu'il y a de plus essentiel ; sçavoir, l'autorité de Dieu, qui ne sçauroit être présumé avoir voulu unir ceux, qui méprisant ses Commandemens, n'ont consulté que leur incontinence & leur cupidité. Peut-on regarder, ajoûte-t-il, comme un consentement légitime celui des personnes, qui étant sous la puissance d'autrui, n'en peuvent donner aucun : *Respondeo si parentes non consenserint, nullum contractum matrimonium videri, cui desit, quod præcipuum est, videlicet auctoritas Dei ; quoniam videri non potest Deus conjunxisse quos ipsius spreto æquissimo mandato, intemperans & effrenis cupiditas conciliavit, nec etiam legitimus consensus, quum ii qui sui juris non sunt, consentire videri non possint.* Il refute ensuite les raisons des Auteurs Catholiques, qui, sur l'autorité du Concile de Trente & de quelques textes Canoniques, enseignent que ce n'est plus les Loix Romaines, qu'on doit consulter sur la validité des Mariages. Expliquant la décision de Jesus-Christ dans l'Evangile de saint Matthieu : *Quos Deus conjunxit, homo non separet* ; il assure, qu'on ne sçauroit raisonnablement penser que Jesus-Christ ait voulu nous insinuer, que Dieu soit auteur d'une conjonction, qui n'auroit été faite qu'en violant ses Loix. Selon ce Docteur, l'un des plus respectables parmi les Protestans, le passage de l'Ecriture : *Homo relinquet patrem & matrem, & adhærebit uxori suæ,* ne doit s'entendre que des vrais & légitimes Mariages. C'est faire injure à la Majesté Divine de l'appliquer & de l'étendre aux conjonctions illicites, & de penser que Dieu autorise des Enfans, rebelles à l'autorité paternelle, qu'il a établie, & dont il est le plus sûr vengeur, à se marier sans le consentement de leurs Peres. Il prouve que la benediction du Ministre Ecclesiastique, surprise par des mauvaises voyes, pour des Mariages clandestins, étant elle-même prohibée, ne merite aucune attention ; & que rien ne peut rendre plus respectable l'autorité de l'Eglise, que de regarder comme nul, ce qui s'est fait par des voyes défendues, & par des Ministres, qui ont eu la foiblesse de se laisser corrompre. Mal-à-propos, continuë-t-il, oppose-t-on que c'est le consentement seul qui fait le Mariage ; parce qu'on ne sçauroit regarder comme un consentement légitime & suffisant, celui de personnes, qui sont sous la puissance d'autrui. Que les Loix, par consentement, n'entendent que celui, qui est légitime, & qui est donné par ceux, qui ont droit de disposer d'eux-mêmes. Que celui, donné à un tel mariage, n'est autre chose qu'une desobéissance formelle à la Loy de Dieu, à celle de la nature, de l'honnêteté & de la justice. Il cite saint Basile dans sa Lettre *ad Amphilochium,* où ce

Pere décide de même que les Mariages, ainsi faits par ceux, qui sont en puissance d'autrui, ne sont que des crimes : *quæ sine iis, qui habent potesta-tem, fiunt matrimonia, sunt fornicationes.* Connan. dans ses Commentaires du Droit Civil, *lib.* 8. *cap.* 4. avoit dit avant Beze : *Potest ne conjunxisse eos Deus videri, quos intemperans libido effrenataque animi cupiditas conciliavit ? Cum enim Leges,* dit un autre Jurisconsulte, *sint ordinatio Dei, eos demùm conjun-gere rectè & verè dicitur Deus, qui secundùm Præcepta Legum coeunt.* Duaren. ad *Tit. Sol. Matrim. de nuptiis. art.* 2. est de même avis.

Basilius Monnerus, *in tract. de Matrimon. part.* 3. *cap.* 1. *num.* 1. dit d'abord, que la principale cause d'un juste Mariage est, selon Dieu, le consentement légitime des Parties. Dans le chap. 2. n. 6 & 7. il prouve que l'autorité du Pere est tellement nécessaire, qu'à son deffaut l'acte est absolument nul : *Cum omissio solemnitatis, quemadmodum & formæ, quæ per-tinet ad rei substantiam, intervenire debet ab initio, vitiet actum.* Répondant à l'objection, tirée de ce que les Canons ne requierent que le consente-ment du mary & de la femme : il soûtient, qu'il faut ou les entendre de maniere qu'ils n'excluënt pas la nécessité du consentement des Peres, ou les regarder comme autorisant des conjonctions honteuses, & pernicieu-ses à la République ; parce qu'étant en ce cas diamétralement contraires aux droits de toutes les Nations, & ne pouvant s'observer sans péché, ils ne peuvent avoir l'autorité de Loy, mais sont nuls de plein droit, comme contraires à la droite raison.

(a) Id. Besoldus dicto cons. n. 16. quod verò pa-rentum con-sensus in spon-salibus & nup-tiis liberorum, non de hones-tate tantùm, verùm etiam de necessitate requiratur, complures Ju-risc. & om-nes quos nos scimus, Theo-logi nostratis Confessionis, unanimi con-sensu tradide-runt. Luther. in 6 tom. oper. Wit-teberg pag. 170. Brentius in li-bello, Wie in Ehesachen. quæst. 1. Melanlton, in lib. de conjug. tit. de consens. parent. Betsius, de pact. famill. illustr. c. 6. a pr. Armisæus . de Jur. connub. cap. 3 sect. 10 per tot.

Christoph. Besoldus, dans ses Conseils de Tubingue, *Cons.* 143, re-garde le consentement des Peres, comme étant si absolument nécessaire pour la validité du Mariage de leurs Enfans, qu'il décide, que faute de ce consentement, il est tellement nul, qu'il ne pourroit valoir par un consentement subsequent : *Nuptiæ liberorum sub parentum potestate, absque eorum consensu, ab initio requisito & adhibito, adeò sunt irritæ, nullæ & inutiles, ut nec subsequenti consensu validari queant, per ea quæ pluribus deduxerunt.* Ernest Cothmann, *Resp.* 1 & 10 n. 97. pag. 1. Reusnerus, *cons.* 5 & 7 vol. 1. Facultas Marpurg. *cons.* 15 n. 274. 275 & seq. vol 1. Il ajoûte que tel est l'usage de toute l'Allemagne : *Quod in tota Germania, ex perpetua Ecclesiæ traditione, & constanti moris hujus, in hodiernum usque diem observatione & retentione,* &c. (a)

Benoît Carpzovius, dans sa Jurisprudence Ecclesiast. *lib.* 2 tit. 3 dé-fin. 46. n. 1. décide de même, que *Nuptiæ consistere non possunt, nisi con-sentiant omnes, id est, qui coeunt, quorumque in potestate sunt. Ibid. defin.* 39 n. 1. Il prouve que le consentement des Peres, n'est pas seulement requis par honnêteté, mais qu'il est d'obligation & de nécessité, par le droit divin, naturel & civil, malgré la décision du Concile de Trente, qui, selon lui, en abolissant la sainte Constitution du Pape Evariste, laisse subsister des Mariages de fils de familles, faits sans le consentement de leurs peres. *Sola causa libidinis, non Dei respectu, sed Diaboli instinctu.*

Vinnius dans son Commentaire sur les Instit. *de Nupt.* prouve également que pareils Mariages sont nuls, de droit divin & de droit civil. Il seroit inutile de rapporter un plus grand nombre d'Auteurs ; on peut dire que c'est l'opinion commune des Eglises Protestantes, (b) fondée sur la dé-

(b) *Mynsinger* de Nupt. in princip. *Boehmer*, jus Ecclesiast. protest. hodiern. Lib. 4. tit. 1. n. 8. & seq. *Bruckner*, decis. jur. Matrim. cap. 2. de cland. sponf. & Matrim. n. 19. & seq. & n. 93 & ibi citat Doct. *Duaren.* ad tit. solut. matrim. de Nupt. n. 2. *Brentius*, de consensu parentum necessario, fol. 11. & 12. *Chemnitius*, ad Conc. Trid. *Harpprecht*, inst. de patria potest. §. Nuptiæ. *Nicolaus Christoph. de Lyncker*, conf. 70. n. 1. 2 & seq.

cision

tilion des Loix Romaines ; obſervées dans tout l'Empire , même confirmées par quelques Diſpoſitions Canoniques , qui , pour avoir été
abrogées par le Concile de Trente , n'en ont parû que plus reſpectables
à ces Egliſes.

Le Mariage que l'on attribuë au feu Duc de Montbelliard , avec la Comteſſe de Sponeck , n'auroit pas ſeulement été fait à l'inſçû , & ſans la participation du Duc George de Montbelliard ſon Pere & ſon Souverain ; mais on
veut que pour le celebrer , ce Prince ait été chercher aux extrêmitez de la
Pologne , le Vicaire d'une Annexe , ou Egliſe ſuccurſale , à qui il étoit
même interdit de donner la Benediction Nuptiale , à des perſonnes étrangeres à ſa Paroiſſe, ſans la permiſſion & commiſſion particuliere du Paſteur
de SKOKI, & qui malgré ce défaut de pouvoir, a eû la facilité de la donner
en ſecret, ſans aucune publication préalable de Bans , & ſans témoins.
L'Acte de célebration de ce prétendu Mariage, tel qu'il eſt rapporté par
le Comte de Sponeck , n'en prouve pas moins la nullité , que la clandeſtinité.

On ne conteſtera pas ſans doute, qu'il y a parmi les Proteſtans , de
même que parmi les Catholiques , une difference eſſentielle , entre le
Concubinage & le Mariage legitime. Quoique les Proteſtans ne reconnoiſſent point de Sacrement dans le Mariage , mais ſeulement un Contrat de droit divin & civil. Il ne faut pas moins, ſelon eux , pour carac-
teriſer le Mariage legitime , & le diſtinguer du Concubinage , qu'outre
le conſentement des Parties , il y intervienne des ſolemnitez & des formalitez. Il faut une celebration publique & ſolemnelle , & une manifeſtation de la cohabitation conjugale ; ſans quoy , comment pourroit-on le
diſcerner d'un mauvais commerce ? C'eſt auſſi ce que les Proteſtans (a)
exigent pour la validité d'un Mariage legitime : *Neque ergo ſolus conſenſus
matrimonialis conſtituit Matrimonium , neque ſola benedictio ſacerdotalis , ad præce-
dentem proclamationem facta , ſed utrumque concurrere debet , imò , nequidem ille
ſufficit , ſed legitimus eſſe debet ; hoc eſt , ſecundùm Leges , adeò ut ſi à Legibus
prohibitus ſit , veluti inter perſonas , quæ ſine aliorum conſenſu , nuptias contrahere prohibentur , Matrimonium tale nullum ſit.* C'eſt ce que dit Boehmer ,
lib. 4. tit. 3. n. 8. *Jur. Eccleſiaſt. proteſtant. hodiern.* d'où il conclut , que
pour empêcher les Mariages clandeſtins , on a introduit la publication
des Bans , à trois tems differens, dans les Paroiſſes de l'un & de l'autre
des Fiancez , dont le Conſiſtoire ne diſpenſe que pour de juſtes cauſes, &
avec modération ; qu'outre cette publication de Bans , il ne faut pas moins
parmi les Proteſtans , la benediction du propre Miniſtre des Parties ,
comme parmi les Catholiques , celle du propre Curé , & la préſence de
pluſieurs Témoins. *Nec praxis noſtrarum Eccleſiarum* , dit le même Auteur ,
§. 38. *hic diverſa eſt , cum & ſponſus & ſponſa , ſinguli duos teſtes habere debeant ,*

(a) Baſilius Monnerus , *de Matrim. part. 1. cap. 12 n. 3. & de clandeſt. Conjug. cap. 16 n. 8.* Nullo
igitur modo confirmanda , concedenda , vel probanda ſunt ; ſed potiùs improbanda, damnanda ,
rejicienda , & ſeverè prohibenda à Magiſtratibus , clandeſtina ſponſalia, quæ fiunt à liberis , aut
inſciis , aut invitis ipſorum Parentibus , cùm quia ſunt impia , tùm pernicioſa Rebus publicis , &
quia perturbant conſcientias.
Hieronymus Schurpfius , *Conſ. 1. Cent. 1. n. 1.* Matrimonia clandeſtinè contracta , non dicuntur
conjugia , ſed adulteria , vel contubernia , aut ſtupra , aut fornicationes , & ideò non valent ut
Matrimonia. Nullus fidelis , cujuſcunque conditionis ſit , occultè nuptias facit ; factæ enim contra Leges , nullæ ſunt ; .... *ibid. n. 5.* Conſeſſione Partium publicatæ , non præferuntur Matrimonio ſecundo publicè , in conſpectu Eccleſiæ contracto , & quod ita illa Conſeſſio non operetur
in præjudicium ſecundi Matrimonii publici.
Benedict. Carpzov. *Juriſ. Eccleſiaſt. lib. 2 tit. 8 definit. 142 n. 6.*
Chriſtoph. Beſoldus , *Conſ. Tubing. 143. n. 19.*

I

ubi per copulam Sacerdotalem conjunguntur. Il ajoûte au *n.* 55. que les Princes obſervent entr'eux les mêmes régles, aux publications de Bans près, avec d'autant plus d'attention, qu'ils ont plus d'interêt d'aſſurer l'état de leurs enfans. Que quoiqu'ils ne ſoient ſoumis à aucunes Loix Eccleſiaſtiques, ils n'ont pas moins adopté les ſolemnitez, qu'elles ont introduites, & qui ſont néceſſaires pour rendre un mariage public.

Tout ſemble ſe réunir ici pour prouver que le prétendu mariage de la Comteſſe de Sponeck avec le Duc de Montbelliard, en le ſuppoſant auſſi vrai, qu'il eſt évidemment faux, n'auroit été qu'une conjonction clandeſtine, illegitime & nulle. 1°. Point de contrat de mariage, ni de doüaire aſſigné à la Comteſſe de Sponeck. 2°. Point de publication de bans. 3°. Fils de famille marié ſans le conſentement, non-ſeulement de ſon Pere; mais d'un Pere ſon Souverain. 4°. Défaut de propre Paſteur. 5°. Défaut de pouvoir dans le Miniſtre, que l'on ſuppoſe avoir donné la benediction. Ce défaut de pouvoir eſt pleinement juſtifié par une atteſtation en bonne forme du Curé de l'Egliſe Cathedrale de Skoki, où il aſſure, que par cette ſeule raiſon le mariage, dont il s'agit, doit être déclaré nul & de nulle valeur. M. le Duc de Wirtemberg dans ſon dernier Memoire imprimé à Paris, (page 8.) a fait imprimer ce certificat, & en a tiré la même conſéquence. 6°. Nuls témoins. Les Parties n'ont pas même ſigné la prétenduë celebration, que l'on trouve aujourd'hui dans le Regiſtre de Reiowitz.

Imprimé à la fin de ce Memoire.

Le Duc George de Montbelliard, n'a jamais eu la moindre connoiſſance du mariage, qu'on ne s'eſt aviſé que depuis quelques années de prétendre que la Comteſſe de Sponeck a contracté avec le Prince ſon fils. Quoique la Comteſſe de Sponeck ſoit venuë à Montbelliard: elle n'y a jamais pris d'autre nom, pendant la vie du Duc George, que celui d'Anne-Sabine Hedviger. Ce n'a été qu'après la mort de ce Prince, & qu'après que la qualité de Comte de Sponeck eût été accordée à ſa famille par l'Empereur en 1701, qu'elle s'eſt appellée la Comteſſe de Sponeck. Le feu Duc de Montbelliard l'a ſi peu regardé en aucun tems comme ſon épouſe, qu'on ne trouve cette qualité dans aucun acte, quel qu'il ſoit, que dans la Sentence de divorce, dont on a démontré l'illuſion. La Comteſſe de Sponeck n'a jamais oſé ſe l'arroger pendant la vie de ce Prince. Elle a vû, ſans murmurer & ſans ſe plaindre, George-Leopold ſon fils le ſervir de Page longues années. Celui-ci ne ſçauroit nier, qu'il ne l'ait accompagné en cette qualité à Vienne: qu'il ne l'ait ſervi à table portant ſa livrée, & qu'il n'ait monté chaque jour au-devant de ſon caroſſe à côté du Cocher. Si ce Prince avoit pû penſer que Sponeck étoit ſon fils, né d'une conjonction légitime; l'auroit-il ſouffert paroître à la Cour de l'Empereur ſous un perſonnage ſi oppoſé au rang & à la naiſſance d'un Prince hereditaire? Au ſortir de Page, le Comte de Sponeck a continué de ſervir le feu Duc de Montbelliard en qualité d'un de ſes Gentilhommes; & s'eſt marié en preſence du feu Duc de Montbelliard, comme ſimple particulier, avec le ſeul titre de Comte de Sponeck. Ni lui, ni ſa mere n'ont jamais reçû dans les Etats de Montbelliard, pendant la vie de ce Prince, ni grace, ni rang, ni honneurs, ni aucune marque de diſtinction, qui convint à la femme ou au fils d'un Souverain. La Comteſſe de Sponeck ſe croyoit aſſez heureuſe de paroître avoir encore quelque crédit ſur l'eſprit d'un Prince, dont perſonne n'ignoroit qu'elle n'eût été la premiere inclination.

Quoique le Traité de Wildbade du 18 Mai 1715, ressente la main de Jean Rodolphe de Sponeck, oncle du Comte de Sponeck, qui a eu le plus de part à sa redaction ; on ne laisse pas d'y trouver une reconnoissance formelle du feu Duc de Montbelliard, que jusqu'au jour de cet acte, il n'avoit point contracté de mariage légitime, & que les trois sortes d'enfans, qu'il avoit, ne pouvoient alors rien esperer à sa succession, ni demander la moindre chose. Ayant pour eux de la tendresse, & voulant pourvoir (ce sont les termes de l'acte) à ce que les alimens nécessaires à la vie ne leur manquassent pas tout-à fait : il leur assura 12000 florins de revenu annuel, à partager entre eux, de maniere que la Comtesse de Sponeck & ses deux enfans en auroient le tiers, les cinq enfans de la défunte Henriette Hedwige, Baronne de l'Esperance, un autre tiers ; & Elizabeth-Charlotte Baronne de l'Esperance, depuis Duchesse de Montbelliard, & ses enfans, le troisiéme tiers ; au moyen dequoi les uns & les autres, & ceux qu'il pourroit avoir à l'avenir, seroient entierement exclus de toute autre prétention, sous quelque prétexte que ce fût. Nulle difference entre ces trois sortes d'enfans. Il n'y en avoit en effet alors aucune. Ils étoient également le fruit de simples concubinages. Jean-Rodolphe de Sponeck, frere de la Comtesse de Sponeck, qui a signé ce Traité, comme l'un des Conseillers du Duc de Montbelliard, n'ignoroit pas l'état de sa sœur. Si elle avoit été femme légitime de ce Prince en aucun tems, auroit-il concouru à la dégrader & à la confondre avec deux concubines : en les traitans, aussi-bien que leurs enfans, d'une maniere absolument uniforme ? La Comtesse de Sponeck & son fils, ont ratifié ce Traité. Dans cette ratification, a-t-elle pris d'autre nom que celui de Comtesse de Sponeck ? Elle s'est contentée pour elle & pour ses enfans de ce qui leur avoit été accordé par le Traité ; & quoiqu'il n'y ait qu'elle & ses enfans, qui soient parties dans cette ratification, & qu'il ne soit pas dit un seul mot, dans tout l'acte, de la Duchesse de Montbelliard, alors Baronne de l'Esperance, ni de ses enfans ; elle engagea le Duc de Montbelliard à le lui faire signer, tant pour elle que pour ses enfans, pour mettre les deux femmes & leurs enfans dans une parfaite égalité de condition : n'y ayant effectivement alors aucune difference entre les uns & les autres. Ce Traité fournit une preuve si certaine de la bâtardise du Comte de Sponeck, qu'on a peine à comprendre comment il peut s'en faire un titre, pour se dire fils légitime du feu Duc de Montbelliard. Il faut, dit M. le Duc de Wirtemberg dans son Memoire imprimé à la Cour de France, (page 7.) que Sponeck ait bien de l'esprit pour tirer d'un tel traité, où sa bâtardise est si clairement établie, un aveu de sa légitimité.

Le Comte de Sponeck, après avoir ratifié ce traité une premiere fois avec sa mere, le 29 Juillet 1715, alla à Stougard le 3 Octobre suivant, où il le confirma par un serment solemnel. Auroit-on pû avoüer plus solemnellement, de la part de la mere & du fils, que la prétenduë celebration de mariage de Reiowitz n'a jamais été qu'un acte faux, nul & vitieux ? Le Comte de Sponeck peut d'autant moins s'en faire un titre aujourd'hui, qu'il n'a aucune preuve juridique, qu'il soit fils du feu Duc de Montbelliard, & de la Comtesse de Sponeck. Il n'a point d'Extrait baptistaire ; mais un simple certificat, qu'un particulier, qui se dit Prélat élû & confirmé d'un Monastere de Magdebourg, Ville Protestante, sous la domination du Roy de Prusse, lui a accordé le 8 Septembre 1722, où il dit que le 12 Decembre 1697 (il y avoit 25 ans) étant pour lors Diacre (a) de Festemberg, il avoit baptisé un enfant mâle, qui avoit été nommé George-Leopold ; que son pere étoit S. A. S. Leopold-Eberhard Duc de Wirtemberg-Montbelliard, & sa mere Madame Anne-Sabine de Hedviger ; & qu'avoit été présent comme Parrain, le Capitaine Leonard de Nardin.

Mais quelle foy peut mériter le certificat d'un particulier, sans caractere, qui dit avoir baptisé 25 ans auparavant, dans un Bourg éloigné, dont il suppose qu'il étoit alors Diacre, ou Chapelain, un enfant mâle ; à qui il a donné tel pere & telle mere que l'on a souhaité ? Madame la Duchesse de Montbelliard a fait rechercher dans les Registres Baptistaires de l'Eglise de Festemberg : Elle rapporte un certificat (b) en bonne forme du Ministre actuellement desservant cette Eglise, duëment légalisé, qui atteste, que dans ces Registres il n'y est pas dit un mot d'enfant, qui alors de sa naissance ait été baptisé sous le nom de George-Leopold, & ait eu pour pere, Leopold-Eberhard Duc de Wirtemberg-Montbelliard, & pour mere Anne-Sabine Hedviger. Le Registre des Baptêmes de Festemberg subsistant actuellement : l'Extrait du Comte de Sponeck ne s'y trouvant point ; peut-on douter que le certificat, qu'il a mandié, ne soit encore une seconde fausseté ?

Pour le faire rejetter, il ne sera pas nécessaire de recourir à l'inscription de faux. Il suffit, qu'il soit l'ouvrage d'un inconnu, sans caractere ; parce qu'enfin l'état des hommes ne s'établit point par de simples certificats. Il faut un Extrait baptistaire en bonne forme, tiré du Registre des Baptêmes de l'Eglise, où l'Enfant a été baptisé. Ce n'est qu'au défaut de Registres qu'on pourroit recourir à d'autres preuves. En aucun cas, un simple certificat mandié n'a jamais merité la moindre attention. D'ailleurs ce certificat, tout méprisable qu'il est, n'a pas osé qualifier Anne-Sabine Hedviger d'Epouse du Prince de Montbelliard. Elle n'y est nommée que de la maniere qu'on a coutume de désigner une concubine. Il n'en faut pas d'autres preuves que les differens Extraits Baptistaires, que le Compte de Sponeck a fait imprimer lui-même à Vienne à la fin de son Memoire (page 55, 56 & 57.) Ce n'est que dans celui de George-Frederic, né le 6 Août 1722, posterieurement au mariage du Duc de Montbelliard & de Madame la Baronne de l'Esperance, que celle-ci y est employée comme mere ; avec le titre d'Epouse de ce Prince ; parce qu'elle l'étoit en effet depuis son mariage solemnellement celebré le 15 Août 1718. Dans les cinq autres Extraits Baptistaires des enfans que ce Prince a eu d'elle : ce titre d'Epouse ne se trouve point ; parce qu'il n'y avoit point encore eu de mariage célebré entre elle & le Duc de Montbelliard.

Le Comte de Sponeck a fait imprimer à la fin du même Memoire sous le nom d'Extrait, comme s'il avoit été tiré de quelque Registre, le certificat de son prétendu Baptême, à la suite de celui de Leopoldine Eberhardine du 15 Fevrier 1697. Mais quelle comparaison entre ces deux actes ? Le premier paroît tiré d'un Registre de Baptêmes, par le Ministre même ; qui s'en dit le dépositaire. S'il avoit été duëment légalisé, sans quoi il ne peut faire aucune foy, on ne pourroit lui refuser une créance entiere, tandis qu'il ne seroit pas attaqué par une inscription en faux. Au lieu que l'autre n'est qu'un simple certificat mandié, d'un inconnu,

connu, qui ne mérite aucune foy. L'extrait de Baptême de Leopoldine Eberhardine, sert encore à prouver qu'Anne-Sabine Hedviger sa mere, n'a jamais été que la concubine du feu Duc de Montbelliard. Si elle avoit été son épouse, & reconnuë pour telle; auroit-on manqué de lui donner un titre si glorieux pour elle, & si nécessaire pour l'état de ses enfans?

Mais ce qui devroit confondre le Comte de Sponeck, c'est son propre mariage avec Eleonore-Charlotte de Sandersleben, celebré le 22 Fevrier 1719, en presence & du consentement du feu Duc de Montbelliard, de la Comtesse de Sponeck, sa mere, & de toute sa famille. Il avoit alors 22 ans. Quel nom & quelle qualité s'est-il donné dans un acte aussi important? Il n'en a point pris d'autre que celui de Comte de Sponeck. Si le Duc de Montbelliard l'avoit regardé comme son fils légitime, ne l'auroit-il pas marié en cette qualité? Si Sponeck n'avoit pas été lui-même convaincu du vice de sa naissance, auroit-il souffert, sans se plaindre, d'être marié en simple particulier, au lieu de l'être comme Prince hereditaire de Montbelliard, & sous le nom & la qualité, qui seule auroit convenu à sa naissance. Il aura beau dire, dans son Memoire imprimé à Paris, (page 32.) qu'il rapporte plusieurs actes dans la forme la plus autentique, faits & signez par le feu Duc de Montbelliard, en differens tems, qui prouvent que ce Prince a toûjours soûtenu que son mariage avec Anne-Sabine Hedviger avoit été légitime. Outre que ces actes sont parfaitement démentis par son propre contrat de mariage; est-ce par de simples déclarations des peres ou meres, qu'on établit la légitimité des enfans? Quoique le feu Duc de Montbelliard ait eu la foiblesse en 1719 de comprendre le Comte de Sponeck, comme son fils légitime dans les lettres de naturalité, qu'il demanda, & qu'il obtint du Roy, & qu'il ait souffert que dans des Memoires fournis sous son nom, soit à la Cour de France, ou à celle de Vienne, on lui ait donné ce même titre d'enfant légitime, & qu'on l'y ait supposé né d'une femme, épousée solemnellement suivant les regles de l'Eglise Chrétienne; en sera-t-il moins vrai que la prétenduë célébration de mariage de sa mere, que Sponeck rapporte aujourd'hui, est manifestement fausse & nulle, & qu'il n'a aucune preuve d'être seulement fils naturel du feu Duc de Montbelliard? S'il y a quelques autres actes (le Comte de Sponeck n'ayant proposé jusqu'ici que ceux dont on vient de parler) peut-être ne sont-ils pas moins faux, que cette prétenduë célébration. En les supposant vrais: ils ne seront également que de simples déclarations, qui n'ont jamais été une preuve suffisante d'un mariage légitime & de l'état des enfans. Il faut nécessairement une célébration solemnelle, conforme aux loix civiles & canoniques; justifier la naissance d'un enfant par un Extrait Baptistaire, tiré d'un Registre fidel & autentique de l'Eglise où il a été baptisé. Nul Extrait baptistaire de la part du Comte de Sponeck. La fausseté de la célébration de mariage de sa mere, qu'il rapporte, est aujourd'hui pleinement justifiée. Quand ce mariage seroit vrai, sa nullité est également sensible. Si dans quelques ouvrages imprimez en Allemagne, concernant les genealogies des Princes de l'Empire, le Comte de Sponeck a trouvé le secret de s'y faire comprendre comme fils légitime du feu Duc de Montbelliard: il peut se féliciter de la facilité, qu'il a trouvée d'en imposer à pareils faiseurs de Livres. Pour les desa-

K

bufer & pour diffiper les bruits, qu'il a pû répandre dans le Public, à la faveur d'une piece fabriquée : il n'y aura qu'à lire ce qu'on vient d'expliquer. Le public ne pourra qu'être indigné de l'effronterie & de l'impudence avec laquelle le Comte de Sponeck a ofé produire pour vrais aux Miniftres de l'Empereur & du Roy, les titres les plus faux & les plus groffierement fabriquez.

Mais, dit-on, le Duc George de Montbelliard étant revenu à Mont-belliard après le Traité de Rifwick, le Duc fon fils & la Comteffe de Sponeck, l'y ont accompagné, & ont toûjours depuis demeuré avec lui, jufques-là qu'ils l'ont même affifté à la mort. Le Duc George ne s'eft jamais plaint du mariage de fon fils avec la Comteffe de Sponeck ; il n'a jamais penfé à y former oppofition, ni devant ni après fa célébration. D'où le Comte de Sponeck conclut, que par une conféquence jufte & naturelle, il y a donné fon confentement.

Il eft vrai que la Comteffe de Sponeck a été à Montbelliard du vi-vant du feu Duc George. Mais fous quel nom y a-t-elle paru ? Sous ce-lui d'Anne-Sabine Hedviger, & comme une perfonne du commun, fans rang, fans diftinction & fans conféquence. N'y ayant jamais eu de mariage entre elle & le feu Duc de Montbelliard ; comment le Duc George fon Pere, auroit-il pû être informé de l'acte inferé, peut-être après fa mort, dans le Régiftre de Reiowitz, aux extrémitez de la Po-logne, avec des lettres initiales feulement, pour défigner les noms de familles de l'Epoux & de l'Epoufe ? Auroit-il pû deviner que dans la fuite des tems, on voudroit ériger cet acte, en célébration de mariage d'en-tre fon Fils & Anne-Sabine Hedviger, quoiqu'ils n'y foient dénommez ni l'un ni l'autre ? Devoit-il encore deviner que fon Fils avoit de cette femme deux Bâtards & une Bâtarde, & qu'il les tenoit en penfion à Feftemberg en Silefie, pour les dérober, auffi-bien que leur mere, à fa connoiffance. Quand Anne-Sabine, depuis Comteffe de Sponeck, au-roit eu entrée dans le Château pendant la vie de ce Prince : (a) quand elle l'auroit fervi dans fa derniere maladie ; faits dont on n'a rapporté aucune preuve jufqu'ici ; ce n'auroit pas été en qualité de femme lé-gitime du Duc de Montbelliard fon Fils, n'ofant pas feulement alors pa-roître être fa maîtreffe. Ainfi jamais mariage plus mal imaginé. Le feul acte, qu'on raporte pour le prouver, eft évidemment faux. S'il avoit exifté il feroit inconteftablement nul & vicieux. Par conféquent où peut-être le douté que le feu Duc de Montbelliard n'ait eu une liberté entiere de contracter un mariage légitime, lorfqu'il a époufé la Ducheffe de Montbelliard, Elizabeth-Charlotte de l'Efperance, Baronne du S. Empire.

(a) Il eft au contraire de no-toriété publique à Montbelliard, que la Comteffe de Sponeck, n'a jamais ofé entrer au Château, tan-dis que le Duc George a vécu.

SECONDE PROPOSITION.

Suppofé que l'affinité, qui naît d'un mauvais commerce, forme le même empêchement, que celle qui naît d'un mariage légitime : cet empêchement n'eft que de droit po-fitif. Le Pape peut en difpenfer parmi les Catholiques · & les Princes Proteftans dans leurs Etats. Par conféquent le feu Duc de Montbelliard s'eft fuffifamment difpenfé lui-même, en époufant publiquement, à la face des Autels, la fœur d'une femme qu'il avoit auparavant entretenuë.

Henriette Hedwige, Baronne de l'Efperance, fœur de la Ducheffe de Montbelliard, a eu plufieurs enfans du feu Duc de Montbelliard,

baptifez fous le nom de l'un & de l'autre. Elle eft morte le 9 Novembre
1707. On ne fçauroit dire , du moins il n'y en a pas la moindre préfomption , que ce Prince ait eu de commerce , avec Elizabeth-Charlotte,
Baronne de l'Efpérance, qu'il a depuis époufée, que plus de trois ans
après ce décès. Le premier Enfant qu'il a eu d'Elle, eft né le 22 Avril
1711. Ainfi rien de plus faux, que ce que les Ennemis de ce Prince, ou
de fa Maifon, ont publié dans le Monde, que dans le même tems il ait
vêcu en mauvais commerce avec les deux Sœurs. La queftion fe réduit
donc à fçavoir, s'il a pû valablement époufer la fœur de celle, qu'il avoit
auparavant entretenuë, & dont il avoit eu plufieurs Enfans.

A ne confulter que les Loix Romaines, felon lefquelles il ne peut fe
former d'affinité, que par une conjonction légitime. *L. non facile §. fcien-
dum. ff. de gradib. & affinib.* il n'y auroit pas la moindre raifon de douter.
Mais parce que les difpofitions Canoniques, fuivies à cet égard dans les
Eglifes Proteftantes, ont établi une maxime contraire aux décifions
du Droit Romain; examinons fi felon ce même Droit Canonique, tel qu'il
s'obferve chez les Proteftans, le Mariage de la Ducheffe de Montbelliard a
été legitime, ou non ?

Le divorce d'Henry VIII. Roy d'Angleterre, avec Catherine d'Arragon,
auparavant veuve d'Artus fon frere, donna lieu à prefque toutes les
Univerfitez de l'Europe, & à prefque tous les Sçavans du fiecle, de dif-
cuter, fi la prohibition du Mariage, dans le premier degré d'affinité de
la ligne collaterale ; étoit de droit naturel & divin, ou feulement de
droit pofitif. Ceux qui s'étoient dévoüez au Roy d'Angleterre, & qui
vouloient favorifer fa paffion, prétendoient que la fœur de fon Mary,
ou de fa Femme, étant regardée comme fa propre fœur : de la même
maniere qu'il étoit défendu de droit naturel d'époufer celle-ci ; il étoit
également défendu, par le même droit naturel, d'époufer la femme de fon
frere, ou le Mary de fa fœur, ou la fœur de fa femme. Que fi pareil Mariage n'avoit pas été défendu de droit naturel, S. Jean n'auroit pû
reprocher avec juftice à Herode, Tetrarque de Galilée, qui n'étoit pas
foûmis aux Loix des Hebreux, ni lui faire un crime de ce qu'il avoit
époufé la veuve de fon frere, décédé avant ce Mariage, au fentiment de
S. Chryfoftome, *in Matthæum. hom.* 14. & de Tertullien, *adversùs Marcio-*
nem, cap. 13. Ils citoient Jofeph, *lib.* 27. *antiquitatum, cap. ult.* & Ægefippe,
de excidio Hierofolymitano, lib. 2. *cap.* 2. qui parloient avec execration du
Mariage, qu'Archelaus, Tetrarque de Judée, avoit contracté avec Gra-
phire; veuve d'Alexandre fon frere ; Denis Halicarnaffe, *lib.* 4. *Antiquit.*
qui parlant du Mariage, que Tarquin-le-Superbe, feptiéme Roy des
Romains, avoit contracté avec Julie, fœur de fa femme. s'explique en
ces termes : *Ducens viricidam fponfam in fororis thalamum, ex pacto nefario, primus*
ac folus inducens in hanc Urbem morem impium, apud omnes Græcas & Barbaras
Nationes fimul abominabilem; Gregoire de Tours, *lib* 4. *Hiftor. Franc. cap.* 3 & 9.
qui détefte également le Mariage du Roy Clotaire, avec la fœur de la
Reine fa femme, & qui affure que S. Germain, Evêque de Paris, ex-
communia le Roy Caribert, fils du même Clotaire, qui avoit également époufé la fœur de fa femme. Mariage que le fecond Concile de
Tours, *can.* 22. condamna comme inceftueux. Enfin ils fe fervoient du
Chap. 18 du Levitique, verf. 16. qui défend d'époufer la veuve de fon
frere : *Turpitudinem uxoris fratris tui, non revelabis, quia turpitudo fratris tui eft.*

K ij

Son Extrait
mortuaire fera
imprimé à la fin
de ce Memoire.

D'où ils tiroient la consequence, que par une parité de raison, il étoit également défendu, d'épouser la sœur de sa défunte femme.

Ceux, qui défendoient la cause de Catherine d'Arragon, soûtenoient au contraire, que le Mariage dans le premier degré d'affinité, de la ligne tranversale, étoit si peu défendu par le droit naturel, ou divin, que le chap. 25 du Deuteronome, prescrit au frere l'obligation d'épouser la veuve de son frere, décedé sans enfans. Que d'épouser les deux sœurs, étoit si peu contraire aux Loix de la Nature, que nous lisons dans la Genese, que Jacob avoit même eu pour femmes deux sœurs en même tems. Que le Levitique avoit si peu défendu, d'épouser successivement les deux sœurs, qu'au ⅄. 18. du même chap. 18, il ne défend d'avoir commerce avec la sœur de sa femme, que pendant sa vie, ou malgré elle, ou de peur de la contrister : *Sororem uxoris tuæ in pellicatum illius non accipies, nec revelabis turpitudinem ejus adhuc eâ vivente & contradicente*; au lieu que dans le ⅄. 16, il défend purement & simplement, d'épouser la veuve de son frere. Les Interprétes de l'Ecriture, n'ont pû s'empêcher de conclure, presque unanimement de ce verset 18, qu'après la mort de sa femme, il étoit permis, selon la loy du Levitique, d'épouser sa sœur. Mais une preuve que ces sortes de Mariages n'ont jamais été regardez, comme contraires au droit naturel & divin; c'est que les Empereurs Constantin & Constans, qui les premiers les ont défendus, avoüent dans la Loy, qu'ils firent publier à cet égard, (a) que de leur tems on les croyoit permis de droit commun: *Etsi licitum veteres crediderint, nuptiis fratris solutis, ducere fratris uxorem: licitum etiam post mortem mulieris, contrahere cùm ejusdem sorore conjugium*, &c. Auroient-ils pû être autorisez dans l'usage, même depuis le regne des Empereurs Chrétiens, s'ils avoient été prohibez de droit naturel ou divin? L'Abreviateur des Basiliques, expliquant ce qu'on doit entendre par Mariage incestueux, dit que c'est celui qui est contracté entre les ascendans, & les descendans; que par rapport aux collateraux, le Mariage leur est seulement défendu en certains degrez. *Incesta Nuptiæ, sunt quæ inter ascendentes & descendentes coeunt, in vetitis autem; quæ ex latere contrahuntur.* Solon avoit défendu le Mariage entre les freres & sœurs germains. Les Egyptiens le permettoient aux uns comme aux autres.

Les Loix des Visigoths, en défendant le Mariage avec la veuve de son frere, ou avec la sœur de sa femme, ajoûtent l'exception, à moins qu'ils ne soient contractez par la permission du Roy, de qui on obtenoit alors la dispense de se marier dans les degrez prohibez. Si les Rois avoient l'autorité de permettre, & s'ils permettoient en effet de celebrer pareils Mariages; la consequence est certaine, que ni eux, ni leurs Peuples, qui faisoient profession du Christianisme, ne pensoient pas qu'ils fussent défendus, de droit naturel & divin. Aussi la Loy des Lombards, qui les défend, n'en donne d'autre raison, sinon, que telle étoit la disposition des Canons. Le Concile d'Elvire, Can. 61, celui d'Agde. Can. 65, celui d'Epaône, Can. 30, le quatriéme d'Orleans, Can. 27, le second de Tours, Can. 22, ne les défendoient que pour le tems présent, & pour l'avenir, sans toucher à ceux faits auparavant : *Quod in præsenti tempore prohibemus, ita ut ea quæ sunt anteriùs instituta, non solvamus*; parce, dit le troisiéme Concile d'Orleans, Can. 10, qu'il étoit juste d'avoir de l'indulgence pour ceux qui n'avoient peché que par ignorance. Cette ignorance ne pouvoit pas être du droit naturel; parce qu'il est très-certain, qu'elle n'auroit

(a) L. 2. Cod. Theod. de incest. Nupt.

roit

roit pû alors meriter la moindre indulgence. Le Pape S. Grégoire ,
& le Pape Innocent III. à son exemple , ont permis aux habitans de la
Livonie ; qui avoient épousé les sœurs de leurs femmes , de continuer de
vivre maritalement avec elles , *Cap. Deus qui Ecclesiam , de divort.* Auroient-ils pû laisser subsister pareils mariages , s'ils avoient été contraires
au droit naturel ou divin ?

Ils répondoient à l'argument , tiré de ce que le frere du mari est censé
frere de la femme , comme la sœur de la femme est censée être la sœur
du mari ; que ce n'est qu'une fiction de la loy. Que les alliez ne des-
cendant point d'une même souche , on ne pouvoir point les dire d'un
même sang , ni par conséquent conclure d'une simple similitude , que
le mariage fût également deffendu entr'eux.

A l'égard de l'induction tirée de la prédication de S. Jean , ils soûtenoient , avec le plus grand nombre des Peres , qu'Herode avoit épousé
la femme de son frere , lui vivant. C'est en effet le sentiment de S. Je-
rôme & de S. Thomas ; de Joseph , *lib. 18. antiq. cap. 9.* d'Ægésippe ,
lib. 2. de excidio hierosolymit. cap. 15. D'Eusebe , *lib. 3. histor. Ecclesiast. cap.* 11.
De Nicephore Calixte , *lib. 1. histor. cap. 19.* D'Abulensis , *in cap. 18. Mat-
thæi , quæst.* 18. De Cajet. *in opus. tom. 8. tract.* 13. De Bellarmin , *tom. 2. Controv. lib. 1. de matrim. cap.* 27. qui tous assurent qu'Herode avoit enlevé à
son frere sa femme , pour en faire la sienne. Ce fait constant : rien de
plus digne du zèle de S. Jean , que de s'être élevé contre un mariage
aussi odieux. En supposant Philippe mort , ils soûtenoient qu'aux termes
de la loy de Moïse , qui avoit alors toute son autorité , Herode son frere ,
n'avoit pû épouser sa veuve ; parce que Philippe en avoit eu une fille
qui lui avoit survécu , la même qui dansa devant Herode. Que quoique
ce Prince fût Iduméen , il n'étoit pas moins soumis aux loix des Hebreux ,
y ayant plus de cent ans que lui & ses Peres , avoient quitté l'idolâtrie ,
pour faire profession de la Religion Judaïque.

Joseph & Ægisippe n'avoient de même blâmé le mariage d'Archelaus , que parce qu'il étoit contraire à la loy de Moïse , à laquelle il étoit
soumis : Alexandre son frere ayant laissé deux enfans de sa femme ,
qu'Archelaus avoit ensuite épousée.

Denis Halicarnasse , n'a parlé avec horreur du mariage de Tarquin
le Superbe avec la sœur de sa femme , que par les circonstances execra-
bles qui l'avoient précedé. Tarquin vivant en adultere avec Tullia ,
convint avec elle de se deffaire de sa femme , & elle de son mari ; &
tous les deux de leur pere & de leur beau-pere , pour se marier ensuite ;
ce qu'ils executerent.

Si les mariages des Rois Clotaire & Caribert ont été condamnez : ce
n'a pas été parce qu'ils étoient contraires à la nature , ou au droit divin ;
mais parce qu'ayant été celebrez sans la dispense du S. Siége , ils étoient
nuls , selon les sacrez Canons. L'un & l'autre avoient d'ailleurs été celebrez du vivant des premieres femmes de ces Princes , ce qui étoit une
polygamie. Ils prouvoient enfin que la prohibition du Levitique & de la
Loy écrite , avoit cessé par la Loy de grace ; que par conséquent elle
n'obligeoit plus , d'autant plus qu'elle n'a jamais deffendu à l'homme
d'épouser successivement les deux sœurs ; mais seulement à la femme
d'épouser successivement les deux freres , y ayant beaucoup plus de raison de deffendre l'un que l'autre.

Ce dernier sentiment est incontestablement conforme à la raison &
aux régles. C'est aussi l'opinion commune parmi les Theologiens, qu'il
n'y a aujourd'hui de mariage prohibé de droit divin, qu'autant qu'il est
deffendu de droit naturel. Que tous les degrez deffendus dans le Chapitre 18 du Lévitique, ne l'étoient pas de droit naturel. Que cette Loy
ne deffendant d'avoir pour concubine la sœur de sa femme, que pendant
sa vie seulement : *Sororem uxoris tuæ in pellicatum illius non accipies, nec re-*
velabis turpitudinem ejus, adhuc illa vivente, fournissoit une preuve sans replique, que selon elle, il étoit permis après la mort de sa femme, d'é-
pouser sa sœur. Il en est peu, qui ne conviennent, qu'abstraction faite
des loix humaines & du droit positif, l'on ne puisse épouser la veuve de
son frere, avec la dispense du S. Siege, & que le Pape n'ait droit d'accorder cette dispense pour de justes causes : qu'à plus forte raison il
peut également permettre d'épouser successivement les deux sœurs.

Telle est la doctrine de S. Thomas, 1. 2. *quæst.* 98. *art.* 1. & *quæst.* 194.
art. 3. Du Maître des Sentences, *in* 4. *Sentent. dist.* 3. De S. Antonin, *tom.* 3.
summ. tit. 1. *cap.* 11. De Cajetan, *tom.* 3. *Opuscu. tract.* 14. De Covarruv. *tom.*
1. *de matrim. part.* 2. *cap.* 8. §. 10. *n.* 14. De Bellarm. *lib.* 1. *de matr. cap.* 28.
& *tom.* 3. *de Controv. de matr. cap.* 27. De Sanch. *de matr. lib.* 7. *disp.* 66.
Cujas, *ad tit. cod. de incest.* & *inutilib. nupt.* convient que la prohibition en
collaterale entre les parens, n'est que de droit positif : *Omnis prohibitio*
inter cognatos à latere est juris posititi ... *res tota pendet ex arbitrio legum.* Et qu'entre les Alliez, il n'y en avoit que de droit civil ; c'est-à-dire, de celui,
qui a pour principe les Constitutions des Empereurs, entre ceux qui
tiennent lieu d'ascendans, ou de descendans : *Inter affines tantum prohi-*
bitæ fuerunt Jure civili nuptiæ, & habitæ pro incestis, qui parentum vel liberorum
locum inter se obtinent. Duaren, *ad titulum solut matrim.* §. *de nupt. n.* 3. & un
grand nombre d'autres, qu'il seroit inutile de citer, enseignent la même
maxime.

Les Docteurs Protestans pensent de même à cet égard. Luther consulté sur le divorce d'Henri VIII. fut de l'avis de l'Université de Lou-
vain. Réfutant l'objection de ceux qui vouloient, que le mariage de ce
Prince avec la veuve de son Frere, fût contre le droit divin : il prouve
que quand Henri VIII. auroit été soumis à la loy de Moïse (ce qui n'é-
toit pas) loin qu'il eût pû répudier la Reine Catherine, il auroit été
obligé de l'épouser ; selon le Chapitre 25. du Deuteronome. Il fait voir
que la loy de Moïse, ayant cessé après Jesus-Christ, ne le lioit plus ;
loin de l'obliger à rompre un mariage, que la loy de Dieu & le droit
divin, déclaroient également devoir être perpetuel & indissoluble. Que
supposant que le Roy en épousant la femme de son frere, eût peché contre la loy humaine ; en la répudiant il pécheroit contre la loy divine.
Que dans le concours de ces deux crimes, la loy humaine devoit céder.
Il fait voir que Moïse, en deffendant dans le Lévitique, d'épouser la
femme de son frere, avoit si peu pensé à le deffendre purement & simplement, que dans le Deuteronome, il ordonne au contraire au frere
d'épouser sa veuve, lorsqu'il n'auroit point laissé d'enfans. Que S. Jean
n'avoit repris Herode, de ce qu'il avoit pris pour sa femme celle de son
frere, que parce que ce frere étoit encore vivant. Qu'il n'y a aucune
comparaison à faire entre l'affinité au premier degré, & la consanguinité au même degré ; soit en directe, ou entre freres & sœurs. Qu'il n'y

avoit aucun exemple dans l'Ecriture de mariages entre parens de la ligne directe, ni même au premier degré de consanguinité, excepté les enfans d'Adam, au lieu qu'il y en avoit plusieurs de freres avec les veuves de leurs freres, ou de maris avec des sœurs de leurs défuntes femmes. Qu'enfin le Roy en répudiant la Reine, faisoit un très-grand crime contre la loy divine : *Quod Deus conjunxit homo non separet.* Il conclut en ces termes : *Ergo operæ pretium facturi sunt omnes, quotquot Regi tam nefarium & sceleratum divortium dissuasuri sunt, ne ille à sophistis deceptus perpetuam calamitatem & morsum conscientiæ tandem sentiat ac patiatur.... Ego, qui aliud non possum, oratione ad Deum versa precor, ut Christus hoc divortium impediat & infatuet consilia Achitophelis illud suadentis. Aut Reginæ saltem fortem fidem & constantem conscientiam donet, ut non dubitet se esse & fore Reginam Angliæ legitimam & veram, invitis omnibus portis mundi & inferni, amen.* Witteberge, 3. Septemb. ann. 1531. Il établit les mêmes principes, tom. 2. Jenens. germ. tit *vom ehelichen Leben*, c'est-à-dire, du mariage, §. *die andere Urse. he. fol.* 152.

Melanchton, dans sa Consultation, dattée de la même année, prouve également, que la loy de Moïse ne nous oblige pas davantage qu'elle obligeoit ceux qui vivoient avant elle : qu'il n'y a que ce qui s'y trouve de conforme au droit naturel, qui soit une loy pour nous. Que la prohibition du mariage entre parens collateraux n'est point de droit naturel & immuable ; puisque l'Auteur de la nature a mis lui-même les enfans d'Adam dans la nécessité de la violer. Qu'avant la loy écrite, il étoit d'usage d'épouser la veuve de son frere. Que par celle du Deuteronome, ce mariage a été de précepte en un cas, Ce qui prouve évidemment qu'il ne sçauroit être contraire au droit naturel. D'où il conclut, qu'il n'y avoit aucun doute, que le Roy d'Angleterre ne dût garder la femme de son frere, qu'il avoit épousée. Selon Melanchton, le mariage d'Herode avec la femme de son frere, avoit tellement été fait, le frere vivant, que S. Luc assure, que S. Jean commença de prêcher la quinziéme année du régne de Tibere, & selon Joseph, Philippe, frere d'Herode, n'est mort que la vingt-deuziéme année du même régne ; & selon S. Jean, S. Mathieu, & S. Marc, S. Jean-Baptiste fut décolé dans le tems que Jésus-Christ commença de prêcher, & selon l'opinion commune, la 17e année du même régne.

Bruckner, Conseiller & assesseur du Consistoire du Duc de Saxe-Gotha, dans son Traité, *Juris Matrim. Controv. cap.* 5. *de Conjugio cum fratris vidua*, rapporte les deux Consultations de Luther & de Melanchthon. Dans le Chap. 7, il prouve que le Mariage avec la sœur de sa défunte femme, n'est point défendu par la Loy de Moïse, beaucoup moins par le droit naturel. *Nos non dubitamus*, dit cet Auteur, *ad partes eorum accedere, qui tale Matrimonium juri divino, Mosaico, sive naturali, sive positivo non repugnare... docent.* Après avoir cité pour garans de sa proposition, Luther, Melanchthon, Brentius, *tom. 1. comm. in Levit.* 18. (a) & un très-grand nombre de Docteurs Protestans, même des décisions de plusieurs Universitez. Il la prouve, 1°, parce que, le Levitique défendant d'avoir commerce avec la sœur de sa femme pour ne point faire à sa femme une telle injure, n'a évidemment point défendu de l'épouser, après que la femme ne vivroit plus. 2°. Parce que le Levitique prononce la peine de mort, par rapport à certains Mariages ; au lieu qu'il se contente de menacer celui dont il s'agit, de sui-

(a) Le même, in suo libello, von Ehe-Sachen, quæst. 2.

tes fâcheufes. Ce qui fait affez connoître, que les premiers étoient naturellement défendus, & que celui-ci ne l'étoit que pour un plus grand
bien, & par une Loy purement pofitive. Il rapporte l'exemple d'un
Particulier, qui après avoir eu un enfant d'une fille, qu'il entretenoit,
& qui s'étoit mariée depuis, avoit pris fa fœur à fon fervice, & lui avoit
promis, étant dangereufement malade, de l'époufer. Ce Particulier, fa
fanté rétablie, voulut executer fa promeffe. Il fe prefenta avec cette
fœur, pour recevoir la benediction nuptiale, qui lui fut refufée, par le
Miniftre de fa Paroiffe. Malgré ce refus, ils vêcurent en mari & femme.
Il en eut fix enfans. Le Miniftre prononça contre-eux une fufpenfe,
comme contre des inceftueux. Ce Miniftre ayant changé, le Particulier
eut recours à fon fucceffeur, pour en obtenir, tant la bénédiction Nuptiale, que la levée de l'interdit. Le nouveau Miniftre confulta le Docteur
Spener, qui fut d'avis, que quoique les chofes entieres, on n'eût pas dû
accorder la permiffion, ou la difpenfe de celebrer un tel Mariage: ayant
été contracté depuis longues années, en étant nez plufieurs enfans, on ne
pouvoit, ni refufer la benediction Nuptiale, ni d'admettre les mariez à la
participation des Myfteres. Richard, Superintendant du Prince de Wal-
deck à Corbach, & le Miniftre Mizen de l'Eglife Lutherienne à Maf-
trick, furent de même avis. L'Auteur affure, que quelques années aupa-
(a) C'eſt celui ravant le Confiftoire de Fridenftein (a), avoit accordé pareille difpenfe.
du Duc de Sa-
xe-Gotha. Benedictus Carpzovius, *Jurifp. Ecclefiaft. lib. 2. tit. 7. defin. 110. n. 1. ad 8.
de Nuptiis perfonarum Illuftrium*; après avoir établi la différence effentielle,
qu'il y a entre la prohibition de droit naturel & divin, & celle de droit
pofitif, en tire la confequence, que ce droit pofitif, dépendant abfolument de la volonté des Princes Souverains, qui n'y font pas foûmis,
leurs Mariages, dans ces fortes de degrez, n'en font pas moins legitimes:
*Reipfa, inter illuftres perfonas, confuetudine modernâ, Matrimonia hifce in gradibus
contrahi videntur.....nec poffint, nec debeant illegitima pronuntiari in gradibus
jure pofitivo prohibitis, cùm Principes fint jure illo fuperiores.....ex quo etiam
jus difpenfandi ipfi competit.*

Combien d'autres Docteurs (b) ne pourroit-on pas citer, qui ont folidement établi que le mariage, dont il s'agit, n'eft deffendu que de droit
pofitif? Auffi combien d'exemples de pareils mariages, qui ne permettent pas de douter, qu'ils n'ont jamais été regardez comme contraires
au droit naturel? Tiraqueau, *de Legibus Connubial. chap. 7.* prouve par le
témoignage des Hiftoriens, que chez les Arabes, les Perfes, les Parthes,
les Medes, les Ethiopiens, les Egyptiens, & plufieurs autres Peuples,
on approuvoit le mariage de perfonnes bien plus proches, que tel étoit
le droit naturel & commun de ces Peuples. Ce qui avoit fait dire à
Ovide dans fes Métamorphofes : *Gentes effe feruntur,*

In quibus & nato genitrix, & nata parenti
Jungitur, ut pietas geminato crefcat amore.

La liaifon, qui fe forme par le fang eft bien plus forte, que celle qui
a pour principe l'affinité, qui dans le fond n'eft qu'une fiction, intro-
duite par des raifons de bienfeance, que les circonftances peuvent faire
ceffer. Au lieu que les degrez de confanguinité font formez par la na-

(b) *Grotius* Epift. ad Ruaryum 377. *Chriftoph. de Lyncker* conf. 5. 6. & 126. pertot. *Joannes Brentius.*
de cafib. Matrim. cap. 2. *Scherzer*, fyft. Theol. tit. 27. §. 8. *Stryck*, de fponfalib. fect. 5. §. 21 & 28.
Spener. conf. Theol. part 2. cap. 4. fect. 8. *Chriftoph. Befoldus*, conf. 178. n. 7. 8. & 12.

ture même. Aussi le Jurisconsulte dans la loy 4. *de Gradib. & affin.* dit, qu'à proprement parler, il n'y a point de degré d'affinité ; *Gradus affinitatis proprie nulli sunt, quia affines ab affinibus non generantur.* Ce qui a fait dire à Vincent Fillimius, *tract.* 10. *part.* 2. *c.* 7. *n.* 218. que la liaison est infiniment plus étroite entre les parens au second degré de la ligne transversale, qu'entre les alliez au premier degré de la même ligne ; ceux-là s'étant joints intérieurement de droit naturel. D'où il conclut, que n'y ayant point d'empêchement de droit naturel entre cousins & cousines germaines ; il ne sçauroit beaucoup moins y en avoir entre alliez au premier degré.

Du tems de la République de Rome, l'affinité faisoit si peu d'obstacle au mariage, que Crassus ayant épousé la veuve de son frere ; Plutarque en raportant le fait, dit de lui, que quant aux femmes, il avoit toute sa vie été autant reformé, que nul autre Romain de son tems. Ciceron, *de Divin.* & Valere-Maxime, *lib.* 1. *cap.* 5. parlant du mariage, que Metellus contracta avec la sœur de Cecilia sa femme, qu'il venoit de perdre, ne disent point, que ce mariage eût rien de contraire aux loix, ni aux mœurs de leur tems. Il n'en étoit pas de même de la parenté ; puisque l'Empereur Claude ayant voulu épouser Agrippine sa niéce, il falut que Vitellius, Censeur, prévînt le Senat, & l'engageât de faire un Reglement pour autoriser ce mariage ; Reglement que l'Empereur Neron fit abolir par un autre Senatus-Consulte. Ce qui a fait dire à quelques Jurisconsultes, que l'affinité se contractant par le moyen des mariages, dès-lors qu'ils étoient dissous, l'affinité s'évanoüissoit, de même que celle qui venoit de l'adoption.

L'Empereur Honorius, Prince Chrétien, ayant épousé sur la fin du quatriéme siecle successivement les deux sœurs, filles de Stilicon : aucun Pere de l'Eglise ne s'est élevé contre ce second mariage. Ce n'a été que depuis, que les Conciles ont non-seulement adopté la loy du Levitique, par rapport au premier degré d'affinité ; mais l'ont étenduë jusqu'au septiéme degré ; ce qui a souffert ses modifications & ses changemens, & a enfin été restraint au quatriéme degré, que ces sortes de mariages ont été deffendus. On ne voit point d'autre raison de cette prohibition, sinon, que la liaison que l'affinité forme dans ces quatre degrez a paru assez forte, pour ne point y ajoûter encore celle du mariage, qui dans l'esprit des Canons, doit servir à unir d'autres familles. Mais, depuis ces dispositions canoniques, combien de mariages faits parmi les Catholiques, avec dispense du Pape, & parmi les Protestans avec celle du Prince Souverain, ou de leur Consistoire ?

Emmanuel Roy de Portugal, par dispense du Pape Alexandre VI. épousa successivement les deux sœurs.

Henri VIII. Roy d'Angleterre, par dispense de Jule II. confirmée par Clement VII. épousa la veuve de son frere.

Gregoire XIII. accorda en 1575. (a) une dispense à une Comtesse de S. Jadée, pour épouser son oncle paternel, qui auparavant avoit épousé la sœur de cette Comtesse sa niéce, en vertu d'une premiere dispense. *(a) Alois. Ricci. part. 3. decis. 50. n. 3.*

Clement VIII. accorda à un particulier (b) la dispense d'épouser la sœur de sa défunte femme. *(b) Pontius, de matrim. lib. 7. cap. 32. n. 10.*

Sigismond Auguste, Roy de Pologne, épousa en troisiéme nopce Catherine, sœur d'Elizabeth sa premiere femme, petite fille de l'Empereur Ferdinand premier.

Jean Cazimir, Roy de Pologne a épousé par dispense du Pape, Loüise-Marie de Gonzague & de Cleves, veuve de Wenceslas, aussi Roy de Pologne, son frere.

Le Comte de Galas, Viceroy de Naples, à eu successivement pour femmes, deux sœurs de la Maison de Dietrichstein.

Goëz, Superintendant de Quedlimbourg, de l'avis de Thomasius, fameux Jurisconsulte d'Allemagne, fit un pareil mariage avec la sœur de sa deffunte femme.

Diane de Chateaumorant, épousa Amé & Honoré d'Urfé, freres. Il est vrai, que le premier mariage avoit été dissou pour cause d'impuissance.

Auguste, Duc d'Holstein, épousa en 1649 (a) Sidonie, fille du Comte d'Oldembourg d'Helmenhorst, sœur de Claire, sa premiere femme, qu'il avoit épousé en 1645.

Albert Ernest, Prince d'Oëttingen, (b) épousa en 1632 Eberhardine de Wirtemberg, sœur de Christine Frideric de Wirtemberg, sa précedente femme, qu'il avoit épousée en 1663. Ces deux Princesses étoient tantes paternelles de M. le Duc de Wirtemberg-Stougard régnant.

Le Roy Loüis XIII. donna dispense à un Lieutenant de Robe Courte, de la Ville d'Issoudun, qui faisoit profession de la Religion Protestante, d'épouser la sœur de sa deffunte femme.

Le Marêchal de Crequi pere, a épousé par dispense du Pape les deux sœurs.

Le sieur de Recourt, Capitaine de Cavalerie, a de même épousé successivement les deux sœurs, par dispense du Pape Innocent X.

Le sieur de la Chenaye, Gentilhomme de feu M. le Comte d'Armagnac, a de même épousé les deux filles de la Dame de Beaufort. Il n'obtint la dispense d'un Legat à *Latere*, qu'après la consommation du second mariage.

Le sieur Vaillant, Medecin, si connu parmi les Sçavans, par les Ouvrages, qu'il a donné au Public, par rapport aux Médailles anciennes, avoit épousé en 1654, Antoinette Adrian, & en avoit eu plusieurs enfans. Pendant ce mariage il eut un mauvais commerce avec Loüise Adrian, sœur de sa femme, qui fut suivi de la naissance d'un enfant, dont Loüise Adrian accoucha dans la maison du sieur Vaillant, à la vûe d'Antoinette Adrian sa sœur. Après le décès d'Antoinette Adrian, le sieur Vaillant obtint une dispense du Pape Alexandre VII. en vertu de laquelle il épousa à Rome Loüise Adrian le 15 Janvier 1664.

Un oncle de Loüise Adrian la desherita par son testament. Son motif fut l'injure qu'elle avoit faite à sa famille, par son mauvais commerce avec le sieur Vaillant. Loüise Adrian se plaignit de cette exheredation. Elle prétendit, qu'ayant réparé ce desordre par un mariage légitime: elle devoit partager la succession de son oncle avec ses freres & sœurs.

Ceux-ci pour soûtenir l'exheredation, interjetterent appel comme d'abus au Parlement de Paris, de l'execution de la dispense du Pape Alexandre VII.

Loüise Adrian déceda pendant le procès. Le sieur Vaillant pere & tuteur des enfans, qu'il avoit eu d'elle, le reprit.

Pour principal moyen d'abus, on disoit, que la dispense étoit au pre-

(a) Buchholz, in responso de Eod. matri. nomine Facult. Rintelensis.

(b) Ce Prince fit consulter toutes les Universitez Protestantes, & les Sçavans de l'Europe, & a fait imprimer leurs avis dans un Recüeil fait exprès, où la proposition avoit été si solidement démontrée, qu'on n'en a plus douté depuis.

mier degré d'affinité ; avec ces deux circonstances, l'une, qu'il y avoit trois filles vivantes, du Mariage de la premiere sœur ; la seconde, que pendant le premier Mariage, le sieur Vaillant, avoit vêcu dans un commerce incestueux, avec Loüise Adrian, sœur de sa femme. On n'oublia rien pour prouver, qu'une dispense au premier degré d'affinité, étoit réprouvée par les Constitutions Canoniques. On cita le Canon 18 du premier Concile d'Orleans : *Ne superstes frater thorum deffuncti fratris usuret, neve quisquam amissæ uxoris sorori, audeat sociari. Quod si fecerint, Ecclesiastica districtione feriantur.* Le Canon 4 du troisiéme Concile de Paris. Le Canon 12 de celui d'Auvergne. Le Canon 30 de celui d'Autun. Le Canon 14 du cinquiéme Concile de Paris. Le Canon 8 de celui de Rheims. Le Canon 12 de celui de Worms Le Canon 2 de celui de Compiegne, & le Canon 56 de celui de Mayence. Les Capitulaires de Charlemagne, *ib.* 5 *cap.* 101, *& lib.* 7, *cap.* 127 : *si quis viduam uxorem duxerit, & postea cum hiliastra sua fornicatus fuerit, seu duas sorores duxerit, tales copulationes anathematisantur.* On prétendoit qu'un tel Mariage n'étoit pas moins condamné par les Loix civiles. On citoit la Loi 4, au Code Theod. *de incest. Nupt.* qui déclare incestueux, celui qui avoit épousé successivement les deux sœurs. Les Loix 5 & 8 au même titre du Code Justinien, Mornac sur la Loi, *semper in conjunctionibus : de Ritu Nupt.* qui a crû que le Pape ne pouvoit dispenser au premier degré d'affinité ; & que s'il y avoit quelques exemples de pareilles dispenses : outre qu'elles n'avoient été accordées, selon lui, qu'à des Têtes Couronnées, par la consideration du bien public, ce n'avoit été, que parce que les premiers Mariages n'avoient point été consommés ; en sorte que n'y ayant point eu d'affinité contractée, ce n'étoit plus que de simples dispenses de l'honnêteté publique.

On fit tous ses efforts, pour persuader, qu'il est défendu de droit divin, d'épouser successivement les deux sœurs, & que par consequent le Pape ne pouvoit dispenser de son execution en aucun cas.

La cause appointée, & instruite de part & d'autre, sur les productions respectives des Parties, & les Conclusions du Procureur General, invint Arrêt contradictoire, le 22 Janvier 1682, qui déclara, n'y avoir eu abus dans la celebration du Mariage du sieur Vaillant, & de Loüise Adrian, & que par consequent il avoit été legitime. Sans avoir égard au Testament de l'Oncle, qui fut déclaré nul, & aux donations de deux sœurs : les enfans nez de ce Mariage, furent maintenus dans les successions, dont étoit question : les Appellans comme d'abus, furent condamnez à l'amende, & aux dépens.

Depuis cet Arrêt, rendu en très-grande connoissance de cause, on n'a plus douté dans le Royaume de France, que la prohibition du Mariage au premier degré d'affinité transversale, ne soit purement de droit ecclesiastique & positif, & que le Pape ne puisse en dispenser, selon les circonstances, & ainsi qu'il le juge à propos. Aussi la Princesse de Sobieski, petite-fille du Roy de Pologne de ce nom, a épousé dans les derniers tems, par dispense du S. Siege, successivement les deux freres de la Maison de Bouillon.

Si le Pape peut dispenser parmi les Catholiques du degré d'affinité, parce qu'il n'est qu'un empêchement de droit positif & humain ; on ne sauroit également contester, que les Princes Souverains ne pussent en dispenser parmi les Protestans. Par le Traité de Passau de 1552, inseré dans la Diete de l'Empire de 1555, confirmé par le Traité de Weſtphalie, art. 48 & 49, chaque Prince de l'Empire, de la Confeſſion d'Auſgbourg, a toute la Juriſdiction Eccleſiaſtique dans ſes Etats, qu'il y exerce dans toute ſa plénitude, & n'a point de Supérieur à cet égard. Ainſi rien n'empêche, qu'il ne puiſſe ſe donner à lui-même toute diſpenſe, qui dépend de la Juriſdiction Eccleſiaſtique. C'eſt une vérité reconnuë dans tout l'Empire, atteſtée par Myler, Miniſtre & Conſeiller d'Etat de la Maiſon de Wirtemberg, dans ſon Traité intitulé, *Gamo-logia perſonarum Illuſtr.* imprimé à Stougard, en 1684. *cap. 8. n. 9. Princeps Imperii,* dit cet Auteur, *eſt Epiſcopus in ſuo Territorio; Juriſdictio Eccleſiaſtica ipſius eſt, æquè ac ſecularis, nec in Eccleſiaſtica Juriſdictione ſuperiorem recognoſcit, per Decretum Imperiale Paſſavii, anno 1552 editum, & exindè anno 1555, in receſſum Imperiale relatum, quo Principes, Auguſtanæ Confeſſionis, Principis ſecularis, ſimul ac Epiſcopi ſuſtinent perſonam….* D'où il conclut, que rien ne peut empêcher ces Princes, de décider dans leur propre cauſe. Selon ces principes, il n'eſt pas douteux, qu'ils ne puiſſent ſe marier ſans aucune diſpenſe, dans les degrez prohibez. *Si Principes reformati, vel alii Regalia habentes,* dit Arithmæus, (a) *in gradibus prohibitis contrahere velint, hoc abſque diſpenſatione facere poſſunt.* Myler dans l'endroit cité, convient de la vérité de cette maxime. *Hæc uſque huc dicta in theſi, & juris, & æquitatis eſſe cenſemus. Principes proteſtantes Legiſlatorem ſuperiorem in Eccleſia, non agnoſcunt, ſed ipſimet Leges condunt, nec eaſdem ſibi, ſed ſubditis præſcribunt, ita ut in gradibus ſubditis prohibitis, ſine ulla diſpenſatione Matrimonium inire poſſint.* Boehm. Jur. Eccleſ. *proteſt. lib. 4. tit. 3. §. 58. de clandeſt. deſponſ.* (b) Par conſequent, il eſt vrai de dire, que le feu Duc de Montbelliard, a pu legitimement épouſer en 1718, Elizabeth-Charlotte, Baronne de l'Eſperance, quoiqüe ſœur d'Henriette Hedvige, Baronne de l'Eſperance, morte en 1707, dont il avoit eu pluſieurs enfans. L'affinité au premier degré, n'étant un empêchement au Mariage, que de droit Eccleſiaſtique, civil, & purement humain, dont une autorité legitime; peut inconteſtablement diſpenſer: le Duc de Montbelliard, qui étoit Prince Souverain; ſe mariant dans ce degré prohibé, eſt cenſé s'être lui-même diſpenſé: n'aïant eu à cet égard, aucun ſuperieur, à qui il put, ou fut obligé de recourir. Son Mariage avec la Baronne de l'Eſperance, aujourd'huy Ducheſſe de Montbelliard ſa veuve, aïant été legitime, bon & valable, conforme aux Loix divines & humaines, des Princes d'Allemagne de la Confeſſion d'Auſg bourg; où peut être le doute, que les enfans nez auparavant, n'ayent été legitimez, par le Mariage ſubſequent de leur pere & mere; & que ceux nez depuis, n'ayent été legitimes.

Les Loix Romaines, & les Conſtitutions Canoniques ſe réüniſſent pour établir cette legitimation. (c) Leur diſpoſition eſt ſi univerſellement reçuë dans tout le Monde chrêtien, qu'il ſeroit inutile de rapporter, ni les differens textes, qui établiſſent ce principe, ni les Docteurs, qui en ont atteſté l'uſage. Le Préſident Fabre parlant de cette el-

(a) Pericul. Academ. 2. diſp. de grad. prohib. fol. 35.
(b) Chriſtoph. *Beſoldus*, in diſſertatione politica, Juridica, de majeſtate in genere, ſect. 2. c. 5. n.4. *Benedict. Carpzovius*, Juriſp. Eccleſiaſt. Conſiſtorial. lib. 2. tit. 1. defin. 1. & tit.7. defin.110. & lib.f. tit. 1. defin. 1. n. 7. *Bruckner* deciſ. Matrim. c. 5. n. 3.
(c) L. Divi. L. Jubemus. L. cum qui, L. Nuper. Cod. de Natur. lib. & §. penult. de hæred. quæ ab inteſt. Novell. 74. & 78. Nov. 11. Cap. ult. Nov. 18. cap. fin. Nov. 89. Cap. 8. Cap. conqueſtus, & Cap. Tanta Vis. X. qui filii ſint legit. §. fin. inſtit. de Nupt.

pece de légitimation, ne se contente pas de dire qu'elle est de toutes la meilleur ; mais il ajoûte qu'on doit la regarder comme très-favorable & très-sainte, à cause de l'autorité & de la religion du mariage.

Les Docteurs Catholiques, comme les Protestans, enseignent unanimement que les enfans, ainsi légitimez par le mariage subsequent, succedent aux Royaumes & aux Fiefs, de quelque dignité qu'ils soient, & à la Noblesse, au nom & aux armes de leur Pere, qu'ils excluent le substitué, & qu'ils ont en un mot tous les avantages de l'enfant légitime, né d'un légitime mariage. Covarr. *de matrim. cap.* 8. §. 2. *n.* 28. Titaqueau, *de nobilit. cap.* 15. *n.* 2. *&c.* Mantica, *de conject. lib.* 11. *tit.* 12, *n.* 4. Gonzalez, *ad cap. Conquestus. qui filii sint legitim.* Basilius Monnerus, *part.* 4. *cap.* 7. *n.* 4. *& seq.*

Itterus, *de feud. imper. cap.* 14. dit, que par l'usage general de l'Allemagne, ils succedent également aux Fiefs comme les légitimes ; ce qu'il prouve par le témoignage de plusieurs Auteurs Allemands, qu'il cite & entr'autres, par les décisions de la Chambre Imperiale, rapportées par Mynsinger, *cent.* 5. *obser.* 42. *n.* 2. Hieron. Schurpsius, *consf.* 1. *cent.* 1. *n.* 22. *& consf.* 56. *cent.* 2. *n.* 8. *& 15.* Besold. *de nobilit. in discurs. polit. singul. differt.* 2. *cap.* 11. *n.* 38. *& seq.* Carpzovius, *Jurispr. Ecclesf. lib.* 3. *tit.* 1. *defin.* 122. *n.* 12. Rosenthal. *de feud. cap.* 6. *concl.* 18. *n.* 10.

Myler, dans sa Gamologie, *cap.* 24. décide d'abord, que les enfans naturels des personnes Illustres deviennent habiles à succeder à leurs biens & à leurs dignitez, par le mariage subsequent du Prince leur pere avec leur mere. Au nomb. 2. il assure que cette conclusion, qu'ils succedent même aux Fiefs titrez & de dignitez, est adoptée par tous les Interpretes du Droit, & dans les Tribunaux de tout l'Univers, où les peuples sont policez & vivent selon des Loix : *Hanc conclusionem quod filii naturales, quorum parentes postmodum matrimonium contraxerunt, in feuda, etiam titulata & dignitatis, succedant, omnium fere terrarum orbis, ubi civiliter vivitur, amplectuntur Interpretes Juris & Consiliarii Regiminis.* Il cite Andr. de Isernia, fameux Feudiste, *In §. naturales, de feud. lib.* 2. *tit.* 26. & plusieurs autres Docteurs, Italiens, Siciliens, Espagnols, François, les loix d'Ecosse, & l'exemple de Robert III. Roy d'Ecosse, fils naturel de Robert II. devenu légitime par le mariage subsequent de son pere avec Elizabeth Mora sa concubine.

Celui de Jean de Lanclastre, qui légitima de même par un mariage subsequent, les enfans qu'il avoit eu d'une Concubine.

Et enfin celui d'Eric IV. Roy de Suede, qui épousa de même sa Concubine Catharine (*a*), quoique de la plus basse condition, & de la plus odieuse, & la fit couronner Reine.

(*a*) Thou. histor. lib. 43.

Il est vrai, pour ne rien dissimuler, qu'au nombre 3, il rapporte deux limitations à cette proposition generale, l'une, si par la Loy de l'investiture, le Fief ne doit passer qu'aux enfans nés d'un légitime mariage ; l'autre, si l'usage, ou les pacts de l'Illustre famille sont au contraire. Il ajoûte, que Schenck, Baron de Tautenberg, *de feudis. lib.* 3. *tit* 14. §. *naturales. n.* 10. a crû pouvoir y apporter encore une troisiéme limitation, tirée de la dignité du Fief, comme si un Prince, ou Comte de l'Empire, ayant eu des enfans d'une concubine d'une condition abjecte, l'épousoit dans la suite ; parce que de tels enfans peuvent difficilement se montrer dans la Cour de leur Pere. La bassesse de leur mere

N

eſt, ſelon cet Auteur, un obſtacle à leur élevation, à la dignité de leur Pere, que le mariage ne ſçauroit vaincre, ni ôter la tache de pareille alliance, qui doit rendre les enfans indignes de la Souveraineté.

On ne prétend point, que la Principauté de Montbelliard, Fief immédiat de l'Empire, ait aucune loy particuliere dans ſon inveſtiture, qui la défere aux ſeuls enfans, nés dans le mariage, à l'excluſion de ceux, qui ont été légitimés par un mariage ſubſéquent; ainſi la premiere exception n'a aucune application. On examinera la ſeconde, en établiſſant la quatriéme Propoſition de ce Memoire.

A l'égard de la troiſiéme: le ſentiment de Schenck, & de quelques autres, qui ont penſé comme lui, n'a pour fondement qu'un argument, qu'ils ont crû pouvoir tirer des termes de la loy premiere au Code *de naturalib. liber.* & du préambule de la Novelle 47. §. *ſed & aliud.* Mais comment ces Auteurs n'ont-ils pas fait reflexion que la loi premiere *de natura liber.* qui deffend aux perſonnes Illuſtres, de ſe marier avec des femmes de la condition y expliquée, a été formellement abrogée par les Novelles 89. & 117. §. *illo indubitanter?* Cette derniere conſtitution, parlant de cette loy de l'Empereur Conſtantin, dit préciſement qu'elle n'aura plus d'autorité: *Nullo penitus modo valere permittimus, ſed licentiam volentibus præbemus, & ſi magnis dignitatibus decorentur, hujuſmodi, mulieres (abjectas) ſibimet copulare.* A l'égard du préambule de la Novelle 47, outre que ce n'eſt pas dans le préambule, mais dans la diſpoſition de la loy, qu'on doit chercher ſa déciſion; l'Empereur ne traitant dans ce préambule, que de la légitimation par reſcrit du Prince, ou de cette ancienne légitimation, qui ſe faiſoit *per oblationem Curiæ*, qui ne voit qu'on ne ſçauroit en tirer aucune conſéquence à la légitimation par un mariage ſubſéquent, ſi favorable par elle-même, que les enfans ainſi legitimez, ſoit que l'on conſulte les loix civiles, ou les loix canoniques, ont tous les avantages des enfans nez d'un legitime mariage? Ils ſont comparez aux poſthumes; la loy préſumant que le pere a dès le principe regardé pour femme legitime, celle qu'il a depuis épouſée, & par une fiction de la loy, le mariage de leurs pere & mere eſt cenſé celebré avant leur naiſſance. Auſſi les plus celebres Docteurs ont été d'un avis contraire, & entre-autres Nicolas de Ubald, *in tract: de ſucceſſ. ab inteſt.* Jaſon, *Conſ.* 234. *vol.* 2. Paulus de Caſtro, *Conſ.* 429. Alexander, *in cap. Tanta. qui fil. ſint: legit.* Joann. Lupus, *in cap. Per veſtrus.* 3. *notab.* §. 21. *n.* 17. *de donat. inter vir: & uxor.* Socin Senior, *in leg. ſed eſt quæſitum, de lib. & poſth.* Emmanuel à Coſta, *in* §. *& quid ſi tantum, part.* 2. *n.* 98. *de lib. & poſt.* Covarr. *de matrim. part.* 2. *cap.* 8. §. 2. *n.* 9. Mantica, *de conject. ult. vol. lib.* 11. *tit.* 12. *n.* 10. Cacheranus, *deciſ. Senat. Pedem.* 154. Fachinæus, *controv. jur. lib.* 3. *cap.* 53. Ce dernier Auteur ne ſe ſert que d'un argument également ſimple & ſans replique, qui eſt, que le mariage étant bon & valable, quelque difference qu'il y ait dans les conditions de l'Epoux & de l'Epouſe, & quoique l'une ſoit même infiniment au-deſſus de celle de l'autre, il en reſulte par une conſéquence néceſſaire, qu'il a l'effet de les rendre légitimes. Les loix civiles, comme les canoniques attribuant cet effet à tout mariage ſubſéquent, ſans diſtinction de conditions, il n'eſt pas permis de limiter leurs diſpoſitions par des exceptions, que non-ſeulement elles n'ont point autoriſées, mais qu'elles ont au contraire formellement rejettées. Quel cas peut-on donc faire d'opinions d'Auteurs, qui ne sont appuyez d'aucun texte, & qui sont diametralement contraires aux décisions des Loix, que toutes les Nations ont adoptées ?

Inutilement opposeroit-on que les enfans naturels, nés d'une conjonction incestueuse, sont formellement exclus de l'avantage de la légitimation, par un mariage subsequent, & que cette légitimation, toute favorable qu'elle est, n'étant cependant que de Droit positif des Empereurs Romains, adoptée par les Constitutions Canoniques : inconnuë par les Loix du Digeste, n'a été accordée qu'aux enfans, nés de peres & de meres libres, & qui dans le principe auroient pû se marier valablement. On croit pouvoir se flater avoir détruit par avance pareille objection. En effet, dès-lors que l'empêchement, qui pouvoit naître de l'affinité au premier degré, n'est que de Droit positif, ainsi qu'on l'a démontré, & que les Princes de la Confession d'Auspbourg peuvent en dispenser leurs sujets, ou s'en dispenser eux-mêmes, que même ils n'ont pas besoin de dispense, n'étant pas soumis à ce droit positif, comme les Papes peuvent en dispenser parmi les Catholiques, & en ont dispensé plusieurs fois : vrai de dire que le Duc de Montbelliard à pû dans tous les tems épouser valablement & légitimement la Barónne de l'Esperance. Le mariage, qu'il a contracté, après en avoir eu plusieurs enfans, a eu également l'effet de les légitimer ; parce que de la même maniere que par rapport aux personnes libres, *solutos & solutas*, les peres & meres, qui après avoir vêcu en mauvais commerce, & avoir eu des enfans naturels, en se mariant légitimement dans la suite, sont censez n'avoir eu dans le principe l'un pour l'autre qu'une affection conjugale, le mariage subsequent donnant lieu de le présumer ainsi ; de même le Prince Souverain de la Confession d'Ausbourg, qui en matiere Ecclesiastique, telle que le mariage & ses empêchemens, comme en tout ce qui est de Droit positif, n'a & ne reconnoît aucun superieur ; en sorte qu'il n'est point soumis au même Droit positif, ou lorsqu'il y contrevient, il est présumé se dispenser lui-même de son execution, est censé s'être dispensé dans le principe d'un empêchement de Droit positif, dès-lors qu'il a eu commerce avec une femme prohibée, qu'il a épousée dans la suite.

Mais à quoi bon s'arrêter à une question absolument étrangere à la contestation. Dès-lors que depuis le mariage du feu Duc de Montbelliard & de la Barónne de l'Esperance, il y a eu un fils, qui a survêcu son pere, & qui vit encore. Ce fils, né d'un mariage légitime, a droit de succeder au Prince son pere, à son rang, à sa qualité, à ses armes & à ses biens, de quelque qualité & dignité qu'ils puissent être, à l'exclusion des parens collateraux de son pere. Excluant incontestablement M. le Duc de Wirtemberg : quel interêt ce Prince peut-il avoir de contester aux autres enfans du feu Duc de Montbelliard, & de la Duchesse sa veuve, les avantages de leur légitimation, par le mariage, qui a suivi leur naissance ? En a-t-il quelqu'un d'empêcher qu'ils ne partagent comme freres, la succession de leur pere commun, avec leur frere né depuis le mariage ? Dès-lors que selon toutes les Loix divines & humaines : au sentiment unanime de tous les Jurisconsultes, ou Canonistes, de quelque Religion qu'ils soient, M. le Duc de Wirtemberg, parent collateral, est exclu de la succession du feu Duc de Montbelliard, par le fils legitime, qu'il a laiffé, né du Mariage, qu'il a celébré, à la face des Autels, avec la Ducheffe fa Femme : il importe peu à ce Prince, qu'elle foit déferée à tous les Enfans, qu'il a eu d'elle, avant, ou depuis ce Mariage, ou feulement à celui, qui eft né depuis. Celui-ci ne fçauroit de fa part contefter à fes aînez, l'effet d'une legitimation, qu'il doit peut-être en partie à la tendreffe, que fon Pere avoit pour eux. Par rapport à Monfieur le Duc de Wirtemberg, tout fe réduit donc à la queftion, qu'il ne manquera pas d'agiter, de fçavoir, fi à caufe de l'inégalité de condition, qu'il y avoit entre le feu Duc de Montbelliard, & la Ducheffe fon Epoufe, les enfans, qu'il a eu d'elle, font capables de fucceder à fon rang & à fa dignité de Prince, auffi bien qu'à fa Principauté. Il faut lui montrer, que cette difference de condition, felon même les Loix & les ufages de l'Empire, ne fçauroit être de la moindre confideration.

TROISIEME PROPOSITION.

L'inégalité de conditon dans les Mariages des Princes, même Immediats, pourvû qu'ils ne foient pas faits de la main gauche, ou felon la Loy Salique, & ad Morganaticam, ne change rien aux avantages attachez à tout Mariage legitime. Leurs Veuves & leurs Enfans joüiffent également des droits & des prerogatives de la Principauté, & ont le même droit de fucceder à leurs Peres, de quelque nature que foient fes biens; quelque dignité qui y foit annexée.

Les Loix Romaines, inferées dans le Digefte, avoient autrefois défendu aux Senateurs & à leurs enfans, de fe marier à des Affranchies, & à de certaines autres femmes de baffe condition.(*a*)Cette prohibion fut abolie par la Loy derniere, *Cod. de Nupt:* & par les Novelles de l'Empereur Juftinien,(*b*) jufques-là qu'il fut permis d'époufer fon efclave, même après en avoir eu des enfans, qui devenoient legitimes par ce Mariage fubfequent; & leur Mere acqueroit, de plein droit fa liberté. Il n'y avoit pas alors de plus baffe condition dans la focieté civile. Ainfi il y avoit plus de diftance du Maître à fon Efclave, qu'il ne fçauroit y en avoir entre un Prince : on ne dit pas, & une Damoifelle, mais une Bourgeoife.

(*a*) L. Juliâ & L. obfervandum de ritu Nupt.
(*b*) Nov.18. Cap.11.&Nov. 78. Cap. 2.

La difpofition de ces nouvelles Loix, a été adoptée dans tous les Païs véritablement policez de l'Europe. Quelque difference qu'il y ait aujourd'hui dans les conditions du mari & de la femme, leur Mariage n'en eft ni moins legitime, ni moins indiffoluble. Les Conftitutions Canoniques non feulement l'autorifent & le confirment, mais même celui des Efclaves entre-eux, & celui de la perfonne libre avec l'Efclave d'autrui, *tit. tit. de conjug. fervo.* Les Loix ont même décidé, que les femmes de quelque condition qu'elles foient, qui époufent des perfonnes illuftres, & conftituées dans les plus hautes dignitez, joüiffent de la Nobleffe, des honneurs & des prérogatives de la dignité de leurs Maris : *Fœminæ nuptæ Clariffimis Perfonis, Clariffimarum Perfonarum appellatione continentur. l. 8. de Senator. L. cum te, & L. ult. Cod. de Nupt.* La Loi derniere, *de incol. Cod. lib. 10.* & la Loi 13. *de Dignit. Cod. lib. 12.* les déclarent élevées aux honneurs & à la Nobleffe de leurs Maris, & veulent qu'elles ayent le même domicile & les mêmes Juges. Les Interpretes, comme l'ufage, leur déferent les mêmes privileges, & les mêmes avantages. C'eft le droit commun de toutes les

Nations

Nations. *Mulier ignobilis, si nubat Nobili*, dit Tiraqueau, *de Nobil. cap.* 18. *efficitur Nobilis ex nostris Legibus.* Ce qu'il établit par plusieurs autoritez, qu'il seroit inutile de citer. Dans le Chap. 15. n. 22 ; il prouve de même, que les enfans naturels, qu'un pere noble & illustre a eu d'une femme ignoble ; & de condition abjecte, legitimez par un Mariage subsequent, succedent à la condition de leur pere, & à sa noblesse. Rien encore de plus certain, que de droit commun ; ils succedent à ses biens, de quelque dignité qu'ils soient.

Voyons si les Loix de l'Empire ont quelque chose de contraire au même droit commun. Myler (*a*) ne sçauroit être suspect à M. le Duc de Wirtemberg. Cet Auteur, après avoir expliqué les qualitez, qui lui paroissent necessaires dans une femme, pour être digne d'épouser un Prince Souverain : dit que dans l'Empire, on n'y regarde pas de si près. Que le Prince, le Duc, ou le Comte, épouse souvent une femme d'une condition fort inferieure à la sienne ; ce qui ne change rien dans l'illustration de sa Maison ; parce, dit-il, que la femme par son Mariage, est élevée à la condition de son Mari, & la partage avec lui. *Mariti radiis, dignitate & titulo coruscat.* Au n. 7 il dit, que quelquefois il se marie à une simple Demoiselle. Qu'Henry Salmuth, avoit établi, après plusieurs Auteurs, que pareil Mariage n'avoit rien de contraire au droit de la Nature, & des Gens, ni au droit Civil & Canonique, ni aux Constitutions, ni aux Usages de l'Empire. (*b*) Que cependant quelques-uns avoient douté, si un Duc, ou un Comte, épousant une fille seulement Noble, donnoit quelque atteinte à sa Dignité. Il se range d'abord pour la negative, quelque difference qu'il y ait entre le Duc, ou le Comte, & le Noble ; jusques-là que dans l'Archiduché d'Autriche, il ont des sieges distincts, les Nobles étant la plûpart sujets des Ducs & des Comtes, ou réputez l'avoir été, & décide, qu'il n'en est pas de même en fait de Mariage ; parce que la femme par le Mariage, cesse d'être de la Famille de son Pere, pour passer en celle de son Mari. Le Mari & la Femme, ajoûte-t-il, ne formant plus qu'un même tout, selon l'expression de l'Ecriture, *erunt duo in carne una.* Rien de plus conforme à la droite raison, que les mêmes honneurs, & la même dignité leur soient communs. D'où il conclut, qu'elle acquiert le titre de Princesse. Qu'il est même de l'intérêt du Mari, qu'elle partage avec lui sa dignité. Que par-là il est hors de doute que la femme d'un Roy, quoiqu'elle ne soit pas née Princesse, n'en est pas moins Reine. Il rapporte plusieurs exemples de Princes Souverains, qui ont épousé de simples Demoiselles ; entre-autres celui de Wenceslas II, fils de Rodolphe ; III Electeur de Saxe ; qui épousa Cecile de Padoua, ou Carrara ; celui d'Otton de Brunswick, & de Lunebourg, qui épousa Mechtilde de Campen ; celui d'Ernest, Marggrave de Bade, qui épousa successivement Ursule de Rosenfeld, & Anne Bambastin de Hohenheim. De la première descendent les deux branches regnantes de Baden & de Durlach. Le Prince hereditaire de Wirtemberg-Stougard en descend également par sa mere, épouse de M. le Duc de Wirtemberg. Celui de Ferdinand, Archiduc d'Autriche, qui épousa Philippine Welser, Patricienne d'Ausgbourg, dont il eut deux fils, André Cardinal d'Autriche, Evêque de Constance, de Brixen, & Abbé de Murback ; & Charles Marquis de Burgau, Landgrave de Nellembourg. Quoique ce Mariage, au témoignage de M. de Thou, ait été fait de la main

(*a*) Gamo-Logia Person. Illustr. cap. 5.

(*b*) Quæst de hoc Matrim. singul. fol. 102. pertot. & Pfeil. cons. 78. n. 161.

gauche; Charles joüit non feulement de la qualité & de la dignité de Duc, mais époufa Sibille, fille de Guillaume, dernier Duc de Juliers & de Cleves, & fut reconnu pour Duc par tous les Princes de l'Empire, & entre-autres par Frederic, Duc de Wirtemberg, qui lui rendit de grands honneurs. Celui d'Edoüard Fortunat, (*a*) Marggrave de Baden, qui époufa Marie d'Eiken, d'où defcend la branche des Marggraves de Bade-Baden. Il traitte enfuite la queftion, de fçavoir fi les enfans nez d'un tel mariage, font également Princes, ou Comtes, & s'ils joüiffent des privileges & des honneurs des Princes & Comtes de l'Empire. Il convient que l'opinion commune eft pour l'affirmative; parce que les enfans legitimes, en ce qui regarde la dignité, le nom & la famille, fuivent en tout l'état & la condition de leurs peres: *L. cùm legitimæ.* 19. *de ftat. homin. L. filiam. & L. feq. de Senat. à folo enim patre deducitur Nobilitas.* La nobleffe ayant fa fource dans le droit civil, & le même droit déterminant le pere: il eft jufte que les enfans reçoivent par fon canal une dignité, qui dépend de la feule difpofition des Loix. Il ajoûte qu'il en doit être de même dans le cas, où le Prince de l'Empire, ayant des enfans, d'une premiere femme qui étoit également Princeffe, époufe en fecondes nôces une Demoifelle, dont il a auffi des enfans. Il décide que ceux-ci n'étant pas moins enfans legitimes que les premiers, font également heritiers de leur pere, & portent également fes armes; ce qu'il confirme par ce raifonnement, que tel eft le mariage, tels font les enfans, felon la Novelle 39. Or le mariage entre le Prince & la fimple Demoifelle, étant legitime: les enfans, qui en naiffent, acquierent également la race & la dignité de leur pere, & lui fuccedent, tant à fes biens allodiaux, que feodaux, par la régle: *fi filius, ergo hæres.* Auffi, continuë-t-il, eft-il d'ufage, tant à la Chambre Imperiale, que dans l'Electorat de Saxe, d'admettre les enfans du Noble, & de la femme Roturiere, à la fucceffion des fiefs de leur pere, ainfi que le prouve Reinkingk, après Sixtinus & Vulteius, *Lib.* 1. *Regim. Claff.* 5. *Cap.* 6. *n.* 24. Hier. Schurpff. *Cent.* 1. *Conf.* 1. *n.* 17. Franc. Pfeil. *Conf.* 78. *n.* 161. & *feq.* Regn. Sixtin. *Conf. Marp.* 9. *quæft.* 2. & 3. *n.* 70.

Itterus. de Feud. Imper. Cap. 14. traitte la même queftion; fi les enfans d'un Prince, & d'une mere même Plebeïenne, ont droit de fucceder à leur pere, dans fes fiefs immédiats. Après avoir cité les Jurifconfultes de l'Univerfité de Tubingen. *part.* 2. *Conf.* 88. *n.* 49. Mathias Stephani. *de Jurifd. part.* 1. *Cap.* 7. Knichen. *lib.* 2. *Polit. part.* 2. *fect.* 2. *Cap.* 9. il dit que quelques Auteurs femblent incliner pour la negative; mais qu'il n'hefite pas de fe ranger à l'avis contraire; parceque les femmes étant par leur Mariage, élevées à la dignité de leurs Maris, les enfans nez d'un Mariage legitime, fuivent la condition de leurs peres. Il confirme fon opinion, par l'exemple de Guillaume, Marggrave de Baden, à qui Frideric V. Marggrave de Bade, contefta la Principauté d'Edoüard Ferdinand fon pere, fous prétexte que fa mere n'étoit qu'une fimple Demoifelle. Cependant par un Arrêt du Confeil Aulique de l'Empereur Ferdinand II, du 4 Septembre 1622. Frederic fut condamné à fe défifter du Marggraviat Superieur de Bade, dont il s'étoit emparé, avec reftitution de fruits, dommages, intérêts & dépens. Il affure que depuis ce Jugement, les plus fçavans Jurifconfultes de fon fiecle, avoient enfeigné d'un confentement unanime, que fans

(c) *D'autres Auteurs le nomment Ferdinand.*

s'arrêter à la dignité & à l'illuftration des Fiefs, les enfans de Prince & d'une mere d'une condition abjecte, non-feulement étoient légitimes, mais également Princes & capables de fucceder à leur pere, foit dans fes allodiaux, foit dans fes fiefs. Il cite (*a*) Sixtinus, Vulteius, & Reinkingk, *de Regal. fecul. & Ecclefiaft. lib. 2. part. 1. §. 11. n. 23.*

Matthias Stephani, *de Jurifd. nobil. in feud. lib. 2. part. 1. cap. 1. memb. 2. n. 42.* décide de même que lorfqu'il s'agit de l'origine, de l'honneur & de la dignité des enfans, ce n'eft que la condition de leur pere qu'il faut confiderer. Que c'eft de lui uniquement qu'ils la tirent. D'où il conclut que le fils du Noble, comme celui du Duc, du Comte, ou de tout au-tre, ne fouffre aucun préjudice, foit pour la nobleffe & fes avantages, foit pour la fucceffion de fon pere, à fes biens allodiaux ou feodaux, de ce qu'il eft né d'une mere de la lie du peuple; parce que par fon mariage, elle a acquis la dignité de fon mari; (*b*) il ajoûte que la propofition eft d'autant plus certaine, qu'elle a également lieu, par rap-port aux enfans nez de pareille mere avant le mariage, & légitimez par un mariage fubféquent: à moins que lors du mariage il n'y ait eu une convention contraire, comme dans le cas de celui, qui a été con-tracté de la main gauche, ou felon la Loy Salique.

Hieron. Schurpfius, *Conf. 56. cent. 2.* après avoir prouvé, que felon les Loix divines & humaines le mariage entre le maître & fa fervante, eft valable & légitime; s'éleve contre ceux, qui ofent combattre fa lé-gitimité & fes effets. Il foutient que les enfans du Noble, quoique leur mere ne le foit pas, n'ont pas moins tous les avantages de la no-bleffe, qui fe tire du pere feul, dont les enfans fuivent entierement la condition.

Chriftophor. Befoldus, *in difcurfib. polit. fingulir. differtat. 2. de nobilitate cap. 11. n. 30. 35. & 37. idem differt. 2. de jure familiarum, cap. 1. n. 4.* établit les mêmes maximes. Dans fes Confeils de Tubingue, 88. *pertot.* il rap-porte un avis doctrinal de cette Univerfité du 15 Fevrier 1629, où elle décide que les fils d'un Comte de l'Empire, & d'une fimple Demoifelle, avoient droit de fe qualifier Comtes, & de partager fa fucceffion avec leurs freres d'un premier lit, nés d'une mere Princeffe, & conclut par les principes qu'on a expliquez, que l'enfant d'un pere Prince, Comte, ou Baron, & d'une mere noble, ou roturiere, joüit de la même dignité que fon pere, des mêmes honneurs, & qu'il a autant de droit de lui fucceder par rapport aux Fiefs, que fi fa mere avoit été d'une condi-tion égale à celle de fon mari. (*c*)

Benoît Carpzov. dans fa Jurifprud. Ecclef. *lib. 2. tit. 1. defin. 10. n. 1.*

(*a*) Hinc probatiffimi noftri ævi Jurifconfulti in Univerfum, nullo habito refpectu ad illu-ftria & regalia Beneficia, magno confenfu paffim tradiderunt, liberos ex marito nobili & fœmina vilis atque abjectæ conditionis, non modo pro legitimis habendis, fed & nobiles effe: indeque ad fucceffionem bonorum, qua feudalium, qua allodialium omnino admittendos effe.

(*b*) Quoad originem, honorem & dignitatem in filiis, non matris, fed patris conditio attendi-tur, & ex eo folo nobilitas deducitur. Quocircà filio nobilis, uti vel Ducis, vel Comitis, vel cujuflibet alterius, nihil, neque quoad nobilitatem & ejus privilegia, neque quoad fucceffio-nem bonorum, tam feudalium, quam allodialium præjudicat, quod matre plebeia feu ignobili procreatus fit: mater enim per nuptias nobilitatem & dignitatem patris adipifcitur. l. 13. l. ult. Cod. de incol. l. 8. ff. de Senat.

(*c*) Etenim (liberi) ex patre Principe, Comite, Barone, matre nobili, vel plebeia nati, potiun-tur eadem patris dignitate, privilegiis & fuccedendi jure, etiam in feudis, ac fi mater parilis di-gnitatis cum patre fuiffet.

O ij

établit d'abord que l'inégalité de condition devroit diffuader un mariage. Il n'en décide pas moins, qu'il eſt également légitime. Il convient, que rien de plus commun que ces ſortes de mariages. La femme étant anno-blie par ſon mari & élevée à ſa dignité : ſes enfans ne ſont pas moins nobles, & ſelon la Juriſprudence de la Chambre Imperiale, & de l'Elec-torat de Saxe, ne ſuccedent pas moins aux Fiefs de leur pere. Il aſſure qu'il en eſt de même de ceux qu'un pere a eu d'une concubine, qu'il a depuis épouſée. Il cite pluſieurs jugemens, qui l'ont ainſi décidé.

Henr. à Cocceii, dans ſa diſſertation, *de conjug. inæquali Perſonarum Illuſt.* §. 1. décide de même, que le mariage d'une perſonne Illuſtre avec une femme du commun, ou moins noble, s'il l'épouſe légitimement *de plein droit*, ce n'eſt plus un mariage inégal ; mais veritablement égal, quoique les mariez ſoient de conditions differentes : *Conjugium Illuſtris Perſona cum plebeia vel minus nobili, ſi hæc in juſtam uxorem pleno jure accipiatur, non inæquale eſt matrimonium, ſed æquale etſi perſona diſpari dignitate ſint.* D'où il conclut, que les enfans nés de ce mariage ſuccedent aux dignités de leur pere ; parce qu'étans lé-gitimes, ils ſuivent ſa condition, & nullement celle de leur mere: *Certiſſimo jure, perpetuáque Imperii praxi, ſuccedunt hi liberi in feudis.* Il cite Reinkingk, *de regal. ſecul. & Eccleſiaſt. lib.* 1. *claſſ.* 5. *cap.* 11. *n.* 24.

Hornius, *in Juriſpr. feud. cap.* 6. *n.* 10. dit qu'on a coutume d'agiter la queſtion de ſçavoir ſi les Princes, & autres perſonnes Illuſtres, peuvent faire des alliances inégales, de maniere que la femme & les enfans jouïſſent pleinement de la dignité de ſon mari & de leur pere, & ſuc-cedent à ſes Fiefs regaliens. Il eſt d'avis de s'attacher aux principes du Droit commun ; n'y ayant aucune Loy, qui deſſende ces ſortes de ma-riages, & le Droit commun ne reſtraignant point la liberté des mariages en ce point : au contraire, déferant à la femme & aux enfans, la dignité du mari & du pere ; & le droit entier de lui ſucceder. Il convient qu'il y a des Auteurs qui ont penſé au contraire, & entr'autres Bertram. *de Comitiis, n.* 45. & Andler, *Jur. publ. & priv.* Mais il ſoutient que le pré-tendu uſage, qu'ils invoquent, eſt non-ſeulement douteux, mais deſtitué de preuve, n'ayant jamais été autoriſé par aucun jugement con-tradictoire. Qu'au contraire le premier ſentiment a été confirmé par l'Arrêt rendu en preſence de l'Empereur Ferdinand II. qu'il datte, du 1 Aôut 1622, en faveur de Guillaume Marggrave de Bade. Il ajoûte qu'inutilement voudroit-on reſtraindre ce premier ſentiment au cas, où le Prince auroit épouſé une Comteſſe, ou une Baronne, & prétendre qu'on doit penſer au contraire, lorſqu'il n'a épouſé qu'une ſimple De-moiſelle, ou une perſonne de baſſe condition, à cauſe de la trop grande diſproportion ; parce que, dit l'Auteur, le même droit commun mili-tant en faveur de ce dernier mariage, la déciſion doit être la même.

Gerh. Feltman, *de Impari Matrim.* a fait un Traité exprès pour prouver la verité de cette propoſition, & qu'elle eſt conforme à la Juriſprudence de l'Empire.

Au ſentiment de ces Docteurs & de nombre d'autres, qu'il ſeroit ennuyeux de citer, ceux qu'on vient de rapporter ayant le plus de ré-putation, par leur érudition & leur probité dans toute l'Allemagne : on

peut

peut joindre l'autorité des chofes jugées & de la Jurifprudence. Elle n'eft pas moins certaine fur ce point. Outre l'Arrêt contradictoire du Conſeil Aulique, ſelon Itterus du 4 Septembre, & ſelon Hornius du 15 Août 1622, rendu en faveur de Guillaume, fils d'Edoüard Fortunat Marggrave de Bade, & de Marie d'Eicken, fille d'un Gentilhomme Flamand, contre Frederic V. Prince de la même Maiſon, rapporté par Itterus, ci-deſſus cité. Il y a eu un pareil Arrêt du même Tribunal du 11 Avril 1715. en faveur d'Efther-Marie de Wizleben, veuve de Jean-Charles, Prince Palatin de Birkenfeld, & de ſes enfans, contre la Maiſon Electorale Palatine, & Chriftian II. Duc Palatin de Birckenfeld, ſon beau-frere. Un autre Arrêt en 1717, entre les Princes de Naſſau Siegen, par rapport à la co-inveftiture, qui fut accordée aux enfans d'Iſabelle-Claire-Eugenie de Montaut, ou de la Serre, que Jean-François Defideré, Prince de Naſſau Siegen, avoit épouſé en troiſiéme nôce.

Leopold Prince d'Anhalt Deſſau, épouſa en 1698 Anne-Loüiſe de Foëſen, qui quoique ſimple Demoiſelle, a été reconnuë en 1701 par l'Empereur, pour Princeſſe, auſſi-bien que ſes enfans pour Princes & capables de ſucceder aux Etats de leur pere, & à ceux de la Maiſon de Brandebourg, & l'année auparavant par le Roy de Pruſſe.

Lebrecht, Prince d'Anhalt-Bernbourg, a épouſé en ſeconde nôce Eberhardine-Jacobine Wilhelmine de Wede & Kent, qui a été de même reconnuë pour Princeſſe par l'Empereur le premier Août 1705.

George Guillaume Duc de Zell a épouſé Eleonore d'Emiérs, fille d'Alexandre d'Olbreuſe de Poitou en France, dont eft née Sophie Dorothée, épouſe de l'Electeur d'Hannovre Roy d'Angleterre, reconnuë pour Princeſſe au moment de ſa naiſſance, nonobſtant l'inégalité de condition qui ſe trouvoit entre ſes pere & mere.

Erneft Augufte, Duc d'Holftein, a épouſé la Baronne de Velbruck.

Erneft Caſimir, Duc d'Holftein, a épouſé en 1693 Marie-Chriftine de Proëſing.

Loüis-George de Heſſe-Hombourg, a épouſé Chriftine-Magdeleine Julienne, Baronne de Limbourg.

Anthoine Gunther, Prince d'Anhalt-Zerbft, a épouſé en 1703 Auguftine-Antonine de Biberftein.

Charles Eugene, Duc d'Aremberg, a épouſé Marie-Henriette de Cufance.

Fridericus Magnus, Prince de Salm, a épouſé Marguerite Taiſart, fille de Jacques de Tourneboeuf.

Antoine Egon, Prince de Furftemberg, a épouſé en 1673 Marie de Ligny, fille de Jean de Ligny, Maître des Réquêtes de l'Hôtel du Roy à Paris.

Walther-Xavier-Antoine, Prince de Dietrichftein-Nidelſbourg, a épouſé en 1687 en premiere nôce Suzanne Liborié, Baronne de Zaftrizizl.

Combien d'autres exemples ne pourroit-on pas rapporter. Mais en pourroit-on un plus illuftre que celui de la Veuve d'un des plus grands Princes de l'Europe, qui non-ſeulement l'a épouſée, quelque inégalité qu'il y eût de lui à elle, du côté de la naiſſance; mais l'a fait encore heritiere de ſon Empire, dont elle fait aujourd'hui le bonheur, comme elle fait l'objet de l'admiration de toute l'Europe. C'eft à ſa vertu

P

& à fon merite perfonnel, qu'elle doit une élevation auffi extraordinaire.

Les Miniftres de M. le Duc de Wirtemberg-Stougard, veulent-ils en contestant à la Ducheffe de Montbelliard & aux Princes fes Enfans leur état & leur fortune, perfuader au Public, qu'on feroit également en droit de contefter à la Czarienne l'Empire & les Etats, dont elle jouït & à fes Enfans, ou leur légitimité, ou le droit de fucceder un jour aux Etats, qui appartenoient à l'Empereur leur Pere?

La feule exception, que les Docteurs Allemands ayent apporté à la maxime, que les enfans légitimes, ou légitimez par un mariage fubfe-quent d'un Prince, avec une femme de condition inégale à la fienne, eft celle du mariage celebré du côté gauche, felon la la Loy Salique, ou *ad Morganaticam.* Cette exception eft encore conforme à l'ufage de tout l'Empire. Tous les exemples que M. le Duc de Wirtemberg oppofe, font ou dans le cas de cette exception, ou dans celui d'un mariage, qui n'en avoit que le nom, & qui n'étant ni légitime ni canonique, ne de-voit pas en avoir les avantages ni les effets. Tel eft le préjugé du Con-feil Aulique, qu'il a cité, fans le datter, dans fon Memoire diftribué à Vienne, de Charles-Frideric, Prince d'Anhalt-Bernbourg, qui avoit époufé en 1716 en feconde nôce, Guillemette-Charlotte Nuflerin, fille d'un de fes Confeillers.

Si l'on en croit les Miniftres de M. le Duc de Wirtemberg, après la mort de ce Prince, les enfans du premier lit lui contefterent & à fes en-fans la qualité de Prince, & la fucceffion du Pere commun, dont ils avoient été exclus par fon codicile. Ce codicile de l'Ayeul fut confirmé.

Mais ils auroient dû faire reflexion, que ce fecond mariage ayant été contracté fans le confentement du Prince d'Anhalt pere, il étoit nul. Auffi avoit-il desherité les enfans, qui en étoient iffus. Loin que ce pré-jugé puiffe être oppofé à Madame la Ducheffe de Montbelliard, & aux Princes & Princeffes fes enfans: il leur fournit un nouveau moyen vic-torieux pour montrer la nullité du prétendu mariage de la Comteffe de Sponeck avec le feu Duc de Montbelliard.

Celui de la Ducheffe de Montbelliard n'a point été fait de la main gauche & *ad Morganaticam;* mais purement & fimplement, & folemnel-lement *pleno jure,* felon les formalitez, qui font en ufage parmi les Princes de la Confeffion d'Aufgbourg. On ne fçauroit y trouver le moindre défaut. Auffi n'en contefte-t-on la légitimité, ou les effets, qu'à la faveur du mariage fabuleux, qu'on fuppofe avoir été contracté par le feu Duc de Montbelliard avec la Comteffe de Sponeck, & qui auroit fubfifté lors de fon mariage avec la Baronne de l'Efperance, non-obftant la Sentence de divorce, nulle par elle-même, ayant été renduë fous un prétexte infuffifant, ou parce qu'on voudroit perfuader qu'il a été inceftueux.

On a fi folidement démontré la fauffeté du premier mariage, qu'on a voulu attribuer au feu Duc de Montbelliard, & même fa nullité, que cette premiere objection ne peut plus faire d'impreffion. C'eft ce qui a fait regarder avec mépris la Sentence de divorce, que la Comteffe de Sponeck furprit de la complaifance du feu Duc de Montbelliard; parce qu'avant que de prétendre, que les motifs, expliquez dans cette Sentence, n'ont pû fervir de fondement à un divorce, ni diffoudre un mariage: il faudroit commencer par prouver & l'exiftence de ce mariage, & fa légitimité. Dès lors qu'il n'y en a point abfolument eu, beaucoup moins de légitime ; qu'il n'y a jamais eu de lien formé, felon les loix divines & humaines, entre le feu Duc de Montbelliard & la Comteffe de Spo- neck : étoit-il befoin de raifons pour le diffoudre ?

La feconde Objection, tirée de l'affinité au premier degré, n'ayant également ni raifon ni prétexte, que refte-t-il dans la caufe ? Un ma- riage celebré folemnellement entre deux perfonnes libres, qui ont été d'autant plus en droit de fe marier, que felon l'Ecriture, la doctrine des Peres & des Canoniftes, le mouvement de leurs confciences, auroit feul dû les y engager. Ce mariage étant conforme à toutes les loix di- vines & humaines : quelle injuftice, ou pour mieux dire, quelle perfe- cution d'en contefter depuis fi long-tems les avantages & les effets à la veuve & aux enfans.

Il eft vrai que la Ducheffe de Montbelliard étoit inférieure par fa condition à un Prince de l'Empire. Tous fes titres lui ayant été enlevez, elle ne fçauroit parler de fa naiffance, qu'avec la notorieté publique. L'Empereur Leopold, dans les Lettres patentes, qu'il a accordées en 1700 à fon frere, à fes fœurs & à elle, dit que la famille de l'Efperance avoit depuis long-tems bien mérité de l'Empire : que le pere de la Ducheffe de Montbelliard, qui commandoit dans la Citadelle de Montbelliard, lorfque cette Fortereffe fut démolie, avoit fervi depuis S. M. Imperiale, & qu'après trente-un an de fervice, il avoit été tué au dernier fiége de Bude, étant Capitaine de Cavalerie. Il avoit été fait quelque tems auparavant Lieutenant Colonel. C'eft en confideration de fes fervices & de ceux de fon fils, que l'Empereur par ces Lettres Patentes a accordé au fils & aux quatre filles fes fœurs, la dignité de Baron & de Baronnes de l'Em- pire, pour joüir des honneurs, dignitez, avantages, prérogatives, pro- fits & droits y attachez, dans les affemblées de l'Empire, avec capacité de poffeder Offices Ecclefiaftiques ou Seculiers, de même que les autres Barons de l'Empire & des Royaumes & Terres hereditaires de S. M. Imperiale, nez Barons & Baronnes, de quatre races de pere & de mere, en joüiffent de droit, fans empêchement quelconque. Quelque dif- tance, que l'on fuppofe qu'il y ait eu entre le feu Duc de Montbelliard & elle : elle n'a pas moins été fon époufe légitime, que la Demoifelle Urfule de Rofenfeld a été celle d'Erneft Marggrave de Bade, & les autres Demoifelles, dont on a parlé ci-deffus ; & par confequent elle n'a pas moins été élevée par fon mariage à la dignité du Prince fon Epoux. Ses enfans, le- gitimez, ou légitimes, doivent également joüir des honneurs & de la digni- té de leur pere. Ils ont droit de fucceder à fa Principauté, & à tous fes biens feodaux ou allodiaux, de quelque qualité ou dignité qu'ils puif- fent être ; à l'exclufion de tous les parens collateraux de leur pere ; à moins que par quelque convention particuliere & très-précife, ils ne foient exclus du droit de fucceder, ou à la Principauté, ou à d'autres Fiefs, foit par une convention particuliere, lors du mariage, ou par quelqu'autre pact de famille. Certain dans le fait, que lors du mariage de la Ducheffe de Montbelliard, il n'y a point eu de pareille conven- tion, & que fon mariage n'a point été celebré de la main gauche, mais pleno jure. Voyons s'il y a quelqu'autre acte ou pact de famille, qui puiffe lui être raifonnablement oppofé, ou aux Princes fes Enfans. C'eft la der- niere Propofition, qu'il s'agit d'établir.

QUATRIEME PROPOSITION.

Dans la Maison de Wirtemberg, il n'y a point de Loi particuliere, qui ait tiré, le feu Duc de Montbelliard de la régle générale & commune dans tous les Etats de l'Empire.

Jufques-ici la Ducheffe de Montbelliard n'a eu aucune communi-cation, de ce que M. le Duc de Wirtemberg appelle les pacts de Famille de la Maifon de Wirtemberg, que l'on dit avoir été fignez par cinq Freres, Princes de cette Maifon en 1617 ; ainfi on ne fçauroit exiger d'elle, qu'elle combatte un titre, qu'elle n'a point vû, ni les in-ductions, qu'on veut en tirer contre elle, ou contre les Princes fes en-fans. Tout ce qu'elle en fçait : c'eft que M. le Duc de Wirtemberg les ayant propofez au Confeil Aulique, le Comte de Sponeck, par un Mémoire imprimé, diftribué à la Cour de France, a dit, parlant de ces pacts de famille, qu'ils renferment des claufes de rigueur, capitales & effentielles, qui font des Loix inviolables, lefquelles doivent avoir dans tous les tems, une pleine & entiere exécution ; parce qu'elles font conformes aux Ufages & aux Coûtumes de toutes les Nations, & à toutes les Loix divines & humaines. Que tels font les premier & fecond article de ce Traité. Que par le premier de ces articles, l'aîné des cinq Freres, qui l'ont figné, doit poffeder, lui & fes heritiers mâles, legitimes & leurs defcendans en loyal Mariage, le Duché de Wirtemberg, fes circonftances & dépendances. Par le fecond, le fecond des cinq Freres, doit également, lui & fes heritiers mâles legitimes, & leurs defcen-dans en loyal Mariage, poffeder la Principauté de Montbelliard, avec toutes les Seigneuries, qui en dépendent, fituées en Franche-Comté & en Alface. Les Lettres d'Invefliture, accordez en differens tems par les Em-pereurs, aux Branches de Stougard & de Montbelliard & toutes celles, qui s'accordent aux autres Princes de l'Empire, ne contiennent que les mé-mes difpofitions.

Les Traitez de Paix de Weftphalie & de Rifwick dont le Roy eft garant, & tous ceux, qui les ont precedé & fuivi, ne demandent en effet point d'autres conditions, pour faire fucceder les enfans, à tous les droits, titres & prérogatives des Princes leurs Peres, que d'être nez en loyal Mariage.

Voici les termes de l'art. 13 du Traité de Paix de Rifwick, confirmé par ceux de Bade & de Raftad ; »la Maifon de Wirtemberg, & nom-»mément, M. le Duc George ; (c'étoit le pere du dernier Duc de »Montbelliard) pour lui & fes Succeffeurs, fera rétabli en la poffeffion »de la Principauté, ou Comté de Montbelliard, dans le même état, »droits & prérogatives, & fur-tout la même immediateté envers le »S. Empire Romain, dont il a joüi auparavant ; & dont joüiffent, ou »doivent joüir les autres Princes de l'Empire ; la foi & hommage fait »à la Couronne de France, en l'année 1681, demeurant annullée : pour »en joüir par lefdits Princes ; à l'avenir, en toute liberté, de tous les »revenus en dépendans, tant feculiers qu'ecclefiaftiques, comme ils en »joüiffoient avant la Paix de Nimegue ; de même que des Fiefs ouverts »à leur profit, pendant que la France en joüiffoit, & qui n'ont point »été

,,été remplis par eux ; excepté le Bourg de Baldenheim ; & ses dépendan-
,,ces, que Sa Majesté T. C. avoit conferé au Commandeur de Chanlay ;
,,Maréchal de Camp général de ses Armées ; laquelle concession de-
,,meureroit bonne & valable ; à condition toutefois ; qu'il seroit tenu
,,d'en rendre hommage à M. le Duc de Wirtemberg-Montbelliard ,
,,comme à son Seigneur Féodal , & à ses Successeurs & de reprendre de
,,Fief ; & qu'il seroit de même remis en la pleine & libre joüissance ,
,,tant de ses Fiefs de Bourgogne , Clerval , & Passavant, que des Sei-
,,gneuries de Granges, Hericourt , Blamont , Chatelot & Clemont, &
,,autres situées dans le Comté de Bourgogne , & Principauté de Mont-
,,belliard, avec tous les droits & revenus ; de la même maniere qu'il les
,,possedoit avant la Paix de Nimegüe ; sans que tout ce qui avoit été
,,fait, ou prétendu au contraire ; à quelque titre , en quelque tems, & de
,,quelque façon que ce fût, pût lui nuire ; ni préjudicier.

Les Lettres de naturalité de 1651, accordées par le feu Roy au Duc
George , Pere du feu Duc de Montbelliard , & celles de 1719, accordées à lui-même , en confirmant les premieres , pour lui & pour ses descendans ; ne demandent encore d'autres conditions, pour pouvoir succeder dans toutes les Terres situées en France, que d'être né d'un loyal
mariage.

Me La Duchesse de Montbelliard peut se flatter d'avoir démontré , que
son mariage avec le feu Duc de Montbelliard , celebré le 15. Août 1718,
a été également legitime & solemnel ; que par consequent on ne sçauroit contester à leurs enfans ; nez avant ou depuis , les premiers legitimez par ce mariage subsequent, les autres véritablement legitimes, les
droits & les avantages attachez à la legitimité , dont celui de succeder
à la Dignité , aux Etats ; & à tous les biens de leur pere ; fait incontestablement le plus important. Ils sont ses Successeurs naturels & legitimes. Ces Etats & ces biens ne leur sont pas moins assurez par les Traitez de Paix de Riswick & de Rastad ; que par leur naissance. C'est donc
entreprendre de renverser la disposition de ces Traittez de Paix ; qui font
la sûreté de l'Europe, que de vouloir les dépoüiller de la succession du
feu Duc de Montbelliard leur pere.

Quand on s'attacheroit avec le detnier scrupule à la Lettre du Traité de
1617 , qui en parlant des heritiers mâles legitimes & leurs descendans ;
s'est servi des termes *nez en loyal Mariage*, & qu'on s'en feroit un prétexte pour exclure les legitimez par un mariage subsequent, qui absolument parlant ne sont pas nez en loyal mariage (ce qu'il est évident
n'avoir pû être l'esprit du Traitté) : M. le Duc de Wirtemberg Stougard, ne seroit pas moins exclu de la succession du feu Duc de Montbelliard , par George Frideric son dernier fils, né de la Duchesse de
Montbelliard; le 16 Août 1722 , dans le cours du mariage, & près de
trois ans après sa celebration. On ne sçauroit lui contester qu'il ne soit
né en loyal mariage du feu Duc de Montbelliard ; ainsi , aux termes des
pacts de famille de la Maison de Wirtemberg de 1617 , il doit posseder
la Principauté de Montbelliard , avec toutes les Seigneuries , qui en dépendent , situées en Franche-Comté & en Alsace : par la raison victorieuse & sans replique , qu'il est enfant legitime du dernier Duc de
Montbelliard. Loin que ce Traité puisse lui nuire : il le retorque contre
M. le Duc de Wirtemberg, comme un nouveau titre, d'autant plus décisif,

Q

qu'il se réünit aux Loix divines & humaines , qui toutes déferent aux enfans nez d'un mariage legitime , la succession de leurs peres & meres , comme leur appartenant par les mouvemens de la nature , à l'exclusion des collateraux , qui ne sçauroient les en dépoüiller , sans renverser ce qu'il y a de plus inviolable & de plus sacré parmi les hommes.

Mais , dit-on , il est dit dans ces pacts de famille de 1617. que les cinq Freres , qui stipulent ; *comme il est en soi-même loüable , convenable & juste , ne devront , ni ne voudront se marier , sans le consentement les uns des autres , principalement de leur frere aîné , sur-tout avec une personne , qui ne seroit point de condition de Prince.*

Cette clause , qui fait toute la ressource des Ministres de Stougard , ne sçauroit avoir d'autre sens , sinon qu'il étoit de la bien-séance , ou même de la prudence , que ces cinq Princes , qui étoient freres , se demandassent les uns aux autres leur agrément , avant de se marier. Est-il dit , qu'ils ne pourront se marier sans le consentement les uns des autres , avec une personne de condition inégale , sous peine de priver leurs descendans , du droit de succeder aux titres & à la qualité de Prince de leur père , & aux fiefs , qui relevent immediatement de l'Empire , ou autres ? Pas un mot dans cette clause de leur posterité. Le conseil & l'avis que les cinq freres s'y sont donnez , par rapport à leur mariage , les regardoient donc personnellement , sans même qu'ils fussent obligez de les suivre ; qu'autant qu'ils le trouveroient bon , & n'ont aucune application à leurs descendans. Quand ils ont voulu que les conseils , qu'ils se donnoient , passassent jusqu'à leur posterité ; comme au sujet de la Religion , ils ont formellement compris leurs descendans dans la clause ; sans cependant s'être assujettis ; ni eux , ni leur posterité , à aucune peine. D'où il resulte , que ces sortes de conventions , par rapport au Mariage , ou à la Religion seulement ; ont été absolument étrangeres , aux Mariages de leurs descendans , à la liberté desquels , il ne paroît pas qu'ils ayent jamais eu la pensée de donner la moindre atteinte.

Dans une matiere aussi odieuse , que celle où il est question de restraindre la liberté , si essentielle au Mariage , sera-t-il permis d'étendre à la posterité , une stipulation , qui par elle-même n'est que de simple conseil , dont on ne sçauroit jamais former une obligation ; tellement limitée aux cinq Princes , qui ont signé le Traité , qu'ils n'ont point parlé dans la clause de leurs descendans , pour s'en faire un prétexte de contester les effets naturels d'un mariage , d'un de leurs arriere petit-fils ? Peut-on avoir une preuve plus certaine , qu'elle n'a point été faite pour eux , que de n'en avoir point parlé dans la clause ? Cette preuve est d'autant plus démonstrative , que dans les autres clauses du même Traité , où ces Princes ont voulu stipuler , & pour eux , & pour leurs descendans ; ils ont eu l'attention de les y comprendre nommément. La différence , qui se trouve entre ces clauses , & celle qu'on oppose aux Princes de Montbelliard , fournit un argument sans replique , que celle-ci , & autres semblables , où il n'a point été parlé de la posterité , ne la regardent point , & qu'elles doivent absolument se renfermer aux cinq Princes personnellement , pour lesquels seuls elles ont été stipulées. Ce seroit même une grande question de sçavoir , si ces cinq Princes auroient pû s'imposer la loi , de ne pouvoir se marier valablement, sur-tout à une personne d'une condition inégale à la leur, sans le consentement les uns des autres, & sur-tout de leur aîné. Les Loix ayant toûjours supposé, comme un principe incontestable, que les Mariages doivent essentiellement être libres : *Libera Matrimonia esse antiquitùs placuit*, dit la Loi 2, *Cod. de inutil. Stipulat*. En sorte que la libre faculté de se marier, ne sçauroit être ni restrainte, ni limitée par des peines, ni être changée en obligation: *Liberam facultatem contrahendi Matrimonii transferri ad necessitatem non oportet. L. Neque ab initio. Cod. de Nupt.* Il est vrai de dire, que toute stipulation contraire à cette liberté, & à l'essence du Mariage, est également contraire aux bonnes mœurs, & par consequent, absolument nulle. *Pacta quæ contra bonos mores fiunt, nullam vim habere indubitati juris est*, dit la Loi 6. *Cod. de Pact*. C'est aussi le sentiment des Interpretes & des Jurisconsultes. (*a*) Indépendemment de cette question, véritablement étrangere aux Princes de Montbelliard : peut-on raisonnablement proposer, que ce que les cinq Princes de la Maison de Wirtemberg ont trouvé à propos de stipuler pour eux personnellement, doive s'étendre à leurs descendans, dans les degrez les plus reculez, pendant que dans la clause, il n'y a pas un mot de leur posterité ? Ils ont si peu eu intention de prescrire à cet égard aucune loi particuliere à leurs descendans, qu'ils n'en ont parlé en façon quelconque, dans la clause dont il s'agit, pendant que dans les autres clauses de l'acte, ils ont eu soin de comprendre leur posterité, lorsqu'il s'est agi de quelque disposition, qui devoit également avoir lieu, pour ou contre leurs descendans. Aussi les investitures & les Traitez de Paix, qui ont suivi, & qui ont assuré aux Princes de Wirtemberg leurs Etats, & à leurs descendans, n'exigent dans ces descendans, que la seule qualité d'enfans legitimes, & nullement que leur mere fût de condition égale au Prince leur pere. M. le Duc de Wirtemberg a été lui-même si convaincu, que ces pacts de Famille de 1617, ne lioient point les descendans des cinq Princes qui l'ont signé, que lui qui descend de l'aîné, n'a point demandé, lorsqu'il s'est marié, l'agrément du feu Duc de Montbelliard, ni des autres Princes de la Maison de Wirtemberg. Il a si peu pensé, que l'alliance entre personnes de condition inégale, pût priver les enfans, qui en naîtroient, du titre de Prince, & des droits & prérogatives attachez à la legitime filiation, que la Duchesse de Wirtemberg sa femme, de la Maison de Bade-Dourlach, à qui il ne trouveroit pas bon, que l'on contestât la qualité de Princesse, descend en ligne directe, & par consequent le Prince hereditaire son fils, d'Ursule de Rosenfeld, qui n'étoit qu'une simple Demoiselle.

A l'égard du Traitté de Wildbade, où l'on a fait reconnoître au feu Duc de Montbelliard, que selon les pacts de la Famille de Wirtemberg, il n'avoit jusqu'alors fait aucun Mariage *licite*, nulle induction à en tirer. Qui ne voit que cette expression, a été l'ouvrage du frere de la Comtesse de Sponeck ? Le Duc de Montbelliard, n'ayant alors contracté aucun Mariage, comme on l'a démontré : comment a-t-on pû

(a) *Basilius Monnerus, in tr. de Matrim. part. 1. cap. 3. n. 3.* Ideò non potest, nec debet, ullà authoritate humanà prohiberi, libertas matrimonii, æquè ac terræ prohiberi non poterit, ne suo tempore germinet, ne sit fœcunda & fructifera, nam ita conditio est à Deo. *Hieronymus Schurpfius Consil. 56. Cent. 2. n. 11.* Matrimonii libertas nullo aliquo colore restringi, nec ullo metu, vel pœnà coarctati debet . . . . . Tanta libertas in matrimonio requiritur, ut promissio pœnalis non valeat. *C. Gemma, de Sponsal & Matrim.*

lui faire dire, qu'il n'en avoit contracté aucun *de licite selon les pacts de famille de la Maison de Wirtemberg?* Si le Duc de Montbelliard ne s'est pas apperçû de la fausseté de cette expression, & du piége, qu'on lui tendoit : il faut l'imputer à l'état où il se trouvoit. Malade à l'extremité : c'étoit assez qu'il eût attention aux dispositions essentielles de l'acte, sans s'amuser à son préambule, qui n'est ordinairement que l'ouvrage du Notaire, ou de ceux qui ont soin de le dresser.

Il est vrai que dans le sixiéme article de ce Traité, il a été stipulé : » qu'au cas qu'il arrivât que S. A. S. M. le Duc de MONTBELLIARD » survêcût à Mme. ELIZABETH-CHARLOTTE, BARONNE » DE L'ESPERANCE, avant la mort DE LAQUELLE IL » PROMETTOIT DE NE SE POINT MARIER ; & » qu'ainsi après sa mort il ne se trouvât plus d'obstacle de se marier; » que par conséquent, à la suite du tems, sans légitime empêchement » & préjudice de la Maison de Stougard, il se marieroit d'une maniere » convenable à son état, & qu'il auroit des descendans légitimes & » Princes, ou que par quelqu'autre accident, contre toutes esperances, » il arriveroit que M. le Duc de Wirtemberg régnant, & sa Maison de » la branche de Stougard, ne succederoit point à M. le Duc de Mont- » belliard immediatement après sa mort, tout ce qui avoit été stipulé » en faveur de ses Enfans, seroit annullé & le reste.

Mais en quel Tribunal & devant quels Juges, les Ministres de M. le Duc de Wirtemberg, oseront-ils soûtenir, que M. le Duc de Montbelliard, qui vivoit alors en mauvais commerce avec une Demoiselle, qu'il avoit seduite sous promesse de mariage, ait pû valablement s'obliger à continuer de l'avoir pour concubine, & s'exclure du droit de faire cesser les remords de sa conscience, en déferant à l'obligation naturelle, adoptée par la Loy que Moïse a dictée de la part de Dieu à son peuple, (*a*) & à ce qu'il avoit perpetuellement promis d'executer, & épousant celle qu'il avoit euë jusques-là pour maîtresse, dont il avoit eu plusieurs enfans, sous la foy du mariage, dont il l'avoit perpetuellement flatée. La promesse de ne point l'épouser, faite depuis à un parent collateral, qui auroit mis ce Prince dans l'odieuse nécessité de continuer de vivre dans le desordre & dans le concubinage, est si honteuse par elle-même : si contraire aux bonnes mœurs, qu'il ne peut y avoir le moindre doute à la déclarer nulle & de nulle autorité. Selon la disposition de la Loy (*b*) qu'on a déja citée, *Pacta, quæ contra bonos mores fiunt; nullam vim habere indubitati juris est.* (c) Malgré pareille stipulation, aussi évidemment nulle qu'elle est honteuse, pour ceux qui l'ont imaginée, le feu Duc de Montbelliard n'a pas moins été en droit d'épouser solemnellement, comme il a fait, la Duchesse de Montbelliard. Son mariage n'en a pas moins été legitime & canonique ; & par conséquent il doit avoir tous les avantages attachez au mariage legitime, & qui en sont une suite necessaire.

(a) Exodi. cap. 22.

(b) L. 6. Cod. de pact.

(*c*) Basilius-Monnerus ; *in tr. de Matrim. part. i. cap. 3. n. 8.* Et quia lex de perpetuo cœlibatu pugnat cum jure div. & natur. & dissentit ab ipsis Canonibus, ergo non debet nec potest habere vim legis, quæ debet esse honesta, justa possibilis & utilis Can. Erit. 4. dist. & per consequens explodenda & rejicienda. Can. fin. 9. dist.

Hieronym. Schurpsius *Consf. 56. Cent. 2. n. 15.* dicit : Statutum pœnale esse, quod impedit filios in feudis succedere, præsertim in feudis avitis, cum ejusmodi statutum libertatem contrahendi matrimonium cum concubina impediat, vergatque in diminutionem matrimonii à Deo instituti, & in damnum liberorum legitimatorum.

M. le

M. le Duc de Wirtemberg a tellement fenti lui-même la verité de ces propofitions, que dans fon Memoire imprimé & diftribué à la Cour de France, après y avoir prouvé la fauffeté de la celebration du mariage du feu Duc de Montbelliard avec la Comteffe de Sponeck : il eft forcé d'avoüer, qu'il refteroit un moyen à Sponeck, qui feroit felon lui, de „ rapporter un Extrait de mariage non fufpeét, d'où il refulteroit clai-„ rement, & fans qu'on en pût former aucun doute, que le Prince de „ Montbelliard a épousé fa mere d'une manière conforme aux loix & „ aux ufages de l'Eglife Chrétienne. „ Il faudroit, ajoûte-il, que cet „ Extrait de mariage fût accompagné d'un Extrait Baptiftaire, fidele-„ ment tiré du Regiftre de l'Eglife, où Sponeck auroit été baptisé, par „ lequel il parût qu'il a reçû le Baptême, comme fils legitime du feu „ Duc de Montbelliard & d'Anne-Sabine Hedwiger. Le moindre par-„ ticulier, dit ce Prince, né dans un mariage legitime, pourroit en faire „ autant. Faute de remplir cette obligation, M. le Duc de Wirtemberg „ a foûtenu, que Sponeck ne pouvoit efperer ni provifion, beaucoup „ moins une poffeffion. Ce font les termes du Memoire.

Il fuffit donc, felon M. le Duc de Wirtemberg lui-même, aux en-fans de la Ducheffe de Montbelliard, pour être maintenus dans la pof-feffion des biens de la fucceffion du feu Duc de Montbelliard leur pere, de rapporter un Extrait de mariage non fufpeét, d'où il refulte claire-ment, & fans qu'on puiffe en douter, que ce Prince a épousé la Du-cheffe de Montbelliard leur mere, d'une maniere conforme aux Loix & aux ufages de l'Eglife Chrétienne : Que cette celebration de mariage foit accompagnée d'Extraits Baptiftaires, fidellement tirez du Regiftre de l'Eglife où ils ont été baptifez, par lefquels il paroiffe qu'ils ont re-çû le baptême comme fils legitimes de ce Prince & de la Ducheffe de Montbelliard fa femme. M. le Duc de Wirtemberg, qui dans fon Me-moire a foûtenu que la Comteffe de Sponeck étoit fille d'un Boulanger, & qui en a raporté les preuves juftificatives à la fin de fon Memoire, ne fçauroit en exiger davantage des enfans de la Ducheffe de Montbelliard, qui du moins eft fille d'un Lieutenant Colonel. Son pere a toûjours vêcu noblement, après avoir fervi 31 ans l'Empereur ; il a été tué à un fiége, à la tête d'un Regiment ; fes fervices continuez par fon fils, ont merité à fes enfans leur élevation à la dignité de Baron & de Baronnes de l'Em-pire. Hornius, *cap. 3. n. 16. jurifp. feud.* dit que cette qualité éleve ceux qui en font decorez, à la haute nobleffe d'Allemagne, & pareille à celle des Comtes & des Princes. La Ducheffe de Montbelliard, ayant été Baronne du S. Empire dès 1708 : on peut du moins la mettre au rang d'une De-moifelle, lorfque le Duc de Montbelliard lui a fait l'honneur de l'épou-fer en 1718. Elle & les Princes fes enfans, rapportent un Extrait de cele-bration de mariage non fufpeét, dans la forme la plus folemnelle & la plus autentique. Il en refulte clairement, & fans qu'on puiffe en dou-ter, que le feu Duc de Montbelliard a épousé la Ducheffe fa femme, d'une maniere conforme aux Loix & aux ufages de l'Eglife Chrétienne. Cet Extrait eft accompagné de l'acte Baptiftaire de George Frederic, le dernier de leurs enfans, né le 16 Août 1722, tiré du Regiftre de l'E-glife où il a été baptisé ; par lequel il paroît qu'il a reçû le Baptême, comme fils légitime du feu Duc de Montbelliard & de Madame fon Epoufe, Elizabeth-Charlotte, Baronne de l'Efperance. Les Extraits

R

Baptiſtaires des autres Enfans ſont également tirez du Regiſtre de l'E-
gliſe où ils ont été baptiſez. Ils prouvent de même qu'ils ſont Fils du
Duc de Montbelliard, & d'Elizabeth-Charlotte de l'Eſperance. Il eſt
vrai qu'étant nez & ayant été baptiſez avant le mariage de leur pere
& mere, qui n'a été celebré que le 15 Août 1718 : ces Extraits de batême prouvent ſeulement qu'ils ont été baptiſez comme leurs enfans naturels. Mais en ſont-ils moins devenus légitimes par le mariage ſubſequent ? Les Princes de Montbelliard rempliſſant donc parfaitement tout
ce que M. le Duc de Wirtemberg auroit exigé de Sponeck ; quel prétexte
peut-il lui reſter encore de conteſter leur état d'Enfans légitimes, ou légitimez par un mariage ſubſequent du feu Duc de Montbelliard ; & par
conſequent les biens de ſa ſucceſſion, de quelque qualité qu'ils ſoient.

Les quatre Propoſitions de la Ducheſſe de Montbelliard & des Princes
ſes Enfans, étant auſſi ſolidement établies, qu'on ſe flatte de l'avoir
fait : quel avantage M. le Duc de Wirtemberg peut-il tirer des decrets
du Conſeil Aulique dès 8 & 16 Avril 1723 ? Le feu Duc de Montbelliard
étant mort le 25 Mars précedent : certain que la Ducheſſe de Montbelliard & les Princes ſes Enfans, n'ont point été Parties dans ces deux
decrets, pas même appellez. Et comment auroient-ils pû l'être ? Son
Mari & leur Pere ne venoit que d'expirer. Ce ſont donc à leur égard,
res inter alios acta. L'oppoſition qu'ils formeront, en tant que beſoin, à
l'execution de ces deux decrets, peut-elle, dans la forme, être ſuſceptible de la moindre difficulté ?

Au fond : quoique lors de ces deux decrets, le Comte de Sponeck,
qui ſous le nom du feu Duc de Montbelliard, vouloit faire valoir le mariage chimerique, qu'il ſuppoſoit que ce Prince avoit contracté avec la
Comteſſe de Sponeck ſa mere, ſuivant le faux extrait de celebration,
qu'il raportoit, eût produit un extrait de la celebration du mariage de
ce Prince, avec la Ducheſſe de Montbelliard ſa veuve, auſſi-bien que
les Extraits Baptiſtaires de leurs Enfans ; il avoit également produit la
Sentence de divorce, renduë entre le Duc de Montbelliard & la Comteſſe de Sponeck, le 6 Octobre 1714, confirmée par les Miniſtres de la
Principauté le 30 Septembre 1720. Cette Sentence ſuppoſoit qu'il y avoit
tellement eu un premier mariage, bon & valable entr'eux, qu'il avoit été
diſſou par une Sentence de divorce, pleinement executée. Tout l'objet
de Sponeck, étoit d'établir la verité & la legitimité du prétendu mariage
de ſa mere avec le Duc de Montbelliard. Quoiqu'il parût également deffendre celui de ce Prince avec la Baronne de l'Eſperance, aujourd'hui ſa
veuve. Par là il fourniſſoit un moyen victorieux à M. le Duc de Wirtemberg, pour combattre ce ſecond mariage ; parce qu'en ſuppoſant la validité
du premier, que ce Prince n'avoit pas interêt de conteſter, (le Traité
de Wildbade lui ſuffiſant pour exclure le Comte de Sponeck) : rien ne
paroiſſoit plus évident, ſelon les principes, qui s'obſervent dans les
Egliſes Proteſtantes, qu'il n'avoit pû être diſſou, à cauſe de la diſparité d'humeurs du mari & de la femme. Ainſi le ſecond mariage ne
pouvoit être regardé que comme une polygamie ; d'autant plus odieuſe,
qu'elle ſe trouvoit accompagnée d'un inceſte au premier degré d'affinité. M. le Duc de Wirtemberg en ayant donc aſſez pour exclure le
Comte de Sponeck, en ſuppoſant ſa mere femme du feu Duc de Montbelliard ; il n'eſt pas ſurprenant, que le premier reſcrit de l'Empereur,

furpris par les Agens de ce Prince le 8 Novembre 1721, ait été confirmé par celui du 8 Avril 1723. Beaucoup moins que le motif de ce second decret ait été tiré des pacts de famille de 1617, & du Traité de Wildbade de 1715, confirmé par ferment par le Comte de Sponeck le 18 Octobre fuivant, dont Sponeck demandoit d'être relevé. Ne s'agiffant veritablement que de l'interêt de Sponeck : le decret l'ayant debouté des Lettres de refcifion, qu'il avoit prifes contre fon ferment, a dû, conformement au Traité de Wildbade, qui paroiffoit confirmer les pacts de famille, le déclarer incapable de fucceder à la dignité & à la Principauté de fon Pere, & à fes autres biens.

Mais autant que ce Traité de Wildbade étoit une loy inviolable, par rapport au Comte de Sponeck, le Confeil Aulique ayant jugé qu'il étoit non-recevable à réclamer contre la ratification qu'il en avoit faite avec ferment : autant eft-il évident, qu'il eft étranger à la Ducheffe de Montbelliard & aux Princes fes Enfans. Quoiqu'elle en ait foufcrit la ratification, tant pour elle, que pour fes Enfans : n'étant point encore mariée avec le Duc de Montbelliard, & fes enfans n'ayant rien alors à prétendre à fa fucceffion, elle a pû, tant pour elle, que pour eux, accepter ce qu'il plaifoit à ce Prince de leur affurer par le Traité, fans fe mettre en peine des autres difpofitions ou énonciations, vraies ou fauffes, qu'on a pû y avoir inferées, & déclarer ne rien prétendre de plus. Mais elle ne s'eft point exclue de la faculté de profiter de l'honneur que le Duc de Montbelliard lui a fait depuis de l'époufer. Par le mariage qui a fuivi, elle eft devenue femme légitime de ce Prince. Les Enfans nez auparavant ayant été légitimez, ceux nez depuis étant nez légitimes & pendant le cours d'un mariage légitime : le Traité de Wildbade, qui n'a été fait que pour des enfans naturels, nez de Concubines, a ceffé dès-lors d'avoir à leur égard la moindre application ; parce qu'ils ne font plus enfans naturels ; mais ou légitimez par mariage fubfequent, ou légitimes. Leur mére, devenue époufe légitime, n'a de même plus été concubine. Ainfi nulle confequence à tirer contre elle, ni contre les Princes fes Enfans, d'un Traité, qui ne les regarde plus, & qui à leur égard eft devenu nul & caduc par le mariage qui a fuivi ; beaucoup moins des pacts de famille, que l'on y fuppofe, contre la verité, exiger pour un mariage légitime du feu Duc de Montbelliard, que fa femme fût également Princeffe.

Le fecond decret du 16 du même mois d'Avril, n'eft intervenu que contre Sponeck feul. Ainfi nulle induction encore à en tirer contre la Ducheffe de Montbelliard, ni contre fes enfans.

En fuppofant la verité du mariage de la Comteffe de Sponeck avec le feu Duc de Montbelliard ; les decrets du Confeil Aulique font dignes de la fageffe & de la juftice de ce Tribunal. Mais dès-lors qu'il fera certain, que ce mariage n'a jamais été. Que la celebration, produite par le Comte de Sponeck, a été fauffement fabriquée : en forte qu'il n'eft pas permis de douter qu'elle n'eût été déclarée nulle, fi on en avoit relevé les vices & les nullitez : tout le fondement qu'ils ont eu étant anéanti, il faudra néceffairement les détruire. Ce feroit manquer au refpect dû à un Tribunal auffi augufte que le Confeil Aulique, que de douter qu'il puiffe violer toutes les Loix divines & humaines, en dépouillant une veuve & des orphelins enfans légitimes d'un Prince, de

leur état, & ceux-ci de la succession de leur pere, pour enrichir un
collateral. M. le Duc de Wirtemberg a trop de probité, pour soûtenir
plus long-tems une usurpation, qu'il n'a faite que parce qu'il a été induit en erreur, aussi-bien que le Conseil Aulique, par la fausse celebration du mariage de la Comtesse de Sponeck. Lorsqu'il aura ouvert
les yeux sur la legitimité du mariage de la Duchesse de Montbelliard,
que ses Ministres ne lui ont laissé voir jusqu'ici que sous des ombres
odieuses : on est persuadé qu'il se rendra lui-même justice, & qu'il
cessera de persecuter une Veuve & des Enfans, qui ont l'honneur de
lui appartenir. Rien ne seroit plus digne d'un aussi grand Prince, que
de leur accorder aujourd'hui sa protection, & de concourir avec eux,
pour faire revoquer des decrets veritablement injustes, surpris sous son
nom par ses Ministres.

Si la Duchesse de Montbelliard & les Princes ses Enfans ne peuvent
obtenir pareille justice de M. le Duc de Wirtemberg lui-même : il ne
leur restera que la seule bonté de leur Cause. Ils n'esperent pas moins
en avoir assez près de S. M. Imperiale. Sa pieté & sa justice leur est un
surgarant du succès de leur Cause, quelque puissant que soit le Prince,
qu'ils ont le malheur d'avoir à combattre.

Signé, **LE VICOMTE DE POLIGNAC.** *Tuteurs honoraires des Princes & Princesses de Wirtemberg-Montbelliard.*
    MAILLY, Comte de Rubempré.

FUNCK, *Fondé de procuration de Madame la Duchesse Doüairiere de Wirtemberg-Montbelliard, Mere & Tutrice de ses Enfans, & du feu Duc de Montbelliard, son Epoux.*

M. **CLAUDE-CHARLES CAPON**,
ancien Avocat au Parlement de Paris.

De l'Imprimerie de la Veuve PRIGNARD, ruë de la Parcheminerie. 1716.

POUR PREUVES DES FAITS CONTENUS DANS
le préſent Manifeſte, on produit les Pieces ſuivantes, dont on produira les Originaux, lorſqu'on ſera dans un Tribunal reglé, ou par-tout ailleurs, où il ſera
ordonné.

LA Sentence du Conſiſtoire de Breſlau du 21 Mars 1695, qui déclare les pro- **I.**
meſſes de Mariage entre Anne-Sabine Hedviger, mere du Comte de Sponeck, & le ſieur Amadée-Leopold de Zedlitz, Gentilhomme Sileſien, qu'elle avoit
extorquées de lui, obligatoires & valables, enjoignant au ſieur de Zedlitz de les executer, dont voici le contenu.

Nous Officiál & Conſeillers du Conſiſtoire, jugeons en la Cauſe, concernant les promeſſes de mariage, alléguées entre Damoiſelle Anne-Sabine Hedviger, Demandereſſe
d'une part; & le ſieur Godlieb Leopold de Zedlitz Défendeur, d'autre part : que les
fiançailles à futur mariage, concluës par les deux Parties, ſont entierement obligatoires & valables : & en conſequence prononçons définitivement en juſtice, que le Défendeur eſt obligé d'accomplir dûement ſa promeſſe; mais au cas qu'il voulut conſtam-
ment inſiſter à ſa réſiſtance déduire dans les Actes; & que ſuivant l'averſion qu'il a juſqu'ici témoigné, il ne voulut pas aucunement s'y laiſſer induire, qu'au contraire il ſera
tenu de donner juſte ſatisfaction à la Demandereſſe, avec refuſion des frais & dépens,
dont nous nous réſervons la taxe de part & d'autre. Sentencié & publié au Conſeil
Conſiſtorial à Breſlau, ſur le Dohm, le 21 Mars 1695.

Que la préſente Copie, conforme de mot à mot, à la minute dépoſée au Greffe du
Conſiſtoire Epiſcopal, eſt atteſté ſous l'appoſition du ſceau & de la ſignature ordi-
naire des Officiers dudit Conſiſtoire Epiſcopal. Fait à Breſlau le 30 Avril 1715. *Signé,*
Jean-François de Dobſchuz, Jacques-François Nolick, Auguſtin Wolff, avec paraphe.
   (Place du Sceau.)
   Taduit d'Allemand en Langue Françoiſe, par M. Muller Avocat & Secretaire In-
terprete au Conſeil Souverain d'Alſace. A Colmar, le 24 Aouſt 1715. *Signé*, Muller,
avec paraphe.
   Légaliſé par les Magiſtrats de la ville de Colmar, le 27 Aouſt 1715. *Signé*, Chauffour
Syndic, avec paraphe.

   (L. S.)

   La Sentence du même Conſiſtoire du 18 Aouſt 1695, par laquelle on abſout le **II.**
ſieur de Zedlitz de l'Interdit Eccleſiaſtique à lui impoſé le 13 Novembre 1692, & de ladite Sentence définitive du 21 Mars 1695, qu'Anne-Sabine Hedviger, mere du Comte
de Sponeck, avoit obtenuë contre lui.
   Nous Official & Conſeillers du Conſiſtoire, certifions publiquement par ces Preſentes, que le ſieur Godlieb Leopold de Zedliz doit être tenu pour abſous, & déchargé entierement de l'Interdict Eccleſiaſtique à lui impoſé en l'année mil ſix cent quatre-
vingt-douze : que pour lors Damoiſelle Anne-Sabine Hedviger avoit légitimement
obtenu de Nous, à cauſe de ſa prétention de mariage, qu'elle avoit formé contre lui :
icelle s'étant entierement déportée de ſa prétention, & ayant cejourd'hui pardevant
Nous renoncé à la Sentence, qu'elle avoit obtenuë en ſa faveur ci-devant le vingt-un
du mois de Mars de la préſente année, ainſi que Nous l'en abſolvons & déchargeons
par ces Préſentes, & remettant entierement à ſa volonté de ſe marier ailleurs, où il
trouvera à propos, en foy de quoy nous avons fait appoſer le ſceau Conſiſtorial-Epiſ-
copal, & la ſignature ordinaire. Fait à Breſlau, le 18 Aouſt 1695.
   Que la préſente Copie, conforme de mot à mot, à la minute dépoſée au Greffe du
Conſiſtoire Epiſcopal, eſt atteſtée ſous l'appoſition du ſceau, & de la ſignature ordinaire des Officiers dudit Conſiſtoire. Fait à Breſlau le 30 Avril 1715. *Signé*, Jean-François de Dobſchuz, Jacques-François Nolick, Auguſtin Wolff.
   (Place du Sceau.)
   Traduit d'Allemand en Langue Françoiſe, par M. Muller Avocat & Secretaire In-
terpret au Conſeil Souverain d'Alſace. A Colmar le 24 Aouſt 1715. *Signé*, MULLER,
avec paraphe. Légaliſé par les Magiſtrats de la Ville de Colmar, le 27 Aouſt 1715.
Signé, CHAUFFOUR, Syndic, avec paraphe.
   (L. S.)
   Il réſulte de ces deux Sentences, que pendant qu'Anne-Sabine Hedviger, mere du

A

Comte de Sponeck, s'étoit affûré le fieur de Zedlitz pour mari par la Sentence du 21 Mars; elle ne ménageoit ni fa fanté, ni fes pas, puifqu'après être accouchée, felon le Memoire de M. le Duc de Wirtemberg-Stougard, pag. 9. neuf jours après cette Sentence, d'un fils: on veut qu'elle ait encore fait le voyage de Breflau à Reiowitz en Pologne, & fait près de 100 lieuës, à aller & venir, pour y époufer, le premier Juin de la même année, feu M. le Duc de Montbelliard, pendant que la Sentence du 21 Mars fubfiftoit encore, & formoit, entre elle & le Gentilhomme Silezien, un empêchement, qui ne fut diffous que par la feconde Sentence du 18 Aouft fuivant; au moyen de mille ducats d'or, que ce Gentilhomme paya pour le prix de fa liberté. En forte qu'Anne-Sabine Hedviger auroit fait, dans l'efpace de quatre mois, ou environ, deux maris, un enfant; & 100 lieuës de chemin, outre le tems qui lui a fallu pour le rétabliffement de fa fanté après fes couches, & pour fe trouver encore, avant le mois d'Aouft, à Breflau, pour y gagner les mille ducats d'or, comme la recompenfe de tant de fatigues.

III. L'acte de célébration du prétendu Mariage d'Anne-Sabine Hedviger, mere du Comte de Sponeck, tel qu'il a été falfifié par les Agens, & par lui produit à la Cour de Vienne & de France, a été ci-deffus imprimé dans le corps du préfent Manifefte, pag. 11. & fuiv.

IV. Extrait fidele de la feüille trentiéme du Regiftre des Mariages de l'Eglife de Reiowitz, ou Revier en Allemand, contenant les Mariages de ce lieu pendant l'année 1695, tel qu'il a été délivré à Madame la Ducheffe de Montbelliard, qui prouve clairement que la célébration, produite par le Comte de Sponeck, eft fauffe.

Pagina 30 in albo Reiowicenfi fequentia continentur. 1 6 9 5. copulati.

1. Le 7 Février font mariez à Reiowitz Jean Schwarz, (a) Boürgeois, Tailleur & Braffeur à Skoki, & Catherine, fille légitime de Jean Kolner, Bourgeois (b) de Reiowitz.

2. Le 8 May s'eft marié à Reiowitz Jacques Pahl, (c) fils de feu Mathias Pahl, habitant de Reiowitz, Paftre de Gottfchen, avec Marie, veuve de feu Chriftophle (d) Grumbfeh, valet à Barenbufch.

3. Le 29 May fe font mariez George Lentz, faifeur de gaudron de Barenbufch, veuf, & Marguerite, fille de feu Mathias Pahl, habitant de Reiowitz auprès de fa mere à Gottfchen.

4. Le 3 Juillet fe font mariez George Mattheus, garçon Laboureur de Barenbufch, fils d'André Martin dudit lieu; & Eve, fille de feu Martin Contz, (e) charron du même lieu.

5. Le 6 Novembre fe font mariez à Skoki George Bourgeois (f) & Charron, garçon, fils de Jean Boürgeois, Laboureur de Ober-Britfchen, près de Frauftat, & Juditheléuve de Danier Becker, Bourgeois & Drapier, qui étoit de la Religion Réformée.

6. Le 13 Novembre fe font mariez à Skoki Adam Schvvalbe, ou (g) Jafkulke, veuf, Bourgeois & Drappier; & Marie, fille de Jean Rahn, Maréchal au petit Witenling, près du moulin de Schneide-Muhl. (h)

7. Le 20 Novembre s'eft marié Jean Kurtz, fils de feu Jean Kurtz de Cacolin, Laboureur; avec Marie, fille de George Nickel, Laboureur dudit lieu.

8. Le 27 Novembre, s'eft marié Michel Stettler, valet, fils de feu Michel Stettler; de ce lieu, avec Dorothée, fille de Michel Radlon de Schidazove.

9. N. B: *Primâ Junii copulati funt & in Templo Reiowicenfi binæ ex Tefchienfi Silefiæ Ducatu huc venientes perfonæ ambo Evangelicæ, quibus ibidem copulatio; ni à fide defficerent, Equites ambo huc venerant, nimirùm per illuftris Dominus Leopoldus Eberhard H. Z. W. M. S. Romani Imperii Comes, & per Illuftris Magnifica Domina & Virga Anna Sabina V. H. Dominus fponfus tunc erat in militia Electoris Saxonici; fponfa verò Ducatu Tefchienfi fub tutela matris viduæ.*

(a) Pour lever les équivoques qui pourroient naître des deux traductions de cet Extrait, on remarque que la traduction des Miniftres de M. le Duc de Wirtemberg-Stougard a interpreté le nom propre S C H W A R Z, Le Noir, comme fi c'étoit l'adjectif Allemand, Schwarz, qui fignifie Noir en François.

(b) Le Secretaire interprete a lû dans l'original le mot Allemand, Kruger, pour Burger, dont l'un fignifie Potier, comme cela fe voit dans la traduction du Memoire de M. le Duc de Stougard; & l'autre fignifie Bourgeois, comme on l'a traduit ici.

(c) Impreffion de M. le Duc de Wirtemberg met Pohl, pour Pahl.

(d) La traduction de M. le Duc de Wirtemberg met Gunfeh pour Grumfch.

(e) l'Interprete de M. le Duc de Wirtemberg traduit le mot Allemand, Lanzens, qui fe trouve dans l'original en Lantbor, & le Secretaire de Madame la Ducheffe a lû Cunzin, & l'a traduit Conz.

(f) L'interprete de M. le Duc de Wirtemberg a lû le mot Burger, pour Brieger.

(g) L'Interprete de M. le Duc de Wirtemberg a lû le mot Polonois, Jaskutke, pour Jaskolki.

(h) Le mot Allemand, Schneidan Mulh, fignifie une Scierie, comme on l'a traduit dans le Memoire de M. le Duc de Wirtemberg.

Ad requisitionem Serenissimæ Ducissæ de Wirtemberg-Montpelgard, approbantibus Dominicis Antistitibus Ecclesiæ Skocensis & ambobus præpositis Reiowicensi, ego infra scriptus præsentem Extractum ex albo seu metrica Templi Reiowicensis expedivi, testans sub fide meâ pastorali, quod id, quod supra scriptum est, de verbo ad verbum totam paginam trigesimam dicti albi ad annum 1695. absolvat, quodque copulatio Illustrissimi Leopold-Eberhard & Illustrissimæ Anna Sabina sub finem dicta paginæ, iisdem verbis, literis & abbreviationibus, ut supra, inveniatur. Quod cum revera ita se habeat, testimonium præsens propriâ manu signare, & sigillum meum apponere, & debui & volui. Datum Skoki, die 21 Augusti annô 1725. Signé, Christophorus Kock *M. P. Pastor in Skoki & Reiowica S. Revier.*

(L. S.)

Spectabilis Magistratus Skocensis testatur, quod Dominus Christophorus Koch non modo in vivis ad hunc diem, & Pastor fidelis in Skoki & Reiowiz, sive Revier germanicè, sit; fidesque ejus scriptis intra & extra judicium haberi & possit & debeat; sed & quod Extractus huic supra positus, quem ex albo Templi supradicti Reiovviz propriâ manu fideliter excerpsit, in eo etiam verbotenus iisdem literis & abbreviationibus, contineatur; hujus in fidem perpetuam, & pro veritate præsens testimonium & subscriptione assuetâ, & apposito Civitatis sigillo, dictus spectabilis Magistratus corroborare voluit. Datum Skoki, die 21 Augusti anno 1725.

(Place du sceau.) *Alexander* Pliorozenski, *Notar. Jurat. Skokens. M. P.*
      Matthiasz Screpanski.
      Burmister SKOKI *M. P.*

Traduit d'Allemand en Langue Françoise par M. Muller, Avocat & Secretaire Interprete au Conseil Souverain d'Alsace. A Colmar, le 21 Octobre 1725.
 Signé, MULLER, avec paraphe.
Legalisé par les Magistrats de la Ville de Colmar, & signé par le Syndic d'icelle. A Colmar le 21 Octobre 1725. *Signé*, CHAUFFOUR, Syndic, avec paraphe.

(L. S.)

Certificat du Curé Catholique de Skoki, tiré du Memoire de M. le Duc de Wirtemberg-Stougard, qui prouve que l'Eglise Lutherienne de Reiovvitz dépend de la Cathedrale Catholique de Skoki, & du Curé de cette Eglise; & que le Ministre Lutherien ne peut administrer aucun Sacrement aux Etrangers, ni benir leur mariage à son insçû & sans sa permission, sous peine de nullité; par consequent que ce seul défaut de qualité du Ministre Fuchs, qui dit avoir beni le prétendu Mariage de la mere du Comte de Sponeck, avec feu le Duc de Montbelliard, selon la Loy de cette Cathedrale, & selon la Coûtume generale du païs, outre le concours du Droit commun, le rendroit nul de plein droit, & le feroit regarder comme un simple jeu d'amour, sans consequence, sans lien, & sans aucun effet d'un légitime mariage. V.

TRADUIT DU LATIN.

Moi, soussigné, fait sçavoir à tous ceux qui y ont interêt, que dans ma Paroisse de SKOKI, à laquelle appartient le village de Reiovvitz, il n'est pas permis au Ministre non Catholique, d'administrer aucun Sacrement sans le sçû & la permission du Curé de ladite Eglise; & quoiqu'ils aient eu cette permission dans les années precedentes, & dans le temps que j'en suis en possession, pour les seuls habitans de la Ville de Skoki, ils ne l'ont pas cependant pour les autres Villages; ayant leurs Paoisses; où habitent ceux de contraire Religion, desquelles les habitans non Catholiques, pour recevoir les Sacremens, ont recours à mon Eglise Paroissiale de la Religion Catholique & Romaine à Skoki, où ils font baptiser & célébrer leurs Mariages, & où ils obtiennent la permission de faire ensevelir leurs morts aux lieux choisis pour cela.

Ils n'ont non plus aucune permission d'administrer aucun Sacrement aux Etrangers, qui viennent chez eux, ni de leur donner la sepulture, à moins qu'ils n'aient une marque de permission volontaire du Curé de ladite Eglise.

Puis donc que le Serenissime Seigneur & Prince Leopold-Eberhard a contracté un mariage avec Mademoiselle Anne-Sabine à Reiovvitz, sans mon sçû & permission; alors actuellement Curé de mon Eglise & Paroisse de Skoki, qui a été autrefois confirmé entr'eux par le defunt Jean Fuchs, lequel, à ce qu'il m'est revenu, avoir placé l'Epouse à la gauche de l'Epoux dans la célébration de ce Mariage, non seulement à mon absence; mais aussi en celle de tout autre Prêtre Catholique & Romain; & des

A ij

pareils mariages étant nuls ,, & d'aucune valeur en Pologne, au défaut de la préfence du Curé, ou de fon confentement; ainfi la même raifon a lieu dans le Mariage fufmentionné. Donné à S K O K I, l'année du Sauveur 1711. le 28 du mois de Decembre. *Signé*, Alexandre B A Y K O W Ó S K I, Curé & Chanoîne de l'Eglife Cathedrale de S K O K I en Pologne, de la Seigneurie de Snanen.

(*Place du Sceau.*)

L'ombre de ce prétendu Mariage de la mere du Comte de Sponeck ; ainfi diffipée & anéantie : on va prouver par les Pieces qui fuivent, que le Comte de Sponeck n'a point d'Extrait Baptiftaire, pour fe pouvoir même dire fils naturel du feu Duc de Montbelliard.

V I. L'Extrait Baptiftaire du Comte de Sponeck, tel qu'il l'a produit dans fes Mémoires à la Cour de l'Empereur, & à celle de S. M. Très-Chrétienne.

Nous Frideric Opfergeld, Prévôt & Prélat, élû & confirmé du Monaftere de Nôtre-Dame à Magdebourg de l'Ordre de Prémontrés, certifions par les Préfentes à tous qu'il appartiendra, que le 11 Decembre, l'an de Chrift 1697. étant pour lors Diacre à Feftemberg, nous avons baptifé un Enfant mâle, qui a été nommé George-Leopold, fon Pere eft S. A. S. Leopold-Eberhard Duc de Wirtemberg-Montbelliard & fa Mere, Madame Anne-Sabine de Hedviger, & a été préfent comme Parain le Capitaine Leonard de Nardin.

En foy de quoy les Préfentes ont été munies du fceau dudit Monaftere, & de notre fignature. Fait à Magdebourg audit Monaftere de Nôtre-Dame, le 8 Septembre 1711. *Signé*, Frideric O P F E R G E L D, Prévôt & Prélat.

(L. S.)

Cet Acte n'eft ni légalifé, ni tiré fur les Regiftres, & la mere n'y eft pas qualifiée d'Epoufe du feu Prince de Montbelliard ; par confequent n'étant point fon Epoufe, l'Enfant ne peut pas être légitime.

La même chofe fe voit dans l'Extrait Baptiftaire de la fœur du Comte de Sponeck, tel qu'il a été produit à la Cour de France, & ci-devant au Confeil Aulique de l'Empereur.

V I I. Pareillement a été baptifé en 1697 le 15 Février, une fille (*a*) du Prince Leopold-Eberhard de Montbelliard, & d'Anne-Sabine de Hedviger, par le fieur Chriftian Tfchirbock, Pafteur Allemand de ce lieu, & elle fut nommée Leopoldine-Eberhardine. En foy de quoy j'ai figné le prefent Certificat, & l'ai corroboré par mon cachet ordinaire. Fait à Medzibohr, l'an 1720. le 10. Juillet.

(*a*) Cet Article indefini, U N E, marque clairement que l'on parle d'une fille bâtarde, & comme on appelle légerement une fille née hors de mariage légitime, fans cela on auroit mis l'article L A, ou fimplement fille d'un tel & d'une telle fon Epoufe.

(L. S. (N. Godefroy G O T T S C H L I N G, Senieûr & Pafteur Allemand.

Pour faire voir que ce font de veritables Extraits Baptiftaires, tels que l'on a coûtume de les donner aux Bâtards, fans qualifier la mere du nom d'Epoufe, on joint un autre Extrait Baptiftaire d'un des enfans de feu M. le Duc de Montbelliard, qu'il a eu d'Henriette Hedvige Baronne de l'Efperance, où elle n'eft point également qualifiée d'Epoufe, ne l'étant pas.

V I I I. *Extrait des Regiftres de Baptême de l'Eglife du Château de Montbelliard, fol.* 10. *art.* 6. *num.* 59.

Elizabeth, fille de S. A. S. Leopold-Eberhard Duc de Wirtemberg-Montbelliard, & de Madame Henriette Hedvige Baronne de l'Efperance, nâquit le premier May 1702. & fut baptifée le 3 dudit mois.

La même chofe fe voit dans les Extraits Baptiftaires des Enfans, que feu M. le Duc de Montbelliard a eu avec Madame la Ducheffe Doûairiere de Montbelliard, avant fon mariage, où elle n'eft pas qualifiée d'Epoufe, parce qu'elle ne l'étoit pas encore.

I X. *fol.* 5. *art.* 1. *num.* 291.

George, fils de S. A. S. Leopold-Eberhard Duc de Wirtemberg-Montbelliard, & de Madame Elizabeth-Charlotte Baronne de l'Efperance, nâquit le 8 Novembre 1714. & fut baptifé le même jour.

Et pour faire voir un Extrait Baptiftaire, tel que l'on a accoûtumé de le donner dans les Eglifes de Montbelliard, à un enfant, né d'un légitime mariage, on joint ici celui du dernier Prince, que feu M. le Duc de Montbelliard a eu avec Madame Elizabeth-Charlotte, Ducheffe Doûairiere, après leur mariage, où elle eft qualifiée d'Epoufe, puifqu'effectivement elle l'étoit alors.

X. Le 16 Aouft 1721. nâquit un fils à S. A. S. Leopold-Eberhard Duc de Wirtembergtemberg-Montbelliard, de MADAME SON EPOUSE, Elizabeth-Charlotte, Baronne de l'Esperance, & fut baptisé le 18 dudit mois dans l'Eglise de la Cour & du Château de ce lieu; & nommé George-Frideric, ce que j'atteste & affirme par l'apposition de mon cachet & ma signature. Fait à Montbelliard ce 8 Octobre 1722.

 (L. S.) *Signé*, M. Jean-Gaspard BOCKSHAMMER, Ministre de Cour,   Superintendant (*a*), & Conseiller Ecclesiastique.

(*a*) Il tient lieu d'Evêque parmi les Protestans.

  La Piece suivante prouve, qu'il ne se trouve pas un mot du Comte de Sponeck sur les Registres de Festemberg en Silezie, où il prétend avoir été baptisé; de sorte que n'ayant point du tout d'extrait Baptistaire, il ne peut pas seulement prouver qu'il soit fils naturel du feu Prince de Montbelliard; par consequent encore moins son fils légitime.
  Je soussigné, certifie & atteste en foy & honneur de Prêtre, que dans les Registres Baptistaires de l'Eglise de Festemberg, il ne se trouve pas un mot d'un Enfant, qui, lors de son Baptême, ait eu le nom de George-Leopold, & dont les pere & mere aient été le Serenissime Prince & Seigneur, Messire Leopold-Eberhard Duc de Wirtemberg-Montbelliard, & l'Illustre Comtesse de Sponeck, née de Hedwiger de Silesie. Fait à Festemberg, le 19 Avril 1725. *Signé*, Daniel LANGHAMMER, Senior & Pasteur de Festemberg. (L. S.)

X I.

  Que le Certificat ci-dessus écrit, est la propre écriture & cachet du sieur Daniel Langhammer, Senior de cette Ville, & qu'icelui est encore Pasteur & Senior ici, attestent, pour l'appui de la verité, les Bourgue-Mestres & Magistrats de la Ville Princiere de Festemberg, par l'apposition du sceau de leur Ville. Fait à Festemberg le 19 Avril en l'année 1725. (*Place du sceau.*)
  Traduit de l'Allemand en François par M. Muller Avocat, & Secretaire Interprete au Conseil Souverain d'Alsace; à Colmar, le 24 Aoust 1725. *Signé*, J. G. MULLER, avec paraphe.
  Légalisé par les Magistrats de la Ville de Colmar, & signé par le Syndic d'icelle, le 27 Aoust 1725. *Signé*, CHAUFFOUR. (L. S.)
  Le Comte de Sponeck a si bien reconnu sa bâtardise, que depuis 1697, qu'il prétend être né, jusqu'à 1719, qu'il s'est marié, il n'a jamais osé porter le nom de Prince hereditaire, (qualité cependant inséparable de l'enfant légitime d'un Prince Souverain.) Il ne s'est marié en 1719, âgé de 22 ans, que sous le seul nom de Comte de Sponeck: (titre, que l'Empereur Leopold avoit conferé à sa mere en 1701, veritable marque d'un enfant bâtard, qui ne porte jamais que le nom de sa mere.) Le tout est prouvé par la piece suivante, qui est l'Extrait du mariage du Comte de Sponeck même.

  Extrait du Registre des Mariages de l'Eglise du Château de Montbelliard. fol. quatorze, article premier.

X I I.

  Le vingt-deux du mois de Février mil sept cent dix-neuf, s'est marié l'Illustre Seigneur George-Leopold Comte de Sponeck, fils de S. A. S. Leopold-Eberhard Duc de Wirtemberg-Montbelliard, & de l'Illustre Dame Anne-Sabine Comtesse de Sponeck, avec l'Illustre Damoiselle Eleonore-Charlotte de Coligny, fille de noble Jean-Louis de Sandersleben, & de feüe noble Dame Henriette Hedvige Baronne de l'Esperance. A Montbelliard, le quatorze du mois de Mars 1720. *Signé*, Jean-Jacques GROPP, Prédicateur à la Cour, Surintendant & Conseiller du Consistoire, avec paraphe.
  Les Conseillers de la Chancellerie de S. A. S. Leopold-Eberhard Duc de Wirtemberg-Montbelliard, attestent par ces Presentes, que le susdit très-Reverend & très-docte Sieur Jean-Jacques Gropp, qui a fait l'extrait ci-dessus, est Prédicateur à la Cour de S. A. S. Surintendant & Conseiller du Consistoire; en foy & témoignage de quoy, le sceau de la Chancellerie de S. A. S. a été apposé & signé par le Secretaire. Fait à Montbelliard, le 15 du mois de Mars 1720. *Signé*, Augustin FELGENHAUER, Secretaire, avec paraphe, & scellé en Placard sur papier.
  Traduit de l'Allemand en Langue Françoise, d'un écrit signé & scellé, comme dit est ci-dessus, & icelui aussi signé & paraphé, par moi soussigné Avocat & Secretaire Interprete au Conseil Souverain d'Alsace. Fait à Colmar, ce 21 Octobre 1725.
  Signé, J. G. MULLER, avec paraphe.
  Légalisé par les Magistrats de la Ville de Colmar, & signé par le Syndic d'icelle, le 22 Octobre 1725. *Signé*, CHAUFFOUR, Syndic, avec paraphe.

  (L. S.)

B

Pour diffiper les calomnies que l'on a voulu infinüer dans le Public, que feu M. le Duc de Montbelliard avoit eu un mauvais commerce avec les deux fœurs dans un même tems, on produit ici l'Extrait mortuaire d'Henriette Hedvige, Baronne de l'Eſperance, tiré du Livre des Mortuaires de l'Eglife du Château de Montbelliard.

XIII.   *Pag 5. num. 18.*

Madame Henriette Hedvige, Baronne de l'Eſperance, s'endormit au Seigneur le 9 Novembre 1707, & fut inhumée dans l'Eglife du Château, le 12 dudit mois.

Cet Extrait prouve qu'Henriette Hedvige eſt morte en 1707, & l'Extrait Baptiſtaire du premier enfant, que feu M. le Duc de Montbelliard a eu avec Madame Elizabeth-Charlotte ſa ſœur, eſt du 22 Avril 1711; par conſequent il n'y a point eu de commerce avec les deux ſœurs en même tems.

N'y ayant point eu de premier mariage, comme le Comte de Sponeck a crû pouvoir en ſuppoſer, entre ſa mere & le feu Prince de Montbelliard, ni aucun empêchement dirimant par le commerce que ce Prince a eu avec Henriette Hedvige, Baronne de l'Eſperance, il a pû légitimement & valablement épouſer Madame Elizabeth-Charlotte, Baronne de l'Eſperance, ſœur d'Henriette Hedvige, morte en 1707. Ce mariage s'eſt fait le 15 Aouſt 1718. en bonne forme, prouvé par des titres ſi autentiques, que perſonne juſqu'ici n'a oſé les attaquer.

XIV.   *Extrait du Livre des Mariages de l'Eglife du Château de Montbelliard. fol. treize, article cinq.*

Le quinze du mois d'Aouſt mil ſept cent dix-huit, Son Alteſſe Sereniſſime, Leopold-Eberhard Duc de Wirtemberg Montbelliard, notre gratieux Prince regnant & Souverain Seigneur, fit benir ſon mariage avec Madame Elizabeth-Charlotte, Baronne de l'Eſperance.

Le preſent Extrait a été traduit de l'Allemand en François par le ſouſcrit, à Montbelliard le vingt-neuf du mois d'Avril mil ſept cens vingt.

Signé, Jean-Jacques GROPP, Miniſtre de Cour, Surintendant & Conſeiller Eccleſiaſtique, avec paraphe.

Nous, les Gens du Conſeil de S. A. S. Monſeigneur Leopold-Eberhard Duc de Wirtemberg-Montbelliard, &c. atteſtons que le ſieur Jean-Jacques Gropp eſt Miniſtre de Cour, Surintendant & Conſeiller Eccleſiaſtique de ſadite A. S. en foy de quoi nous avons fait appoſer aux Préſentes le ſcel de la Chancellerie de ſadite A. S. & icelle fait ſigner par le Secretaire de ladite Chancellerie. Fait à Montbelliard, le 19 Avril 1720.   Par Ordonnance.   *Signé*, SAIGEY, Secretaire, avec paraphe.

XV.   (*Place du ſceau.*)

Second Titre du ſuſdit Mariage.

Comme ainſi ſoit, que Son Alteſſe Sereniſſime Monſeigneur Leopold-Eberhard Duc de Wirtemberg, Prince Souverain de Montbelliard, &c. auroit, par une inclination particuliere, formé la réſolution d'épouſer Son Excellence Madame Elizabeth-Charlotte de l'Eſperance, Baronne du Saint Empire, il eſt, que ſadite A. S. a fait appeller pardevant elle les ſouſcripts, même le jour d'hier quinziéme du mois d'Aouſt courant, auſquels elle auroit gratieuſement confié ſes intentions à cet égard, & déclaré qu'elle entendoit prendre ſadite Excellence pour être déformais ſa compagne & ſon épouſe légitime, & à cet effet recevoir la Benediction ſacerdotale du ſieur Jean-Jacques Gropp ſon Surintendant & Miniſtre de Cour, lequel préſent, après les formalités, remontrances & demandes ordinaires, concernant ſon miniſtere, a beni le mariage entre ſadite A. S. & ſadite Excellence au Château de Montbelliard, dans le Poîle, qu'on nomme *Jager-Zimmer*, enſuite de leur requiſition mutuelle, & de leurs promeſſes réciproques, de ſe prendre l'un & l'autre pour Epoux & Epouſe légitimes par l'impoſition de ſa main ſur les leurs, & en prononçant les termes en tels cas requis & accoûtumés dans les Eglifes de la Souveraineté de ſadite A. S. ſur quoi & après la Benediction ordinaire à la fin de chaque ſervice, ſadite A. S. & ſadite Excellence ont reçus les gratulations des aſſiſtans & des ſouſcripts, que ſadite A. S. & ſadite Excellence ont requis conjointement de leur en donner acte : ce qu'ils font par le preſent Certificat, ſigné d'eux & dudit ſieur Gropp, en foi de verité des Préſentes, pour ſervir & valoir tant à ſadite A. S. qu'à ſadite Excellence, comme ils trouveront convenir, à Montbelliard, le ſeiziéme jour du mois d'Aouft mil fept cent dix-huit. *Signés*, (a) Johann Ludwig Von Sanderfleben, Geheimer Rath, Pierre de Prudans, Intendant, (b) Jacob Send Von Taubenheim Cammer Juncker, (c) Johann Heinrich Von l'Efperance Grand-Veneur, George Brifechoux, Confeiller & Procureur General fubrogé de S. A. S. Pierre Jeremie Goguel, Confeiller & Procureur General fubrogé, Jean-Jacques Gropp, Miniftre de Cour & furintendant. Leopold-Gafpard Dros, Miniftre ; avec paraphe.

On pourroit ajoûter à ces titres le Contract de mariage de Madame la Duchefe de Montbelliard, dans lequel le feu Prince lui a conftitué fon doüaire fur la Seigneurie de Riqueville en Alface, fi le Comte de Sponeck ne lui avoit pas enlevé cette piece, dont il y avoit quatre originaux, deux en Allemand & deux en François. Cependant comme c'eft un fait conftant, & connu à Montbelliard & en Alface, que le feu Prince avoit mis un an avant fa mort, la Duchefe de Montbelliard en poffeffion de fon doüaire, qui eft aujourd'hui fequeftré avec les autres terres : on croit pouvoir invoquer la notorieté de cette verité, en attendant que les Parties aient un Tribunal reglé, où l'on puiffe former une demande en reftitution contre le Comte de Sponeck, tant des papiers, que des autres effets, qu'il a enlevé à Madame la Duchefe de Montbelliard.

Ce mariage a été reconnu & agréé de S. A. S. Madame la Duchefe Doüairiere de Wirtemberg-Oëls, fœur de feu M. le Duc de Montbelliard, avant & après la mort de ce Prince, comme il eft juftifié par les deux Lettres fuivantes.

Lettre de Madame la Duchefe Doüairiere de Wirtemberg-Oëls, fœur du feu Duc de Montbelliard, à Madame Elizabeth-Charlotte fon Époufe, fur le nouvel an.　　X V I.

SERENISSIME DUCHESSE, MA TRES-CHERE BELLE-SŒUR,

Je felicite avec une devotion entiere vos graces, ma très-chere Sœur, fur le renoüvellement de cette année, avec un défir tout-à-fait cordial, que le Seigneur veuille donner à vos graces, avec la préfente année, un contentement & une profperité parfaite & tout-à-fait falutaire, qu'il vous conferve une infinité d'années dans une profperité accomplie, telle que vous la pouvez défirer vous-même, pour la grande confolation de celle, qui fe dévoüe entierement à vos graces, & qui fera jufqu'au dernier foûpir de fa vie, de vos graces, la très-fidelle & dévoüée Belle-fœur & très-obéïffante fervante. *Signé*, Eleonore-Charlotte, Duchefe Doüairiere de Wirtemberg-Oëls. Datée de Breflau, le vingt-fept Decembre mil fept cent vingt-deux. L'Infcription : A S. A. S. Madame Elizabeth-Charlotte, Duchefe regnante de Wirtemberg-Montbelliard, née Baronne de l'Efperance du Saint Empire, à Montbelliard.

Seconde Lettre de Madame la Duchefe Doüairiere de Wirtemberg-Oëls, à Madame la Duchefe de Montbelliard, après la mort du feu Duc fon Epoux, fous N°. 16.　　X V I I.

SERENISSIME DUCHESSE, MA TRES-HONORÉE ET TRES-CHERE BELLE-SŒUR,

J'ai vû avec grande douleur, par la Lettre de vos graces, mon incomparable Duchefe, du cinquiéme de ce mois, que vos graces & fes Sereniffimes Enfans, que j'embraffe un million de fois, ont été prefque tous malades ; mais qu'à préfent, Dieu foit loüé, ils fe portent mieux. Je fouhaite de tout mon cœur que le Seigneur veüille toûjours conferver vos graces & fes chers Princes & Princeffes dans une fanté heureufe, & dans un contentement parfait, &c. Je demeure jufqu'au tombeau, de vos graces, la très fidele & dévoüée-belle-Sœur & obéïffante fervante. *Signée*, Eleonore-Charlotte, Duchefe Doüairiere de Wirtemberg-Oëls. Dattée de Kleinelguth le fept Octobre mil fept cent vingt-quatre. L'Infcription : A S. A. S. Madame Elizabeth-Charlotte, Duchefe Doüairiere de Wirtemberg-Montbelliard, à Oftheim.

Cette Duchefe témoigne la même tendreffe, à MM. les Princes fes Neveux, Enfans légitimes de feu M. le Duc de Montbelliard, & de Madame Elizabeth-Charlotte fon Époufe, qui font à Paris, dans une Lettre, qu'elle leur a écrite fur le renouvellement de la préfente année.

SERENISSIMES PRINCES, MES TRES-CHERS NEVEUX,　　X V I I I.

J'ai reçu la chere Lettre de vos graces, du deux Janvier, un peu tard ; Je vous fuis bien obligé de votre bon fouhait. Le Seigneur comble vos graces cette année, & beaucoup d'autres, de toutes les profperités de Prince, tant fpirituelles, que temporelles, & vous faffe croître pour fa gloire, & pour l'aggrandiffement de la fplendeur de vos

(a) Jean-Loüis de Sanderfleben, Confeiller Privé.　　(c) Jean Henry de.
(b) Jacques Send de Taubenheim, Chambellan.

illuſtres Ancêtres, &c. Vous pouvez être aſſuré, que j'ai pour vos graces toute la ten-
dreſſe & la fidelité d'une Mere, & que je le ferai voir dans toutes les occaſions, ne
voulant ceſſer d'être qu'avec la mort, de vos graces, très-fidelle Tante, Mere &
ſervante. *Signée*, Eleonore-Charlotte, Ducheſſe Doüairiere de Wirtemberg-Oëls,
dattée de Vienne, le deux Mars mil ſept cens vingt-ſix. L'Inſcription : A leurs Alteſſes,
Meſſieurs Leopold-Eberhard & Charles, Princes de Wirtemberg-Montbelliard, à Paris.

Ce Mariage a encore été reconnu par S. A. S. Madame la Princeſſe Anne, ſeconde
ſœur de feu M. le Duc de Montbelliard, par une Lettre de felicitation ſur la naiſſance
de ſon dernier Prince, George-Frideric, né le ſeize Aouſt mil ſept cens vingt-deux,
de Madame la Ducheſſe de Montbelliard ſon Epouſe.

XIX. SERENISSIME PRINCE TRÈS-HONORÉ, ET TRES-CHER FRERE,

La Lettre de vos graces nous a bien réjoüis, nous ſouhaitons à vos graces, à votre
Epouſe, & au fils de la chere Ducheſſe, toutes ſortes de bonheur & de benediction;
le Seigneur les conſerve toûjours dans un état heureux, vous priant de bien agréer
notre Lettre. Nous ſommes, de vos graces, fidelle & obéiſſante Sœur. *Signée*, Anne,
Ducheſſe de Wirtemberg, dattée d'Oſtheim, le quatorze Aouſt mil ſept cent vingt-deux.

XX. *Seconde Lettre de Madame la Princeſſe Anne, à Madame la Ducheſſe de Montbelliard,*
ſur le nouvel an. Du 26 Decembre 1722.

SERENISSIME DUCHESSE ET BELLE-SOEUR,

Nous remercions vos graces des bons ſouhaits qu'elle nous fait, & ſouhaitons réciproquement à vos graces, pour la nouvelle année, beaucoup de bonheur, de benediction & de contentement; le Seigneur la conſerve avec les ſiens dans un état heureux
& content. Nous ſommes, de vos graces, très-obéiſſante belle-Sœur, Anne, Ducheſſe
de Wirtemberg, dattée d'Oſtheim, le vingt-ſix Decembre mil ſept cent vingt-deux.
L'Inſcription eſt : A Son Alteſſe Madame Elizabeth-Charlotte, Princeſſe de Montbelliard, à Montbelliard.

Cette Princeſſe fait encore aujourd'hui comprendre Madame la Ducheſſe de Montbelliard dans les Prieres nominales de ſes Egliſes, comme s'enſuit.

XXI. Nous prions, &c. pour Sa Majeſté Très-Chrétienne, pour la Sereniſſime Ducheſſe
notre très-gratieuſe Princeſſe regnante; pour la Sereniſſime Ducheſſe Doüairiere de
Wirtemberg-Oëls, pour la Sereniſſime Ducheſſe Doüairiere Elizabeth-Charlotte, &
tous ſes Princes & Princeſſes, enſemble toute la Sereniſſime Maiſon de Wirtemberg, &c.

Le Mariage de Madame la Ducheſſe de Montbelliard a encore été reconnu par S. A.
S. M. le Duc Regnant de Wirtemberg-Oëls, Charles-Frideric, dans une Lettre, qu'il a
écrite à feu M. le Duc de Montbelliard, par laquelle il le remercie de toutes les graces & honnêtetés, qu'il a reçûës de lui pendant ſon ſéjour à Montbelliard. Il le prie
XXII. de continuer à l'aimer, & l'aſſure de ſa veneration. La Lettre eſt dattée de Baſle le ſix
Decembre 1720. & *ſigné*, Charles-Frederic de Wirtemberg-Oëls. Au bas de cette Lettre, il ajoûte de ſa main : Avec la permiſſion de vos graces, je fais mes très-obéiſſans
complimens & recommandations à Madame votre Epouſe & à ſes très-chers Enfans.

Ce même Mariage a de même été reconnu par S. A. S. M. le Duc Chriſtian Ulrich
de Wirtemberg-Oëls, dans une Lettre qu'il a écrite à feu M. le Duc de Montbelliard, dattée de Baſle le vingt-neuf Aouſt mil ſept cens vingt.

SERENISSIME DUC, TRES-HONORÉ COUSIN,

XXIII. Nous ne ſçaurions vous cacher, que nous avons été fort ſurpris d'apprendre, que
notre très-cher Couſin le Duc de Wirtemberg-Stougard a repréſenté dans un Mémoire du quinze Février de l'an courant, que ſon Conſeiller & Envoyé Dermineur a
remis à Sa Majeſté le Roy de France, qu'il n'y a point de Princes, ni de Princeſſes de
la Maiſon de Wirtemberg, qui reconnoiſſent l'Epouſe de V. A. S. la Sereniſſime
Princeſſe Elizabeth-Charlotte, Ducheſſe de Wirtemberg-Montbelliard, née Baronne
de l'Eſperance, notre très-chere Couſine, pour la femme légitime de V. A. S. ni les
Princes & Princeſſes vos Enfans des deux lits (a), auſſi nos très-chers Couſins & Couſines, pour Enfans légitimes, & habiles à ſuccéder : Comme donc cela nous a fort
ſurpris, par l'endroit, que non ſeulement nous n'avons point donné de plein pouvoir

(a) Ce Prince croyoit bonnement, ſur ce que le Comte
de Sponeck avoit publié dans ſes écrits à Vienne, ſous le
nom du Duc de Montbelliard, qu'il y avoit eu du premier
mariage entre lui & la Comteſſe de Sponeck. La fauſſeté
de ce premier mariage aujourd'hui conſtante, nulle induction à tirer d'une expreſſion échapée par pure erreur de fait.
à notre

à notre susdit Cousin le Duc de Wirtemberg-Stougard, pour faire de telles remontrances : mais reconnoiffons plûtôt l'Epoufe de V. A. S. la Sereniffime Princeffe Eli-
zabet-Charlotte Ducheffe de Wirtemberg-Montbelliard, &c. née Baronne de l'Efperance, notre très-chere Coufine, pour la femme légitime de V. A. S. de même que
nos très-chers Coufins & Coufines, les Princes & Princeffes des deux lits, pour Enfans
légitimes, habiles à fuccéder, & pour Princes & Princeffes. Auffi ne fçaurions-nous
comprendre, pourquoi S. A S. le Duc de Wirtemberg-Stougard fait à Vous & aux
Vôtres tant de difficultés, puifque Dieu vous à beni d'une nombreufe pofterité légitime; & qu'on peut encore efperer plus de benediction. Et quand même, ce que Dieu
veüille détourner toute votre pofterité, viendroit à s'éteindre, ce ne feroit pas à la
Sereniffime Maifon de Stougard à s'en informer; puifque, tant par la naiffance, que
par les pacts de famille, Nous, de la ligne de Wirtemberg - Oëls ou Weiltingen,
fommes les légitimes & les plus proches héritiers à la fucceffion de Wirtemberg-Montbelliard : & quoique nous ayons fait une convention, en vertu du recès de Weiltingen, avec nos très-cher Frere & Coufin, n'ayant les deux point encore d'enfans, &
Dieu au contraire nous ayant beni de pofterité; il eft clair, que cela nous regarde à
préfent préferablement aux autres. Et Dieu ayant beni V. A. S. d'une nombreufe pofterité, & pouvant encore l'en benir dans la fuite, ce n'eft pas le temps de parler de
telles affaires; & nous nous trouvons obligez, pour maintenir la verité & conferver
l'amitié fincere & fidele, qu'il y a eu entre V. A. S. nos Bifayeuls, Ayeuls, Pere &
Mere, & Nous-même, de vous donner notre fentiment & déclaration fur ce fujet,
comme nous le donnons & voulons donner auffi par les Préfentes, après une mûre délibération. Demeurant toûjours prêts à vous rendre tous les bons fervices de parent,
auffi-bien qu'à Madame votre Epoufe, notre très-chere Coufine, & à tous les Vôtres, auffi nos très-chers Coufins & Coufines. Sereniffime Duc, Votre fidel Coufin
& ferviteur. *Signé*, Chriftian Ulrich, Duc de Wirtemberg-Oëls. Dattée de Bafle,
le vingt-neuf Aouft mil fept cent ving.

*Seconde Lettre de M. le Duc de Wirtemberg-Oëls, Chriftian Ulrich, à Madame
la Ducheffe de Montbelliard ; fur la nouvelle année.* **XXIV.**

SERENISSIME PRINCESSE, TRÉS-HONORE'E COUSINE ET MERE,

Je felicite vos graces très-humblement fur le renouvellement de cette année, fouhai-
tant du profond de mon cœur, qu'elle ne puiffe pas feulement commencer la préfente,
mais qu'elle la finiffe avec beaucoup d'autres dans un contentement & une profperité
parfaite, telle qu'elle la peut fouhaiter. Je me recommande à la continuation de vos
graces ineftimables, & je fuis avec toute la veneration & refpect, de vos graces, très-
obéiffant & fidel Coufin, fils & ferviteur. *Signé*, Chriftian Ulrich, Duc de Wirtemberg-Oëls. Dattée de Paris, le deux Janvier mil fept cent vingt-deux. L'Infcription
eft : à S. A. S. Madame la Ducheffe Elizabeth Charlotte de Wirtemberg-Montbelliard, née Baronne de l'Efperance, à Montbelliard.

Encore une autre de M. le Duc Chriftian Ulrich de Wirtemberg-Oëls; après la
mort du feu Duc de Montbelliard, à Madame la Ducheffe fon Epoufe.

SERENISSIME DUCHESSE, TRES-HONORE'E COUSINE ET MERE, **XXV.**

Votre gratieufe Lettre m'a tout-à-fait confolé, craignant être banni de votre gratieux fouvenir; le cœur me feigne, ma gratieufe Maman, de vous fçavoir dans un état
fi malheureux, fur-tout, puifque pour le préfent, je me trouve embarraffé de reconnoître les graces infinies, que j'ai reçües de vous, &c. Je me recommande à la continuation de vos graces, & je fuis jufqu'à la mort, avec un profond refpect, de vos graces, très obéiffant & fidel Coufin, fils & ferviteur. *Signé*, Chriftian Ulrich, Duc de
Wirtemberg - Oëls. Dattée de Wilhelminenorth, le deux Avril mil fept cent vingt-
quatre. L'Infcription eft : à S. A. S. Madame la Ducheffe Doüairiere de Wirtemberg-Montbelliard, née Baronne de l'Efperance, à Oftheim.

La réalité de ce Mariage a paru jufqu'ici fi bien fondée à M. le Duc de Wirtemberg lui-même, qu'il n'en a pû difconvenir. Il l'a fi peu contefté, que dans fon Mémoire, donné à la Cour de France, quoiqu'il y parle dans des termes affreux de Madame la Ducheffe de Montbelliard, il avoue néanmoins fon Mariage, difant, page 5,
de ce Mémoire : ce Prince (parlant du Duc de Montbelliard) pouffant encore fon
aveuglement plus loin, E P O U S A Elizabeth-Charlotte, Baronne de l'Efperance; &
cinq lignes après, il repete le même mot d'*époufer*.

L'Empereur même, dans les Decrets de fon Confeil Aulique, allégués & produits

C

par M. le Duc de Wirtemberg & le Comte de Sponeck, nomme Madame la Duchesse de Montbelliard, femme du feu Prince de ce lieu.

La notoriété & la paisible possession de ce Mariage se prouve encore par les honneurs, que les Etats de Montbelliard ont toûjours rendu à Madame la Duchesse de ce lieu, comme à leur Souveraine, & à l'Epouse légitime de leur Prince. On produit ici les Complimens, qui lui ont été faits en 1721 le 8 Juin, contenus dans un Livre, où l'on marquoit ces sortes de Complimens, & plusieurs autres cérémonies, écrites de la main du sieur Pierre Jeremie Goguel, Conseiller du feu Duc de Montbelliard, qui est celui qui a aussi signé le second titre de mariage de Madame la Duchesse, produit ci-dessus sous N°. XV.

XXVI. *La feüille de ce Livre commence,*

(a) Montbelliard.

Complimens, que le Conseil, les Ministres, & le Magistrat de la Ville (a), ont fait à Son Altesse Serenissime, Madame Elizabeth-Charlotte, Duchesse Regnante de Wirtemberg-Montbelliard, le jour de sa naissance, 28 Juin 1721.

LE CONSEIL.

SERENISSIME DUCHESSE, Le Conseil m'a chargé d'assurer Son Altesse Serenissime Madame la Duchesse Regnante, qu'il se félicite de voir renaître le jour, qui lui a donné la naissance. Il prie Dieu qu'il la fasse survivre pendant de longues années à cet heureux jour, avec Son Altesse Serenissime Monseigneur le Duc, contente, joyeuse & satisfaite. Il prend la liberté de se recommander très-humblement à ses graces, & à celle de toute la Serenissime & très-illustre Famille.

RE'PONSE.

Je vous suis bien obligée de vos bons sentimens. Et comme je compte sur votre fidelité, je vous souhaite toutes sortes de bonheur & de contentement, & je ferai de bon cœur tout ce qui pourra contribuer à votre avantage.

LES MINISTRES (b).

(b) ou le CLERGE'.

C'est un autre Compliment en Langue Allemande de la même teneur, que le precedent, fait au nom du ministere du Comté de Montbelliard, par le Surintendant des Eglises, auquel Madame la Duchesse de Montbelliard fit une réponse conforme à la premiere.

LES MAGISTRATS DE LA VILLE.

SERENISSIME DUCHESSE, Les Bourgeois de la Ville de Montbelliard, representés ici par les trois Corps, m'ont prié d'assurer Son Altesse Serenissime Madame la Duchesse Regnante; qu'étant toûjours attentifs aux occasions de s'aquiter de leurs devoirs; ils ont appris agréablement, que le jour d'aujourd'hui est celui qui lui a donné la naissance, ce qui les engage à prendre la liberté de venir l'en féliciter, dans les sentimens du plus profond respect, & prier Dieu du meilleur de leurs cœurs, qu'il veüille longuement prolonger ses jours avec S. A. S. le Duc leur Souverain; qu'il les rende fort heureux, & qu'il leur accorde & à toute la Serenissime & très-Illustre Famille, tant de sujets de joie & de contentement, qu'elles n'aient, pendant leur vie, rien à désirer : les suppliant tous ensemble, d'être persuadé que les Bourgeois de Montbelliard ont & conserveront jusqu'à la mort une fidelité inviolable, tant à S. A. S. leur Souverain, qu'à S. A. S. Madame la Duchesse Regnante & à toute la Serenissime Famille, dont ils implorent la protection & la continuation de ses graces.

REPONSE.

Je vous suis bien obligée des souhaits que vous me faites de la part de la Bourgeoisie, & des marques de fidelité que vous me donnez. Je vous souhaite aussi bien du contentement, & je vous assure que je ferai de bon cœur, tout ce qui pourra contribuer à votre avantage.

Discours de Son Altesse Serenissime le Duc aux trois Corps de la Ville, s'étant rencontré à leur félicitation.

Je suis sensible aux marques que vous donnez à mon Epouse de vos bons cœurs,

& de votre fidelité. J'espere que vous ne souffrirez jamais personne, qui voudroit semer la desunion dans les familles, non plus qu'entre le Souverain & les sujets. J'assure tous ceux, qui seront inviolablement attachez & fidels, tant à moi, qu'à mon Epouse, & à toute ma famille, de ma protection, du soin que je prendrai de leur bonheur, & de la continuation de mes graces, dont je veux bien aujourd'hui vous donner des marques.

Remerciement de trois Corps de la Ville.

Les trois Corps remercient en profond respect Votre Altesse Sereniffime des graces, qu'elle veut bien répandre sur eux. Ils assurent, qu'ils tâcheront de les mériter par la fidelité, qu'ils auront jusqu'à la mort pour Votre A. S. pour son A. S. Madame la Duchesse Regnante, & pour toute sa Sereniffime Famille.

RÉPONSE.

Je n'en doute aucunement, & vous pouvez aussi compter sur moi & sur les miens.

On pourroit ajoûter à toutes ses reconnoissances, & à la notoriété publique dans les Etats de Montbelliard, encore celle des Provinces, des Villes, & même celle des Tribunaux de Justice aux environs.

On pourroit même produire plusieurs reconnoissances par écrit de toutes les Personnes de qualité à l'entour, pour justifier cette notoriété, si on n'appréhendoit pas de devenir ennuyeux. Mais toutes ces preuves sont superfluës, y ayant une Célébration de mariage en forme autentique, suivie d'une paisible possession de l'état de mary & de femme.

Les injures & la calomnie dans les écrits des Ministres de M. le Duc de Wirtemberg & du Comte de Sponeck, allant jusqu'à la Genealogie de Madame la Duchesse de Montbelliard, elle croit devoir produire les Lettres de Conceffion du titre de Baronne, que l'Empereur Leopold de très-glorieuse mémoire, lui a accordé & à sa famille en 1700, en confideration & récompense des services, que son pere & son frere avoient rendus à l'Empire dans les guerres d'Hongrie & ailleurs, le premier en qualité de Capitaine de Cavalerie, ayant un Brevet de Lieutenant-Colonel lorsqu'il fût tué, après 31 ans de service, au siege de Bude en Hongrie ; l'autre, pendant 14 ans, où il auroit continué, si la mort n'avoit pas arrêté les pas de l'honneur de ce brave Cavalier. Ces Lettres Patentes suffisent, pour fermer la bouche à ses ennemis. L'Empereur Leopold, Prince éclairé, & qui agissoit par ses propres lumieres, ne pouvoit pas être surpris. Il sçavoit trop bien reconnoître la vertu héroïque, pour que les graces qu'il a conferé, soient susceptibles d'une mauvaise critique. Ces Lettres ont conferé à Madame la Duchesse le degré de la haute Noblesse, avec les mêmes honneurs, dont les vrais Barons de l'Empire de quatre Races de pere & de mere, ont droit de joüir, tant pour elle, que pour sa posterité, dans les Tournois & dans les Chapitres d'Empire, & ailleurs ; & par-là fixé à Elle personnellement un état, qui, à l'exemple de beaucoup d'autres, comme cela s'observe presque dans toutes les Maisons des Princes en Empire, pouvoit la mettre en droit d'aspirer au mariage d'un Prince.

Lettres de Baron & de Baronne de l'Empire, accordées à Madame la Duchesse de Montbelliard en 1700. par l'Empereur Leopold de très-glorieuse mémoire. XXVII.

TRADUIT DE L'ALLEMAND EN FRANÇOIS.

Nous, Leopold, par la grace de Dieu, élû Empereur des Romains, &c. déclarons ouvertement par les présentes Lettres pour Nous, nos Successeurs à l'Empire, & à nos Royaumes heréditaires, Principautés & Païs, & faisons sçavoir à tous, &c. Ayant donc gratieusement confideré & remarqué, que l'ancienne Famille de l'Esperance, de laquelle descend notre féal & amé Jean-Gaspard de l'Esperance, Capitaine au Regiment d'Infanterie du Prince de Wirtemberg-Montbelliard, a depuis long-tems non seulement le droit de Chapitre & de Tournois, mais encore qu'elle a été alliée à plufieurs nobles Familles, eu encore égard aux fidels & confiderables services, que ses Ancêtres ont rendus à l'Etat ; son pere Jean-Christophe de l'Esperance, après trente & un ans de service, particulierement en Hongrie contre l'Ennemi juré du nom Chrétien, le Turc, ayant perdu sa vie au dernier siege de Bude ; & son fils Jean-Gaspard de l'Esperance, ne tâchant que de Nous donner des témoignages de son zele & de sa fidelité, par les services qu'il Nous rend depuis quatorze ans dans les troupes, Nous ayant servi premierement en qualité de Lieutenant au Regiment de Polland, & ensuite fous notre General Heifler défunt, en qualité de General-adjutant, dont il a fi bien rempli les devoirs, qu'en confideration de l'expérience, qu'on vit, qu'il avoit au métier de la guerre, on lui donna une Compagnie au Regiment du Prince de Wirtemberg-Montbelliard, & c'eft le rang qu'il tient encore aujourd'hui, promettant, comme il fait, s'aquiter de ces emplois d'une maniere à nous donner & à nôtre Illuftre Maifon d'Auftriche, toutes les marques de fa fidelité & de fon attachement. C'eft donc en confideration & récompenfe des fervices que nous a rendu cette ancienne Famille de l'Efperance, & pour plufieurs autres caufes à ce Nous mouvantes, qu'après une mûre deliberation, de notre plein gré, pure & franche volonté, Nous avons fait au fufnommé Jean-Gafpard, & à fes quatre fœurs, Sebaftiane, Henriette Hedvige, Polixene-Catherine, & Elizabeth-Charlotte de l'Efperance, cette grace, & les avons tous mis au rang, degrés d'honneur & dignité des Barons & Baronnes du Saint Empire, de nos Royaumes hereditaires, Principautés & Païs, & les avons inferé dans leur Communauté, les élevons & déclarons du nombre des anciens Barons & Baronnes du Saint Empire, & de nos Royaumes hereditaires, Principautés & Païs, leur donnons & conferons le titre & le nom de Baron & Baronnes du Saint Empire, & leur permettons de fe nommer & écrire ainfi envers Nous & envers tous; entendons, ordonnons, & voulons que le fufnommé Jean-Gafpard de l'Efperance, fes héritiers procréés de fon corps en légitime mariage, & les héritiers de fes héritiers de l'un & l'autre fexe, comme auffi les fufnommées, Sebaftiane, Henriette Hedvige, Polixene-Catherine, & Elizabeth - Charlotte de l'Efperance, foient, fe nomment, & s'écrivent à l'avenir & éternellement anciens Barons & Baronnes du Saint Empire, de nos Royaumes hereditaires, Principautés & Païs, & foient reconnuës, tenuës honorées, & nommées telles, joüiffent de plus de tous les privileges, honneurs, dignités, avantages, prééminences, immunités, droits & jurifdictions dans les Affemblées de l'Empire, & autres, pour recevoir, avoir, porter & joüir fans aucun empêchement, des Benefices dans les Chapitres & Canonicats, des Emplois tant Ecclefiaftiques, que Seculiers, & des Fiefs, de la maniere que les Barons & Baronnes du Saint Empire, de nos Royaumes hereditaires, Principautés & Païs, qui font de quatre generations du côté de pere & de mere, en joüiffent.

Et pour plus grande affurance de notre bienveillance, Nous avons non feulement gratieufement confirmé audit Jean-Gafpard, à fes héritiers nés en légitime mariage, & à fes quatre fœurs, Sebaftiane, Henriette Hedvige, Polixene Catherine, & Elizabeth-Charlotte de l'Efperance, leurs anciennes Armoiries, mais leur avons encore augmenté & orné, &c.

Et pour faire encore reffentir plus particulierement les effets de nos bontés aux fufdits Baron & Baronnes de l'Efperance, Nous leur avons, de notre pleine fcience, pure volonté, & après une mûre deliberation, accordé cette grace finguliere; & la leur accordons par la teneur des Préfentes, auffi-bien qu'à leurs héritiers nés en légitime mariage de l'un & de l'autre fexe, d'être appellé Wohlgebohren (a), &c. Ordonnions & commandons expreffément par les Préfentes, à leurs Eminences Illuftriffimes les Archevêques de Mayence, Tréves, & Cologne, nos chers Neveux & Coufins, comme Electeurs & Archichanceliers de l'Empire en Allemagne, dans les Gaules aux Royaumes d'Arles, & en Italie, & à tous nos autres Chanceliers, Officiers & Chancelleries & Secretaires, de tenir la main, à ce que dans nos Chancelleries, & celles de nos Succeffeurs, le titre & nom de Wohlgebohren foit donné à l'avenir & pour toûjours, aux fufdits Baron & Baronnes, &c.

Enjoignons de plus à tous nos autres Electeurs & Princes, &c. & voulons qu'ils reconnoiffent à l'avenir le fufdit Baron de l'Efperance dans toutes les Affemblées de la Nobleffe, Tournois, hauts & bas emplois, & par-tout ailleurs, pour anciens Baron & Baronnes de l'Empire, de nos Royaumes hereditaires, Principautés & Païs, qu'ils leur donnent le titre de Wohlgebohren, les laiffent joüir librement de toutes les immunités, privileges, honneurs, dignités, droits, jurifdictions & prérogatives y annexées, fans y contrevenir, ni permettre qu'autres y contreviennent en quelle maniere que ce foit, à peine d'encourir notre difgrace & celle du Saint Empire, & de payer une amende de cent marcs d'or par chaque contrevenant, la moitié applicable à notre profit, & l'autre à celui defdits Baron & Baronnes lezés, qui, indépendamment de cela, ne laifferont pas de joüir de leurs privileges, libertés, franchifes & dignités, & d'y être maintenu, &c. Et pour corroboration des Préfentes, Nous y avons fait appofer & pendre notre Scel Imperial. Donné dans notre Ville de Vienne,

(a) Le titre de Wohlgebohren eft précifément affecté aux feuls vrais & anciens Barons du Saint Empire, & les diftingue du fimple Gentilhomme.

l'onziéme

l'onziéme du mois de Septembre, l'an, après la naiſſance de Notre-Seigneur & Sauveur Jeſus-Chriſt, dix-ſept cent ; de nos Regnes à l'Empire la quarante-troiſiéme ;
de Hongrie, quarante-ſixiéme, & de Boheme, quarante-cinquiéme. *Signé*, LEOPOLD.
Plus bas : *S. Dominus Andreas, Comte de Cauniṭz, ad Mandatum ſacræ Cæſareæ Ma-*
jeſtatis proprium. C. F. Conſbruch. Collationné & regiſtré ; Jean-Frideric Wening,
ut Regiſtrator.

Le Mariage de Madame Elizabeth-Charlotte de l'Eſperance, Baronne du ſaint Empire, avec feu M. le Duc de Wirtemberg-Montbelliard, étant auſſi clairement juſtifié : où peut être le doute, qu'elle ne ſoit devenuë Ducheſſe de Wirtemberg-Montbelliard, comme participante des honneurs, des droits des prérogatives, & des qualités de feu ſon Epoux, & que ſes cinq Enfans ; les uns légitimés par ce mariage ;
les autres, légitimes du jour de leur naiſſance, ne doivent joüir de tous les effets
& les avantages d'un mariage légitime.

Pour ne laiſſer aucun doute ſur leur état & ſur leur naiſſance ; on joint ici leurs
Extraits Baptiſtaires, inſerés dans le Mémoire, préſenté à Vienne par le Comte de
Sponeck, ſous le nom du feu Duc de Montbelliard.

Extrait du Livre des Baptêmes de l'Egliſe du Château de Montbelliard.   XXVIII.
Traduit de l'Allemand en François. fol. 39. art. 3. num. 228.

Henriette Hedvige, fille de S. A. S. Leopold-Eberhard, Duc de Wirtemberg-
Montbelliard, & de Madame Elizabeth-Charlotte Baronne de l'Eſperance, nâquit
le vingt-deux Avril mil ſept cent onze, & fut baptiſée le vingt-trois dudit mois.

fol. 41. art. 2, num. 245.   XXIX.

Leopold-Eberhard, fils de S. A. S. Leopol-Eberhard, Duc de Wirtemberg-Montbelliard, & de Madame Elizabeth-Charlotte Baronne de l'Eſperance, nâquit le vingt-
huit Juillet mil ſept cent douze, & fut baptiſé le vingt-neuf dudit mois.

fol. 57. art. 2. num. 230.   XXX.

Charles-Leopold, fils de S. A. S. Leopold-Eberhard Duc de Wirtemberg-Montbelliard, & de Madame Elizabeth-Charlotte Baronne de l'Eſperance, nâquit le premier May mil ſept cent ſeize, & fut baptiſé le trois dudit mois.

fol. 63. art. 4. num. 350.   XXXI.

Elizabeth-Charlotte, fille de S. A. S. Leopold-Eberhard, Duc de Wirtemberg-
Montbelliard, & de Madame Elizabeth-Charlotte Baronne de l'Eſperance, nâquit le
trente-un Decembre mil ſept cent dix-ſept, & fut baptiſée le quatre Janvier 1718.

Le 16 Aouſt 1721, nâquit un fils à S. A. S. Leopold-Eberhard, Duc de Wirtem-   XXXII.
berg-Montbelliard, de Madame SON EPOUSE Elizabeth-Charlotte Baronne de
l'Eſperance, & fut baptiſé le 18 dudit mois dans l'Egliſe de la Cour & du Château de
ce lieu ; ce que j'atteſte & affirme par l'oppoſition de
mon cachet & ma ſignature. Fait à Montbelliard ce 8 Octobre 1721. *Signé* ; M: Jean
Gaſpard BOCKSHAMMER, Miniſtre de Cour, Superintendant & Conſeiller Eccleſiaſtique.   (L. S.)

Extrait de la Vidimation miſe à la ſuite du Mémoire, que le Comte de Sponeck a
préſenté à Vienne ſous le nom du feu Duc de Montbelliard, pour toutes les Pieces y
produites ; & qui peut ſervir ici pour la même Vidimation des Pieces, que l'on a tiré
de ce Mémoire.

Je ſouſſigné, Jean-Theophile Herold, Docteur en Droit, & Notaire public Imperial-Juré, admis par le Souverain Conſeil d'Empire ; demeurant en la Ville de
Vienne en Autriche, certifie & atteſte par les Preſentes, que les Pieces Juſtificatives
ci-deſſus alléguées & imprimées, ont été par moi collationnées ; que les Extraits traduits de leurs Originaux Allemands en François ; tirez des Livres des Mariages ;
Baptiſtaires & Mortuaires de l'Egliſe du Château de Montbelliard, & autres Originaux, ſont conformes à iceux Originaux, & copiées, vidimées, ſignées, & ſcellées
par Mre Louis Locherer ; Notaire Imperial, Public & Juré ; Réſidant à la Ville de
Baſle en Suiſſe. En foy & témoignage de quoi, j'ai ſigné le préſent Acte de ma propre main, & l'ai corroboré de mon cachet ordinaire de Notaire. Fait à Vienne en Autriche ce vingt-quatriéme Novembre, mil ſept cent vingt-deux. *Signé*, Jean-Theophile HEROLD, Docteur en Droit, & Notaire Public, Imperial-Juré, admis
par le Souverain Conſeil d'Empire. *M. P.*

   (L. S.)

D

AU ROY.

IRE,

ELISABETH-CHARLOTE DE LESPERANCE, Baronne du Saint-Empire , Duchesse Doüairiere de Leopold-Eberhard de Wirtemberg, Prince Souverain de Montbeliard , tant en son nom , qu'en qualité de Mere & Tutrice naturelle de Leopold-Eberhard , Charles-Leopold, George Frederic, Henriette-Hedwige , & Elisabeth-Charlote, Princes & Princesses de Wirtemberg-Montbeliard , Enfans mineurs, naturels & légitimes du feu Duc de Montbeliard, & d'elle : REMONTRE tres humblement à VOTRE MAJESTE', qu'après la mort de ce Prince , arrivée le 25 Mars 1723. George-Leopold de Sponeck , se disant son fils aîné , & en cette qualité Prince de Wittemberg-Montbeliard, s'empara par violence , par autorité, & par ses intrigues, du Château, de la Ville , & de la Principauté de Montbeliard , de tous les Titres, Papiers, effets, joyaux , bijoux , argent , linge, habits, & generalement de tout ce qui appartenoit à la Supliante , & aux Princes ses Enfans, seuls & uni-

A

ques heritiers du Duc de Montbeliard leur pere; & l'obligea même de sortir avec ses enfans d'un Etat qui leur appartient, sans leur laisser, ni à leur mere, pas même ce qui étoit le plus necessaire pour la subsistance, non pas de Princes & de Princesses de leur rang, mais de personnes de la condition la plus commune.

Le prétexte dont il se servit, fut le siege que le Duc de Vvirtemberg-Stoutgard étoit sur le point de mettre devant le Château de Montbeliard, à la vûë duquel ses troupes étoient arrivées. Il persuada à la Supliante qu'elle ne devoit pas s'exposer, elle & les Princes ses enfans, aux perils & aux tumultes d'un siege, formé par un ennemi commun, & qu'elle devoit se retirer en quelque lieu de seureté. Il affecta de faire également sortir la Dame son épouse, comme devant aller de compagnie avec la Supliante dans ce même lieu de seureté. De peur, disoit-il, de décourager la garnison, il ne voulut pas permettre à la Supliante d'emporter avec elle aucuns effets. Par là il la dépoüilla veritablement de tout ce qu'elle avoit, meubles, nipes & habits, titres & papiers, aussi-bien que les Princes & les Princesses ses enfans.

La Supliante voulut vainemeut s'opposer à un procedé aussi cruel, fondé sur un aussi mauvais prétexte. On lui parla alors de maniere à lui faire comprendre que sa résistance ne serviroit qu'à lui attirer une plus grande violence. Dans de telles circonstances, elle se crut trop heureuse, quoique dépoüillée de tout, de se retirer avec les Princes & les Princesses ses enfans. On eut même la dureté de lui enlever par adresse le peu d'argent qu'elle avoit, qui consistoit en 9000 liv. qu'elle avoit reçû du doüaire que le feu Duc de Montbeliard lui avoit assigné. On lui envoya le sieur de Valdener, qui, avec un zele affecté, vint lui offrir ses services. Dans l'état où la Supliante se trouvoit reduite, elle n'avoit pas de choix à faire. Elle eut la facilité de confier au Sieur de Valdener cette somme, pour l'employer à soûtenir ses droits & ceux de ses enfans. Dés qu'il fut maître de cet argent, il abandonna la Supliante, & se retira auprés de George-Leopold de Sponeck, qui, pour recompense de ce service, le fit Chef de son Conseil. La Supliante donna dans le piege, d'autant plus volontiers, que le Sieur de Valdener avoit esté employé par le feu Duc de Montbeliard son mary, pour maintenir les droits de la Supliante, & des Princes ses enfans. Il a en effet signé en 1722. comme fondé de la procuration de ce Prince, des Memoires presentez à la Cour de Vienne.

La Supliante & ses enfans, chassez de leurs Etats, sans argent, & sans moyen pour en recouvrer, tous leurs titres & papiers leur ayant esté enlevez, arriva dans ce triste état à Clairval, où Vôtre Majesté lui avoit permis de se retirer. Quelques jours après son départ, George-Leopold de Sponeck rendit au Duc de Wirtemberg-Stoutgard le Château de Montbeliard. Les Officiers de ce Prince remirent, à ce qu'on prétend, à George-Leopold tous les effets qui y étoient. La Supliante a fait demander plusieurs fois à ce dernier, la restitution de ceux qui lui appartenoient personnellement. Elle n'en a eu d'autre réponse, sinon que la capitulation, qu'il avoit faite, n'avoit pas esté gardée. Il est neanmoins vrai que dans l'intervale du temps qui s'est écoulé depuis la retraite forcée de la

Supliante du Château de Montbeliard, jusqu'à la reddition de la place, George-Leopold, qui avoit la liberté des chemins, en fit sortir tout ce qu'il trouva à propos. Aussi s'est-il trouvé depuis en état de fournir à des dépenses immenses, & au luxe de ses Agens, qui, connoissant la triste situation & l'impuissance où la Supliante étoit de faire valoir ses droits & ceux de ses enfans, ont fait prendre à leur Maître la qualité de Successeur du feu Duc de Montbeliard. En cette qualité, & comme si la succession du feu Duc de Montbeliard ne lui avoit esté contestée que par le Duc de Wirtemberg-Stoutgard, il a fait assigner ce Prince seul au Parlement de Besançon, pour être maintenu dans les biens de la succession, situez en Franche-Comté. Il a surpris un Arrest, qui par provision lui adjuge une somme de 60000 liv. à prendre sur ces Terres.

Le Duc de Wirtemberg-Stoutgard s'étoit pourvû de sa part au Conseil Aulique. Il y a obtenu une Sentence contradictoire contre George-Leopold le 8 Avril 1723. quinze jours après le décès du Duc de Montbeliard, par laquelle l'Empereur lui a adjugé l'investiture provisionelle des Terres de la succcession de ce Prince, qui relevent immédiatement de l'Empire, & a déclaré ses enfans en general, sans les qualifier d'illegitimes, incapables d'y succeder, non plus qu'à son nom & à ses armes. Sous prétexte de cette Sentence, ou Mandement, il a demandé de même à VOTRE MAJESTE' l'Investiture des Terres d'Hericourt, Blamont, Clemont, Chastelot, Granges, Clairval & Passavant, situées en Franche-Comté, & du Comté d'Horbourg, & de la Seigneurie de Riqueville, situées en Alsace, dépendantes de la même succession. Il a obtenu l'évocation devant VOTRE MAJESTE' de l'assignation que George-Leopold lui avoit fait donner au Parlement de Besançon.

Le 11 Septembre 1723. il surprit sur Requeste un Arrest du Conseil d'Etat, qui ordonne que dans deux mois la Supliante & ses enfans raporteront ès mains de M. le Garde des Sceaux, les Lettres Patentes en original du mois de May 1719. qui ont confirmé en faveur du feu Duc de Montbeliard & de ses enfans, celles que le Duc George de Wirtemberg-Montbeliard son pere avoit obtenües du feu Roy, au mois de Septembre 1651. qui le rendoient capable & ses descendans de recueillir toutes successions, & de joüir de tous les autres effets civils dont joüissent les vrais originaires du Royaume, à l'effet de reformer dans ces Lettres du mois de May 1719. les titres de Princes & de Princesses, de Cousins & de Cousines de VOTRE MAJESTE', donnés à George-Leopold, & aux enfans de la Supliante. Cet Arrest a esté signifié à la Supliante le 5 Octobre suivant.

La Supliante & ses enfans sont obligez de se plaindre de pareille surprise faite à VOTRE MAJESTE', & d'intervenir dans la contestation qu'ils apprennent estre pendante devant Elle, & qui jusques ici ne paroissoit estre formée qu'entre le Duc de Wirtemberg-Stoutgard, & George-Leopold, se disant Prince de Montbeliard, quoi qu'elle & ses enfans ayent seuls droit à la succession du feu Duc de Montbeliard.

La Supliante commencera par établir ce droit. Elle prouvera ensuite que le Duc de Wirtemberg-Stoutgard n'est pas moins non-recevable à

le lui contester, que George-Leopold, & que l'un & l'autre sont également mal fondez à vouloir succeder au feu Duc de Montbeliard, en tout
ou partie.

Le feu Duc de Montbeliard épousa publiquement la Suppliante, & reçut
la Benediction nuptiale en présence de tous ses Officiers Ecclesiastiques
& Civils le 15 Aoust 1718. L'Extrait en bonne forme de la célebration de
ce mariage sera joint à la présente Requête. Le Duc de Montbeliard
avoit eu auparavant de la Suppliante, quatre enfans, vivans, qui par ce
mariage subsequent sont devenus légitimes. Il lui est né depuis un cinquiéme enfant ; ensorte que ce Prince a laissé cinq enfans légitimes, trois
fils & deux filles : sçavoir Leopold-Eberhard, né le 28 Juillet 1712.
Charles-Leopold, né le premier May 1716. Georges-Frederic né le 16
Aoust 1722. Henriette-Hedwige, née le 22 Avril 1711. & Elizabeth-
Charlote, née le 31 Decembre 1717. Le Duc de Montbeliard assigna à
la Suppliante la Terre de Riqueville pour son doüaire. Georges-Leopold,
que le Duc de Montbeliard avoit eu en 1697. de Demoiselle Anne-Sabine de Hedwiger, depuis Comtesse de Sponeck, s'étant rendu maître
de tous les Titres de la Suppliante, on ne sçauroit, quant à present, parler des autres conventions matrimoniales. Ce qu'on ne revoquera peut-
être pas en doute, c'est que depuis 1718. que le mariage de la Suppliante
a été celebré, elle a été reconnuë pour Duchesse de Montbeliard par
tous les Ordres de cette Principauté, aussi-bien que par Monsieur le Duc
Christian-Ulrick de Wirtemberg-Oels, & par Madame la Duchesse
Doüairiere de Wirtemberg d'Oels, & par Madame la Princesse Anne de
Wirtemberg-Montbeliard, sœurs de son époux. La premiere lui a fait
une donation considerable, où elle la qualifie d'épouse du Duc de
Montbeliard son frere. La Supliante s'est retirée auprès de la seconde,
chez laquelle elle est actuellement. Elle en reçoit tous les secours & les
témoignages d'amitié & de bienveillance, qu'elle auroit pû se promettre
d'une veritable sœur. Monsieur le Duc de Wirtemberg-Oels, Christian-
Ulrick, cousin du feu Duc de Montbeliard, qui au défaut d'enfans legitimes de ce Prince, & au défaut de son frere aîné, qui n'a point d'enfans, seroit seul appellé à sa succession, comme le plus proche heritier
habile à lui succeder, a passé differens actes, dans lesquels il a reconnu
la Supliante pour légitime épouse du feu Duc de Montbeliard, & les enfans qu'il a eus d'elle pour ses heritiers légitimes. Quelqu'ennemi que le
Duc de Wirtemberg-Stoutgard se soit déclaré de la Supliante, entraîné
par la verité, par la notorieté publique, & par ses propres connoissan-
ces, il n'a pû s'empêcher, dans une assignation qu'il lui a fait donner, de
la qualifier lui-même, de Veuve de son Cousin le feu Duc de Montbeliard.

Après une celebration de mariage en bonne forme, une possession publique & paisible de l'état & de la qualité d'Epouse legitime du feu Duc
de Montbeliard, reconnuë par le plus proche parent de ce Prince, qui
seul au défaut d'enfans legitimes, auroit droit de lui succeder, & par les
deux Princesses ses sœurs, rien ne doit paroître plus extraordinaire, que
la tentative du Duc de Wirtemberg-Stoutgard, parent plus éloigné, qui,

suppose

supofé que le feu Duc de Montbeliard n'eût laiffé aucuns enfans legitimes, capables de lui fucceder, ne pourroit rien prétendre à fa fucceffion, en étant exclus par les Ducs de Wirtemberg-Oels, feuls, en ce cas, fes heritiers legitimes. Pendant que ceux-ci rendent à la Supliante & à fes enfans, la juftice qui leur eft dûë; qu'ils ne leur conteftent point, ni leur état, ni la fucceffion du feu Duc de Montbeliard leur pere: le Duc de Wirtemberg-Stoutgard, par force & par violence, s'eft emparé de la Principauté de Montbeliard. Il fait encore aujourd'hui fes efforts pour leur enlever les Terres fituées dans la domination de France. Examinons les titres dont il fe fert pour dépoüiller les enfans legitimes du feu Duc de Montbeliard, de leur état & de la fucceffion de leur pere.

Son premier titre, eft la Sentence qu'il a obtenuë au Confeil Aulique de l'Empereur, le 8 Avril 1723. quinze jours après le décès du Duc de Montbeliard, contre George-Léopold, laquelle lui défere l'inveftiture provifionelle des Fiefs & des Terres de fa fucceffion, qui relevent immédiatement de l'Empire; & qui déclare fes enfans en general, fans en nommer aucun, & fans les dire illegitimes, incapables de fucceder à fes biens, à fon nom, & à fes armes.

Cette Sentence n'eft point un titre, que le Duc de Wirtemberg-Stoutgard puiffe oppofer ni à la Supliante, ni à fes enfans. Ni les uns, ni les autres, n'y ont été Parties. Quelque contradictoire qu'elle foit avec George-Leopold, on ne fçauroit confondre avec lui, les enfans de la Supliante; non feulement parce qu'ils n'ont été ni appellez, ni entendus, mais encore parce qu'il y a eu autant de raifon de déclarer George-Leopold & fa fœur, incapables de fucceder aux biens du feu Duc de Montbeliard, à fon nom, & à fes armes; qu'il y auroit de la barbarie, & de l'iniquité, d'exclure de cette fucceffion les enfans de la Supliante, feuls enfans legitimes du feu Duc de Montbeliard, habiles à lui fucceder. Le Jugement du Confeil Aulique, auquel la Supliante & fes enfans font en droit de former oppofition, & contre lequel ils proteftent de fe pourvoir par les voyes de droit, perfuadez que Sa Majefté Imperiale a trop de pieté & de zele pour la juftice, pour leur refufer celle qui leur eft dûë, peut d'autant moins fe foûtenir, que quand le feu Duc de Montbeliard n'auroit laiffé aucuns enfans legitimes, capables & en droit de lui fucceder, le Duc de Wirtemberg-Stoutgard n'auroit de fon chef aucun droit à cette fucceffion. Les anciens Pactes de la Maifon de Wirtemberg, qui en ont toûjours efté la loy particuliere, & qui font le principal titre du Duc de Wirtemberg-Stoutgard, la déféreroient aux Ducs de Wirtemberg-Oels, plus proches parens du défunt, à l'exclufion du Duc de Wirtemberg-Stoutgard.

Mais donnons au Jugement, ou au Mandement du Confeil Aulique, toute l'autorité qu'il peut avoir, quant à préfent; il n'a decidé que par raport aux Terres relevantes immédiatement de l'Empire, qui font partie de la fucceffion. Il n'a rien jugé, ni pû juger, par raport aux Terres fituées en France, qui relevent de la Couronne. Le Duc de Wirtemberg-Stoutgard ne peut donc prétendre fur elles aucun droit, quel qu'il puiffe être, en vertu du Jugement du Confeil Aulique; auffi demande-t-il aujourd'hui à VOTRE MAJESTE' l'inveftiture de ces Terres.

Pour l'obtenir, il propose deux moyens dont il s'est servi au Conseil Aulique, pour surprendre le Jugement du 8 Avril 1723. Il tire le premier d'un Traité conclu à Vildbade en 1715. entre lui & le feu Duc de Montbeliard, par lequel ce Prince l'a institué son heritier universel, à condition de donner de quoi subsister aux enfans qu'il avoit alors, qu'il reconnoît illégitimes dans cet Acte, & incapables de lui succeder.

Mais loin que ce Traité puisse estre opposé à la Supliante, & à ses enfans, il leur fournit un argument invincible pour exclure également, & George-Leopold, & le Duc de Vvirtemberg-Stoutgard, de la succession de Montbeliard. Cet Acte contient en effet une preuve certaine qu'en 1715. le feu Duc de Montbeliard n'avoit aucuns enfans légitimes. Ce n'a esté que par cette raison qu'il a disposé de sa succession en faveur du Duc de Vvirtemberg-Stoutgard. Quel droit peut donc avoir George-Leopold, né en 1697. de se dire fils légitime de ce Prince? Depuis 1715, date du Traité de Vildbade, lui est-il survenu quelque droit nouveau? Est-il devenu plus légitime qu'il n'étoit alors? Il est vrai qu'en 1715. le feu Duc de Montbeliard avoit également des enfans de la Supliante. Ils estoient alors dans le même cas, & dans les mêmes circonstances, que George-Lepold. Mais par le mariage contracté depuis, & en 1718. entre le feu Duc de Montbeliard & la Supliante, ils sont devenus legitimes; parce qu'il n'est pas douteux qu'un mariage subséquent n'ait l'effet de rendre légitimes, des enfans nez auparavant de peres & de meres, qui étoient libres, & qui pour reparer le scandale qu'ils ont pû causer, s'unissent, à la face des Autels, du nœud sacré du mariage, selon les formalitez prescrites par les Loix de l'Eglise, dans laquelle ils vivent; au lieu que George-Leopold n'a rien qui ait reparé le vice de sa naissance.

Les enfans de la Supliante, nés avant son mariage avec le Duc de Montbeliard, ou depuis, étant donc incontestablement légitimes, l'institution d'heritier faite par le Traité de Vildbade, en faveur du Duc de Vvirtemberg-Stoutgard, est dès lors devenuë caduque. Elle ne peut plus avoir la moindre execution. Evident que le Duc de Montbeliard n'a disposé de sa succession, que parce qu'il n'avoit alors aucuns enfans legitimes. Aussi-tôt qu'il lui en est survenu, pareille disposition s'évanoüit. Sa nullité est une suite & une consequence necessaire de la legitimité des enfans. D'ailleurs, la Principauté de Montbelliard & les autres Terres de la succession du feu Duc de Montbeliard, sont chargées de substitutions. Le feu Duc de Montbeliard, qui en étoit grevé, avoit les mains liées. Il n'a par l'évenement esté qu'un simple usufruitier; par consequent, il n'a pû disposer de leur proprieté, ni la transmettre au Duc de Wirtemberg-Stoutgard, au préjudice de ses enfans naturels & legitimes, tels que ceux de la Supliante, ni intervertir l'ordre de lui succeder, établi par les Auteurs de la substitution.

Le Duc de Wirtemberg-Stoutgard tire son second moyen de l'inégalité de conditions qui estoit entre le feu Duc de Montbeliard & la Supliante. Il prétend que par un Traité fait en 1617. entre cinq Princes freres, qui composoient alors la Maison de Wirtemberg, il a esté stipulé qu'aucun d'eux ne pourroit se marier, sans le consentement des autres, ni s'abaisser à une alliance inégale; que cette clause, qu'il regarde com-

me une loy inviolable dans la Maison de Wirtemberg, opere une incapacité de succeder, dans la personne des enfans nés du mariage du feu
Duc de Montbeliard, avec la Supliante. Mais le Duc de Wirtemberg-
Stoutgard auroit dû faire reflexion, que ce Traité n'a pour le plus esté
une loy que pour les cinq freres contractans. Peut-il l'étendre à leurs
descendans, & la pousser au-delà de l'intention de ceux qui ont bien
voulu se la prescrire? S'ils avoient eu dessein d'y assujettir également
leur posterité, auroient-ils manqué de s'en expliquer? Ne l'ayant pas
fait, évident que le Traité n'a eu d'autorité que pour ceux qui ont bien
voulu le signer. Dans une matiere de rigueur, il n'est pas permis de rien
suppléer; beaucoup moins une clause odieuse, qui auroit eu pour objet
de restraindre à perpetuité la liberté des mariages, qui, selon toutes les
loix, de tous les actes de la societé civile, sont ceux où la volonté doit
moins estre gênée. Mais indépendamment de ce que le Duc de Montbeliard n'a point esté assujetti au pacte fait dans la Maison de Wirtemberg en 1617. qui n'a pû lier que les cinq Princes qui se sont soumis à
pareille loy, & qu'elle n'a point passé à leurs descendans: cet Acte ne
prononce point la peine de nullité des mariages, qui seroient contractés
au préjudice de la convention, & n'en prive point les enfans qui en naîtroient, du droit de succeder à la dignité de leur pere, & à ses Fiefs, qui
est une suite necessaire de la qualité d'enfans legitimes. Pourroit-on, sans
renverser les maximes les plus inviolables du droit des Gens, & de la Jurisprudence, ajoûter à un acte, des peines qui ne s'y trouvent pas écrites? Y suppléer une nullité aussi odieuse & aussi opposée au droit public,
observé chez toutes les Nations? A la bonne heure que l'inégalité des
conditions dans les personnes qui se marient, soit un obstacle de bienséance & d'honnêteté; mais jamais on ne l'a proposé comme un moyen de
nullité d'un mariage, ou du moins comme un moyen suffisant pour
rendre les enfans qui en sont issus, incapables des effets civils, attachés
inséparablement à tout Mariage légitimement & solemnellement contracté. Ce que le Duc de Vvirtemberg veut insinuer, que l'inégalité
des conditions dans les mariages des Princes de l'Empire, a toûjours esté
regardé comme un vice radical, capable & suffisant d'exclure les enfans,
qui en proviennent, du droit de succeder aux Fiefs de leurs peres, est un
pur paradoxe, démenti par la notorieté publique, & par l'usage constant
de toute l'Allemagne. Aussi le Duc de Vvirtemberg-Stoutgard n'a pû citer ni Loy, ni Jurisconsulte, pour servir de preuve à une proposition si
contraire au droit naturel, & à la liberté si essentielle au mariage. Combien d'exemples du contraire, ne pourroit-on pas lui citer? Les Margraves de Dourlach, dont est issuë la Duchesse de Vvirtemberg sa femme, descendent, comme elle, d'Ursule de Rosenfeld, qu'un des Princes de cette Maison épousa. L'épouse du Roy d'Angleterre, actuellement regnant, a esté reconnuë pour Princesse, au moment de sa naissance. Elle est cependant fille du Duc de Zell, & d'une Demoiselle Poi-
tevine, nommée d'Ollbreuse, dont ce Prince devint amoureux, dans le
tems qu'elle estoit Demoiselle de la Princesse de Tarente. On a perpetuellement jugé au Conseil Aulique en faveur des enfans nez de pareils
mariages, quelqu'inégalité de condition qu'il y eût dans la personne de

leurs meres. Frederic V. de la Maifon de Bade, ayant ofé contefter la fucceffion d'Edoüard Fortunat, Margrave de Bade, à Guillaume fon fils, fous prétexte que fa mere n'eftoit qu'une fimple Demoifelle nommée Marie, fille de Jacques de Cickem, Gentilhomme Flamand, par Sentence contradictoire du 4 Septembre 1622. fans s'arrêter à fa demande, dont il fut débouté avec dépens, le Prince Guillaume fut maintenu dans le Margraviat de Bade. Pareil Jugement le onze Avril 1715. en faveur d'Efter-Marie de Vvifleben, veuve de Jean-Charles, Prince Palatin de Birckenfeld, Tutrice de fes enfans. La même chofe a efté jugée en 1717. entre les Princes de Naffau-Siegen, par raport à la co-invefliture. Il feroit inutile de chercher d'autres exemples; on en trouveroit un grand nombre dans les Maifons les plus illuftres de l'Empire & de l'Europe.

Ceux que le Duc de Vvirtemberg oppofe, font des mariages contractez ad *Morganaticam*, ou *Lege Salica*, dans lefquels les Parties ont limité ou fufpendu dans les enfans, qui en naîtroient, le droit de fucceder à leurs peres, par des conventions qui font autorifées par les Loix de l'Empire. Le mariage de la Supliante avec le feu Duc de Montbeliard, n'a point efté celebré ad *Morganaticam*. Il l'a efté folemnellement, felon les Loix obfervées dans la Souveraineté de Montbeliard, & les Rits de la Confeffion d'Aufbourg. Il n'y a eu aucune convention qui puiffe en diminuer les effets ordinaires, ou les fufpendre.

Il n'en a pas efté de même de celui de l'Archiduc Ferdinand, avec Philippine Vveiller, d'une famille Patricienne d'Aufbourg. Il avoit veritablement efté contracté ad *Morganaticam*. Ainfi, il n'eft pas furprenant que les enfans iffus de ce mariage, n'ayent pas efté appellez à la fucceffion de ce Prince; ce qui n'empêche pas, au témoignage de Myller, Miniftre & Confeiller d'Etat de la Maifon de Vvirtemberg, qu'ils n'ayent efté reconnus pour Princes dans toute l'Allemagne. André d'Autriche, l'un d'eux, fut Cardinal, élû Evêque de Conftance & de Brixen, & Abbé de Murbac. Charles II. fut Margrave de Burgau, Landgrave de Hellembourg, & Comte de Hohemberg. Non feulement il eut la dignité & le titre de Duc, mais il époufa la Princeffe Sibille, fille de Guillaume, dernier Duc de Juliers & de Cleves. *Ubique Ducis locum & honorem occupavit, ab omnibufque Imperii Principibus, maxime verò à Frederico Duce Wirtembergico, fummis honoribus affectus fuit;* ce font les termes de Myller.

Mais pourquoi chercher des exemples étrangers, pendant que l'on en trouve dans les Ancêtres du Duc de Vvirtemberg-Stoutgard? Ernefte, Margrave de Bade, époufa en fecondes & troifiémes nôces, deux fimples Demoifelles. De l'une, appellée Urfule, fille du Chevalier de Rozenfeld, defcendent les Margraves de Dourlac d'aujourd'hui; & entr'autres, la Ducheffe de Vvirtemberg fa femme, de la Maifon de Bade-Dourlac; & par confequent le Prince hereditaire de Vvirtemberg-Stoutgard. Myller, que l'on vient de citer, propofe même la queftion: Si un fils de Comte, & d'une mere Roturiere, eft également Comte, comme fon pere, & s'il a droit de fucceder à fes Fiefs & à fes dignitez, a l'avantage d'affifter, comme faifoit fon pere, aux Diétes & Affemblées, & d'y avoir voix. Il décide que l'affirmative n'eft pas fufceptible du moindre doute; parce que le fils né en legitime mariage, en ce qui

regarde

regarde la dignité, la famille, les armes, & les autres prééminences, qui
font du Droit civil, fuit inconteftablement la condition de fon pere,
quelqu'illuftre qn'elle puifle eftre, & nullement celle de fa mere. Qu'il
en eft de même de la femme; que de quelqu'ordre inferieur qu'elle foit,
elle n'eft pas moins élevée à la dignité de fon mary; en forte que fes enfans, par raport à la fuccefion des biens de leur pere, foit féodaux ou
allodiaux, n'ont pas moins de droit, que fi leur mere avoit efté d'une
condition égale à leur pere. Que le fils d'un Prince, & d'une mere Roturiere, a également droit de joüir des titres, rangs, prérogatives, &
armes de fon pere; & d'avoir, comme lui, voix & feance dans les Dietes de l'Empire: par la raifon qu'il n'y a ni loy, ni conftitution dans
l'Empire qui le défendent, ni qui lui faffent le moindre obftacle. Cet
Auteur, qui ne fçauroit être fufpeit à la Maifon de Vvirtemberg, ajoûte,
qu'il en eft de même des enfans nés avant le mariage, mais legitimez
par un mariage fubfequent. Il affure, avec tous les Docteurs, qu'ils acquierent dès-lors également la dignité de leur pere, & lui fuccedent en
tous fes biens indiftinctement, quelqu'illuftre que foit leur pere, & quelque baffe que foit la condition de leur mere. Il cite nombre de Jurifconfultes, la plûpart Allemans, pour garants de la verité de ces maximes.

Elles fuffifent pour faire fentir à VOTRE MAJESTE', la furprife qui lui a efté faite par le Duc de Vvirtemberg-Stoutgard, lors de
l'Arreft du Confeil d'Etat du 11 Septembre 1723. qui ordonne que dans
deux mois, la Supliante & fes enfans raporteront ès mains de M. le Garde
des Sceaux, l'original des Lettres Patentes du mois de May, qui leur accorde le droit de naturalité, avec le titre de Princes & de Princeffes, de
Coufins & Coufines de Vôtre Majefté, pour être réformées, en ce qui
concerne ces titres & ces qualitez; & leur en être expedié d'autres en
la maniere accoûtumée. Le motif de cet Arreft fur Requefte, n'a efté
que le faux expofé du Duc de Vvirtemberg, que ces qualitez n'étoient
pas moins une ufurpation de la part des enfans de la Supliante, que de
celle de George-Leopold, & de Leopoldine-Eberhardine, enfans du feu
Duc de Montbeliard,& d'Anne-Sabine, Comteffe de Sponeck, au moyen
du Jugement du Confeil Aulique, rendu,à ce que le Duc de Vvirtemberg
expofe, contradictoirement fur les prétentions refpectives des Parties, le
8 Avril 1723. par lequel les enfans, tant de la Comteffe de Sponeck, que
de la Supliante, ont efté déclarez inhabiles, & incapables de porter la
qualité de Princes & de Princeffes.

On a fait voir par avance que la Supliante ni fes enfans n'ont point
été Parties dans cet Arreft. C'eft donc une fuppofition inexcufable d'avoir
avancé qu'il avoit efté contradictoire avec eux; il n'y a qu'à lire pour
en eftre convaincu, par rapport à la Supliante. A l'égard de fes enfans,
l'aîné n'ayant pas onze ans à la mort du Duc de Montbeliard fon pere,
arrivée le 25 Mars précedent, il auroit falu que luy & fes freres & fœurs,
tous impuberes, euffent efté deffendus, ou par la Supliante leur mere &
leur Tutrice naturelle, ou par quelque autre Tuteur. N'y en ayant aucun
dans les qualitez de l'Arreft, comment a-t-on pû luy donner le nom de
contradictoire avec eux? L'oppofition, que la Supliante, tant pour elle
que pour fes enfans, formera par la prefente Requefte, à l'Arreft du

C

Conſeil d'Etat rendu ſur la ſimple Requête du Duc de Wirtemberg-Stougard, eſt d'autant moins ſuſceptible de difficulté, qu'outre que l'Arreſt du Conſeil Aulique ne ſçauroit être regardé pour une déciſion à l'égard de la Supliante & de ſes enfans, elle ſe flatte d'avoir clairement démontré, qu'ayant eſté femme legitime du feu Duc de Montbeliard, ſes enfans, nez avant ou après le mariage, ont eſté legitimez par ce mariage ſubſequent, ou legitimes, ce qui opere le même effet. Ils ont également droit, la Supliante de prendre le titre de Princeſſe, comme veuve d'un Prince; ſes enfans celuy de Princes & de Princeſſes, & de participer à l'honneur que Vôtre Majeſté fait aux uns & aux autres de les traiter de ſes Couſins & de ſes Couſines. A plus forte raiſon ont-ils droit de recüeillir les biens & les Terres, que leur pere a laiſſez ſous la domination de Vôtre Majeſté, où l'on ne reconnoiſt point de mariages *ad Morganaticam.* Tous les enfans nez d'un mariage legitime, quelque difference qu'il puiſſe y avoir dans la condition des peres & meres, y ayant inconteſtablement le même droit de ſucceder à ſes biens, de quelque nature qu'ils ſoient.

Il n'en eſt pas de même de George Lepold & de ſa ſœur. L'Arreſt du Conſeil Aulique du 8 Avril 1723. qui les a déclarés incapables de ſucceder aux biens du feu Duc de Montbeliard, à ſon nom & à ſes Armes, Arreſt veritablement contradictoire avec eux, eſt juridique & dans les regles. Il ſuffiroit à la Supliante pour prouver qu'il y a une parité de raiſon de les exclure des biens ſituez ſous la domination de Vôtre Majeſté.

Mais cet Arreſt ne pouvant eſtre regardé en France que comme un préjugé, & n'y ayant par lui-même aucune autorité, la Supliante, indépendemment de ſa déciſion, va établir que George Leopold n'eſt pas moins incapable de ſucceder aux biens du feu Duc de Montbeliard, ſituez en France, à ſon nom & à ſes armes, qu'il l'a eſté declaré par l'Arreſt du Conſeil Aulique, par rapport aux Terres qui relevent de l'Empire.

George Leopold de Sponeck, qui ſe dit fils legitime du Prince de Montbeliard, fonde cette legitime, 1°. ſur un Extrait des Regiſtres de mariages de l'Egliſe de Skoki en Pologne, délivré le 3 Juillet 1720. par lequel il paroît que le 5 Juin 1695. le feu Prince de Montbeliard épouſa dans le Temple de Reyovitz, Annexe de Skoki, Damoiſelle Anne Sabine de Hedvviger. 2°. Sur un Extrait Baptiſtaire, délivré le 8 Septembre 1721. par lequel le Prévôt de Nôtre-Dame à Magdebourg, Ordre de Prémontré, dit avoir baptiſé le 12 Septembre 1697. eſtant alors Diacre de Feſtemberg, un enfant mâle, nommé George Leopold; que ſon pere eſtoit Son Alteſſe Sereniſſime Leopold Eberhard Duc de Wirtemberg-Montbeliard, & ſa mere Dame Anne Sabine de Hedvviger; que le Parrain a eſté Leonard de Nardin (a), ſans nommer la Marraine. 3°. Sur une Sentence du Conſiſtoire de Montbeliard du 6 Octobre 1714. portant divorce & diſſolution de mariage du feu Duc de Montbeliard & de la Comteſſe de Sponeck, de leurs conſentemens, à cauſe de l'incompatibilité de leurs humeurs, & par les raiſons, qui, eſtant une ſuite de cette incompatibilité d'humeurs, eſtoient ſuffiſantes pour le divorce,

(a) *Nardin avoit eſté d'abord Trompette du Duc de Montbeliard. Il eſtoit alors Capitaine.*

& permiſſion aux Parties de ſe remarier, ainſi qu'elles jugeroient à propos. Enfin ſur les Lettres Patentes obtenuës au mois de May 1719. par le feu Duc de Montbeliard, tant pour lui, que pour les enfans, qui lui eſtoient nez de ſon premier lit avec Dame Sabine Comteſſe de Sponeck, & de la Supliante; ce qui ne permet pas de douter (à ce que l'on prétend) que le feu Duc de Montbeliard n'ait regardé ces deux femmes, & les enfans qu'il a eû de l'une & de l'autre, comme également legitimes.

Quelques réflexions, en faiſant voir la ſageſſe de l'Arreſt du Conſeil Aulique à l'égard de George Leopold, avec qui ſeul il a eſté rendu, vont démontrer qu'il n'y a point eu de mariage legitime entre le Duc de Montbeliard & la Comteſſe de Sponeck, qui au moins ait pû produire aucuns effets civils en faveur des enfans qui en ſont nez.

Juſques ici la Supliante n'a eu aucune communication du prétendu Acte de celebration du mariage du Duc de Montbeliard avec Anne Sabine de Hedwiger, Comteſſe de Sponeck. Un Acte de cette importance mérite bien qu'on l'examine, pour en conſtater la verité. En la ſuppoſant pour un moment, tel que l'Acte paroît avoir eſté produit au Conſeil Aulique, loin de prouver la legitimité de ce mariage, il n'eſt propre qu'à en établir la nullité, & qu'à faire voir qu'il a eſté incapable de produire aux enfans, qui en ſont iſſus, aucuns effets civils.

Le Droit Romain, qui a autorité de Loi dans tout l'Empire, s'execute à la lettre, en ce qui concerne les mariages, parmi ceux qui vivent ſelon la Confeſſion d'Auſbourg, qu'il eſt très-certain n'avoir aucun égard en cette matiere aux diſpoſitions Canoniques. Selon les Loix Romaines le feu Duc de Montbeliard, lors du prétendu mariage du premier Juin 1695. dont il s'agit, étoit fils de famille, & ſous la puiſſance paternelle de George Duc de Wirtemberg Montbeliard, ſon pere, qui n'eſt décedé que le 11 Juin 1699. Il ne pouvoit donc ſe marier ſans le conſentement de ce Prince ſon pere, à peine de nullité du mariage. Telle eſt la déciſion de Juſtinien dans ſes Inſtituts. Expliquant les conditions neceſſaires pour rendre un mariage legitime, il dit que ſi les Parties contractantes ſont fils de famille, il faut qu'elles ayent le conſentement de leurs peres, dans la puiſſance deſquels elles ſont, la Loy Civile, comme la Loy naturelle, exigeant tellement ce conſentement, qu'il doit même préceder le mariage. Le §. 12. prononce la nullité de tout mariage fait au préjudice de cette Loy: *Si adverſus ea quæ diximus aliqui coierint, nec vir, nec uxor, nec nuptiæ, nec matrimonium, nec dos intelligitur.* La Loy *Paulus.* 11. *de Statu hominum.* décide que l'enfant iſſu d'un pareil mariage, quoique né depuis la mort de ſon ayeul, n'eſt pas legitime.

Theodore de Beze dans ſon Traité *de repudiis & divortiis,* traite la queſtion, ſi après la conſomation d'un pareil mariage, on peut ſoûtenir qu'il a eſté nul. Il décide pour l'affirmative, parce qu'on ne ſçauroit regarder comme un mariage, celui à qui il manque ce qu'il y a de plus eſſentiel, ſçavoir l'autorité de Dieu. Qu'on ne ſçauroit préſumer que Dieu ait voulu unir ceux qui mépriſant ſes Commandemens, n'ont conſulté que leur incontinence & leur cupidité. Qu'on ne ſçauroit regarder pour un conſentement legitime, celui de perſonnes, qui eſtant dans la puiſſance d'autrui, n'en peuvent donner aucun : *Reſpondeo....*

si parentes non consenserint, nullum contractum matrimonium videri, cui videlicet desit quod præcipuum est, videlicet auctoritas Dei; quoniam videri non potest Deus conjunxisse quos spreto ipsius æquissimo mandato intemperans & effrenis cupiditas conciliavit, ac etiam legitimus consensus, quum ii, qui sui juris non sunt, consentire videri non possint. Il réfute ensuite les raisons des Auteurs Catholiques, qui sur l'autorité du Concile de Trente, & des Textes Canoniques, croyent que ce n'est plus les Loix Romaines qu'on doit consulter sur la validité des mariages, mais les seuls Textes Canoniques. Il dit par rapport au passage de l'Evangile, *Quos Deus conjunxit, homo non separet.* Qu'on ne sçauroit raisonnablement penser que Jesus-Christ ait voulu nous insinuer que Dieu fût Auteur d'une conjonction, qui n'auroit esté faite qu'en violant ses Loix, Selon cet Auteur, des plus respectables pour le Duc de Wirtemberg, le passage de l'Ecriture, *Homo relinquet patrem & matrem, & adhærebit uxori suæ,* ne doit s'entendre que des vrais & legitimes mariages. C'est faire injure à la Majesté Divine de l'appliquer & de l'étendre aux conjonctions illicites, & de penser que Dieu autorise des enfans rebelles à l'autorité paternelle, qu'il a établie, & dont il est le plus sûr vengeur. Il prouve que la benediction du Ministre Ecclesiastique, surprise par de mauvaises voyes à ces mariages clandestins, estant elle-même prohibée, ne mérite aucune attention; & que rien ne peut rendre plus respectable l'autorité de l'Eglise, que de regarder comme nuls, ce qui s'est fait par des voyes deffenduës, & par des Ministres, qui ont eu la foiblesse de se laisser corrompre. Mal-à-propos, ajoûte-t-il, oppose-t-on que c'est le consentement seul qui fait le mariage; parce qu'on ne regarde point comme un consentement suffisant & legitime, celuy des personnes qui sont dans la puissance d'autrui. Que les Loix, par consentement, n'entendent que celui qui est legitime, & qui est donné par ceux qui ont droit de disposer d'eux-mêmes. Que celui donné à un tel mariage, n'est autre chose qu'une désobéïssance formelle à la Loy de Dieu, à celle de la nature, de l'honnêteté, & de la justice. Il cite saint Basile dans sa Lettre *ad Amphilochium,* où ce Pere de l'Eglise décide formellement, que les mariages faits par ceux qui sont en puissance d'autrui, ne sont que des crimes: *quæ sine iis, qui habent potestatem, fiunt matrimonia, sunt fornicationes.* Vinnius sur le commencement des Instituts, *de nuptiis.* prouve de même que pareils mariages sont également nuls de Droit Divin & de Droit Civil. Telle est la doctrine des plus fameux Docteurs de l'Eglise Protestante. Telle est la seule Loy qu'on puisse consulter sur la validité ou la nullité du mariage, dont il s'agit.

Il n'a pas seulement esté fait à l'insçû & sans la participation de George Duc de Montbeliard pere; mais pour le celebrer, on a esté chercher l'extremité de la Pologne, le Palatinat de Posnanie. On y a trouvé un Ministre d'une Eglise Succursale, qui, quoiqu'il ne luy fût permis de donner aucune Benediction nuptiale, sans la permission & la commission du Ministre de Skoki, a eu la foiblesse de la donner, nonseulement sans cette permission, mais même en secret, & sans qu'il y ait eu aucuns Témoins. L'Acte de celebration, tel qu'il est rapporté par George Leopold, suffiroit pour prouver la clandestinité de ce mariage,

riage, aussi-bien que sa nullité. Certain que le Prince de Montbeliard pere n'a jamais vû, ni voulu voir la Comtesse de Sponeck. Le feu Duc de Montbeliard l'a si peu regardée comme son épouse legitime, qu'on ne trouve cette qualité dans aucun Acte, avant le mariage qu'il a contracté avec la Supliante. Il a si peu regardé les enfans qu'il a eu de la Comtesse de Sponeck, comme legitimes, qu'il n'a point donné à George Leopold ni son nom, ni déferé aucuns des honneurs, qui en auroient esté insé-parables. Il ne l'a élevé ni dans l'esprit, ni dans l'esperance de lui suc-ceder. Il l'a d'abord eu pour un de ses Pages. Il l'accompagnoit en cette qualité, & montoit à sa Berline à côté du Cocher, à Vienne même, à la vûë de toute la Cour de l'Empereur, où, s'il eût esté legitime, il auroit esté le plus nécessaire de l'empêcher de paroître avec la livrée, & sous un personnage, qui auroit esté si opposé au rang, & à la naissance d'un Prince hereditaire. Depuis, il a servi le Duc de Montbeliard, en qualité d'un de ses Gentilshommes. Avant, ou depuis ce prétendu ma-riage, ce Prince n'a point assigné de doüaire à la Comtesse de Sponeck. Il ne lui a déferé aucun des honneurs, qui auroient esté dûs à l'épouse d'un Souverain. Jamais elle n'a paru en cette qualité dans les Etats de Montbeliard, ni reçû, ni grace, ni marque de distinction, qui convînt à un tel rang. On ne l'y a regardée que comme une femme, qui contente de ses agrémens, s'étoit crû assez heureuse d'avoir pû contribuer aux plaisirs d'un Prince.

La Sentence de divorce, prononcée en 1714. par le Consistoire de Montbeliard, entr'elle & le Duc de Montbeliard, ne peut s'attribuer qu'à quelque scrupule mal entendu. Elle ne sçauroit prouver qu'il y avoit eu un mariage legitimement contracté auparavant, lorsqu'il est certain qu'il n'y en a eu que l'apparence. Que ce divorce suppose tant qu'on voudra son existence & sa legitimité, il ne peut lui donner l'être, ni le rendre legitime, pendant que sa nullité, ou sa clandestinité ne sçauroit être révoquée en doute. On doit plûtôt regarder pareil Acte comme une déclaration sur-abondante sur cette nullité, que comme une dissolution, ou un divorce d'un legitime mariage. Aussi par le Traité de Wildbade, de mil sept cent quinze, le feu Duc de Montbeliard a si peu pensé avoir esté auparavant marié legitimement, que voulant pourvoir à la subsistance des enfans naturels, qu'il avoit seulement alors, du nombre desquels estoient George Leopold, & sa sœur, il les y déclare également inhabiles à lui succeder, tant à la Principauté de Montbeliard & Terres en dépendantes, qu'à ses autres Terres. N'ayant alors ni femme ni en-fans legitimes, il y dispose de sa succession, & déclare le Duc de Wir-temberg Stougard son successeur au Duché de Montbeliard. Il ne ré-serve que 12000 florins de revenu pour ses enfans naturels ; au moyen dequoi la Principauté de Montbeliard, & ses dépendances ; comme aussi les neuf Seigneuries d'Hericourt, Blamont, Clemont, Chatelot, Granges, Clairval, Passavant, Horbourg & Riqueville, appartenances & dépendances, appartiendroient au Duc de Wirtemberg, déchargées de toutes dettes & hypoteques. Le Duc de Wirtemberg Stoutgard de sa

D

part s'obligea de payer les 12000 florins aux enfans naturels du Duc de Montbeliard; sçavoir, 4000 florins à ceux nez de la Comtesse de Sponeck, mere de George-Leopold ; pareille somme à ceux d'Henriete-Hedwige Baronne de l'Esperance, & 4000 florins à ceux de la Supliante. Les uns & les autres estoient alors de même qualité : tous également illegitimes, & reconnus pour tels par le pere, & dans le public.

La Supliante n'en distingueroit pas les siens, s'ils n'avoient esté legitimez depuis par le mariage subsequent, celebré entr'elle & le Duc de Montbeliard en 1718. trois ans après le Traité de Wildbade. Au moyen de ce mariage, le Traité est à leur égard devenu caduc, quelque autorité qu'on veüille lui donner dans son principe. Aussi n'a-t-il pas peu contribué au Conseil Aulique à exclure George Leopold, qui de sa part en a juré deux fois l'execution, de la succession de Montbeliard.

Après les faits & les moyens qu'on vient d'expliquer, quelle induction peut-on tirer des Lettres Patentes, obtenuës par le feu Duc de Montbeliard, au mois de May 1719. dans lesquelles ce Prince a demandé à Vôtre Majesté, la confirmation des Lettres de naturalité, accordées par le feu Roy, au mois de Septembre 1651. au Duc de Montbeliard son pere, pour en joüir par les enfans, qui lui étoient nez, tant de son premier lit avec Anne-Sabine, Comtesse de Sponeck, que de la Supliante, qu'il qualifie de son Epouse. George-Leopold aura beau en conclure, que le feu Duc de Montbeliard, lors de ces Lettres Patentes, les a regardez les uns & les autres comme nés de legitimes mariages, & également capables de lui succeder : il n'en sera pas moins vrai, qu'il n'y a point eu de mariage legitimement contracté entre le feu Duc de Montbeliard, & la Comtesse de Sponeck, & qu'il n'y en a eu de legitime, que celui qu'il a celebré avec la Supliante en 1718. La déclaration du Prince de Montbeliard, & sa reconnoissance, n'ont pû donner à George-Leopold, & à sa sœur, enfans de la Comtesse de Sponeck, une qualité de legitimes, qu'ils n'avoient pas; ni par un effet retroactif rendre bon & valable le prétendu mariage contracté avec elle, nul, vicieux, & clandestin, s'il en fût jamais, par la maxime constante, tirée de la loy 14. cod. de probation... *Quæ non nudis adseverationibus, nec ementita professione, licet utrique consentiant, sed matrimonio legitimè concepti filii, civili jure patri constituuntur.* Le feu Duc de Montbeliard aura fait donner tant qu'il lui aura plû, dans les Lettres Patentes dont il s'agit, aux enfans qu'il a eus de la Comtesse de Sponeck, la qualité de legitimes: qu'il les ait confondu dans le même ordre avec ceux de la Supliante : traité de lit le commerce qu'il a eu avec la Comtesse de Sponeck ; il n'aura pas pour cela fait d'un mariage nul & vicieux, une conjonction legitime, ni rendu legitimes des enfans qui ne l'étoient pas. Ces Lettres Patentes peuvent bien servir à la Supliante, & à ses enfans. Elle n'y est qualifiée épouse de ce Prince, que parce qu'elle avoit en effet cette qualité. Ses enfans seuls ayant esté, ou legitimes, ou legitimez par un mariage subsequent, sont seuls en droit d'en profiter, comme ayant seuls celui de succeder à leur pere. La nature, & les Loix divines & humaines, concourent également pour leur assurer leur état & sa succession.

A ces Causes, SIRE, plaife à Vôtre Majefté recevoir la Supliante, au nom qu'elle agit, Partie intervenante dans l'Inftance pendante au Confeil d'Etat, entre M. le Duc de Vvirtemberg-Stoutgard, &
George-Leopold, Comte de Sponeck, fe difant Prince de Montbeliard;
faifant droit fur l'intervention, la recevoir Oppofante à l'Arreft du Confeil d'Etat du 11 Septembre 1723. furpris par le Duc de Vvirtemberg, en
ce qu'il ordonne le raport des Lettres Patentes du mois de May 1719. par
raport aux titres de Princes & de Princeffes, de Coufins & de Coufines
de V. M. donnés à la Supliante & à fes enfans; ordonner que ces Lettres Patentes de 1719. en ce qui la concerne & fes enfans, feront executées felon leur forme & teneur; & pour l'injure à elle faite, & à fes enfans, condamner le Duc de Vvirtemberg en telles réparations, dépens,
dommages & interefts que V. M. trouvera à propos d'arbitrer; Sans s'arrêter aux demandes formées, tant par le Duc de Vvirtemberg, que par
George-Leopold de Sponeck, concernant les Terres & les biens de la
fucceffion du feu Duc de Montbeliard, fituez fous la domination de
Vôtre Majefté, dont ils feront refpectivement déboutez, maintenir &
garder la Supliante, & fes enfans, dans le droit & la poffeffion de leur
qualité de Princes & de Princeffes, la Supliante, comme Veuve, & ayant
efté Epoufe legitime du feu Duc de Montbeliard & fes enfans, comme
enfans naturels & legitimes du même Prince; & en confequence, dans
la poffeffion & jouiffance des Terres & des biens par lui délaiffez dans
l'étenduë de la domination de Vôtre Majefté, foit en Alface, ou en
Franche-Comté, meubles & immeubles. Ordonner que la Supliante, pour
fon Doüaire coûtumier dans l'étenduë de Franche-Comté, joüira de la
moitié des revenus des Terres & immeubles y fituez, conformément à
l'article 26. titre des Gens mariez de la Coûtume de cette Province,
avec reftitution de fruits depuis le décès du feu Duc de Montbeliard.
Faire défenfes au Duc de Vvirtemberg-Stoutgard, à George-Leopold de
Sponeck, & à tous autres, d'y troubler la Supliante, ni fes enfans. Sauf
& fans préjudice de fe pourvoir, par la Supliante & par fes enfans, par
les voyes de droit contre le Jugement du Confeil Aulique du 8 Avril
1723. en ce qui concerne la Principauté de Montbeliard, & autres Terres mouvantes immédiatement de l'Empire; & fauf, après qu'elle aura
eu communication des demandes formées par le Duc de Vvirtemberg-
Stoutgard, & par George-Leopold de Sponeck, & de leurs Memoires,
Pieces & titres, à prendre telles autres conclufions qu'elle jugera à propos. Et cependant par provifion, & fans préjudice du droit des Parties
au principal, adjuger à la Supliante la fomme de cent mille livres, à prendre fur les revenus des Terres d'Alface & de Franche Comté, pour fournir
à fa fubfiftance, & à celle des Princes fes enfans, felon leur rang & leur
qualité, & aux frais du Procès; au payement de laquelle fomme de cent
mille livres, ou de telle autre qu'il plaira à Vôtre Majefté, les Fermiers
des Terres & autres Debiteurs, feront contraints par les voyes qu'ils y
font obligez; quoi faifant, ils en feront & demeureront bien & valablement quittes & déchargez. Ordonner que l'Arreft qui interviendra fera

executé, nonobstant oppofition & autres empêchemens generalement
quelconques, faits ou à faire, pour lefquels ne fera differé; & la Supliante
continuëra fes Priéres & fes Vœux, pour la profperité de VOTRE
MAJESTE'.

Signé, JEAN FUNCK¦ Confeiller, & fondé de Procuration de Madame la Duchefſe Doüairiere de Wirtemberg-Montbeliard.

Certificat du Mariage de Madame Elifabeth-Charlotte, Duchefſe
Doüairiere de Vvirtemberg-Montbeliard.

Extrait du Livre des Mariages du Château de Montbeliard.

Fol. 13. art. 5.

LE quinze du mois d'Aouſt mil fept cens dix-huit, Son Alteſſe Sereniſſime Leopold-Eberhard, Duc de Wirtemberg-Montbeliard,
nôtre gracieux Prince regnant, & Souverain Seigneur, fit benir fon mariage avec Madame Elifabeth-Charlotte, Baronne de Lefperance.

Le préfent Extrait a été traduit de l'Allemand en François par le foufcrit. A Montbeliard, le vingt-neuf du mois d'Avril mil fept cens vingt.

Signé, JEAN-JACQUES GROPP, Miniſtre
de Cour, Surintendant & Confeiller Ecclefiaſtique, avec paraphe.

Nous les Gens du Confeil de Son Alteſſe Sereniſſime Monfeigneur
Leopold-Eberhard, Duc de Vvirtemberg-Montbeliard, &c. atteſtons que
le fieur Jean-Jacques Gropp eſt Miniſtre de Cour, Surintendant & Confeiller Ecclefiaſtique de fadite Alteſſe Sereniſſime; en foi de quoi nous
avons fait appofer aux Préfentes le Scel de la Chancellerie de fadite
Alteſſe Sereniſſime, & icelles fait figner par le Secretaire de ladite Chancellerie. Fait à Montbeliard, le vingt-neuf Avril mil fept cens vingt.

Par Ordonnance, SAIGEY, avec parahe,
Secretaire.

Second Certificat du fufdit Mariage.

COMME ainfi foit, que Son Alteſſe Sereniſſime, Monfeigneur
Leopold-Eberhard, Duc de Wirtemberg, Prince Souverain de
Montbeliard, &c. auroit par une inclination particuliere formé la re-
folution d'époufer Son Excellence Madame Elifabeth-Charlotte de Lefperance, Baronne du Saint Empire, il eſt que fadite Alteſſe Sereniſſime
a fait appeller pardevant Elle les Soufcrits, même le jour d'hier quinziéme
du mois d'Aouſt courant, aufquels elle auroit gracieufement confié fes
intentions à cet égard, & déclaré qu'elle entendoit prendre fadite Excellence,

cellence, pour être deformais fa Compagne & fon Epoufe legitime;
& à cet effet, recevoir enfemble la benediction Sacerdotale du fieur
Jean-Jacques Gropp, fon Surintendant & Miniftre de Cour; lequel préfent, après les formalitez, remontrances, & demandes ordinaires concernant fon miniftere, a beni le mariage d'entre fadite Alteffe Sereniffime
& fadite Excellence, au Château de Montbeliard, dans le Poile qu'on
nomme Jæger-Zimmer, enfuite de leur requifition mutuelle, & de leurs
promeffes reciproques, de fe prendre l'un & l'autre pour Epoux & Epoufe
legitimes, par l'impofition de fa main fur les leurs, & en prononçant les
termes en tels cas requis & accoûtumez, dans les Eglifes de la Souveraineté
de fadite Alteffe Sereniffime; furquoi, & après la benediction ordinaire
à la fin de chaque Service, fadite Alteffe Sereniffime & fadite Excellence,
ont reçû les gratulations des Affiftans, & defdits Soufcrits, que fadite
Alteffe Sereniffime & fadite Excellence ont requis conjointement de leur
en donner acte: ce qu'ils font par le préfent Certificat figné d'eux, &
dudit fieur Gropp, en foi de verité des Préfentes, pour fervir & valoir,
tant à fadite Alteffe Sereniffime, qu'à fadite Excellence, comme ils trouveront convenir. A Montbeliard, ce feiziéme jour du mois d'Aouft mil
fept cens dix huit.

Signez, Johann-Ludwig Von Sandersleben (a) Geheimer Rath, *(a) Confeiller Privé.*
Pierre de Prudens Intendant, Jacob Sendt Von Taubenheim (b) Cammer *(b) Cham-*
Juncker, Johann-Heinrich Von Lefperance Grand Veneur, George *bellan.*
Brifechoux Confeiller & Procureur General fubrogé de Son Alteffe
Sereniffime, Pierre-Jeremie Goguel Confeiller & Procureur General
fubrogé, Jean-Jacques Gropp Miniftre de Cour & Surintendant, Leo-
pold-Gafpard Drot Miniftre, avec paraphes.

Collationné & trouvé conforme à l'original en parchemin, figné comme
dit eft, ce fait à l'inftant rendu, par moi fouffigné Notaire Royal en
la Province d'Alface, réfidant à Colmar, ce neuf Aouft mil fept
cens vingt-quatre. Signé, D R O U I N E A U, avec paraphe.

Nous les Magiftrats de la Ville de Colmar, certifions à tous qu'il appartiendra, que Me Droüineau, qui a collationné l'Acte & le Certificat
d'autre part, eft Notaire Royal à la fuite du Confeil Souverain d'Alface,
réfidant en cette Ville; que foy eft ajoûtée à tous Actes par lui paffez &
reçûs en ladite qualité, tant en Jugemens que dehors; & que le Papier
timbré n'eft pas en ufage en cette Province, dans laquelle le Contrôle
n'eft pas établi; en foi de quoi nous avons fait munir le préfent du Sceau
ordinaire de cette Ville, & figner par le Syndic d'icelle. Fait à Colmar
le neuf Aouft 1724. Signé C H A U F F O U R, avec paraphe.

(L. S.)

De l'Imprimerie D'ANDRÉ KNAPEN, au bas du Pont S. Michel, à l'entrée
de la ruë S. André des Arcs, au bon-Protecteur.

17,290

L'IMPOSTURE
Du COMTE
GEORGE LEOPOLD
DE SPONEK,
Et des BARONS
CHARLES LEOPOLD
Et
GEORGE FREDERIC
DE L'ESPERANCE,
Soy disants Princes de Montbeliard.
Démontrée par des Preuves incontestables,
Pour desabuser le public.

A Serme. Maison de Wirtemberg n'a pas mieux souhaité,
que de pouvoir ensévelir dans un éternel oubli toutes les
extravagances, dont le feu Duc Leopold Eberhard de Montbeillard s'est deshonoré, en s'attachant à plusieurs femmes,
descendues de la plus basse Lie du peuple, & d'une Vie scan-
daleuse, qui par la foiblesse de son Naturel l'ont fait dire, de-
dire, avouer, desavouer, promettre, revoquer, en un mot,
faire & entreprendre tout ce, qu'elles croyoient convenable à leurs vues &
interets.

A   La

La dite Ser^me. Maison étoit même portée, pour éviter l'éclat du scandale, de laisser aux enfants, qui étoient les fruits malheureux de ce commerce irregulier, une subsistance, qui etoit bien au dessus de ce, qu'ils auroient pû esperer ou prétendre.

Mais l'insolence de ces Personnes est allé si loin, qu'au mepris des justes arrets, que sa Majesté Imperiale a prononcés competemment & definitivement contre eux, en conséquence des procedures contradictoires, par les quelles le Duc Leopold Eberhard avoit plaidé sur son propre fait, pendant plus de deux ans avant sa Mort, au Conseil aulique de l'Empire, ils ont non seulement continué d'usurper le Nom des Ducs, Princes, & Princesses de Wirtemberg Montbeillard, en portant publiquement & comme en triomphe les armes & la Livrée de cette Maison: mais encore, ils se sont tellement oublié, qu'ils ont deployé les Injures les plus atroces contre le Conseil Aulique de l'Empire & contre la sacrée Personne de sa Majesté Impériale même.

Voyez entre autres le Memoire imprimé à Paris par Claude Simon, rue des Maſſons. 1737. Signé, M. De L'apré avocat.

En faisant tout au Monde, pour arracher par leur Sub- & Obreption, si la Justice de la Cour très Chretienne avoit été flexible, les terres, qui depuis plusieurs siecles etoient possedées par les Ducs de Wirtemberg, comme des biens de famille, & de fideicommis, garantis à cette Ser^me. Maison par plusieurs Traités de Paix.

On a vû avec douleur, que des Personnes, que leur haut Merite rend aussi respectable, qu'elles le sont par leur Rang & leur Naissance, etoient tellement prevenues par leurs fausses Insinuations, que par une Compassion trop facile, & dans l'Ignorance du fait, elles auroient voulu, ou que la Ser^me. Maison de Wirtemberg partageat les Droits de souveraineté & le Lustre des Ancêtres avec des Enfants, qu'un Prince malavisé avoit procré dans le Crime, & avec des Personnes, qui etoient de la plus vile Origine, ou, qu'on eut violé contre cette Maison tout ce, qu'il y a de plus sacré au Monde, qui est la foi publique.

La Ser^me. Maison de Wirtemberg est donc forcée de rompre le silence, & de lever le Masque au Comte de Sponek, & aux Barons de L'esperance, non pas pour entrer en Lice avec des pareilles personnes, ou pour discuter de nouveau ce, qui a eté jugé & decidé par leur Juge Competant & Naturel; mais pour desabuser le Public, & particulierement ceux, qui croyoient, que les deux Cours de Vienne & de Versailles par des Egards partiels pour la Maison de Wirtemberg ne rendoient pas la Justice dûe aux Innocents.

IL est question de la Validité de deux Mariages, qu'on pretend, que le Duc Leopold Eberhard de Wirtemberg Montbeillard a contractés, pour en tirer la Conclusion de Legitimité en faveur des Enfants, qui en disent être nés.

D'abord on ne pourra pas disconvenir, que le Mariage etant le fondement de la societé civile, & de trop grande Importance, pour qu'on eut pû laisser à cet egard à un chacun la liberté de suivre ses Passions & ses Phantaisies, rien ne doit etre plus sacré, que les Loix, qui sont introduites sur ce sujet chez toutes les Nations Chretiennes, & que ces Loix doivent servir de regle non seulement pour les Mariages des Particuliers, mais qu'il est juste, qu'on les observe de même dans les mariages des grands, avec d'autant plus de delicatesse, que la Dignité, qu'ils tiennent dans la societé, en augmente l'importance, & rend leurs actions d'une consequence d'autant plus grande.

Ces

Ces Loix se ressemblent quant à l'essentiel presque chez toutes les Nations Chretiennes, & à peine trouvera-t-on de la difference dans les Choses accidentelles. En particulier rien n'est plus beau, sur cette matiere, que les Ordonnances, que la sagesse des Rois de France a etablies dans ce Roiaume, & pour que le Lecteur se les puisse mettre devant les yeux en lisant ce fait, on en joindra-ici un petit recueil, pour faire admirer les soins, que ces grands Rois se sont donnés, pour assurer le bonheur de la Société Civile, & l'honneur des familles, en tachant de prévenir tout ce, qui y pourroit etre contraire par des Mariages illicites, mal assortis, ou deshonorants.

Aprez ces remarques préliminaires, examinons les deux faits, dont il est question.

PREMIERE PARTIE.

Le Comte de Sponek veut faire accroire,

1. que le Duc Leopold Eberhard de Montbeillard a été legitimement marié le 1. Juin. 1695. avec Anne Sabine Hedvviger, puis nommeé Comtesse de Sponek, à *Reyowiz.*

2. que lui, George Leopold de Sponek, est né son fils legitime, & a eté baptisé en cette qualité le 12. Dec. 1697.

Pour prouver l'un & l'autre il hazard de dire mille choses, qui sont refuteés par ses propres Memoires, & par la Notorieté publique; & qui n'etant pas munies par aucunes pieces justificatives, ne meritent pas, qu'on les touche. On s'arretera donc uniquement a ce, qu'il pretend avoir prouvé.

Les pieces justificatives, dont Sponek s'est servi pour prouver le premier point de ses avances, sont:

1. Un certificat du Ministre Fuchs, qui doit avoir celebré l'acte de Mariage, Nro. 1.

2. La deposition du Sr. Nardin, Nro. 2.

3. L'Extrait du Livre d'Eglise de Reiovviz par le Ministre Koch. Nro. 3.

4. Le Certificat du Magistrat de Skoki. Nro. 4.

5. L'enquête faite devant le dit Magistrat. Nro. 5.

6. Le Certificat du Secretaire Czeuzkievviz. Nro. 6.

our prouver le second Point, il a produit

1. Un certificat du Ministre Opfergeld, qui doit l'avoir baptisé. Nro. 7.

2. Une declaration de Madame la Duchesse d'Oelse. Nro. 8.

C'est uniquement sur les pieces, qu'on vient d'alleguer, que toute la Cause du Comte de Sponek est fondeé.

De

De la part de la Ser^me Maiſon de Wirtemberg,

On ſe ſervira d'une gradation, qui mettra au pied du mur l'adverſaire le plus obſtiné, pour confondre cette enorme Impoſture, en demontrant mathematiquement,

I. Que toutes les Pieces alleguées renferment des fauſſetés palpables, & qu'elles ne ſçauroient dans aucun Tribunal du Monde être reçûes pour bonnes & valables, pour prouver legalement, que le Duc Leopold Eberhard a jamais eté à Reiovviz; tant s'en faut, qu'elles puiſſent prouver, qu'il y a eté marié.

II. Que quand même on conviendroit, qu'il a reellement eté marié à Reiovviz, ce Mariage n'en eſt pas moins illegitime & nul,

     a) par l'inhabilité du Miniſtre, qui n'etoit pas en droit de le marier.
     b) par le defaut du Conſentement du Pere.
     c) étant contre les pactes de famille de la Ser^me Maiſon de Wirtemberg: &
     d) par ſa Clandeſtinite.

III. Quand même on conviendroit, que ce Mariage a eté legitime, le Comte de Sponek ne peut pas legalement prouver, qu'il eſt né de ce Mariage.

IV. Quand même la Naiſſance d'un George Leopold fils du Duc Leopold Eberhard ſe trouveroit dans les Regiſtres baptiſtaires de Feſtenberg, celui qui ſe dit tel ne ſçauroit legalement prouver, qu'il l'eſt en effet cet individû, dont il y eſt fait mention.

Pour que le Public ne croie pas, qu'on avance ces Poſitions en l'air, on en va demontrer la realité.

On ne ſçauroit diſconvenir de deux principes generaux, que la droite raiſon, les Loix ecrites, & l'uſage a rendu communs à toutes les Nations Chretiennes.

1. Que pour prouver l'exiſtence & la Legitimité d'un mariage, & de la filiation, il faut des preuves convainquantes, deciſives & non ſuſpectes, tirées des Regiſtres des Mariages, & de bapteme; & qu'il n'en faut point admettre d'autres, ſi non dans les cas, ou les Regiſtres ſont peri, ou qu'il n'y en ait point, mais qu'il y ait alors des preuves également fortes.

2. Que le ſimple aveu des pretendus Mari & femme, Pere & Mere, ne prouve rien contre un tiers, qui a droit & interet d'empecher, que ſa famille ne ſoit pas deshonorée par des alliances illegitimes ou honteuſes, ou que les biens de famille ne paſſent pas contre les Intentions des Auteurs à ceux, à qui il n'appartient pas; ſurtout ſi dans l'un & l'autre cas les pretendus Mari & femme, Pere & Mere ont longtems ſoutenu ou affecté de ne pas l'etre.

Quant aux Pieces, qu'on a produites pour prouver le mariage de Reiovviz, nous les examinerons avec une entiere Impartialité l'une aprez l'autre,

Le Nro. I. paroitra du premier coup d'oëil comme l'ouvrage ou d'un ſot fauſſaire, ou d'un homme, qui vouloit faire voir l'Idée, qu'il avoit lui-même de de l'acte, dont il étoit question, en donnant un Certificat aussi irregulier & aussi comique, qu'etoit l'acte, à qui il devoit faire foi.

Voici donc un Certificat, ou plûtôt un Chiffon,

1. Sans date, & on ne sçauroit dire avec fondement, en quel tems ce billet a eté ecrit.

2. Les noms de famille des Personnes mariées, cequi fait le point principal du Contrat, n'y sont pas exprimés; on n'en trouve, que des Lettres initiales, aux quelles un chacun ajoutera tels noms, qu'il conviendra à ses vues.

3. L'année, dans la quelle le Mariage doit avoir eté celebré, n'y est pas marquée du tout.

4. Il est sans signature en forme, & conçu d'une maniere si etrange, qu'on n'y trouve pas même un sens grammatical. On y dit: Je soussigné atteste (que un tiers) Jean Christophle Fuchs a celebré l'acte de Mariage, sans qu'il s'y trouve une signature, qui reponde aux Paroles: Je soussigné.

5. La Legalisation du Magistrat de Skoki, qui attestoit, que ce Certificat etoit ecrit de la propre Main du Ministre Fuchs, ne sçauroit etre reçu en aucun tribunal du monde, par la prevarication manifeste, que ce Magistrat, seduit par le Comte de Coligny & le Sr. Nardin, a commis par rapport à l'extrait du registre des Mariages, dont on parlera toute à l'heure, dans les remarques à faire sur les Nro. 3. & 4.

On doit donc plûtot croire, que cette piece a eté faite par un autre; ou que, si elle est en effet de la propre main du Ministre Fuchs, ce Ministre n'a pas sçu le nom de famille des personnes, qu'il a marié; qu'il est convenu avec eux d'omettre l'année du mariage, & son enregistrement, pour laisser à leur liberté, de choisir telle année, qui leur paroitra convenable dans la suite; & que ne voulant pas refuser la formalité de sa benediction, il n'en vouloit pourtant pas donner un Certificat, qui pourroit avoir des effets civils contre la Justice: ainsi il convient à cet egard à la Hedvviger, le dicton:

Fumum vendidit, fumo punitur.

Bref, cette piece ne sçauroit etre admise, quand même il ne seroit question, que du mariage d'un savetier.

Le Nro. 2. n'est pas d'une nature plus digne de foi, & cette piece renferme par la personne, qui y parle, une subornation très manifeste, qui suffiroit pour demontrer la fausseté de toute sa teneur.

La personne, par la quelle on veut prouver un fait, qui est de la derniere importance, est

a) Un Domestique du Duc de Montbeillard, qui est suivant les Loix en soi-meme non admissible, comme temoin en faveur du Maitre, à qui il est attaché.

b) Cet homme dans sa reponse au premier interrogatoire montre sa mauvaise foi en dissimulant d'etre au service du Duc de Montbeillard, malgré l'alliberation, que ce Prince lui fit faire dans le même acte du serment de fidelité, par lequel il etoit attaché à son service.

B   c) Cet

c) Cet homme, pour augmenter malicieusement la force de sa deposition contre la Cour de Stouttgart, se dit Conseiller de S. A. S. le Duc de Stouttgardt.

d) Cet homme étoit proprement serviteur du Duc de Montbeillard quoique assermenté par le même Duc de Montbeillard au Duc de Stouttgardt pour soutenir ses droits conformement au traité de Wildbaaden, comme on voit par Nro. 2. C'est donc le même homme, qui du tems de la publication de ce traité à Montbeillard, en qualité de chef du Conseil soutient par un serment, que le Duc de Montbeillard n'a jamais veeû dans un mariage legitime, & n'a par consequent aucun enfant legitime & capable de succeder.

e) Ce même homme, comme il conste par Nro. 5. est complice ou l'auteur principal du crime de faux, que le Comte de Coligny a fait faire au Magistrat de Skoki par rapport à l'extrait du livre de Mariage de Reiovviz.

f) il decouvre grossièrement sa supercherie par l'incertitude, dans laquelle il se trouve à l'egard du jour & de l'année du pretendu Mariage, n'en sçachant pas du tout le Jour, il donne pour l'année, le Choix de deux ans 1694. & 1695. Au lieu, que dans le même acte il recite sans hesiter les lieux de Naissance, les Jours & les années du bapteme de quatre Batards avec les Noms & surnoms de tous les Ministres, qui en ont fait la fonction. Est il possible, qu'un homme, qui a eu la memoire asses heureuse, pour se souvenir de tant de circonstances si peu interessantes, eut pu oublier la chose du monde la plus importante, le mariage de son Maitre, dont il pretend avoir eté temoin oculaire?

Y a-t-il juge au monde, qui pourroit faire la moindre attention à la deposition aussi vague, d'un domestique convaincu parjure, & qui, trompette de profession a fait sa fortune en servant les plaisirs de son Prince, par consequent indigne de foi par un nombre infini de lachetés, dont il s'est rendu coupable.

Les Nro. 3. & 4. sont les principaux corps de delit, de l'enorme crime de faux, que le Comte Coligny & le dit Nardin ont fait commettre au Ministre Koch de Reiovviz, & au Magistrat de Skoki, par le quel on a voulu constater le mariage du Duc Leopold Eberhard.

N. 9. Pour que la chose saute aux yeux du Lecteur, on joint Nro. 9. le veritable extrait du Livre de Mariage de Reiovviz, legalisé par le même Ministre Koch, & le Magistrat de Skoki, qui dans la suite ont reconnu par-là leur surprise.

On trouve dans les dites pieces

1. Un crime de supposition.

2. Un crime d'omission.

3. Un crime de dissimulation, & c'est sur ces trois points, que le faux temoignage est fondé.

1. On suppose dans le faux extrait, que les noms de famille de Duc de Wirtemberg Montbeillard & de la Demoiselle de Hedvviger y sont exprimés, pendant que dans le livre de l'Eglise on ne trouve que des lettres initiales, qui seront en eternité, un enigme pour l'homme du monde le plus clair-voyant, tandis, qu'il ne veuille pas se livrer aveuglement à la suggestion & à la bonne foi du premier venu; d'autant plus, que dans le cas present le passage est en Latin, & ces lettres initiales de même, & qu'on ne les sçauroit appliquer aux Personnes en question, sans entrelarder contre l'usage & la droite raison des mots allemands dans un ecriteau latin.

Rien

Rien n'eſt pourtant plus eſſentiel à un Contract, que la determination claire & poſitive des noms des contractants; mais la teneur de cet enregiſtrement
demontre, que le Miniſtre Fuchs n'ayant pas obſervé ce principe univerſel, a
ignoré qui etoient les perſonnes, qu'il a marié, ce qui fait une Nullité inſanable.

Peut on ſuppoſer, que le Miniſtre Fuchs ait ignoré, ce qu'on appelle en Latin
un Duc? Les Garcons de cinq ans le ſcavent, & s'il a ſçu, ce que ces Lettres devoient ſignifier, quelle raiſon auroit il pû avoir, de ne pas le dire en Latin, & de ne
pas exprimer du tout les noms de familles. Par conſequent ce n'eſt qu'une piece
de Theatre, puisque ce Miniſtre a marié le nommé Leopold Eberhard non pas
comme un Duc de Wirtemberg, mais comme un Comte inconnu & anonyme;
Cela ſe voit par le titre de *Periluſtris*, qu'il lui donne, & par le recit qu'il en a
fait au Curé de Skoki nro. 4. ſans cela il n'auroit pas manqué, de lui donner le
titre de ſereniſſime, auſſi bien que le Miniſtre Koch & le Magiſtrat de Skoki.
Il donne auſſi à l'epouſe le titre de *Magnifica, & periluſtris Domina & Virgo*, ce qu'il
n'auroit pas pu faire s'il avoit connu la Hedvviger, fille d'un boulanger, femme
de Chambre d'une Princeſſe & mere d'un enfant, Leopold Eberhard. Ce Miniſtre avoue même, comme cela ſe voit par le Certificat nro. 4. qu'il n'avoit pas
ſcu le nom de la Hedvviger, que le Miniſtre Fuchs lui avoit ſeulement parlé du
mariage du Duc avec une certaine Demoiſelle, ce qui ſe confirme par le Nro. 10. N. 10.
& la belle Enquete Nro. 5.

Il s'en ſuit de ſoi-meme, que ſi le Comte de Coligny avoit ſuggeré d'autres
noms convenables aux dites letters initiales, le Miniſtre Koch & le Magiſtrat de
Skoki les auroit avec la même facilité mis dans leur Certificat, & que par conſequent il n'eſt pas poſible, qu'un enregiſtrement fait de la ſorte puiſſe determiner avec autorité l'engagement le plus important de la vie.

2. On retranche dans le faux extrait toutes les enonciations, qui ſe trouvent dans les livres d'Egliſe de Reiovviz, & qui ne quadrent aucunement ni au
Prince de Montbeillard, ni à la Demoiſelle Hedvviger.

Il y eſt dit, que l'Epoux ſervoit dans les trouppes de l'Electeur de Saxe, &
que la Demoiſelle etoit du Duché de Teſchen. L'un & l'autre ne ſcauroit etre
appliqué aux Perſonnes en queſtion. On y dit en outre, que ces perſonnes
n'ayant pas eu permiſſion de ſe marier au dit Duché de Teſchen, à moins qu'ils
ne changeaſſent de Religion, ſont venu faire leur mariage à Reiovviz. Ce
qu'on ne peut pas dire du Duché d'Oelſe, d'ou les Epoux doivent etre venues.

3. On diſſimule dans ces Certificats, que le paſſage qui contient le Mariage en queſtion, eſt trés ſuſpect.

a) N'etant pas inſcrit ſuivant le tems de la celebration; par conſequent,
que cet enregiſtrement a eté fait aprez coup; ce qui lui ote toute la force de
ſervir de preuve en Juſtice.

La feuille, ou il ſe trouve, contient neuf mariages numerotés, & inſcrits
de ſuite. Celui, dont il s'agit, & qu'on prétend etre du premier Juin, eſt le
neufieme, & le dernier de la feuille, au lieu, que ſuivant ſa date il devroit etre
le quatrieme, & inſcrit au milieu de la feuille, entre un mariage du 29. Maj.
& un autre du 3. Juillet, ſi le Miniſtre Fuchs l'avoit enregiſtré, comme Nardin
l'a cru Nro. 2. le Jour de ſa celebration. Il eſt donc inconteſtable, qu'il a eté
inſcrit aprez coup, ſans pouvoir determiner, quand cela a eté fait.

B 2   Or,

Or, rien n'eſt plus eſſentiel à un regiſtre, qui doit faire foi, que l'enregiſtrement de ſuite ſelon les Jours, qu'un acte, dont on veut aſſurer la legalité
& la certitude, a eté celebré. On a même eu la précaution en France, que ce
Principe, quoique la droite raiſon le dicte d'elle même, eſt ordonné tout exprés dans les Loix, que les Rois ont faites pour former les regiſtres de baptêmes & de mariage. Et quels affreux inconveniens n'en reſulteroient ils pas,
ſi on pouvoit fonder droit ſur des enregiſtremens faits aprez coup, & hors de
l'ordre de la date.

b) On diſſimule dans le Certificat, que ce paſſage eſt extremement ſuſpect
étant dans une autre langue, que celle, dont on ſe ſervoit pour tous les autres mariages, qu'on trouve dans le livre de Reiovviz.

Cette ſingularité ne devoit elle pas naturellement faire naître le ſoupçon,
qu'un autre que le Miniſtre Fuchs l'a inſcrit, & que le fauſſaire a mieux aimé
ſe ſervir d'une ecriture latine, à fin que la difference du caractere, dont on ſe
ſervit, plus facilement apperçu dans la même Langue & ſur la même feuille, fut
moins remarquée.

N'eſt ce donc pas un crime de faux dans toutes les formes, qu'aprez tous
ces defauts, qui ſe trouvoient dans le Regiſtre de Reioviz, le Miniſtre Koch &
le Magiſtrat de Skoki atteſtoient ſoit par malice, ou par ſimplicité: *Præmiſſa
vere & realiter eſſe contenta; Librum authenticum metrices Templi Reiovvizenſis omni vitio & ſuſpicionis nota carentem, proprium vidimus & teſtatum facimus, punctum copulationis ſupra ſcriptum eſſe verum, reale, non immutatum, nobis officioque noſtro optime notum, ſanum, ſalvum ac illæſum.*

Il faut avouer, qu'il ſera difficile de trouver dans les Hiſtoires un exemple,
ou on eut ſoutenu ſi longtems une Impoſture fondée ſur de pieces auſſi frivoles, que celles qu'on vient d'alleguer, & qui etoient l'unique fondement, ſur
le quel on a oſé ſans pudeur non ſeulement taxer la ſacrée Perſonne de ſa Majeſté Imperiale d'injuſtice criante, de Partialité, des Vues d'interet particulier,
mais encore de tacher de ſurprendre la Religion de ſa Majeſté trés Chretienne,
pour faire un tort infini aux Droits de la Serme. Maiſon de Wirtemberg, ſi la Juſtice de ſa dite Majeſté, & du digne Miniſtere, qui ſe fait tant admirer dans
tout l'Univers, avoit eté ſuſceptible de prévention.

Le Nro. 5. eſt l'enquete faite à la requiſition, ou plutot à la direction
du Comte de Coligny & du Sr. Nardin. Rien n'eſt plus ridicule, que cette
Piece; elle eſt même accablante pour Mr. Sponek.

La fineſſe, qu'on y a employée, eſt couſſue de fil blanc ſur du Drap noir,
& la ſimplicité des temoins fait autant pitié, que les Impoſtures des autres meritent de mepris.

Tout y concourt pour demontrer la préparation & la ſuggeſtion de Coligny & de Nardin, & outre qu'un temoignage rendu de telle façon ſans les precautions requiſes par les Loix, & ſans appeller les parties intereſſées, ne ſcau-
roient ſervir en Juſtice, la teneur de cette Enquête n'eſt d'ailleurs d'aucune
conſequence pour ce, que le Comte Sponek a voulu prouver. Qu'eſt ce qu'elle contient? Des oui dire, des Contradictions, des riens.

Il s'agit de prouver, que le Duc Leopold Eberhard de Montbeillard a eté
legalement marié avec Anne Sabine Hedvviger le 1. Juin de 1695.

I. *Le*

1. *Le Miniſtre Koch* dit avoir oui dire du feu Miniſtre Fuchs, qu'il a marié le Duc de Wirtemberg Montbeillard avec une certaine Demoiſelle.

2. *Sa Femme* dit avoir oui dire du Miniſtre Fuchs, qu'il a marié deux Perſonnes de qualité de Prince, mais qu'elle en ignore les Noms; ce qui prouveroit, que la H. avoit eté une Princeſſe.

3. *George Fuchs* dit, que ces deux Perſonnes ſont arrivées chez ſon Pere le Miniſtre Fuchs, qu'il les a ſervi chez ſon Pere, & que le Pere les a marié.

4. *Sa Femme* dit avoir entendu parler de deux Perſonnes de Condition de Prince, ſans ſçavoir leur Nom.

5. *Michel Zado* atteſte, qu'une veuſve le lui a dit la veille de la date de l'enquete ſans les nommer. &c.

6. *Jean Zerbs* dit auſſi l'avoir entendu de la veuſve & d'autres.

7. *Honeſt Martin Friz* dit l'avoir entendu de cette veuſve.

8. *Paul Deutſch* la meme choſe.

9. *Stephan Renz* dit, que ſa femme a eté dans l'Egliſe, & y a vu copuler le Duc Leopold Eberhard de Montbeillard, & la Demoiſelle Anne Sabine de Hedvviger.

10. *Matthias* Buſs dit, qu'il atteſte, que les autres le diſent.

11. *Chriſtophle Sager* nomme les perſonnes, & dit avoir vu la Copulation.

12. *Famatus Jean Weſtel* dit d'avoir oui dire, que ſon Beau-Pere le Miniſtre Fuchs a marié deux Perſonnes de qualité de Prince, dont il a oublié les noms.

Que l'on remarque ici les contradictions nommément quant aux perſonnes, qui doivent avoir vu la Copulation.

Nardin a dit nro. 2. qu'à la Celebration du Mariage il n'y avoit, que les deux Epoux, lui, le Miniſtre & le Marguiller.

La femme de George Fuchs dit avoir entendu dire, qu'elle a eté faite en préſence de beaucoup de Monde.

Michel Zado dit, que ſa belle ſoeur lui a dit, que feu Jean Zado y a eté préſent.

Stephan Renz dit, que ſa femme a eté préſente.

Chriſtophle Sager dit avoir vu la Copulation au travers de la Porte de l'Egliſe.

Chriſtophle Sager, Michel Zado & George Fuchs declarent Nro. 11. qu'ils N. 11. ont connoiſſance de ce mariage, que le deux Epoux ont eté copulées en habit d'homme, & qu'on ne pouvoit pas diſcerner l'Epouſe d'avec l'Epoux.

Il n'y a en Verité rien de plus puerile, & de plus pitoyable, que cette Enquette, qui à peine pourra prouver, qu'un Jour, ſans ſçavoir, quel Jour, ni en

C quelle

quelle année des perfonnes etrangeres & anonymes ont eté tumultuairement mariées à Reïovviz; tant s'en faut, que l'on puiffe prouver par-là, que c'etoit le Duc Leopold Eberhard, dont la Perfonne etoit entierement inconnue au Miniftre Fuchs, & aux bourgeois de Reïovviz, & en la place du quel la Hedvviger a pû fubftituer un chacun, pour emprunter pour cette fcene le nom du dit Duc.

Il n'eft pas même phyfiquement poffible, que le Prince Leopold Eberhard à juger des Ordres, qu'on lui a expediés alors de la part de l'Empereur & du Confeil de Guerre, de Liftes des Regiments, des recueils tirés des archivs de la Chancellerie du Confeil de Guerre, des certificats du commiffariat & de pareilles pieces, que les avocats des Barons de Lefperance ont produites à la cour de France, ait pû etre le 1. Juin 1695. à Reïovviz, & qu'il doit avoir eté ce Jour-la à Szoboslau fous le Commandement du Comte Solar en marche vers Segedin.

Il n'eft non plus moralement poffible, que ce Prince dans le meme tems, ou il follicitoit, auprés de l'Empereur pour recompenfe de fon application au fervice militaire l'avancement de General Major, eut pû fuir les Turcs à plus de deux cent Lieues, pour fe marier honteufement à Reïovviz, avec une perfonne, qui etoit accouchée quelque mois auparavant d'un Enfant batard, & qui avoit depuis longtems prodigué à l'abandon toutes fes faveurs non feulement au Prince, mais encore au jeune Zedliz, dont on parlera ci-aprez.

Le Nro. 6. Ne fert que pour augmenter le nombre de ceux, que le Comte de Coligny & Nardin ont fuborné pour rendre des faux temoignages à l'Egard du Regiftre de mariages de Reïovviz.

Au refte, comme dans toutes les Pieces, qu'on vient d'examiner, on ne trouve pas une ombre de ce qu'on pourroit appeller preuve, il eft conftant, ou que toute l'hiftoire de Reïovviz eft une pure fable ou que cette demarche doit paffer plûtot pour un Jeu d'Amant & pour un acte tumultuaire, que pour une demarche capable à determiner, & à legalifer l'action de l'homme la plus ferieufe & la plus importante.

Le certificat Nro. 1. a fait foi, que le Miniftre Fuchs ne l'a pris pour autre chofe, & toute la Conduite, que le Duc Leopold Eberhard & la Hedvviger ont tenue 25. ans de fuite, y a repondu à merveille. Il eft vifible, que ces deux perfonnes ne l'ont regardé que comme une Comedie par le ci-joint Nro. 12.

N. 12.

Cette Piece a eté expedieé à la veille de l'execution du deffein, qu'on avoit formé long temps auparavant, ainfi aprez des longues deliberations en voulant conftater la Legitimité du pretendu Mariage de Reïovviz.

L'Illuftre rejetton de cette alliance devoit chercher lui même les moyens pour la foutenir en juftice, & c'etoit l'an. 1720. qu'il devoit entreprendre le voiage de Reïovviz. Le Duc Leopold Eberhard dit dans cette piece, que le mariage s'eft fait le premier Juin environs l'an. 1694. La Comteffe de Sponek, qui menoit cet ouvrage, n'en etoit pas plus fçavante, & ce n'eft, qu'aprez que le Comte de Coligny & Nardin ont pu s'ajufter avec le Miniftre Koch, & qu'apparement on a trouvé dans le Regiftre de Reïovviz fur la feuille de l'année. 1695. un efpace vuide, pour y mettre le paffage en queftion, qu'on a fçu fe determiner fur le 1. Juin de l'année 1695.

Eft il humainement poffible, que deux Epoux legitimement mariés aient tellement pû oublier l'anneé de leur mariage, qu'avec des reflexions & recapitulatulations de plufieurs années, ni eux, ni le Sr. Nardin, qui en pretend avoir été temoin oculaire, n'aient pas pû s'en reffouvenir?

Voici le premier article, qui fe developpe facilement par les propres pie-ces, que Sponek a rapporté pour prouver le contraire.

PAffons au *fecond* article de notre gradation en pofant le cas, qu'il foit prouvé legalement, que le Duc Leopold.Eberhard de Wirtemberg Montbeillard ait eté marié avec Anne Sabine Hedvviger le 1 Juin 1695. Le mariage n'en eft pas moins illegitime & nul. Ce n'eft ni le batiment en forme d'Eglife ni le nom & l'habit du curé, ni la prononciation de la benediction nuptiale, qui fait la legiti-mité d'un mariage. C'eft la conformité aux Loix, qui font fagement etablies, pour le Bonheur & la Bienfeance de la fociété civile. On a dans cette vue fixé les degrés de la confanguinité & affinité, & pour qu'il ne fe faffent pas des ma-riages defavantageux aux parties contractantes, il faut le confentement des pa-rents: & pour qu'il ne fe faffe rien contre l'un & l'autre, les curés & les mini-ftres n'ofent celebrer aucun mariage, fi non qu' aprez avoir obfervé les differen-tes Loix, qui leur font prefcrites en chaque païs. A examiner le mariage en que-ftion fuivant les Loix, qui font communes à toutes les nations Chretiennes, Ca-tholiques & Proteftantes de la Confeffion d'Augsbourg, on trouvera d'abord, qu'il eft illegitime & nul,

1. Par l'inhabilité du Miniftre Fuchs, qui n'etoit pas en droit de marier dès perfonnes, qui n'etoient pas de fa Paroiffe, il avoit même outre les defenfes communes une toute fpecielle fuivant Nro. 13. Il n'avoit aucun certificat de leur **Nr. 13.** domicile, & il eft conftaté par le Nro. 1. jufqu' à 12. que le dit Miniftre Fuchs ne connoiffoit ni le Prince Leopold Eberhard ni la Demoifelle Hedvviger, il n'en fcavoit, ni le nom ni le domicile, ni celui de leurs peres & meres, il accepte des fauffes excufes de leur arrivée, des fauffes affurances de leur Etat, des Per-fonnes deguifées, une fille en habit d'homme, que les fpectateurs n'ont pas pû diftinguer de l'Epoux, & telle, qu'on la peut prefenter dans un Roman plûtot, que dans une Eglife pour l'acte de la vie le plus facré & le plus important. Qu'eft ce qui pouvoit affurer le Miniftre Fuchs, que ces perfonnes n'etoient pas coupa-bles du crime de rapt, qu'elles n'etoient pas mariées ailleurs, que les parents avoient confenti, qu'elles n'etoient pas d'un degré defendu, qu'elles n'avoient pas pris un autre nom pour jouer la piece à quelqu'un? Enfin les inconveniens les plus horribles en refulteroient, fi un mariage tel que celui ci, pouvoit etre re-gardé comme legitime. Il eft nul

2. par le defaut du confentement du Pere.

On avance impudemment le contraire dans les memoires de Sponek, fans la moindre preuve ou fondement: Il eft connu, que le Duc George etoit le Prince du monde le plus difficile & qui n'entendoit pas raillerie avec fon fils, qui le craignoit extremement.

Il eft notoire à la Cour de Durlac, que le Duc George aprez fa reftitution a fait un voiage à cette Cour avec fon fils le Prince Leopold Eberhard dans l'in-tention de le marier avec une Princeffe de cette Serme Maifon; on a envoyé me-me des Perfonnes à Montbeillard, pour s'informer fous main de la conduite de ce Prince; Mais fa fingularité en a fait bientot perdre l'Envie.

Il eft fi peu vrai, que le Duc George ait eu connoiffance de ce pretendu mariage, qu'il regardoit la Hedvviger comme une fille, qui etoit avec fa mere. Cette mere avoit fuivi fon fils, qui etoit officier de la cour du Duc, & com-me elle avoit eté auparavant employée à la cour d'Oelfe comme confituriere, & puis comme femme de charge, qui avoit l'infpection fur plufieurs chofes, qui regardoient le menage, elle fut employée a Montbeillard dans la même qualité. Le ci-joint Nro. 14. tiré des Lettres Originales du Duc George en fait foi. **Nr. 14.**

Ce Mariage eſt illegitime

3. parce qu'il eſt contre les paƈtes de la Serᵐᵉ Maiſon de Wirtemberg.
Nr. 15. Nro. 15. en fait voir la convention de cinq freres de 1617. portant entre autre, qu'aucun Prince de Wirtemberg ne ſe mariera ſans le conſeil à l'inſcus & ſans la volonté & agrement du Chef de la famille, ſur tout avec une perſonne, qui n'eſt pas de la dignité de Prince. La Concluſion de ce traité porte, que tous les points contenus dans cette convention doivent en tout tems obliger non ſeulement les Princes alors contraƈtants, mais encore tous leurs heritiers, & deſcendants; & ce traité a eté unanimement confirmé par ſerment corporel.

Ce ſeul point ſeroit ſuffiſant d'exclure le comte de Sponek de toute ſucceſſion dans des biens de famille de la Maiſon de Wirtemberg, quand même le mariage de ſa mere auroit été contraƈté avec toute la legalité imaginable.

Ses avocats en ont aſſez ſenti la force, c'eſt pourquoi ils ont employé toute leur eloquence pour eblouir le public par le Diplome de l'Empereur Leopold de l'an 1701. ou la famille de Hedvviger eſt vantée comme une des plus anciennes familles nobles de Sileſie, & que c'étoit par conſideration de cette ancienneté, qu'Anne Sabine Hedvviger, & ſes freres, dont on n'attaque pas le merite, ont eté la dite année elevés à la dignité de Comte & de Comteſſe. On a prouvé par un grand nombre des preuves produites au Conſeil aulique de l'Empire que le Diplome mentionné a été obtenû par des ſub- & obreptions, tout comme les lettres de naturalité avec les qualités de Princes & Princeſſes, Couſins & Couſines de Sa Majeſté ont eté obtenu en France l'an 1719. Et que la mere de ce Sponek a eté fille d'un Boulanger de Ligniz Jean George Hedvviger, qui aprez avoir quitté le metier a acheté une petite ferme bourgeoiſe a Golsdorf. Ses freres & ſes parens ont eté de tout tems paiſans & bourgeois Boulangers, Cabaretiers, & des ſemblables metiers. La mere etoit, comme on a deja dit, confituriere & femme de charge de Madᵐᵉ la Ducheſſe d'Oels, & la fille ſa femme de Chambre, & connue de ſi baſſe origine, que ce Zedliz, dont on parlera ci-apres, engagé par des faveurs criminelles à lui promettre le mariage, l'a alNr. 16. legué Nro. 16. entre autres exceptions devant l'officialité de Breslau.

Au reſte on s'eſt tellement dechainé contre le Traité de 1617. qu'il n'y a rien, qu'on n'ait oppoſé contre ſa validité. Il etoit, diſoit on, contre les Loix divines & humaines, contre la liberté naturelle des mariages, contre les droits des ſucceſſeurs par la providence de leur auteurs, qui ne ſont pas obligés à des ſemblables paƈtes; du moins, diſoit on, ce traité n'eſt pas applicable aux terres ſituées en France, ou l'inegalité des conditions n'eſt regardée de ſi prés. On eſt ſurpris de la hardieſſe de quelques Particuliers, qui oſent debiter des Maximes auſſi contraires aux deciſions du Parlement, & du Clergé en France. Le *Parlement* n'at-il pas declaré nul (le 5. Sept. 1634.) le mariage de Monſieur avec Marguerite de Lorraine, parce qu'il s'étoit fait à l'inſçu du Roi? Et *le Clergé de France* n'a-t-il pas decidé de meme? L' *aſſemblée du Clergé* (dit le P. Daniel dans ſon Hiſtoire de France, a l'année 1635. au 7. Sept.) *ſe tenant à Paris, on y decida, après avoir pris l' avis des Docteurs, & des Religieux de divers ordres, que les mariages des Princes du ſang, & principalement de ceux, qui ſont les plus proches de la couronne, faits ſans le conſentement du Roi, & beaucoup plus contre ſa defenſe, ſont nuls.*

Qu'on nous diſe après cela, ſi une convention, comme celle de 1617. faite entre les auteurs des familles, n'eſt pas compatible avec les Loix divines & humaines? Si le conſentement des Parens eſt requis par les Loix, pour la validité d'un mariage, des pareils paƈtes de famille, qui en reglent les mariages, ſont bons & valables, par les Loix mêmes. La nature du mariage,
qui

qui eſt le fondement de la ſocieté civile veut outre cela, que regulierement un chacun faſſe un choix, qui ſoit convenable a l'Etat, qu'il tient dans la ſocieté civile. Ainſi rien n'eſt plus conforme aux loix & uſages de France, que le traité de 1617. Dans toutes les ordonnances du Royaume il eſt une des principales raiſons mouvantes des precautions, qu'on y établit & des punitions, qui y ſont ſtatuées contre les mariages faits ſans le conſentement des Parens, d'eviter les meſalliances: Si le mariage d'une perſonne d'une haute naiſſance avec une roturiere, mais qui par ſon merite & ſon bien peut faire l'avantage de l'autre, n'eſt pas reputée en france, deshonorer une famille, on ne le doit pas vouloir tirer à conſequence en faveur du mariage d'un Prince ſouverain avec une roturiere, iſſue de la lie du peuple & d'une conduite dereglée. Les françois mettent l'extreme meſalliance entre les empechemens dirimants: Ou le mariage, dit Mr. Gibert dans ſes conſultations Canoniques Tom. II. Conſultat. XLVII. a eté, parcequ'il a eté contracté en minorité ſans le conſentement des parens; ou que le commerce avoit commencé en ce tems-là; ou pour une extreme meſalliance, ou pour les dereglemens precedents de la concubine capable de deshonorer infiniment une honnete famille, ſur tout, ſi elle etoit conſtituée en dignité. Le même Mr. Gibert en parle de la même facon Tom. III. Conſult. LX. p. 320. & on pourroit rapporter un grand nombre d'exemples, ou la juſtice des Rois a empeché avec éclat des mariages, qui n'etoient pas convenables aux familles conſtituées en dignité.

Ainſi rien n'eſt plus juſte & plus louable, que l'engagement de 1617. trés commun, ſi non univerſel, à tous les Princes d'Allemagne. Cette convention eſt outre cela d'autant plus obligatoire pour les Princes de Montbeillard, que cette branche ne poſſedoit pas cette principeauté de propre droit, mais par la libre conceſſion du Duc Jean Frederic ſous les clauſes & conditions du dit traité de 1617.

Il conſte par les actes publiques que toutes les poſſeſſions de la maiſon de Wirtemberg ont eté miſes dans un corps, que toutes les *deſcendanes de Montbeillar* ont eté grevées d'une ſubſtitution perpetuelle & graduelle en faveur des Princes & Princeſſes, qu'on y a établi le droit d'aineſſe, confirmé par l'Empereur Maximilien, *Comte de Bourgogne.*

En vertu de ce droit d'aineſſe le Duc Jean Frederic poſſedoit dix ans toutes les dependances du Duché de Wirtemberg & de la principauté de Montbeillard, & les Princes puis nés ne pouvoient pretendre, que leur appanages en argent; ainſi c'etoit de pure & libre volonté, & par des Raiſons de famille, que le ſuſdit Duc Jean Frederic a conſtitué la ligne de Montbeillard par ſon frere Louis Frederic, qui ſes deſcendants etoient par là d'autant plus obligés aux conditions du traité de 1617. que c'etoit uniquement par benefice de ce même traité, qu'ils ſont devenus poſſeſſeurs fideicommiſſaires de la principauté de Montbeillard par rapport à la quelle ils ne pouvoient rien faire, qui fut contraire aux Loix de famille; par conſequent le mariage contracté avec une perſonne d'une baſſe origine & de mauvaiſe conduite à l'inſçu & l'agrement du chef de la famille, tel qu'eſt le pretendu mariage de la Sponek, ne pouroit independemment des autres empechemens avoir aucun effet civil pour la ſucceſſion dans les biens de famille, deſorte qu'il n'y a point d'echappatoire par rapport à ce traité. *S'il eſt valide; le mariage en queſtion ne peut pas ſubſiſter: S'il n'eſt pas valide; Le Duc Louis Frederic & ſes deſcendens perdent de ſoi même la poſſeſſion de la Principauté de Montbeillard, qu'ils n'avoient obtenue que par ce Traité.*

Ce mariage eſt enfin nul par ſa clandeſtinité.

4. Poſons, que le defaut du conſentement du Pere, & du Chef de la famille ne le put pas annuller, Sponek n'a apporté aucune preuve que ce mariage a jamais eté declaré & publié.

D   II

Il pretend, qu'il a eté celebré le 1. Juin 1695. & ce n'est que depuis l'an 1719. à l'occasion des lettres de naturalité, qui sont la premiere source des pretensions de Sponek & des Lesperances, qu'on en a la premiere fois parlé publiquement; aussi il ne s'en trouve dans cette grande Epoque de 24. ans aucun vestige. On allegue un seul & unique acte, dans le quel le Duc de Montbeillard doit avoir reconnu, que la Sponek etoit sa femme, qui est celui du preten-

N. 17. du divorce de l'an 1714. Nro. 17.

Notez

1. Que cet acte est presque aussi clandestin, que le mariage, n'etant jamais parvenu à la connoissance publique, qu'aprés l'année 1719. & que ce divorce est la chose du monde la plus ridicule, la plus difforme & la plus irreguliere.

2. Un divorce suppose, ne prouve pas un mariage.

3. Il ne rend pas legitime un mariage, qui etoit d'une nature illegitime.

4. Il saute aux yeux, que ce divorce etoit un jeu de theatre inventé, comme il a eté bien deduit dans les memoires de Sponek, par l'intrigue de l'autre concubine la Baronne de l'Espérance, qui apparement avoit deja formé le projet du mariage, qui doit avoir eté mis en execution l'an 1718. & la quelle craignoit que tôt ou tard, la scene de Reiovviz toute Phantastique qu'elle etoit, pourroit faire du tort à ses vües.

Le Prince Leopold Eberhard dit dans son fait imprimé l'an 1721. de n'avoir plus cohabité avec la Sponek depuis l'an 1700. qu'il a cohabité aprés avec les deux Sœurs les Baronnes de l'Esperances, & il continua son commerce criminel avec la derniere, le reste de sa vie.

Ainsi ce n'etoit pas un principe de religion ni le scrupule d'oter le scandale, qui ait formé cet acte de divorce, mais il etoit l'Effet d'une intrigue, dont on ne sçauroit dire le veritable motif; puisque ce Prince etoit tellement en proie à ses concubines, & ses Batards, qu'il ne savoit plus lui meme ce qu'il faisoit.

Quoiqu'il en soit, il est constant, que cette piece, qui est l'unique, que Sponek sçauroit alleguer d'une Epoque de 25. ans, ne prouve absolument rien contre la clandestinité, que la Ser^me Maison de Wirtemberg soutient entre autres argumens invincibles, contre le pretendu mariage de la dite Sponek.

On va le prouver plus manifestement. Sponek pretend que sa mere a eté mariée le 1. Juin. 1695.

Nous la voions le 21. Mars 1695. devant l'officialité de l'Eveché de Breslau pour poursuivre en promesse de mariage le Sr. Gottlob Leopold de Zedliz dont

N. 18. les promesses de mariage sont jugées valides & obligatoires. nro. 18.

L'imprimé du Duc Leopold Eberhard de 1722. conforme à la deposition de Nardin Nro. 2. nous la donne 9. Jours aprés, sçavoir le 30. Mars 1695. accouchée d'un enfant mâle nommé Leopold Eberhard.

Le 18. Aout 1695. nous la voions paroitre en fille devant l'officialité de Breslau prés de 3. Mois aprés le pretendu Mariage de Reiovviz, ou enfin les promesses de Mariage en faveur du Sr. Zedliz sont cassées avec permission de

N. 19. se marier ailleurs. Nro. 19.

Ell

Elle continue dans cette qualité sa charge de fille de Chambre de la Duchesse d'Oelse, & aprés la restitution du Duc George par le traité de Ryswick elle suit dans cette qualité sa mere qui est allée avec son fils officier de la Cour du Duc à Montbeillard pour y faire la femme de charge comme elle avoit fait à Oelse. Nro. 14.

Le 18. Septembr. 1699. & le 17. Octobr. 1700. elle paroit en qualité de fille Anne Sabine de Hedvviger comme maraine de deux Enfans de Henriette Hedvvig l'Esperance.

Voyez les memoires de Lesperance, & ci dessous Nro. 20.

Le 20. Juillet 1701. elle paroit en qualité de fille, & de Demoiselle de Chambre de la Duchesse d'Oels dans un contract de permutation avec son frere, alors Marechall de Cour de Montbeillard.

Le 2. Aout 1701. elle paroit en qualité de fille dans le Diplome de l'Empereur Leopold.

Peut on s'imaginer, que cette femme eut pû gagner sur elle de ne pas faire mention de son mariage avec le Duc Leopold Eberhard à l'occasion de son Elevation à la Dignité de Comtesse, si elle avoit eté reellement marié, ou que la scene de Reiovviz n'eut pas eté une pure Comedie, qu'elle ne regardoit pas elle même pour un acte legitime.

Voiez le Diplome imprimé dans les memoires de Sponek.

Le 4. Aout 1701. elle paroit en qualité de fille dans l'exposé de son frere, & dans sa propre signature, & dans la confirmation de son contract, ou le Prince la nomme la trés noble Demoiselle Anne Sabine Comtesse de Sponek Dame de Carzfeld, sœur de Hedvviger, Demoiselle de Chambre de sa Dilection S. A. S. la Duchesse d'Oels.

Voyez les imprimés des Barons de l'esperance.

Elle se nous presente en cette qualité dans toute la suite du tems jusqu'a l'année 1719. & même un grand nombre d'année couchée en même tems avec l'autre Concubine la Baronne de l'Esperance dans la Chambre du Prince; & il est d'une notorieté publique, qu'elle n'a jamais eté traitée comme espousé ni avec d'autres noms ou qualités, que de Comtesse de Sponek jusqu' aprés les lettres de Naturalité de 1719. On n'a que voir le livre de Bateme à Montbeillard dont on joint ici l'extrait nro. 20. ou elle ne paroit jamais d'autre qualité qu'en N. 20. Comtesse de Sponek ou Madame de Hedvviger, & ses Enfans sous les noms de George Leopold Comte de Sponek, & Leopoldine Eberhardine Comtesse de Sponek, & celle cy même toujours aprés la Baronne de l'Esperance alors maitresse du Duc, ce qui ne convient pas aux Enfans legitimes d'un Prince Souverain.

En veut on une preuve plus forte? Qu'on considere le Duc Leopold Eberhard de Montbeillard l'an 1715. faisant un voiage tout exprés chez le Duc de Wirtemberg Stouttgard à la solicitation de ces femmes & Enfans pour leur assurer un morceau de Pain aprés sa mort, ce qui a donné occasion au fameux Traité de Wildbaaden du 18. May 1715. Nro. 21. Du premier abord on trouve que N. 21. toute la malice du monde ne scauroit à cet Egard rien excepter contre la bonne foi, que la Cour de Stouttgard a observé dans ce Traité, & il n'y a pas le moindre soupçon d'une surprise de la part de cette Cour. Le voiage du Prince de Montbeillard à Stouttgard demontre, que c'est lui, qui a donné occasion à ce Traité, les remors de sa conscience, & la conviction de l'illegitimité des ses concubines & Enfans l'ont engagé à cette demarche, & tout ce qu'il a fait aprés son retour à Montbeillard, & la satisfaction de ces femmes & enfans, avec tout ce qui s'y est passé en consequence, demontre, qu'alors il n'y avoit personne, qui s'imaginoit etre en droit, de former la moindre exception.

D 2   La

La fubftance de ce Traité eft, que 1. le Prince de Montbeillard dit, qu'il n'a jamais eté legitimement marié.

2. Qu'il a procreé trois fortes d'Enfants illegitimes & naturels. On n'en veut nommer que ceux, qui font encore en vie, fçavoir de Madame de Sponek, George Leopold, & Leopoldine Eberhardine, de la Henriette Hedvvig Baronne de l'Efperance Charles Leopold, Ferdinand & Eleonore Charlotte. Ceux de la derniere concubine fa foeur, Elifabethe Charlotte Baronne de l'Efperance, qui y etoient nommés, font mort depuis.

3. Reconnoiffant la validité & l'obligation des anciens Traités de Famille par rapport aux mariages, il promet de ne pas fe marier pendant la vie de la dite Concubine, & aprés fa mort de ne pas fe marier autrement, que comme il convient par les dits Traités. Pour ce qui regarde fa liaifon avec la Baronne de l'Efperance, c'etoit une chofe, qui interreffoit uniquement la confcience du Duc de Montbeillard, Prince fouverain, & dont le Duc de Stouttgard ne fe pouvoit pas meler, qu'en tant, qu'il en auroit voulu tirer des confequences contraires aux droits & interets de la Serme. Maifon.

4. On regla les alimens pour toutes ces femmes & enfans nés & à naitre à 12000. florins de Rhin.

Ce Traité fut acheve en toute forme, figné des deux Princes contractants, & de leurs confeils, favoir de la part de Stouttgard, du Comte de Græveniz, du Baron Thungen, de Mr. de Schunck, de la part de Montbeillard de Mr. de Sandersleben, du Comte de Sponek, frere de la pretendue Epoufe, & de Brifechoux.

Il fut encore plus legalifé par la fuite au retour du Prince à Montbeillard, ou ces femmes & enfans etoient extremement fatisfaits de leur fort.

N. 22.   Voici Nro. 22. comment le Duc de Montbeillard en parle à fon retour à Montbeillard.

N. 23.   Voici Nro. 23. ou il fait preter ferment Corporel a tout fon Confeil fur la teneur & execution du Traité de Wildbaade. On y trouve à la téte ce meme Nardin qui cinq ans aprez commet & fait commettre le crime de faux par rapport au pretendu Mariage de Reiovviz.

N. 24.   Voici Nro. 24. l'acte d'approbation le plus folemnell de la part des ces deux pretendues femmes pour elles & pour leurs Enfants.

Voyéz auffi l'acte de Sponek à Louysbourg du 18. Octobr. 1715.

Les deux Enfans de Madame de Sponek y font la meme chofe, & quoiqu'ils n'avoient alors que le fils 17. ans, & quelque mois, & la fille 18. leur Minorité ne donne pourtant aucun fondement d'exception, dans une affaire, ou il eft queftion du fait des pretendus Pere & Mere, c'eft à dire de leur mariage, qui eft decidé non pas par la renonciation des Enfants, mais par la confeffion des parens : & fi on a demandé leur fignature & renonciation, c'etoit par une confequence naturelle de l'aveu des pretendus Pere & Mere, & pour en conferver la memoire avec d'autant plus de folennité, puifque les Enfans ont eté temoins de la confeffion de Pere & Mere; outre que le confeil leur a donné pleine connoiffance de Caufe, & le Prince tant comme Pere, que comme Souverain a confirmé l'acte, qui a eté dreffé la deffus, ce qui fe rapporte pareillement à la confirmation, que George Leopold de Sponek a donné par ferment quelque mois aprés fçavoir de 10. Oct. de la même année, que fe trouve dans fes imprimés. Enfin la plus noire malice ne ne fcauroit avec le moindre fondement foupçonner la Maifon de Stouttgard la moindre furprife dans le Traité de Wildbaaden dont on vient de parler. Car

1. C'eft le Duc de Montbeillard, qui fait tout exprès un Voïage pour le conclure.

2. Etant de retour en pleine liberté dans fa refidence il temoigne fa fatisfaction, & fa reconnoiffance.

3. Les deux pretendues femmes, la Comteffe de Sponek & la Baronne de l'Efperance, quoique la premiere perdoit pour le paffé tous les pretextes de legitimité de mariage, & la feconde pour l'avenir toute l'efperance, de pouvoir jamais devenir Epoufe legitime du Duc, bien loin de former la moindre exception la-deffus, font charmées de leur fort, & le confirment de la maniere du Monde la plus folennelle, de forte, que fi jamais le Duc de Montbeillard a fait une action libre, & qui lui etoit originale, & exempte de toute furprife, c'etoit le Traité de Wildbaaden, & les actes, qui l'ont fuivi.

Le Duc de Montbeillard en reitere fa fatisfaction Nro. 25. & folicite le Duc de Stouttgard, de vouloir ratifier tout ce qu'il avoit fait à Montbeillard en confequence du Traité de Wildbaade.   N. 25.

Et quelle eft fa Joïe, aprez que ce dernier lui en envoye fa ratification. Nro. 26.   N. 26.

Tout ce qu'on vient de rapporter, eft plus que fuffifant pour confondre l'impofture affreufe du Comte de Sponek, que l'on voit demafquée par des preuves fans replique, la plupart tirées des pieces qu'il a produites lui même pour conftater le pretendu Mariage du Duc Leopold Eberhard avec Anne Sabine Hedvviger, & de fa pretendue publicité.

Paffons par furabondance au *troifieme* point de nôtre gradation pour demontrer, que quand méme il auroit eté legalement prouvé, qu'il y a eu un Mariage legitime entre le Duc Leopold Eberhard de Montbeillard & Anne Sabine Hedvviger; le nommé Comte George Leopold de Sponek ne peut pas prouver legalement, qu'il eft né fils legitime du dit Mariage. Sa preuve unique eft Nro. 7.

Car le Nro. 8. de Mme la Ducheffe d'Oels ne port qu'un fimple rapport fans preuve, & on voit par la méme piece, qui accufe Funck d'avoir abufé des blancs fignés, que cette Princeffe facile à donner des Cartes blanches, en pourroit avoir donné encore d'auters, qui avec le tems auroient fervis d'atteftat.

Mais ce qui eft de Nro. 7. il faut remarquer plufieurs chofes tres notables pour voir la fauffeté de cette piece.

C'eft un Certificat, que le Miniftre Opfergeld à Magdebourg, a donné à Magdebourg le 8. Septembr. 1722. qu'il a baptifé à Feftenberg en Silefie le 12. Dec. 1697. un Enfant male, George Leopold.

1. La régle eft, pour prouver la filiation, de rapporter des extraits baptiftaires non fufpects de l'endroit, ou le bapteme doit avoir eté celebré.

E   2. L'avo-

2. L'avocat de Sponek pour furprendre le public, nomme le dit certificat extrait baptiftaire.

Voyez tous les memoires imprimés fur tout celuy de l'an 1716, p. 63.

Un Extrait fuppofe un Regiftre. Le Regiftre de Feftenberg n'eft pas à Magdebourg, & dans le Regiftre, qui fe trouve à Feftenberg, il ne fe trouve ni l'Enfant George Leopold, ni le Duc Leopold Eberhard; ni Anne Sabine Hedvviger, Nro. 27.

N.27.

3. L'expreffion du Jour rend cet atteftat fufpeƈt: qu'eft ce qui a pû faire reffouvenir Opfergeld le 8. Septembr. 1722. que ce bapteme s'etoit fait precifement le 12. Decembr. 1697. Il n'eft pas poffible, qu'un Miniftre, qui en 24. ans de tems aura baptifé un tres grand nombre d'enfants, puiffe favoir ou garder par cœur les dates d'un chacun; ou il faut qu'il ait la memoire auffi heurefe que le fauffaire Nardin. Nro. 2.

4. D'ou vient il, qu'on n'y allegue pour temoin que le même Nardin, dont la mauvaife foi a éclatée fi fouvent? a-t-on jamais entendu qu'au bapteme de l'enfant du moindre Bourgeois on n'a employé qu'un feul parain pour temoin de bapteme? quand on ne peut pas avoir d'autres, on employe du moins la fage femme pour Maraine?

Eft-il poffible que le fils legitime de Son A. S. le Duc Leopold Eberhard de Wirtemberg Montbeillard, n'ait eu qu'un feul parain le Lieutenant Nardin Trompette de Profeffion? eft ce que Mme la Ducheffe d'Oels, dont on a produit le Nro. 8. n'auroit pas euë la bonté d'en faire la fonƈtion? & s'il y en a eu d'autres, eft ce que ce Miniftre, qui a eu la memoire auffi heureufe, qu'aprés 24. ans il s'eft refouvenu par coeur, & fans regiftre, de la date du bapteme, auroit oublié les parains & les maraines?

5. Eft il poffible que cet Opfergeld ait pû oublier l'enregiftrement du bapteme du fils legitime d'un Prince d'Empire?

6. Eft il poffible, qu'un fimple certificat d'un particulier, fans aucune preuve de l'authenticité de la piece, puiffe fonder un droit fûr, dans l'affaire du monde la plus importante?

Enfin un tel Certificat ne fauroit être admis en aucun Tribunal du monde pour prouver la filiation. Et au bout du compte, quand même il n'y auroit aucun doute, que la piece du Sr. Opfergeld peut paffer pour une preuve legale, quoy qu'il a eté chafsé de Feftenberg par fa mauvaife conduite; qu'eft ce qu'elle prouveroit, fi non que la fille Anne Sabine Hedvviger eft accouchée d'un Batard male, qu'elle a dit être du Prince Leopold Eberhard de Montbeillard; car fon mariage avec cette perfonne étoit alors inconnu, comme il a eté prouvé çy deffus.

Il eft donc conftant que le Comte de Sponek, ou n'eft pas baptifé du tout, ou il a eté baptifé comme batard, fans être infcrit au Regiftre, ou fous un autre nom; en un mot il n'y a point de preuve qu'il eft né fils du Duc de Montbeillard.

Nous

NOus n'en resterons par là, pour achever nôtre gradation. On pose en *qua-*
trieme lieu, qu'il est prouvé legalement, que le 12. Dec. 1697. il a eté
baptisé un enfant legitime au Duc Leopold Eberhard de Montbeillard, nommé George Leopold: il ne s'en suit pas, que celuy, qui se donne aujourd'huy
pour tel, l'est en éffet.

C'est une regle incontestable, que les aveux du pere & de la mere, de-
stitués d'autres preuves, ne suffisent pas pour prouver la filiation; sur tout
contre un tiers, qui a droit & interêt de s'y opposer; & cela encore moins,
si l'enfant, dont il s'agit, a eté tres long tems traité pour l'enfant d'un tiers,
meme par les pretendus pere & mere.

On ne veut pas repeter içy le bruit, qui avoit çy devant couru dans la famille comme une chose faite, & qui a eté çy devant allegué dans le Procez de
Vienne, qu'un des batards de la Hedvviger ou Sponek est tombé du Carosse
au voyage de Silesie, & qu'il en est mort: on n'a pas eu besoin de faire des
plus grandes recherches, dans un cas, qui étoit si clair de tant d'autres cotés.

Il suffit de dire, que c'est d'une notorieté publique, que le personnage,
dont il est question, n'a paru à Montbeillard, que l'an 1705. avec un frere nommé Leopold Eberhard, & une sœur nommée Leopoldine Eberhardine, on les
a produits comme des enfants du Comte de Sponek, frere d'Anne Sabine Hedvviger ou Comtesse de Sponek, que ces trois Enfants appelloient leur Tante.

Les deux garçons furent, comme fils du Comte de Sponek, faits Pages du
Duc; Ils avoient la meme table, la même education, & les mêmes Maitres
avec l'autre famille batarde de Lesperance;

Le frere ainé Leopold Eberhard étant mort l'an 1709. son corps n'a pas
eté mis dans la cave des Princes, mais dans une cave faite à part pour la famille de Sponek, & sur la plaque d'argent mise sur son Cerceuil on écrivit le
nom Leopold Eberhard de Sponek, avec les Armes de cette famille: pourroit
on dire que c'etoit un fils du Duc?

Dans les voyages, que le Duc Leopold Eberhard fit en Allemagne à la cour
Imperiale & d'autres, George Leopold de Sponek faisoit par tout le service de
page, portant la Livrée de la Maison de Wirtemberg, tout comme les autres
pages. Etant un peu avancé en âge, il a eté fait gentil homme de Chambre
avec aucune distinction, soumis à l'ordre de l'ancienneté tant comme page, que
comme gentil homme obligé de suivre les autres, reçus avant luy. En un
mot, tant s'en faut, qu'il eut jamais eté traité comme fils du Duc, dont il n'a
jamais porté le nom, que personne à Montbeillard n'osoit raisonner sur le chapitre de ces femmes & enfants, & qu'il y a plusieurs exemples de ceux, qui ayant
parlé comme si ces enfants étoient au Duc, en ont eté severe ment punis.

Tout ce qui a eté fait dans le traité de Wildbaaden, & en consequence
des declarations y comprises, prouve la continuation non interrompue de son
etat de neant, jusqu'à son mariage, qui se fit le 22. Febr. 1719. ou il a reçu la
benediction nuptiale non pas comme fils legitime d'un Duc de Wirtemberg,
mais comme un fils naturel nommé Comte de Sponek, Nro. 28. N. 28.

L'aveu du pere ne prouve rien apres un desaveu de tant d'années, & sans
qu'on en apporte des preuves plus reelles, & claires comme le jour.

C'est

C'eſt donc par une pure grace que Son A. le Duc de Stouttgard n'a pas diſputé ſa filiation illegitime dans le traité de Wildbaaden, & que la Sereniſſime Maiſon l'a juſqu'à preſent laiſſé paſſer pour batard du Duc Leopold Eberhard, au lieu, que ſuivant la rigueur du droit il ne pourroit prétendre d'autre place que parmi les enfans trouvés.

Ce n'eſt que depuis l'année 1719. que commence la nouvelle dignité des concubines & des enfans batards de Montbeillard. Le premier fondement étoit dans les ſub-& obreptions, par les quelles le Prince Leopold Eberhard a ſurpris la Religion de Sa Majeſté tres Chretienne, en donnant dans ſa requê-te, les deux concubines la Comteſſe de Sponek & la Baronne de Leſperance pour des Princeſſes ſes Epouſes legitimes, & les Enfants, qui en étoient nés, pour Princes & Princeſſes.

Il eut au mois de May de la dite année le bonheur d'obtenir par là des Lett-res de naturalité avec les titres & qualités de Princes & Princeſſes, Couſins & Couſines de Sa Majeſté pour toute cette progeniture, qui d'abord aprés, fut declarée pour telle dans tout le pais de Montbeillard.

Bien loin pourtant, que l'intention de Sa Majeſté tres Chrêtienne eut eté de faire par là le moindre tort à la Sereniſſime Maiſon de Wirtemberg, Elle a le plus genereuſement du monde, dezque la ſub-& obreption s'etoit develop-pée par la deciſion de Sa Majeſté Imperiale du 8. & 16. Auril 1723. caſſé les dits titres & qualités de Princes & Princeſſes, avec ordre de rapporter les lett-res de naturalité en original, pour être reformées au dit égard ſuivant l'Arrêt du Conſeil d'Etat du 11. Nov. 1713. confirmé aprés l'oppoſition de ces pre-tendans par un autre Arrêt du 8. Juin 1725. expedié avec la Commiſſion, qui en porte l'execution le 26. May 1739.

Voyés en les Extraits à la fin de ce Memoire.

Au reſte on ne peut pas paſſer ſous ſilence que le Duc Leopold Eberhard acheva ſes desordres par les mariages inceſtueux de ſes enfans d'une maniere, qui juſqu'à preſent n'a pas eu ſa pareille au monde chretien.

Il faut rapporter içy le fait, qui a de l'influence dans le reſte de l'affaire.

La veuve d'un Lieutenant nommé Leſperance natif de Montbeillard s'eſt retirée apres la mort de ſon Mari, à Oels chez Mme la Ducheſſe, qui étoit une Princeſſe de Montbeillard ſœur du Duc Leopold Eberhard, cette femme avoit pluſieurs filles, dont le Prince Leopold Eberhard, ſe trouvant alors à Oels, s'amouracha.

Sa premiere favorite étoit Henriette Hedevique; mais comme il craignoit extremement ſon Pere le Duc George, à qui il vouloit cacher ſes Amours, il ſçut gagner un gentil homme de Sileſie nommé Sandersleben, que le Prince fit officier dans ſon Regiment, de l'epouſer pour la forme: & en éffet l'acte de mariage fut celebré au Chateau d'Oels le 6. Fevr. 1697. mais on prétend, que la condition étoit, que le Prince ſe chargeoit de toute la fonction, & quoy que l'on ne ſauroit le prouver par Acte de Notaire, il ne reſtera pourtant aucun dou-te, dés qu'on conſiderera toutes les ſcenes, qu'on a jouées aprés.

Apres la reſtitution de la principauté de Montbeillard, le Duc George y retournat avec le Prince Leopold Eberhard.

San-

Sandersleben avec toute la famille de Lesperance y fut aussi transporté quelque tems après; Le commerce y continua secretement, tandis que le Duc George vivoit; mais dez qu'il fut mort, & que le Duc Leopold Eberhard n'avoit plus de mesures à garder, il fit de la Henriette Hedvvig Sandersleben une Maitresse publique, & comme son mariage putatif donnoit du scandale, on s'avisa de l'oter, en convenant avec Sandersleben, de faire cesser le contract d'Oels en le demariant honnêtement le 1. Mars 1701. Nro. 29.

Pendant ce mariage putatif cette Henriette Hedvvique est accouchée de trois Enfans nommés Charles Leopold, Ferdinand Eberhard, Eleonore Charlotte. Ces Enfans ont eté elevés au Chateau de Montbeillard nommés toujours Lesperance tout comme les autres, nés de la Sœur Elisabethe Charlotte Lesperance, dont on parlera cy après, *en adjoutant come un surnom celuy de Sandersleben, pour les distinguer des derniers.*

Le Duc Leopold Eberhard avoua dans le traité de Wildbaaden en termes positifs qu'il a procreé les dits trois Enfans.

Le pere putatif Sandersleben l'affirma de même en signant luy même le dit traité.

Le Duc de Montbeillard ayant fait imprimer une grande Tabelle de la famille de Colligny, fit mettre les dits trois Enfans comme descendants de cette illustre famille procreés de luy avec Henriette Hedvvig Lesperance.

Un an après le Prince forma le dessein de vouloir marier quatre de ses Enfants ensemble, & pour le pouvoir faire avec moins de scandale, il commença à faire nommer Sandersleben les trois Enfans ainés de la Henriette Hedevique, comme s'ils étoint les Enfans du dit Sandersleben.

Il les adopta aprés, en leur donnant avec d'autres grandes donations les biens de Colligny, dont il n'auroit pas frustré son propre Sang, s'il n'avoit pas sçû, que ceux cy l'etoint aussi.

Il les emancipa après, pour pouvoir achever l'etrange dessein, qu'il s'étoit formé de les marier, & en effet les deux Enfants du Duc procreés avec la Comtesse de Sponek furent mariés avec deux Enfants du Duc procreés avec la Henriette Hedevique Lesperance, Savoir

GEORGE LEOPOLD de SPONEK
avec
ELEONORE CHARLOTTE de LESPERANCE
puis nommée SANDERSLEBEN, & aprés Comtesse
COLLIGNY, &

CHARLES LEOPOLD LESPERANCE
puis nommé SANDERSLEBEN & aprés Comte
de COLLIGNY, avec

LEOPOLDINE EBERHARDINE
Comtesse de SPONEK.

F

SECONDE PARTIE.

QUant aux Barons de Lefperance, leur caufe n'eft pas meilleure, avec la feu-le différence que le peu de fondement, qu'ils ont dans leurs prétentions, ne demande pas une difcuffion auffi prolixe, que le fait de Sponek. Ils préten-dent, que le Duc Leopold Eberhard de Montbeillard a eté marié le 15. Aouſt 1718. avec Elifabethe Charlotte Baronne de Lefperance leur mere. On ne veut pas repeter içy ce, que fe peut avec juftice objecter contre ce pretendu acte de celebration.

On pofe, que tout ce, qui eft requis par les Loix, y at eté obfervé; il n'en eft pas moins conftant, que ce pretendu mariage eft illegitime & de nul effet

1. Selon les pactes de famille de la Sereniffime Maifon de Wirtemberg.

2. Par le droit commun, tel qu'il eft ufité également chez les Catholiques, & chez ceux de la Confeffion d'Augsbourg.

Pour ce, qui eft du premier Article, on a deja rapporté l'engagement ir-revocable des Princes de Wirtemberg de ne pas fe marier à l'infçû & fans le confentement du chef de la famille, fur tout avec une perfonne d'une baffe condition. On a deja demontré dans le chapitre précedent la juftice de cette convention.

Voyons donc l'origine de la Baronne de Lefperance.

Ce n'eft pas le diplome de l'Empereur Leopold de l'an 1700. qui en decide-ra; il a eté obtenu par fub- & obreption, tout comme les lettres de naturalité de l'an 1719. il eft denué de toute preuve.

Le contraire a eté prouvé par les anciens Protocols, livres Baptiftaires, & les Regiftres de Metiers & de la Bourgeoifie de Montbeillard, conforme à la depofition d'un grand nombre de temoins.

N. 30. On a tiré des toutes ces pieces authentiques une Tabelle Genealogique Nro. 30. qui fait voir, que le grand pere de cette Elifabethe Charlotte Lefpe-rance étoit Pierre Curie, valet de ville ou Sergent de juftice de Montbeillard, ce qui eft la fonction la plus abjecte. Il fe trouve même dans les pieces alle-guées, que le même Pierre Curie a eté obligé de mettre les criminels au carca en abfence du Bourreau, & qu'un jour entre autres exemples ilya mis le Bour reau Jacob luy même.

Ce Pierre Curie a eu entre autres fils, dont les livres des Metiers de Mon beillard font mention, un fils nommé Richard, le pere des Baronnes de L fperance en queſtion, Tailleur de Profeffion, mais qui quitta le metier, & mit dans les Trouppes de France, ou il deferta, & prit fervice dans les Trou des de Lorraine, en prenant pour fon nom de Guerre celuy de Lefperanc tant pour couvrir fa defertion, que fa defcendance d'un valet de ville.

Etant en Lorraine, il fe maria avec la fille d'un boucher nommé Gervai après la mort de fon pere il retourna à Montbeillard, ou le Duc George le

officier au guet du chateau, & son Beaupere s'etablit auffi dans la ville de Montbeillard comme boucher & vivandier.

Apres que les françois se sont mis en poffeffion de Montbeillard, ce Richard Lefperance est allé avec toute sa famille, & plufieurs de ces Parens en
Allemagne chercher fervice ; Il fut fait officier dans les Trouppes Imperiales,
& tué dans la guerre d'Hongrie : Sa femme, la fille du boucher Gervais, s'
etant retiré aprés sa mort avec ses filles chez Madame la Ducheffe d'Oels, née
Princeffe de Montbeillard; c'etoit là ou le Prince Leopld Eberhard de Montbeillard, qui s'y trouva avec son pere le Duc George alors en exile, prit feu
pour les filles de Lefperance.

On a anticipé cy deffus à l'occafion du mariage de la Sponek de parler de
la Henriette Hedevique de Lefperance, il en faut reprendre le fil pour y joindre l'hiftoire de la Cadette Elifabethe Charlotte la prétendue feconde Époufe
du Duc Leopold Eberhard.

On a deja dit, qu'aprés la reftitution du Duc George de Montbeillard, la
famille de Lefperance y eft retourné auffi, & a fçû, l'an 1700. fur des faux expofés, se procurer le Diplome de Baronnat, pour confondre les traces de leur
vile origine, qui se trouvoient encore toutes recentes par toute la ville de Montbeillard, & tellement notoires, que de Richard Curie ou Lefperance
à revendiqué avec ses filles la petite Maifon du valet de ville Pierre Curie, leur
grandpere, qui, pendant la poffeffion des françois avoit eté occupée par d'autres, & ce n'eft que l'an 1720. le 27. Juillet, que famille de Lefperance a vendu
avec les formalités ordinaires la dite Maifon à Pierre Prevot Bourgeois de Montbeillard, dont l'afte du Tabellion Jean George Cucuel fait foi.

La Henriette Hedevique, après que le Duc avoit procrée avec elle, outre
les trois enfans fus mentionnés, encore cinq autres, mourut l'an 1707. & le
Duc repara sa perte par sa Sœur Elifabethe Charlotte, avec la quelle il procrea
fuivant son propre Imprimé de l'an 1721. six enfans avant le prétendu mariage,
& deux ou trois aprés.

Vû donc la vile origine de la plus abjecte lie du peuple, & la vie fcandaleufe de la Baronne de Lefperance, comment pourroit on regarder son mariage
avec le Duc Leopold Eberhard pour legitime, conforme aux pactes de famille,
& capable de donner les éffets civils pour la participation à la souveraineté, &
à la fucceffion & aux biens de famille.

On ne difconviendra pas du Principe, dont on s'eft deja fervi, que ce n'
eft pas la prononciation de la benediction nuptiale par une perfonne qui eft re-
vetue du nom & de l'habit de Miniftre, qui fait la legitimité d'un mariage.
C'eft fa conformité avec les loix, aux quelles chacun eft fujet.

Le Duc de Montbeillard avoit outre l'empechement de l'honeteté publique,
comme on a deja dit, les mains liées par le traité de l'an 1617. reconnu & confirmé de nouveau par le traité de Wildbaaden l'an 1715.

Il avoit les mains liées par le droit commun, qui défend le mariage avec la
propre Sœur d'une femme ou concubine précedente.

La feule benediction nuptiale, qu'on a inconfideremment preté à ce commerce irregulier, pouvoit elle lui adjouter le caractere de legitimité ou fes
effets?

F 2

effets? pouvoit elle dégager le Duc de son engagement antérieur? pouvoit elle dispenser la Baronne de Lesperance de l'obligation du Traité de Wildbaaden, dans lequel elle est entrée par l'acte du monde le plus fort? pouvoit elle changer les Loix de la famille de Wirtemberg, &, qui plus est, celles du droit commun?

Aussi la veritable intention du Duc Leopold Eberhard, en prenant la benediction nuptiale, ne peut pas avoir eté, de préjudicier par là aux droits de succession du Duc de Stouttgard, voicy sa lettre, qui se trouve jointe à son propre imprimé de l'an 1721. ou il declare categoriquement le 26. Novemb. 1719. qu'il n'a rien fait & qu'il ne fera rien contre le traité de Wildbaaden, dont il reconnus encore alors la validité. Nro. 31.

N. 31.

Ensorte que tout ce, qui a eté fait au contraire, tant pour les lettres de naturalité en France, qu'à la Cour de Vienne, étoit le fait de ses Concubines, de ses Enfans Batards, & des mauvais Conseillers, auxquels ce Prince foible & egaré étoit en Proie, & qui empruntoient indignement son nom à toutes les idées, qu'ils metoient en oeuvre, pour constater le nouveau dessein de Legitimité.

La nullité, que ce prétendu mariage renferme au reste de soi même, est telle, qu'independemment de traités de famille contraires, ce mariage seroit toujours sans aucun effet civil, étant contracté dans un degré defendu chez les Protestants de la Confession d'Augsbourg, tout comme chez les Catholiques, ou le point de droit ne differe à cet égard, que dans la personne, qui peut dispenser dans ce degré prohibé, qui chez les uns & les autres est un empêchement dirimant.

Le fait ne demande aucune discussion: outre la notorieté publique, il est mis hors de Cours & de Procés par la propre confession du Duc de Montbeillard dans ses propres imprimés, dans le traité de Wildbaade, & ailleurs, par les lettres de naturalité de France, par les arrêts imperiaux, & tant d'autres pieces, que le Duc Leopold Eberhard a procreé plusieurs Enfans avec la Soeur d'Elisabethe Charlotte Lesperance; elle étoit donc d'un degré defendu.

Il provient de cette défense la question, si ce mariage en degré défendu consommé, est legitime & valide, parce qu'il est consommé, & si les Enfans, qui en sont provenus, sont legitimes & capables à la succession dans les biens du Pere, ou non?

Cette question ne souffre pas la moindre difficulté chez les Catholiques, leur Jurisprudence est decisive, & leurs auteurs en sont remplis, que ces sortes de mariages sont nuls d'eux mêmes, & que les Enfans procreés dans un tel mariage sont illegitimes, si le mariage n'a pas eté rehabilité avant la mort des mariés par la dispense de celuy, qui a droit de la donner.

La varieté des cas, & ce pouvoir de dispenser, competant chez les Protestants à chaque Prince Souverain, par consequent étant general, rend cette question moins unie chez les Protestants qu'elle l'est chez les Catholiques, ou ce pouvoir est reservé pour le degré, dont il s'agit, dans le present cas, qui est le premier de l'affinité, à la seule personne du Pape; d'ou il vient, que parmi les protestants fort souvent des gens, qui veulent resoudre ces sortes de questions ou par des préjugés, ou par des faits, ou qui jugent de la possibilité de la dispense à son existence, ou qu'ils n'entrent pas dans les titres constitutifs & la nature d'une Loix, en jugent extremement de travers.

S'il

S'il est vray que plusieurs facultés tant de Theologiens que des Jurisconsultes ont donné des reponses telles, que les Avocats des Lesperances les ont produites dans leurs memoires, cela ne prouve aucunement leur intention.

Les opinions des Docteurs & des particuliers ne font pas une Loix decisive, & la reponse d'une faculté faite à des questions detachées, fans exposer le vray fait dont il s'agit, & où la moindre Circonstance change le droit, ne decide rien dans les Tribunaux, outre qu'il n'y a rien de si paradoxe au monde, qui par les differentes façons, dont une chose peut être envisagée, ne trouve pas des partisans.

Ce n'est donc, que la Loix, qui décide sur une pareille question, & s'il n'y en a point, ou que la Loix soit ambigue, c'est le Prince, qui a droit de donner la Loix, & la droite raison fondée sur les Loix divines, & sur l'utilité & la bienseance de la societé civile.

Voila tous des principes d'une Verité universelle, qui ne souffrent aucune exception.

Appliquons les au fait, pour faire voir, que le même point de droit, qui est usité chez les Catholiques à l'égard du degré prohibé, dont il s'agit, est usité chez les Protestants.

Chez les Catholiques un tel mariage est toujours nul, & n'est pas même rehabilité par le Laps de trente ans & de plus.

Voyez M. Gibert Consult. XXXV. Tom. II.

La raison est fondée sur la nature d'une Loix, suivant la quelle une action defenduë ne sauroit passer pour legitime à moins, que celuy qui a donné la Loix la legalise speciellement.

Il faut donc dans ce cas une dispense legitime à part. La même chose s'observe chez les Protestants par la raison, que, si le fait pouvoit rendre legitime des choses, qui sont défendues par les Loix, les Loix deviendroient inutiles, & il seroit ridicule de soutenir, qu'on doit avoir pour recompense d'avoir violé les Loix, la validité de ce, qui est contre les Loix.

Il s'ensuit, que le mariage dans le premier degré étant défendu chez les Protestants comme chez les Catholiques, le mariage contracté ainsi, sans avoir eu la dispense du Prince, est nul, tandisque le Prince ne le rehabilite pas par une dispense conforme aux Loix; & s'il y a un cas, où un tel mariage n'a pas eté cassé par le Prince, cette tolerance a eté l'equivalent de la dispense, *qu'en tant que le cas est dispensable par les Loix sans bleser le droit d'autrui.* Mais la consequence seroit ridicule, parceque le Prince peut dispenser sur un pareil cas, le cas est donc legitime par soi même, & par le fait des parties.

Les Avocats des Lesperances ont longtems eu la hardiesse pour donner du Credit à ce mariage, d'insinuer en france, que le Duc Leopold Eberhard de Montbeillard Prince protestant n'avoit pas eu besoin d'autre dispense, qu'il s'etoit dispensé luy même.

On se trompe grossierement, si l'on croit, que les Princes Protestants n'ont pas besoin d'observer les formalités du droit commun, pour donner à leurs actions une legitimité contre un tiers, qui auroit droit & interet de les

G

conte-

contefter. Pour ne pas confondre les conclufions, il faut diftinguer les Principes. Le droit Ecclefiaftique des Proteftants demande dans un tel cas,

1mo Que le Prince Souverain ait plein droit, & ne foit pas lié par d'autres Loix.

2do Pour que fa difpenfe foit legitime, il ne fuffit pas le libre arbitre du Prince, il faut des bonnes & grandes caufes, où la feule inclination ne peut pas fuffire.

3^{tio} Il faut que cela fe faffe avec connoiffance de caufe en toutes les formes par le Confiftoire.

Dez ce qu'on applique ces principes, qui font inconteftables, au mariage inceftueux de l'Elifabethe Charlotte Lefperance, la conclufion s'enfuivra d'elle même. Car

1mo Il n'y a eu dans le cas prefent aucune connoiffance de caufe, aucune difpenfe ni avant, ni aprés le mariage, ni du Prince, ni du Confiftoire.

2do Il n'y a dans le cas prefent aucun motif legitime de la donner; au contraire la vie fcandaleufe menée depuis tant d'années, le deshonneur de la famille, & ce droit acquis d'un tiers ne permettoient, felon le droit commun de la donner.

3^{tio} Le Duc Louis Frederic, dont le Duc Leopold Eberhard defcend, ne poffedoit pas la Principauté de Montbeillard de propre droit comme on l'a demontré çy deffus, il la poffedoit par la libre conceffion du Duc Jean Frederic fous les claufes & conditions du traité de 1617. tres obligatoire pour tous fes heritiers & defcendants.

Le Prince Leopold Eberhard en avoit toute la connoiffance, il l'a repeté dans fon traité de Wildbaaden.

Une claufe principale étoit, que les Princes ne fe marieroient pas à l'infçû & fans le confentement du chef de la famille, fur tout avec une perfonne, qui n'eft pas de dignité de Prince, par confequent ne pourra-t-il encore moins fe difpenfer à l'infçû & fans le confentement, & même au préjudice du chef de la famille, avec une Concubine fortie de la plus baffe lie du peuple, avec la quelle il a mené fi longtems une vie fi fcandaleufe, & tout cela dans un degré défendu par le droit commun à un chacun.

Rien ne prouve plus clairement l'ufage des Princes proteftants que le memoire des Barons de Lefperance fait par Mr. Capon en 1726. On le voit par plufieurs Exemples, dont il y a un de la Maifon de Wirtemberg qui eft tres notable.

Le Prince d'Oetingue Albert Erneft étoit marié en premiere nopce avec la Princeffe Chriftine Frederique fille du Duc Eberhard de Wirtemberg, & il époufa aprés la mort de celle çy fa foeur Eberhardine.

Voilà ce que Mr. Capon en dit p. 46. de fon memoire.

„ Ce Prince fit confulter toutes les univerfités Proteftantes & les fcavants de l'Europe, & a fait imprimer leurs avis dans un recueil fait exprés, où la propofition avoit eté folidemment demontrée. „

Il

Il s'agifoit alors d'un mariage, que le Duc regnant de Stouttgard chef de la famille vouloit faire de la Princeffe fa fille avec un Prince Souverain regnant d'Oetingue. Malgré leur independence d'autres Loix & pactes de famille, malgré la condition égale, malgré les fentimens de vertu de part & d'autres, malgré l'interêt confiderable de la convenience reciproque de deux Princes Souverains, on ne fe contentoit pas du feul motif de l'inclination mutuelle; on a obfervé fcrupuleufement toutes les formalités qui pouvoient rendre légitime la difpenfe, qu'on fe faifoit de la defenfe du droit commun.

Ne doit on pas en tirer la jufte confequence, que le mariage du Duc Leopold Eberhard, qui étoit obligé aux claufes & conditions du Traité de 1617. fait en depit de ce pacte avec une perfonne de la plus baffe naiffance & d'une vie fcandaleufe, fait contre tant d'engagement, dans un degré defendu, fans aucun motif legitime, fans aucune connoiffance de caufe, par confequent fans aucune difpenfe, ne peut pas être regardé comme legitime par foi même.

Le Duc Leopold Eberhard étoit Prince Souverain de Montbeillard, par benefice du traité de 1617. Cette fouveraineté le mettoit au deffus d'une Judicature Ecclefiaftique, dans les chofes qui etoient relatives à lui feul, ainfi le Duc de Stouttgard ne pouvoit pas empecher, fi ce Prince vouloit vivre dans un concubinat, ou un mariage de confcience avec la Baronne de Lefperance, ou même s'il a voulu adjouter la Ceremonie à fon Commerce, tandisque ces chofes ne doivent pas faire droit contre ceux de la Sereniffime Maifon de Wirtemberg. Sa fouveraineté tiroit fon Origine du Traité de 1617. elle y étoit limitée par rapport au mariage, il n'étoit donc pas poffible qu'il eut pû faire une difpenfe legitime & decifive contre le chef de la famille & contre la teneur du pacte, qui luy donnoit la poffeffion de Montbeillard.

Il s'enfuit donc inconteftablement, que le prétendu mariage d'Elifabethe Charlotte Lefperance également felon le droit des Catholiques que celuy des Proteftants eft nul, & que les enfans, qui en font nés, font illegitimes & incapables de fucceder dans aucun des biens de leur Pere.

Avant de finir ces obfervations on ne peut pas paffer en Silence que les Avocats de Lefperance ont tachés de rendre les Arrêts de Sa Majefté Imperiale fufpect, comme étant rendu par defaut, fans entendre fuffifamment les Barons de Lefperance enfans mineurs.

Mais il s'agit du fait du pere qui a plaidé contradictoirement luy même fur fon propre fait & fur un fait, qui ne peut pas être contefté, mais ou la queftion, qui chez les Catholiques eft fans difpute, roule uniquement fur le point de droit ufité en Allemagne chez les Proteftants: Queftion fur la quelle le point de droit fe trouve dans les Loix, fans que le Juge competent ait befoin de demander les avis des Avocats des Barons Lefperances.

CON-

CONCLUSION.

Aprés toutes ces demonstrations il faudroit avoir renoncé à tout ce que la religion, l'honneur, la vertu, & la bienseance dicte aux hommes, si on vouloit taxer de partialité les deux Cours de Vienne & de Versailles, en ce, qu'elles ne se livrent pas à des pareilles impostures, etant demontré sans replique, que les deux pretendus mariages d'Anne Sabine Hedvviger ou Comtesse de Sponek & d'Elisabethe Charlotte Baronne de Lesperance avec le Duc Leopold Eberhard suivant

    1. Le Droit des Princes,

    2. Le Droit commun,

    3. Le Droit des Catholiques & des Protestants,

    4. Le Droit de France & d'Allemagne.

sont illegitimes & nuls, par consequent les enfans, qui en sont nés, illegitimes & inhabiles à toute succession.

N. 32.   On joint pour metre la Chose dans un plus grand jour, Nro. 32. Un re-
N. 33.   cueil des principales ordonnances de France au sujet des mariages. Nro. 33.
Les arrets du Conseil d'Etat de Sa Majesté trés chretienne par rapport aux lett-
N. 34.   res de naturalité. Nro. 34. Plusieurs arrets de Sa Majesté Imperiale en finissant par un fait incontestable, que le Duc Leopold Eberhard a demandé la legitimation des enfans procreés avec Madame de Sponek & la Baronne de Lesperance, à Sa Majesté Imperiale, l'an 1720. Voyéz le Rescript Imperiale d. 8. Nov. 1721.

A - t - on jamais demandé la legitimation des enfans, qu'on a cru etre legitimes par leur naissance?

Num. I.

Num. 1.

Certificat du Miniftre Fuchs produit par le Comte de Sponeck dans fon Memoire de 1726. figné Courchetet, page 61.

JE fouffigné, certifie & attefte par ces lignes, & fur ma parole & foi de Prêtre, que Tit. Pleniff. Monfeigneur Léopold Eberhard, H. Z. W. M. & Demoifelle Anne Sabine V. H. le 1er Juin du ftile nouveau ont dûement obtenu ici à Reïovvitz dans la Grande Pologne, en l' Eglife, la Benediction nuptiale, fuivant la Coutume de l' Eglife Lutherienne, & ont été mariez au nom de la Très-Sainte Trinitè par Jean-Chriftophe Fuchfius, Prédicateur Lutherien de Reïovvitz & Skoki, ainfi figné.

Num. 2.

Depofition du Sr. Nardin, produit par Mr. Sponeck avec fon Me- moire prefenté à fontainebleau au Septembre 1724. figné Desbois Avocat.

NOUS LEOPOLD EBERHARD par la Grace de DIEU, Duc de Wirtemberg-Mont- beliard, &c. &c. certifions par les Prefentes, que Nous avons donné commiffion expreffe à Nos feaux les Confeillers Brifechoux & Goguel, de fe transporter chés Nôtre Confeiller Leonard de Nardin, attendu fa maladie dont il eft detenu actuellement depuis longtems, à l' èfet de prendre une exacte information de la conoiffance qu'il a du mariage, que Nous avons contracté folemnellement avec Madame ANNE SABINE de Hedvviger, de la Naiffance & du Batême des quatre Enfans nés pendant que Nous avons été marié avec Elle, leur ordonnant en particulier de l' alliberer du Serment de fidelité qu'il Nous a prêté, & de lui en faire prêter un autre pour afirmer l' information fufdite, que Nous leur avons donné commiffion & enjoint de prendre ; En foi de quoi Nous avons figné lefdites Prefentes de Nôtre main, & a icelles fait appofer le Scel de Nos Armes, en Nôtre Château de Montbeliard le 16. Janvier Mil fept cens vingt.

(L.S.)

LEOPOLD EBERHARD,
Prince de Wirtemberg-Montbeliard.

(a)   Au

AU Lieu de Montbeliard, & le dix-septième jour du mois de Janvier avant midi Mil sept cens vingt, Nous George Brisechoux, & Pierre Jeremie Goguel, tous deux Conseillers de S. A. S. Monseigneur LEOPOLD EBERHARD, Duc de Wirtemberg-Montbeliard, en execution de la Commission cy-dessus à Nous deferée le jour d'hier seizième du courant, par Sadite A. S. signée de sa main, & scellée de ses Armes, Nous nous sommes transportés en la maison de Residence de Noble Sieur, Monsieur Leonard de Nardin, à raison de son indisposition & de sa maladie, même au poile bas regardant sur le Jardin, à l'éfet de prendre de lui information exacte, jurée, & assermentée, de la connoissance qu'il a du Mariage que Sad. A. S. a eu contracté solemnellement avec Son Altesse Madame la Duchesse ANNE SABINE née de Hedvviger cydevant son Epouse, de la Naissance & du Baptême des quatre Enfans nés pendant que Sad. A. S. a été marié avec Elle, pour à quoy parvenir avec toute la liberté & sincerité, Nous avons, en vertu de nôtre Commission & pouvoir special, alliberé ledit Sieur de Nardin du Serment de fidelité au service de Sad. Altesse Sereniffime, & avons ensuite reçû le Serment corporel qu'il a prété sur & aux saints Evangiles de DIEU, par lequel il a promis de dire verité sans déguisement, sur les Interrogatoires que nous lui avons formés, comme ils suivent cy-après.

REpond : Qu'il a nom Leonard de Nardin, âgé de cinquante-six ans, Conseiller de S. A. S. le Duc de Wirtemberg-Stoutgard, demeurant à Montbeliard.	INterrogé de son nom, âge, qualité & demeure.
Répond que Oüi.	Interrogé, s'il a connoissance du Mariage que S. A. S. LEOPOLD EBERHARD Duc de Wirtemberg-Montbeliard a eu contracté avec Madame ANNE SABINE née de Hedvviger.
Répond que Oüi.	Interrogé, si efectivement Sad. A. S, a été mariée avec ladite Dame?
Répond, qu'il croit que ce fut en Mil six-cens nonante quatre, ou Mil six-cens nonante-cinq.	Interrogé, quand Sad. A. S. a été mariée avec Elle?
Répond, que c'est par un Ministre Lutherien en Pologne, nommé Christophorus Fuchsius, même dans l'Eglise d'un village nommé Rajoviez, à cinq grandes lieuës de Bosnanie.	Interrogé, par qui Sad. A. S. a été mariée avec Elle, & où?
Répond, qu'il le sçait comme témoin oculaire, & pour avoir assisté à la ceremonie de la Benediction du dit mariage.	Interrogé, d'où il le sçait, & quelle connoissance particuliere il a de cela?
Répond, n'avoir vû que le marguillier de l'Eglise present, ne sachant, s'il y avoit quelques autres personnes; mais se souvient bien, qu'après la Benediction dudit mariage S. A. S. continua ses Prieres avec Madame ANNE SABINE de Hedvviger, Comtesse de Sponeck, lesquels étans rentrés dans la maison du Ministre, qui est tout proche de l'Eglise, le répondant vid plusieurs personnes au devant de ladite maison.	Interrogé, qui étoit present avec lui à la Benediction du dit Mariage?
Répond, qu'il croit, qu'il l'enregistra, parce que S. A. S. aiant demandé audit Ministre un Acte ou Certificat de son mariage, il entra instamment dans son petit Cabinet à côté du poile, où Sadite A. S. avoit soupé le jour precedent, & dîné le propre jour de son mariage, lequel Acte ou Certificat ledit Ministre remit	Interrogé, si le Sieur Ministre n'enregistra pas le mariage sur le livre des mariages, qu'il benissoit en son Eglise?

à Sadià Sadite A. S. qui l' a depuis remis à Madite Dame ANNE SABINE de Hedvviger, Comtesse de Sponeck, ci-devant son Epouse.

Répond, qu'aiant l'honneur d'être au service de Sa Maj. Imp. LEOPOLD en qualité de Lieutenant au Regiment de S. A. S. & icelle siant jetté sa confiance en lui, le prit avec soi pour l'execution du dessein, qu'il avoit formé de se marier.

Interrogé, par quelle avanture, & comment il s'est trouvé present audit mariage?

Repond, que Oüi, qu'il lui decouvrit son dessein, chemin faisant, pour se marier, & qu'il prit même la liberté de dire à S. A. S. de reflechir sur ce qu'Elle alloit faire, ce qui lui attira son indignation pour un moment.

Interrogé, si Sadite A. S. ne lui a pas eu dit avant ledit mariage, qu'Elle vouloit épouser Madame ANNE SABINE née de Hedvviger?

Repond, que Oüi.

Répond, qu'il en fait quatre; le premier étant né au Château d'Oels, nommé LEOPOLD EBERHARD, qui est decedé au Château de Montbeliard.

Interrogé, si ce mariage a êtè beni d'Enfans?

Interrogé, s'il en fait le nombre & les noms, & le lieu de leur naissance?

Le second est né à Oels, & fut nommé LEOPOLDINE EBERHARDINE, aujourdhui Epouse de Son Excellence Messire CHARLE LEOPOLD, Comte de Coligny.

Le Troisieme est né à Festemberg en Silesie, nommé GEORGE LEOPOLD, qui est marié à Madame ELEONORE CHARLOTTE, Comtesse de Coligny.   Et enfin

Le quatriéme est né au Château de Montbeliard, nommé CHARLOTTE LEOPOLDINE, décedée à St. Germain en Suisse.

Répond, que c'est par l'endroit, qu'il a assisté au Batême desdits Enfans.

Interrogé, d'où il a cete connoissance si particuliere du nombre, des noms, & de la naissance desdits Enfans?

Répond, que LEOPOLD EBERHARD premier-né, fut baptizé dans un endroit nommé Mittelvvalt proche Metzibohr en Silesie, par le M. Samuel Crinniger, adjoint au Ministere dudit lieu, le Dimanche avant Quasimodogeniti de l'année Mil six-cens nonante-cinq.

Interrogé, où lesdits Enfans ont êtè baptizés, par qui, & quand?

L'autre nommé LEOPOLDINE EBERHARDINE, a été bâtisé a Metzibohr par le Ministre du lieu Christian Asschervveyler, le quinze Fevrier Mil six-cens nonante-sept.

Le troisième nommé GEORGE LEOPOLD, a été bâtisé à Festemberg en Silesie, par le Diacre de l'Eglise dudit lieu Frideric Obseegen, le douze Decembre Mil six cens nonante-sept.

Et le quatriéme, nommé CHARLOTTE LEOPOLDINE, a été bâtisé à Acourt, Prevôté de Moutié Grandvaux, par le Ministre Jonas Chiffelle, le quatre Octobre Mil sept-cent.

(a 2)

L'

<table>
<tr><td>

Rèpond, qu'il connoit trèsbien ceux qui restent en vie, sçavoir LEOPOLDINE EBER-HARDINE, & GEORGE LEOPOLD, qui font mariés les deux, comme il l'a dit cydevant, & qu'il n'en a connu, ni n'en connoit point d'autres.

Rèpond, qu'il l'a dit, comme s'il ètoit devant DIEU.

</td><td>

Interrogé, comme il nous a dit, qu'il y avoit deux defdits Enfans décedés, s'il connoit les deux qui reftent en vie, & s'il n'en connoit point d'autres?

Admoneté de dire verité.

</td></tr>
</table>

Lecture à lui faite des prefents Interrogatoires, & des Rèponfes qu'il y a attribué, a dit, qu'icelles contiennent verité, & a figné avec Nous prèdits Commiffaires.

L. de Nardin. Brifechoux. P. J. Goguel.

Num. 3.

L'Extrait du Livre de l'Eglife de Rejovviz produit par Mr. Sponeck l'an 1724. à Fontainebleau, il fe trouve aufli dans fon Imprimé de l'an 1726. figné Courchetet, page 61.

ACTE du Mariage de S. A. S. de Montbèliard, & d'Anne Sabine de Hedvviger Comteffe de Sponeck, du 1. Juin 1695.

EGO infra fcriptus ad inftantiam & requifitionem Illuftriffimi ac Excellentiffimi Domini Caroli Leopoldi, Comitis de Coligny, hic in Bonis Skocenfibus in Palatinatu Pofnanienfi Majoris Poloniæ Regni confiftentis, perfonaliter comparentis, ratione extraditionis ex libro Copulationum Ecclefiæ Reyovicenfis ad Ecclefiam Skocenfem incorporatæ, infra fcriptorum fponforum debitè copulatorum factam, & interpofitam, prout feriem compertus fum, & in libro Metrices authentico, continenti in fe copulationem fponforum, dicta Ecclefiæ Reyovicenfis, manu olim Reverendi Joannis Chriftophori Fuchfii, tum temporis Parochi Ecclefiæ Skocenfis, & Reyovicenfis Ordinarii, anno millefimo feptingentefimo decimo quinto vitâ defuncti, latino Idiomate fcripram, & connotatam vidi, legi, manu ejus propriâ, & non aliâ, omnique fufpicionis notâ carente, confcriptam, cognovi; ità fidelifiimè ad prædictam Illuftriffimi Comitis Inftantiam defcripfi, & extradidi modo & tenore fequenti.

Anno millefimo fexcentefimo nonagefimo quinto Fol. 30. Num. 9. N B. prima Junii copulati funt etiam in Templo Reyovicenfi binæ huc venientes Perfonæ, ambo Evangelicæ, Equites ambo huc venerunt, nimirum Perilluftris Dominus Leopoldus Eberhard *Herzog zu Vvürtemberg - Mompelgard*, Sacri Romani Imperii Comes, & Perilluftris Magnifica Domina, & Virgo *Anna Sabina von Hedvviger*. Quæ præmiffa verè & realiter contenta ad prædictam Inftantiam fub fide & confcientia mea paftorali, defcripta ac extradita, majoris valoris & roboris ergò manu meâ propriâ fubfcripfi, & figillo communivi. Datum in Civitate Skoki dicta in folita ad Ecclefiam fuam refidentia, die tertio Julii anni millefimi feptingentefimi vigefimi.

(L. S.) CHRISTOPHORUS KOCHIUS, Paftor Ecclefiarum Combinatarum Reyovico & Skoki m. p.

Num. 4.

Le Certificat du Magiftrat de Sckoki produit par Mr. Sponeck, aux mémes endroits page 62.

AD Officium & acta Civitatis Skocenfis in Palatinatu Pofnanienfi Majoris Poloniæ Regni confiftentis perfonaliter comparens Reverendus Chriftophorus Kochius Ecclefiarum Evan-

Evangelico-Lutheranarum in Skoki & Reyovitz Parochus noster actualis optimè nobis notus, ad inftantiam officiofamque requifitionem Illuftriffimi ac Excellentiffimi Domini Comitis de Coligny, debité factam; reproduxit coram officio, totoque Magiftratu noftro Skocenfi, ad id fpecialiter congregato, librum authenticum Metrices Templi Reyovicenfis proprium fub forma veteri vidimus, continentem in fe copulationes Sponforum fanum, falvum, & illæfum, omnique vitio & fufpicionis notâ carentem, nobis, totique Civitati noftræ Skocenfi, optimè notum & probatum. Ubi in continenti perfonaliter comparens prædictus Illuftriffimus Comes petiit, certæ neceffitatis causâ, ejusdem libri & fcripturæ realitatis & verificationis atteftationem fibi dari, ac certum punctum, utpote copulationis infra fcriptorum Sereniffimorum Sponforum manu propriâ Reverendi olim Joannis Chriftophori Fuchfii, pro tunc Paftoris Sekocenfis ac Reyovicenfis, vitâ functi notatum, fcriptum, in eodem libro Metrices contentum, extradi dignari, cujus puncti per nos debitè confpecti feries eft ejusmodi:

Anno millefimo fexcentefimo nonagefimo quinto fol. 30. num. 9. NB. primâ Junii copulati funt etiam in Templo Reyovicenfi binæ huc venientes perfonæ, ambo Evangelicæ, Equites ambo huc venerunt, nimirum Perilluftris Dominus, Leopoldus Eberhard *Herzog zu Vuirtemberg, Mompelgard*, Sacri Romani Imperii Comes, & Perilluftris Magnifica Domina & Virgo, *Anna Sabina von Hedwiger*.

Proindè omnibus in univerfum, & fingulis, cui idfcire expedit, præmiffâ prius ftudiorum ac venerationis noftræ commendatione, Nos, Proconful & Confules civitatis Sckoki, notum teftatumque facimus, fupra fpecificatum librum Metrices Reyovicenfem, ejufque punctum copulationis fupra fcriptarum Sereniffimarum perfonarum, manu propriâ toties dicti Reverendi Joannis Chriftophori Fuchfii, Parochi pro tunc Skocenfis, & Reyovicenfis, de anno, die & menfe, quibus fupra, latino Idiomate confcriptum, & connotatum, effe verum, reale, non immutatum, nobis, officioque noftro optimè notum, fanum, falvum, ac illæfum, cum variis fcriptis, ac litteris manualibus authenticis per prædictum Reverendum Fuchfium morte derelictis, publicè à Reverendo Kochio Paftore reproductis, confrontatum fuiffe, & effe compertum. Quem librum & fcripturam non folum nos Magiftratus Skocenfis, verùm is idem Reverendus Kochius Paftor coram nobis, & plenariâ refidentiâ noftrâ fub fide & confcientiâ veras, & reales effe, agnovit & allegavit, ac etiam fe fufficientiffimè fcire, & de ore dicti Reverendi Fuchfii Paftoris, antecefforis fui in anno millefimo, feptingentefimo decimo quinto demortui (cui pro eo tempore ad Minifterium Ecclefiafticum Affociatus exfiterat) audire & habere protulit in eo, quod dictus Reverendus Fuchs Paftor *Sereniffimum Ducem Würtembergicum Montbelgardenfem cum certâ* Perilluftri, & Magnificâ Virgine in Templo Reyovicenfi legitimè copulaverit, de ejufmodi copulatione coram multis fefe jactaverit, & id multoties geminando promulgaverit.

Quapropter, cùm ita fe habere confpexerimus, & notum habuerimus, ideò præfentes Atteftationis noftræ litteras cum, omni, quâ decet reverentiâ & obfervantiâ extradendas effe duximus, prout extradimus, & in majorem rei veritatis fidem, & valorem manibus noftris fubfcripfimus, figilloque Civitatis noftræ Skocenfis communiri juffimus. Datum in Civitate noftra Skoki, die tertiâ menfis Julii, anno Domini, millefimo feptingentefimo vigefimo.

(L. S.)

Ad Mandatum Spectabilis Pro-Confulis, Confulum civitatis Skoki in Palatinatu Pofnan. Majoris Regni Poloniæ datum & ex Actis Civitatis ejufdem extraditum.

Thomas Forbes, Pro-Conful Civitatis Skoki Juratus. m. p.
Stanislaus Dyament, Advocatus Juratus. m. p.
Boguslaus Jakubowicz, Conful Juratus. m. p.
Laurentius Makalagwa, Conful Juratus. m. p.
Joannes Figulus, Conful Juratus. m. p.
Jeremias Fuchfius, Conful Juratus. m. p.
Matthias Szezepansky, Conful Juratus. m. p.
Joannes Lifeck, Scabinus Juratus. m. p.
Samuel Solnicki, Scabinus Juratus. m. p.
Joannnes Chriftophorus Schultz, Scabinus Juratus. m. p.
Jacobus Cieu, Scabinus Juratus. m. p.

(b)   Joan-

Joannes Ifert, Scabinus Juratus. m. p.
Alexander Plorezynsky, Notarius Juratus. m. p. Civitatis Sckoki, utriufque Magiſtratus
ejuſdem. m. p.

Num. 5.

L' Enquête faite á Sckoki, produite par Mr. Sponeck avec ſon Memoire de l'an 1724. ſigné Desbois.

ACTUM Fitiâ Quintâ, intra Octavas, Feſti Viſitationis Beatiſſimæ Mariæ Virginis, die ſcilicet quartâ, Menſis Julii, Anno Domini Milleſimo Septingenteſimo Vigeſimo.

ILluſtriſſimus & Magnificus Dominus CAROLUS LEOPOLDUS Comes de Colligny, uti & tanquam, à Sereniſſimo GEORGIO LEOPOLDO, Sereniſſimi LEOPOLDI EBERHARDI, Ducis Wirtembergici Montisbelgardenſis, Parentis, Filii, Subſtitutus plenipotens, inducendorum Teſtium Actor, adcitari fecit, ad judicium præſens, Teſtes utpote Reverendum Dominum Chriſtophorum Cochium, Eccleſiarum Skocenſis & Reyovicenſis, Evangelico-Lutheranum Paſtorem, atque honoratam Dorotheam Conjuges legitimos; tum famatos Georgium Fuchſium, Pelionem Civem Skocenſem, & Mariam Eliſabetham Conjuges, per famulum officii & judicii præſentis, & quidem conſortes cum aſſiſtentiâ maritorum, uti tutorum conjugalium, de jure neceſſariâ, pro perhibendo fideli Veritatis ſuæ teſtimonio, idque ratione copulationis, prædicti Sereniſſimi Ducis Wirtembergici Montisbelgardenſis, Parentis, cum Perilluſtri ANNA SABINA Hedwiger, publicè in Templo Reyovicenſi ſubſequutæ, ad futuram rei memoriam valituro, citatos & inductos, petens, ſupradictos teſtes, ad juramentum admitti, & juxta interrogatoria porrecta examinari.

Spectabile officium Conſulare Civitatis Skoki in Palatinatu Poſnanienſi, Majoris Poloniæ Regni, inductos & citatos Teſtes, ad juramentum admiſit, qui ſuper ſacram Crucifixi Chriſti imaginem, elevatis ſurſum duobus dextræ manûs digitis, juramentum corporale, ſuper dicenda rei veritate præſtiterunt, cujus juramenti tenor ſequitur talis.

EGo N. juro DEO omnipotenti, in Trinitate uni, quòd in hâc causâ, in quâ, ab Illuſtriſſimo Magnifico CAROLO LEOPOLDO Comite de Colligny, Plenipotente Sereniſſimi Ducis Wirtembergici Montisbelgardenſis, ad perhibendum teſtimonium ſum citatus, veritatem dicam, nec eam celabo, propter amicitiam, vel inimicitiam, propter reſpectum, propter condictum, propter donum, propter promiſſum, aut alium inconvenientem modum, ſed eam veritatem ita dicam, prout ſcio, vidi, audivi, & de quibus interrogatus fuero, nihil celando nec addendo, ſic me Dominus DEUS adjuvet, & Filii ejus innocens Paſſio; Quo Juramento per ſupradictos Teſtes expleto, iidem Teſtes, juxta Interrogatoria ſequentia, examinati ſunt, quorum Interrogatoriorum tenor ſequitur, eſtque talis:

Interrogatoria pro parte Sereniſſimi LEOPOLDI EBERHARDI Ducis Wirtembergici Montisbelgardenſis ad futuram Rei Memoriam porrecta. Anno 1720.

1. Comment le preſent Témoin ſait, a vû, oüi dire, que le Sieur Jean Chriſtophle Fuchs a été Miniſtre à Revier & Skoki.

2. Comment il ſait, que S. A. S. Monſeigneur LEOPOLD EBERHARD, Duc de Wirtemberg-Montbeliard, vint à Revier avec Madame ANNE SABINE de Hedvviger.

3. Comment il ſait, que l'An Mil Sixcent quatre vingt quinze, le premier du mois de Juin, ledit Sieur Fuchs maria publiquement ces deux Illuſtres Perſonnes dans l'Egliſe, en preſence d'autres perſonnes qui l'ont vû, & oüi avec lui.

5. Com-

4. Comment il fait, que ledit Sieur Fuchs a raconté en de differens endroits, & à differentes occasions, comme il avoit marié ces Illustres Personnes.

5. Comment il fait, que ledit Sieur Fuchs a, suivant la coûtume, inscrit ledit Mariage de sa propre main, dans le Registre de l'Eglise.

6. Comment il fait, que diverses personnes tant à Revier qu'à Skoki, ont eu connoissance de ce Mariage, & en ont entendu parler.

7. Comment le dit Témoin fait, que pendant la contagion, il est mort à Revier des personnes qui sçavoient à parler dudit Mariage.

S'ensuivent les Dépositions, par Serment, desdits Témoins.

Premier Témoin, le Reverend Sr. Christophle Koch, Ministre.

Sur le premier Art. a répondu. Je Christophle Koch atteste, comme Ministre à Revier & à Skoki, que feu le Sr. Jean Christophle Fuchs a été effectivement Ministre audit Revier & Skoki, du vivant duquel, j'ai été son Adjoint pendant cinq ans, & ai vécu avec lui en bonne amitié & concorde, & c'est lui qui m'a marié avec ma Femme ici presente Dame Dorothée Veûve du Sr. Endemann; j'ai aussi été present à sa mort, & ai moi-même fait l'Oraison Funebre sur sa Sepulture.

Sur le 2me. Art. a répondu. J'ai entendu dire au feu Sr. Ministre Jean Christophle Fuchs, que S. A. S. Monseigneur LEOPOLD EBERHARD Duc de Wirtemberg Montbeliard étoit arrivé sur le soir à Revier, avec une Noble Dame ANNE SABINE de H.

Sur le 3me. Art. a répondu. J'en sais à parler; puisqu'il m'a raconté plusieurs fois, comment il les avoit marié publiquement dans l'Eglise. Que les Noms de ces Illustres Personnes étoient inscrits dans le Registre de l'Eglise: ainsi que j'ai reconnu lesdits Noms écrits dans ledit Registre, qui est le veritable Livre de l'Eglise de Revier.

Sur le 4me. Art. a répondu. Je ne sais s'il l'a raconté à d'autres, mais il est veritable qu'il me l'a dit.

Sur le 5me. Art. a répondu. J'atteste que ledit mariage est inscrit en Langue Latine dans le Registre de l'Eglise de Revier, avec un NB. à la marge, l'an 1695. le 1. de Juin, ce qui se trouve au Fol. 30. Num. 9. comme je l'ai moi-même vû & lû.

Sur le 6me. Art. a répondu. J'atteste avoir entendu ceci le jour de hier troisième Juillet mil sept cens vingt, de la bouche de la vefve d'un vieux Echevin nommée Dorothea Zadaüen, que le Sr. Ministre défunt avoit declaré à feu son mary, qu'il avoit marié les susdites Illustres Personnes, & lui avoit même fait voir le Present qu'il en avoit receu pour cela. Ce qu'a aussi entendu avec lui noble Sieur Monsieur de Nardin, demême que Michel Zadaü Echevin à Revier, & Christophle Sager Ancien de l'Eglise dudit lieu.

Sur le 7me. Article a répondu: Il est certain & connu de tout le monde, que la Peste a aussi regné à Revier, de laquelle sont mortes plusieurs vieilles personnes, qui pouvoient avoir eu connoissance de ce Mariage. Qu'est sa Deposition.

Le Second Témoin, honorable George Fuchs.

Sur le premier Art. a répondu. J'atteste, que le susdit Sieur Fuchs Ministre à Revier & Skoki, étoit mon propre Pere, & qu'il a resté audit lieu proche l'Eglise, l'espace de trente-cinq ans & demi.

Sur le 2me. a répondu: J'atteste avoir vû ces Personnes, quand elles arriverent & logerent à Revier, & quand elles en partirent.

Sur le 3me. Art. a répondu: J'atteste, que feu mon Pere le Sr. Jean Christophle Fuchs

(b 2)   ma-

Notes:

On trouve en plusieurs endroits de la Translation de cette Enquête les paroles: deux Illustres Personnes: Original Allemand marié de deux personnes de condition de Princes, ce qui prouveroit où Anne Sabine r. Hedwiger étoit une Princesse.

maria avant midi S. A. S. Monſeigneur LEOPOLD EBERHARD, Duc de Wirtemberg-Montbeliard avec Madame ANNE SABINE de Hedvviger, & que moi-même j'eus l'honneur de les ſervir ce jour-là, & de leur faire apprêter à manger. Et ledit Mariage ſe fit publiquement.

Sur le 4me. Art. a répondu. J'attefte, que feu ledit Sr. Fuchs, mon Pere, a ſouvent raconté par maniere de Diſcours, quand l'occaſion s'en preſentoit, comme il avoit marié ces Illuſtres Perſonnes.

Sur le 5me. a répondu: J'ai ſouvent vû & lû cela dans le Livre de l'Egliſe, écrit de la propre main de feu mon Pere en Langue Latine avec un NB. en marge, au Fol. 30. Num. 9. l'An Mille Six-cent quatre-vingt quinze, le premier de Juin.

Sur le 6me. Art. a répondu: il y a beaucoup de gens tant à Skoki qu'à Revier, à qui ce Mariage eſt connu.

Sur le 7me. a répondu: Pendant la contagion qui a regné à Skoki & à Revier, il y eſt mort pluſieurs perſonnes, qui avoient connoiſſance dudit Mariage, hommémient le feu maître d'Ecole nommé Chriſtian Mentzlav, qui étoit preſent à l'Egliſe, & chantoit ſuivant la coûtume, quand on celebra ledit Mariage. Qu'eſt ſa Depoſition.

Le Troiſiéme Témoin, honnête Dorothée, femme du Reverend Sr. Koch, aujourdui Miniſtre à Skoki & Rejovitz.

SUr le premier Article a répondu: J'ai connu le Sieur Jean Chriſtophle Fuchs, & c'eſt lui qui m'a marié dans l'Egliſe de Skoki; il a toûjours reſidé à Revier proche l'Egliſe, & a été Miniſtre tant à Skoki qu'à Revier, l'eſpace de trente-cinq ans & demi.

Sur le 2me. Art. a répondu: Le feu Sr. Miniſtre Jean Chriſtophle Fuchs etant en un repas chez moi le lendemain de Pentecôte de l'An Mille Sept-cent quinze, me dit, qu'il avoit marié Leurs Alteſſes Sereniſſimes les-Duc, qu'il avoit oublié les noms des deux Perſonnes, leſquelles Illuſtres Perſonnes vinrent à Revier pour ſe faire marier par ledit Sr. Miniſtre, & logérent chez lui.

Sur le 3me. a répondu: J'ai entendu dire à feu le Sr. Miniſtre Fuchs, que ces Perſonnes avoient été mariées publiquement en l'Egliſe de Revier par lui-méme.

Sur le 4me. Art. a répondu: J'ai oüi pluſieurs fois ledit Sieur Miniſtre Fuchs raconter à des Feſtins de Nôces & de Batême, qu'il avoit lui-méme marié ces Illuſtres Perſonnes.

Sur le 5me. Art. a répondu: J'ai vû le Livre chez mon mary le Sr. Chriſtophle Koch, aujourdui Miniſtre à Skoki & Revier, dans lequel ledit Mariage eſt inſcrit.

Sur le 6me. a répondu: J'ai déja depoſé ci-devant ſur cét Article.

Sur le 7me. a répondu: La Peſte a été à Revier, & il en eſt mort pluſieurs perſonnes. Qu'eſt ſa depoſition.

Le Quatriéme Témoin, Marie Eliſabeth, femme legitime de honorable George Fuchs Bourgeois à SKOKI.

SUr le premier Art a répondu: J'ai bien connu le Sr. Miniſtre defunt Jean Chriſtophle Fuchs, puis qu'il a été trente cinq ans & demi Miniſtre à Skoki, & c'étoit le Pere de mon mary.

Sur le 2me. Art. a répondu: Feu le Sr. Miniſtre Fuchs, Pere de mon mary, m'a eu raconté, qu'il avoit marié des Illuſtres Perſonnes, mais je n'en ſais pas les noms.

Sur la 3me. Art. a répondu: J'attefte avoir oüi dire, que feu le Pere de mon mary, le Sr. Miniſtre de Skoki & Revier, avoit marié publiquement dans l'Egliſe de Revier de certaines Illuſtres Perſonnes, en preſence de beaucoup de gens. Ce que j'ai auſſi du dit feu Sr. mon Beaupere.

Sur

Sur le 4.me. a répondu: Il est vrai, que feu mon Beaupere le Sr. Fuchs a eu raconté, qu'il avoit marié des Illuftres Perfonnes dans l'Eglife de Revier.

Sur le 5me. a répondu: Feu le Sr. mon Beaupere a raconté, qu'il avoit infcrit ce Mariage de fa propre main dans le Regiftre de fon Eglife.

Sur le 6me. a répondu: Je fais & ai entendu parler de ce Mariage à plufieurs perfonnes, qui font mortes de la pefte.

Sur le 7me. a répondu: J'ai déja déclaré ce que j'en favois, & en avois entendu dire. Qu'eft fa depofition.

Sub eodem Actu fupra notato, inductio, & adcitatio Teftium fubfequuta.

IS idem Illuftriffimus & Magnificus Dominus CAROLUS LEOPOLDUS Comes de Coligny, Plenipotens fupra fcriptus Actor, induxit in Teftes, utpote Incolas Rejovvicenfes, honeftos Michaëlem Cado, Seniorem Scultetum, Johannem Cerps, itidem alterum Scultetum Rejovvicenfes, atque honeftos: Martinum Friez, Paulum Dayez, Stephanum Reyer, Matthiam Bufs, ejufdem pagi Rejovviez Scabinos, tùm Chriftophorum Zaget, Rejovviecenfem Incolam, atque famatum Johannem Weffel, Civem Obornicenfem, pro perhibendo fideli Veritatis Teftimonio, citatos, petens ad juramentum juxta Rotham expreffam, admitti, & ad futuram rei memoriam fecundùm Interrogatorium porrectum examinari, quos fupra fcriptum fpectabile officium Confulare ad juramentum admifit, & fuprà facram Crucifixi Chrifti imaginem, elevatis duobus dextræ manûs digitis, juramentum corporale, fuper dicendâ rei veritate, præftiterunt.

Sequitur Interrogatorium à Parte Actoreâ porrectum, Anno 1720.

1. SI le Témoin fait, a vû, ou oüi dire, que feu le Sieur Jean Chriftophle Fuchs ait été Miniftre à Revier & Skoki. Que S. A. S. Monfeigneur LEOPOLD EBERHARD, Duc de Wirtemberg-Montbeillard, ait été marié avec Madame ANNE SABINE de Hedwviger, combien il y peut avoir de cela, & qu'il ait à dire, tout ce qu'il en fait davantage.

S'enfuivent les Depofitions faites par ferment.

Premier Témoin, honorable Michel Zado, ancien Maire à Rejovitz.

Sur le premier a répondu, J'attefte, que la Femme de feu mon Frere me raconta hier, comme déja ci-devant, que S. A. S. avoit été marié avec une Dame par feu le Sr. Fuchs nôtre Miniftre, dans nôtre Eglife à Revier, & que feu mon frere Jean Zado Maire audit lieu, étoit prefent à l'Eglife quand ils furent mariés: Qu'il y a environ vingt-quatre à vingt-cinq ans de cela, & la Vefve de feu mon frere, qui eft encor vivante, m'a elle même montré, comme elle l'avoit vû l'endroit là où S. A. S. mangea & coucha avec fon Epoufe dans la maifon de nôtre Miniftre. (ladite Vefve eft au lit malade de Phtifie.)

Second Témoin, Jean Cerps, Maire à Rejovitz.

Sur le premier a répondu: Le dit Maire attefte auffi, qu'il a entendu la même chofe de la bouche de la fufdite Vefve, & d'autres perfonnes.

Troifiéme Témoin, bonnête Martin Frietz, Echevin ou Jufticier audit Rejovitz.

Sur le premier a répondu: J'attefte auffi ce que deffus, l'aiant entendu de la bouche du Maire défunt, n'y aiant pas longtems que je fuis en ce Village.

Le quatriéme Témoin, Paul Deutfch, Jufticier à Rejovitz.

J'attefte, que j'ai entendu dire à plufieurs perfonnes ce que nos fufdits Voifins témoignent, comme céte Vefve me l'a auffi raconté.

Cin-

Cinquiéme Témoin, Etienne Rentz, Justicieur à Rejovitz, âgé d'environ soixante & dix Ans.

J'attefte, que ma femme, aujourdui âgée de cinquantneuf ans, qui étoit prefente dans l'Eglife de Rejovitz, a vû de fes yeux, comme S. A. S. le Duc de Wirtemberg-Montbeillard fut marié avec Madame ANNE SABINE de Hedvviger, ce que madite femme, & d'autres perfonnes m'ont raconté.

Sixiéme Témoin, Matthias Bufs, Justicier audit Rejovitz.

J'attefte ~~que~~ que les autres témoignent, & que j'ai entendu dire à plufieurs perfonnes, de même qu'à la fufdite Vefve.

Septiéme Témoin, Chriftophle Sager, Ancien de l'Eglife de Rejovitz.

J'attefte avoir vû, comme S. A. S. le Duc de Wirtemberg-Montbeillard arriva ici à cheval avec Madame ANNE SABINE de Hedvviger, par la route de Pofnanie, & allerent loger chez nôtre Miniftre feu le Sr. Jean Chriftophle Fuchs; Enfuite le lendemain avantmidi on fit fonner deux coups des cloches de l'Eglife, après quoi ils furent publiquement & fuivant la coûtume de l'Eglife mariés par ledit Sr. feu nôtre Miniftre Jean Chriftophle Fuchs, & j'ai vû moimême faire ladite Copulation, me tenant devant la porte de l'Eglife. Et le maître d'Ecole Chriftian Wentzlau, chanta à l'Eglife fuivant la coûtume, & il y eut encor beaucoup d'autres perfonnes qui virent cela, dont la plûpart font mortes par la Pefte, d'autres ont quitté ce lieu; J'avois alors dixneuf ans paffés. Il y eut de nos gens, à qui on diftribua de l'argent, à d'autres on donna à boire & à manger, en memoire de cela.

Huitiéme Témoin, honorable Jean Veffel, Bourgeois d'Obornitz.

Sur le Premier a répondu, J'attefte, que le feu Sr. Miniftre Fuchs, qui étoit le Pere de ma Femme défunte, a été Miniftre établi à Skoki & Revier, & m'a dit plufieurs fois, qu'il avoit marié deux Illuftres Perfonnes, m'alant mondit Sr. Beaupere auffi dit leurs Noms, mais je les ai oubliés; Mondit Sr. Beaupere donna auffi à ces Illuftres Epoux un certificat de leur Mariage, écrit de fa propre main.

Et tantum prædicti Teftes jurati depofuerunt, quibus omnibus impofitum eft filentium. Quæ itaque omnes depofitiones, & dicta Teftium juratorum, ad prædictam fupra nominati illuftriffimi Comitis de Coligny, Plenipotentis Actoris, præfentibus Actis funt connotata, & extradita. Actum, ut fupra.

(L. S.)

Ex actis Spectabilis Officii Confularis Civitatis Skoki in Palatinatu Pofnan : Majoris Regni Polonia extractum.

Thomas Forbes, Proconful Civitatis Skoki juratus.
Stanislaus Dyament, Advocatus juratus.
Boguslaus Jakubovvicz, Conful juratus.
Laurentius Makolagvva Conful juratus.
Johannes Figulus, Conful juratus.
Jeremias Fuchfius, Conful juratus.
Matthias Szezepanski, Conful juratus.
Joannes Lifeck, Scabinus juratus.
Samuel Solnicki, Scabinus juratus.

Johan-

Johannes Christophorus Schultz, Scabinus juratus.
Jacobus Cieù, Scabinus juratus.
Joannes Ifert, Scabinus juratus.
Alexander Plorezynski, Notarius juratus Civitatis Skoki, utriufque Magiftratùs ejufdem.

Num. 6.

Le Certificat du Secretaire Zeuzkivviz fe trouve dans l' Imprimé du Duc de Montbeillard de l'an 1722.

INfra fcriptus ad inftantiam & affectatiónem, Illúftriffimi ac Magnifici Domini, Comitis de Colligny, præfentibus atteftor, me comparuiffe, & fuiffe perfonaliter in Civitate Skoki appellatâ, in Palatinatu Pofnanienfi, Majoris Poloniæ Regni, confiftentis, apud Reverendum Chriftophorum Kochium, ad præfens Templorum Skocenfis, & Reyoviecenfis Evangelico-Lutheranorum Paftorem modernum, ibidemque librum Metrices Copulatorum, Templi Reyoviecenfis verè proprium, continentem in fe Copulationem Sereniffimi infra fcripti Ducis, cum Perilluftri infra fcriptâ Virgine, latino idiomate, per Reverendum Joannem Chriftophorum Fuchfium, pro tunc Templorum Reyovicenfis, & Skocenfis Antecedaneum Paftorem, non ita pridem vitâ functum, fcriptum, & notatum, fub Folio Trigefimo, No. 9no. litera NB. infignitum, confpexiffe, vidiffe, legiffe, ac cum aliis literis confrontatum effe, tenoris fequentis:

ANno 1695. 1ma. Junii copulati funt etiam in Templo Rejovicenfi, binæ huc venientes Perfonæ, ambo Evangelicæ, Equites ambo huc venerunt, nimirùm Perilluftris Dominus LEOPOLDUS EBERHARD, Herzog zu Würtemberg-Mümpelgardt, Sacri Romani Imperii Comes, & Perilluftris Magnifica Domina, & Virgo ANNA SABINA von Hedeviger.

Quo itaque libro perlecto, ac benè trutinato, & confiderato, me infuper aliquoties audiviffe, ab eodem Reverendo Cochio, quod dictus Reverendus Fuchfius, multoties ipfi de ejufmodi Sereniffimi Ducis, cum Perilluftri Virgine copulatione liberè dicebat. Quod etiam fimiliter & alii oculati Teftes, ac prædicti olim Reverendi Fuchfii Paftoris Filii, & cæteri Reyovicenfes Incolæ, horum perfectam notitiam habentes, eandem Copulationem effe veram, & publicam, mihi retulerunt, & affirmarunt. In cujus rei fidem me manu propriâ fubfcripfi, & figillo meo communiri feci. Datum in Civitate Skoki, die 5ta. Menfis Julii, Anno Domini 1720.

(L.S.)   Antonius Czevzkievvitz, Sacræ & SSmæ. Regiæ Maj. Secretarius, Caufarum Curiæ, ac per & intra Regnum Poloniæ Advocatus Patronus.

Num. 7.

Le Certificat du Sr. Opfergeld produit fous le titre fuivant avec le memoire donné à fontainebleau au mois de Septembre 1724. il fe trouve dans l' Imprimé de l' an 1726. figné Courchetet. p. 63.

EXTRAIT Baptiftaire de George-Léopold, fils unique & feul heritier légitime de S. A. S. de Montbeillard, du 12. Decembre 1697.

NOus Frideric Opfergeld Prevôt & Prélat élù & confirmé du Monaftere de Notre-Dame à Magdebourg, de l'Ordre des Prémontrès, certifions par les Prefentes à tous qu'il appartiendra, que le 12. Decembre l'an de Chrift 1697. étant pour lors Diacre de Feftenberg, nous avons baptifé un enfant mâle, qui a été nommé George-Léopold; fon pere eft S. A. S.

(c 2)   Léopold

Léopold Eberhard Duc de Wirtemberg - Môntbéillard , & fa mere Madame Anne- Sabine de Hedwiger , & a été prefent comme parain le Capitaine Léonard de Nardin.

En foi de quoi les Prefentes ont été munies du fceau dudit Monaftere & de notre figna-ture. Fait à Magdebourg audit Monaftere de Notre-Dame, le 8. Septembre 1722.

(L. S.)

FRIDERIC OPFERGELD,
Prevôt & Prélat.

Num. 8.

Declaration de Madame la Ducheffe d' Oëls qui fe trouve dans l' Imprimé de l'an 1726. figné Courchetet. p. 70.

Piece Traduite de l' Allemand en François.

NOUS Eleonore-Charlotte , par la Grace de Dieu , Ducheffe née & Douairiere de Wirtemberg , Teck & Châtillon , d'Oels en Si-lefie , Comteffe de Montbéillard & Colligny , Dame de Heiden-heim , Sternberg , Mezibohr , Feftenberg & Koltzig , &c.

FAifons fçavoir, & confeffons fur notre bonne confcience par ces prefentes , devant Dieu & tout le monde , que nous n'avons rien fçu de l'intervention que Funck a voulu fai-re contre toute forte de raifon & d'excufe dans le Procès qui eft pendant à Paris au Con-feil d'Etat, entre M. George Léopold , Duc de Wirtemberg Montbéillard , & M. Eberhard Louis, Duc de Wirtemberg-Stoutgard , & atteftons en même temps , que fi Funck a ofé fe fervir dans la moindre chofe de nos blancs-Seings que nous lui avons confiez , contre le Mariage entre feu S. A. S. le Prince Léopold Eberhard , Duc de Wirtemberg & Teck, Comte de Montbéillard, Seigneur de Heidenheim, notre très honoré & très cher frere, avec (Pl. cum Tit.) la Sereniffime Anne Sabine, Comteffe de Sponeck , lequel Mariage à été beni par le Prêtre au mois de Juin de l'année 1695. ou contre la naiffance légitime du Prince George Léopold leur fils , à prefent Duc de Wirtemberg Montbéliard , né le 12e. Decembre de l'année 1697. dans notre Château de Feftenberg , & baptifé par le fieur Opfer-geld , Miniftre, pour lors notre Prêtre ; Nous déclarons donc devant tout le monde que s'il a fait l'un ou l'autre, c'eft une fraude infâme , & une fauffeté manifefte (de la part du-dit Funck ;) En confirmation de quoi nous avons figné de notre propre main & fait appo-fer notre Sceau de Princeffe: Fait à Vienne le 24. Juillet 1726.

(L. S.)

ELEONORE - CHARLOTTE
Ducheffe de Wirtemberg-Oels.

Je fouffigné Notaire Imperial, public & Juré, attefte par ma fignature faite de ma main propre, & par l'appofition de mon Sceau ordinaire de Notaire , que la prefente copie eft tirée fidelement de fon original, & après la confrontation faite je l'y ai trouvé conforme mot pour mot. Fait à Montbéillard le 17. Aouft. 1726.

(L. S.)

BENJAMIN REUTH, Notarius,
Cæfareus, publicus, Juratus.

Num. 9.

Num. 9.

Extrait du Livre de l' Eglise de Reyovviz touchant le Mariage Clandestin fait du Coté gauche, entre son Altesse S^{me.} Monseigneur le Duc de Montbeillard, & Anne Sabine Hedvviger.

COPULATI.

1. L'An 1695. le 7. Fevrier se sont marié à Revier Jean Schvvartz Bourgeois Tailleur & Brasseur à Sckok, & Catherine Fille de Jean Köllner, faisseur de Cruches à Revier.

2. Le 8. May se sont marié à Revier Jaques Pohl fils de feu Matthias Pohl habitant à Revier & Marie Veuve de Christophle Guensches Valet à Barenbusch.

3. Le 29. May se sont marié George Lenz de Barenbusch Veuf, & honnête Marguerite fille de Matthias Pohl habitant à Revier.

4. Le 3. Juillet se sont marié George Martius le plus jeune paisan à Bernbusch fils d'André Martius du dit lieu & Eve fille de feu Martin Lauther Charron du dit lieu.

5. Le 6. Novembre se sont marié à Sckok George Brieger Bourgeois & Charron le plus jeune fils de Jean Brieger paisan à Oberbritschen près de Fraustatt, & Judith veuve de feu Daniel Becker Bourgeois & Drapier, au reste de la Religion reformée.

6. Le 13. Novembre se sont mariés à Sckok Adam Schvvalbe ou Jastolzi veuf, Bourgeois & Drapier & Marie fille de Jean Rhan Marechal ferrant au petit Wittenberg.

7. Le 20. Novembre se sont mariés Jean Kurth fils de Jean Kurth paisan de ce lieu & Marie Nickel fille d' un Paisan de ce lieu.

8. Le 27. Novembre se sont mariés Michel Stelter, un Valet, fils de feu Michel Stelter & Dorothée fille de Michel Radlens & Schidaczove.

9. NB. Primâ Junii copulati sunt & in templo Reiovvicensi, binæ ex Teschnensi Silesiæ ducatu huc venientes Personæ ambo Evangelicæ, qbus ibidem copulatio ni à fide deficerent interdicta, Eqtes ambo huc venerant, nimirum Perillustris Dns. Leopoldus Eberhard H. z. W. M. S. Romani Imperii Comes & Perillustris Magnifica & Virgo Anna Sabina v. H. Dns. sponsus tunc erat in militia Electoris Saxonici, sponsa vero é ducatu Teschnensi sub Tutela Matris viduæ.

A la Requisition de S. A. S. Monseigneur le Duc Regnant de Wirtemberg, & à la demande & approbation de Mrs. les anciens de l' Eglise de Sckocki & de Mrs. les deux Maires de Rejovviz, ou Revier, j' ay expedié cet extrait du Livre de l' Eglise de Revier. Et je certifie par les presentes sub fide Pastorali, que le dit extrait contient de mot à mot toute la page du Livre Ecclesiastique, par consequent que la Copulation prædicti Per-Illustris Leopoldi Eberhardi & Per-Illustris Annæ Sabinæ, mise à la fin de cette feuille a été écrite avec le même mot & la même abbreviature & les mêmes Lettres qui se trouvent icy, & le tout se trouve dans la page 30. e dans l' année 1695. expedié sous ma propre main & mon cachet. Fait à Sckoki l' an 1722. le 23. Dec.

(L. S.) **CHRISTOPHLE KOCH,** Pastor
à Sckoki & Reyovvic.

Le Conseil atteste publiquement par les presentes que le susdit Extrait qui a eté tiré par Mr. le Ministre Christoph Koch & qui se trouve de mot à mot dans le Livre de l'Eglise de Prefier, contient une page entiere, savoir pag. 30. & que la Copulation Per-Illustris Domini Leopoldi Eberhardi & Annæ Sabinæ se trouve ainsi écrite tout à la fin de la dite

(d) page

page 30. Nro. 9. fait à Sckoki située dans la grande Pologne, en foi de quoy nous avons apposé nôtre Sceau & nôtre Signature ordinaire le 23. Decembre 1722.

(L. S.)

Stanislaus Diament Pro-Conful juratus Skocenfis.
Thomas Forbes Advocatus juratus Skocenfis m. pp.
Boguslaus Jacobuvviez, Conful juratus.
Laurentius Makolzgvva Conful juratus.
Samol Solnicki Conful juratus.
Garub Ciren Conful m. pp.
Marcin Fengrych Conful.
Joannes Liteck Scabinus juratus.
Samuel Offenhamer Scabinus juratus.
Joannes Fioculus Scabinus juratus.
Jeremias Fuchs Scabinus juratus.
Francifcus Radvvanski Scabinus juratus.
Alexander Plorozynski Not. jurat. Civitat. Sko-cenf. utriusque Magiftrat. ejusdem.

La Copie fusdite s'eft trouvée conforme à l'original qu'on m'a produit avec le quel je l'ay collationné.

(L. S. Imp.)

En foi de quoy elle a été munie du fceau Imperial comme on le voit çy deffus & de ma fignature munie de mon Cachet ordinaire. Wienne le 31. Aouft 1759.

(L. S.)

J. H. de Alpmannshoven Confeiller Imperial & Re-giftrateur de la Chancellerie de l'Empire.

Num. 10.

Le Certificat du Sr. Dobrynski.

EGo Infra fubfcriptus Valentinus Dobrynski Parochus Bialezinenfis, Commendarius Uchorovienfis, Secretarius Illuftriffimi & Reverendiffimi Alexi Alexandri Baykovvs-ki, Canonici Pofnanienfis, Decani Foranei Roymenfis, Præpofiti Skokenfis hifce atteftor, quod Dn. Johannes Chriftophorus Fuchfius, Paftor olim Evangelicus Civitatis Sckoki, meus eo tempore vicinus, quo familiariter ufus fum, perfæpe mihi narraverit; Se Anno 1695. menfe Junio quendam é Romano Imperio Comitem, qui fe Leopoldum Eber-hardum nominaverat, cum Virgine quadam, nomine Anna Sabina in templo Rejovi-cenfi copulaffe; in copulatione vero prædictam Annam Sabinam, ut fponfam, ftetiffe à finiftra manu fponfi, nempe hujus Leopoldi Eberhardi, & coram altare ipfius finiftræ ma-nui copulatam effe. Id quod fub fide Paftorali teftor. Datum Bialenzinæ in Palatinatu Pofnanienfi. die 26. Decembris Anno 1722.

(L. S.)

Rdus. Valentinus Dobrynski, Parochus Bialezinenfis, Commendarius Uchoro-vienfis, Secretarius Illuftriffimi & Re-verendiffimi Alexi Alexandri Bay-kovvsky, Canonici Pofnanienfis, De-cani Foranei Reyonenfis, Præpofiti Skokenfis. mpr.

Ego Cyprianus à Seydliz Dominus Hæreditarius in Bialenzin, atteftor hifce, quod Reverendus Valentinus Dobrinski & Parochus hujus loci & hoc atteftatum ab ipfo fub fide paftorali datum fuâ manu propriâ fubfcriptum fit, Bialenzin prope Skokum in Palatinatu Pofnanienfi die 26. Decembr. 1722.

(L. S.)

CYPRIAN von Seydliz.

Ego

Ego Casparus v. Pritvviz attestor hisce, quod Reverendus Valentinus Dobrynski, hic in Uchorovvo Commendarius sit, & hoc atteftatum sua manu propria subscripserit. Uchorovvo prope Skokum in Palatinatu Posnansensi die 26. Decembr. Anno 1722.

(L. S.)   CASPARUS à Pritvviz auf Uchorovvo.

Num. 11.

Le Certificat de Mr. de Seydliz & de Prettviz.

MOi Cyprien de Seydlitz, de Bialentzin, & moi Caspar de Pritwiz, d' Uchorow certifions que Michel Zado Ancien de L'Eglise de Revier, & Chriftophle Sager habitant dudit lieu, de même que George Fuchs, fils de feu Jean Chriftophle Fuchs miniftre dudit lieu, nous ont raconté que la copulation faite en l'an 1695. entre Monfeigneur le Duc de Montbeillard & une Demoifelle leur etoit donné à tous les trois, qu'ils avoient vû ces deux perfonnes, qui etoient arrivées à cheval à Revier, & mariés enfemble en habits d' homme, de maniere qu'ils ne pouvoient favoir lequel des deux etoit L'Epoux ou l' Epoufe. En foi de quoi nous nous fommes fouffignés & avons appofé nos armes. Fait à Bialenzin le 28. Decembre 1722.

(L. S.)   CYPRIEN de SEYDLIZ.

(L. S.)   CASPAR de PRITTWIZ.

Num. 12.

Procuration du Duc LEOPOLD EBERHARD donné au Comte de Sponeck pour faire les recherches neceffaires à Rejovviz. Produit par Mr. Sponeck avec le Memoire de l'an 1724. figné Desbois. Il fe trouve auffi dans l' Imprimé de l'an 1726. figné Courchetet page 69.

Traduit d' Alleman en François.

NOUS LEOPOLD EBERHARD, par la Grace de DIEU, Duc de Wirtemberg & Teck, Comte de Montbeillard, Seigneur de Heidenheim, &c. Donnons par les Prefentes Plein-pouvoir à Nôtre cher & bien-aimé Fils GEORGE LEOPOLD, à celui, ou à ceux qu'il commettra en fon nom, d'aller chercher l' Acte de Nôtre mariage avec Mademoifelle ANNE SABINE de Hedvviger, cy-devant Nôtre Epoufe, qui a été beni en l' Eglife Lutherienne de Rejovvitz prés de Pofnanie en Pologne environ le 1. Juin 1694. par Jean Chriftoffle Fuchs, Miniftre Lutherien audit lieu, & de s'en faire expedier où il conviendra un Extrait & Certificat authentique en la meilleure forme que faire fe pourra; Dans l' efperance qu'il ne lui fera point refufé, Nous offrons de rendre le reciproque à un chacun fuivant fon état dans toutes les occafions; En témoignage de quoi, Nous avons figné les Prefentes, & y avons fait appofer Nôtre Seel de Prince. Donné à Montbeillard, Ville de Nôtre Refidence le 17. Juin 1720.

(L. S.) # LEOPOLD EBERHARD,
Prince de Wirtemberg-Montbeillard.

(d 2)   Num. 13.

Num. 13.

Le Certificat du Curé de Sckoki.

EGo infrà feriptus notum facio omnibus, quorum intererit, quod in Parochia mea Skokenfi, ad quam villa Rejovvice pertinet, Acatholicis Miniftris non eft licitum admi-
niftrare ulla Sacramenta fine notitia & permiffione Parochorum ejusdem Ecclefiæ, quam
permiffionem licet ab anterioribus annis etiam ftante meâ poffeffione pro folis incolis civitatis Skokenfis habuerint, non habent tamen pro aliis villis Parochialibus, in quibus diffidentes habitant, ex quibus etiam diffidentes Incolæ pro recipiendis Sacramentis ad meam
Parochialem Romano-Catholicam Ecclefiam Skokenfem recurrunt & in ea baptifantur,
matrimonia contrahunt & fepeliendi licentiam in electis fibi locis obtinent; neque pro ex-
ternis & advenis ullam habent ibidem permiffionem aliqua illis conferendi facramenta vel
fepeliendi, nifi habeant aliquod fignum voluntariæ permiffionis à præfatæ Ecclefiæ Parochis.
Cum ergò Sereniffimus Dominus Princeps Leopoldus Eberbardus fine fcitu & permiffione
mea, pro tunc actuali paftore Ecclefiæ meæ & Parochiæ Skokenfis contraxit cum ingenua
virgine Anna Sabina in Rejovviec matrimonium, quod defunctus olim Joannes Fuxius inter illos confirmavit, qui ut audivi ftatuerat ad finiftram fponfi præfatam fponfam in ipfo
contractu matrimonii & in abfentia tam mei quam omnis alius Romano-Catholici Sacer-
dotis, & talia matrimonia in Polonia irrita & invalida refpectu abfentiæ Parochi vel
ejus confenfûs, ideò pro matrimonio præfato par ratio militat. Datum in Skoki Anno Domini 1722. die 28. Menfis Decembr.

(L, S.)   Alexander Baykovvski, Paftor Ec-
                                     clefiæ Canonicus Carhls. P. Sko-
                                     kenfis, Snanienfis, D. R.

Num. 14.

Extrait de deux Lettres Originales du Duc George.

Extrait d'une lettre écrite, de la propre main, de feu le Duc Geor-
ge, daté Montbeillard le 12. d'Octobre 1698. à Madame la
Princeffe Anne, fa fille, addreffée á Riqueville
en Alface,

DAns laquelle on remarque, que ce Prince en qualité de Pere, du feu Duc Leopold
Eberhard a abfolument ignoré le pretendu mariage entre fon fils, & Anne Sabine
Hedwiger, lequel on prétend avoir été celebré en Pologne le 1. de Juin 1695.

La Mere & la Soeur d'Hedvviger font arrivées içy d' Oels; Elles ne
favent au refte rien de nouveau &c.

Extrait d'une autre lettre auffi ecrite de la propre main du defunt
Duc George, á Madame la Princeffe Anne fa fille, fous
la date á Montbeillard du 19. Octobre 1698.

Cette lettre porte en fubftance, que la mere de cette même Anne Sabine Hedwiger n'a
été rien autre chofe à Oels, finon, qu'elle avoit charge de la dépenfe, dont elle gardoit
                                                                                    les

les clefs, raifon qui la determina de venir avec fa fille Anne Sabine Hedwiger à montbeillard à l'effet d'y fervir la maifon du Prince en cette même qualité de garde-depenfe.

La Mere d'Hedvviger arriva icy la femaine paffée d'Oels ; Elle a procurée un grand avantage à Madame vôtre Soeur Charlotte par fon Oecohomie, fi dans ce païs la chofe eft ainfi faifable, c'eft ce qui eft incertain, Cependant elle fera tout fon poffible &c.

Num. 15.
Extrait du Traité de 1617. par Rapport aux Mariages des Princes de Wirtemberg.

ET puifque Leurs Alteffes Sereniffimes font auffi d'une Naiffance égale, ils doivent, & veulent à l'avenir, comme jufqu'à prefent porter le même Titre & les mêmes Armes; & font convenus par le prefent Traité, que comme il eft en foi-même loüable, convenable & jufte, aucun de Leurs Alteffes ne doit, ni veut fe marier fans le confeil, connoiffance, volonté & bon plaifir des autres, particulierement de leur Frere aîné Prince Regnant, comme étant le Chef de cette Maifon Ducale, *furtout avec une Perfonne, qui n'eft point de condition de Prince.*

Enfin Leurs Alteffes Sereniffimes le Duc JEAN FRIDERICH, etc. LOUYS FRIDERICH, etc. JULES FRIDERICH, etc. FRIDERICH ACHILLES, etc. & MAGNUS, etc. Freres, Ducs de Wirtemberg, etc. font conyenus entr'Eux de tout ce deffus, & l'ont conclu, après une meure deliberation, felon la coûtume immemoriale, & la Nature de ce Duché, après avoir diligemment confideré toutes les circonftances, de leur pleine fcience & bon plaifir; Et afin que tous & chacun les Points contenus dans les Prefentes foient tenus & obfervés avec plus de certitude & de conftance par toutes Leurs Alteffes Sereniffimes, & par leur Sereniffime Pofterité; ils ont, à l'Exemple de Leurs Illuftres Ancêtres, pour Eux, Leurs Heritiers & Defcendans, non-feulement confirmé le prefent Traité par la fidelité, qu'ils fe font promife, en fe donnant les mains, & par le Serment corporel, qu'ils ont prêté; mais de plus, le fufdit Duc MAGNUS, etc. qui n'a pas encor vingt-cinq ans, a promis, qu'auffi-tôt qu'il feroit parvenu à cet âge, pour marque de fa fincerité & de fon affection fraternelle, il ratifieroit & confirmeroit de furabondant par fa Signature & fon Seau le prefent Traité, dans la forme qu'il eft ici redigé par Ecrit.

En foi de quoi, & pour plus grande corroboration de ce que deffus, tous les fufdits Seigneurs Freres ont foûcrit de leurs propres mains la prefente Convention, & y ont fait chacun d'Eux pendre leurs Seaux, & ont requis graeieufement les Prelats & Etats du Païs de Wirtemberg, (par l'endroit que ce Traité les concerne evidemment, auffi-bien que ce Duché, & qu'il eft de l'intereft des uns & des autres, qu'il foit tenu & obfervé conftamment & inviolablement, à prefent, & à l'avenir, & que chacun des Seigneurs Freres, & Leurs Defcendans s'y conforment) d'y faire auffi prendre leur Seau ordinaire; Ce que nous les Prelats, & les Etats du Païs avons fait volontiers, de nôtre feû, & bien humblement; Duquel Traité deux Originaux d'une même teneur ont été expediés, dont l'un a été remis au Duc JEAN FRIDERICH, etc. & l'autre au Duc LOUYS FRIDERICH, etc. Et des Copies vidimées, & dignes de foi en ont été remifes aux Ducs JULES FRIDERICH, etc. FRIDERICH ACHILLES, etc. & MAGNUS, etc. à chacun d'Eux une. Fait & paffé à Stougard, le vingt-huitième du mois de Mai, de l'An de Grace Seize-cens dix-fept.

(L.S.) J. Friderich.
(L.S.) Louïs Friderich.
(L.S.) Julius Friderich.
(L.S.) Friderich Achilles.
(L.S.) Magnus, D. de Wirtemberg.
     avec Leurs Parafes.

(e)

Num.

Num. 16.

Le Certificat de la Regence de Ligniz.

LE Conseiller & Landes-Hauptmann ou Gouverneur de sa Majesté Imperiale Roi de Hongrie & de Boheme, de même que le Chancelier & Conseillers de Regence de la Principauté de Liegniz & des lieux en dependans &c. certifions & confessons publiquement par les presentes, & devant un chacun où il sera necessaire, que (Tit.) Gottfried Leopold de Zedliz nous a fait connoitre par écrit, que lui etant important de savoir pour certain, en quel tems la famille d'Hedvviger avoit eté elevée à la noblesse par sa susdite Majesté Imperiale & Roiale notre très gracieux Souverain, & en quel tems la publication en avoit eté faite, Et si, & de quelle maniere feu Jean George Hedvviger de Gohlsdorff avoit eté traité par le Baillage Roial d'ici ratione nobilitatis, conditionis atque status; il nous a prié & requis de vouloir bien lui remettre en forme authentique ce qu'on pourroit trouver sur ce sujet dans la Chancellerie Roiale de ce Baillage.

Comme donc nous n'avons pas voulu refuser audit de Zedliz sa demande,

Ainsi, n'aiant rien trouvé dans la Chancellerie Roiale d'ici, que la famille des Hedvvigers eut eté elevée à la qualité de noble & de Chevalier par sa Majesté Imperiale & Roiale, mais bien dans le (Carnot / Catastre) du païs, de même que dans la Titulature de la Chancellerie, que le susdit Jean George Hedvviger de son vivant par Rapport à sa ferme de Golsdorff n'avoit pas eté traité de noble, mais seulement d'honorable, qui est le titre d'un simple Bourgeois & d'un particulier; Nous donnons donc audit de Zedliz cet avis qu'il a demandé & dans une forme authentique sous le sceel ordinaire du Baillage Roial, & la souscription ordinaire. Fait au Chateau Roial de Liegniz le 18. Janvier 1695.

(L.S.)

A. P. Vollbracht.

Manckisch.

WEnzel Adalbert Conseiller intime actuel, Chambellan & Lands-Hauptmann (Gouverneur) de sa Majesté Imperiale &c. Comte du St. Empire de Wirben & Freudenthal, Seigneur hereditaire de Datschütz &c. de même que nous les Conseillers de la Regence de Liegnitz &c. certifions & confessons par les presentes que le sieur Jean Leonard Holland Lieutenant & Quartiers-Maitre du Regiment du (plen. cum tit.) Prince Frederic de Wirtemberg Maréchal de Camp General Lieutenant nous aiant exposé l'ordre qu'il avoit de son gracieux Maitre de demander en son Nom de la Registrature Roiale de ce lieu un certificat authentique touchant une certaine famille Hedvviger, qui se glorifioit etre de qualité dès l'an 1510. jusqu'a 1681. & du depuis d'une suite interrompué, & d'en avoir possedé les biens. Pour repondre à la demande de S. A. S. on a fait toutes les recherches possibles dans la registrature Roiale de ce lieu sans que l'on ait pû y rien trouver de la dite famille d'Hedvviger dans le 15.me siecle, excepté que (Tit.) le sieur Christophle Hedvviger (qui doit etre né l'an 1588.) doit avoir eté Precepteur du frere de feu Monseigneur George Rodolph Duc de Liegniz, Brieg & Goldberg &c. & en suite Conseiller de la Serenissime maison de Liegniz & de Brieg, & pendant l'espace de 25. ans au service. Ce Conseiller Christophle Hedvviger a eu pour Femme Dame Sybille Krieblin, de laquelle il a eu deux fils, Christian & Jean George, & aussi un frere nommé Balthasar Hedvviger, qui a eu pour femme Hedvvique née Axerin & qui a eté Bourgue-Maitre à Parchvviz. Ces deux freres Christophle & Balthasar avoient un Cousin appellé Valentin Hedvviger qui a eté Ministre de l'Eglise de

Parch-

Parchvviz & qui a laiſſé deux fils, Valentin & Jean. Le ſuſdit Chriſtophle Hedvvi-
quer acheta l' an. 1612. une petite terre, & un moulin à Barſchdorff dans le premier
Cercle de Liegniz d' un Meunier George Hilſen, & le 24. Mai 1622. S. A. donna en
fief au dit Chriſtophle Hedvviger la terre de Kaiſersvvaldau (qui etoit la partie ſuperieu-
re, qu' il avoit acheté pour 18000. ecus d' Empire). Ce Chriſtophle Hedvviger étant
mort l' année ſuivante 1623. la veuve, qui renonça à la diſpoſition de ſon Mari &
qui demanda des Tuteurs pour les Enfans, Adam Neumann Aſſeſſeur du Conſeil de la
Cour & de la Ville de Liegniz & Jacques Hedvviger le jeune, Boulanger du dit lieu
furent nommés, qui refuſerent par écrit d'accepter la tutele, Adam Neumann alleguant
pour motif, que la Vêuve de feu Chriſtophle Hedvviger auroit dû en nommer d' autres
tant à Liegniz qu' ailleurs & à Goldberg, par exemple Daniel Feigen ſon proche parent,
le Sieur Zeuchnern de Schvveidniz, ſon Beau-frere & ſon frere de Haynau qui de droit
etoient obligés d' accepter la Tutele. La dite terre de Kaiſersvvaldau ſur la reſolution
du Prince fut remiſe, le 10. Fevrier 1628. par Nicol Vvincklern en qualité de Curateur conſtitué, aux heritiers de feu Chriſtophle Hedvviger ſavoir à Chriſtian & à Jean
George du conſentement de la Veuve, Dame Sybille Kriebelin pour lors preſente, & enſuite à (Tit.) George de Sack qui l' avoit acheté. La Ceſſion judicielle en a enſuite
été faite à la Chambre du Prince par Jean George fils de Chriſtophle Hedvviger, qui a
promis en même tems de s'accommoder avec la Vêuve de ſon frere Chriſtian de Brieg
pour ce qu' elle y etoit intereſſée. Le dit Chriſtophle Hedvviger, dont nous avons
ſouvent fait mention, poſſedoit une terre devant la Ville de Gohlsdorff. Il avoit auſſi
une maiſon à Liegniz, & ſa Veuve Sybille Kriebelin épouſa enſuite Jaques Heinzen;
Les deux fils du ſuſdit Chriſtoph Hedvviger, ſavoir Chriſtian & Jean George Hedvviger ont eu pour Tuteur André Frühauff Avocat & George Hedvviger tous deux Bourgeois de Liegniz. L' an. 1651. Jean George Hedvviger poſſedoit la Terre de devant
la Ville de Gohlsdorff qu' il avoit herité de ſes pere & mere; Ce Jean George Hedvviger a eu deux femmes; la premier s'appelloit Catherine Kloſes, fille d' Henry Kloſes
Maitre és arts cy devant Recteur du Gymnaſe de Ste. Marie Madeleine à Breslau, de
la quelle il a eu quatre Enfans. Sa ſeconde femme a eté (tit.) Anne Roſine de Pogrell, fille de feu (tit.) Sigmond de Pogrell de Persdorff dans le Royaume de Pologne, de la quelle il a auſſi eu quatre Enfants.

Le ſuſdit Jean George Hedwiger eſt mort le 31. Juillet 1682. Enſuite un Contract
d' Achapt du bien de la Terre de Gohlsdorff fut dreſſé & conclu le 29. Octobr. 1684. entre
la ſuſdite Anne Roſine Hedwiger Veuve née Pogrell tant pour elle que & pour ſes quatre
Enfants qu'elle avoit eüe de feu Jean George Hedwiger de Gohlsdorff, dont elle étoit Tutrice, adhibito Curatore Iſrael Scholzen Avocat à Breslau, & entre Chriſtofle Gottlieb Hedwiger pour ſoi & pour ſon frere Jean Henri Hedwiger, cy devant Maitre de Logis dans le
Regiment de Veteran, & entre Sybille Catherine Kizinger née Hedewiger, Curatore Marito Chriſtian Friederic Kizinger Vendeurs d'une part, & Jaques Prodelfiſcher Marchand de
Breslau d'autre part.

Les ſuſdits nés Hedwiger ne ſe ſont au reſte jamais appellés icy De, & ce titre De, ne
leur a non plus jamais eté donné ni de la Régence Royale ni d'aucun particulier.

Un certain Hedewiger, qui a eté Ingenieur dans le Duché de Sileſie l'an 1665. achêta,
il eſt vray, le 25. Mars la Terre Niederpanthen ſituée dans la Principauté de Liegniz, mais
on ne trouve point qu'il eut eté parent avec les ſuſdits Hedwiger, auſſi ne s'eſt il jamais
donné le titre de De.

C'eſtce que nous avons dû atteſter pour rendre temoignage à la verité, & nous en
avons expedié cette preſente reconnoiſſance ſous le Sçeau ordinaire Royale du Baillage &
nôtre ſouſcription ordinaire. Fait au Chateau Royale de Liegniz le 5. Decembre l'an
1721.

(L. S.)

A. P. Vollbracht.

J. H. Lanckiſch.

Enver-

Nous George Wirth, Iean George Bertrand, David Freyer, Chriftoph Andreas, Abram Ludvvig, George Ruffer, pour le prefent Anciens établis & affermentés du Corps des Boulangers de la Ville Imperiale et Royale de Liegniz, certifions et confeffons par les prefentes, que feu Jean George Hedvviger s'eft prefenté içy fuivant nôtre coûtume comme faiffeur de pain d'epice lân 1650. et a eté reçu Maitre, ayant exercé pendant quelque tems fa Profeffion parmi nous, et s'étant comporté chrêtiennement et honêtement, de maniere qu'en vertu de nos engagemens envers fa Majefté Imperiale et Royale nôtre très gracieux Empereur et Souverain, et le Louable Magiftrat de cette Ville Royale de Liegniz Nous fommes obligés (en vertu de nos anciens Documens) de donner un bon temoignage au dit feu Jean George Hedvviger.

ENfoy de quoy nous les anciens établis et jurés avont non feulement fouscrit de nos propres mains le prefent Acte, mais nous l'avons de plus corroboré et expedié fous le Cachet du Corps de nôtre metier, fait à Liegniz le 14. Decembre 1722.

George Wirth.

Jean George Bertram.

David Freyer.

Chriftoph Andreas.

Abram Ludvvig.

George Rüffer.

Extrait & Certificat tiré du Livre de l'Eglife de Panthenau concernant la famille des Hedvvigers.

IE trouve dans le Livre de l'Eglife de Panthenau entre l'an 1677. et 1688. que de ce tems la (tit) le Sr. Jean George Hedvviger a refidé à Gohlsdorff et qu'il a eu une femme, dont le nom fe trouve par trois fois dans le Livre de l'Eglife et qui s'appelloit Anne Rofine née Pogrelle; On trouve auffi dans le dit Livre de l'Eglife que ce Jean George Hedvviger a eu plufieurs Enfans, et non feulement il y eft fait mention d'un fils né le 17. Juin 1681. appellé Jean Rodolf, mais auffi d'une fille nommée Sybille Catherine : Cependant on n'y trouve aucune preuve qu'il eût eté de noble condition, et toutes les fois que fon nom fe trouve dans le Livre d'Eglife, c'eft toujours fans marque du titre De, il y a fimplement le Sr. Jean George Hedvviger. Je ne pû le trouver dans le Regiftre mortuaire, ni dans quel tems il eft mort ni enfeveli.

Au refte je me fuis informé autant qu'il a eté poffible, de trois Viellards de ma paroiffe âgés de 70. ans et au dela, eft qui ayant deja eté habitans établis du vivant du Sr. Hedviger, l'ont par confequent tres bien connu & fa famille: Ces hommes, favoir George Fiedler, Chriftoph Hoffmann et Martin Gloz, ont depofés de fcience certaine apres une mure reflexion que le Sr. Jean George Hedvviger avoit habité à Gohlsdorff, mais qu'il n'etoit nullement noble, qu'il n'avoit non plus eu aucune feance à Gohlsdorff en qualité
de

de noble, mais qui avoit feulement quelques terres de paifans & trois Jardiniers, dont on pouvoit encor faire voir les Maifons pour le jour d'a prefent : Le Sr. Hedevviger étoit auffi obligé de payer pour fes terres à la Seigneurie hereditaire et à l'Eglife comme le refte des Sujets. Le Sr. André Frühauff avoit la Seance des nobles et la haute Jurisdiction et la plus grande partie des fujets, la feance de la nobleffe fe tenoit alors où eft à prefent le cabaret Kreïchmer, & par contre le Sr. Hedevviger demeuroit où la Jurisdiction s'exerce à prefent. Ces Veillards depofent de plus que le dit Sr. Hedevviger a eu deux femmes, la premiere n'étoit point de la nobleffe, la feconde étoit née de Pogrelle, qui étant veuve, a quitté Gohlsdorff apres que le Sr. Prodelfifcher a acheté fon bien.

ILs favent qu'il avoit trois fils, qui ont pris le parti de la Guerre & du Service hors du païs, & une fille Sybille Catharine qui étoit encore fille après la mort de fon pere; Ces mémes gens affirment que le Sr. Hedwiger eft mort à Gohlsdorff & qu'il a eté enterré au Cimetiere de Panthenau, ils montrent même encore où étoit fon fepulcre; Il paroit donc que c'eft par la négligence de l'ecrivain d'alors que le défunt ne fe trouve point dans le Livre de l'Eglife. En foy de quoy je me fuis foufcrit & appofé mon Cachet, à Panthenau ce 9. Decembre 1722.

(L.S.)

M. Jean Heinrich Hänisch p. t. Pafteur.

JE foufcrit certifie qu'en vertu du Livre de nôtre Eglife de Panthenau il nâquit au Sr. Jean George Hedevviger de Gohlsdorff un fils le 17. Juin 1681. qui fut baptifé le mecredi fuivant & appellé Jean Rodolf, en foy de quoy j'ay foufcrit de ma propre main ce Certificat & y ay appofé mon Cachet, fait à Panthenau le 5. Decembre dans la Maifon Curiale 1722.

(L.S.)

M. Jean Heinrich Hänisch p. t. Pafteur.

Certificat de George Ernft Hedevviger.

1. Mon Pere étoit Jeremie Hedevviger Bourgeois & Bourgeois de cette Ville de Breslau & eft mort l'an 1693. fa femme étoit Marie Mickofchin, dont le pere étoit Bourgeois & cabaretier dans cette même Ville.

2. Mon grand Pere s'appelloit Jeremie Hedevviger Bourgeois & faifeur du pain d'epice, il eft mort l'an 1656. il a vecu dans le Mariage avec Catherine née Bœnniger fille d'un Maitre d'Ecole de Franckfort fur l'Oder.

3. Mon Riere grand pere étoit George Hedevviger Bourgeois et Cabaretier à Ligniz, il eft mort l'an 1650.

A Breslau le 7. Decembre 1722.

George Ernft Hedevviger Bourgeois &
Marchand.

Depofition de feue la Veuve de Chrêtien Hedevviger faite en prefence de Mr. le Bourguemaitre & de deux Senateurs de Olau, & prôtocollé Judiciellement par le Greffier dudit lieu. A Olau le 4. Decembre 1722.

MOn Mari Chriftian Hedevviger eft mort le 16. Fevrier 1698. J'ay eu de luy trois Enfants, un fils qui demeure fur un petite Terre de païfan à Banchvviz, plus un autre

(f)   fils

fils qui étoit Etudiant & qui est entré au service des Suedois sans que je sache s'il est encor en vie, ensuite une fille qui vit encor & qui est mariée avec le Maitre de Provision de Brugg. Mon Beaupere s'appelloit Balthasar Hedvviger Cabaretier du Lyon d'Or à Olau, ensuite Bourguemaitre, après sa mort feu mon Mari, qui étoit son fils, est devenu Senateur.

Mon susdit Beaupère Balthasar Hedvviger avoit deux frères, dont l'un étoit Münz-Wardin à Olau, celuy ey qui s'appelloit Christophle Hedvviger quitta ensuite Olau, & s'etablit à Oels, du quel je n'ay plus rien entendu parler. L'autre frere étoit Jean George Hedvviger habitant dans la Principauté de Liegniz où il a eté à ce que l'on dit au Service du Prince. Ce Jean George Hedvviger quelques années après que j'eus épousé mon Mari, nous écrivit qui vouloit se faire anoblir avec ses Enfants que si nous voulions luy donner trente Ecus d'Empire à ce sujet nous pourrions aussi devenir noble, mais nous luy fimes reponse que nous ne souhaitions point de devenir noble, & que nous nous contentons de nôtre condition Bourgeoise, sicependant il s'est fait anoblir, ce que j'ignore. Quelques années apres, nous avons apris qu'il étoit mort, & qu'ils avoient soufferts quelque perte par incendie, de maniere que la veuve s'etoit rendue avec sa fille Anne Sabine à la Cour d'Oels, où la Mere étoit sur le pied de Confituriere, & sa fille sur le pied de Demoiselle de la Cour auprés de la Princesse regnante d'Oels, sur quoy mon Mari m'envoyat auprés d'elles en qualité de Parente pour leur faire un present qu'elles reçurent aussi avec remerciment parcequ'elles étoient pauvres.

Num. 17.

L' Acte de divorce du prétendu Mariage de la Sponeck, le 6. Octobre 1714.

Traduit d' Allemand en François.

Au Nom de la Trés-sainte Trinité.

Amen!

SOit notoire & manifeste à tous ceus qu'il apartiendra, que Moi LEOPOLD - EBER-HARD, Duc de Wirtemberg - Montbéillard, & Moi ANNE SABINE, Comtesse de Sponeck, avons eû pendant Nôtre mariage quelques Enfans par ensemble, dont deux sont encore en vie, savoir LEOPOLDINE - EBERHARDINE, & GEORGE, & que par bon Conseil, du vouloir & consentement de tous Deux, à raison de Nôtre disparité d'humeur d'où sont nées & arrivées de part & d'autre des causes sufisantes de Divorce; Nous-Nous sommes volontairement & formellement separés par les Presentes, en sorte que dés à present l'un allibère l'autre, & se donne réciproquement la liberté de se remarier, à qui, quand, & comment il le trouvera bon; Et Moi LEOPOLD-EBERHARD, Duc de Virtemberg - Montbéillard, promets pour Moi, mes Héritiers & Successeurs, de faire paier à Montbéillard annuellement à ladite ANNE - SABINE, Comtesse de Sponeck, pendant sa vie, pour son entretien, la somme de cinq mille francs, monnoie de Montbéillard, ou quatre mille Livres de France, à commencer du premier Janvier Mil sept-cens & quinze, & de lui donner sa Résidence dans mes Châteaux de Montbéillard ou de Blamont, outre les Fiefs que je lui ais accordé, qu'Elle a vendu, ou qu'Elle possède encore, & les Allodiaus qu'Elle a reçu de Moi; Mais au cas Elle vienne à se remarier, Elle ne pourra plus prétendre
de

de Réfidence dans lefdits Châteaus, & Elle fera privéé de deus mille cinq cens francs monnoie de Montbéillard, ou deux mille Livres de France, qui me retomberont, ou à mes Succeffeurs, dés le jour de fon mariage, & les deus autres mille cinq cens francs, monnoie de Montbéillard, ou deus mille Livres de France, feulement aprés fa mort. En foi de quoi Nous avons figné tous Deus les Prefentes de Nos mains, fait appofer Nos Séaux, & expédié deus Originaus conformes l'un à l'autre, defquels l'un a été remis à Moi LEOPOLD-EBERHARD, Duc de Virtemberg-Montbéillard, & l'autre à Moi ANNE-SABINE, Comteffe de Sponeck. Fait à Seloncourt le cinquième Octobre Mil fept cens quatorze.

(L.S.) **LEOPOLD EBERHARD,**
Duc de Wirtemberg-Montbéillard.

(L.S.) **ANNE SABINE**
Comteffe de Sponeck.

NOUS Souffignés Confeillers Eccléfiaftiques de S. A. S. LEOPOLD EBERHARD, Duc de Virtemberg-Montbéillard, certifions par les Prefentes, fignées de Nos propres mains, & aufquelles font appofés Nos cachets, que l'Acte ci-deffus Nous a été communiqué, lequel Nous reconnoiffons pour jufte & conforme à l'intention des deus Parties. Fait à Seloncourt, le Sixième Octobre Mil fept-cens quatorze.

(L.S.)   L. De Nardin.

(L.S.)   J. R. Comte de Sponeck.

(L.S.)   G. Duvernoy.

(L.S.)   C. C. Nardin.

(L.S.)   J. G. Roffel.

(L.S.)   Brifechoux.

(L.S.)   J. C. Cuvier.

(L.S.)   J. J. Gropp.

(L.S.)   P. J. Goguel.

Num. 18.

La Sentence de l'officialité de Breslau en faveur de la Demoifelle Hedvviger contre le Sr Zedliz.

NOus Official & Confeillers du Confiftoire de l'Evêché de Breslau reconnoiffons dans la caufe concernant les promeffes de mariage entre Mademoifelle Anne Sabine Hedvviger demanderefe d'une part, & Monfieur Gottlob Leopold de Zedliz, defendeur d'autre part, que les fponfalia de futuro conclus entre les deux parties, font veritablement obligatoires & valides; C'eft pour quoi nous prononçons definitivement etre jufte, que le Defendeur eft tenu d'accomplir fa promeffe; Et au cas qu'il perfifte continuellement dans fa renitence déduite dans les actes, & qu'après l'averfion qu'il en

(fa)   a téa témoignée jusques ici, il ne veuille abfolument point s'y laiffer porter, il donnera une jufte fatisfaction à la Demandereffe avec la Refufion des frais, dont nous nous refervons la moderation. Ce jugement a eté donné & publié de droit au Confeil du Confiftoire. A Breslau fur le Dome le 21. Mars 1695.

Que la préfente Copie foit conforme de mot à mot à la minute qui fe trouve dans les actes de cette Ville, c'eft ce que nous atteftons par notre foufcription, & par l'appofition du fceel Epifcopal du Confiftoire à Breslau le 23. Juillet 1722.

(L. S.)
      Charles Max Fhr. de Fregftein Offic.

        Jean Chriftophle Rümerftich.

Num. 19.

Decret de l' officialité de Breslau par le quel les fiançailles dudit Zedliz avec la Hedvviger font diffous.

NOus de l' officialité & Confeillers du Confiftoire de l' Eveché de Breslau, declarons publiquement par le prefent que (tit.) le Sr. Gottlieb Leopold de Zedliz, doit être entierement alliberé & dechargé de l' interdict Ecclefiaftique que (tit.) Anne Sabine Hedvviger nous avoit çy devant demandé, à caufe des promeffes de mariage qu'il y avoit entre eux, aprés que la dite Anne Sabine Hedvviger s'eft entierement defiftée de toutes fes prétentions, & qu'elle a renoncée aujour d'huy par devant nous à la fentence qu'elle avoit obtenue le 21. Mars de l' année courrante : Ainfi nous le declarons abfous, & luy permettons d' entrer à fon bon plaifir dans d' autres engagements de mariage. En foy de quoy outre la foufcription ordinaire nous avons appofé içy le fçeau de l' officialité. Ex Confilio Confiftoriali Epifcopatus Uratislavienfis. A Breslau le 18. Aouft 1695.

(L. S.)
N? le dit Zedliz a payé à la Hedwiger 1000 Ducats pour renoncer aux Promeffes de Mariage.

Num. 20.

Extrait du Livre de l' Eglife au Chateau de Montbeillard depuis l' an 1698. jufque 1718.

Pag. 4.   Le 18. Sept. l' an 1699. baptifé.

FERDINAND EBERHARD. Pere & Mere : le noble Jean Louys de Sandersleben, la noble Henriette Hedvvig de l' Efperance : Parrains, S. A. Monfeigneur Leopold Eberhard, Duc de Wirtemberg Montbeillard, la Noble Anne Sabine de Hedvviger, la Noble Polexine Catherine de l' Efperance.

Pag. 6.

Pag. 6.   Le 17. Octobr. 1700. bâptiſé

ELEONORE CHARLOTTE. Pere & Mere: Le Noble Jean Louys de San-
dersleben, la trés Noble Henriette Hedvvig Baronne de Leſperance, Parains: S.
A. Monſeigneur Leopold Eberhard, Duc de Wirtemberg-Montbeillard , S. A.
Madame Eleonore Charlotte Ducheſſe de Wirtemberg Oels Veufve , la No-
ble Anne Sabine de Hedvviger, la trés Noble Polexine Catherine Baronne de
Leſperance.

Pag. 7.   Le 12. Avril 1701. bâptiſé

GEORGE LEOPOLD. Pere & Mere: Chriſtoffle Conrad, Marie Morau,
Parains , S. A. Monſeigneur Leopold Eberhard Duc de Wirtemberg-Montbeillard, la Noble Anne Sabine de Hedvviger, la trés Noble Henriette Hedvvig Baronne de Leſperance.

Le 1. Juin 1701. bâtiſé

SABINE POLEXENE. Pere & Mere: Matthias Schmid, Anne Gulterer.
Parains, S. A. Monſigneur Leopold Eberhard Duc de Wirtemberg-Montbeil-
lard, la Noble Anne Sabine de Hedvviger, la trés Noble Polexene Catherine
Baronne de Leſperance.

Pag. 10.   Le 3. Maji 1702. bâtiſé

ELISABETH. Pere & Mere , S. A. Monſeigneur Leopold Eberhard Duc
de Wirtemberg-Montbeillard, la trés Noble Henriette Hedvvig. Parains le
trés Noble Jean Caſpar Baron de Leſperance, la trés Noble Polixene Catherine Baronne de Leſperance.

Pag. 13.   Le 19. Maji 1703. bâtiſé

EBERHARDINE. Pere & Mere , Leopold Eberhard Duc de Wirtemberg
Montbeillard, la trés Noble Henriette Hedvvig Baronne de l' Eſperance. Parains. Le trés Noble Jean Caſpar Baron de Leſperance, la trés Noble Polexine Catherine Baronne de Leſperance.

Pag. 14.   Le 2. Juin 1703. bâtiſé

EBERHARD GEORGE. Pere & Mere , Leonard de Nardin, la Noble
Helene Jeanne de Kaltenbronn. Parains , S. A. Monſeigneur Leopold Eber-
                 (g)   hard.

hard, Duc de Wirtemberg-Montbeillard. Le trés Noble Jean Caſpar Baron de Leſperance, le Noble Jules Sigmond de Kaltebronn, l' Illuſtre Anne Sabine Comteſſe de Sponeck, la trés Noble Henriette Hedvvig Baronne de l' Eſperance, les Nobles 4. Soeurs Geldrich de Siegmarshoven.

Pag. 16.   Le 11. Novembr. 1703. bâtiſe

ANNE SABINE. Pere & Mere. Jean Guillaume Gor, Hedvvig Campagna. Parains, S. A. Monſeigneur Leopold Eberhard, Duc de Wirtemberg-Montbeillard, l' Illuſtre Anne Sabine Comteſſe de Sponeck.

Pag. 18.   Le 24. Juillet 1704. batiſe

JEAN CASPAR. Pere & Mere, Chriſtofle Conrad, Marie Morau. Parains, le trés Noble Jean Caſpar, Baron de l' Eſperance, Jean George Edinger, l' Illuſtre Anne Sabine Comteſſe de Sponeck, Hedvvig Wild.

Pag. 22.   Le 16. Sept. 1705. batiſe

LEOPOLDINE EBERHARDINE. Pere & Mere, S. A. S. Monſeigneur Leopold Eberhard, Duc de Wirtemberg-Montbelliard, la trés Noble Henriette Hedvvige, Baronne de l' Eſperance. Parains, le trés Noble Jean Caſpar Baron de l' Eſperande, la trés Noble Polexene Catharine, Baronne de l' Eſperance.

Pag. 27.   Le 28. Mai 1707. batiſe

HENRIETTE HEDWIGE. Pere & Mere, S. A. S. Monſeigneur Leopold Eberhard, Duc de Wirtemberg-Montbelliard, la trés Noble Henriette Hedvvige Baronne de l' Eſperance. Parains, le Noble Leonhard de Nardin, la trés Noble Polexene Catharine Baronne de l' Eſperance.

Pag. 39.   Le 23. Avril. 1711. batiſe

HENRIETTE HEDWIGE. Pere & Mere, S. A. S. Monſigneur Leopold Everhard, Duc de Wirtemberg Montbeillard, la trés Noble Eliſabethe Charlotte Baronne de l' Eſperance. Parains, le Noble Charles Leopold de Sandersleben. La Noble Eleonore Charlotte de Sandersleben.

Pag. 39.   Le 12. Juillet 1711. batisé

CHARLOTTE LEOPOLDINE POSCH. Pere & Mere, Jean Weiss. Anne
Elisabethe Franck.   Parains, le Noble Jean Louis de Sandersleben, Pierre de Pru-
dent, la trés noble Elisabethe Charlotte, Baronne de l'Esperance, la trés illustre
Leopoldine Everhardine, Comtesse de Sponeck.

Pag. 49.   Le 5. Sept. 1714. batisé

LEOPOLD EVERARD. Pere & Mere, M. Jean Caspar Bockshammer, Catharine Marguerite Duvernoy. Parains, S. A. S. Monseigneur, Leopold Everhard, Duc
de Virtemberg Montbeillard, le trés illustre Leopold Comte de Sponeck, le trés
illustre Jean Rudolphe Comte de Sponeck, la trés illustre Anne Sabine Comtesse de
Sponeck, la trés noble Elisabethe Charlotte Baronne de l'Esperance, la trés illustre
Leopoldine Everhardine Comtesse de Sponeck, la Noble Eleonore Charlotte de
Sandersleben.

Pag. 50.   Le 7. Novemb. 1714. batisé

ANNE CHARLOTTE HEDWIGE. Pere & Mere, le noble Leonhard de Nardin, la noble Helene Jeanne de Kaltenbrunn. Parains, S. A. S. Monseigneur Leopold Everhard Duc de Virtemberg Montbeillard, le trés illustre George Leopold
Comtesse de Sponeck, le Noble Jean Louis de Sandersleben, le noble Charles Leopold de Sandersleben, le trés illustre Jean Rudolphe Comte de Sponeck, Pierre de
Prudent, la trés illustre Anne Sabine Comtesse de Sponeck, la trés noble Elisabethe Charlotte Baronne de l'Esperance, la trés illustre Leopoldine Everhardine Comtesse de Sponeck.

Pag. 54.   Le 9. Sept. 1715. batisé

GEORGE LEOPOLD. Pere & Mere, le trés illustre Jean Rudolphe Comte de
Sponeck, la trés illustre Eleonore Comtesse de Sponeck née Geldrich de Sigmars-
hofen. Parains, S. A. S. Monseigneur Leopold Everhard Duc de Virtemberg Montbeillard, le trés illustre George Leopold Comte de Sponeck, le noble Jean Louis
de Sandersleben, le noble Charles Leopold de Sandersleben, le noble Ferdinand
Everhard de Sandersleben, la trés illustre Anne Sabine Comtesse de Sponeck, la
trés noble Elisabethe Charlotte Baronne de l'Esperance, la trés illustre Leopoldine Everhardine Comtesse de Sponeck, la noble Eleonore Charlotte de Sandersleben.

Pag. 57.   Le 3. Mai. 1716. batisé

CHARLES LEOPOLD. Pere & Mere, S. A. S. Monsigneur Leopold Everhard
Duc de Virtemberg Montbeillard, la trés noble Elisabethe Charlotte, Baronne
                              (g 2)   de

de l'Efperance. Parains, le trés illuftre George Leopold, Comte de Sponeck, le noble Charles Leopold de Sandersleben, le noble Ferdinand Everhard de Sandersleben, la trés Illuftre Leopoldine Everhardine, Comteffe de Sponeck, la noble Eleonore Charlotte de Sandersleben, la trés noble Everhardine, Baronne de l'Efperance.

Pag. 58.   Le 11. Octobr. 1716. batifé

LEOPOLDINE EVERHARDINE. Pere & Mere, Jean Frederic Poftzekauer. Marie Nardin. Parains, le trés illuftre George Leopold, Comte de Sponeck, la trés illuftre Leopoldine Everhardine, Comteffe de Sponeck.

Pag. 59.   Le 8. Mars. 1717. batifé

LEOPOLD EVERHARD. Pere & Mere, Benjamin Reuth, & Elifabethe Morlot. Parains, le noble Charles Leopold de Sandersleben, le noble Ferdinand Everhard de Sandersleben, la trés illuftre Anne Sabine Comteffe de Sponeck, la trés noble Elifabethe Charlotte, Baronne de l'Efperance, la trés illuftre Leopoldine Everhardine, Comteffe de Sponeck, la noble Eleonore Charlotte de Sandersleben.

Pag. 67.   Le 30. Octob. 1718. batifé

LEOPOLDINE EBERHARDINE. Pere & Mere, le Noble Jaque Sent de Taubenheim, la Noble Sophie Madelaine Loyfe de Sent. Parains, S. A. Monfeigneur Leopold Eberhard, Duc de Wirtemberg Montbeillard: L' Illuftre Sr. George Leopold, Comte de Sponeck, l' Illuftre Eleonore Charlotte, Comteffe de Coligny.

Cet extrait du livre de l' Eglife du Chateau de Montbeillard, être conform à l' original par rapport aux années, jours, les noms & titres des enfans batifés, leurs Peres, Meres & Parains, j' attefte en foy de Notaire Imperiale publique ce 21. Août 1739.

(L.S.)   BENJAMIN REUTH, Notaire
                                   Imperial Publique.

                                                            Num. 21.

Num. 21.

Le Traité de Wildbaden,

Traduit d'Allemand en François.

QUil soit notoire & manifeste par les presentes, que Son Altesse Serenissime LEOPOLD EBERHARD Duc de Montbeillard, aiant d'un côté fait reflexion, qu'il n'avoit point jusqu'a present contracté de mariage permis, & suivant l'état, que requiert la Serenissime Maison, il a cependant procrée trois sortes d'Enfans, qui sont aussi peu habiles à succeder au Comté de Montbeillard, aux Neuf Seigneuries, qui en dépendent, & à leurs Appartenances, qu'à aspirer à aucun Appanage, & qui par là ne sauroient prétendre la moindre chose : Et d'un autre côté S. A. S. aiant pensé à pourvoir à ces Enfans inhabiles à ladite Succession, pour qu'il témoigne avoir une affection toute singuliere, à ce que les alimens necessaires à l'entretien de leur vie, ne viennent à leur manquer entierement à l'avenir : Sadite A. S. s'est pour ce sujet adressée à Son Altesse Serenissime EBERHARD LOUIS Duc de Wirberg à present Regnant, comme au legitime Successeur de Montbeillard, & par ses très instantes remonttrances a fait en sorte, que la Convention amiable qui suit, a été faite, tenüe pour agreable & conclue entre les deux Serenissimes Princes avant nommés.

PRemierement les deux Serenissimes Princes promettent de part & d'autre, de vivre ensemble à l'avenir dans une amitié indissoluble, en bonne harmonie & intelligence, de maniere qu'en particulier S. A. S. le Duc de Montbeillard n'entreprendra, & ne fera rien, soit directement ou indirectement, qui puisse porter du préjudice & desavantage, ou nuire la moindre chose à S. A. S. le Duc de Wirtemberg Regnant, & à sa maison de la ligne de Stougard, ou affoiblir ses droits & succession au Comté & Seigneuries de Montbeillard ; Mais plûtôt, si contre toute esperance, on avoit déja entrepris quelque chose de la part de Montbeillard, qui y fut contraire, ils veulent que le tout, en vertu des presentes, soit annullé & revoqué. Pour plus grande corroboration de ceci :

POur le second, Son Alt. Ser. le Duc de Montbeillard ci-devant nommé, au cas que Dieu vint à l'appeller sans avoir contracté de mariage convenable à sa naissance, comme cela se doit dans la Serenissime Maison de Wittemberg, & n'aiant point de Descendans legitimes & habiles à succeder, pour que S. A. S. le Duc de Wirtemberg, à qui de droit doit tomber la succession de Montbeillard & de ses dépendances suivant les anciens Pactes de Famille, reglement de succession, & fideicommis, en soit d'autant plus assûré, a promis par les presentes, de faire en sorte, encor pendant sa vie, que ses Conseillers & Officiers soient obligés expressément de reconnoître d'abord aprés son décés, qu'il arrive tôt ou tard, selon la volonté de Dieu, S. A. S. le Duc de Wirtemberg, & la Serenissime Maison de la ligne de Stougard pour le seul legitime Seigneur territoriel du Comté ou Principauté de Montbeillard, des neuf Seigneuries & des dépendances, de la maniere que S. A. S. le Duc de Montbeillard les a pendant sa vie possedé, ou les a dû & pû posseder, évacuant & lui remettant ledit comté de Montbeillard, & ce qui en dépend, comme aussi les neuf Seigneuries, Hericourt, Châtelot, Blamont, Clemont, Granges, Clereval, Passavant, Horbourg & Riqueville avec leurs Apartenances, sans en rien reserver, déchargés de toutes dettes de, qu'il auroit faites lui même, ou d'autres charges de cête nature : Et que ses Officiers qui s'y trouveront, bourgeois & sujets seront obligés de prêter serment de fidelité à S. A. S. le Duc Regnant de Wirtemberg, comme à leur legitime Seigneur, de lui être fideles, soûmis, bien intentionés & obeissans en tous points : Même que la Regence & les Conseillers de Montbeillard prendront possession au nom du Prince Regnant de Wirtemberg, au cas qu'il n'y eut pas d'abord à Montbeillard un Plenipotentiaire de la part pour ce sujet : Et par contre,

POur le troisième, Son Alt. Ser. le Duc de Wirtemberg Regnant promet une fois pour toutes, & en general, (sans cependant se préjudicier par ceci en aucune maniere, & seulement sous la condition & présupposition expresse, qu'il entera actuellement en possession du Comté

(b)   de

de Montbeillard & des neuf Seigneuries, de tout ce qui en dépend, & qui peut y être raporté, immédiatement après S. A. S. LEOPOLD EBERHARD Duc de Montbeillard, ainsi qu'il est dit ci-dessus,) un certain Fond de douze mille Florins du Rhin de revenus par an des biens de Montbeillard en fief Feminin pour les trois sortes d'Enfans qu'a procrées Son Alt. Ser. de Montbeillard, à partager de maniere, que *Madame de Sponeck* & ses deux Enfans, *George & Leopoldine Eberhardine* feront investis déhûment d'une partie, qui est de quatre mille Florins de revenus: Les cinq Enfans de la *défunte Henriette Hedvig, Baronne de Lesperance, Charles Leopold, Ferdinand Eberhard, Eleonore Charlotte, Eberhardine, & Leopoldine Eberhardine,* de la seconde partie, qui est de quatre mille Florins de revenus; Et *Elizabeth Charlotte, Baronne de Lesperance* encor en vie avec ses Enfans actuellement procrées de S. A. S. le Duc de Montbeillard, *Henriette Hedvige, & Leopold Eberhard,* & ceux qu'il pourroit encor procréer a l'avenir, de la troisième partie, qui est de quatre mille Florins de revenus; Mais S. A. S. de Montbeillard & ses Enfans ne voulans rien demander davantage au Duc de Wirtemberg, lesdits Enfans aussi-bien que Sadite Alt. Ser. de Montbeillard demeurent entierement exclus à l'avenir de toutes pretentions & demandes sous quel prétexte qu'elles puissent se faire; Et afin

POur le quatrième, que tout ce qui est marqué ci-dessus soit d'autant plus corroboré & ferme, S. A. S. le Duc de Montbeillard, pour assurance de cête Convention, qui doit s'accomplir exactement de son côté, s'est déclaré, & a promis de remettre pour ce sujet, d'une maniere convenable & faisable, déja pendant sa vie, & d'abord après la conclusion de ce Traité, au Duc Regnant de Wirtemberg, autant de Terres & de Pais qu'il en faut, pour faire par an les douze mille Florins de revenus, afin que ces trois sortes d'enfans inhabiles à une legitime succession comme il est dit cy-dessus, soient investis dans les formes de la basse Justice, & des revenus dudit Fond de douze mille Florins du Rhin; Mais le Domaine direct, & le droit territoriel, duquel le Duc de Montbeillard se relâche par les presentes en faveur de la Maison de Stougard, seront reservés au Duc de Wirtemberg, pour l'exercer à l'avenir, & il en prendra l'actuelle possession: Bien entendu, que l'un ou l'autre des Feudataires venant à mourir, soit tôt ou tard, chaque part écherra alors entierement à la Maison de Stougard, comme au Seigneur direct, & n'accroîtra point aux autres parties investies.

POur le cinquième, Son Alt. Ser. le Duc Regnant de Wirtemberg, s'il succéde immédiatement au Duc de Montbeillard d'aujourdui, comme l'on a stipulé cy dessus, dans les Comté de Montbeillard, & autres neuf Seigneuries, dépendances & appartenances, & après que le Duc de Montbeillard aura accompli & exécuté ce qu'il a promis cy-dessus, veut protéger & maintenir lesdits Enfans, aussi longtems qu'il y aura un Feudataire de châque part, ou leur donner pour équivalent, avec le tems, peu à peu, des autres Fiefs vacants dans le Duché de Wirtemberg, de mêmes revenus, & importance.

POur le sixième: Au cas, que S. A. S. le Duc de Montbeillard survêcut à *Madame Elizabeth Charlotte, Baronne de Lesperance,* avant le décès de laquelle le Duc avant-nommé promet, de ne point se marier, il ne s'y presentât point après cela d'autre empêchement à se marier, qu'il se mariât actuellement selon sa naissance, sans empêchement légitime & sans le préjudice de la Sereniffime Maison de la ligne de Stougard, & qu'il eut des légitimes Descendans mâles & Princes: Ou qu'il arrivât par quelque accident imprévû, & contre toute esperance, que le Duc de Wirtemberg à present Regnant & sa Sereniffime Maison de la ligne de Stougard ne succédât pas immédiatement après le decès du Duc de Montbeillard *Leopold Eberhard,* au Comté & à toutes les Seigneuries: De même, si après cête Convention faite, le Duc de Montbeillard, dont est parlé souvent cy-devant, ne se désistoit pas en faveur du Duc de Wirtemberg du Fond de question de douze mille Florins du Rhin de revenus, suivant la teneur expresse & literale de l'Article quatrième de cête Convention; En ces cas là, S. A. S. le Duc de Wirtemberg Regnant ne sera tenu à la moindre chose de ce qui a été stipulé par ce Traité de sa pure bonne volonté, & à l'instante requisition du Duc de Montbeillard en faveur des Enfans cy-denommés; mais le tout est annullé, & reputé, comme si on n'en étoit jamais convenu. Au reste, &

Pour

POur le fetième, Son Alt. Ser. le Duc de Wirtemberg permet fous ces conditions, & particulierement après la remife actuelle du Fond en queftion, & veut même contribuer fuivant l'exigence du cas, que le Duc de Montbeillard faffe élever lefdits Enfans à la dignité de Comtes, pourvû que cela ne préjudicie & ne nuife point à la Maifon Ducale de Wirtemberg; Mais aucun d'Eux ne portera pour cela les Armes de Wirtemberg, ni de Montbeillard, ni de leurs Appartenances; Bien moins quelcun d'Eux prétendra-il & demandera-il quelque chofe au delà de ce qui a été accordé dans cête Convention, fous de certaines conditions, par pure generofité, & fans y être aucunement obligé.

POur le huitième: Enfin Son Alteffe Sereniffime le Duc de Wirtemberg Regnant fe réferve expreffément par ce Traité, que la préfente Convention ne nuira, ni ne préjudicira en aucune manière que ce foit à fes prétentions & droits, quel nom qu'ils puiffent avoir, ni aux anciens Pactes de la Famille Ducale, Traités de partage, Fideicommis, qu'autant qu'on eft convenu par cête d'une & d'autre manière fous de certaines conditions.

Les Terres qu'on doit remettre dévront être dévolus avec leur jouiffance à la Maifon de Stoutgard.

POur le neuvième, Son Alt. Ser. le Duc de Montbeillard, par fa vraie parôle de Prince, par fa fidelité & fa foi, promet de tenir fermement & religieufement tout ce à quoi il s'eft obligé par les Préfentes, de n'y contrevenir en aucune manière que ce foit, mais de garantir ponctuellement cête Convention, comme elle eft couchée cy-deffus, le tout fidelement & fans fraude. En foi de quoi les Parties ont de part & d'autre, avec leurs Confeillers privés & Officiers, comme affiftans, figné la préfente Convention, dont deux Originaux ont été expédiés, l'un des quels a été remis au Duc de Wirtemberg Regnant, & l'autre au Duc de Montbeillard, & l'ont corroborée de leurs Seaux. Fait à Wildbaade le dixhuitiéme de Mai, Mille fet cens & quinze.

EBERHARD LOUYS, D. de W.   LEOPOLD EBERHARD

(L. S.)   avec Paraffe.   (L. S.)

(L.S.) Comte de Grævenitz,   (L.S.) J. L. de Sandersleben,
   avec paraffe.   avec paraffe.
(L.S.) Baron de Thüngen,   (L.S.) J. R. Comte de Sponeck,
                                                           avec paraffe.
(L.S.) J. N. de Schunck,   (L.S.) Brifechoux,
                                                           avec paraffe.

Num. 22.

Lettre du Duc Leopold Eberhard de Montbeillard au Duc Eberhard Louis du 21. Juin 1715.

Traduite d'Allemand en François.

NOUS Vous donnons avis, que Nous fommes arrivés ici, & attendons, quand & comment il Vous plaira de mettre en exécution l'amitié réciproque, que Nous Nous fommes promife. Nous demeurons prêt à Vous rendre tous les bons fervices de Parent. A Montbeillard, le 21. Juin 1715.

(h 2)   Num.

Num. 23.

Serment preté de tout le Conseil de Montbeillard en conformitè du Traité de Wildbaden.

Traduit d'Allemand en Francois.

NOUS par la Grace de Dieu LEOPOLD EBERHARD Duc Regnant de Wirtemberg-Montbeillard, &c. &c. Nous étans resolus gracieusement en suite de la Convention concluë à Wildbade avec Nôtre cher Cousin S. A. S. le Duc Regnant de Wirtemberg le dixhuitiéme Mai de l'An courant, de faire prêter un Serment éventuel de fidelité par tous Nos Conseillers & Officiers au susdit Seigneur EBERHARD LOUIS Duc Régnant de Wirtemberg, comme à Nôtre unique & légitime Successeur, aux Comtés & Seigneuries de Montbeillard, après Notre décés, qu'il arrive tôt ou tard : Ainsi sur Notre gracieux commandement, vous prêterés un Serment corporel & irrévocable à Dieu Tout-puissant, qu'au cas Dieu Nous apellât de ce monde, n'aians point étés mariés suivant l'état convenable à la Sérénissime Maison de Wirtenberg, & n'aians point de Descendans légitimes & habiles à succeder, vous voulés reconoitre alors S. A. S. EBERHARD LOUIS Duc Régnant de Wirtemberg, & ses Successeurs, pour unique legitime Proprietaire & Seigneur du Comtè de Montbeillard, des Seigneuries qui en dépendent, & de leurs appartenances, lui être des serviteurs obligés, soûmis, fidéles & obeïssans en tous points, tenir main, à ce que les sous Officiers & sujets lui prêtent le Serment de fidelité, ne permettre ni recevoir aucune autre possession, que celle d'EBERHARD LOUIS Duc Régnant de Wirtemberg, & de ses legitimes Successeurs, comme de l'unique & incontestable Seigneur du Pais, vous comporter en toutes occasions envers ledit Duc Regnant de Wirtemberg, comme il convient à des fidéles serviteurs envers leur Prince & Seigneur : De plus, être fidéles, bien intentionnés & obeïssans en tous points, après Notre mort, qu'elle arrive quand il plaira à Dieu, au susdit Duc Regnant de Wirtemberg, & à ses Successeurs, procurer leur profit, avancer leurs interêts, faire tout vôtre possible pour empêcher & détourner leur perte & desavantage: Etablir leur succession au Comté de Montbeillard, & aux Seigneuries en dépendantes, & appartenances, contre tous & un chacun Prétendant qui pouroit alors se presenter, & les regarder & considerer sur le pié, comme si avant Notre mort, Nous avions évacué, audit Duc d'actuelle possession de Notre Principauté & Pais : De même faire prêter le Serment de fidelité cy-dessus à vos Successeurs en office à leur reception, quand ils prêteront celui de leur charge, comme aussi aux Conseillers absens, aussitôt après leur retour.

Réponce.

NOus promettons d'executer fidelement, ce qui nous a été lû, aprés l'avoir tout bien entendu, & de nous y conformer en tout, aussi vrai que Dieu doit nous aider à salut par JEsu-Christ.

NOus soûcrits, en qualité de Conseillers de S. A. S. de Montbeillard, attestons par nos propres signatures, & nos cachets y aposés, comme aussi par le seau de Sadite A. S. que nous avons fair dêhûment enrégiltrer, & metre dans les Archives le Serment cy-dessus prêté actuellement le present jour de mot à mot, en presence de Sadite A. S. & des susdits Envoiés & Plenipotentiaires de S. A. S. de Wirtemberg Messieurs Friderich Guillaume Comte de Grævenitz, & Jean Nathanaël de Schunck. Fait à Montbeillard le vint-sixiéme du mois de Juillet, Mille sêt cens & quinze.

(L.S.) de S. A. S.

 (L.S.) L. de Nardin.

 (L. S.) J. R. Comte de Sponeck.

          (L. S.)

(L.S.) De Prudance.

(L.S.) G. Duvernoi.

(L.S.) C. C. Nardin.

(L.S.) J. G. Roffel.

(L.S.) Brifechoux.

(L.S.) J. C. Cuvier.

(L.S.) P. J. Goguel.

Num. 24.

Acte d'approbation de la Comteffe de Sponeck & de la Baronne de Lefperance pour elles & leurs Enfans.

Translaté d'Allemand en François.

Ous foufignés, Savoir faifons & declarons par céte, pour Nous, Nos Hoirs, & aians caufe, que S. A. S. LEOPOLD EBERHARD, Duc de Montbeillard, aiant conclu une onvention à Wildbade le dix huitième Mai de l'an courant avec S. A. S. EBERHARD OUYS Duc de Wirtemberg, par laquelle il eft ftipulé une certaine fomme en Nôtre fa-eur, pour toutes Prétentions; Du confentement & approbation de S. A. S. le Duc de lontbeillard, & préalable connoiffance de la chofe & de fes circonftances prife du Confeil e Montbeillard, Nous reconnoiffons en tous Points ladite Convention, dont la teneur ous a été bien expliquée, Nous l'approuvons en tout, & y confentons pour ce qui Nous egarde, Nous contentans de plus entièrement de ce qui Nous y a été accordé pour tou-s Nos Prétentions, fans vouloir demander la moindre chofe au de là à S. A. S. EBER-ARD LOUYS Duc de Wirtemberg, ni à fes Succeffeurs. Nous donc, & en particulier oi *la Comteffe de Sponeck*, & mes deux Enfans, moi *George*, & moi *Leopoldine-Eberhardi*-*, pour plus grande corroboration de ceci, fi Nous devions, ou pouvions avoir unefois elque Droit aux dix Comté & Seigneuries de Montbeillard, ou, in puncto fucceffionis, comme accommodement, appanage & alimentation, conjointement & divifément, us le cédons après une mûre deliberation, le transferons & remettons par céte, & en tu des Prefentes, à S. A. S. EBERHARD LOUYS, Duc de Wirtemberg & à fes Suc-feurs, & de plus renonçons, en leur faveur & profit, dans la meilleure forme, que faire peut de Droit à toutes Prétentions, foit que Nous, ou quelqu'un de Nous, & de Nos tritiers, dûffent parvenir de jure à la Succeffion des Comté & Seigneuries de Montbeil-td, de forte, que Nous ne voulons avoir éternellement aucune autre Pretention ni repe-tion auxdits Comté & Seigneuries de Montbeillard, & à leurs appartenances, foit par for-e de fucceffion, de quelque accommodement, ou appanage, au delà de ce qui Nous a t accordé dans la Convention de Wildbade du dix-huitième de Mai de l'an courant, ni faire-faire, ou former d'autre, foit par Nous mêmes, ou par Nos Heritiers, ou par quel-un de Nôtre part, ou de la leur. Comme *la Comteffe de Sponeck*, & mes deux Enfans, oi *George*, & moi *Leopoldine-Eberhardine*, declarons auffi par céte, que la teneur & le as de céte Renonciation & Ceffion que Nous avons faite, avec toutes les circonftances. la chofe, a été bien expliquée & éclaircie à Nous, & à un chacun de Nous, auffi Vou-s-Nous, Nous y conformer en tous fes Points, rejettans toutes exceptions, & en par-culier la léfion au deffus ou au deffous de la moitié; Auffi vrai que DIEU Nous fera en de à falut par JEfus-Chrift.

En foi de quoi, Nous avons tous figné les Prefentes de Nos propres mains, & y ons appofé Nos cachets, & même fait attefter par les Confeillers de S. A. S. alliberés par dite A. S. de leurs ferment, quoad hunc actum, & renvoyés purement & expreffément à

(i)   la

la Juftice, que cette Ceffion & Renonciation a été faite, præviâ cauſæ cognitione, & cum ſubſecuto decreto Principis. Fait à Montbeillard, le vint-neuvième de Juillet, Mille ſept cens & quinze.

(L. S.)   Cancellariatûs.

Anne Sabine, Comteſſe de Sponeck. (L. S.)

Eliſabethe Charlotte, Baronne de Leſperance, pour moi, & pour mes Enfans. (L. S.)

George, Comte de Sponeck. (L. S.)

Leopoldine Eberhardine, Comteſſe de Sponeck. (L. S.)

Jean Rud. Comte de Sponeck, comme Conſeiller. (L. S.)

George Duvernoi, comme Conſeiller. (L. S.)

Briſechoux, comme Conſeiller. (L. S.)

P. J. Goguel, comme Conſeiller. (L. S.)

NOus, par la Grace de Dieu, LEOPOLD EBERHARD, Duc de Wirtemberg-Montbeillard, declarons par cête, & en vertu des Preſentes, que comme Pere des Enfans, Nous avons donné Nôtre conſentement, & comme Prince du Pais Nôtre Decretum pour l Ceſſion & Renonciation ci-deſſus. En foi de quoi Nous avons ſigné les Preſentes de Nôtre propre main, & l'avons corroboré de Nôtre Sean de Prince. A Montbeillard, le vint neuvième de Juillet, Mille ſept cens & quinze.

(L. S.) **LEOPOLD EBERHARD.**

Voyez l'acte de Renonciation de Mr. de Sponeck faite à Louisbourg de 18. Oct. 1715.

Num. 25.

Lettre écrite du Duc Leopold Eberhard du 29. Juillet 1715. au Duc de Stouttgard

Traduite d' Allemand en François.

L' Aſſûrance que V. A. S. Nous a donné de ſon amitié reciproque, & la repetiti qui Nous en a été faite par Vos Plenipotentiaires Meſſieurs les Comte de Grav nitz & de Schunck, a conduit a leur fin les affaires de Wildbade, & autres, ju qu' à la Ratification de V. A. S. comme Meſſieurs les Plenipotentiaires, de la condui deſquels Nous ſommes entierement ſatisfait, le réfereront plus au long, & par où V. S. verra le grand déſir que Nous avons de vivre avec V. A. S. perpetuellement da une vraie, fidéle, & ſincere amitié, Voulans & étans toûjours prêt de rendre à V. S. toute ſorte de ſervices. A Montbeillard, le 29. Juillet 1715.

Num. 2.

Num. 26.

Autre Lettre du 4. Septembre 1715.
Du Duc de Montbeliard au Duc de Stouttgard.

Traduite d'Allemand en François.

C'eſt avec toute ſorte de contentement que Nous avons receu de V. A. S. ſa Lettre de Ratification, touchant la Convention conclue entre V. A. S. & Nous; Comme donc Nous remarquons par là la ſincere amitié que V. A. S. Nous témoigne par effet, auſſi reſſentons Nous une plus grande joie, par l'endroit que V. A. S. veut ne point manquer d'obſerver à l'avenir ce qui doit donner accompliſſement à cet affaire, & de faire tout ce qui ſera trouvé neceſſaire pour la ſûreté & l'avantage des Enfans de Sponeck & de l'Eſperance, qui y ſont intereſſés. Nous acceptons avec remerciment ces offres obligeantes, & par contre aſſûrons V. A. S. de nôtre ſincere devoüement ; Auſſi ne manquerons-Nous pas de Nous conformer audit Accord & Convention, & de l'obſerver en tous ſes Points & Clauſes, rien ne pouvant Nous être plus agreable, que de pouvoir confirmer, augmenter & cultiver de plus en plus une bonne confiance, & une ſincére amitié avec Vôtre Alt. Ser. laquelle Nous aſſûrons, que Nous ſommes toûjours prêt de lui rendre tous les ſervices dont Nous ſommes capable. A Montbeillard, le 4. Septembre 1715.

Num. 27.

Le Certificat de Feſtenberg avec le vidimus de Vienne.

MOI, Daniel Langhammer, Senior dans l'Egliſe Evangelique de Feſtenberg, aiant eté requis de rechercher dans le livre de l'Egliſe de ce lieu, ſi George Leopold de Sponeck, fils d'Anne Sabine Hedwiger, avoit eté bâtiſé ici le 12. Decembre 1697. J'ai cherché exactement dans le livre de l'Egliſe, dans lequel tous les Enfans qui ſont bâtiſés ici ſont enregiſtrés, & parcourut non ſeulement l'année 1697. mais auſſi la ſuivante; Ainſi pour rendre témoignage à la verité, j'atteſte ſur ma conſcience paſtorale que les Noms ſuſdits, ni du fils ni de la Mere, ne ſe trouvent point dans le livre de l'Egliſe de ce lieu, & qu'ils n'y ſont point en écrit. En foi de quoi j'ai ſoûcrit de ma propre main ce preſent certificat, & l'ai muni de mon cachet ordinaire. Fait à Feſtenberg le 20 Juillet 1722.

(L. S.)   DANIEL LANGHAMMER, Paſteur
                           & Senior de Feſtenberg.

MOnſieur le Senior Langhammer a ecrit, ſigné & cacheté en notre preſence ce certificat, & les Noms ſuſdits ne ſe trouvent point dans le livre de l'Egliſe. C'eſt ce que nous atte-

atteſtons comme par ſerment, par notre ſouſcription & l'apoſition de nos cachets. à Feſtenberg le 20. Juillet 1722.

(L.S.)   JEAN HENRI GUTZMAR, Avocat juré au Baillage
                   Roial ſuperieur dans le Duché de la haute &
                   baſſe Sileſie.

(L.S.)   SAMUEL BERG, Agent à Breslau.

(L.S. Imp.)

LA Copie ſuſdite, que j'ai collationnée avec l'original, qu'on m'a produit, s'y eſt trouvée conforme. En foi de quoi elle a été munie du ſceau Imperial & de ma ſignature
munie de mon cachet ordinaire. à Vienne le 31. Aout 1739.

(L.S.)   J. B. de Alpmanshoven,
                 Conſeiller Imperial & Regiſtrateur de la
                 Chancellerie de l'Empire.

Num. 28.

L'extrait du Regiſtre de Mariage portant le Mariage de Sponeck.

LE vingt deuxieme Fevrier mille ſept cent dix neuf s'eſt marié le trés noble George Leopold, Comte de Sponeck, fils de S. A. S. Leopold Eberhard Duc de Wirtemberg-
Montbeillard, & de trés noble Anne Sabine, Comteſſe de Sponeck, avec la trés noble
Eleonore Charlotte, Comteſſe de Colligny, fille de noble Jean Louis de Sandersleben, &
de feuë noble Henriette Hedwique Baronne de l'Eſperance.

Le ſuſdit certificat de mariage a eté tiré de mot à mot du livre des mariages de l'Egliſe du Chateau de Montbeillard pag. 13. N. 68. par moi ſouſſigné. A Montbeillard le 28.
Juillet 1739.

         G. NIGRIN, Conſeiller du Conſiſtoire, Surintendant des
           Egliſes du Comté de Montbeillard, & Premier Miniſtre
           de l'Egliſe Alemande de la dite Ville de Montbeillard.

Num. 29.

Acte de divorce de Sandersleben.

EN la Cauſe d'entre Madame Henriette Hedwige, Baronne de l'Eſperance, Demandereſſe
d'une part, contre Monſieur Jean Louis de Sandersleben Defendeur d'autre ; Ladite
Dame Demandereſſe Baronne de l'Eſperance a remontré, que ledit Sr. Defendeur auroit commis un adultere à ſon égard, & qu'il l'auroit de plus à diverſes fois fait ſouffrir un violent &
rigoureux traitement pendant le tems de leur mariage. Pour ces cauſes & auſſi enſuite du
propre aveu, que le dit Sr. Defendeur a fait de tout ce que deſſus, ladite Dame Demandereſſe Baronne de l'Eſperance auroit requis un divorce avec led. Sr. Defendeur ; lequel luy
a été accordé pour les cauſes ſuſdites, & ſon mariage avec luy declaré entierement diſſous ;
En conſequence de quoy, il a été permis à ladite Dame Demandereſſe Baronne de l'Eſperance
de ſe remarier, mais il a été defendu audit Sr. Defendeur Jean Louis de Sandersleben de
convoler à un autre mariage, qu'aprés la mort de ladite Dame Demandereſſe auparavant
ſon epouſe. Fait à Montbeillard le 1. Mars 1701.

         Jean Jaques Gropp, Miniſtre
           de Cour, Surintendant &
           Conſeiller Eccleſiaſtique.

TABELLE

Nro. 30.

TABELLE GENEALOGIQUE
DE LA
FAMILLE DE LESPERANCE,

fidelement tirée des Regiftres d'Eglife, de Bourgeoifie & des Métiers de la Ville de Montbeillard.

PIERRE CURIE dit MONIER

Tailleur, originaire du petit Laviron en Bourgogne, s'établit à Montbeillard 1589. reçu dans le metier le 17. Janv. 1593.

Sa Femme JUDITH JAQUESSON.

Il a eu trois fils pour lefquels il a payé la reconnoiffance, fuivant les regiftres de Montbeillard le 21. May 1601.

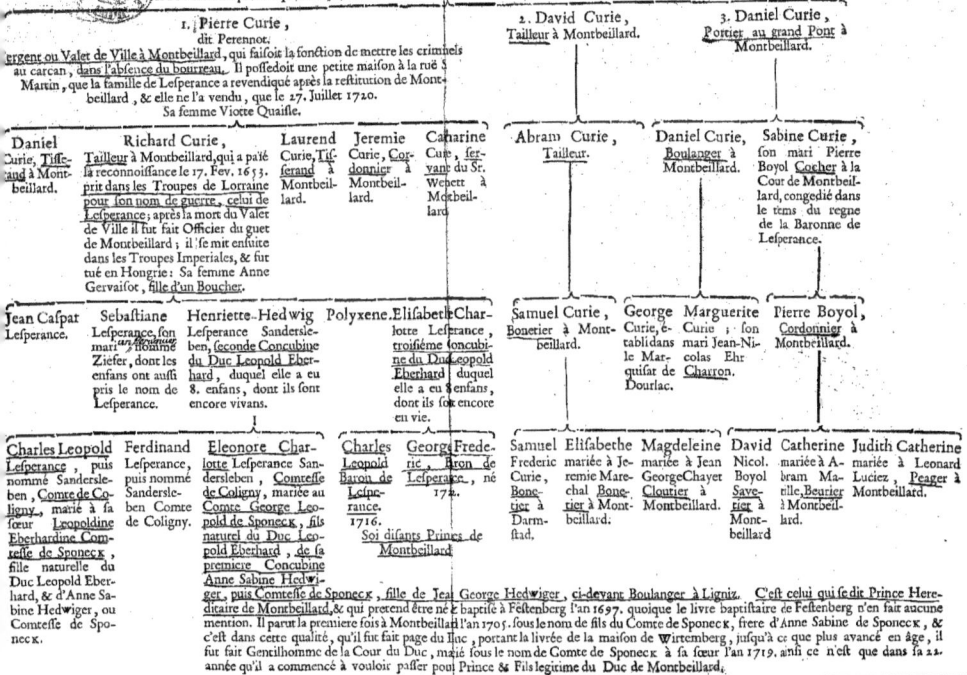

1. Pierre Curie, dit Perennot.	2. David Curie, Tailleur à Montbeillard.	3. Daniel Curie, Portier au grand Pont à Montbeillard.

 fergent ou Valet de Ville à Montbeillard, qui faifoit la fonction de mettre les crimels au carcan, dans l'abfence du bourreau. Il poffedoit une petite maifon à la rué St Martin, que la famille de Lefperance a revendiqué après la reftitution de Montbeillard, & elle ne l'a vendu, que le 27. Juillet 1720.
Sa femme Viotte Quaifle.

Daniel Curie, Tiffe-rand à Mont-beillard.	Richard Curie, Tailleur à Montbeillard,qui a payé la reconnoiffance le 17. Fev. 1653. prit dans les Troupes de Lorraine pour fon nom de guerre, celui de Lefperance; après la mort du Valet de Ville il fut fait Officier du guet de Montbeillard ; il fe mit enfuite dans les Troupes Imperiales, & fut tué en Hongrie: Sa femme Anne Gervaifot, fille d'un Boucher.	Laurend Curie,Tiffe-rand à Montbeil-lard.	Jeremie Curie, Cor-donnier à Montbeil-lard.	Catharine Curie, fer-vant du Sr. Wenett à Mottbeil-lard	Abram Curie, Tailleur.	Daniel Curie, Boulanger à Montbeillard.	Sabine Curie, fon mari Pierre Boyol Cocher à la Cour de Montbeil-lard, congedié dans le tems du regne de la Baronne de Lefperance.

Jean Cafpat Lefperance.	Sebaftiane Lefperance, fon mari Jean Adam Ziefer, dont les enfans ont auffi pris le nom de Lefperance.	Henriette-Hedwig Lefperance Sandersle-ben, feconde Concubine du Duc Leopold Eber-hard, duquel elle a eu 8. enfans, dont ils font encore vivans.	Polyxene.	Elifabeth Lefperance, troifiéme concubi-ne du Duc Leopold Eberhard, duquel elle a eu 3 enfans, dont ils font encore en vie.	Char-lotte Lefperance,	Samuel Curie, Bonetier à Mont-beillard.	George Curie, é-tablidans le Mar-quifat de Dourlac.	Marguerite Curie ; fon mari Jean-Ni-colas Ehr Charron.	Pierre Boyol, Cordonnier à Montbeillard.

Charles Leopold Lefperance , puis nommé Sandersle-ben , Comte de Co-ligny , marié à fa foeur Leopoldine Eberhardine Com-teffe de Sponeck , fille naturelle du Duc Leopold Eber-hard, & d'Anne Sa-bine Hedwiger, ou Comteffe de Spo-neck.	Ferdinand Lefperance , puis nommé Sandersle-ben Comte de Coligny.	Eleonore Char-lotte Lefperance Sandersleben , Comteffe de Coligny , mariée au Comte George Leo-pold de Sponeck , fils naturel du Duc Leo-pold Eberhard , de fa premiere Concubine Anne Sabine Hedwi-ger, puis Comteffe de Sponeck , fille de Jean George Hedwiger, ci-devant Boulanger à Ligniz.	Charles Leopold Baron de Lefpe-rance. 1716. Soi difants Princes de Montbeillard	George-Frede-ric Lefperance , né 174.	Samuel Frederic Curie , Bone-tier à Darm-ftad.	Elifabethe Fanni-remie Mare-chal Bone-tier à Mont-beillard.	Magdeleine mariée à Je-an George Chayet Cloutier à Montbeillard.	David Nicol. Boyol Save-tier à Mont-beillard	Catherine mariée à A-bram Ma-nille,Beurier à Montbeil-lard.	Judith Catherine Luciez , Peager à Montbeillard

C'eft celui qui fe dit Prince Here-ditaire de Montbeillard,& qui pretend être né & baptifé à Feftenberg l'an 1697. quoique le livre baptiftaire de Feftenberg n'en fait aucune mention. Il parut la premiere fois à Montbeillard l'an 1705. fous le nom du fils du Comte de Sponeck, frere d'Anne Sabine de Sponeck, & c'eft dans cette qualité, qu'il fut fait page du Duc , portant la livrée de la maifon de Wirtemberg , jufqu'à ce que plus avancé en âge, il fut fait Gentilhomme de la Cour du Duc , marié fous le nom de Comte de Sponeck à fa foeur l'an 1719. ainfi ce n'eft que dans fa 22. année qu'il a commencé à vouloir paffer pour Prince & Fils legitime du Duc de Montbeillard.

Le 18. May 1715. le Duc de Montbeillard convint avec le Duc de Wir. Stouttgard de 12000. florins pour l'entretien annuel de toutes ces femmes & enfans, qu'il déclara lui-même illégitimes & inhabiles à fucceder. Il le réitéra par plufieurs Actes très-folemnels. Les deux femmes, la Comteffe de Sponeck , & fes enfans, & la Baronne de Lefperance , pour elle & fes enfans nés & à naître, le confirmèrent par ferment, & tous les Confeillers de Montbeillard prêterent ferment corporel fur l'exécution de ce Traité qui eft connu fous le nom du Traité de Wildbaaden.

L'an 1719. le Duc de Montbeillard obtint par fub & obreption des Lettres de Naturalité en France pour fes femmes & enfans, avec titre de Princes & Princeffes.
L'an 1721. l'Empereur caffa les Titres de Princes & Princeffes, que le Duc de Montbeillard faifoit donner à Montbeillard à ces femmes & enfans.
L'an 1723. l'Empereur les déclara de nouveau inhabiles de porter les noms & Armes de Wirtemberg, & incapables à fucceder.
L'an 1723. le Roy ordonna par un Arrest du Confeil d'Etat, qu'ils rapportent les Lettres de Naturalité , pour être réformées quant aufdits titres & qualités.
L'an 1725. le Roy confirma cet Arreft par un autre , qu'on a expedié pour être executé, le 26. May 1739.
Le 18. Septembre 1739. l'Empereur déclara par un Arrest d'Interpretation , que les deux prétendus mariages font nuls , & les enfans, qui en font nés , ne font que des Bâtards.

Num. 31.

La Lettre du 26. Novembre 1719.

du Duc de Montbeliard au Duc de Stouttgard.

Traduite d'Allemand en François.

VOtre Envoié & Conseiller Intime de Schunck Nous a non seulement bien rémis Vôtre Lettre du 16. du courant, mais Nous a encor dit plus amplement de bouche ce dont Vous l'aviés chargé, en Nous assûrant en même tems de la sincerité de Vôtre amitié. Come donc Nous Vous remercions avant toutes choses de la peine que Vous avés prise, & de l'afection que Vous marqués par là avoir pour Nous, qui doit Nous porter à Vous être constamment dévoüés: *Aussi Vous assûrons Nous, que Nous n'avons rien fait, & ne ferons rien, qui soit contre le Traité de Wildbáde & les Pactes de Famille,* pourvû que Vous n'aviés rien fait, & ne fassiés rien à l'avenir, qui y soit contraire. Nous avons aussi fait connoître plus amplement de bouche Nôtre intention audit de Schunck, dans la confiance, qu'à Nôtre réquisition, il ne manquera pas de Vous en faire la rélation. Nous-Nous recommandons à Vôtre bonne amitié, & Vous prions de Nous fournir les ocasions de Vous rendre Nos services de Parent, Vous assûrant, que Nous serons prêts de le faire. A Montbeillard le 26. Novembre 1719.

Num. 32.

Recueil des Ordonnances de France au sujet des Mariages.

Ordonnance de François I. Aout. 1539.

Art. 51. Aussi sera fait registre en forme de preuve des baptesmes, qui contiendront le temps & l'heure de la nativité, & par l'extrait dudit registre se pourra prouver le temps de majorité ou minorité & sera pleine foy à cette fin.

Art. 52. Et à celle fin, qu'il n'y ait faute ausdits registres, il est ordonné qu'ils seront signez d'un Notaire, avec celui desdits Chapitres & Convents, & avec le Curé ou son Vicaire general respectivement, & chacun en son regard qui seront tenus de ce faire sur peine de dommages & interests des parties, & des grosses amendes envers nous.

Art. 53. Et lesquels Chapitres, Convents & Curez, seront tenus mettre lesdits registres, par chacun an, pardevers le Greffe du prochain Siege de Baillif ou Senéchal Royal, pour y estre fidelement gardé & y avoir recours quant mestier & besoin sera.

(1)   Henry

Henry II. par la Grace de Dieu Roy de France, a tous préfens & avenir, &c. Fevr. 1556.

Art. 1.

Comme fur la plainte à nous faite des mariages qui journellement par une volonté charnelle, indifcrette & defordonnée, fe contractoient en noftre Royaume
par les enfans de famille au decrit & contre le vouloir & confentement de leurs
peres & meres n'ayans aucunement devant les yeux la crainte de Dieu, l'honneur, reverence & obéïffance qu'ils doivent en tout & par tout à leurfdits parens,
lefquels revoient très grand regret, ennuy & déplaifir defdits mariages nous
euffions (long temps) conclud & arrefté fur ce faire une bonne Loy & Ordonnance, par le moyen de la quelle ceux qui pour la crainte de Dieu l'honneur &
reverence paternelle & maternelle ne feroient détournez & retirez de mal faire,
fuffent par la feverité de la peine temporelle revoquez & arreftez : toutefois pour
ce que notre intention n'a été encore exécutée, Nous avons connu par evidence
de fait que ce mal inveteré pullule & accroît de jour à autre & pourra augmenter, fi promptement n'y eft par nous pourvû.

Art. 2.

Pour ces caufes & autres bonnes & juftes confiderations à ce nous mouvans, par
avis & deliberation de notre Confeil auqu'el affiftoient aucuns Princes de notre
fang, & autres grands & notables perfonnages, pour noftre regard & en tant qu'en
nous eft executans le vouloir & commandement de Dieu. Avons dit, ftatué &
ordonné, difons, ftatuons & ordonnons, par Edit, Loy, Statut & Ordonnance per-
petuels & irrévocables, que les Enfans de Famille ayant contracté & qui contracte-
ront ci-après mariages clandeftins, contre le gré, vouloir & confentement & au
déçeu de leurs peres & meres, puiffent pour telle irréverence & ingratitude, mepris & contemnement de leurfdits peres & meres, tranfgreffion de la Loy, & commandement de Dieu & offenfe contre le Droit & l'honnefteté publique infeparable d'avec l'utilité, eftre par leurfdits peres & meres, & chacun d'eux exheredes
& exluds de leurs fucceffions, fans efperance de pouvoir quereller l'exheredation,
qui ainfi aura efté faite &c.

Note d'Antoine Comté.

,, Conftat hoc verbum, *Enfans de Famille*, non tam ftricte accipi hic debere
,, quam apud Romanos, fed de omnibus filiis, qui modo patrem habeant fuperfti-
,, tem, quamvis ab eo emancipati fint, aut ejus poteftate alio modo liberati fint,
,, modo non excedant triginta annos. Quibus admiffis idem jus hic de filiabus
,, fine confenfu patris nubentibus ftatuitur, quod in Legibus Romanis de filio eman-
,, cipato fine patris confenfu uxorem ducente, quia ut dixi, fimiliores funt eman-
,, cipatis quam filiis familias. Ideo eadem etiam ratio matris & patris, quod & Ju-
,, re Romano in emancipatis obtinere concefferint.

Mariages Clandeftins. ,, Clandeftina propriè funt matrimonia quæ probari
,, teftibus, aut alia legitima probatione non poffunt. C. 3. Extra de Clan-
,, deft. deponfat. & Gratianus fic definit 30. quæft. fi in pompa, folemnita-
,, te, benedictione, confenfu & defponfatione parentum atque folitis denuntiatio-
,, nibus & proclamationibus, quæ nos banna appellamus, peccarunt C. aliter
,, 30. quæft. 5. c. 4. C. 4. Extra de Clandeftina defponfatione, quo modo hic
,, quoque accipi Clandeftina matrimonia certum eft.

Supple-

Supplement d' Édit de Henry II.

t. 4. Voulons auffi & nous plait, que lefdits enfans qui ainfi feront illicitement conjoints par mariages, foient déclarés de toutes avantages, profits & émoluments
qu'ils pourroient prétendre par le moyen des conventions apofées & contrats
des mariages, ou par le benefice de coutumes & Loix de noftre Royaume, du
benefice defquels les avons privez & déboutez, privons & deboutons par ce
préfentes, comme ne pouvans implorer le benefice des Loix & Coutumes,
eux qui ont commis contre la Loix de Dieu & des hommes.

Si donnons en mandement à nos aimez & feaux nos gens tenans nos Cours
de Parlement, à tous Baillifs, Senechaux, Prevofts, Juges ou leurs Lieute-
nans & autres nos Jufticiers & Officiers, & à chacun d' eux, fi comme à lui
appartiendra que nos préfens Edit, Statut, Ordonnance & vouloir, enfemble
tout le contenu ci-deffus, ils entretiennent, gardent & obfervent, faffent de
point en point inviolablement entretenir, garder & obfervér, lire, publier &
enregiftrer par tout ou il fera befoin, fans fouffrir aller ne venir directement
ou indirectement au contraire, en quelque maniere que ce foit, en procedant
contre les transgreffeurs & contrevenans par les peines ci-deffus indictes: Non
obftant oppofitions ou appellations quelconques, Edits, Statuts, Ordonnances,
reftrictions, Mandemens ou défenfes, & Lettres impétrées ou à impetrer à ces
contraires : Car tel eft noftre plaifir. Et afin que ce foit chofe ferme & ftable à toujours, Nous avons fait mettre noftre fcel à ces préfentes, faut en autres chofes noftre droit & l' autrui en toutes. Donné à Paris au mois de Février, l' an de grace 1556 & de noftre Regne le dixiéme. Ainfi figné, par le
Roy eftant en fon Confeil, BOURDIN. Et fcellé en lacs de foye rouge & verte du grand fcel de cire verte. Et fur le repli eft ecrit, Vifa, & aupres.

Lecta, publicata & regiftrata audito: & requirente Procuratore Generali Re-
gis Parifiis, in Parlamento prima die Martii, Anno Domini 1556. Sic figna-
tum, Du Tillet.

Ordonnance de Blois de Henry III. Maj. 1579.

t. 40. Pour obvier aux abus & inconveniens qui adviennent des mariages clandeftins,
avons ordonné & ordonnons que nos fujets de quelque eftat, qualité & condition qu' ils foient, ne pourront *valablement* contracter mariage, fans proclamations precedentes de bans faites par trois divers jours de Feftes, avec intervalle compétant, dont on ne pourra obtenir difpenfe, fi non après la premiere
proclamation faite: Et ce feulement pour quelque urgente ou légitime caufe,
& à la requifition des principaux & plus proches parens communs des parties
contractantes, après lefquels bans feront époufées publiquement: Et pour pouvoir temoigner de la forme, qui aura efté obfervée efdits mariages, y affifteront quatre perfonnes dignes de foy, pour le moins, dont fera fait regiftre; le
tout fur les peines portées par les Conciles: Enjoignons aux Curés, Vicaires
ou autres, de s'enquerir foigneufement de la qualité de ceux qui fe voudront
marier; & s' ils font enfans de famille, ou eftans en la puiffance d' autrui,
nous leur defendons etroitement de paffer outre à la célébration defdits mariages, s'il ne leur apparoft du confentement des peres, meres, tuteurs, ou curateurs, fur peine d' eftre punis comme *fauteurs du crime de rapt*.

(I 2)   Note

Note de M. Duret.

„ *Mariages Clandeſtins.* Les Mariages declaréz clandeſtins ſont ceux qui ne
„ ſont point contractéz en la préſence des parens avec publication de bans &
„ en face de ſainte Egliſe : Steph. Ranchin, Lib. I. conclu. 117.

„ *Proclamations de Bans.* Les Loix Civiles ne ſe ſont guerres arreſtées
„ aux ceremonies portées dans cet article, mais les Loix Canoniques pour
„ obvier à beaucoup d'abus qui ſe commettoient dans les mariages, y ont
„ baillé des formes qu'on doit garder pour qu'il ſoit contracté légitimement.

„ L'une eſt la proclamation des bans ; Sçavoir, que ceux qui veulent ſe ma-
„ rier faſſent publier leurs bans à l'Egliſe avec délay competent entre chacun,
„ afin que ceux qui ſçauront quelque empêchement, ayent le temps de le pro-
„ poſer & que les Preſtres en puiſſent eſtre informés : Steph. Ranchin. lib. 1.
„ concluſ. 219. L'autre eſt que le mariage ſoit publiquement contracté en fa-
„ ce d'Egliſe & du conſentement des peres & meres des contractans.

„ *Epouſer publiquement.* Cecy eſt pour réprouver les concubinages que les Loix
„ Civiles recevoient, appellans les enfans naturels, ceux qui etoient nez en la
„ maiſon paternelle de celle que le Pere avoit priſe pour Concubine.

„ *Quatre Perſonnages Dignes de Foy.* Noſtre texte parle du nombre & de
„ la qualité des témoins, le nombre a eſté de deux ordonné par les Loix : Le
„ dernier Concile ſemble s'en contenter traitant la forme qui doit eſtre tenue,
„ à la ſolemnité des épouſailles.

Nous declarons les mariages nuls qui ne ſeront contractéz en la préſence de
ſon Curé, Vicaire ou autre Preſtre député en la preſence de deux ou trois témoins, & cet Edit en veut quatre ; Quant à la qualité les Docteurs ont comparé
les cauſes criminelles & de mariage, recevans aux deux les mêmes témoins &
rejettans en l'une ceux, qui ne ſont pas admiſſibles en l'autre.

De la comme la preuve d'un ſeul temoin jointe à la renommée ne vaut pas
au criminel, auſſi n'eſt-elle pas reçuë en débat ſur mariage ; & de même que
les preuves doivent en matiere criminelle eſtre concluantes & plus claires que
le jour qu'il fait en plein midy ; il faut que celles dont on ſe ſert en fait de
mariage ſoient requiſes au mariage, qu'elles ſoient abſolument de même, & il
faut en toutes deux que les temoins ſoient ſans reproches.

Art. 41. Nous voulons que les Ordonnances ci devant faites contre les Enfans contractans mariage ſans le conſentement de leurs peres, meres, tuteurs & curateurs ſoient gardées ; mêmement celle qui permet en ce cas les exhereda-
tions.

Ordonnances de Louys XIII. Janv. 1629.

Art. 169. Deſirant conſerver l'autorité des peres ſur leurs Enfans, l'honneur & la liberté des mariages, & la reverence dûë à un ſi ſaint ſacrement, a empêcher
qu'à l'avenir pluſieurs familles de qualité ne ſoient alliées avec perſonnes indignes, & de mœurs diſſemblables avons renouvellé &c. &c.

Declaeclaration portant Reglement fur l'Ordre qui doit être obfervé en la celebration des Mariages: & contre ceux qui commettent le crime de rapt, 26. Novembre 1639.

Ouïs XIII. par la Grace de Dieu, Roy de France & de Navarre. A tous ceux qui ces préfentes Lettres verront, Salut &c.

C'eft pourquoi ne pouvant plus fouffrir que nos Ordonnances foient ainfi violées, ni e la fainteté d'un fi grand Sacrement, qui eft le figne myftique de la conjonction de us Chrift avec fon Eglife foit indignement profané: Et voyans d'autre part à notre grand gret, & au préjudice de notre Etat, que la plus part des honnêtes familles de notre yaume, demeurent en trouble par la fubornation & enlevement de leurs enfans, qui euvent eux mêmes la ruïne de leur fortune dans ces illegitimes conjonctions, nous avons olu d'oppofer à la fréquence de ces maux, la feverité des Loix, & de retenir par la ter- ur des nouvelles peines ceux que la crainte ni la reverence des Loix divines & humaines peuvent arrêter; n'ayans en cela autre deffein que de fanctifier le Mariage, regler les ours de nos fujets & empêcher que les crimes de rapt ne fervent plus à l'avenir de moy- s & de degrez pour parvenir à des Mariages avantageux.

A ces Caufes, après avoir mis cette affaire en deliberation en notre Confeil; de l'avis celui, & de notre certaine fcience, pleine puiffance & autorité Royal, nous avons ftatué ordonné, ftatuons & ordonnons ce qui enfuit.

I. Nous voulons que l'article quarante de l'Ordonnance de Blois, touchant les Ma- ages clandeftins, foit exactement gardé: Et interpretant icelui, ordonnons que la pro- amation des bans faite par le Curé de chacune partie contractante, avec le confen- ment des peres, meres, tuteurs ou curateurs, s'ils font enfans de famille, ou en la puif- nce d'autruy; & qu'à la celebration du Mariage affifteront quatre temoins dignes de foy, utre le Curé qui revera le confentement des parties, & les conjoindra en Mariage fuivant forme pratiquée en l'Eglife. Faifons très expreffes défenfes à tous Prêtres, tant feculiers ue reguliers, de celebrer aucun mariage, qu'entre les vrais & ordinaires Paroiffiens, fans permiffion par écrit des Curez des parties, ou de l'Evêque Diocefain, non obftant les outumes immemoriales & privileges que l'on pourroit alleguer au contraire: & ordon- ons qu'il fera fait un bon & fidele regiftre, tant de Mariages que de la publication des ans, ou des difpenfes & des permiffions qui auront été accordées.

Continuation de la Declaration de Louîs XIII.

Voyez l'art. 40, & fuivans, jufques au 45. de l'Ordonannce de Blois & les cottes.

II. Le contenu en l'Edit de l'an 1556. & aux Articles 41. 42. 43. & 44. de l'Ordon- ance de Blois, fera obfervé: Et y ajoutant, nous ordonnons que la peine de rapt demeure ncourüe, non obftant les confentemens intervenans puis après de la part des peres & me- es, tuteurs & curateurs, dérogeant expreffement aux Coutumes qui permettent aux en- ans de fe marier après l'âge de vingt ans, fans le confentement des peres. Et avons décla- é & déclarons, les veuves, fils & filles, moindres de vingt-cinq ans, qui auront contracté ariage contre la teneur defdites Ordonnaces, privez & déchûs par leur feul fait, enfem- le les enfans qui en naîtront, & leurs hoirs, indignes & incapables à jamais des fucceffions e leurs peres, maires & ayeuls, & de toutes autres directes & collaterales: comme auffi es droits & avantages qui pourroient leur être acquis par contrats de Mariages & Tefta- ents, ou par les Coutumes & Loix de nôtre Royaume même du droit de legitimité & les ifpofitions qui feront faites au préjudice de cettenoftreOrdonnance, foit en faveur des perfon- es mariées, ou par elles au profit des enfans nez de ces Mariages, nulles & de nul effet & aleur.

(m)   V. Defi-

V. Defirant pourvoir à l'abus qui commence à s'introduire dans notre Royaume, par ceux qui tiennent leurs Mariages fecrets & cachez pendant leur vie, contre le refpect qui eft dû à un fi grand Sacrement, nous ordonnons que les majeurs contractent leurs Mariages publiquement en face d'Eglife, avec les folemnitez preferites par l'Ordonnance de Blois, & declarons les Enfans qui naitront de ces Mariages, que les parties ont tenües jusques icy, ou tiendront à l'avenir cachez pendant leur vie, qui reffemblent plutôt la honte d'un concubinage, que la dignité d'un Mariage, incapables de toutes fucceffions, auffi bien que leur pofterité.

C'eft pourquoi n'a perfonne plus fuffire que nos Ordonnances foient ainfi cachées, in

VI. Nous voulons que la même peine ait lieu contre les enfans qui font nez des femmes que les peres ont entretenües, & qu'ils époufent lorfqu'ils font à l'extremité de la vie, comme auffi contre les enfans procréez par ceux qui fe marient après avoir été condamnez à mort, même par les Sentences de nos Juges, rendües par défaut, fi avant leur decès ils n'ont été remis au premier état, fuivant les Loix preferites par nos Ordonnances.

VII. Défendons à tous Juges, même à ceux d'Eglife, de recevoir la preuve par témoins des promeffes de Mariage, ni autrement que par écrit, qui foit arrêté en préfence de quatre proches parens de l'une & l'autre des parties, encore qu'elles foient de baffe condition.

Si donnons en mandement à nos amez & feaux Confeillers, les Gens tenans notre Cour de Parlement de Paris, Baillifs, Sénéchaux, Juges, ou leurs Lieutenants, & à tous autres nos Jufticiers & Officiers qu'il apartiendra que ces préfentes ils faffent lire, publier, regiftrer, executer, garder & obferver felon leur forme & teneur. Enjoignons à nos Procureurs Generaux, & leurs Subftituts prefens & à venir, d'y tenir la main, & faire toutes les diligences requifes & neceffaires pour la dite execution. Car tel eft notre plaifir, en temoin de quoi nous avons fait mettre notre fcel à ces préfentes. St. Germain en Laye le 26 Jour de Nov. 1639.

Ordonnance de Louis XIII. Janvier 1629.

Art. 197. Ne feront tenus pour nobles les Bâtards des Gentilhommes ; Et en cas qu'ils ayent été ennoblis par les Rois nos prédéceffeurs, ou par nous, eux & leurs defcendans feront tenus de porter en leurs armes, une banne qui les diftingue d' avec les legitimes : Et ne pourront prendre les noms de familles dont ils feront iffus finon du confentement de ceux qui y ont interêt.

Ordonnance de Charles IX. Janvier 1560.

Comment fe prouve la Nobleffe, voyez Bart. l. fi ut proponis circa finem. C. de dign. liber. & l. providendum C. de poftuland :

Art. 110. Et ou aucuns ufurperont fauffement & contre verité le nom & titre de Nobleffe, prendront ou porteront armoires timbrées, ils feront par nos Juges multez d' amendes arbitraires, & au payement d' icelles contraints par toutes voyes.

Voyez Theveneau, liv. 2. tit. 13. art. 1.

Voyez l' article 256. de l' Ordonnance de Blois.

„ In Gallia nobiles æftimantur ex genere & vita militari.

Par

Par arreſt du 8. Aouſt 1582. en la Chambre de l'Edit, furent faites défenſes à un certain, s'intituler Eſcuyer lui eſtant privé roturier, à peine de punition corporelle. Les moyens de vérifier qu'un homme eſt noble, ſont récitez par Tiraqueau, Lib. de Nob. c. 10. Maſuer. tit. de Taillüs paragr. item & quis Guid. Pap. Conſ. 217. & Dec. Conſ. 196, Dynus Conſ. 11. Bart. in L. 11. de dignit. lib. 12. Bacquet au l. 2. du droit d'anobliſſement, chap. 23.

Remarques Tirées de M. Du Chalard. Tout homme qui uſurpe les armoines ou le nom d'un autre, commet crime de faux, de même que celui qui ſe dit noble & ne l'eſt. Bart. l. reddatur de profes. & medic. lib. 10. & l. 1. C. de dignit.

Ordonnance de Louis XII. Mars 1498.

Item, Avons ordonné & ordonnons que d'oreſnavant les parties contre les quelles l'enqueſte ſe fera, ſoient appellées à voir, recevoir & jurer temoins, ſi qu'en leurs préſences, s'ils comparent, ou en leur abſence, s'ils ſont défaillans, la dite reception & ſerment ſe faſſent; autrement ſeront leſdites enqueſtes nulles, & auront les parties recours contre les Commiſſaires qui feront leſdites enqueſtes.

Ordonnance de Louis XIII. Janvier 1629.

rt. 39. L'ordonnance de Blois touchant les mariages clandeſtins, ſera exactement obſervée; & y ajoûtant, voulons que tous mariages contractez contre la teneur de ladite ordonnance, ſoient declarez non valablement contractez: Faiſant défenſes à tous Curez & autres Preſtres ſeculiers ou reguliers, ſur peine d'amende arbitraire, celebrer aucun mariage de perſonnes qui ne ſeront de leurs Paroiſſiens, ſans la permiſſion de leurs Curez ou de l'Evêque Diocéſain, non obſtant tous privileges à ce contraires. Et ſeront tenus les Juges Eccleſiaſtiques juger les cauſes, deſdits mariages, conformément à cet article.

rt. 40. Nous défendons à tous Juges, même à ceux de Cour d'Egliſe, de recevoir à l'avenir aucune preuve par temoins & autres, que par écrit, en fait de mariage, fors & réſervé entre perſonnes de village, baſſe & ville condition: à la charge néanmoins que la preuve n'en puiſſe eſtre admiſe que de plus proches parens de l'une & l'autre des parties, & au nombre de ſix pour le moins.

Edit Concernant les formalités qui doivent être obſervées dans les Mariages. Mars 1697.

Louis &c. ſalut. Les ſaints Conciles aiant preſcrit comme une des ſolemnités Eſſentielles au Sacrement de Mariage, la preſence du propre curé de ceux qui contractent: Les Rois nos predeceſſeurs, ont autoriſé par pluſieurs ordonnances l'execution d'un Reglement ſi ſage, & qui pouvoit contribuer auſſi utilement a empêcher ces conjonctions malheureuſes qui troublent le repos, & flétriſſent l'honneur de

pluſi-

plusieurs familles, par des alliances souvent encore plus honteuses, par la corruption des mœurs, que par l' inegalité de la naissance; Mais comme nous voions avec beaucoup de deplaisir que la justice de ces Loix & le respect qui est dû aux deux puissances qui les ont fait, n'ont pas été capables d' arrêter la violence des passions qui engagent dans les mariages de cette nature & qu'un interêt sordide fait trouver trop aisement des témoins, & même des Prêtres qui prostituent leur Ministere aussi-bien que leur foi, pour prophaner de concert ce qu' il y a de plus sacré dans la religion & dans la société civile. Nous avons estimé necessaire d' établir plus expressément, que l'on n'avoit fait jusques à cette heure, la qualité du domicile, tel qu'il est necessaire pour contracter un mariage en qualité d' habitant d' une Paroisse, & de prescrire des peines dont la juste severité pût empêcher à l' avenir les surprises que des personnes supposées, & des témoins corrompus ont osé faire pour la concession des dispenses & pour la célébration des mariages, & contenir dans leur devoir les Curés & les autres prêtres, tant seculiers que réguliers, les quels oubliant la dignité & les obligations de leur caractere, violent eux-mêmes les regles que l' Eglise leur a prescrit, & la sainteté d'un sacrement dont ils sont encore plus obligés d' inspirer le respect par leurs exemples, que par leurs paroles. Et comme nous avons été informé en même tems qu'il s' étoit presentés quelques cas en nos cours ausquels n'aiant pas été prévû par les ordonnances qui ont été faites sur le fait des mariages, nos juges n'avoient pas pû apporter les remedes qu'ils auroient estimé necessaires pour l' ordre & la police publique.

A ces Causes, après avoir fait mettre cette affaire en deliberation en notre Conseil, de l' avis d' icelui, & de notre certaine science, pleine puissance & autorité Roiale, Nous avons par notre présent Edit, statué & ordonné, statuons & ordonnons, voulons & nous plaît.

Premierement.

Que les dispositions des saints Canons, & les ordonnances des Rois nos predecesseurs, concernant la célébration des mariages, & notamment celles qui regardent la necessité de la présence du propre Curé de ceux qui contractent, soient exactement observées, & en execution d' iceux, défendons à tous Curés & prêtres, tant seculiers que reguliers, de conjoindre en mariage autres personnes que ceux qui sont leurs vrais & ordinaires paroissiens, demeurant actuellement & publiquement dans leurs paroisses au moins depuis six mois, à l' egard de ceux qui demeuroient auparavant dans une autre Paroisse de la même ville, ou dans le même Diocese; & depuis un an pour ceux qui demeuroient dans une autre Diocese, si ce n'est qu'ils en aient une permission speciale & par écrit du curé des parties qui contractent, ou de l' archevêque ou Evêque Diocesain.

II. Enjoignons à cet Effet à tous Curés & autres Prêtres qui doivent célébrez des mariages, de s'informer soigneusement avant d'en commencer les cérémonies & en presence de ceux qui y assistent, par le temoignage de quatre temoins dignes de foi, domiciliez, & qui s'ayent signez leurs noms, s'il s'en peut aisement trouver autant dans le lieu où l' on célébrera le mariage, du domicile aussi-bien que l' âge & de la qualité de ceux qui le contractent, & particulierement s'ils sont enfans de famille ou en la puissance d' autrui, afin d' avoir en ce cas les consentemens de leurs peres, meres, tuteurs & Curateurs, & d' avertir lesdits témoins des peines portées par notre present Edit, contre ceux qui certifient en ce cas des faits qui ne sont pas veritables, & de leur en faire signer après la célébration du mariage les actes qui en seront écrits sur le registre, le quel en sera tenu en la forme prescrite par les articles 7. 8. 9. 10. du titre 20. de notre ordonnance du mois d' Avril 1667.

III. Vou-

III. Voulons, que si aucuns desdits Curés ou Prêtres tant séculiers que réguliers, célébrent ci-après sciemment & avec connoissance de cause, des mariages entre des personnes qui ne sont pas effectivement de leurs Paroisses, sans en avoir la permission par écrit des Curés de ceux qui les contractent ou de l'Archevêque ou Evêque Diocésain, il soit procédé contr'eux extraordinairement, & qu'outre les peines canoniques que les Juges d'Eglise pourront prononcer contr'eux, lesdits Curés & autres Prêtres tant séculiers que réguliers qui auront des Benefices soient privés pour la premiere fois de la joüissance de tous les revenus de leurs Curés & Benefices pendant trois ans, à la reserve de ce qui est absolument necessaire pour leur subsistance, ce qui ne pourra exceder la somme de six cens livres dans les plus grandes villes, & pour celles de trois cens liv. par-tout ailleurs; & que le surplus desdits revenus soit aussi saisi à la diligence de nos Procureurs, & distribué en œuvres pies par l'ordre de l'Archevêque ou Evêque Diocésain. Qu'en cas d'une seconde contravention ils soient bannis pendant le tems de neuf ans des lieux que nos Juges estimeront à propos. Que les Prêtres séculiers qui n'auront point de Curés & de Benefices, soient condamnés pour la premiere fois au bannissement pendant trois ans, & en cas de recidive, pendant neuf ans. Et qu'à l'égard des Prêtres reguliers, ils soient envoïés dans un Couvent de leur Ordre, tel que le Superieur leur assignera hors des Provinces qui seront marquées par les Arrêts de nos Cours, ou les Sentences de nos Juges, pour y demeurer renfermés pendant le tems qui sera marqué par lesdits Jugemens, sans y avoir aucune charge, fonction, ni voix active & passive. Et que lesdits Curés & Prêtres puissent en cas de rapt fait avec violence, être condamnés à plus grandes peines, lorsqu'ils prêteront leur ministere pour célébrer des mariages en cet état.

IV. Voulons pareillement que le procès soit fait à tous ceux qui auront supposé être les peres, meres, tuteurs ou curateurs des mineurs, pour l'obtention des permissions de célébrer des mariages, des dispenses de banc, & de main-levées des oppositions formées à la célébration desdits mariages: Comme aussi aux témoins qui ont certifié des faits qui se trouveront faux, à l'égard de l'âge, qualité & domicile de ceux qui contractent, soit pardevant les Archevêques & Evêques Diocésains, soit pardevant lesdits Curés & Prêtres, lors de la célébration desdits mariages: Et que ceux qui seront trouvés coupables desdits suppositions & faux témoignages, soient condamnés: Sçavoir les hommes à faire amende-honorable, & aux galeres pour le tems que nos Juges estimeront juste, & au bannissement s'ils ne sont pas en état de subir ladite peine des galeres; & les femmes à faire pareillement amende-honorable, & au bannissement qui ne pourra être moindre de neuf ans.

V. Declarons que le Domicile des fils & filles de familles mineurs de 25. ans, pour la célébration de leurs mariages, est celui de leurs peres, meres, ou de leurs tuteurs & curateurs, après la mort de leurs peres & meres: & en cas qu'ils aïent un autre domicile de fait, ordonnons que les bancs seront publiés dans des Paroisses où ils demeurent, & dans celles de leurs peres, meres, Tuteurs & Curateurs.

VI. Ajoûtant à l'Ordonnance de 1556. & à l'article 2. de celle de l'an 1639. permettons aux peres & aux meres d'exhereder leurs filles veuves, mêmes majeures de 25. ans, lesquelles se marieront sans avoir requis par écrit leurs avis & conseils.

VII. Déclarons lesdites veuves, & les fils & filles majeures, même de 25. & de 30. ans, demeurant actuellement avec leurs peres & meres, contractant à leur insçu des mariages, comme habitans d'une autre paroisse, sous prétexte de quelque logement qu'ils y ont pris, peu de tems auparavant leurs mariages, privés & déchus par le seul fait, ensemble les enfans qui en naîtront, des successions de leursdits peres, meres, ayeuls & ayeules, & de tous autres avan-

(n)   tages

tages qui pourroient leur être acquis en quelque maniere que ce puisse être, même du droit de *legitimité*.

VIII. Voulons que l'article 6. de l'Ordonnance de 1639. au sujet des mariages que l'on contracte à l'extrémité de la vie, ait lieu, tant à l'égard des femmes, que celui des hommes ; & que les enfans qui sont nés de leurs débauches avant lesdits mariages, ou qui pourront naître après lesdits mariages contractés en cet état, soient aussi bien que leur posterité declarés incapables de toutes successions.

Lûës, publiées, & registrées en Parlement le
11. Mars 1697.

Declaration concernant les mariages , &c.
Du 15. Juin 1697.

À Ces Causes, & considerant que toutes les puissances qu'il a plû à Dieu d'établir dans le monde, ne doivent avoir d'autre objet que celui de concourir à sa gloire & à son service, & reconnoissant incessamment l'obligation encore plus particuliere dans laquelle nous sommes, d'employer à cette fin celle que nous avons reçuë de sa bonté, avec tant d'étenduë, &c.

Après cette digne préface s'ensuit la confirmation & renouvellement de toutes les Ordonnances precedentes.

Registrées en Parlement le 22. Juin
1697.

Arrêt de la Cour de Parlement du 27. Août
1692.

CE jour les gens du Roi sont entrés, & Maître Chretien François de Lamoignon, Avocat dudit Seigneur Roi, portant la parole, ont dit à la Cour, qu'en examinant les causes qui ont été plaidées pendant ce Parlement, concernant la validité des mariages, ils ont reconnu qu'on rapporte souvent des sommations faites aux peres & aux meres, de consentir aux mariages de leurs enfans, dont la foi est très-suspecte, quoique l'importance de ces actes soit très-grande : que cela vient de ce que ces actes ne sont le plus souvent attestés que par un sergent : qu'ils ont crû qu'en attendant qu'il ait mû au Roi de faire les reglemens que ses sujets desirent : pour empêcher des mariages qui troublent & deshonorent les familles, la Cour ne desapprouveroit pas qu'ils la supliassent d'ordonner, que les fils & filles, même les veuves qui voudront faire sommer leurs peres & meres, de consentir aux mariages qu'ils souhaiteront de contracter, demanderont à l'avenir la permission au Juge Roïal du domicile des peres & meres, qui leur sera accordée sur requête ; & que les sommations seront faites dans cette ville de Paris par deux Notaires, & par tout ailleurs par deux Notaires Roïaux, ou un Notaire Royal en presence de deux témoins domiciliés, à peine de nullité ; & que l'arrêt qui interviendroit seroit lû & publié dans tous les sieges du ressort, à la diligence des substituts du Procureur General du Roi : Que la Cour estimeroit peut-être la formalité de demander la permission au Juge surabondante, & pouvoir causer du retardement ; mais qu'ils esperoient que lorsqu'elle auroit fait reflexion sur l'importance de ces sommations, & le peu de faveur que meritent ceux qui veulent contracter avec précipitation des mariages sans le consentement de leurs peres & meres, elle ne jugera pas ces formalités inutiles, les gens du Roi retirés, la matiere mise en deliberation.

La Cour faisant droit sur le requisitoire du Procureur General du Roi, a ordonné & ordonne, qu'en attendant qu'il ait plû au Roi d'y pourvoir, les fils & filles, même les veuves, qui voudront faire sommer leurs peres & meres aux termes de l'Ordonnance

nance , de confentir à leurs mariages , feront tenus à l'avenir d'en demander permiffion aux Juges Royaux des lieux des domiciles des peres & meres , qui feront tenus
de la leur accorder fur requête ; & que les fommations feront faites en cette ville de
Paris par deux Notaires , & par-tout ailleurs par deux Notaires Royaux , ou un Notaire Royal & deux temoins domiciliez qui figneront avec le Notaire ; le tout à peine
de nullité.

Ordonne que le prefent arrêt fera envoïé dans tous
les fieges du reffort, &c.

Num. 33.

Arrêts du Confeil d'Etat de Sa Majefté
Très-Chrétienne

Portant abolition des titres & qualités de Princes & Princeffes attribuées aux
Femmes & Enfans du feu Prince de Montbeillard par les Lettres Patentes du
Roy du mois de May 1719.

SUR ce qui a été reprefenté au Roy étant en fon Confeil par le Duc de Wirtemberg, qu'au mois de Septembre 1651. le Duc George de Wirtemberg Montbeilliard auroit obtenu du feu Roy des Lettres Patentes , tant pour lui que pour Anne de Colligny fon Epoufe & leurs Enfans & Defcendans nés & à naître , à l'effet de les rendre capables de recüeillir toutes Succeffions,& de joüir de tous les autres
effets civils dont joüiffent les Originaires du Royaume ; Que Sa Majefté par fes Lettres Patentes du mois de May 1719. auroit confirmée lefdites Lettres, tant en faveur
de Leopold Eberhard Duc de Wirtemberg Montbeillard fils dudit George , que d'Anne Sabine Comteffe de Sponeck nommée fa premiere femme , & d'Elifabeth Charlotte Baronne de Lefperance , nommée fa feconde femme & de leurs Enfans nés
& à naître ; fçavoir George Leopold & Leopoldine Eberhardine née de fa prétendüe premiere femme , & Henriette Hedwig , Leopold Eberhard , Charles Leopold , & Elifabeth Charlotte nés de la feconde , dans lefquelles Lettres tous les Im-
petrans auroient été qualifiez du titre de Princes & Princeffes , Coufins & Coufines de Sa Majefté ; fur quoy ledit Duc de Wirtemberg , qui a un fenfible interêt , comme Chef de fa Maifon , à s'oppofer à ce que lefdits Enfans de Leopold
Eberhard ufurpent des titres qui ne leur appartienent point & qui pourroient un
jour leur donner occafion de former des prétentions fur les biens & Etats de fa
Maifon , fe trouve obligé d'avoir recours à Sa Majefté pour obtenir la revocation
defdites Lettres , ou la fuppreffion defdits titres de Princes & Princeffes , ce qui
ne peut fouffrir aucune difficulté après le Jugement du Confeil Aulique rendu contradictoirement fur les prétentions refpectives des parties le huit Avril dernier , &
confirmé par Sa Majefté Imperiale , par lequel lefdits Enfans & leurs Meres ont été
déclarés inhabiles & incapables de porter la qualité de Princes & de Princeffes. Veu
la Copie defdites Lettres Patentes du mois de May 1719. ledit Jugement du Confeil Aulique du 8. Avril dernier , enfemble le Memoire prefenté à Sa Majefté le
trente-uniéme Août dernier par les Srs. Fefch & Jacquin de Betoncourt Miniftres
dudit Duc de Wirtemberg , lequel demeurera attaché à la Minute du prefent Arrêt. Oüy le rapport & tout confideré, le Roy étant en fon Confeil , a ordonné &
ordonne que dans deux mois pour toute préfixion & delai , ledit George Leopold
& autres Enfans dudit feu Prince de Montbeillard & leurs meres feront tenus de rapporter ès mains du Garde des Sceaux de France lefdites Lettres en original du mois de May 1719. portant benefice de naturalité en leur faveur , avec
titre de Princes , & de Coufins & Coufines de Sa Majefté , pour être lefdites Lettres reformées en ce qui concerne lefdits titres & qualitez ; & leur en être expedié

(n)2   d'autre d'autres en la maniere accoûtumée : Et faute par eux de ce faire dans ledit tems, ordonne Sa Majesté que lesdites Lettres seront & demeureront nulles & de nul effet, y même quant au benefice de naturalité, & que mention sera faite du present Arrêt sur les Registres, tant du Parlement de Besançon, que du Conseil superieur de Colmar, & autres Cours & Sieges où elles auront été enregistrées à côté de l'enregistrement desdites Lettres, Fait au Conseil d'Etat du Roy, Sa Majesté y étant, tenu à Versailles le onziéme Septembre mil sept cent vingt-trois. Signé Fleuriau.

Au present est attaché le Commandement sur Arrêt.

LOUIS par la grace de Dieu Roy de France & de Navarre, au premier notre Huissier ou Sergent sur ce requis, Nous te mandons & commandons par ces Presentes signées de notre main, que l'Arrêt ce jourd'hui rendu en notre Conseil d'Etat, Nous y étant, dont l'Extrait est cy-après sous le Contre-Scel de notre Chancellerie, par lequel Nous aurions ordonné, que nos Lettres Patentes du mois de May 1719. portant benefice de naturalité en faveur du feu Prince de Mont-beillard & de ses Femmes & Enfans, seroient rapportées pour être reformées, ainsi qu'il est plus au long porté par ledit Arrêt, tu aye à signifier à tous qu'il appartiendra, à ce que personne n'en ignore ; faisant pour l'entiere execution d'icelui tous actes de justice requis & necessaires, sans pour ce demander autre permission. Car tel est notre plaisir. Donné à Versailles le onziéme jour de Septembre l'an de grace mil sept cent vingt-trois, & de notre Regne le neuviéme. Signé Loüis, & plus bas, par le Roy, Fleuriau, avec paraphe.

La Comtesse de Sponeck avec ses enfans, & la Baronne de Lesperance pour elle & ses enfans ayant fait opposition à cet Arrêt, elles en ont été déboutées par un autre Arrêt du Conseil d'Etat du 8. Juin 1725.

DONT VOICI LE DISPOSITIF.

OUI le rapport & tout consideré, Sa Majesté étant en son Conseil, sans s'arrêter aux oppositions formées audit Arrêt du Conseil du 11. Septembre 1723. soit de la part dudit George Leopold, soit de celle d'Elisabeth Charlote de Lesperance ; tant en son nom qu'en qualité de mere & tutrice de ses enfans dont Sa Majesté les a déboutez : A ordonné & ordonne que ledit Arrêt du Conseil du 11. Septembre 1723. sera exécuté selon sa forme & teneur, sauf neanmoins audit George Leopold, & à ladite Elizabeth-Charlotte de Lesperance audit nom à se pourvoir, si fait n'a été contre le jugement du Conseil Aulique du 8. Avril 1723. pour ce fait être ensuite statué par Sa Majesté sur les autres conclusions par eux prises ainsi qu'il appartiendra, & cependant ordonne que sans prejudice du droit des Parties au principal, ledit George Leopold, ensemble ladite Elizabeth-Charlotte de l'Esperance audit nom, seront payez par provision de la somme de quinze mille livres chacun, à prendre sur les revenus échûs des Terres de la succession dudit feu Prince de Montbeillard scises en Franche-Comté ; à ce faire tous Sequestres & autres Dépositaires contraints, & ce faisant bien & valablement déchargez. Enjoint Sa Majesté au Sieur de la Neuville, Intendant de Justice, Police & Finances en Franche-Comté, de rendre à cet effet telles Ordonnances qu'il appartiendra en exécution du present Arrêt. Fait au Conseil d'Etat du Roi, Sa Majesté y étant, tenu à Versailles le 8. Juin 1725. *Signé.* AMELOT.

Au présent est attaché le Commandement sur Arrêt.

LOUIS par la grace de Dieu Roi de France & de Navarre, au premier notre Huissier ou Sergent sur ce requis, Nous te mandons & commandons par ces
presentes

efentes, fignées de notre main, que l'Arrêt cy-attaché fous le contre-feel de no-
e Chancellerie, rendu le 8. Juin 1725. en notre Confeil d'Etat, nous y étant
our les caufes y connuës, tu fignifies à tous qu'il appartiendra à ce que perfonne.
'en ignore, & faffes pour fon entiere execution tous actes & exploits neceffaires
ans autre permiffion; car tel eft notre plaifir. Donné à Verfailles le vingt-fixiéme
our de May l'an de Grace 1739. En notre Regne le vingt-quatriéme *Signé*, LOUIS.
ar le Roi. AMELOT.

Num. 34.

PRECIS

Du contenu de plufieurs Décifions; Refcrits, Arrêts & Mandemens de Sa Majefté Imperiale & de fon Confeil Aulique de l'Empire, touchant l'état des pretenduës femmes & enfans du feu Duc Leopold Eberhard de Wirtemberg Prince de Montbéliard.

I. RESCRIT de Sa Majefté Imperiale au feu M. le Duc Leopold Eberhard Prince de Montbeillard du 8. Novembre 1721.

CONTENANT des reproches à ce Prince d'avoir ofé de fa propre autorité attribuer les qualitez de Princeffe à Anne Sabine Comteffe de Sponeck, & Elifabeth-Charlotte Baronne de Lefperance, fes pretenduës époufes; d'avoir attribué les mêmes qualitez aux enfans procréés avec elles, & en particulier, d'avoir
fait déclarer publiquement George de Sponeck Prince hereditaire de Wirtemberg &
fa femme Princeffe hereditaire & tous fes enfans capables de fucceder à fes Etats,
& d'avoir enjoint aux Bourgeois & Sujets de Montbeillard de les reconnoître pour
tels, & tout cela dans le même tems, où d'un autre côté le Prince de Montbeillard avoit prié Sa Majefté Imperiale pour la legitimation defdits Enfans, faifant
deffenfe audit Prince de ne plus faire nommer lefdits enfans Princes, fur tout ledit
Sponeck Prince hereditaire, ni leurs meres Princeffes, moins encore obliger fes
Bourgeois & Sujets à les nommer comme tels, avec la claufe qu'au cas que ce
Prince eût quelque grief legitime à reprefenter contre ce que deffus, il eût à le
propofer & s'adreffer à cet effet devant Sa Majefté Imperiale.

II. MANDEMENT de Sa Majefté Imperiale du 8. Novembre
1721. adreffé aux Bourguemaître & Bourgeois de la Ville
de Montbeillard.

OU Sa Majefté Imperiale repete tout ce qui a été dit dans le Refcrit precedent au
Prince de Montbeillard, & fait mention particuliere d'une declaration par écrit, que ce
Prince avoit contraint les Bourguemaîtres, Confeil & Bourgeois de la Ville de Montbeillard de figner & de reconnoître ledit George de Sponeck pour Prince hereditaire, & les fils de la Baronne de Lefperance comme Princes & fucceffeurs legitimes à la Principauté de Montbeillard, & cela encore du vivant de leur Pere.
Sa Majefté Imperiale ajoûte que ces fortes d'érections à la dignité de Prince,
faites d'autorité privée, étant non-feulement contraires à la Majefté Imperiale, mais
d'autant plus blâmable que tout cela s'étoit fait au même tems que le Prince de
Montbeillard s'étoit prefenté devant le trône Imperial pour qu'il plût à Sa Majefté
Imperiale de fupléer au défaut de la legitimité de la naiffance de ces enfans & de
ces mariages par des Lettres de legitimation: Sa Majefté Imperiale fait deffenfes
aufdits Bourguemaître, Confeil & Bourgeois de Montbeillard de ne point recon-

(o)

noître ces enfans pour Princes, ni George Leopold de Sponeck pour Prince hereditaire, ni leurs meres Duchesses de Montbeillard, de ne les jamais nommer ni
honorer comme tels, nonobstant tout ce qui leur pourroit être proposé au contraire de la part de leur Prince ou de tous autres, cassant & annullant ces érections à la dignité de Princes, les allibérant des serments ou promesses qu'ils eussent fait contraires à ce que dessus ; & au cas que quelqu'un entreprît à les inquieter pour ça, ils pourroient s'assurer de la protection Imperiale, en leur enjoignant
qu'à peine d'encourir la disgrace Imperiale & de l'Empire ils eussent à se conformer
à ce que dessus.

III. Arrêt définitif de Sa Majesté Imperiale, & de son Conseil de l'Empire du 8. Avril 1723.

PORTANT en substance qu'en conformité d'un Rescrit du 8. Novembre
1721. sçavoir celui qu'on a rapporté ci-dessus, N°. 1. Les qualités des Princesses
Elisabeth-Charlotte Baronne de Lesperance, de même que celles prises par le
fils aîné d'Anne Sabine, Comtesse de Sponeck : Georges Leopold & sa femme,
de même que celles de sa fille aînée de ladite Sponeck Leopoldine Eberhardine,
aussi-bien que celles attribuées aux enfans de la Baronne de Lsperance ; Henriette Hedwig, Leopold Eberhard, Charles-Leopold, Elisabeth-Charlotte, &
de son fils dernier né le 16. Août 1722. Georges Frederic demeureront cassées, &
tout ce qu'on auroit encore entrepris publiquement à cet égard, tant par les prieres dans les Eglises & au-dehors, en particulier lors de la célébration du dernier
Baptême, demeurera nul & comme non avenu : En conséquence de quoi la signature dudit Georges Leopold, Comte de Sponeck, dans sa Lettre à Sa Majesté Imperiale du 24. Juillet 1722. où il affecta de prendre la qualité de Prince, sera pareillement cassée, & cette lettre à lui renduë avec réprimande.
    Plus après l'examen de leurs principaux Mémoires produits de part & d'autre,
des 30. Septembre, & 9. Décembre 1722. & bonne connoissance de cause tous ses
enfans, & en particulier Georges Leopold de Sponeck, de même que ladite Elisabeth-Charlotte de Lesperance, & ses enfans, ont été déclarés inhabiles de succeder à la dignité de leur pere, & à ses biens propres & allodiaux, en déboutant ledit Georges Leopold, Comte de Sponeck, de sa demande de relaxation de son
Serment, à l'effet d'agir en Justice.

IV. Arrêt de Sa Majesté Imperiale du 16. Avril 1723.

PAR lequel il a été déclaré que les demandes du Comte Georges Leopold de
Sponeck, tendantes d'être maintenu dans la possession de la Comté & Principauté
de Montbeillard, & des Seigneuries qui en dépendent ; de lui accorder un délai à
se pourvoir plus amplement, & d'en être investi, ne peuvent lui être accordées.
Et qu'au contraire sa prise de possession de ladite Principauté, les hommages qu'il
s'en est fait prêter en conséquence, de même que les qualités de Duc de Wittemberg Montbeillard, par lui prises dans des Mémoires imprimés contre M. le Duc
de Wittemberg du 29. Mars dernier, étoient cassées & annullées ; & en conséquence de ce, la lettre qu'il a adressé à Sa Majesté Imperiale, avec le Sceau des Armes
des Princes de Wittemberg, sera renduë en original à lui Comte de Sponeck, avec
réprimande.
    Sauf à lui après une entiere soumission à Sa Majesté Imperiale, de se pourvoir
pour raison d'une alimentation pour lui, & ses autres sœurs & freres.

V. MANDEMENT de Sa Majesté Imperiale
du 7. Novembre 1724.

PAR lequel les qualités de Princesses & Princes que les femmes de Montbeillard & leurs enfans, en particulier le Comte de Sponeck, ont eu la hardiesse de continuer au mépris de ce qui en a été ordonné par Sa Majesté Imperiale, ont été annullées de nouveau, avec menace qu'au cas de contravention ulterieure on casseroit & annulleroit de même les Lettres Patentes, portant Dignités de Comtes & Barons de Sponeck & de Lesperance.

Plus qu'au cas que dans l'espace de deux mois ces femmes & enfans ne satisferoient point au Mandement Imperial concernant la restitution des Archives, Vaisselle d'argent & Bijoux de la maison de Wirtemberg, ils seroient censés déchus & frustrés des alimens qui leur ont été réservés par l'Arrêt du 16. Avril 1723. & de toute autre prétention quelconque.

VI. ARREST de Sa Majesté Imperiale
du 4. Septembre 1727.

OU il paroît que M. le Duc de Wirtemberg se plaint très-fort de ce que le Comte de Sponeck & Consorts tâchent toûjours & sous des prétextes frivoles à prolonger la procedure, concluant à ce que toute Audience leur doit être refusée comme on a coutume d'user envers ceux qui procedent en justice temerairement & par malice.

Que de la part du Comte de Sponeck on demande plusieurs fois de nouveaux délais à répondre ; à la fin ledit Comte de Sponeck conclut dans sa production du 15. Juillet de ladite année, à ce qu'il plaise à Sa Majesté Imperiale de prononcer sur le mariage du Prince de Montbeillard deffunct avec la Comtesse de Sponeck sa mere, de le reconnoître & declarer pour vrai & juste, & ledit Sponeck pour fils legitime ; & comme tel lui accorder tout droit & action sur les biens, meubles & allodiaux, en reservant ses prétentions à la Principauté de Montbeillard & aux fiefs d'Empire. Sur quoi s'ensuit la décision par laquelle en conformité des Arrêts precedens lesdits Sponeck & Consorts sont deboutés encore une fois pour toutes de leurs prétenduës qualités de Princes & du droit de succeder.

VII. ARREST du 21. Juin 1728.

OU le Comte de Sponeck demande à ce qu'il plaise à sa Majesté Imperiale de separer la cause principale d'avec celle de son alimentation & autres prétentions, & de lui adjuger une provision tant par raport au passé qu'à l'avenir. Sur-quoi il a été decidé qu'il seroit enjoint audit Comte de Sponeck, qu'avant toute chose il ait à se soûmettre aux décisions de Sa Majesté Imperiale, tant par raport aux titres & aux armes qu'à son recours aux dehors en l'avertissant que faute par lui d'y satisfaire, il ne sera point écouté dans ses Demandes pour son alimentation.

VIII. ARREST du 2. Août 1730.

La Baronne de Lesperance contre le Comte de Sponeck demande communication des écritures & pieces produites par sa Partie adverse, ce qui lui est accordé à la charge & condition de ne s'en point servir à entreprendre quelque chose de contraire à ce qui a deja été decidé plusieurs fois par Sa Majesté Imperiale, en particulier par les Arrêts du 8. Avril 1723. & 4. Septembre 1727. concernant la Dignité des Princes & le droit de succeder aux biens propres & Fiefs de l'Empire.

(o) 2

IX. ARREST du 12. Septembre 1730.

LA Baronne de Lesperance contre le Comte de Sponeck suplie derechef pour la Communication des Actes de sa Partie adverse, & qu'il soit enjoint audit Comte de Sponeck de constituer Procureur.

Ordonne à l'Agent du Conseil Aulique Antesperguer, vu qu'il a servi auparavant le Comte de Sponeck dans cette Cause, qu'il ait à être présent à la Communication de ces Actes, à peine d'une amende de trois marcs d'argent, & au cas de réfus ulterieur il y seroit passé outre par sa contumace.

X. ARREST du 5. Mars 1734.

PRONONCE' en conséquence des précédens contre le Comte de Sponeck.

XI. ARREST d'Interpretation de Sa Majesté Imperiale du 18. Septembre 1739.

DANS lequel Sa Majesté Imperiale, après avoir récapitulé tout ce qui a été jugé contradictoirement, tant du vivant du Duc Leopold Eberhard de Montbeillard, qu'après sa mort, en conséquence des Pieces exhibées, tant par lui-même, que par la Comtesse & le Comte de Sponeck, que par la Baronne de Lesperance, en son nom, & comme mere & tutrice de ses enfans.

finit par le dispositif suivant.

SA Majesté Imperiale après avoir fait examiner de nouveau & à fond les Actes & écritures produites de part & d'autre, & s'en étant fait faire le raport, n'a pu trouver autre chose, sinon que ces deux mariages manquent de ce qui est requis pour former un mariage legitime, & par raport à la complication de divers crimes qui s'y rencontrent doivent être regardés tant par les Usages de l'Allemagne que par les Droits Communs & écrits, & le Droit Canon reçu en pareil cas par ceux de la Confession d'Augsbourg comme nuls & de nulle valeur, & les enfans qui en sont provenus, tenus pour Bâtards.

DÉCLARANT en outre en Interpretation de sa Décision Imperiale du 8. Avril 1723. par ces Présentes, SÇAVOIR:

Qu'en conformité d'un ample avis précédent du Conseil Aulique de l'Empire, l'on n'avoit d'autre motif que la nullité & l'illegitimité de ces prétendus mariages, & l'illegitimité de la naissance des enfans, en leur faisant deffense de se servir des noms & des armes des Princes de Wirtemberg, & leur enjoignant de ne s'écrire autrement que Comtesse & Comte de Sponeck & Barons de Lesperance. Ce que l'on répete de nouveau par les présentes, en les avertissant, qu'au cas de contravention ulterieure, l'érection à la dignité de Comte de Sponeck & le Diplome des Barons de Lesperance, en tant qu'ils regardent les meres de Sponeck & de Lesperance, & leurs enfans serons cassés & retirés.

Dont il s'ensuit de soi-même qu'ils doivent être exclus des successions, acordées par les loix aux enfans legitimes comme étant inhabiles & d'une naissance illegitime & être reduits à se contenter d'une simple alimentation.

Par ainsi on leur adjuge derechef par les présentes les 12000. florins comme on étoit convenu entre M. le Duc de Wirtemberg-Stouttgard, & feu M. le Duc de Wirtemberg-Montbeillard pour leur entretien annuel & aux conditions qui y ont été stipulées.

Nro. 35.

Tranflation de trois Pieces connuës en France par les Memoires des Barons de Lefperance , pour faire voir que le mariage du feu Duc de Montbeillard avec la mere du
Comte de Sponeck n'eft qu'une pure fable , puifque fept ans après la prétenduë Célébration du mariage , cette femme non-feulement a été traitée tant de fon frere, que
du Duc de Montbeillard , en fille & Demoifelle de la Chambre de Mad. la Ducheffe
d'Olfe, mais encore elle-même n'a jamais pris d'autre qualité, ayant ainfi figné le
Contrat d'Echange fait avec fon frere.

PREMIERE PIECE , ou Contrat entre la Hedwiger & fon frere.

AU NOM DE LA TRES-SAINTE ET INDIVISIBLE TRINITÉ,

A été conclu & arrêté un Contract d'Echange & de Tranfport irrevocable entre
l'Illuftre Sieur Georges Guillaume de Hedwiger, Grand-Maître d'Hôtel de S. A. S.
M. le Duc Leopold Eberhard de Wirtemberg , d'une part , & *la Demoifelle Anne Sabine
de Hedvviger*, fa chere fœur, *Demoifelle de la Chambre* de S. A. S. Mad. Eleonore Charlotte Ducheffe d'Olfe , de l'autre , pour eux, leurs heritiers & fucceffeurs, ainfi qui
fuit.

I. Ledit George Guillaume de Hedwiger cede fon Fief de Tremoin fitué dans le
Comté immediat, du confentement de S. A. S. notre Prince & Souverain de ce
païs, avec toutes fes appartenances , *à ladite Demoifelle* fa fœur, & à fes heritiers.

II. En échange elle cede audit fieur George Guillaume de Hedwiger fon frere, fa Terre
propre & par elle légitimement achetée , nommée Carlsfeld, de maniere que ledit
fieur de Hedwiger pourra difpofer dudit bien, en la même maniere, que *la Demoifelle fa fœur* auroit pû ou dû difpofer de ladite Terre felon fon bon plaifir.

III. Ayant fait réflexion que *ladite Demoifelle de Hedvviger* contre toute équité &
reprefentations , &c.

IV. Par contre ledit fieur de Hedwiger ne fera tenu à aucune indemnité par rapport à
fa Terre de Tremoin *envers la Demoifelle fa fœur* , &c. &c.

V. Après mûres réflexions fur ce Contrat d'Echange & Ceffion, s'étant trouvé que le
prix de la Terre de Tremoin furpaffoit de beaucoup celui du bien de Carlsfeld ,
les deux Parties contractantes fe font accommodées à l'amiable, en bons frere &
fœur , fçavoir, de la part *de la Demoifelle Hedvviger* , ainfi qui fuit , &c. &c.

VI. Semblablement ils fe font remis fidelement leurs Lettres refpectives de fief &
d'achat, &c.

VII. Et comme tout ce qui eft contenu dans les Prefentes a été conclu & arrêté après
mûres déliberations & d'une maniere irrevocable , ainfi les deux Parties renon-
cent par cet Acte public à toutes exceptions , &c. &c. Voulant que rien ne puiffe
être fait au contraire dudit Contrat , fuppliant plûtôt eux-mêmes , &c. en particulier S. A. S. & Prince du païs , de ne les plus écouter à ce fujet. Le tout de bonne
foi & fans fraude. En foi dequoi & obfervation perpetuelle de tout ce qui dans
ledit Contrat d'Echange a été figné par ledit George Guillaume de Hedwiger ,
en y appofant le cachet de fes armes , comme auffi ce que ladite *Demoifelle* fa
fœur , *Demoifelle Anne Saline de Hedvviger* a pareillement figné , en y appofant
fon cachet , de même que fon Affiftant qui lui a bien expliqué toutes chofes avec
les deux témoins requis ; ce qu'ayant été redigé en deux exemplaires de pareille
teneur, dont un a été remis à chacune des Parties contractantes. Ce qui s'eft fait
au Château de Montbeillard le 20. Juillet 1701.

Signé ,
    (L.S.) ANNE SABINE DE HEDWIGER.
    (L.S.) G. W. DE HEDWIGER.
    (L.S.) ANTOINE FICINUS Notarius Publ. Cæf. comme Affiftant.
    (L.S.) JULES SIGISMOND DE KALTENBORN , comme témoin.
    (L.S.) REINHOLD BEVERLIN , comme témoin.

A

PIECE SECONDE, *ou Requête pour la Confirmation.*

SERENISSIME DUC, GRACIEUX PRINCE ET SEIGNEUR,

V. A. S. verra plus amplement par la copie ci-jointe le Contrat d'Echange fait dans toutes les formes avec ma sœur, *la Demoiselle Anne Sabine de Hedwiger*, par lequel je lui cede mon Fief héréditaire de Tremoin en ce païs-ci pour la Terre Allodiale de Carlsferd, située dans la Principauté d'Olse en Siléfie, en vertu d'un Acte d'Echange, aux conditions y mentionnées & arrêtées de part & d'autre.

Vû Don Serenissime Duc & gracieux Seigneur, mon très-humble devoir demande, & m'oblige de supplier très-humblement V. A. S. à ce qu'il lui plaise non-seulement d'agréer ledit échange, mais aussi de le confirmer de son autorité, comme Prince du païs, de laquelle grace je tâcherai toute ma vie de me rendre digne par ma très-humble soumission, me recommandant très-humblement aux graces de V. A. S.

le très-humble & très-obéissant Valet,

G. W. DE HEDWIGER,

TROISIEME PIECE, *ou Confirmation du précédent Contrat.*

PAR LA GRACE DE DIEU, Nous LEOPOLD EBERHARD, Duc de Wirtemberg, Comte de Montbeillard, Seigneur de Heidensheim, &c. &c.

Faisons sçavoir & déclarons publiquement & devant un chacun, que pardevant la Chancellerie de notre Régence est comparu en personne, l'Illustre notre Grand-Maître d'Hôtel, & bien-aimé, George Guillaume de Sponeck, Comte du Saint Empire, remontrant très-humblement qu'il auroit conclu avec *la Demoiselle sa sœur l'Illustre Demoiselle Anne Sabine Comtesse de Sponeck, Demoiselle de la Chambre de S. A. S. Mad. la Duchesse d'Olse*, notre chere sœur, un légitime & irrevocable accord, Contrat & Echange héréditaire, &c. en vertu d'icelui changé son Fief de Tremoin, situé dans notre Comté d'Empire de Montbeillard, & délaissé à *la Demoiselle* sa sœur, pour sa Terre de Carlsfeld dans la Principauté d'Olse en Siléfie; ainsi que le Contrat, signé & cacheté de part & d'autre a été produit devant Nous, pour, de notre autorité de Prince, être confirmé, corroboré & rendu stable.

L'Acte qui a été dressé en conséquence de ce Contract d'échange, & conçu de mot à mot, ainsi qu'il suit, &c. &c.

Eu égard à cette très-humble supplication, & en confidération des très-humbles services, & observé la libre & bonne volonté des Parties contractantes, qu'elles l'ont confirmé de nouveau, formellement en Justice, & approuvé & agréé le tout;

Ainsi nous avons consenti dans ces circonstances, que ledit Contract d'échange héréditaire soit à la très-humble Requête des deux Parties, confirmé & ratifié selon sa teneur, &c.

A ces Causes, en vertu de notre pouvoir de Prince, nous avons par les Présentes, &c. &c.

Et en même tems donné en Fief à *ladite Demoiselle Anne Sabine Comtesse de Sponeck,* ladite Terre de Tremoin, avec toutes ses appartenances & dépendances, Droits & Prérogatives, pour les posseder ainsi & de même que ses Prédécesseurs.

Sans préjudice néanmoins de nos Droits de Prince, & Jurisdictions, & autres Devoirs & Droits, qui nous en sont dûs.

En foi de quoi nous avons corroboré les présentes, signées de notre main, en y apposant notre sceel de Prince. Fait & passé dans notre Résidence & Château de Montbeillard le 4. Octobre 1701.

Signé, LEOPOLD EBERHARD.

GEORGE DU VERNOY Conseiller
par ordre deSon Altesse.
J. C. BRESSLER, Secret. intime.

La famille de Hedwiger obtint dans cet intervalle le Diplome de Comte, & la mere du prétendant de Montbeillard se servit depuis ce tems-là jusqu'en 1719. du nom &

Armes de Sponeck, sans avoir jamais pris ni nom ni Armes de Wirtemberg ou Montbeillard; ce que son fils a fait de même jusques en 1719. comme *sine patre natus*.

Nro. 56.

Cette piece se trouve Nro. 8. dans la Déduction imprimée & exhibée par la Baronne de Lesperance au Conseil Aulique de l'Empire en 1732.

Comme les impostures se découvrent ordinairement par elles-mêmes, cette piece sera en même tems connoître la fausseté des avances des Barons de Lesperance par rapport à la noblesse de leur famille, & l'authenticité de la Tabelle généalogique, qui a été communiquée au public de la part de la Sérénissime Maison de Wirtemberg.

L'Auteur de ladite Déduction voulant prouver cette noblesse imaginaire, a produit Nro. 6. & 7. des faux Certificats, dans lesquels le Pere de la Baronne de Lesperance, est nommé Jean-Christophle de Lesperance, qui est le même nom, que ses enfants lui ont donné dans le Diplome de Baron obtenu en 1700. Mais cet Auteur s'est malheureusement oublié, ayant voulu peu après prouver, que le Pere de la Baronne de Lesperance, a été ci-devant Officier dans un Régiment Impérial de Cuirassiers, a rapporté le ci-joint Certificat, dans lequel il n'est pas fait mention d'un Jean-Christophle de Lesperance, mais de Richard Curie du Moniar, qui est le nom du Tailleur, qui se trouve dans la Tabelle généalogique, fils de Pierre Curie, Valet de Ville, & petit-fils de Pierre Curie dit Monier, Tailleur, natif du petit Laviron en Bourgogne.

COPIE DU CERTIFICAT.

Dans les Actes des Revües qui existent au Bureau, il s'est trouvé, qu'en 1683. il y eut au Régiment de Hallwil, ensuite Heisler, Corobelli, Rocavione, Croix, & à présent Lanthieri, Régiment de Cuirassiers, les Officiers Supérieurs, qui suivent: Colonel, le Sieur Fredric Loüis Baron de Hallweil; Lieutenant-Colonel, Fredric Baron de Hautoirs; Major, Jean Dietric de Schaden; Capitaine, André de Loue, Christophle Baron de Schaffgotsch, Loüis Duc de Wirtemberg, RICHARD CURIE DUMONIAR, Reinhard de Neupperg, Christophle de Wachenheim, comme aussi le Prince de Zollern. Ce qui est attesté au Bureau.

(L. S.) Le Bureau Général du Conseil de Guerre Impérial,
Vienne le 13. Mars 1731.

N.° 27.

17,291

PRÉCIS

DE L'IMPRIMÉ INTITULÉ

IMPOSTURE

Du Comte de SPONECK & des Barons de LESPERANCE, foi-difans Princes
de MONTBEILLARD.

L A Bâtardife de l'un & des autres eft tellement manifefte, que fi c'étoient des
Sujets de France, fans aucune difcuffion ils ne feroient pas feulement rece-
vables en Juftice felon les Edits & Ordonnances du Royaume, fçavoir :
LE COMTE DE SPONECK, parce que

1°. Il ne fçauroit légalement prouver le mariage du feu Duc de Montbeillard avec
fa Mere.

2°. Quand même on voudroit prendre ce mariage pour prouvé, il n'en feroit pas
moins nul par fa clandeftinité.

3°. Quand même on voudroit le laiffer paffer pour légitime, le Comte de Sponeck
n'en auroit aucun droit, ne pouvant pas prouver fa filiation.

ARTICLE PREMIER.

Pour qu'un mariage foit valide, les Loix de France n'admettent que des preuves
tirées des Regiftres de Mariages non fufpects.

On prétend que le Duc de Montbeillard a été marié le premier Juin 1695. à
Reiowiz avec Anne Sabine Hedwiger, femme de Chambre de Madame la Ducheffe
d'Olfe, auprès de laquelle fa Mere étoit Confituriere, veuve de Jean-George Hedwiger
ci-devant Boulanger à Ligniz.

Le Duc de Montbeillard, ladite Anne Sabine Hedwiger, faite enfuite Comteffe
de Sponeck, & le fieur Nardin, qui a prétendu avoir été témoin oculaire de ce mariage, ont entierement ignoré jufqu'en 1720. en quelle année ledit mariage a été
célébré?

Cette Propofition toute étrange qu'elle paroît, eft prouvée par les propres pieces
produites par le Comte de Sponeck; ci-jointes N°. 1. 2. & 12.

Ils fe font fixé à l'année 1695. après que le Comte de Coligny & ledit Nardin,
fe font affuré à Reiowitz que ce mariage a été enregiftré fur la fin de la feuille
de 1695. où apparemment il s'étoit trouvé un vuide.

Les preuves qu'on a du depuis rapporté de la célébration de ce mariage, confif-
tent en quatre pieces :

La premiere, eft le Certificat du Miniftre Fuchs, N°. 1.

La feconde, la Dépofition du fieur Nardin, N°. 2.

La troifiéme, l'Extrait du Regiftre de mariage de Reiowiz. N. 3. & 4.

La quatriéme, l'Enquête de SKOKI & Reiowiz, N°. 5.

Toutes ces pieces font vifiblement fauffes, & de nulle valeur.

La premiere eft un chiffon 1. fans autorité. 2. fans datte. 3. fans fignature, qui
réponde à la conftruction Grammaticale de ce Certificat. 4. l'année de la célébration
n'y eft pas marquée du tout. 5. Les noms de Famille des mariés n'y font exprimés que par des Lettres initiales, aufquelles chacun pourra ajouter tel nom, qu'il
voudra.

La feconde ne fçauroit être admife en Juftice, étant la dépofition d'un homme,
qui eft, 1. Domeftique du Duc de Montbeillard, prouvé par la même piece, par conféquent non admiffible comme témoin felon les Loix de France. 2. Convaincu de parjure par les propres pieces du Comte de Sponeck, N°. 23. Fait voir, que ce même Nardin a prêté ferment, comme Chef du Confeil de Montbeillard fur la teneur & éxé-

A

17.291

cution du Traité de Vildbaaden l'an 1715. nonobstant ce serment, N°. 5. Prouve, qu'il a fait en 1726. le voiage à Reiowiz, où il a été l'Auteur principal non seulement de la suggestion des faux témoins, mais encore de l'énorme crime de faux commis par rapport à l'Extrait du Registre de Mariages.

La troisiéme est fausse, en ce qu'on y a, 1. Obmis toutes les énonciations, qu'on ne pouvoit pas appliquer au Duc de Montbeillard, ni à la Hedwiger, sçavoir que les Epoux étoient venus du Duché de Teschen, où le mariage leur avoit été deffendu, à moins qu'ils ne changeassent de Religion ; que l'Epoux étoit dans les Troupes de l'Electeur de Saxe, & l'Epouse du Duché de Teschen sous la tutele de sa Mere.

2. On y a suppléé les noms de Famille, qui dans le Livre de l'Eglise ne sont exprimés que par des Lettres initiales dans une autre Langue, ce qui prouve que celui qui a fait cet enregistrement, a entierement ignoré, qui étoient les personnes en question.

3. En ce que cet enregistrement a été fait après coup, étant le dernier & le neuviéme de l'an 1695. quoique suivant sa date, il devroit être en haut, entre le troisiéme & quatriéme mariage.

4. Etant inscrit dans une autre Langue, que tous les autres mariages, pour mieux cacher la difference de l'Ecriture du faussaire qui l'a inscrit.

Cela se prouve par N° 9. par lequel le Ministre & Magistrat de Skoki ont reconnu, que le Comte de Coligny & le sieur Nardin avoient surpris leur simplicité. Ils ont donné un pareil Extrait à la Baronne de Lesperance en 1725.

La quatriéme piece ne sçauroit être admise en justice. 1. N'y ayant parmi les douze témoins, qu'on produit, aucun, qui ait personnellement connu le Duc de Montbeillard ni la Hedwiger, par consequent ils ne sçauroient attester si c'étoient en effet les Personnes en question ou d'autres. 2. Tout y prouve la preparation & suggestion du Comte de Coligny & de Nardin. 3. Au bout du compte la teneur de cette Enquête ne prouve rien, ne contenant que des Oui dire, des contradictions, & des riens.

Outre que des pareilles Enquêtes sont abolies en France, & la preuve par témoins n'est soufferte qu'entre personnes de vile & basse condition, à la charge néanmoins que la preuve n'en puisse être admise que des plus proches parens de l'une & l'autre des parties, & au nombre de six pour le moins.

Ainsi le mariage de Reiowiz n'est non-seulement pas prouvé, mais on a justifié au contraire, & les Avocats des Barons de Lesperance en ont produit en France nombre de pieces tirées des Archives du Conseil de Guerre de Vienne, que le Duc de Montbeillard a été le 1. Juin 1695. à l'Armée en marche vers Segedin contre les Turcs.

ARTICLE II.

Quand même on voudroit prendre ce mariage pour prouvé, il n'en seroit pas moins nul par sa clandestinité.

Les Loix & Ordonnances de France declarent nul tout mariage, qui a été contracté sans le consentement du Pere, légalement prouvé, & sans la presence ou permission du propre Curé.

L'Extrait des Registres de mariages de Reiowiz, prouve qu'un Ministre a sans sçavoir quand, marié deux Personnes Etrangeres & inconnues, dont il n'a sçu ni le nom de Famille, ni la demeure, ni l'état.

La conclusion se fait d'elle-même, que le prétendu mariage du Duc de Montbeillard avec la Hedwiger, ou Sponeck est nul sans d'autre discussion par sa clandestinité.

Aussi dans une époque de 24. ans, sçavoir de 1695. jusqu'à 1719. il ne se trouve pas un seul vestige, que cette Hedwiger ou Sponeck a jamais passé pour Epouse du Duc de Montbeillard.

Suivons-la dans l'histoire de sa vie.

L'an 1695. le 21. Mars, Elle paroît en fille fiancée au sieur de Zedliz devant l'Officialité de l'Evêché de Breslau, où ses promesses de mariage sont jugées valables, N. 18.

Le 30. Mars, ainfi neuf jours après, elle accouche d'un bâtard, N. 2.

Le 18. Aouft, Elle reparoit de nouveau en fille devant l'Officialité de Breflau, s'étant accommodée avec le fieur de Zedliz, en renonçant à fes promeffes de mariage, N. 19.

1696. 1697. 1698. Elle continue en fille fa charge de femme de Chambre de Madame la Ducheffe d'Olfe, & fuit en fille fa mere, qui alla à Montbeillard, N. 14.

1699. le 18. Septembre & 1700. le 18. Octobre, Elle paroît en fille comme Marraine dans le Livre de Baptême, N. 20.

1701. le 20. Juillet & 4. Aouft, Elle paroît en fille, & Demoifelle de Cour de la Ducheffe d'Olfe dans un Contract avec fon frere, & dans la confirmation folemnelle du Duc de Montbeillard, dudit Contract. N. 35.

Le 2. Avril elle paroît en fille dans le Diplome de Comte que l'Empereur avoit accordé à fes freres.

De cette maniere elle portoit le nom de Comteffe de Sponeck jufqu'en 1719.

1714. le 6. Oct. on dreffa par toutes fortes d'intrigues N°. 14. un Acte de divorce qui étoit auffi clandeftin que le prétendu mariage même & la premiere occafion, où quoique fecretement il étoit queftion de mariage, mais cette même piece prouve que l'on ne l'avoit pas regardé comme un mariage légitime, puifqu'elle la figné uniquement comme une Concubine par fon nom de famille, n'ayant jamais pris celui du prétendu époux; d'ailleurs un pareil Acte ne prouve pas le mariage; & ne peut rendre un mariage valable qui a été nul dans fon principe.

1715. Dans le Traité de Wildbaaden & dans tous les Actes faits en confequence elle eft traitée de Concubine comme les deux Baronnes de Lefperance N°. 21. elle figna l'Acte d'approbation & de renonciation comme Concubine, Comteffe de Sponeck N°. 24. Enfin elle ne porta d'autre qualité que celle-là, & prit la premiere fois celle de femme au mois de Mai 1719. dans les Lettres-Patentes obtenuës en France par fub & obreption.

Ayant paru encore le 22. Février 1719. comme Comteffe de Sponeck & Concubine du Duc de Montbeillard, N°. 28. au mariage de fon fils Comte de Sponeck, avec fa fœur Eleonore-Charlotte Lefperance Sandersleben, Comteffe de Coligni, & de fa fille Leopoldine Eberardine, Comteffe de Sponeck avec fon frere Charles-Leopold Lefperance Sandersleben, Comte de Coligny, mariage de quatre enfans procréés du même pere avec deux concubines.

ARTICLE III.

Quand même ce mariage pourroit paffer pour légitime, le Comte de Sponeck n'en tireroit aucun profit, ne pouvant pas prouver fa filiation.

Pour que quelqu'un puiffe agir en fils légitime, il faut felon les Loix & Ordonnances de France, qu'il prouve fa filiation par un Extrait-Baptiftaire non fufpect.

Le Comte de Sponeck a produit N°. 7. une Piece qu'il a nommé dans fes Mémoires imprimés, Extrait-Baptiftaire. Mais il faut obferver.

1°. Que ce n'eft pas un Extrait des Regiftres de Baptême, & N°. 27. fait voir que ce George Leopold, ni la mere Anne Sabine Hedwiger ne fe trouvent dans le livre de Baptême de Feftenberg où il prétend avoir été baptifé.

2°. Que ce Certificat eft fans autorité.

3°. Que fa fauffeté eft vifible, en ce qu'il ne s'appuye fur d'autre témoignage que fur celui du fauffaire & parjure Nardin. On n'a jamais employé un feul parain au baptême d'un fils légitime d'un Prince de l'Empire.

4°. Enfin que ce Certificat prouve plûtôt la bâtardife du Comte de Sponeck, qui felon cette Piece a été clandeftinement baptifé comme bâtard d'Anne Sabine Hedwiger, dont le prétendu mariage étoit entierement inconnu.

Auffi a-t'il paffé depuis fa naiffance jufqu'après fon mariage ainfi vingt-deux ans pour le fils de fon oncle, & fur la fin, pour fils naturel du Duc de Montbeillard, n'ayant jamais porté d'autre nom, que celui de fa mere, comme *fine patre natus*, élevé comme Page dans la livrée de la Maifon de Wirtemberg. Il a figné fon Acte de Renonciation comme Comte de Sponeck, paroiffant toujours fous ce nom. N°. 20. & qui eft l'exemple le plus éclattant N°. 28. trois mois avant les Lettres

Patentes obtenuës en France par sub & obreption, & qui sont le premier fondement de sa prétenduë légitimité, il reçut le 22. Fevrier 1719. la bénédiction nuptiale comme fils naturel, sous le nom de Sponeck.

LES BARONS DE LESPERANCE ne seroient non plus recevables en Justice selon les Loix de France, étant nés d'un mariage incestueux, qui est nul selon les Loix de France comme il l'est selon les Loix de l'Allemagne.

Le fait n'est pas contesté, il est prouvé par les propres imprimés du feu Duc de Montbeillard, par le Traitté de Wilbaaden, par les Lettres Patentes obtenuës en France, par les pieces exhibées au Conseil Aulique de l'Empire, que le Duc de Montbeillard a procréé huit enfans avec la sœur de la Baronne de Lesperance, ainsi que ses enfans sont bâtards sans aucune discussion, sans qu'on ait besoin de parler de la vile origine de leur mere, dont le Pere a été Tailleur de sa profession, quoique fait Lieutenant par la suite, le grand-pere valet de Ville, tous ses oncles, cousins & parens, des Tailleurs, des Tisserands, des Boulangers, des Bonnetiers, des Cloutiers, des Savetiers & des Cochers à Montbeillard. On n'a non plus besoin de parler du serment qu'elle a prêté l'an 1715. de ne vouloir jamais rien prétendre ni pour elle ni pour ses enfans nés & à naître que des simples alimens; aussi peut-on passer sous silence les intrigues qu'elle a jouées à l'égard de son prétendu mariage. La lettre du Duc de Montbeillard No. 31. fait voir que son intention n'a jamais été d'attribuer à ce mariage un effet civil contre le Traitté de Wildbaaden.

Le Comte de Sponeck & les Barons de Lesperance ont fort bien senti, que selon les Loix de France il n'y auroit point de ressource pour eux, c'est pourquoi ils ont cherché un refuge dans les Loix de l'Empire en particulier des Protestans de la Confession d'Ausbourg, s'appuyant sur des avis qu'ils ont mandiés par-ci par-là de quelques Universités Protestantes sur des faits faussement rapportés, ou sur des questions détachées; mais il suffit qu'ils ont été jugés Bâtards selon les Loix de l'Empire communs & écrits, & selon le droit canon tel qu'il est reçu des Protestans de la Confession d'Ausbourg.

Ce que Sa Majesté Impériale a positivement déclaré dans son Arrêt d'interpretation du 18. Septembre 1739. confirmant & interpretant les décisions précédentes.

Si le Comte de Sponeck & les Barons de Lesperance objectent contre cette décision, que la question de l'Etat n'ait pas été contradictoirement jugée, & qu'on leur avoit ci-devant reservé les Allodiaux, ce qui prouvoit qu'on les avoit ci-devant reconnus pour légitimes, quoique non Princes, cela est d'autant plus téméraire, que toutes les déductions imprimées en 1721. 1722. & 1723. de la part du Duc de Wirtemberg & du Duc de Montbeillard n'avoient d'autre objet que la question de la légitimité des mariages de Montbeillard; & c'est là-dessus que la décision Impériale du 8. Avril 1723. a été fondée.

Le Comte de Sponeck & la Baronne de Lesperance, comme mere & tutrice de ses enfans, se sont même pourvû contre la décision de 1723. au Conseil Aulique de l'Empire, en plaidant jusqu'en 1733. toujours sur la question de l'Etat; le Comte de Sponeck a recommencé même la presente année, mais ni l'un ni l'autre n'a été en état de produire quelque chose qui auroit pu changer le premier fait.

Sa Majesté Impériale n'a jamais reservé les Allodiaux aux prétendans, qui d'ailleurs tout bâtards qu'ils étoient, auroient pû succeder aux Allodiaux non pas par le droit de leur naissance, mais à titre de donation ou de testament.

Au reste les titres de Prince & Princesses attribués à ces personnes dans les Lettres Patentes de 1719. ayant été pareillement abolis par deux Arrêts du Conseil d'Etat de Sa Majesté très-Chrétienne du 11. Septembre 1723. & du 8. Juin 1725. expediés le 26. Mai 1739. on conviendra que l'imposture de se nommer neanmoins Princes & Princesses de Montbeillard est sans exemple.

17,292

I

RECAPITULATION

DES PREUVES FAITES DE LA PART
de la Serenissime Maison de Wirtemberg, fondées fur des Originaux & Titres autentiques remis par le Miniftre de Wirtemberg, près Sa Majefté, à M. de Machault d'Arnouville, Maître des Requêtes, Rapporteur, qui démontrent clairement la fuppofition & fauffeté d'un nombre de Titres & Piéces produits par le feu Prince Leopold-Eberhard de Wirtemberg-Montbeliard, & fes prétenduës femmes & enfans, tant au Confeil Aulique de l'Empire, qu'en France & ailleurs, pour foûtenir la validité des Mariages de ces femmes avec ledit Prince & la légitimité des enfans qui en doivent être iffus. Ces Preuves font rapportées ici par forme de Remarques à la marge au Memoire qui fuit.

MEMOIRE	REMARQUES.
TOUCHANT l'état & la fituation où fe treuve Son Alteffe Sereniffime Leopold-Eberhard, Duc de Wirtemberg-Montbeliard avec fa famille.	CE Memoire a été produit de la part du Prince de Montbeliard dans l'inftance qui étoit pendante entre lui & le Duc Eberhard Louis de Wirtemberg Stoutgart, devant l'Empereur, & au Confeil Aulique de l'Empire, où ces mariages furent déclarés nuls, & les enfans qui en de-

voient être provenus illégitimes : ledit Memoire fut encore par eux renvoyé en plufieurs Univerfités d'Allemagne pour les porter à donner leur avis juridique en faveur de ces mariages & de ces enfans, ainfi qu'elles le firent, en fuppofant les titres joints audit Memoire vrais & autentiques, & qu'elles revoquerent enfuite après avoir été informées de leurs fauffetés.

A

17.292

N° I. *Son Altesse Serenissime Leopold Eberhard, Duc regnant de Wirtemberg-Montbeliard, épousa le premier de Juin 1695. suivant la Cotte A. Demoiselle Anne Sabine de Hedwiger, qui fut avec ses Freres élevée à la Dignité des Comtes d'Empire par l'Empereur Leopold de glorieuse mémoire le 2. d'Août 1701. sous le nom de Comtesse de Sponeck, suivant la Lettre B.*

N° I. Cette Piece cottée A. est un Extrait tiré d'un Regiftre Allemand de l'Eglife de Reiowitz en Pologne, au bas duquel on a ajoûté un mariage en Langue Latine de deux personnes, dont les noms de famille font marqués par des lettres initiales qu'on a voulu, par ledit Extrait, attribuer à Leopold-Eberhard, Duc de Wirtemberg-Montbeliard, & à Anne Sabine Hedwiger, l'Extrait même ayant été falfifié en retranchant plufieurs circonstances écrites fur le Regiftre, & y ajoûtant d'autres qui n'y étoient pas, ce qui joint à d'autres preuves rapportées dans la déduction de la Maifon de

Wirtemberg, fait voir la fauffeté de cette Piece, incapable de faire foi en Juftice.

La Piece cottée B. eft véritable, en ce qu'elle renferme la copie du Diplôme de l'Empereur Leopold, du 2. Août 1701. par lequel cette Anne Sabine Hedwiger avec fes freres, fut élevée à la dignité des Comtés d'Empire, & leur nom Hedwiger, changé en celui de Sponeck, qui eft le nom d'un vieux Château délabré, dépendant du Comté de Horbourg en Alsace, appartenant à la Maifon de Wirtemberg : mais on y paffe fous filence qu'ils ont par furprife obtenus cette dignité fur des faux expofés & une fauffe Table Généalogique, comme s'ils defcendoient d'une ancienne Nobleffe, quoique le contraire ait été prouvé par des Titres autentiques du lieu de leur naiffance; & que la famille de Hedwiger eft de la lie du peuple, compofée des Boulangers, Faifeurs de pains d'épices & d'autres gens de cette trempe.

N° 2. *De ce mariage naquirent quatre enfans; fçavoir, LEOPOLD-EBERHARD, né le 30. Mars 1695. fuivant le Baptiftaire cotté C. & décédé le 7. Mars 1709. fuivant l'Extrait mortuaire fous la cotte D. LEOPOLDINE-EBERHARDINE, née le 15. Février 1697. fuivant le Baptiftaire fous la cotte E. GEORGE-LEOPOLD, né le 12. Decembre 1697. fuivant la cotte F. Et CHARLOTTE-LEOPOLDINE, née le 14. Septembre 1700. fuivant le Baptiftaire cotté G. & décedée le 3. Février 1703. fuivant la cotte H.*

N° 2. Le Baptiftaire de Leopold-Eberhard cotté C. eft faux, vû qu'il ne fe trouve aucun Regiftre de quelque Eglife que ce foit, dans lequel fon Baptême eût été infcrit.

Celui de Leopoldine-Eberhardine, aujourd'hui femme du Comte de Coligny, cotté E. eft dans le même cas, non infcrit dans aucun livre de Baptême. Tout ce qu'on en a pû découvrir, c'eft que ces deux enfans ont été baptifés nuitamment à la lueur des flambeaux dans une forêt près de Mittelwald en Silefie, fans que ceux qui les ont apportés euffent voulu dire d'où ils viennent, ni à qui ils appartiennent: Le Comte de Sponeck ayant déja été convaincu dans le Procès au Confeil Aulique de ce qu'on a fauffement contrefait l'écriture & le cachet du Miniftre qui doit avoir figné & cacheté ces deux Extraits-baptiftaires, il s'eft bien donné de garde de les produire de nouveau en France, & on le défie d'ofer les mettre au jour.

George-Leopold aujourd'hui Comte de Sponeck dit avoir été baptifé fuivant

la cotte F. à Feftemberg en Silefie; il ne fe trouve non plus infcrit dans le Regiftre de l'Eglife dudit lieu : la Piece qu'il a produit pour juftifier fon Baptême
n'étant qu'un certificat écrit d'une main étrangere, & figné vingt-cinq ans
après fa naiffance par un Miniftre Lutherien qu'on ne connoît pas, fans légalifation d'aucun Magiftrat, qui rende témoignage de ce qu'il eft, & fi ce
certificat eft figné de lui.

Quant au Baptiftaire de Charlotte-Leopoldine, cotté G. il eft abfolument
faux, en ce qu'on a découvert qu'à la vérité Anne Sabine Hedwiger étoit
accouchée de cet enfant en 1700. en cachette à Montbeliard, qu'il fut
tranfporté de même à 20. lieues de-là, au village de Court dans l'Evêché de
Bafle où elle fut baptifée fous le nom de pere & mere fuppofés ; fçavoir
de feu Jean Barry de Londres, & de Leopoldine-Eberhardine fa femme légitime, ce qui ne fait pas un enfant légitime de Leopold-Eberhard, Duc de
Wirtemberg-Montbeliard & d'Anne-Sabine Hedwiger, Comteffe de Sponeck:
on défie encore le Comte de Sponeck d'ofer montrer l'original de cette Piece,
dont la fauffeté fauteroit aux yeux à la premiere vûë.

L'Extrait-mortuaire de cet enfant cotté H. portant qu'il eft mort à S. Germain en Suiffe, fçavoir dans l'Evêché de Bafle, & dépofé enfuite dans
l'Eglife du Château de Montbeliard, eft également faux, vû qu'on a prouvé
qu'il a auffi été enterré au cimetiere dudit village, dont fon corps n'a pas
bougé depuis.

Le Regiftre mortuaire dudit Château, dont cet Extrait fut tiré, ayant été
fabriqué après coup, à deffein d'y infcrire cet enfant, (ainfi qu'on en a fait
de plufieurs autres,) comme enfant légitime du Prince de Montbeliard, ce
qu'on étoit hors d'état de juftifier par le Regiftre où il reçut le Baptême.

N° 3. *Il faut remarquer ici, que ces deux Illuftres Conjoints ont prefques toujours vécu pendant ce mariage dans des diffentions continuelles, qui s'augmentoient tous les jours, & qui font enfin parvenues au dernier degré, de maniere que pour prévenir de plus grands malheurs, qui auroient pû facilement arriver, ils rompirent le commerce conjugal d'un confentement mutuel en 1700. & dès ce temps-là, n'ont plus cohabité enfemble, furent enfin féparés le 6. d'Octobre 1714. par le Confiftoire de Montbeliard, pour de fuffifantes raifons, fuivant la cotte I.*

Cette féparation de mariage eft abfolument fauffe; la Piece qu'on produit ici cottée I. ne fe trouvant pas fur le véritable Regiftre du Confiftoire de Montbeliard, il a été tiré d'un nouveau Regiftre fuppofé & fauffement fabriqué, pour y inferer ce divorce & encore un autre, dont on parlera dans l'article fuivant, le tout dans la vûë de faire préfumer par là, un mariage précedent entre le Prince de Montbeliard & Anne-Sabine Hedwiger, qu'on ne pouvoit pas prouver d'ailleurs. **N° 3.**

N° 4. *Il faut remarquer de plus, que S. A. S. le Duc de Wirtemberg-Montbeliard, pendant cette féparation verbale, qu'ils n'ont point cohabité enfemble, a procréé d'Henriette Hedwig, Baronne de Lefperance, féparée judiciellement de*

La féparation de mariage cottée K, entre Jean-Louis Sanderfleben & Henriette Hedwig, Baronne de Lefperance, eft auffi fauffe que la précedente, ayant été également tirée dudit nouveau Regiftre fuppofé, pour faire préfumer un mariage précedent entre ces deux perfonnes, qui n'a jamais exifté. **N° 4.**

A ij

fon mari Jean-Louis de Sanderfle-
ben le 1. Mars 1701. pour cas d'a-
dultere, par lui commis, fuivant
la cotte K. (laquelle avoit été avec
fes freres & fœurs, élevée à la
dignité des Barons de l'Empire par
Sa Majefté Imperiale Leopold, le 11.
Septembre 1700. fuivant la cotte
L.) cinq enfans naturels; fçavoir,
ELISABETH, née le 1. Mai 1702.
fuivant le Baptiftaire cotté M. &
décedé le 12. Mars 1703. fuivant
la cotte N. EBERHARDINE, née
le 18. Mai 1703. felon le Baptiftaire
cotté O. LEOPOLD-EBERHARD,
né le 13. Août 1704. fuivant le
Baptiftaire cotté P. & décedé le
15. Mai 1705. fuivant la cotte
Q. LEOPOLDINE-EBERHAR-
DINE, née le 15. Septembre 1705.
fuivant le Baptiftaire cotté R. Et
HENRIETTE-HEDWIG, née le
27. Mai 1707. fuivant le Baptif-
taire fous la cotte S. & décedé le 6.
Mai 1709. fuivant la cotte T.

Il eft vrai que fuivant le Diplôme de l'Empereur Leopold cotté L. cette femme, avec fon frere & fes fœurs, dont l'aînée avoit déja auparavant époufé un Perruquier, a été élevée à la dignité de Baronne de l'Empire; mais encore fur un faux expofé, de l'ancienne Nobleffe de la famille de Lefperance, quoique fon pere Richard Curie, dit Perrinot, Bourgeois de Montbeliard, eût été Tailleur de fon premier métier, enfuite foldat, fous le nom de guerre de Lefperance, par après Officier dans les troupes de l'Empereur, & que le pere de celui-ci eût été valet de Ville à Montbeliard, faifant quelquefois la fonction du Bourreau, en l'abfence de celui-ci.

On ne fait ici mention que des cinq enfans naturels procréés par le Prince de Montbeliard avec cette Henriette Hedwig; cependant il en a eu huit, ainfi qu'on le fera voir ci-après.

On produit les Extraits-baptiftaires de ces cinq enfans fous les cottes M. O. P. R. S. comme s'ils avoient été tous baptifés dans l'Eglife du Château de Montbeliard, comme enfans naturels du Duc Leopold-Eberhard de Wittemberg-Montbeliard, & de lad. Henriette Hedwig, Baronne de Lefperance, en leur donnant pour Parains & Maraines, Jean Gafpar &

Polixene-Catherine, Baron & Baronne de Lefperance, frere & fœur de ladite Henriette Hedwig; c'eft auffi de cette maniere qu'ils fe trouvent infcrits dans toutes les formes fur un Livre intitulé: Regiftre de l'Eglife du Château de Montbeliard, dont ces Extraits-Baptiftaires ont été tirés.

Cependant on a découvert & prouvé par des Pieces autentiques, que le premier de ces enfans fous la cotte M. a été baptifé en cachette, dans la chambre d'une maifon à Montbeliard, & les quatre autres cottés O. P. R. S. au Village de Saint-Julien, Comté de Montbeliard, & infcrits fur le Regiftre dudit lieu, fous les noms de pere & mere fuppofés; fçavoir, du fieur Polinger Capitaine Suiffe; & d'Anne-Catherine Weiff fa femme, ayant eu pour parain & maraine le fieur Sébaftien Cremer, Receveur General du Prince de Montbeliard, & la Dame Meffiere, veuve du frere dudit Cremer qui les avoient porté audit Village par ordre dudit Prince pour y être baptifés en fecret, dont leur baptême fut retiré & infcrit fur un nouveau Regiftre, fabriqué long-temps après cet effet, chaque enfant felon la date du baptême qu'il avoit reçu ailleurs; & pour en dérober la connoiffance à la poftérité, on effaça l'infcription de leur véritable baptême fur le Regiftre de l'Eglife de Saint-Julien, dont il eft aifé à juger de la nullité de ces Extraits-Baptiftaires tirés des Regiftres fauffement fuppofés.

Les Extraits mortuaires cottés N. Q. T. font encore faux pour avoir été tirés d'un pareil Regiftre nouvellement fabriqué, dans lequel ces enfans furent infcrits ; comme s'ils avoient été dépofés au caveau de l'Eglife du Château de Montbeliard, d'abord après leur décès. Mais il a été prouvé, qu'ils ont été enterrés dans les Villages où ils étoient morts chez leurs Nourrices & en 1716. déterrés par ordre du Prince de Montbeliard, l'un 13. & l'autre 11. années après leur premier enterrement, leurs offemens mis dans des nouveaux cercüeils proprement accommodés, & dépofés dans le caveau de l'Eglife du Château de Montbeliard, pour fervir de preuve que ce font là des enfans d'un Prince, quoique baptifés & enterrés dans les Villages, fous les noms d'un Capitaine Suiffe & d'une femme qui n'ont jamais été au monde.

N° 5. . Après le décès de la fufdite Henriette Hedwig, Baronne de Lefperance, qui, fuivant l'Extrait mortuaire cotté V. arriva le 9. Novembre 1706. S. A. S. le Duc de Wirtemberg-Montbeliard, fe fit marier le 15. d'Août 1718. par le Miniftre de fa Cour, avec fa fœur ELIZABETH-CHARLOTTE, Baronne de Lefperance, fuivant la cotte X. & procréa avec Elle les enfans fuivans; fçavoir, HENRIETTE-HEDWIG, née le 22. Avril 1711. fuivant la cotte Y. LEOPOLD-EBERHARD, né le 28. Juillet 1712. fuivant le Baptiftaire cotté Z. GEORGE, né le 8. Novembre 1714. fuivant le Baptiftaire cotté AA. & decedé le 12. Janvier 1715. felon la cotte BB. CHARLES-LEOPOLD, né le 1. Mai 1716. fuivant le Baptiftaire cotté CC. ELISABETH-CHARLOTTE, née le 31. Décembre 1717. fuivant la cotte DD. Et une fille, qui mourut en naiffant le 22. Juin 1719. fuivant la cotte EE.

Ce mariage cotté X. n'eft pas prouvé. Cette Piece ayant été produite par forme d'Extrait d'un Regiftre de l'Eglife du Château de Montbeliard pour les mariages, lequel a été auffi fauffement fabriqué, que ceux qu'ils ont fait après coup pour les Baptêmes, Mortuaires & Divorces, qui ne meritent aucune foi en juftice.

Plus, quand même ce mariage fe trouveroit infcrit fur un Regiftre authentique, & qu'il eût été reéllement célébré, il ne feroit pas moins inceftueux, & par conféquent nul dans fon principe. Cette Elizabeth-Charlotte ayant été fœur de ladite Henriette-Hedwig de Lefperance, de laquelle le Prince de Montbeliard, fuivant fon aveu reïteré plufieurs fois, avoit procréé huit enfans naturels.

Après la mort de celle-ci il avoit déja conçu dans un incefte fcandaleux avec ladite Elizabeth-Charlotte, quatre enfans naturels avant l'année 1718. qu'il la doit avoir époufée de fa propre authorité, & fans aucune difpenfe préalable, ni formalité ufitée en pareil cas, tant chez les Catholiques, que les Proteftans de la Confeffion d'Aufbourg, dont ces deux perfonnes faifoient profeffion; ce qui forme une nullité infanable dudit mariage & l'illegitimité des enfans qui en font iffus.

On produit ici leurs Extraits-baptiftaires cottés Y. Z. Aa. Cc. Dd. comme s'ils avoient été tous baptifés dans l'Eglife du Château de Montbeliard, comme enfans dudit Prince & de ladite Elizabeth-Charlotte : mais il a été prouvé qu'ils ont reçu leur Baptême en cachette dans des Eglifes de villages, où on les avoit mis en nourrice fous le nom de pere & mere fuppofés, & de-là tranfportés fur le nouveau Regiftre de l'Eglife du Château de Montbeliard pour les Baptêmes fauffement fabriqué, & dont les Extraits ne meritent aucune foi.

Les deux Extraits-mortuaires BB. EE. font pareillement faux pour avoir été

N° 6. *Il ne faut pas non plus paſſer ſous ſilence, que la ſuſdite* Hen-riette-Hedwig, *Baronne de Leſperance a laiſſé trois enfans pro-crées de ſon mari* Jean-Louis *de Sanderſleben, pendant & conſtant leur mariage, qui fut célébré le 6. Février* 1697 *ſuivant la cotte* FF. *ſçavoir,* Charles-Leopold, *né le 5. Mars* 1698. *ſuivant la cotte* GG. Ferdinand-Eberhard, *né le 18. Septembre* 1699 *ſuivant la cotte* HH. *&* Eleonore-Charlotte, *né le 14. Octobre* 1700. *ſuivant ſon Baptiſtaire cotté* II. *dont les ſœurs uterines* Eberhardine *&* Leopoldi-ne-Eberhardine *ont été na-turaliſées par Sa Majeſté le Roi de France, ſuivant la cotte* KK. *auſſi - bien que les trois ſuſdits enfans de Sanderſleben, ſelon la cotte* LL. *Ces deux premieres lé-gitimées par Son A. S. & leur légitimation confirmée par Saite Majeſté, ſuivant la cotte* MM. *& les trois ſuſdits* Charles-Leopold, Ferdinand-Fber-hard, *&* Eleonore-Charlotte, *adoptés par Sadite A. S. dont l'adoption a été con-firmée par ſa ſuſdite Majeſté, ſelon la cotte* NN. *auſquels cinq enfans Sadite A. S. a fait dona-tion du Comté de Coligny qui a été auſſi confirmée par Sa Majeſté Très-Chrétienne, qui les a élevées à la dignité de Comtes & Com-teſſes, ſuivant la cotte* OO.

Ce mariage cotte FF. eſt une pure ſuppoſition conſiſtant dans un certifi-cat d'un Prêtre Lutherien qui n'a été legaliſé d'aucun Magiſtrat.

On dit ici que Charles Leopold eſt né le 5. Mars 1698. ſuivant la cotte GG. ſans s'expliquer en quoi cette piece conſiſte, ſi c'eſt un Certificat ou un Extrait-Baptiſtaire. Que ce ſoit l'un ou l'autre, il ne ſçauroit être que très-faux : l'on défie ce Charles-Leo-pold, connu aujourd'hui ſous le nom de Comte de Coligny, de pouvoir juſtifier par un Extrait-baptiſtaire vrai & en forme, ſi, en quel tems, en quel lieu, & ſous quel nom de pere & mere il a reçu le baptême ? Autre ré-flexion.

Ce Charles Leopold doit avoir été baptiſé le 5. Mars 1698 & il y a cent témoins qui pourroient dépoſer, que quelques mois après cette date, ſa mere venant de Sileſie à Montbeliard, l'a-mena avec elle déja en état de mar-cher, comme un garçon de deux à trois ans; ce qui ne quadre nullement avec le jour qu'on donne à ſon Bap-tême.

On parle autrement des Baptêmes de Ferdinand-Eberhard & d'Eleonore Charlotte cotté HH. & II. ſes ſœur & frere, qu'on qualifie d'Extrait-bap-tiſtaire.

Mais d'où les ont-ils tirés? Du ſuſd. nouveau Regiſtre de l'Egliſe du Châ-teau de Montbeliard, fauſſement fa-briqué pour les Baptêmes, dans le-quel ces deux enfans ont été inſerés, après avoir été, longues années aupa-ravant, baptiſés à Etuppes, village du Comté de Montbeliard, & inſcrits dans le Regiſtre de l'Egliſe dud. lieu, ſous les noms de pere & mere ſuppo-ſés; & afin que la fourberie reſte ca-chée à jamais, on a enlevé & ſuppri-mé tout-à-fait l'ancien Regiſtre de ce Village, tout comme on avoit rayé les Baptêmes de leurs autres freres & ſœurs, du Regiſtre de l'Egliſe du Vil-lage de S. Julien, dont il a été fait mention ci-deſſus.

Il eſt vrai que le Roy a naturaliſé ces deux filles Eberhardine & Leopoldine-

Eberhardine, felon la cotte KK. de même que les trois fus-mentionnés, Charles-Leopold, Ferdinand-Eberhard, & Eleonore-Charlotte, cottés LL. comme enfans de Jean-Loüis Sanderfleben, en fuivant le faux expofé de la Requête du Prince de Montbeliard, qui les a donné pour tels ; fans qu'on eût approfondi alors, comme on le fait aujourd'hui, la véritable fource de leur naiffance.

Il eft vrai encore que le Prince de Montbeliard a entrepris induement de légitimer ces deux filles, & que Sa Majefté l'a confirmé fuivant la cotte NN. Quoique ce foit un paradoxe en Allemagne, qu'un Prince d'Empire puiffe légitimer fes propres enfans bâtards, ce droit étant réfervé à l'Empereur feul, on ne difconviendra pas non plus, que le Prince de Montbeliard n'ait adopté ces trois enfans, & que le Roy ne l'ait confirmé fuivant la cotte NN. ni que le Prince de Montbeliard n'ait fait donation aux cinq enfans fufdits du Comté de Coligny, & que Sa Majefté ne les ait élevés tous à la dignité de Comtes & de Comteffes de Coligny, felon la cotte OO.

Mais c'eft-là ce qui fait juftement la preuve, que le Prince de Montbeliard ne croyoit pas en ce temps-là avoir des enfans légitimes, dans les perfonnes de George-Leopold, Comte de Sponeck, & de fa fœur Leopoldine-Eberhardine, comme on le voudroit foûtenir aujourd'hui ; puifque ce n'eft qu'au défaut des enfans légitimes, que les Loix permettoient autrefois les adoptions aujourd'hui abolies en France & peu ufitées en Allemagne, & qu'il n'eft pas permis à un pere de faire des donations des biens de famille auffi confiderables que le Comté de Coligny, échu au Prince de Montbeliard par fucceffion d'Anne de Coligny fa mere, à des étrangers ou des bâtards, au préjudice des héritiers légitimes, lorfqu'on eft perfuadé d'en avoir.

Entre ces trois enfans adoptés, la Comteffe ELEONORE-CHARLOTTE *de Coligny, a époufé le 22. Février* 1719. *le Prince* GEORGE - LEOPOLD , *fils du premier lit de S. A. S. le Duc de Wirtemberg-Montbeliard, & le Comte* CHARLES - LEOPOLD *le 31. d'Août dudit an, la Princeffe* LEOPOLDINE-EBERHARDINE, *auffi fille du premier lit de Sad. A. S. le Duc de Wirtemberg-Montbeliard, après avoir été auparavant émancipés. Auquel tems, Madame* ELIZABETH - CHARLOTTE, *époufe de Son Alteffe Sereniffime ledit Duc de Wirtemberg, fut nommée Princeffe dans la Lettre de naturalité, qu'elle obtint de Sa Majefté Très-Chrétienne, au mois de Mai* 1719. *& tous les enfans de Sadite Alteffe Sereniffime,*

Il eft vrai que cette Eleonore-Charlotte a époufée le 22. Février 1719. ce George-Leopold ; non comme Prince, ainfi qu'on le dit ici, mais fous le nom & qualité de George-Leopold Comte de Sponeck ; non encore comme fils du Prince de Montbeliard d'un premier lit, mais comme fils naturel fans pere ; portant le nom de fa mere.

Il eft vrai encore que fa fœur Leopoldine-Eberhardine a été mariée le 31. Août de ladite année, en qualité de Princeffe avec ledit Charles-Leopold ; la raifon de cette difference eft provenue des Lettres-Patentes, portant benefice de naturalité du mois de Mai de ladite année ; avec qualité de Princes & Princeffes, Coufins & Coufines de Sa Majefté ; obtenu par furprife du Prince de Montbeliard ; aux enfans de fes deux prétenduës femmes rapportées ici fous la cotte PP.

De maniere que ceux de ces enfans, qui n'étoient que dès bâtards fous les noms de leur mere Comtes & Comteffes de Sponeck, Barons & Baronnes de Lefperance, avant ces Lettres Pa-

tant du premier, que du second lit, furent appellés Princes & Princesses dans ladite Lettre, qui confirme la naturalité de Sadite Altesse Sérenissime & de ses enfans des deux lits, suivant la cotte PP.

rentes, parurent comme enfans légitimes, Princes & Princesses, Ducs & Duchesses de Wirtemberg-Montbeliard dès que ces Lettres virent le jour.

Cela n'empêcha pas que Sa Majesté, informée de l'état personnel & de l'incapacité de ces femmes & enfans à porter de pareils titres & qualités, n'eût ordonné le rapport de ces Lettres en original, pour être reformées en ce qui concerne ces qualités de Princes & Princesses, Cousins & Cousines de Sa Majesté, pour leur en être donné d'autres. Cela fut d'abord décidé par deux Arrêts du Conseil ; & faute par eux d'y avoir satisfait, réiteré par un troisiéme, qui déclare ces titres & qualités nuls & de nul effet, comme s'ils n'avoient pas été employés dans lesdites Lettres Patentes.

On observera en outre, qu'encore qu'il semble qu'on eût marié ici des Etrangers de differentes familles, un Comte & une Comtesse de Sponeck, avec un Comte & une Comtesse de Coligny, pour déguiser le proche parentage qu'il y a entre eux ; il est prouvé néanmoins qu'ils sont tous les quatre freres & sœurs d'un même pere ; sçavoir, du Duc Leopold-Eberhard de Wirtemberg-Montbeliard. Ce Prince a avoué de bouche & par écrit, au Traité de Wildbade fait en 1715. entre lui & le Duc regnant de Wirtemberg, chef de cette Maison, pour l'alimentation de ses trois Concubines & de leurs enfans, qu'il a procréé ledit George-Leopold & ladite Leopoldine-Eberhardine avec Anne-Sabine Hedwiger, Comtesse de Sponeck, comme aussi ledit Charles-Leopold & ladite Eleonore-Charlotte, de même que leur frere Ferdinand-Eberhard, avec Henriette Hedwig de Lesperance.

Ce fut en consideration de cette déclaration, que ces enfans sont provenus des œuvres du Prince de Montbeliard, que le Duc regnant de Wirtemberg s'est engagé de faire payer une somme annuelle aux cinq enfans qui vivoient alors de ceux de ladite Henriette Hedwig, de même qu'il l'avoit fait à l'égard de la Comtesse de Sponeck, & d'Elizabeth-Charlotte de Lesperance & leurs enfans pour leur entretien & celui de leurs posterités procréés en légitime mariage.

L'on a encore prouvé par plusieurs Actes du Prince de Montbeliard qu'après le Traité de Wildbade il a réiteré la même déclaration, touchant lesdits enfans de la Henriette Hedwig de Lesperance.

Ce fut en vain que le Prince de Montbeliard s'efforça ensuite de faire passer les trois premiers de ses enfans, connus aujourd'hui sous le nom de Comtes & Comtesse de Coligny, pour être nés d'un prétendu mariage entre Jean-Louis Sandersleben, & ladite Henriette Hedwig ; ce qui ne peut nullement quadrer avec ce que ledit Sandersleben a été présent & a signé audit Traité de Wildbade avec le Prince de Montbeliard, où celui-ci déclare en termes exprès & en deux endroits, que c'est lui qui a procréé ces cinq enfans & non Sandersleben.

On a voulu soutenir ce mariage de Sandersleben par force, mais sans preuve, puisque celle qu'on a rapporté ne sçauroit faire foi en justice, & que la Sentence de Divorce qu'on a produit pour le faire présumer, se trouve absolument fausse & supposée.

Quand ce mariage seroit actuellement justifié, il faudroit encore rapporter la preuve de la filiation des enfans qui en sont issus, & cela par des Extraits-baptistaires non-suspects.

On a défié ci-dessus ledit Charles-Leopold d'en pouvoir apporter aucun,

&

9

& l'on a fait voir que ceux d'Eleonore-Charlotte & de fon frere Ferdinand-Eberhard font manifeftement faux & fuppofés.

Il ne leur refte donc qu'à juftifier le contraire par des Extraits-baptiftaires dignes de foi, fans quoi ils ne fe laveront jamais de l'incefte fcandaleux dans lequel ils vivent depuis fi long-tems enfemble, comme maris & femmes, quoique freres & fœurs.

N° 8. *C'eft là le détail naïf & ingénu de l'état où fe trouve S. A. S. de Montbeliard avec fa famille, auquel on doit d'autant plus ajoûter foi, qu'il eft fait avec toute la fincerité imaginable, & qu'il fe prouve par des Titres autentiques.*

Après ce qu'on vient de remarquer **N° 8.** ci-deffus, où eft ce détail naïf & ingénu de l'état de la famille du Prince de Montbeliard dont on fe vante ici ? tandis qu'il ne renferme qu'un tiffu de fauffetés, d'horreurs & de crimes, dont à peine il s'en trouvera un exemple dans aucune hiftoire.

De quel front peut-on avancer qu'on y doit d'autant plus ajoûter foi, qu'il eft fait avec toute la fincerité imaginable, & qu'il fe trouve prouvé par des Titres autentiques ?

Où font-ils ces Titres ?

Y en a-t-il un feul de ceux, qui dans ce Memoire font qualifiés d'Extraits Baptiftaires, Mortuaires, de Mariages & de Divorces, qui ne foit pas falcifié, faux, ou tout-à-fait fuppofé ?

Ce font pourtant là ces titres qu'on a eu l'audace de produire comme véritables, au Confeil Aulique de l'Empire & aux Univerfités d'Allemagne, & qu'ils ont fçu faire valoir encore en France avec tant de fuccès, qu'il s'y eft trouvé des efprits affez dociles pour y ajoûter foi, & regarder ces enfans comme légitimes, capables de fucceder aux biens & dignités de leur prétendu Pere, jufqu'au point qu'ils ofent encore aujourd'hui fe produire & fe préfenter impunément devant tout ce qu'il y a de plus grand, tant à la Cour que dans Paris, comme Princes & Princeffes de Wirtemberg-Montbeliard, nonobftant ce que le Roy a déja décidé au contraire; tandis que d'un autre côté on voit très-fouvent des miferables traînés à la potence & aux galeres, qui n'ont pas commis la centiéme partie des crimes & fauffetés, dont ceux qui ont eu part à la fabrication des faux titres fus-mentionnés fe font rendus coupables, en établiffant l'état monftrueux de la famille du Prince de Montbeliard, tel qu'il fe trouve rapporté dans le Memoire qu'on vient de refuter, ou qu'ils ont employés pour en impofer à la Juftice.

De l'Imprimerie de CH. J. B. DELESPINE, Imp. Lib. ord. du Roy, ruë S. Jacques, à la Victoire & au Palmier, 1742.

17,293

FACTUM,

POUR Mesdames Auguste Sophie, Eleonore Wilhelmine Charlotte, & Frederique, nées Princesses de Wirtemberg-Neustad; Intervenantes.

CONTRE

Madame la Baronne de Stralenheim, tant en son nom, qu'en qualité de Gardienne-noble de ses Enfans mineurs, & Consors; Défendeurs & Demandeurs en Sommation.

Et Messire Charles Philippe Comte de Hohenloh, Chambelan de Sa Majesté Impériale, & Consors; Défendeurs.

IL s'agit au Procès de sçavoir, si Jean Loüis Comte de Linange, qui a été Tuteur de Casimir Comte d'Eberstein, a pû après la mort de son Pupille & avant que d'avoir rendu son compte tutelaire, s'approprier la moitié de la Terre de Forbach au prejudice de l'Héritiere, en payant à son acquit une somme de 17500 frans Messeins, pour laquelle cette Terre étoit engagée; & si à la faveur de ce payement, qui a été fait en partie des deniers pupillaires, les Comtesses de Linange, filles & héritieres du Comte Jean-Loüis, ont pû se conserver cette Terre par la prescription.

A

F A I T.

LA moitié de la Terre de Forbach appartenant à la Maison d'Eberstein, fut engagée en 1636. à Jérémie Braconnier, Bourgeois de Metz, pour une somme de 17500 frans Messeins, qui font environ 15000 frans Barrois, par Jean-Frederic comte d'Eberstein.

Ce Comte mourut l'an 1647, & laissa sa succession à Casimir son fils mineur, auquel il nomma pour Tuteur par son Testament Jean-Loüis Comte de Linange son Cousin.

Ce Tuteur se mit dès-lors en possession des Biens de la Maison d'Eberstein, & fit faire plusieurs payemens à Braconnier depuis l'an 1650 jusqu'en 1659, quoi qu'il n'eut obtenu des Lettres de confirmation de sa Tutelle qu'en 1653.

Casimir d'Eberstein son Pupille, mourut en minorité le 22 Décembre 1660, n'ayant été marié que six mois, & laissa de son mariage avec Marie Eléonore de Nassau-Sarbruck, Albertine-Sophie Esther, née posthume, qui fut mariée dans la suite à Federic Auguste Duc de Wirtemberg-Neustad, dont les Dames Demanderesses sont issuës.

Après la mort du Comte Casimir, sa jeune Doüairiere se trouva chargée d'un Enfant, sans appui & sans argent, parce que le Tuteur qui avoit eu l'administration de tous les Biens, ne paroît pas de rendre son compte.

Cependant les Héritiers de Jérémie Braconnier n'étant pas payé en entier de la somme qui leur étoit dûë, & croyant la succession d'Eberstein abandonnée par le décès du dernier mâle de cette Maison, firent décreter la moitié qui appartenoit à cette Maison dans la Terre de Forbach.

Il y eut opposition de la part du Procureur Général, parce que faute de Reprise, & d'avoir payé la taxe imposée sur le Fief, il avoit été mis sous la main du Souverain.

La jeune Veuve ne pouvoit pas s'opposer, parce qu'elle ne sçavoit pas ce qui restoit dû aux Braconniers, & tout ce qu'elle pût faire, ce fut de protester contre le Decret; ensorte que, si on en croit aux Srs. Défendeurs, il y eut une Sentence d'Adjudication au profit des Braconniers le 30. Août 1662.

Mais comme cette Adjudication n'avoit été faite que sans préjudice à l'opposition du Procureur Général, qu'il s'agissoit de faire lever la Saisie féodale, & que le Decret d'ailleurs étoit nul de droit, parce qu'il avoit été fait sur un Curateur établi à la succession vacante, tandis qu'il y avoit une Héritiere vivante, les Braconniers n'oserent s'en servir, ils n'en leverent point d'expédition, & ils ne prirent pas même de possession.

Ces poursuites qui avoient allarmé la jeune Veuve, l'obligérent d'écrire au Comte Jean-Loüis de Linange le 15. Novembre 1662, & voyant qu'il étoit resté dans l'inaction, elle le pria de lui renvoyer les Papiers concernans la Maison d'Eberstein, pour connoître du moins l'état des dettes dont elle étoit chargée.

Mais au lieu de lui faire réponse, ce Comte qui avoit déja la motié de son chef dans la Terre de Forbach, sous prétexte d'un ordre qui avoit té envoyé à tous les Vaſſaux de faire de nouvelles Repriſes de leurs Fiefs, & de payer la taxe qui leur avoit été impoſée, ſe rendit auprès du Duc Charles IV. & profitant de l'occaſion, il fit ſes Repriſes non ſeulement pour la moitié qui lui appartenoit de ſon chef, mais encore pour celle qui appartenoit à la Fille de ſon Pupille, & promit de payer cent piſtoles pour la taxe, au moyen de quoi il obtint en ſon nom des Lettres de Repriſes pour le tout.

Le 27 Février 1663, il rendit ſeulement réponſe à la Comteſſe, & lui marqua qu'il étoit prêt à lui renvoyer les Papiers concernant la Maiſon d'Eberſtein, qu'il eſperoit auſſi qu'elle auroit ſoin de lui payer ſes avances & honoraires conſernant la Tutelle, qu'il vouloit bien modérer en bon parent ; mais qu'il étoit obligé de lui donner avis, qu'en allant faire ſes Repriſes pour ſa part dans la Terre de Forbach, le Duc Charles IV. l'avoit gratifié en même tems, de ſon propre mouvement, & ſans aucune ſollicitation, de l'autre moitié de cette Terre appartenant à la Maiſon d'Eberſtein, & laquelle portion il n'avoit pû refuſer.

Le 4. Septembre ſuivant il fit ſa ſoumiſſion au Greffe, par laquelle il s'engagea de compter avec les Braconniers, & de leur payer ce qui ſe trouveroit leur être légitiment dû, au moyen de quoi le Procureur Général s'étant déporté de l'oppoſition qu'il avoit formée au Decret, le Comte Jean-Louis ſe fit mettre en poſſeſſion de la totalité de la Terre de Forbach.

Le 17 du même mois, les Braconniers n'étant pas payez, donnèrent leur Requête au Lieutenant Général du Bailliage d'Allemagne, par laquelle ils conclurent à ce que le Comte fut condamné de ſatisfaire aux offres par lui faites, ſinon que ſa poſſeſſion fût déclarée nulle.

L'Inſtance ayant été portée à la Cour Souveraine le 14 Février 1664, les Braconniers prirent les mêmes Concluſions, & demandèrent d'être réintégrez dans la poſſeſſion & jouiſſance des revenus de Forbach.

Le 30 Avril ſuivant, ils firent tranſport au Comte Jean-Loüis de la ſomme qui leur étoit dûë, pour celle de 2600 riſdalles, à charge qu'il payeroit les 100 piſtoles répétées par le Duc Charles IV. & le 3 Novembre de la même année ils firent un autre Traité, par lequel ils déclarèrent qu'en exécution de celui qu'ils avoient fait le 30 Avril touchant la moitié de la Seigneurie de Forbach engagée à Jérémie Braconnier en l'année 1636, ils avoient reçu dudit Comte de Linange 2600 riſdalles pour les cauſes portées audit Contrat, à la réſerve de 200 qui ſe prendroient par leſdits Braconniers ſur la ſucceſſion du Comte d'Eberſtein ; au moyen de quoi ils déclarèrent qu'ils conſentoient que le Comte de Linange joüît paiſiblement de la moitié de Forbach, conformément audit Contrat.

Le Comte Jean-Loüis mourut le 28 Avril ſuivant, laiſſant deux Filles, qui furent miſes ſous la tutelle de Loüis Eberard Comte de Linange ; elles ſont repreſentées par les Sieurs Défendeurs.

Ce nouveau Tuteur ne ſe contenta pas des Fiefs maſculins ſitués en Empire, dont il avoit hérité dans la ſucceſſion du Comte Jean-Loüis, mais il s'empara encore de la portion appartenant à ſes Pupilles dans la Terre de Forbach, & ayant trouvé dans les Papiers du Comte Jean-Loüis le tranſport qui lui avoit été fait par les Braconniers en 1664, il fit revivre un autre Contrat de créance déja éteint contre la Maison d'Eberſtein, & en raſſemblant ces deux dettes, il fit décreter ſur un Curateur établi à la ſucceſſion d'Eberſtein, l'autre moitié de ladite Terre en 1672, ſans que la Comteſſe Doüairiere s'y pût oppoſer que par des proteſtations, parce que tous les Titres & Papiers de ſa Maiſon étoient reſtez dans la ſucceſſion du Comte Jean-Loüis, qui étoit mort ſans rendre ſon compte tutélaire.

A peine Loüis Eberard ſe fut-il rendu Adjudicataire de cette derniere portion, qu'il vendit la totalité de Forbach aux Auteurs du Sieur Baron de la Layen.

Mais enfin le Duc Federic Auguſte de Wirtemberg-Neuſtad ayant épouſé la jeune Comteſſe d'Eberſtein, ſes premiers ſoins furent de rechercher les biens de ſa nouvelle Epouſe. Il apprit d'abord l'uſurpation de Forbach; mais comme tous les Titres étoient reſtez dans la ſucceſſion du Tuteur de ſon Beau-pere, il ne put attaquer que foiblement.

Il fit d'abord aſſigner le Baron de la Layen en déſiſtement au Bailliage d'Allemagne : celui-ci ſe défendit ſur le Decret, & le Duc de Wirtemberg fut débouté de ſa demande, ſauf à lui à ſe pourvoir par les voyes de Droit.

Il ſe pourvut par Appel au Parlement de Metz, où il fut Appellant incidemment du Decret ; il y fit en même tems aſſigner le Comte Louis Eberard de Linange en qualité d'Héritier de Jean-Louis, pour rendre compte de la Tutelle du Comte Caſimir d'Eberſtein.

Il y eut appointement ſur l'une & l'autre des Inſtances, & ſur la Demande en reddition de compte. Il y eut Arrêt le 27 Janvier 1685, par lequel il fut ordonné que dans trois mois le Comte de Linange rapporteroit les pactes de famille, & autres Piéces dont il prétendoit ſe ſervir, ſinon faute de ce faire, & ledit tems paſſé, qu'il ſeroit fait droit ſur les Concluſions du Duc de Wirtemberg.

Factum des Comteſſes de L'inange, pag. 12. & 13.

Les Parties écrivirent ſur l'Inſtance d'appel en exécution de l'appointement du 7 Janvier 1684; mais le Comte ſe voyant preſſé par le Duc, de même que par une infinité de Créanciers, fit ceſſion de ſes biens à Philippe-Louis ſon fils, qui étoit alors Officier Général en France, & par ſon crédit il obtint des Lettres d'Etat portant défenſes de le pourſuivre, leſquelles furent enrégiſtrées au Parlement de Metz.

Pendant ce tems-là, la Guerre étant ſurvenuë entre l'Empire & la France, il fallut ſurſeoir à toutes pourſuites en attendant un tems plus favorable.

Il n'avoit point encore été queſtion juſqu'alors des Comteſſes de Linange, parce que le Comte Louis Eberard s'étant emparé de tous les biens du Comte Jean-Louis leur Pere, il en étoit regardé comme l'héritier principal, & le Duc de Wirtemberg n'auroit pas manqué de reprendre contre lui ou contre ſon Fils ſon Ceſſionnaire après la Paix de Riſwik les deux Inſtances commencées, ſi la Guerre, qui s'alluma de nouveau pour la ſucceſſion d'Eſpagne, ne l'avoit obligé de reſter dans ſon Pays pour veiller à la conſervation de ſes Terres.

Enfin les choſes changérent de face en 1707, les Comteſſes de Linange
qui

qui voyoient avec peine la Terre de Forbach entre les mains du Baron de la Layen, le firent assigner en désistement en la Cour Souveraine, sur le fondement que la moitié de cette Terre leur appartenoit de leur chef, & que l'autre moitié, provenant de la Maison d'Eberstein, leur appartenoit du chef de leur Pere, en vertu de la cession à lui faite par les Braconniers.

Le Baron de la Layen se défendit sur la vente à lui faite par le Comte Louis Eberard, & sur la Sentence d'Adjudication renduë au Bailliage d'Allemagne en 1672. Les Comtesses interjettérent Appel du Decret & de tout ce qui s'étoit ensuivi, sur quoi Arrêt intervint le 23 Mars 1709, par lequel la Cour cassa & annulla le Decret, & condamna le Baron de la Layen de se désister à leur profit de la Terre & Seigneurie de Forbach, pour en jouir par elles ainsi & de même que Jean-Louis de Linange leur Pere en jouïssoit lors de son décès; à la restitution des fruits depuis le jour de la Demande, & aux dépens, sauf à elles à se pourvoir pour les dommages & intérêts résultant de leur non-jouïssance contre les Héritiers de Philippe & Louis Eberard de Linange, & sauf au Baron de la Layen son recours pour son indemnité contre les mêmes Héritiers.

Le Baron de la Layen se pourvut contre cet Arrêt par proposition d'erreur, mais il en fut encore débouté.

Les Comtesses de Linange depuis cet Arrêt ont vendu cette Terre au Baron de Stralenheim avec faculté de rachat en 1717; & celui-ci prétendant que la faculté étoit expirée, a fait assigner les Comtesses au Bailliage d'Allemagne le 17 May 1727. pour voir déclarer la faculté éteinte. L'Instance a été évoquée au Conseil d'Etat, où les Parties ont formé réciproquement plusieurs chefs de Demandes incidentes; & enfin Arrêt est intervenu le 5. Août 1728, par lequel le droit de rachat a été continué jusqu'à l'année 1747. Il a été sursis à faire droit sur la Demande formée pour la visite des Bois, & ordonné que dans deux mois les Héritiers de la Maison de Linange remettroient les Titres entre les mains du Sieur de Stralenheim, à l'effet de quoi il en seroit dressé Inventaire.

Les Dames Princesses de Wirtemberg, dont les Titres sont dispersez par le fait du Comte Jean-Louis, & qui ont un intérêt sensible non seulement d'en empêcher la délivrance, mais aussi de révendiquer la moitié de Forbach contre ses Héritiers, ont donné leur Requête en intervention, par laquelle elles ont demandé d'être reçûës Parties intervenantes en l'Instance, & Opposantes, en tant que besoin seroit, à l'exécution des Arrêts des 23 Mars 1709. 5. Août 1728, & autres qui pourroient avoir été rendus concernant la propriété de ladite Terre en ce qui les concerne, pour être rapportez; & en conséquence le Baron de Stralenheim, ou les Héritiers du Comte Jean Louis de Linange, condamnez au désistement de la moitié de la Terre de Forbach provenant de la Maison d'Eberstein, avec restitution de fruits & dépens, sauf leur recours contre qui ils aviseront bon être. C'est sur cette Demande & sur celle qui a été formée en sommation par le Sieur Baron de Stralenheim contre les Héritiers de la Maison de Linange qui sont en cause, qu'est intervenu l'Appointement de l'exécution duquel il s'agit.

B

DIVISION.

LEs Sieurs Défendeurs ne disconviennent pas que la moitié de la Terre de Forbach n'ait appartenu au Comte Casimir d'Eberstein, & qu'il ne l'ait transmise dans sa succession à la Comtesse Albertine Sophie Esther sa fille posthume : mais ils prétendent que cette portion est passée dans la Maison de Linange par la cession qu'en firent les Héritiers de Jérémie Braconnier au Comte Jean-Louis, ou du moins par la concession qu'ils disent lui avoir été faite de cette portion par le Duc Charles IV. moyennant 100 pistoles. D'où ils concluent que ces deux Actes ayant été suivis d'une possession suffisante à prescrire, les Dames Demanderesses sont actuellement non-recevables & mal-fondées en leur Demande.

Les Demanderesses soutiennent au contraire, 1°. Que la cession faite par les Braconniers n'a transferé aucun droit de propriété au Comte de Linange.

2°. Que la concession prétenduë faite par le Duc Charles IV. n'est qu'une simple Lettre de Reprise, qui n'a rien touché à la propriété du Fief.

3°. Que la possession alléguée par les Sieurs Défendeurs n'a pû leur acquérir la prescription.

PREMIERE PROPOSITION.

La cession faite par les Braconniers n'a transferé aucun droit de pro-
prieté au Comte de Linange.

CEtte proposition s'établit par trois raisons. La premiere est que le Comte de Linange étant encore comptable de sa Tutelle lorsqu'il a pris la cession des Braconniers, il n'a pû acquérir le bien de son Pupille que *tutorio nomine.*

La seconde est, que cette cession a été payée du moins pour la meilleur partie des deniers pupillaires.

Et enfin, parce qu'elle n'est qu'une simple subrogation à l'engagement fait à Braconnier en 1636, qui n'a pû donner plus de droit au Comte de Linange que l'Engagiste en avoit.

La premiere raison est fondée sur le Droit commun. Il est de maxime qu'un Tuteur ne peut acquérir le bien de son Pupille pour se l'approprier ni par lui-même ni par des personnes interposées, c'est la disposition expresse de la Loy 34. ff. de contr. empt. *Tutor*, dit le Jurisconsulte, *rem pupilli emere non potest, idemque porrigendum ad similia, id est ad Curatores, Procuratores, & qui negotia aliena gerunt.*

Il ne peut pas même prendre transport d'une action contre son Mineur suivant l'autentique *minoris cod. qui dare tut. Si Tutor actionis cessionem adversus minorem suscipiat; nec post curam quidem depositam ea uti permittitur.*

Cette autentique décide encore, que ces sortes de cessions ou transf.

ports font nuls , tant à l'égard du Cédant que du Ceffionnaire : *Nec is qui cefferit agere debet, cum in legem commiferit , licet ceffio pro caufis juftis facta fit , fed minor lucrabitur.*

La Novelle 72. dont cette autentique a été tirée , ajoute cap. 5. que fous quelque forme que la ceffion ou tranfport ayent été faits , foit par maniere de vente, foit par maniere de donation, ou de quelqu'autre maniere que fe puiffe être, ils font également nuls, quand même ils auroient été faits fous des noms empruntez , ou par des perfonnes interpofées. *Per donationem , venditionem aut alio quolibet modo ; fciat omnino infirmum effe quod ab eo fuerit factum , & neque per fe , neque per interpofitam perfonam, tale aliquid agi ; fed undique invalida hæc talia fieri , tanquam fi ab initio facta non fuerint.*

La peine de nullité eft encore prononcée par la même Novelle, quand même le Tuteur qui fe feroit menagé une ceffion du bien de fon Pupille, auroit eu la précaution de ne la prendre qu'après fon adminiftration finie; *Non folum donec fuerit Curator , prohibemus eum ab hujufmodi ceffione ; fed neque poftea gerere concedimus ; & cela pour empêcher toutes les* voyes indirectes dont un Tuteur pourroit fe fervir pour fe faire paffer le bien de fon Pupille. *Tunc enim infirmatum effe volumus quod agitur , & non poffe ullam actionem valere ceffam , adverfus eum cujus prius curam adminiftraverat ; fed pro non facto id effe , & lucrum fieri adolefcentis ; licet hæc ceffio pro veris caufis facta fit.*

Ce fut fur ces raifons & ces décifions précifes du Droit Romain, qui font obfervées exactement en Empire , comme par-tout ailleurs , que les Comteffes de Linange , dont les Sieurs Défendeurs exercent les droits, rentrérent en 1709. dans la poffeffion de la Terre de Forbach contre le Baron de la Layen, qui l'avoit acquêtée de leur Tuteur, & parce que ce Tuteur fe l'étoit fait adjuger au préjudice des Comteffes fes Pupilles ; **la Cour & les Commiffaires nommez pour juger fur la propofition d'erreur, ayant jugé conformément à la Loy Romaine, qu'un Tuteur , fous quelque prétexte que fe puiffe être, ne peut acquérir le bien de fon Mineur; mais que l'acquifition, quand même elle auroit été faite de bonne foy & pour des caufes véritables & bien prouvées, doit tourner au profit du Pupille.**

OBJECTION.

LEs Sieurs Défendeurs ont objecté que le Comte Jean-Louis n'avoit pas été Tuteur, qu'en tout cas il n'avoit été que Tuteur honoraire, & qu'en cette qualité il n'avoit été chargé d'aucune adminiftration ; que quand il auroit été Tuteur, il auroit ceffé de l'être depuis la mort de fon Pupille, qui arriva au mois de Decembre 1660; & enfin qu'il étoit à préfumer que le compte tutelaire avoit été rendu par ceux qui avoient été chargés de l'adminiftration. D'où ils ont conclu que le Comte Jean-Louis ayant été déchargé de la Tutelle lorfqu'il prit la ceffion des Braconniers, il n'y avoit rien à dire contre cet Acte, avec d'autant plus de raifon, que la moitié de Forbach dont il s'agit étant fortie de la Maifon d'Eberftein par l'adjudication qui en avoit été faite aux Braconniers, il étoit indifferent qu'elle reſtât entre leurs mains , ou qu'elle paſsât entre celles du Comte Jean-Louis.

REPONSE.

LEs Demanderesses ont ſoutenu au contraire que ce Comte avoit été non-ſeulement Tuteur, mais qu'il étoit encore chargé de l'admini-ſtration des Biens du Comte d'Eberſtein ; & ce fait eſt prouvé par deux Piéces incontestables qui ſont produites au Procès.

La prémiére eſt une Lettre originale du 18 Octobre 1650, adreſſée par le Comte Jean-Loüis au Bailli de Gocsheim, dans laquelle il prend la qualité de Tuteur établi au Comte Caſimir; & en cette qualité il ordonne à cet Officier de faire des payemens tant en argent qu'en den-rées à Braconnier, autant qu'il en aura beſoin pour l'entretien de ſa famille, à compte de l'engagement de 1636.

Et l'autre Piéce eſt l'Acte de l'affirmation qu'il a prêtée en qualité de Tuteur, en la Chambre Impériale de Spire le 13. Octobre 1653, par laquelle il s'oblige , par ſerment , de gérer les Biens de ſon Pupille avec exactitude & fidelité, d'en faire faire un Inventaire inceſſamment, de rendre compte de ſa geſtion en tems & lieu, & de remettre à ſon Pupille tout ce qui lui aura été mis en mains pour l'adminiſtration de la Tutele, de même que de luy payer, ſous l'hypotéque de ſes Biens, tout ce qu'il luy redevra; & enfin de faire tout ce à quoi un bon & fidele Tuteur eſt attenu.

Les Demandereſſes ont prouvé au Procès qu'il étoit encore chargé de la Tutelle en 1660, par une Procuration qu'il donna au nommé Muller le 20. Mars de cette même année, & ſix ſemaines avant le Mariage de ſon Pupille, par laquelle il donne pouvoir à ce Procureur de luy délivrer les Meubles qui étoient à Gocsheim, ſuivant l'Inventaire qui en avoit été dreſſé en 1655, & de luy remettre encore, en cas qu'il les demandroit pour ſervir au feſtin de ſes Nôces , ceux qui étoient à Valdengenloch, Gerſpack, & dans le Château d'Eberſtein, ſuivant le même Inventaire; mais il ſe réſerve préciſément de faire la délivrance des *Rentes, Revenus, Sujets, Villages, Villes & Châteaux, jusqu'à ce que ſon Pupille aura obtenu des Lettres de bénéfice d'âge de la Chambre Impériale, ou que luy-même aura été déchargé de ſon adminiſtration.*

Il n'y a donc plus lieu de douter à la vûë de ces Piéces qui ſont au Procès, que le Comte Jean-Loüis n'ait été véritablement Tuteur du Comte Caſimir d'Eberſtein, qu'il n'ait été chargé de l'adminiſtration de ſes Biens, & qu'il n'ait été obligé d'en rendre compte, puiſque par l'Acte Tutelaire il a hypotéqué tous ſes Biens pour la ſûreté de ce compte.

Il eſt prouvé par les mêmes Piéces que ce compte n'étoit pas encore rendu au 20. Mars 1660, ſix ſemaines avant le Mariage de ſon Pupille, puiſque par la Procuration donnée à Muller, le Comte de Linange ſe réſerve expreſſément la geſtion de toutes les Terres juſqu'à ce qu'il auroit été déchargé de ſon adminiſtration ; ce qui ne pouvoit ſe faire que par un compte général.

II

Il importe peu de dire que la Tutelle finit à la mort du Comte Cafimir qui mourut le 22. Décembre fuivant, âgé à lors de 21. ans : car quoique la Tutelle finiſſe réguliérement par le décès du Pupille, les obligations Tutélaires ſubſiſtent toûjours ; & ce n'eſt que par la réddition de compte qu'un Tuteur eſt véritablement déchargé. *Tutores qui necdum ad Curatores adminiſtrationem tranſtulerunt, defenſioni curarum Pupillarium aſſiſtere oportere ſæpè reſcriptum eſt*, dit l'Empereur en la Loy *Unique, Cod. ut. cauſ. poſt pubert.* Les Sieurs Deffendeurs n'ont garde de defavoüer cette Juriſprudence, puiſque leurs Auteurs ſe ſont ſervi très-utilement de la même Loy contre le Baron de la Layen, dans le Factum qui fut produit de leur part à la Cour pour le même fait pag. 12 : auſſi a-t-elle été adoptée par tous les Auteurs les plus accrédités, & notamment par André Gail, obſerv. 96. Et c'eſt ſur le fondement de cette loy que l'Auteur de la compilation des Loix Civiles Liv. 2. Tit. 1. Sect. 5. poſe comme un principe certain, que quoique la Tutelle finiſſe à la mort du Pupille, le Tuteur n'eſt déchargé du ſoin de la Succeſſion Pupillaire qu'après avoir rendu compte aux Héritiers, & leur avoir remis tous les Titres néceſſaires pour la deffenſe de la Succeſſion Pupillaire.

Or bien loin que le Comte Jean-Loüis ait été déchargé de la Tutelle à la mort de ſon Pupille, & qu'il ait rendu ſon compte, il eſt prouvé au contraire qu'il ne l'étoit pas, par une Lettre qu'il écrivit à la Comteſſe Marie-Eleonore Doüairiere d'Eberſtein le 27. Février 1663, en réponſe de celle qu'elle luy avoit écrite le 15. Novembre précédent, pour luy demander les Titres qui concernoient la Maiſon d'Eberſtein. Le Comte répond : *Qu'il n'a jamais eu intention de les retenir, & qu'il eſt prêt à les luy remettre, ſitôt qu'elle luy aura envoyé un Officier avec un plein pouvoir pour les recevoir.* Il ajoûte, *qu'il eſpére qu'elle voudra bien faire attention au ſoin qu'il s'eſt donné pour la Tutelle, & aux frais qu'il a fait à cette occaſion, pour leſquels néanmoins il ne prétend pas pouſſer la récompenſe à la rigueur, à cauſe de la proximité du ſang qui les unit.*

Il eſt donc vrai qu'en 1663. le Comte Jean-Loüis n'étoit pas encore déchargé de la Tutelle, puiſque, de ſon aveu, il avoit encore entre les mains les Titres de la Maiſon d'Eberſtein, & qu'il n'avoit pas encore rendu ſon compte ; puiſque par ſa Lettre il difpoſe ſeulement la Comteſſe à luy faire état des avances qu'il avoit faites & des ſoins qu'il s'étoit donnez pour la Tutelle, qui devoient faire une partie de la dépenſe du compte tutelaire.

Mais il y a plus que tout cela, ce même Comte qui avoüe au mois de Février 1663 qu'il eſt encore chargé des Titres de ſon Pupille, qui propoſe de traiter avec ſa Veuve pour la récompenſe de ſa geſtion, & qui vient de faire les repriſes de la Portion de Forbach, au préjudice de l'Héritiere du même Pupille. Ce même Comte promet, ſur ſa parole, au Duc Charles IV, qui n'avoit reçu ſes Foys & Hommages qu'à cette condition, *de ſatisfaire & de payer entiérement aux Braconniers toutes leurs prétentions ſur la portion d'Eberſtein, qui après un décompte ſe trouveront leur être légitimement dües.* Ce ſont les propres termes de l'Acte de Soûmiſſion qu'il donna au Procureur-Général le 4. Septembre 1663.

Piéce 2. du Doſſier des Deffendeurs au 3. Mars 1733.

C

Or quel étoit ce décompte à faire avec les Braconniers, si ce n'étoit de compter des sommes qu'il leur avoit fait délivrer par le Bailli de Gocsheim, à compte de l'engagement de 1636. depuis 1650. jusqu'en 1659 ? C'étoit donc des deniers pupillaires qu'il devoit compter avec les Braconniers, puisque la Recette de Gocsheim appartenoit incontestablement à son Pupille ? Et si cela est, comme on n'en peut pas douter, ce décompte n'étoit-il pas encore une suite de l'administration du Comte Jean-Loüis, qui devoit tourner au profit de l'Héritiere de son Pupille, puisque la délivrance avoit été faite de ses deniers ? Cette conséquence paroit naturelle ; & quoiqu'en puissent dire les Sieurs Deffendeurs, ces délivrances ne devoient pas être employées au profit du Comte Jean-Loüis, puisque les deniers délivrez à compte aux Braconniers ne lui appartenoient pas, mais à son Pupille.

Mais il y a encore plus, & la réflexion est décisive : Il paroit qu'au moyen des délivrances faites à Gocsheim, & des sommes touchées depuis par les Braconniers, ils ont été payez entiérement des deniers pupillaires ; & la preuve de ce fait est aisée.

Il n'étoit dû aux Braconniers, suivant le Contrat d'engagement de l'an 1636, que 17500. frans Messin, qui ne font que 15000. fr. Barrois ou environ.

Sur quoi, suivant l'extrait des comptes de Gocsheim produit au Procès, il est prouvé qu'ils ont reçu tant en argent qu'en denrées 824. florins & 12. risdalles, argent au cours d'Empire. Ils ont encore touché 5437. fr. 3. gros Barrois, sur le prix de la Terre de Vitring, décrétée au Bailliage de Nancy, comme il est prouvé par la Sentence d'Ordre du 1. Août 1672. *

* Piéce 5. de la Production des Demanderesses du 17. Août 1735.

Il est prouvé par le Traité fait par le Comte Jean-Loüis avec les Braconniers le 3. Novembre 1664, qu'il a laissé 200. risdalles à la charge de la Succession d'Eberstein, qui ont été déduites sur les 2600. qu'il s'étoit obligé de leur payer. Toutes ces sommes réünies en font une totale de 12000. fr. Messins ou environ.

Après cela peut-on douter que l'engagement de 1636. n'ait été acquitté du moins pour la meilleure partie avec les deniers pupillaires ? que la quittance énoncée dans le Traité du 3. Novembre 1664, n'ait été donnée de concert avec le Comte Jean-Loüis, & qu'elle n'ait été suivie d'un reversal, puisque postérieurement à cette quittance les Braconniers se firent encore payer 5437. f. Barrois restant de leur engagement en 1672. On a eu soin de ne pas produire ce reversal, mais il est suffisamment prouvé par le payement qui a été fait en 1672, quoique le Traité du 3. Novembre 1664. portât une quittance générale : & si les Gens d'Affaires des Srs. Deffendeurs avoient produit de bonne foi le Traité du 30. Avril énoncé dans la même quittance, on auroit sans doute découvert tout le mistere ; mais ils n'ont eu garde de produire une Piéce qui feroit leur condamnation, & qu'ils doivent avoir en mains, puisqu'ils produisent la quittance dans laquelle elle est énoncée & dont la datte n'en est differente que de six mois.

En vain ont-ils dit dans leurs Ecritures, qu'il étoit dû des Intérêts de

la fomme capitale de 17500. fr. , & que les fommes délivrées aux Braconniers depuis 1650. furent imputées pour acquitter ces Intérêts.

Cette réflexion n'a pas l'ombre de vrai-femblance , & elle eft même
contraire à la teneur de l'engagement; car il eft dit exprefsément dans ce
Contrat, que les Braconniers percevront les revenus de Forbach & de
plufieurs autres Terres qui y font énoncées, au lieu d'intérêts; ainfi il n'y
avoit point d'intérêt à prétendre pour eux, & il feroit même inoüi qu'un
Engagifte eût perçu les fruits des Terres engagées , & qu'il eût encore
tiré l'intérêt de fon argent.

Ce n'eft point une raifon de dire que les Braconniers n'ont tiré que
peu de chofe des revenus de Forbach pendant la Guerre , & qu'il a fallu
les indemnifer en leur payant l'intérêt de la fomme à eux dûë.

Car cette prétendüe non-joüiffance n'eft prouvée par aucune Piéce,
& les Deffendeurs ne produifent pour toute preuve qu'un extrait des comptes de Forbach, des années 1662, 1665, 1666. & 1669, tems auquel les
Braconniers n'en joüiffoient plus; & quand il y auroit eu quelque non-
joüiffance, encore les Braconniers n'auroient-ils pas été en droit de demander l'intérêt de leur fomme.

1°. Parce que le cas avoit été prévû dans l'engagement par une claufe
expreffe , dans les termes fuivans : *Et d'autant que la continuation des
mouvemens préfens , & l'incurfion des Gens de Guerre pourroient empêcher Braconnier de lever & percevoir d'icy à quelques années lefdites
rentes & revenus ou partie d'iceux, dont ne luy eft promife aucune garentie.
Pour ces confidérations il luy eft accordé de prendre & faire couper dans
les Bois de Forbach & autres Villages énoncés dans le même engagement,
jufqu'à la quantité de 500. Arbres Chênes, dont il difpofera à fon profit,
&c.* Ce font les termes du Contrat d'engagement.

Le cas des incurfions & forces majeures a donc été prévû ; & quand
il feroit vrai que les Braconniers n'auroient pas joüi paifiblement de tous
les revenus de la Terre de Forbach pendant quelques années , ils n'auroient pas été en droit d'exiger la rente de leur argent, parce que le cas
avoit été prévû, & qu'ils auroient été indemnisés de la non-joüiffance au
moyen de la coupe des bois qu'ils avoient faite.

2°. Parce que depuis 1656. ils avoient joüi de huit autres Terres qui
leurs avoient été laiffées par le même engagement, & dans la poffeffion
defquelles ils ne fe font pas plaints d'avoir été troublés ; & cette joüiffance
les auroient fuffifamment indemnisés des pertes qu'ils auroient faites fur
Forbach.

3°. Parce qu'eux-mêmes ont fi bien reconnus qu'ils ne perdoient rien
fur leur engagement, qu'ils n'ont commencé à demander le rembourfe-
ment de leur capital qu'en l'année 1662, quoiqu'ils euffent eu la faculté
de s'en faire payer cinq ans après l'engagement, fuivant une claufe expreffe
du même Contrat.

4°. Le Comte Jean-Loüis étoit fi perfuadé qu'il ne devoit point payer
d'intérêts, que dans l'ordre qu'il adreffa au Bailly de Gocsheim le 18.
Octobre 1650 , dont il a été parlé cy-deffus, il ordonne de faire à Braconnier les délivrances y portées, *à compte & en déduction de ce qui luy
étoit dû pour les deniers par luy prêtez dans l'engagement.*

5°. On ne peut douter que les payemens faits à Gocsheim n'ayent été imputés fur le capital, puifque dans la quittance que Braconnier en donna le 4. Mars 1659, il eft dit précifément que ces fommes ont été reçûës *en rabattant de la fomme capitale que le Sr. Comte d'Eberftein luy devoit;* il y fait enfuite le détail des payemens, qui font les mêmes dont il a été parlé cy-devant, enforte que l'on ne peut s'y tromper. * Cette quittance qui eft originale vient d'être recouvrée par les Dames Demandereffes, & eft produite au Procès.

* Pièce 2. de la derniere Production Nouvelle des Demandereffes.

Enfin il eft fi vrai que les Braconniers n'ont jamais prétendu tirer des intérêts de leur fomme, que dans le décrêt qu'ils pourfuivirent au Bailliage de Nancy de la Terre de Vitring en 1672, ils conclurent feulement au payement de 5437. fr. Barrois, reftant *du capital porté en l'engagement de 1636,* & pour lefquels ils furent utilement colloquez, fans qu'il y ait été parlé d'intérêts, quoique le prix de l'Adjudication eût excédé le montant des créances.

Après toutes ces preuves qui réfultent des Piéces mêmes, il eft difficile de concevoir comment les Gens d'Affaires des Sieurs Deffendeurs ont ofé perfifter à foutenir que le Comte Jean-Loüis de Linange n'a pas géré la Tutelle du Comte Cafimir, qu'il n'a pas été comptable, que le Comte Cafimir eft rentré de plein droit en la joüiffance de fes Biens incontinent après fon Mariage; puifque fix femaines avant le Mariage le Comte Jean-Loüis fe réferve encore précifément de faire la délivrance des revenus des Terres, jufqu'à ce que fon Pupille aura obtenu des Lettres de Bénéfice d'âge, & que luy-même aura été déchargé de fon adminiftration; qu'au commencement de l'année 1663, deux ans trois mois après la mort de fon Pupille, il avoüe qu'il a encore entre les mains les Titres de la Maifon d'Eberftein; que fur la fin de la même année il promet au Duc Charles IV. de compter de ce qui refte dû aux Braconniers par le même Pupille, & qu'en 1664. il les paye effectivement des deniers pupillaires, dont il prend quittance & en même tems ceffion de leurs droits.

Car enfin il n'y a plus à douter que les deniers donnés en payement aux Braconniers n'ayent été des deniers pupillaires; c'étoit le Comte lui-même qui en fa qualité de Tuteur en avoit ordonné la délivrance; c'eft avec ces deniers qu'il a compté avec les Braconniers, & qu'il les a payé ou dû payer, dans un tems où il étoit encore faifi des Titres de la Maifon d'Eberftein: En quelle confcience auroit-il donc pû s'approprier une Terre qu'il avoit dégagée avec les deniers de fon Pupille?

C'eft une objection bien foible de dire que la Tutelle étant finie à la mort du Pupille, le Comte Jean-Loüis n'étoit pas Tuteur de la fille du Comte d'Eberftein en 1664, lorfqu'il prit la ceffion des droits des Braconniers.

Car il ne s'agit pas icy de la Tutelle de cette fille, mais il s'agit de la fuite de l'adminiftration de celle de fon Pere, dont le Comte Jean-Loüis n'étoit pas déchargé lorfqu'il compta avec les Braconniers; il s'agit du retrait qu'il a fait de leurs mains avec les deniers provenans de cette Tutelle. Et il eft conftant dans le droit qu'il ne pouvoit faire ce retrait qu'au profit de la Succeffion de fon Pupille, puifque le retrait & le payement

étoient

étoient une fuite de fon adminiftration ; & c'eft vouloir faire prendre le change de parler de la Tutelle de la fille, lorfqu'il s'agit uniquement de la fuite de celle du Pere, dont toutes les actions ont été tranfmifes de plein droit à la Fille avec la Succeffion de fon Pere.

SECONDE OBJECTION.

Ais, dit-on, il ne s'agiffoit plus en 1664. de l'engagement fait en 1636, parce que ce Titre avoit changé de nature au moyen de l'Adjudication faite en 1662, par laquelle les Braconniers, d'Engagiftes qu'ils étoient, étoient devenus Propriétaires ; d'où on conclut qu'il n'y a point d'inconvenient que le Comte Jean-Loüis fe foit fait fubroger en leurs droits, parce que fi les Braconniers étoient reftez Propriétaires de la Terre de Forbach, elle auroit été également perduë pour la Maifon d'Eberftein,

REPONSE.

Ette objection eft une fuite de la premiere, & elle fe réfout par les mêmes principes : car fi ce Comte, après le Décrêt, a employé pour retirer cette Terre les deniers pupillaires dont il étoit comptable, il eft inconteftable que le retrait qu'il en a fait a dû tourner au profit de la Suc-ceffion du Pupille, parce que l'emploi de ces deniers & le retrait même, font une fuite de l'adminiftration.

Que l'on dife tant qu'on voudra que le Comte Jean-Loüis, pour payer le prix de fon retrait, vendit la Terre de Schuithaufen ; & que pour payer la dette des Braconniers il employa le prix de cette Terre. On ne le perfuadera jamais, parce que la preuve contraire réfulte des Piéces & de l'Adjudication même.

Car le prix de l'Adjudication des Braconniers ne fe montoit qu'à 16000. frans ; le Comte Jean-Loüis pour retirer cette Terre, ne s'obligea pas même de payer cette fomme en entier ; mais par l'Acte de Soûmiffion qu'il donna au Procureur-Général le 4. Septembre 1663, il s'obligea feu-lement de leur payer ce qui fe trouveroit leur être *légitimement dû après un compte fait avec eux.*

Or les payemens faits aux Braconniers fur la Succeffion Pupillaire, avant & depuis l'Adjudication, ont éteint cette fomme à quelque chofe près. Le Comte Jean-Loüis n'ignoroit pas ces payemens, puifqu'ils avoient été faits de fon ordre, & que par la quittance qu'il tira des Braconniers il chargea la Succeffion du payement de ce qui luy reftoit dû.

Il eft donc vrai de dire que ce Comte n'a rien payé du fien, parce qu'outre ces payemens dont les Braconniers devoient luy tenir compte, il étoit encore comptable à la Succeffion de toute la Tutelle. D'où il fuit que la Vente de la Terre de Schuithaufen, & la Promeffe qu'il fit au Comte Philippe de Linange le 2. Octobre 1664, par laquelle il s'obligea de l'indemnifer de la Vente de cette Terre, qu'il difoit être affectée aux Mâles par les Pactes de Famille, ne fut qu'un moyen concerté pour faire

D

sortir Forbach de la Maison d'Eberstein, & pour la faire passer dans celle de Linange.

Et ce fait étoit alors si constant dans la Maison de Linange, que dans le Factum qui fut produit par les Comtesses de Linange en 1710. pardevant les Commissaires nommés pour juger la proposition d'erreur, ces Comtesses soutinrent que cette Promesse étoit nulle & frauduleuse, par toutes les preuves qu'elles en rapporterent depuis la page 61. jusqu'à la page 71. Toutes les raisons alléguées par ces Comtesses y sont détaillées au long, & le Factum est produit au Procès. * Il est à présumer que les Héritiers de cette Maison, qui sont Parties au Procès, ne dédiront pas leurs Auteurs dont ils tirent tout leur droit.

* Pièce 1. de la derniére Production Nouvelle des Demanderesses.

A l'égard du Decret dont les Deffendeurs ont excipé, il ne peut être d'aucune considération parce qu'il n'a jamais eu d'exécution; les Demanderesses ont deja dit ci-devant que le Procureur Général avoit formé opposition à l'Adjudication de la Terre de Forbach, lorsque les Braconniers en poursuivirent le Decret, sauf à eux à se pourvoir au Duc Charles IV. pour leurs prétentions, & que l'Adjudication ne fut faite que sans prejudice à cette Opposition.

Il est donc vrai que cette Adjudication est restée in suspenso, & qu'il falloit pour qu'elle eut effet, obtenir l'agrément du Souverain qui avoit mis la Terre de Forbach sous sa main : or comme il ne voulut pas donner son agrément, il s'ensuit necessairement que cette Adjudication n'a donné aucun droit de proprieté aux Braconniers, parce qu'elle n'avoit été faite qu'à cette condition.

Les Braconniers étoient même si persuadez de cette verité, que ne pouvant faire lever l'Opposition formée par le Procureur Général, ils ne s'en servirent pas; ils ne leverent point de depart de Cour; ils ne la firent pas signifier, & ne prirent pas même de possession; mais ils restraignirent

Pièce 3 de la Production des Srs. Deffendeurs du 3 Mars 1733.

toutes leurs prétentions à demander le payement de ce qui leur étoit dû suivant l'engagement de 1636. comme il est prouvé par la Requête qu'ils donnerent au Lieutenant Général du Bailliage d'Allemagne le 17 Septembre 1663. pour être reçus opposans à la Prise de possession du Comte Jean-Loüis; & le Comte lui-même comptoit si peu sur cette Adjudication, qu'il avoit deja pris possession de la Terre en vertu d'un simple Decret du Lieutenant Général dès le 7 du même mois, & quatorze mois avant qu'il eut pris la cession des Droits des Braconniers.

On peut même dire que cette Sentence d'Adjudication ne peut faire aucune foi dans la forme qu'elle est représentée, parce que suivant la derniere Copie figurée que les Srs. Deffendeurs en ont représentée; il paroit que la Minutte n'en a pas été signée, quoiqu'il soit dit dans celle qu'ils avoient produite auparavant, qu'elle avoit été signée par un Greffier commis.

Aussi voit-on que dans les Conclusions de la Requête du 17 Septembre 1663. dont il vient d'être parlé, les Braconniers ne demanderent pas l'exécution de l'Adjudication, mais qu'ils conclurent seulement à ce que le Comte Jean-Loüis fut condamné de satisfaire aux offres par lui faites de les rembourser de ce qui leur étoit dû, sinon que la possession qu'il

avoit prife, fut declarée nulle ; ce qui fut ordonné par le Lieutenant Général.

Ils ne prirent point d'autres Conclufions lorfqu'ils plaiderent à la Cour
contre le Comte Loüis Ebérard de Linange le 14 Fevrier 1664. & l'Arrêt
qu'ils obtinrent conformément à leurs Conclufions, porte , que faute par
le Comte d'avoir fatisfait à fes Offres , les Braconniers feront reintegrés
par provifion en la poffeffion & joüiffance des Revenus de la Terre de
Forbach. Suivant qu'il eft énoncé dans le Factum qui a été produit par le
Baron de la Layen en 1710. page 25. il n'eft pas dit dans cet Arrêt qu'ils feront reintegrez dans la proprieté ; auffi ne l'avoient-ils pas demandé ; perfuadez qu'ils étoient que le Decret qu'ils avoient pourfuivi de la Terre de
Forbach ne pouvoit fe foutenir par raport à l'Oppofition du Procureur
Général , & aux nullitez qui s'y trouvoient, ce Decret ayant été fait fur
une Succeffion vacante, tandis qu'il y avoit une Heritiere vivante.

Mais il faut pouffer encore les chofes plus loin , & examiner les Titres
en vertu defquels les Deffendeurs prétendent que le Comte Jean-Louis
s'eft rendu Proprietaire de la Terre de Forbach.

Le premier eft un Traité fait avec les Braconniers le 3 Avril 1664. &
l'autre eft une Ceffion par eux faite en fa faveur le 3 Novembre fuivant
rélativement à ce Traité.

Les Srs. Deffendeurs ont eu foin d'écarter le premier Traité , quoiqu'il
foit énoncé dans le fecond ; mais les Demandereffes ont heureufement
trouvé dans la Chancellerie de Virtemberg depuis la diftribution du Procès , une Copie en forme probante d'un Inventaire de production qui fut
produit par le Baron de la Leyen lorfqu'il plaidoit au Parlement de Metz
en 1684. contre le Duc Augufte Fedéric de Wirtemberg , Pere des Demandereffes, fur l'Appel par lui interjetté du Decret fait à la Requête du Comte Loüis Eberard en 1672.

„ Ce premier Traité du 3 Avril 1664 fut produit au Procès fous la Cotte
„ D. & il paroit par ledit Inventaire de production que c'étoit une fimple
„ Ceffion & Transport faits au Comte Jean-Loüis par les Braconniers des
„ 17500 francs meffins qui leur étoient dûs par le Comte d'Eberftein par le
„ Contrat d'engagement de 1636. & des intérêts qui pouvoient leur être
„ dûs , moyennant une fomme de 2600 rifdales que le Comte Jean-Loüis
„ promit de leur payer en efpéces , & de payer 100 piftoles au Duc Charles
„ IV. pour lefquelles il y avoit Obligation paffée dès le 21 Mars 1663. Il eft
„ dit que ce Transport eft figné de Dolfey, Tabellion en Lorraine. Voilà le
„ premier Traité qui fut paffé entre le Comte Jean-Loüis de Linange & les
„ Braconniers, qui n'eft qu'un fimple Transport fait de la fomme qui leur
„ étoit dûe par le Comte d'Eberftein.

Le fecond Traité qui eft du 3 Novembre 1664. eft une fimple Ceffion
des droits des Braconniers, enfuite du payement vrai ou feint de la fomme
promife, & il contient en fubftance „ qu'en conféquence du Traité du 3
„ Avril de la même année, au fujet de la moitié de la Terre de Forbach
„ engagée à Jeremie Braconnier par Contrat de 1636. les Héritiers dudit
„ Braconnier reconnoiffent avoir reçu du Comte de Linange 2600 rif-
„ dales pour les caufes portées audit Traité, à la referve de 200 qui feront

„ diftraites de ladite fomme pour être prifes par lefdits Braconniers fur la
„ Succeffion d'Eberftein, à l'exception néanmoins des Terres de Forbach
„ & de Verdeftein, au moyen de quoi ils quittent & déchargent ledit Sr.
„ Comte de Linange de ladite fomme, confentent qu'il jouiffe paifible-
„ ment de la moitié dudit Forbach conformément audit Traité ; à l'effet
„ de quoi il eft dit que tous les Papiers & Arrêts concernans tant ledit
„ Engagement, que les Procédures faites en conféquence, lui ont été
„ remis.

Or en examinant férieufement ces deux Traitez dont les Srs. Deffendeurs tirent tout leur droit, il eft évident que les Braconniers ne com-
ptoient alors que fur l'Engagement de 1636. & qu'ils regardoient le Decret de 1662. comme une Piece dont ils ne pouvoient tirer aucun avantage, puifqu'ils n'en ont parlé nulle part, n'ayant demandé en 1663. au
Lieutenant Général du Bailliage d'Allemagne & à la Cour lorfqu'ils y
plaidérent en 1664. que d'être rembourfé de l'argent qui leur étoit dû
par l'Engagement, fuivant les Offres faites par le Comte Jean-Loüis, ou de
rentrer dans la poffeffion des rentes & revenus de la Terre de Forbach conformément audit Engagement.

C'eft fur ce pied là qu'ils ont traité avec le Comte Jean Loüis, qu'ils
ont tranfigé avec lui au fujet de la fomme à eux dûe tant en capital qu'intérêt, & qu'ils lui ont fait tranfport de leur dette ; il n'a jamais été queftion entr'eux du Decret, & comment en auroit-il été queftion ? puifqu'il
n'y avoit ni Expédition ni Départ de Cour délivrez, & que la Minute
n'en étoit pas même fignée par le Juge, foit qu'il n'eut pas voulu paffer
outre au préjudice de l'Oppofition formée par le Procureur Général, foit
que les Braconniers eux-mêmes l'euffent regardé comme une Piece inutile
à caufe des nullitez qui s'y trouvoient.

Cependant pour ne rien laiffer en arriére, les Demanderefles ont encore, entant que befoin feroit, interjetté Appel incidemment de ce Decret, & quoiqu'en puiffent dire les Sieurs Deffendeurs, elles y font recevables, parce que la Sentence d'Adjudication n'a pas encore été fignifiée,
qu'il n'y a point eu de Poffeffion prife enfuite de cette Sentence, &
qu'elles n'ont pas encore été en état de fe pourvoir contre, par le Fait du
Comte Jean-Loüis qui eft mort faifi de leurs Titres, quoique la Comtefle
Marie Eléonor les lui eût demandé par fa Lettre dès le 15 Novembre
1662. tems auquel il lui étoit encore permis de retirer ladite Terre en
payant les Frais, quand même le Decret auroit été fait dans toutes les
formes de Droit; & les Deffendeurs qui font fes Héritiers, détiennent encore actuellement les mêmes Titres, fans lefquels il a toûjours été impoffible de compter avec les Braconniers.

Au fond, ce Decret a été fait *fuper non Domino*, fur un Païfan établi
Curateur à la Succeffion vacante d'Eberftein, tandis qu'il y avoit une
Héritiere, & le prix en a été payé des deniers pupillaires; d'où il fuit qu'il
doit tourner au profit du Pupille : *Si Tutor*, dit la Loi, *vel Curator pecu-
nià ejus cujus negotia adminiftrat, prædia in nomen fuum emerit, utilis ac-
tio ei, cujus fuit pecunia datur ad rem vindicandam*, ainfi que les Comtefles
dc

e Linanges l'ont établi dans la page 56 de leur Factum produit parde-
nt les Commissaires.

SECONDE PROPOSITION.

a Conceffion prétenduë faite par le Duc Charles IV. n'eft qu'une
fimple Lettre de Reprifes, qui n'a rien touché à la proprieté
du Fief.

SI les Srs, Deffendeurs ne peuvent fonder leur Droit fur l'Adjudication de 1662. ils peuvent encore bien moins le fonder fur la Concef-
on prétenduë faite par le Duc Charles IV. qu'ils alléguent, & qu'ils ne
eprésentent pas, quoique le Comte Jean-Loüis n'ait pris posseffion de la
noitié de la Terre dont il s'agit, qu'en vertu de ce seul Titre : ainsi les
Demandereffes pourroient s'en tenir à la fimple dénegation, parce qu'il
'y a point de préfomption qu'un Souverain auroit ôté à l'Héritiere d'E-
erftein un Fief qui lui appartenoit, pour le donner à un autre.

PREMIERE OBJECTION.

ON objecte que les Lettres de Conceffion font énoncées dans des anciens Titres, & que cette Enonciation doit faire foi, avec d'autant
olus de raifon, que les Registres de ce tems-là ne fe trouvent plus aux
Greffes de la Chambre des Comptes.

REPONSE.

MAis cette Objection n'a pas de vraifemblance ; car s'il y avoit eu
un Original, les Deffendeurs ne manqueroient pas d'en avoir des
copies, puifque le Comte Jean-Loüis dans fa Lettre du 23 Fevrier 1663.
dont il a été parlé ci-devant, & par laquelle il donne avis de cette Conceffion à la Comteffe Marie Eléonor ; lui marque précifément qu'il lui en
envoiera une Copie à la premiere occafion.

Il devoit donc avoir alors ces Lettres de Conceffion prétenduë, & fi on
ne les montre pas, n'eft-ce pas une préfomption que c'étoit de fimples
Lettres de reprife à l'ordinaire, avec d'autant plus de raifon qu'il marque
par la même Lettre qu'il avoit été mandé pour faire fes reprifes ; ce qui
fait voir qu'il ne s'agiffoit pas de Conceffion.

Mais ce qui n'en laiffe aucun doute, c'eft la déclaration que les Comteffes de Linange ont faite elles-mêmes dans la page 14 de leur Factum
produit en 1709. lorfqu'elles plaidoient à la Cour contre le Baron de la
Layen ; & dans la page 52 de celui qu'elles produifirent pardevant les
Commiffaires en 1710. où elles difent précifément que leur Pere avoit payé
100 piftoles dans les coffres du Duc en 1668 pour pouvoir fe mettre en
poffeffion de la moitié de Forbach, à caufe de certaine Saifie féodale faite fur les Braconniers qui en étoient détenteurs comme Engagiftes.

E

Et dans celui de 1710. elles conviennent que les Lettres reversales données par le Duc Charles IV. au Comte Jean Loüis leur Pere en 1664. ne
contenoient autre chose que *la Donation ordinaire en Fief que le Sei-*
gneur dominant fait à son Vassal, lorsque celui-ci prête ses foi & hom-
mages, ce qui s'appelle donner en Fief; mais elles ajoûtent qu'*il ne s'ensuit*
pas de là que la propriété de la Seigneurie doive être présumée pour cela
avoir appartenu auparavant au Seigneur dominant, & que la proposition
en seroit absurde. Ensorte qu'elles concluent que leur Pere ne tiroit aucun
droit de propriété de ces Lettres.

Voilà le langage que tenoient les Comtesses de Linange en 1704 &
1710. elles avoient alors en main la Concession prétenduë faite par le
Duc Charles IV. elles conviennent qu'il s'agissoit de faire lever une simple Saisie féodale qui avoit été faite sur Forbach, dont le Duc donna main
levée moyennant 100 pistoles en meme tems qu'il reçut les foi & hommages pour les deux portions de la Terre de Forbach.

Memoires de Bau-
veau.

Chacun sçait de quelle maniere les choses se passoient alors; le Duc à
son retour de Paris en 1662. obligea tous ses Vassaux de lui prêter de
nouveau, foi & hommage pour les Fiefs qu'ils tenoient dans ses Etats; on
sçait qu'il imposa même des taxes sur chaque Fief, pour lesquelles il fit
saisir les Domaines de ceux qui ne les payoient pas. Il y eut des personnes de considération préposées pour recevoir les foi & hommages, & les
Lettres reversales n'en étoient enregîtrées qu'après le payement de la taxe;
il y avoit peut-être même peine de commise portée dans l'Edit, faute de
payement; quoiqu'il en soit, la Terre de Forbach fut taxée 100 pistoles;
le Comte Jean-Loüis, suivant qu'il en convient par sa Lettre du 27 Fevrier
1663. reçut ordre comme tous les autres Vassaux de faire de nouvelles
reprises; il obéït, & voyant que la portion d'Eberstein étoit taxée 100
pistoles, & qu'elle étoit saisie faute de payement de la part des Officiers
du Duc; il promit de payer la somme, au moyen de quoi il fut reçu à
faire ses reprises tant pour sa part, que pour celle d'Eberstein.

Voilà le Titre du Comte Jean-Loüis, reconnu tel suivant l'aveu que les
Comtesses ont fait en 1709 & 1710. auquel les Gens d'affaires des
Srs. Deffendeurs donnent le nom de Concession, & prétendent qu'on
doit les en croire sur leur parole, parcequ'ils ne le représentent pas.

Mais il est aisé de voir que s'ils ne représentent pas ces Lettres, c'est que
si elles étoient représentées, elles feroient leur condamnation; le Comte
avoüe par sa Lettre de 1663. qu'il en avoit une Expédition; il n'est donc
pas besoin de recourir à la Chambre des Comptes pour en chercher l'O-
riginal; les Comtesses avoient en main cette même Expédition lorsqu'elles plaidoient en 1709. il n'y a qu'à la produire, on verra que c'est
une simple Reprise à l'ordinaire, ainsi que les Comtesses de Linange plus
sinceres que leurs Gens d'affaires, l'ont avoüé dans leur Factum, n'ayant pas
dit un mot de cette Concession pour fonder le Droit de leur Pere sur la
Portion dans la Terre dont il s'agit.

Il n'y a pas même d'apparence que le Duc Charles IV. qui n'avoit aucun sujet de mécontentement contre la jeune Comtesse d'Eberstein qui
étoit encore au berceau, eût voulu lui confisquer son Fief pour le donner

un autre pour la chetive somme de 100 piftoles , qu'elle étoit en état
e payer ; & il y auroit eu de la part du Cointe un procedé inexcufable ,
l'avoir dans les conjonctures alors préfentes demandé des Lettres de
oncession.

Il fçavoit que la Comteffe Marie Eléonor ne vouloit pas laiffer Forbach
itre les mains des Braconniers , puifqu'il fçavoit qu'elle avoit protefté
ontre leurs Pourfuites , comme les Deffendeurs en font convenus dans
urs Ecritures.

Elle étoit encore dans le tems du Rachat accordé par la Coutume ,
uand il feroit vrai qu'il y auroit eu Sentence d'Adjudication , puifque les
raconniers n'avoient pas levé la Sentence , ni pris poffeffion du Fief , c'é-
oit fans doute pour fe pourvoir , que par fa Lettre du 15 Novembre 1662.
le avoit repeté les Titres de fa Maifon , & il lui auroit été facile de faire
rachat en imputant aux Braconniers les payemens que le Comte Jean-
oüis leur avoit fait faire à compte de leur engagement.

Ce Comte n'ignoroit pas ces payemens , puifqu'ils avoient été faits de
n ordre , & il fçavoit l'intention de la Comteffe , puifqu'il n'ignoroit pas
la Proteftation qu'elle avoit fait faire contre le Decret & la Repétition
u'elle lui avoit faite de fes Titres.

En quelle confcience auroit-il donc affecté de retenir ces Titres , & dif-
eré jufqu'au 27 Fevrier de faire reponfe à la Lettre de la Comteffe du 15
Novembre , pour furprendre dans le tems intermediaire une Conceffion
u Duc moyennant 100 piftoles , & ôter par ce moyen à la Comteffe fa
arente & Fillenle , toute efperance de rachat ? dans un tems où il fçavoit
u'il étoit ouvert , & que pour achever de payer les Braconniers , il ne
lloit que très-peu de chofes , parce que par les fommes qu'ils avoient re-
ües , celle qui leur étoit dûë par l'engagement , étoit éteinte pour la meil-
eur partie.

Cette Conceffion prétenduë eft donc une pure chimére inventée feu-
ement depuis la préfente Inftance , & dont on n'avoit pas parlé au Pro-
ès de 1709. c'eft néanmoins fous le prétexte de ce Titre & du payement
e 100 piftoles que le Comte Jean-Louis a enlevé à la Succeffion de fon
upille , non feulement la moitié de la Terre de Forbach , mais encore la
otalité de celle de Verdeftein , dont il fit encore des Reprifes en fon nom,
ans en avoir donné avis à la Comteffe d'Eberftein , qu'après en avoir pris
es Lettres reverfales qu'il qualifie de même de Lettres de Conceffion ,
omme s'il ne s'agiffoit que de demander un Fief pour l'obtenir , fous le
effort d'une Coutume où ils font patrimoniaux , & ne font pas même de
anger.

SECONDE OBJECTION.

L Es Srs. Deffendeurs ont objecté que fi leur Auteur n'avoit pas eu cette
Terre par Conceffion pure & fimple du Souverain , il l'avoit eu du
moins fur les Braconniers par Conceffion du Retrait féodal.

REPONSE.

MAis cette prétention n'eſt pas mieux fondée que la précédente ; car, 1°, On ne produit aucune Lettre de Conceſſion du Retrait féodal, & ce Droit n'étoit pas même en uſage du tems du Duc Charles IV. Les Demandereſſes ne prétendent pas conclure de là qu'il n'eut été en droit de l'exercer , mais on ne montrera pas qu'il y ait eu aucune Conceſſion du Retrait féodal pendant le Regne de ce Duc.

2°, Si le Comte avoit eu Forbach par cette voye, il auroit ſeulement été obligé de compter avec les Braconniers du prix de leur Adjudication, lequel ſuivant l'Expedition qu'ils ont produite , n'étoit que de 16000 fr. parce que ſi le Duc avoit voulu retirer cette Terre pour la réunir à ſon Domaine, il n'auroit été obligé de payer que cette ſomme ; & c'eſt par cette raiſon que dans les Decrets qui ſe font des Fiefs, il eſt deffendu de faire des Remonts conditionels.

Or ſi on ſuit la Quittance que le Comte de Linange a tirée des Braconniers, il auroit payé bien au de-là du prix de l'Adjudication , parce que les 824 florins , les 12 riſdales reçuës du Baillif de Gocsheim, dont il a compté avec eux, & les 2600 riſdales portées dans la Quittance du 3 Novembre 1664. montent bien au de-là des 16000 francs qui font le prix de l'Adjudication ; & cette ſeule raiſon prouve ſans réplique que ce n'eſt pas par la voye du Retrait féodal que le Comte s'eſt mis en poſſeſſion de Forbach.

Il eſt donc évident que ce Comte n'a eu d'autre Titre que le Rachat qu'il a fait de l'engagement de Forbach, au bénéfice duquel les Braconniers l'ont ſubrogé, en lui faiſant tranſport de leur Dette moyennant 2600 riſdales. D'où il ſuit qu'il n'a pû en preſcrire la propriété , parce qu'eux-mêmes ne l'auroient pas preſcrite quand ils auroient gardé cette Terre juſqu'à préſent, & que ce Rachat doit tourner au profit de la Succeſſion du Comte Caſimir d'Eberſtein, pour avoir été fait de ſes deniers, & dans un tems où le Comte Jean-Louis n'ayant pas rendu ſon Compte tutélaire, étoit encore chargé de l'adminiſtration des Biens de ſon Pupille.

TROISIE´ME PROPOSITION.

La poſſeſſion dans les circonſtances du Fait n'a pû opérer la preſcription.

LA preuve de cette Propoſition eſt une ſuite des précédentes ; car ſi le Comte Jean-Louis de Linange n'a poſſedé la Terre de Forbach que comme ſubrogé à l'engagement de 1636, & comme ceſſionnaire de la dette des Braconniers, il eſt certain qu'il n'a poſſedé que comme Enga-giſte, parce que les Braconniers ne poſſedoient qu'en cette qualité, ſi lorſqu'il eſt mort il n'avoit pas rendu ſon compte tutelaire, & s'il eſt mort ſaiſi des Titres de ſon Pupille ; il eſt encore certain qu'il n'a pû acquérir, & encore moins preſcrire le bien de ſon Pupille, parce que lui-même

même en étant comptable à la succession du Pupille , il est censé avoir acquis & possedé *tutorio nomine.*

Ces principes étant certains, les Demanderesses pourroient s'en tenir à ce qu'elles ont dit ci-devant pour les établir ; mais pour ne laisser rien à desirer dans une affaire de cette conséquence, elles vont montrer que la possession n'a pas même été suffisante pour acquérir la prescription.

Car en commençant depuis le 3. Novembre 1664 , que le Comte Jean-Louis s'est fait subroger aux droits des Braconniers, jusqu'au premier Septembre 1671 , que les Comtesses ses filles ont été évincées par la première Adjudication qui fut faite à Mandre de Roussy , il n'y a que six ans neuf mois & vingt-sept jours; elles ont été évincées depuis ce tems-là jusqu'au 23 Mars 1709 , que le Baron de la Layen a été condamné au désistement de la Terre de Forbach.

Les Demanderesses ont donné leur Requête en intervention le 28 Decembre 1731 ; ainsi à compter depuis le 23 Mars 1709. jusqu'au jour de la Demande, cela ne feroit que vingt-deux ans neuf mois & cinq jours, ausquels si on ajoute les six ans neuf mois & vingt-sept jours qui se sont écoulez depuis l'Acte de subrogation jusqu'à l'Adjudication de Mandre de Roussy ; la possession des Sieurs Défendeurs, en y comprenant le tems qu'ils ont joui, tant par eux que par leurs Auteurs, ne feroit que de vingt-neuf ans sept mois deux jours.

Desquels il faudroit encore ôter le tems qui s'est écoulé depuis la Saisie réelle jusqu'au jour de l'Adjudication , parce que les Comtesses de Linange furent dépossedées dès ce jour-là, & cinq ans que la Guerre a duré entre l'Empire & la France au sujet de la succession d'Espagne , qui n'a fini qu'en 1714 , parce que le Duc de Wirtemberg-Neustad ne pouvoit pas sortir du Pays dans ce tems-là ; ainsi les Défendeurs ne pourroient pas compter vingt-quatre ans de possession utile , quand bien même on pourroit prescrire contre un engagement.

C'est en vain que les Défendeurs voudroient tirer à leur profit la possession du Comte Louis Ebérard & celle du Baron de la Layen ; cette prétention pourroit avoir quelque apparence si ces deux derniers avoient possedé au nom des Filles du Comte Jean-Louis ; mais comme ils ont possedé l'un & l'autre en leurs noms, & comme se prétendans Propriétaires, cette possession ne peut servir aux Défendeurs, qui n'ont leur droit que des Comtesses de Linange , puisqu'elle tendoit au contraire' à évincer ces Comtesses, & qu'elle l'ont été réellement ; parce que pour prescrire, il faut nécessairement une possession réelle.

Cette possession d'ailleurs a été bien interrompuë par les poursuites que le Duc de Wirtemberg fit , tant au Bailliage d'Allemagne qu'au Parlement de Metz contre le Baron de la Layen & le Comte Louis Eberard, jusqu'en l'année 1685. inclusivement, lesquelles ne furent discontinuées que par rapport aux deux Lettres de surcis qui furent obtenuës successivement par le Comte Louis Eberard, & par la cession qu'il fit de ses biens en faveur du Comte Philippe son fils, ainsi que les Comtesses de Linange l'ont dit dans leur Factum produit en 1710. pardevant les

F

Commiſſaires, pages 8. 9. & 13. & par rapport à la Guerre qui ſurvint entre l'Empire & la France, pendant le cours de laquelle le Duc de Wirtemberg-Neuſtad n'avoit garde de pourſuivre le déſiſtement d'une Terre qui auroit été confiſquée ſur lui au moment même qu'il l'auroit obtenuë; & ce fut par cette raiſon principale qu'il fut obligé de garder le ſilence pendant tout le tems qu'il y a eu Guerre entre l'Empire & la France.

Les Demandereſſes ajoutent à toutes ces raiſons, que les Défendeurs ſont encore actuellement ſaiſis des Titres & Papiers concernans la ſucceſſion du Comté Caſimir, & notamment de ceux qui concernent Forbach, enſorte qu'il leur a été impoſſible d'agir contre les Héritiers du Comte Jean-Louis pour ſe faire rendre la moitié de cette Terre qu'il s'étoit appropriée; & ce Moyen contient deux obſtacles invincibles contre la preſcription.

Le premier eſt la mauvaiſe foy de la part du Tuteur, de s'être approprié le bien de ſon Pupille, qu'il ne devoit retenir qu'en qualité de Tuteur, & d'en avoir fait les Repriſes en ſon nom ſeul, tandis qu'il étoit obligé en ſa qualité de Tuteur de l s faire en ſon nom & en celui de l'Héritiére d'Eberſtein.

Le ſecond obſtacle eſt l'impuiſſance d'agir de la part de l'Héritiére du Pupille, laquelle n'étoit âgée que de dix-huit mois lorſque le Comte Jean-Louis ſe rendit maître de Forbach, dont lui & ſes Héritiers ont re enus les Titres, parce qu'ils vouloient ſe conſerver la poſſeſſion de cette Terre; enſorte que les Demandereſſes & la Ducheſſe de Wirtemberg leur mere ont été continuellement dans l'impoſſibilité d'agir utilement pour le recouvrement de leur portion, par le fait même du Comte Jean-Louis & de ſes Héritiers; d'où il réſulte que les Défendeurs ne peuvent objecter leur poſſeſſion comme une fin de non-recevoir, parce qu'eux-mêmes & leur Auteur leur ont ôté les moyens de la contredire, quoi qu'ils fuſſent chargez des ſuites de l'adminiſtration de la Tutelle, dont il n'y a encore à préſent aucun compte rendu.

Les Défendeurs prétendent que le ſilence des Demandereſſes a ſuffit pour éteindre leur action. & ce raiſonnement pourroit avoir lieu en faveur d'un tiers détenteur qui auroit poſſedé pendant trente ans ſans qu'elles ou leur Auteur euſſent intenté leur action.

Mais c'eſt un pur ſophiſme dans la cauſe des Sieurs Défendeurs, leſquels n'ayant titre ou poſſeſſion ſuffiſante pour acquérir la preſcription, n'ont qualité ni droit de ſe ſervir de la poſſeſſion d'un tiers ni du ſilence des Demandereſſes; parce que pour acquérir la preſcription, il faut non ſeulement le ſilence du Propriétaire, mais encore avoir poſſedé réellement, ſuivant la diſpoſition préciſe de la Coûtume, Tit. 18. Art. 1. qui veut non ſeulement le défaut d'interruption de la part du Propriétaire, mais encore la poſſeſſion réelle de la part de celui qui veut preſcrire.

Il ſeroit même abſurde de ſoutenir le contraire; car ſi le ſimple ſilence ſuffiſoit pour perdre la propriété, il s'enſuivroit qu'il ſeroit permis à chaque Particulier de s'approprier tous les Héritages incultes depuis trente ans, ſous prétexte que le Propriétaire n'auroit pas fait de diligence pendant cet efpace de tems pour fe les conferver ; ce qui eft contraire aux maximes & à l'ufage, fuivant lefquels il faut néceffairement une poffef- fion actuelle, & non interrompuë, ou un titre valable pour acquérir la proprieté d'un héritage.

Ainfi pour fe rapprocher de l'état de la conteftation, & en donnant au fiftême des Défendeurs toute l'etenduë qu'il doit avoir, il s'enfuivroit de leurs principes que le Comte Louis Eberard auroit pû acquérir la pref- cription contre les Demandereffes, fi elles ou leur Auteur l'avoient laiffé jouir pendant trente ans dans un tems paifible, ou que le titre de fa pof- feffion eût été valable ; mais comme l'un & l'autre ont été anéantis par l'Arrêt de 1709. fur les propres pourfuites des Auteurs des Défendeurs ; il réfulte que l'un & l'autre doivent être regardez comme inutiles pour prefcrire, tant à fon égard qu'à l'égard des Défendeurs, parce que le Comte Louis Eberard n'a pas poffedé en leurs noms.

C'eft dans ces mêmes principes que les Demandereffes trouvent la folu- tion de l'objection que les Défendeurs ont tirée de la Sentence renduë au Bailliage d'Allemagne le 9. Novembre 1680. entre le Duc Federic Augufte de Wirtemberg, le Comte Louis Eberard & le Baron la Layen, par la- quelle ce dernier a été maintenu en la poffeffion de la Terre de Forbach, fauf au Duc Federic Augufte à fe pourvoir pardevant qui il conviendroit contre la Sentence d'Adjudication renduë au profit du Comte Louis Eberard le 8. Mars 1672. & par action pour la geftion tutélaire de la fucceffion d'Eberftein.

Cette Sentence pouvoit bien faire un titre au Comte Louis Eberard fi l'Adjudication qu'il s'étoit fait faire en 1672. & qui avoit fervi de fon- dement à la Sentence du 9. Novembre 1680. avoit fubfifté ; mais comme l'une & l'autre ont été caffées par l'Arrêt de 1709. ni l'un ni l'autre de ces titres ne peuvent plus faire d'objet foit en faveur du Comte Louis Ebe- rard, parce que ce qui eft nul ne produit point d'effet, foit en faveur des Sieurs Défendeurs pour plufieurs raifons.

La premiere eft qu'en excipant de cette Sentence, ils excipent du droit d'autrui, le Comte Louis Eberard n'ayant point agi en leurs noms, mais au fien propre, & comme Créancier de la Maifon d'Eberftein ; ce qui eft fi vrai, qu'eux-mêmes fe prétendans Propriétaires de cette portion, lui ont contefté fon droit, & l'ont évincé, tant de cette portion que de celle de Linange ; ainfi tout ce qui s'eft paffé entre le Duc Federic Augufte, le Comte Louis Eberard & le Baron de la Layen, eft à l'égard des Dé- fendeurs une affaire étrangere, & qui ne peut rien opérer en leur faveur, parce qu'ils n'étoient pas Partie dans l'Inftance.

La deuxiéme raifon qui empêche que les Srs. Deffendeurs ne puiffent employer à leur profit la poffeffion du Baron de la Layen, & la Sentence qu'il a obtenuë contre le Duc Fédéric Augufte ; c'eft que ce Duc lorfqu'il agit en Défiftement contre le Baron de la Layen, ne pouvoit reconnoî- tre d'autre prétendant Droit à la moitié de Forbach dont il s'agit, que ce Baron, parce que la Subrogation du 3 Novembre 1664. de même que toutes les autres Piéces de la Tutéle, étoient reftées dans la Succeffion du

Comte Jean-Louis ; c'est pourquoi le Duc n'ayant point de connoisfance de cette Subrogation qui devoit tourner au profit de son Epouse, fût obligé d'attaquer le Possesseur alors actuel, sans inquiéter les Filles du Comte Jean-Louis ; & par ce défaut de Titres qui étoient détenus par le fait même de ce Comte, il ne fut pas difficile à Louis Eberard de Linange de faire confirmer l'Adjudication qu'il avoit fait faire à son profit sur un Curateur postiche en 1672. & au Baron de la Layen, de se faire renvoyer de la Demande en désistement ; le Juge ayant seulement reservé au Duc de Wirtemberg l'action pour se pourvoir par Appel contre l'Adjudication, & pour se faire rendre compte de la Tutéle.

Mais comme les Comtesses de Linange se sont servies dans la suite de ces mêmes Titres qu'elles avoient trouvés dans la Succession de leur Pere, pour faire casser l'Adjudication de 1672. qui avoit servi de fondement à la Sentence de 1680. il s'ensuit que non seulement cette Sentence ne peut être objectée comme une Fin de non-recevoir aux Demanderesses ; mais encore que l'Arrêt de 1709. doit être déclaré commun avec elles pour ce qui regarde la Portion d'Eberstein, puisqu'il n'a été rendu que sur des Titres communs. Aussi la Cour Souveraine n'a-t'elle ajugé par cet Arrêt la Terre de Forbach aux Comtesses de Linange, que *pour en jouir ainsi, & de même que le Comte Jean-Louis en jouissoit lors de son decès ;* & comme il ne jouissoit de la Portion d'Eberstein que comme subrogé aux Droits des Braconniers qui n'étoient qu'Engagistes, & qu'il n'avoit dû prendre cette Subrogation qu'en qualité d'Administrateur des Biens de son Pupille ; la conséquence est toute naturelle que cette Portion doit être remise aux Demanderesses qui sont les Héritieres de cette Maison.

Il en resulte encore que l'un & l'autre doivent être condamnez à la restitution des fruits ; sçavoir, les Héritiers du Comte Jean-Louis de Linange, du jour de la possession de leur Auteur, parce que sa possession ayant été de mauvaise foi, elle oblige naturellement à la Restitution des fruits, de même que celle des Veuve & Heritiers du Baron de Srralenheim, parce que dès le jour de l'Acquisition qu'il fit de la Terre de Forbach, la Duchesse de Wirtemberg, Mere des Demanderesses, protesta contre cet Acquêt, comme il est prouvé par la Lettre originale qui lui fût écrite en reponse par le Baron le 14 Avril 1717. *

* Piece 3 de la derniere Production des Demanderesses.

Ainsi pour se résumer sur tous les Objets de l'Instance il est prouvé que la moitié de la Terre de Forbach appartenoit originairement au Comte Casimir d'Eberstein.

Que ce Comte l'a transmise dans sa Succession à Albertine-Sophie Esther sa Fille, qui a été depuis Duchesse de Wirtemberg & Mere des Demanderesses.

Que cette Portion n'étoit alors engagée aux Braconniers que pour 17500 francs messins sans intérêts.

Qu'elle n'a passé dans la Maison de Linange que par la cession que s'en fit faire par les Braconniers le Comte Jean-Louis dans un tems où il étoit encore chargé de l'Administration des Biens du Comte Casimir, dont il avoit geré la Tutéle, & dont il n'avoit pas rendu compte.

Que

25

Que cette Ceſſion n'étant qu'un ſimple Tranſport de la Dette des Bra-
niers, & une Subrogation au Contrat d'engagement, elle n'en a pas
ngé la nature.
Que l'inveſtiture que le Comte Jean-Louis a priſe ſubrepticement
on nom du Duc Charles IV. ne lui a donné aucun droit de pro-
té.
D'où il ſuit que la Preſcription ne peut être objectée, parce qu'un En-
iſte ne peut preſcrire, & que les Deffendeurs peuvent ſeulement repé-
ce qu'ils juſtifieront avoir été legitimement débourſé par leur Auteur
r degager cette Portion, déduction faite des ſommes qu'il a fait deli-
r ſur les Deniers pupillaires.

V A N I E R, Avocat au Conſeil.

Vû. Permis d'imprimer, à Lunéville le 14. Août 1736.
D e R I O C O U R T.

A NANCY, Chez Pierre Antoine, Imprimeur Ordinaire de
S. A. R.